Die Öffentliche Finanzierung

Steuern, Gebühren und öffentliche Kreditaufnahme

Einführung

von

Professor Dr. Peter Bohley

Universität Zürich

R. Oldenbourg Verlag München Wien

Bibliografische Information Der Deutschen Bibliothek

Die Deutsche Bibliothek verzeichnet diese Publikation in der Deutschen Nationalbibliografie; detaillierte bibliografische Daten sind im Internet über <http://dnb.ddb.de> abrufbar.

Rosenheimer Straße 145, D-81671 München
Telefon: (089) 45051-0
www.oldenbourg-verlag.de

Gedruckt auf säure- und chlorfreiem Papier
Gesamtherstellung: Druckhaus „Thomas Müntzer“ GmbH, Bad Langensalza

ISBN 3-486-27374-4
ISBN 978-3-486-27374-8

Vorwort

Durch die öffentliche Finanzierung erhalten die Politiker auf den verschiedenen Staatsebenen die für ihr Handeln erforderlichen Ressourcen. Die Wissenschaft trägt Mitverantwortung für die richtige Dosierung und sachgerechte Gestaltung dieser Ressourcen zum Wohlergehen eines Gemeinwesens und seiner Wirtschaft. Dementsprechend kommt auch der Lehre von der öffentlichen Finanzierung als Teilbereich der Finanzwissenschaft und Bestandteil des Volks- oder Betriebswirtschaftsstudiums eine wichtige und neuerdings leider oft unterschätzte Bedeutung zu. An vielen Universitäten wurden in den vergangenen Jahren der Lehre im Fach Finanzwissenschaft notwendige Mittel entzogen. Um so wichtiger ist es für den angehenden Volks- und Betriebswirt oder den zukünftigen Steuer- oder Verwaltungsjuristen, auf eine auch für das Selbststudium geeignete Lehrbuchliteratur zurückgreifen zu können. - Der Verfasser des vorliegenden Buches hat an der Universität Zürich während vieler Jahre Vorlesungen über Steuerlehre sowie über kommunale und föderale Finanzwirtschaft gehalten. Aus dem dabei vorgetragenen Stoff ist das vorliegende Lehrbuch hervorgegangen.

Viele Personen hatten Anteil am Entstehen des Buches. An erster Stelle nennen möchte ich meine akademischen Lehrer *Erich Schneider*, *Heinz Haller und Günter Schmölders*. Von meinen Studentinnen und Studenten sowie meinen Mitarbeitern am Wirtschaftswissenschaftlichen Institut der Universität Zürich erhielt ich wertvolle Hinweise zu Darstellung und Auswahl des Stoffs. Die Kollegen *Peter Friedrich*, *Armin Jans*, *Christian Smekal* und *Georg Tolkemitt* unterzogen das Manuskripts oder Teile davon einer kritischen Durchsicht. Zu Dank verpflichtet für Verbesserungsvorschläge bin ich aber nicht zuletzt auch Dr. *Horst Schöberle*, Ministerialdirektor a.D., und lic. oec. publ. *Christoph Busin*, dipl. Steuerexperte und Partner der Steuerberaterfirma Tax Expert International. Schließlich gebührt ein besonderer Dank meiner Sekretärin, Frau *Ingrid Heyde*, für die Herstellung der Abbildungen und Tabellen.

Zürich *Peter Bohley*

Inhaltsverzeichnis

SECHSTES KAPITEL

SIEBTES KAPITEL

ACHTES KAPITEL

EINLEITUNG

Über Zweck und Inhalt des Buches

Das vorliegende Buch richtet sich an alle, die sich für Steuern interessieren oder interessieren müssen. In erster Linie richtet es sich an die Studierenden des Faches *Öffentliche Finanzwirtschaft* (*Finanzwissenschaft*). Es richtet sich aber auch an Orientierung suchende Steuerzahler, die wissen wollen, nach welchem Maßstab Steuern auferlegt werden und wo die Grenzen des Zumutbaren liegen. Sind Steuern nur ein Reflex der politischen Entscheidungen für staatlich bereitgestellte Leistungen (öffentliche Güter), oder gibt es vorrangige Steuerregeln? Es gab einmal eine einfache Regel: *"Alle Zehnten im Lande, von Samen des Landes und von Früchten der Bäume, sind des Herrn und sollen dem Herrn heilig sein"* (3. Buch Mose, Kapitel 27, Vers 30). Kann heute ein in der Verfassung verankerter *Halbteilungsgrundsatz*, d.h. eine Obergrenze der Steuerlastquote von 50 Prozent, einen ausreichenden Schutz der Besteuerten bieten?[1].

Eine Antwort verlangt allerdings nicht nur die Frage nach dem *Schutz* des Steuerzahlers vor einem potentiell unersättlichen Fiskus. Eine Antwort verlangt auch die gewissermaßen in die entgegengesetzte Richtung zielende Frage nach Steuern, die bei den Betroffenen auf Einsicht stoßen mit der Folge, daß sie dem Staat die notwendigen Mittel für die Finanzierung öffentlicher Güter nicht verweigern. Daß es solche Einsicht geben kann, bewies vor kurzem eine Gruppe von mehr als 200 amerikanischen Millionären und Milliardären. Sie riefen im Interesse des Gemeinwohls öffentlich auf zum politischen Widerstand gegen die Pläne der Regierung *Bush*, im Zuge einer großen Steuerreform die Erbschaftsteuer abzuschaffen[2].

Reformen der Besteuerung sind gegenwärtig in fast allen Ländern ein hochaktuelles Thema. Dieses Buch möchte seinen Lesern helfen, sich in der fast immer und überall kontroversen Reformdebatte zurechtzufinden. Reformen können zwei verschiedene Zielrichtungen haben: Entweder kann das Ziel darin bestehen, ein gegebenes Steuersystem von Fehlentwicklungen und Deformationen zu bereinigen oder aber darin, neue modelltheoretisch entwickelte Ansätze zu verwirklichen. Das vorliegende Buch möchte zeigen, aus welchen theoretischen Konzeptionen die

1 So ein Beschluß des deutschen Bundesverfassungsgerichts vom 22. Juni 1995.
2 "Let's fix the estate tax, not repeal it". Anzeige in der New York Times vom 18. Februar 2001.

heute bestehenden Steuersysteme, im speziellen diejenigen *Deutschlands, der Schweiz und Österreichs*, hervorgegangen sind und in welche Richtung Reformen zielen müssen, die diese Steuersysteme wieder auf ihre ursprünglichen Grundlagen stellen wollen. Das Buch enthält somit eine Einführung in die Grundzüge der heute *herrschenden Theorie der Besteuerung,* selbstverständlich unter Berücksichtigung heute gültiger gesellschaftlicher Normen. Soweit es der Rahmen einer Darstellung zuläßt, die als *Basislektüre* konzipiert ist, werden daher auch Lösungen und Gestaltungen vorgestellt, die solchen Normen besser gerecht werden als bestehende Regelungen. Spezielle Adressaten des vorliegenden Buchs sind daher auch Personen in politisch beratenden oder politische Entscheidungen vorbereitenden Gremien.

Zwischen der öffentlichen Finanzierung und den zu finanzierenden öffentlichen Gütern bestehen vielfältige Wechselbeziehungen. Auch wenn im vorliegenden Buch eine Fokussierung auf die Regeln und Instrumente der Finanzierung erfolgt, werden die Wechselbeziehungen zu den öffentlichen Gütern nicht ausgeblendet. Die öffentliche Finanzierung rechtfertigt sich dem Grunde nach nur bei vorausgesetzter Notwendigkeit staatlich zu erbringender Leistungen. Welche Leistungen sind aus der Sicht des Verfassers vom Staat zu erbringen? Die Aufgaben des Staates und der zum öffentlichen Sektor gehörenden Institutionen wie z.B. der Gemeinden beschränken sich nicht darauf, in den Fällen des sog. *Marktversagens* für die Güterbereitstellung (Allokation) in einer Volkswirtschaft zu sorgen. Zwar ist der Staat in erster Linie *Dienstleistungsstaat* ("service state"), doch trägt er auch die Verantwortung für die sozial Schwachen und für eine von allen Bürgern als fair empfundene *Verteilung* (Distribution) der Finanzierungslasten (Staat als "welfare state"). Nicht zuletzt ist der Staat auch verantwortlich für die Verteidigung und Erhaltung der Identität des Gemeinwesens sowie für dessen Zusammenhalt (Staat als "communal state"). Um auch dieser Rolle gerecht zu werden, muß der Staat zuallererst das Ziel seiner *institutionellen Stabilität* und Selbsterhaltung verfolgen. Bei alledem muß allerdings auch das mögliche Auftreten von *staatlichem Versagen* (Staat als "flawed state", "state failure") in Rechnung gestellt werden[3]. Die Einsicht in Fehlleistungen politischer Akteure darf aber nicht zum Rückzug des Staates aus Aufgabenbereichen führen, in denen privates Handeln wegen seiner inhärenten Beschränktheiten keinen Ersatz bieten kann. Auch wenn aus wissenschaftlicher Sicht die Rechtfertigung und Wirksamkeit staatlichen Handelns in mancherlei Fällen zu Recht in Frage gestellt werden kann, bleibt aus gesellschaftlicher Sicht staatliche Aufgabenwahrnehmung in den soeben bezeichneten Aufgabenbereichen unverzichtbar.

---

[3] Die Unterscheidung der verschiedenen Rollen des Staates und deren Bezeichnung ist übernommen von *Musgrave* (1996a).

Die Aufgabe der Finanzwissenschaft besteht aus der Sicht des Verfassers daher darin, Regeln, Verfahren und Instrumente aufzufinden und zu entwickeln, die dem Staat die Wahrnehmung seiner Aufgaben bei möglichst weitgehender Vermeidung seines Versagens ermöglichen sollen. Im Zentrum des finanzwissenschaftlichen Erkenntnisinteresses stehen *volkswirtschaftliche Fragestellungen*. Die Finanzwissenschaft ist jedoch mehr als nur eine Teildisziplin der Volkswirtschaftstheorie, "fiscal theory is not a matter of economics only"[4]. Die Einbindung der öffentlichen Finanzwirtschaft in die sozialen und gesellschaftlichen Verhältnisse findet ihren Niederschlag in staatlichen Problemlösungen, die neben volkswirtschaftlichen auch rechtlichen und insbesondere verfassungsrechtlichen Gesichtspunkten Rechnung tragen. Bei der Gestaltung der Besteuerung müssen zudem auch betriebswirtschaftliche und nicht zuletzt verwaltungspraktische Aspekte berücksichtigt werden. Man hat die Finanzwissenschaft daher oft auch als eine *"Sammeldisziplin"* bezeichnet. Ihre *Einheit* ergibt sich aus ihrem *Gegenstand* - der öffentlichen Wirtschaft im weitesten Sinn - und nicht aus einem einheitlichen methodischen Ansatz.

Über lange Zeit hinweg hat sich die Finanzwissenschaft (und im besonderen die deutschsprachige Finanzwissenschaft) sowie ihre Vorläuferin, die *Kameralistik*, hauptsächlich mit Fragen nach der richtigen Gestaltung der Staatsfinanzierung und im speziellen mit Steuern beschäftigt. Das änderte sich erstmals zu Beginn der zwanziger und dreißiger Jahre des 20. Jahrhunderts. Dieser Zeitabschnitt war gekennzeichnet durch Nachkriegsprobleme, die Weltwirtschaftskrise und durch das Aufkommen einer neuen, später als *keynesianisch* bezeichneten Theorie der Wirtschaftspolitik. Steuern wurden jetzt vor allem und teilweise nur noch als ein Mittel *makroökonomischer* Steuerung angesehen. Vielfach geriet die Wahrnehmung ihrer öffentlichen Finanzierungsfunktion aus dem Blickfeld. Im Extremfall glaubte man, ganz ohne Steuern auskommen und die öffentliche Finanzierung ausschließlich durch Kreditaufnahme bestreiten zu können. Später drängte dann die Beschäftigung mit den *öffentlichen Gütern (Kollektivgütern)* die Beschäftigung mit Fragen der Gestaltung der Steuern noch weiter zurück. Erst mit Beginn der siebziger Jahre rückten Gestaltungsaspekte von Steuern wieder zu einem zentralen Untersuchungsgegenstand der Finanzwissenschaft auf. Allerdings richtete sich jetzt das theoretische Interesse vor allem auf Fragen der *Allokationseffizienz* und einer *wohlfahrtsoptimalen Gestaltung* der Besteuerung.

Seit einigen Jahren erzwingt die sog. *Globalisierung*, d.h. die Öffnung der Märkte und die internationale Mobilität von Menschen und Kapital wieder vermehrt zur Auseinandersetzung auch mit praktischen Fragen der Besteuerung. Es besteht kein Zweifel, daß diese Mobilität und insbesondere auch der Internethandel ("E-

---

4 *Musgrave* (1996a), S. 247.

Commerce") deutliche Spuren bei den etablierten Steuern und Steuersystemen hinterlassen werden. Die Globalisierung darf allerdings nicht den Blick dafür verstellen, daß es von grundlegender Bedeutung bleibt, die Gestaltung der Steuern in der Verantwortung derer zu belassen, die durch demokratische Verfassungen dazu legitimiert sind. Die Geschichte zeigt, was Steuern immer *auch* waren: *Ausdruck der Selbstbehauptung*. Die Ablehnung der britischen Steuergesetze ("no taxation without representation"), kulminierend in gewalttätigen Zusammenstößen mit britischen Truppen und in Boykotten britischer Waren (Boston Massacre 1770, Boston Tea Party 1773) mündete in der Ablösung der 13 Kolonien vom Mutterland und in der amerikanischen Unabhängigkeitserklärung von 1776. Kaum geringere Bedeutung hatte der Kampf für gerechte Steuern und gegen die Steuerprivilegien von Adel und Klerus im Frankreich des Ancien Régime. Ungerechte Steuern waren eine wichtige Ursache für das Entstehen der Bewegung, die zur Revolution von 1789 und zum heutigen Frankreich führte. Der *Kampf für demokratische Bürgerrechte* war in allererster Linie immer auch Kampf für gerechte Steuern.

Die aus historischer Erfahrung gewonnenen Einsichten haben bleibende, weil *grundsätzliche* Bedeutung: Wenn der Staat seinen Bürgern Lasten auferlegt - wie hoch oder wie niedrig auch immer - er muß es in einer Weise tun, die den ethischen Vorstellungen der Gesellschaft nicht widersprechen, denn er darf bei seinen Bürgern keinen Unfrieden stiften und sie nicht in Gewinner und Verlierer spalten. Willkürlich oder ungerecht auferlegte Lasten übersteigen immer das Maß des Zumutbaren und müssen als staatlich vorgenommener Raub angesehen werden. Daher muß *Gerechtigkeit der Besteuerung* das vorrangige Ziel eines zivilisierten staatlichen Gemeinwesens sein. Im Rahmen einer gerechten Besteuerung ist *Entscheidungsneutralität* der Besteuerung das nächstwichtige Ziel: Die Besteuerung soll die allokativen Entscheidungen im privaten Sektor so wenig wie möglich verzerren, weil ansonsten das Wohlstandsniveau der Bürger in vermeidbarer Weise abgesenkt wird. Die notwendigen - und gerecht zugeteilten - Lasten sollten also insgesamt so klein wie möglich sein. Für die Finanzwissenschaft ergibt sich daraus als zentraler Auftrag, die effizienteste Alternative einer gerechten Besteuerung aufzuzeigen. Die Besteuerung sollte allerdings nicht nur gerecht sein, sie sollte für die Besteuerten auch als gerecht erkennbar sein. Das ist nur möglich, wenn die Besteuerungsvorschriften einfach und verständlich sind. Um das zu erreichen, muß die Besteuerung so strikt wie möglich an ihrem eigentlichen fiskalischen Zweck der Finanzierung öffentlicher Haushalte orientiert sein. Je mehr die Besteuerung in den Dienst anderer Zwecke, d.h. vor allem in den Dienst von Lenkungszwecken gestellt wird, desto mehr wird gegen Einfachheit und Verständlichkeit verstoßen und bei den Besteuerten der Eindruck erweckt, einer ungerechten Besteuerung unterworfen zu sein.

Die Steuern sind der wichtigste, aber nicht der alleinige Gegenstand der vorliegenden Arbeit. Sie umfaßt neben einem Kapitel über öffentliche Gebühren und Beiträge auch ein Kapitel über öffentliche Kreditaufnahme. Das Buch enthält ferner vier Kapitel, die üblicherweise der *Allgemeinen Steuerlehre* zugerechnet werden. Es handelt sich um einen Überblick über Steuersysteme in Verbindung mit einer Einführung in wichtige Grundbegriffe der Besteuerung, um eine allgemeine Darstellung von Steuertarifen, um eine Einführung in die Steuerwirkungslehre und schließlich um eine Darlegung der normativen Grundlagen der Besteuerung. Fünf weitere Kapitel betreffen die sog. *Besondere Steuerlehre*: behandelt werden Einkommensteuern, Körperschaftsteuern, Umsatzsteuern, spezielle Verbrauchsteuern sowie Gemeindesteuern. Zwei weitere Kapitel sind schließlich noch der "internationalen Besteuerung" gewidmet. An die Darlegung des jeweiligen Stoffs schließen sich am Ende jeden Kapitels *Fragen zur Selbstkontrolle und zum Nachdenken* an.

Die Kapitelfolge des Buches orientiert sich nicht nur an systematischen Gesichtspunkten, sondern auch an didaktischen Überlegungen. Das Kapitel über die öffentlichen Gebühren bildet nicht zuletzt deswegen den Anfang, weil dieser Art öffentlicher Finanzierung der jedermann vertraute Tauschgedanke zugrunde liegt und die öffentliche Entgeltfinanzierung daher einen engen Bezug zur Alltagserfahrung im privaten Bereich aufweist. Die drei anschließenden Kapitel machen sodann den Leser bekannt mit steuerlichem Basiswissen bzw. dem kleinen Einmaleins der Besteuerung, d.h. mit Grundbegriffen, elementaren statistisch-institutionellen Daten und Fakten, mit dem Tarifinstrumentarium und mit einigen der Folgen der Steuerauferlegung, d.h. mit Wirkungen der Besteuerung. Das in diesen Kapiteln vermittelte positive Wissen erleichtert den Zugang zum fünften Kapitel. Dieses Kapitel ist aus steuersystematischer Sicht von grundlegender Bedeutung. Ihm sind die normativen Bindungen und Ziele zu entnehmen, die aus finanzwissenschaftlicher Sicht für die Gestaltung der anschließend dargestellten Einzelsteuern maßgebend sein sollten. Gleiches gilt auch für die Koordination dieser Einzelsteuern bei internationaler Besteuerung. Im letzten Kapitel des Buchs - dadurch zugleich auch den Stellenwert zum Ausdruck bringend - wird die öffentliche Kreditfinanzierung behandelt.

Um den Stoff so zu vermitteln, daß er trotz beschränktem Raum und dem Leser nur beschränkt zur Verfügung stehender Zeit die Möglichkeit für ein gründliches Verständnis bietet, erfolgte eine *Konzentration* auf einige besonders wichtig erscheinende öffentliche Finanzierungsinstrumente und gegenwärtig besonders interessierende Themenbereiche. Diese Beschränkung erlaubte eine detailliertere Behandlung des ausgewählten Stoffs und seine Illustration anhand von zahlreichen *Musterbeispielen*. Die Konzentration auf die genannten öffentlichen Geldbeschaffungsformen in der vorliegenden Arbeit darf allerdings nicht darüber hinwegtäuschen, daß es noch eine ganze Reihe weiterer, in der Summe nicht unbedeutender öffentlicher Einnahmearten gibt, die in der vorliegenden Arbeit nicht behandelt werden. Dazu gehören z.B. die Einnahmen aus dem staatlichen Geldmonopol (Seignorage, Zentralbankgewinn) und aus unternehmerischer Tätigkeit des Staates, wie z. B. auf Grund von Vermietung, Verpachtung oder Nutzung staatlichen Vermögens oder aus Einnahmen durch Veräußerung staatlichen Vermögens ("Privatisierung").

Die Darstellung der theoretischen Grundlagen der Besteuerung wird in der Regel durch einen auszugsweisen Überblick über empirische Regelungen in *Deutschland,* in der *Schweiz* und in *Österreich* ergänzt. Zu diesen Ergänzungen ist kurz folgendes anzumerken: Die rechtlichen Besteuerungsvorschriften *Deutschlands* weisen die größte Regelungsdichte auf und spiegeln insofern das Bemühen des Gesetzgebers um systematische Stringenz. Gleichzeitig weist jedoch das deutsche Steuersystem aus politischen Gründen eine ganze Reihe gravierender Systembrüche auf. Zusammengenommen resultiert aus beidem eine oft auf die Spitze getriebene Kompliziertheit der gesetzlichen Regelungen. Im Gegensatz dazu sind die einzelnen *Schweizer* Steuergesetze meist von exemplarischer Kürze und Einfachheit, doch führt der Schweizer Föderalismus zu einer für Außenstehende insgesamt kaum überschaubaren Vielfalt unterschiedlicher Regelungen auf der kantonalen und kommunalen Ebene. Die im folgenden vorgenommene Darstellung schweizerischer Steuerregeln beschränkt sich daher im wesentlichen auf die Vorschriften für die Bundesebene und für den Kanton Zürich. Im Falle *Österreichs* konnte die ergänzende Darstellung rechtlicher Regeln meist kürzer ausfallen. Das österreichische Steuersystem ist anders als das schweizerische und mehr als das deutsche zentralistisch ausgerichtet. Es weist aus historischen Gründen und wegen der neuerdings gemeinsamen Zugehörigkeit Österreichs und Deutschlands zur Europäischen Union viele Gemeinsamkeiten mit dem deutschen Besteuerungssystem auf. Für die Darstellung österreichischer Regelungen genügte es daher, sich auf die hauptsächlichen Unterschiede zu deutschen Regelungen zu beschränken.

Für das Verständnis des Textes werden nur elementare Kenntnisse der *Mikro-* und *Makroökonomie* sowie der *Mathematik* vorausgesetzt. Eine mathematische Ausdrucksweise wird gelegentlich zur Präzisierung oder Verdeutlichung einer gleichzeitig vorhandenen verbalen Darstellung verwendet. Da nach der Überzeugung des Verfassers Steuern und Gebühren alle angehen, sollte das, was die Finanz*wissenschaft* zu ihnen zu sagen hat, einem möglichst breiten Leserkreis "vermittelbar" sein.

Bei *Verwendung* des Buches im Unterricht oder zum Selbststudium ist es nicht unbedingt erforderlich, die *Reihenfolge* einzuhalten, in der der Stoff aus systematischen Gründen im Buch dargestellt wurde. Es kann vorteilhaft sein, zuerst *empirisch-statistische Fakten* und *gesetzliche Regelungen* kennenzulernen, und sich erst danach den theoretischen und normativen Grundlagen zuzuwenden. Bei dieser Vorgehensweise wird der Hörer oder Leser mit Problemen konfrontiert oder zu Fragen angeregt, bevor er erfährt, wie die aus wissenschaftlicher Sicht mögliche Lösung oder Antwort - soweit es sie gibt - aussieht.

Abschließend noch ein Hinweis für solche Leser, die sich weniger für die im vorliegenden Band dargestellte herrschende Theorie als vielmehr für neue oder alternative Theorien interessieren: Die Behandlung von *Steuerreformen* soll einem geplanten Folgeband vorbehalten sein. Theoretische Reformkonzepte und Reformen, die sich als Folge veränderter Umstände aufdrängen, sollen dort von verschiedenen Autoren und von unterschiedlichen Standpunkten aus dargestellt und einer vertieften Analyse unterzogen werden. Aus Sicht nahezu aller Finanzwissenschaftler hat die Reform der Einkommensteuer höchste Priorität. Für die Konzipierung dieser Reform müssen auch die in Fachkreisen intensiv diskutierten Reformkonzepte einer spar- oder zinsbereinigten Einkommensteuer auf den Prüfstand gestellt werden. Der Verfasser des vorliegenden Buches ist allerdings überzeugt von der Überlegenheit einer klassischen, von ihren heutigen Deformationen befreiten Einkommensteuer, wenn eine Besteuerung nach der wirtschaftlichen Leistungsfähigkeit auch in der Zukunft ein vorrangiges Ziel bleiben soll. Es gibt erhebliche, bisher bei weitem noch nicht genutzte Spielräume für die Reform der klassischen Einkommensteuer. Diese Spielräume erlauben es, mit einer solchen Steuer den heutigen Notwendigkeiten und den heute gültigen Normen Rechnung zu tragen. So können beispielsweise durch die Zulassung großzügig bemessener Altersvorsorgeabzüge (zur Annäherung an eine Besteuerung des Lebenseinkommens) oder durch den Übergang von der direkten zur indirekten Progression entscheidende Vereinfachungen erreicht, große Effizienzgewinne erzielt und die Anreize zur Steuerflucht und Steuerhinterziehung stark verringert werden. Für einen *Paradigmenwechsel* von der klassischen Einkommensbesteuerung zur *Konsumbesteuerung* vermag der Autor des vorliegenden Buches keine zwingenden Gründe zu erkennen.

ERSTES KAPITEL

Öffentliche Gebühren und Beiträge

I: Was zeichnet Gebühren und Beiträge aus? - ***II:*** *Voraussetzungen einer Gebühren- und Beitragserhebung -* ***III:*** *Wie hoch dürfen Gebühren und Beiträge sein? -* ***III.A:*** *Das Äquivalenzprinzip als Gebührenprinzip -* ***III.B:*** *Wirkungen einer Äquivalenzgestaltung -* ***III.C:*** *Gestaltungsgesichtspunkte im einzelnen* ***III.C.1:*** *Die Art der öffentlichen Leistung -* ***III.C.2:*** *Das öffentliche Interesse ("Vorteil der Allgemeinheit") -* ***III.C.3:*** *Die Bestimmung von Kosten oder Nutzen -* ***III.C.4:*** *Berücksichtigung des Marktes -* ***III.C.5:*** *Sozialpolitische Ziele* ***III.C.6:*** *Meritorisches Ziel -* ***III.C.7:*** *Lenkungsziele -* ***III.C.8:*** *Allokationseffizienz -* ***IV:*** *Die quantitative Bedeutumg von Gebühren und Beiträgen -* ***V:*** *Fragen zur Selbstkontrolle und zum Nachdenken*

I. Was zeichnet Gebühren und Beiträge aus?

Gebühren und Beiträge können wie Steuern dazu dienen, öffentliche Leistungen zu finanzieren. Aus der Sicht der Finanzwissenschaft sollte eine Finanzierung durch Gebühren oder Beiträge der Finanzierung durch Steuern jedoch vorgezogen werden, wenn die Voraussetzungen für die Erhebung von Gebühren oder Beiträgen vorliegen. Steuern sollten nur auferlegt werden, wenn diese beiden *Alternativen* nicht in Betracht kommen oder nicht ausreichen.

Im Unterschied zu den teilweise auch im privatwirtschaftlichen Sektor verwendeten Begriffen[1] werden Gebühren oder Beiträge als "öffentlich" bezeichnet, wenn es sich um Einnahmen staatlicher oder kommunaler Haushalte handelt. Zusammen mit den Steuern bilden öffentliche Gebühren und Beiträge die Kategorie "öffentliche Abgaben". Solche Gebühren und Beiträge sind zu verstehen als *Gegenleistungen* für einen *speziellen* Vorteil oder einen speziellen Nutzenempfang, der aufgrund einer *öffentlich* bereitgestellten Leistung resultiert. Die (öffentliche) Gebühr wird auch als ein *spezielles* Entgelt für eine *besondere* oder *unmittelbare Inanspruchnahme* einer staatlichen oder öffentlichen Leistung

1 Beispiele sind die Gebühr als Entgelt für die private Nutzung eines fremden Patents (üblicherweise als "Lizenzgebühr" bezeichnet) oder der Beitrag, den die Mitglieder eines privaten Vereins entrichten.

bezeichnet. Gebühren haben einen *preisähnlichen* Charakter. Sie sind *politisch gestaltete* bzw. administrativ gesetzte "Preise".

Man unterscheidet Verwaltungs- und Benutzungsgebühren. *Verwaltungsgebühren* werden verlangt bei Inanspruchnahme der sog. *Hoheitsverwaltung*, wobei es keine Rolle spielt, ob diese Inanspruchnahme freiwillig oder aufgrund staatlicher Vorschriften erfolgt, während mit *Benutzungsgebühren* für die Inanspruchnahme der sog. *Leistungsverwaltung*, d.h. für die Benutzung von öffentlichen Einrichtungen oder Anlagen bezahlt werden soll. Die für die Ausstellung eines Passes oder für die Inanspruchnahme der Justiz zu entrichtenden Abgaben sind Beispiele für Verwaltungsgebühren. Abgaben für die Benutzung eines kommunalen Schwimmbads oder für die Entsorgung von Müll oder Abwasser sind hingegen Benutzungsgebühren.

Öffentliche *Beiträge sind Abgaben, die erhoben werden, wenn* einem *abgrenzbaren Personenkreis* ein besonderer Vermögensvorteil verschafft wird. Die öffentliche Leistung wird in diesem Fall kollektiv einer identifizierbaren *Gruppe* von Leistungsempfängern erbracht. Gemeinden erheben z.B. für den Bau einer Wohnstraße von den "Anliegern" dieser Straße einen sog. *Anlieger-* oder *Perimeterbeitrag* und von den an das öffentliche Kanalisationsnetz Angeschlossenen einen sog. *Kanalisationsbeitrag*. Auf der zumeist nationalen Ebene werden Beiträge vor allem für die Leistungen der Sozialversicherung erhoben. Öffentliche Beiträge erhalten aus finanzpsychologischen Gründen oft phantasievolle Bezeichnungen, wie z.B. Autobahnvignette, Regenbogenabonnement, BahnCard, so daß sie vielfach nicht auf den ersten Blick als solche erkennbar sind.

Gebühren und Beiträge gab es schon im Altertum. Berühmt wurde die von Kaiser *Vespasian* (9 - 79 n.Chr.) eingeführte Gebühr für die Benützung römischer Bedürfnisanstalten. Dem Erfinder dieser Gebühr wird das geflügelte Wort zugeschrieben: "pecunia non olet" (Geld stinkt nicht). Bei Gebühren haben sich manchmal ältere Bezeichnungsweisen bis heute erhalten, wie z.B. die "Maut" für die Benutzung von Straßen oder Brücken.

II. Voraussetzungen einer Gebühren- und Beitragserhebung

Öffentliche Leistungen, bei denen die Erhebung von Gebühren und Beiträgen in Betracht kommt, haben den Charakter von gemischt-öffentlichen Gütern ("*Mischgütern*"). Ein gemischt-öffentliches Gut besteht aus einer *Kollektivgut-* und einer *Privatgutkomponente*. Es ist teils Kollektivgut, das dadurch gekennzeichnet ist, daß es keine Anwendung des sog. *Ausschlußprinzips* zuläßt, denn am Nutzen eines (reinen) Kollektivguts partizipieren alle Bürger gewissermaßen "automatisch". Rivalität um den Konsum des reinen Kollektivguts gibt es nicht: Kein "Konsument" eines reinen öffentlichen Guts beeinträchtigt den gleichzeitigen Konsum durch einen anderen. Ein gemischt-öffentliches Gut hat aber auch Eigenschaften eines Privatguts, das durch "Rivalität um den Konsum" gekennzeichnet ist und und die Anwendung des Ausschlußprinzips geradezu zur Voraussetzung hat: Bestünde keine Möglichkeit, Zahlungsunwillige auszuschließen, fehlte der Anreiz für einen privaten Unternehmer, dieses Gut herzustellen. Man kann auch sagen, daß eine öffentliche Leistung mit Mischgutcharakter zwei Arten von Adressaten bzw. von Nutzen- oder Vorteilsempfängern hat: einerseits die (gesamte) Allgemeinheit und andererseits einzelne Personen oder spezielle Gruppen von Personen oder Unternehmen.

Man bezeichnet gemischt-öffentliche Güter auch als "unreine" Kollektivgüter. Auf der Skala, die den Anteil der Kollektivgutkomponente von Gütern anzeigt (den "Grad des öffentlichen Interesses"), füllen gemischt-öffentliche Güter den ganzen Bereich zwischen den Extremen des *reinen* Privatguts und des *reinen* Kollekivguts aus (siehe Abb. 1.1).

Beispiele für öffentlich erbrachte Mischgüter gibt es in großer Zahl. Zu den Mischgütern mit dem Charakter einer Verwaltungsleistung gehören nicht nur reine Verwaltungsakte, wie das Ausstellen von Ausweisen, sondern z.B. auch die Überwachung vorgeschriebener hygienischer Standards bei der Herstellung von Nahrungsmitteln oder die Gewährleistung des Niveaus von Prüfungen, an deren Bestehen eine Berufsausbildung oder das Tragen eines Titels gebunden ist. Die staatliche Überwachung soll die Einhaltung von Hygienvorschriften bzw. die hohe Qualität von Prüfungen gewährleisten. Das soll die Allgemeinheit vor Schaden und Scharlatanen schützen bzw. dem Unternehmer oder dem Inhaber des amtlichen Zertifikats die Berufsausübung erlauben.

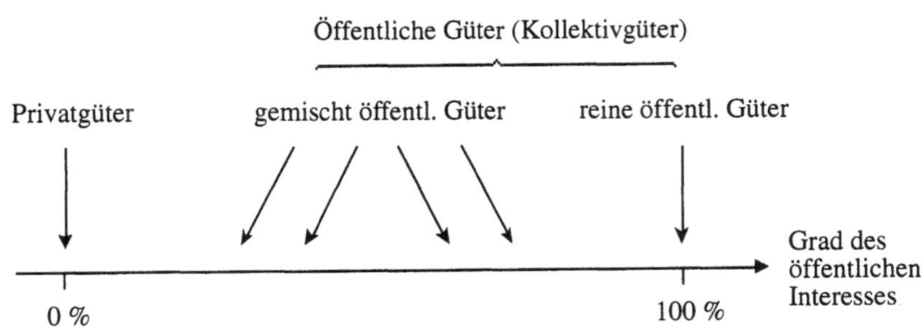

Abb. 1.1: Die Güterwelt, geordnet nach dem Kollektivgutanteil

Nicht immer, wenn ein Mischgut vorliegt, kann man eine Gebühr mit ihm verknüpfen. Es muß *im Prinzip* möglich sein, diejenigen vom Empfang der Privatgutkomponente der öffentlichen Leistung bzw. vom daraus erwachsenen Nutzen *auszuschließen*, die dafür nicht bezahlen. Der öffentliche Leistungserbringer muß die Teilhabe an seinem Leistungsangebot vorenthalten oder den

Zutritt zu der von ihm ausgerichteten Veranstaltung unterbinden können. Die glaubwürdige Drohung des Ausschlusses erzeugt die Bereitschaft zur Zahlung einer Gebühr. So können beispielsweise Gebühren erhoben werden, weil man durch Eingangskontrollen den Zutritt zu einer Theaterveranstaltung verweigern kann. Desgleichen kann der Rechtsschutz für eine Erfindung vorenthalten werden, wenn die Patentgebühr nicht bezahlt wird. Es genügt allerdings nicht, daß man nur in einem *technischen* Sinn "ausschließen" kann. Der Ausschluß bzw. die Drohung mit einem möglichen Ausschluß darf nicht gegen gesellschaftliche (ethische) *Normen* verstoßen, und es sollte im übrigen auch allokativ sinnvoll (*"ökonomisch"*) sein, die für eine Ausschließung erforderlichen Kosten aufzuwenden.

- *Technisch* ist in vielen Fällen die Ausschlußmöglichkeit von der Erfindung *maschineller* Vorrichtungen abhängig, durch die eine Inanspruchnahme festgestellt und der Inanspruchnehmer identifiziert werden kann: Erst seit der Erfindung der *Wasseruhr* kann man den individuellen Wasserverbrauch feststellen bzw. den einzelnen Wasserverbraucher identifizieren und gegebenenfalls vom Wasserbezug ausschließen.

- Man kann von einem technisch möglichen Ausschluß nur Gebrauch machen, sofern nicht ein *überwiegend meritorischer* Charakter des Mischguts oder allgemeiner: sofern nicht *ethisch-kulturelle Normen* der Gesellschaft dem entgegenstehen. Die Voraussetzung für die Anwendung des Ausschlußprinzips ist in einem solchen Fall nicht gegeben. So wird es beispielsweise heute in der Regel als unzulässig empfunden, den Zugang zur Volksschule und oft auch darüber hinaus zu allgemeinbildenden Schulen von der Entrichtung von Schulgeld abhängig zu machen. (Zum Begriff der Meritorik siehe Abschnitt III.C.6 weiter unten.)

- *Allokativ* sinnvoll ist die Ausschließung von Nichtzahlern nur, wenn (ohne Einbuße beim Nutzen aus der Kollektivgutkomponente) bei Gebührenfinanzierung die Kosten für den öffentlichen Leistungserbringer insgesamt nicht höher ausfallen als bei Steuerfinanzierung. Die Elektronik bzw. Automaten haben in neuerer Zeit die Kosten des Gebühreneinzugs oft stark verringert (z.B. Verkaufsautomaten für Fahrscheine öffentlicher Verkehrsbetriebe). Die Anwendungsbereiche des Ausschlußprinzips wurden dadurch erheblich ausgeweitet. Sind allerdings ceteris paribus die Kosten bei Gebührenfinanzierung infolge zusätzlicher Einziehungs- und Durchsetzungskosten (trotz geringerer Bereitstellungskosten wegen geringerer Leistungsinanspruchnahme) höher als bei Steuerfinanzierung, ist in ökonomischer Hinsicht die Anwendung des Ausschlußprinzips nicht sinnvoll.

Beispiel
Für die öffentliche Entsorgung von Hausmüll gegen Gebühr ist neben den beiden erstgenannten Voraussetzungen ohne Frage auch die dritte Voraussetzung gegeben. Wird Müll gegen Gebühr je nach Menge entsorgt (anstelle z.B. einer fixen Müllsteuer pro Person und Jahr, wie sie früher oft anzutreffen war), verringert sich das Müllaufkommen, weil auf weniger Müll produzierenden Konsum ausgewichen wird. Es entfallen daher Kosten für die Entsorgung und den Umweltschutz. Wenn die Kosten für die Einziehung der Müllgebühren geringer sind als diese wegfallenden Kosten, ist die Erhebung von Gebühren auch allokativ sinnvoll. Allerdings gehören zu den Erhebungskosten der Gebühren auch Kosten zur Unterbindung "wilden Deponierens" und für das Einsammeln des unerlaubt deponierten Mülls.

Öffentliche Beiträge unterscheiden sich von Gebühren dadurch, daß sie mit einer öffentlichen Leistung verknüpft sind, die speziell den Mitgliedern einer bestimmten *Gruppe* erbracht oder "vorgehalten" wird. Vielfach sind Beiträge auch der *Preis für die Option* oder für die *Anwartschaft* auf den Empfang einer öffentlichen Leistung mit Mischgutcharakter. Die öffentliche Leistung hat in diesem Fall den Charakter eines *öffentlichen Vereinsguts*. Die Voraussetzung des Beitrags ist die *Abgrenzbarkeit* der Gruppe. Hingegen entfällt die Notwendigkeit, die individuelle Inanspruchnahme messen zu müssen. Die nicht zur Gruppe Gehörenden besitzen keine Option auf den Empfang der öffentlichen Leistung und müssen von ihrem Empfang ausgeschlossen werden können. Mit dem Ausschlußprinzip bezüglich der Gruppe geht ein *Einschlußprinzip* bezüglich jedes einzelnen Gruppenmitglieds einher: Es kann sich der Beitragszahlung nicht entziehen, es sei denn durch Verlassen der Gruppe ("Auswanderung").

Der Übergang von Gebühren zu Beiträgen (und wie später noch zu zeigen sein wird, auch derjenige von Beiträgen zu Steuern) ist oft fließend. Zwar sind Gebühren und Beiträge verschiedene Entgeltformen für verschiedene öffentliche Leistungen (die häufig allerdings im Verbund erbracht und genutzt werden), doch können Gebühren z.B. aus allokativen Gründen an die Stelle von Beiträgen treten und Beiträge z.B. aus lenkungspolitischen Gründen an die Stelle von Gebühren. Manchmal treten beide Abgabeformen wie siamesische Zwillinge auf: als verbrauchsinvarianter *Grund-* oder *Bereitstellungs*preis (Beitrag) und als verbrauchsabhängiger *Arbeitspreis* (Gebühr). Man findet einen solchen "gespaltenen" bzw. "zweiteiligen Tarif" übrigens auch im privatwirtschaftlichen Bereich, z.B. beim Bezug von elektrischem Strom von privaten Elektrizitätswerken. Öffentliche Gebühren und Beiträge werden zusammengenommen oft auch als "Vorzugslasten" oder, wie in der Schweiz, als "*Kausalabgaben*" bezeichnet.

Die Erhebung einer Gebühr (eines Beitrags) ist nicht nur an die Voraussetzung der Ausschließbarkeit im technischen, ethischen und ökonomischen Sinn beim Vorliegen gemischt-öffentlicher Güter gebunden, sie hängt immer auch in einem doppelten Sinn von einer *politischen Entscheidung* ab: Da die Produktion und der Konsum fast immer mit externen Effekten verbunden sind, bedarf es einerseits der politischen Entscheidung, im konkreten Fall die Schwelle vom Privatgut zum gemischt-öffentlichen Gut als überschritten anzusehen und eine öffentliche Bereitstellung vorzunehmen. Ansonsten sollte die Bereitstellung allein dem Markt überlassen werden. Andererseits kann die Gebühren- oder Beitragserhebung ein als politisch wünschbar angesehenes Ausbringungsniveau der Kollektivgutkomponente gefährden. Das dürfte z.B. der Fall sein bei Gebühren für Impfungen. Es bedarf daher auch der politischen Entscheidung, daß eine Gebührenerhebung nicht dem Ziel einer erwünschten individuellen Inanspruchnahme entgegensteht. Dies könnte z.B. auch gegeben sein, wenn wegen einer Gebühr für die Benutzung von Volksbüchereien deren Inanspruchnahme nicht mehr dem politisch gewünschten Volksbildungsziel dienen würde. In diesen Fällen wird politisch entschieden, daß die Öffentliche-Guts-Komponente von so großer Bedeutung ist, daß sie eine Gebührenerhebung verhindert.

Werden für die Erbringung öffentlicher Mischgüter keine Gebühren oder Beiträge verlangt oder werden keine zur Finanzierung der öffentlichen Leistung ausreichenden Gebühren und Beiträge erhoben, dann müssen andere öffentliche Finanzierungsformen an deren Stelle treten. So werden in den meisten europäischen Ländern die Ausgaben im Hochschulbereich weitgehend durch Steuern und nicht über Studiengebühren finanziert. Auch im Bereich der Sozialversicherung werden die Ausgaben meist nur teilweise durch Beiträge und daher teilweise auch durch Steuern gedeckt. Andere Beispiele für nicht voll über Gebühren oder Beiträge finanzierte öffentliche Leistungen kann man Tabelle 1.3 in Abschnitt IV entnehmen.

III. Wie hoch dürfen Gebühren und Beiträge sein?

III.A. Das Äquivalenzprinzip als Gebührenprinzip

Die Höhe einer öffentlichen, durch politische Entscheidung zustande gekommenen Abgabe muß einem leitenden Prinzip folgen, wenn politische Willkür vermieden werden soll. Bei Gebühren und Beiträgen ist dies das Äquivalenzprinzip. Ihm liegt der Tauschgedanke zugrunde: Wert und Gegenwert sollen beim Tausch einander entsprechen, d.h. es soll eine Äquivalenz zwischen Leistung und Gegenleistung geben. Übertragen auf den öffentlichen Bereich verlangt das Äquivalenzprinzip, daß die Höhe der vom Leistungsempfänger verlangten Abgabe dem Wert oder den Kosten der ihm erbrachten Privatgutkomponente der öffentlichen Leistung entsprechen sollte.

III.B: Wirkungen einer Äquivalenzgestaltung

Gebühren und Beiträge, die gemäß dem Äquivalenzprinzip gestaltet sind, haben vor allem die Funktion eines *Wegweisers für die Allokation öffentlicher Ressourcen*. Die Bereitschaft der Nachfrager, einen Preis in Form einer Gebühr oder eines Beitrags zu zahlen, vermittelt dem Staat einerseits die Information, wo und in welchem Umfang er Ressourcen für sein Leistungsangebot einsetzen sollte, andererseits kann durch die "Bepreisung" bereitgestellter Mischgüter ein Rationierungsproblem hinsichtlich der Privatgutkomponente gelöst werden. Die für Privatgüter kennzeichnende "*Rivalität um den Konsum*" liegt in der Regel auch bezüglich der Privatgutkomponente von Mischgütern vor. Wird auf den Preismechanismus als Regulativ verzichtet (oder muß aus irgendwelchen Gründen auf ihn verzichtet werden), dann muß in der Regel ein anderes Rationierungsverfahren an seine Stelle treten, z.B. Rationierung durch Warteschlangen oder Bezugscheine, Übergang zu schlechterer, daher weniger nachgefragter Qualität der öffentlichen Leistung usw.

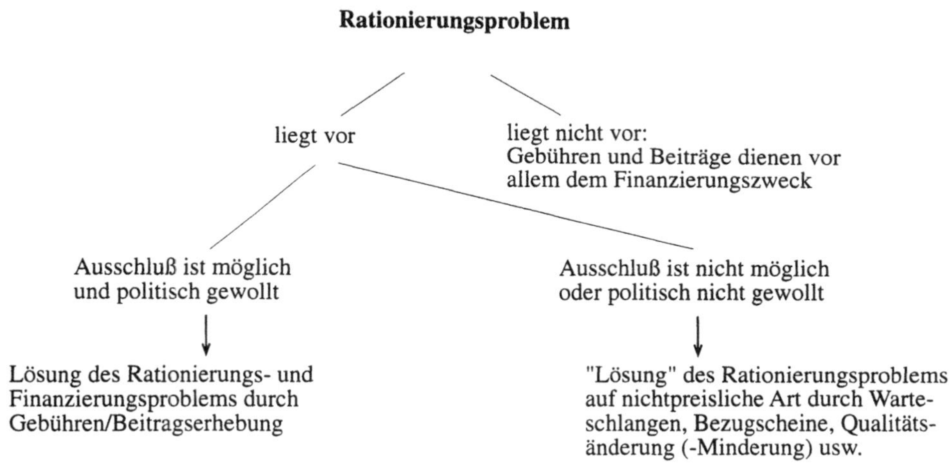

Liegt ein Rationierungsproblem nicht vor, wie im klassischen Fall des an der Küste stehenden Leuchtturms (der genaugenommen kein reines, sondern ein gemicht-öffentliches Gut ist) oder im Fall öffentlich bereitgestellter Information oder Unterhaltung (Radio, Fernsehen), dann dient eine Äquivalenzgestaltung dem Finanzierungszweck. In jedem Fall aber soll das Äquivalenzprinzip eine *faire Verteilung der Finanzierungslasten* bewirken: Eine Person oder eine Gruppe, die eine bestimmte staatliche Leistung empfängt, soll dafür bezahlen, aber sie soll zu *nicht mehr* als zur Erstattung der Kosten bzw. zu *nicht mehr* als zur Kompensation des zu erwartenden individuellen Vorteils herangezogen werden. Die Befolgung des Äquivalenzprinzips soll daher einerseits eine *ungerechtfertigte Belastung der Allgemeinheit zugunsten einzelner* und es soll andererseits eine *ungerechtfertigte Belastung einzelner zugunsten der Allgemeinheit* verhindern. Das Äquivalenzprinzip soll also dem Schutz des einzelnen Abgabepflichtigen vor einem "fiskalischen Übergriff" (*Gebührenschuldnerschutz*) dienen und die Gefahr staatlichen Versagens verringern, indem es den politischen Entscheidungsträgern und öffentlichen Verwaltungen Grenzen anzeigt und auf diese Weise zu ihrer *Bändigung* beiträgt. Wenn diese gezwungen werden, sich bei der Gestaltung von öffentlichen Abgaben am Äquivalenzprinzip zu orientieren, können sie Gebühren und Beiträge nicht mehr in beliebiger Höhe ansetzen.

Historisch spielte die politische Durchsetzung des Äquivalenzprinzips eine große Rolle bei der Zurückdrängung eines ungezügelten Gebührenwesens. Das von Finanzwissenschaftlern des 19. Jahrhunderts aufgestellte und gegen oft heftigen politischen Widerstand als Norm durchgesetzte Äquivalenzprinzip führte zur Abkehr willkürlich festgelegter Gebühren oder Beiträge und ebnete den Weg für die Entwicklung eines modernen Steuerwesens.

Die Durchsetzung des Äquivalenzprinzips erfordert allerdings *auch heute noch* die Wachsamkeit der Öffentlichkeit. Auch die Finanzwissenschaft ist zur Wächterin berufen. Ohne wirkungsvolle öffentliche Kontrolle kann es immer wieder einen *Rückfall* in einen *vormodernen* Zustand öffentlicher Einnahmenbeschaffung geben. Ein solcher Rückfall ereignete sich jüngst mit der *Versteigerung* von Funklizenzen (UMTS - Lizenzen) in einigen Ländern. Sie erbrachte z.B. dem deutschen Fiskus nahezu 100 Mrd. DM an Einnahmen. Tatsächlich handelte es sich dabei überwiegend um den Vorbezug von *Verbrauchsteuern* auf Telekom-Dienstleistungen in der Zukunft. Die Versteigerung einer staatlichen Ordnungsleistung verstößt jedoch in grober Weise gegen das Äquivalenzprinzip und muß daher als ein übler Fall von Staatsversagen bezeichnet werden.

Wirkungen einer Äquivalenzgestaltung:

- → Allokation von Ressourcen
- → Finanzierung öffentlicher Ausgaben
- → faire Verteilung der Finanzierungslasten
- → Bändigung des öffentlichen Zugriffs auf Ressourcen von Privatpersonen

III.C Gestaltungsgesichtspunkte im einzelnen

Das Äquivalenzprinzip liefert als *Grundnorm* eine Richtschnur hinsichtlich der Erhebung von Gebühren und Beiträgen. Man kann das Äquivalenzprinzip mit einem Kompaß vergleichen, der die grundsätzlich einzuschlagende Richtung angibt. Die Anwendung des Äquivalenzprinzips erfordert jedoch einerseits eine sachgerechte Konkretisierung und andererseits angesichts der in der Regel vorliegenden politischen Ziele auch eine Modifizierung. Nur unter diesen Umständen sind die Voraussetzungen erfüllt, so daß durch politische Entscheidung ein konkreter Gebühren- oder Beitragstarif festgelegt werden kann.

Die folgende Abbildung ermöglicht einen Überblick über Gesichtspunkte und Ziele, die bei einer am Äquivalenzprinzip ausgerichteten Gestaltung von Gebühren und Beiträgen zu berücksichtigen sind. Wie der Tabelle 1.1 (in Abschnitt IV weiter unten) zu entnehmen ist, sind Gebühren und Beiträge in den unterschiedlichsten öffentlichen Tätigkeitsbereichen anzutreffen. Es ist daher nicht verwunderlich, daß ganz unterschiedliche Gesichtspunkte und Ziele zu berücksichtigen sind.

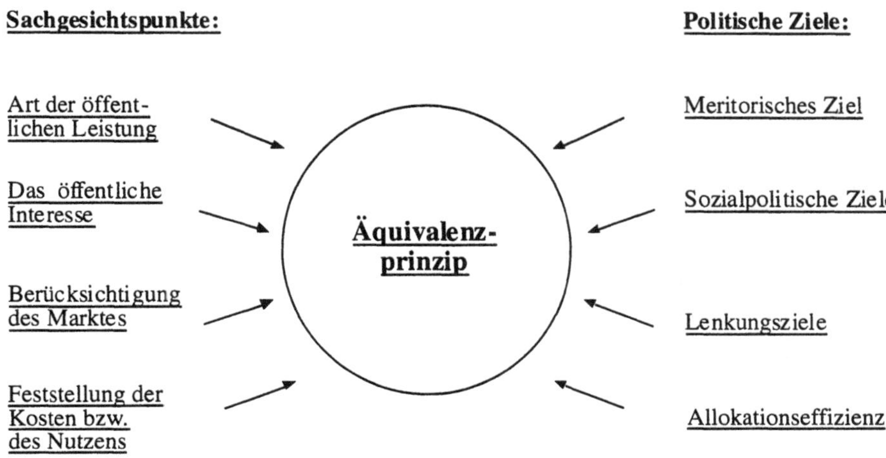

Abb. 1.2: Das Äquivalenzprinzip als grundlegende Norm

III.C.1. Die Art der öffentlichen Leistung

Mischgüter werden teils von der sog. Leistungsverwaltung (vom Staat als Dienstleister im engeren Sinn), teils von der sog. Hoheitsverwaltung (vom Staat als Ordnungsstaat) und teils von der öffentlichen Sozialversicherung bereitgestellt. Diesen drei Bereichen entsprechend kann man unterschiedliche Arten von Mischgütern unterscheiden. Wenn Mischgüter von der sog. Leistungsverwaltung bereitgestellt werden, kommt in erster Linie die *kostenmäßige Variante des Äquivalenzprinzips* in Betracht. Die Wasserversorgung, die Abwasserbeseitigung oder die Bereitstellung einer Anliegerstraße erfordern neben Sach- und Personalkosten einen oft hohen Investitionsaufwand. Ein auf die Wiedereinbringung der Kosten gerichtetes Äquivalenzprinzip, d.h. das *kostenmäßig interpretierte Äquivalenzprinzip* ist daher in diesen Fällen die sachlich gebotene Variante für die Gestaltung von Benutzungsgebühren und Nutznießer-Beiträgen.

Bei der Tätigkeit der sog. *Hoheitsverwaltung* fallen vorwiegend Gemeinkosten an, die im einzelnen schwierig zurechenbar sind. Der Kostenaspekt einer hoheitlichen Maßnahme im Hinblick auf die Gebührenfestsetzung ist in der Regel vernachlässigbar. Bei der Aufstellung von kommunalen Zonenplänen oder regionalen Verkehrsplänen, bei der Ausstellung von Zeugnissen oder Ausweisen oder bei der Erteilung von Konzessionen oder "Erlaubnissen" für eine bestimmte wirtschaftliche Betätigung ist in erster Linie der Nutzen der hoheitlichen Ordnungstätigkeit relevant. Für die Gestaltung von Verwaltungsgebühren, Lizenz- oder Konzessionsabgaben kommt primär die nutzenmäßige Variante des Äquivalenzprinzips zur Anwendung. Die englische Bezeichnung *"benefit principle"* weist auf diese ursprüngliche Variante des Äquivalenzprinzips hin.

Als Spiegelbild zu dem soeben dargestellten Fall gibt es eine schadensmäßig zu interpretierende Äquivalenznorm, wenn im öffentlichen Interesse liegende Maßnahmen individuelle Vermögens*nachteile* hervorrufen. Dieser Fall ist beispielsweise gegeben, wenn die Planung neuer öffentlicher Verkehrsverbindungen *Enteignungen* erforderlich macht. Die aus allgemeinen Haushaltsmitteln, d.h. von der Allgemeinheit zu finanzierenden Entschädigungen sollten der Höhe des individuellen Vermögensnachteils entsprechen.

Als Drittes gibt es die *sozialversicherungsmäßige Variante* des Äquivalenzprinzips. Bei dieser handelt es sich nicht um eine Zug um Zug für eine öffentliche Sach- oder Dienstleistung zu entrichtende Gegenleistung, sondern in erster Linie um den *Erwerb von Ansprüchen auf spätere Transferzahlungen in Entsprechung zu vorher geleisteten Beitragszahlungen.* Die sozialversicherungsmäßige Variante ist die Grundnorm für die Beitragsgestaltung bei Leistungen, die von staatlichen *Institutionen der sozialen Sicherung* wie der Renten-, Arbeitslosen-, Unfall- und öffentlichen Krankenversicherung erbracht werden.

Anders als die privatwirtschaftlich erbrachten Versicherungsleistungen haben öffentliche Versicherungsleistungen den Charakter von Mischgütern, denn mit ihrer Ausrichtung und aufgrund der familien- oder sozialpolitischen Gestaltung der individuell empfangenen Transferleistungen werden zugleich der Allgemeinheit zugute kommende Kollektivgutkomponenten erbracht: Neben Versicherungsleistungen im eigentlichen Sinn werden von den Sozialversicherungen auch verschiedenartige sog. versicherungsfremde Leistungen erbracht, um familien- oder sozialpolitischen Zielen oder ganz generell, um dem *sozialen Frieden* zu dienen[2]. Die grundsätzliche Orientierung am Äquivalenzprinzip bleibt gleichwohl erhalten. So entsprechen im großen und ganzen die unterschiedlich hohen Altersrenten den früher in entsprechend unterschiedlicher Höhe geleisteten Beiträgen: Ein proportional zum Arbeitseinkommen bemessener Beitragssatz berechtigt grundsätzlich zu einer Rente, die proportional zum früheren Arbeitseinkommen berechnet wird.

Alle modernen Industriestaaten besitzen ein öffentlich finanziertes System zur Gewährleistung von *Alterseinkünften* (Renten) an Stelle vorher erzielten Erwerbseinkommens. Ganz überwiegend erfolgt die Finanzierung dieser Systeme durch Sozialversicherungsbeiträge.

Beispiel
Beim international als vorbildlich angesehenen, auf drei sog. Säulen ruhenden *Schweizer System* setzen sich die Alterseinkünfte aus drei im Prinzip gleichrangigen Bestandteilen zusammen: Erstens aus Renten der staatlichen Alters- und Hinterbliebenen Versicherung (AHV), die im Umlageverfahren zu rund 80 Prozent durch Sozialversicherungsbeiträge der Beschäftigten und ihrer Arbeitgeber und zu rd. 20 Prozent durch staatliche Zuschüsse, d.h. durch Steuern finanziert werden ("erste Säule"). Zweitens aus dem Rückfluß und der Verzinsung von Kapital, das während der Dauer der Erwerbstätigkeit durch Zwangsersparnisse der versicherten Arbeitnehmer und gleich hohe

---

2 Als versicherungsfremd werden öffentliche Leistungen bezeichnet, die aufgrund eines privatwirtschaftlichen Versicherungsvertrags nicht oder nur in einer sozialpolitisch unzureichenden Form erbracht würden.

Kapitaleinzahlungen ihrer Arbeitgeber gebildet wurde. Diese sog. Berufliche Vorsorge (zweite Säule) führt zu Betriebsrenten in Entsprechung zum vorher individuell gebildeten Kapital (Finanzierung von Alterseinkünften durch das sog. Kapitaldeckungsverfahren). Die dritte Säule schließlich besteht aus Kapital, das durch steuerlich begünstigte, freiwillige Ersparnisse während der Zeit der Erwerbstätigkeit gebildet wurde. Dieses Kapital bleibt bis zum Eintritt ins Rentenalter gebunden. Danach steht es frei zur Verfügung.

Während sich der Staat bei der zweiten und dritten Säule nur regulierend und steuerlich fördernd engagiert, ist er im Rahmen der ersten Säule selber Leistungserbringer. Die von ihm ausgezahlten Renten sollen dem in der Verfassung festgelegten Sozialziel der Deckung eines angemessenen Existenzbedarfs dienen. Die von der AHV ausgerichteten Renten haben den Charakter eines Mischguts: Die Allgemeinheit hat ein Interesse an einer möglichst breiten Akzeptanz der politischen Ordnung. Es gereicht ihr zum Nutzen, wenn sie eine Solidargemeinschaft bildet, die auch ihren schwächeren Gliedern ein für den Existenzbedarf ausreichendes Alterseinkommen sichert. Die AHV-Renten beinhalten daher auch eine Umverteilungskomponente zugunsten derer, die mangels eines ausreichenden Einkommens keine Rentenansprüche in Höhe einer Minimalrente erwerben konnten oder die, als schlechte Risiken sich nicht ausreichend privat versichern konnten. Konsequenterweise übernimmt die Allgemeinheit unter Einschluß auch derjenigen, die keine Rentenansprüche erwerben, einen Teil der Finanzierungslasten der AHV durch einen steuerfinanzierten Zuschuß.

Bei der Gestaltung der AHV-Renten ist das Äquivalenzprinzip die maßgebliche Norm: Die Höhe der individuellen Rente richtet sich im Prinzip nach der Höhe der einbezahlten Sozialversicherungsbeiträge. Diese betragen 8,4 Prozent vom Lohn eines Beschäftigten, wobei jeweils die Hälfte, also jeweils 4,2 Prozent, vom Arbeitgeber und Arbeitnehmer zu tragen sind.

Zu unterscheiden sind also in Abhängigkeit von der Art der öffentlichen Leistung drei Varianten des Äquivalenzprinzips.

Varianten des Äquivalenzprinzips

kostenmäßige Variante | nutzen-(schadens-) mäßige Variante | sozialversicherungsmäßige Variante

Die einzelnen Varianten des Äquivalenzprinzips bedürfen einer sachgerechten Konkretisierung, um Leistung und Gegenleistung aufeinander abzustimmen. Beim sozialversicherungsmäßigen Äquivalenzprinzip richtet sich z.B. der Umfang der späteren öffentlichen Leistung in Form einer Rente nach dem Umfang früherer Beiträge. Beim kosten- und nutzenmäßigen Äquivalenzprinzip benötigt man sog. *Indikatoren*, die den Leistungs- oder Vorteilsempfang im jeweiligen Einzelfall anzeigen, damit davon die Höhe der Gebühr oder des Beitrags abgeleitet werden kann. Oft erlaubt das Verfahren zur Durchführung der technischen Ausschließbarkeit zugleich auch eine exakte Zumessung der Leistungsmengen. Durch Wasseruhren kann z.B. der Bezug von Frischwasser mengenmäßig genau angegeben werden. Man nennt einen Indikator, der eine individuell empfangene Leistungsmenge genau anzugeben vermag, einen *Wirklichkeitsmaßstab*. Das Äquivalenzprinzip erfordert die Verwendung eines Wirklichkeitsmaßstabs *sofern es ihn gibt*.

Auf einen Wirklichkeitsmaßstab darf nicht willkürlich verzichtet werden. In einer Reihe von Fällen, insbesondere bei Kollektivleistungen an Gruppen, kann ein solcher Indikator allerdings nicht gefunden werden. Man muß dann auf sog. *Wahrscheinlichkeitsmaßstäbe* oder Erwartungswerte zurückgreifen. So kann man z.B. den Bezug der Frischwassermenge als einen Wahrscheinlichkeitsmaßstab für die Menge des von privaten Haushalten abgegebenen Abwassers verwenden. Ein klassischer Indikator ist der sog. *Frontmetermaßstab*: Die Längen der an die öffentlichen Straßen anstoßenden Grundstücksseiten bilden die Grundlage der Beitragsbemessung als Äquivalent für die kommunalen Kosten zur Erstellung von Anliegerstraßen.

III.C.2. Das öffentliche Interesse ("Vorteil der Allgemeinheit")

Öffentliche Einrichtungen oder Leistungen mit Mischgutcharakter liegen *in unterschiedlichem Grad im Interesse der Allgemeinheit*. Das Verhältnis, in dem die aus einer öffentlichen Einrichtung der Allgemeinheit zufließenden Nutzen zu den "Privatnutzen" stehen, sollte die Grundlage einer sog. *Kostenteilung* bilden. Das der Gebührengestaltung zugrunde zu legende Äquivalenzprinzip ist so zu interpretieren, daß die privaten Empfänger nur den ihnen zuzurechnenden Kostenteil einer öffentlichen Leistung mit Mischgutcharakter zu übernehmen haben, jedoch nicht den Vorteil der Allgemeinheit über Gebühren finanzieren sollten.

Die Teilung der Finanzierungslasten zwischen der Allgemeinheit und den privaten Leistungsempfängern kann oftmals nur politisch entschieden werden. In manchen Fällen kann der sog. Vorteil der Allgemeinheit aber auch auf objektiv feststellbare Kriterien abgestützt werden. Ein Beispiel dafür liefert die kommunale Abwasserkanalisation. Diese dient einerseits der Ableitung des Schmutzwassers privater Haushalte und gewerblicher Einleiter, andererseits aber auch der Ableitung des Regenwassers. Bei mitteleuropäischen Wetterverhältnissen läßt sich das öffentliche Interesse an sog. Vorhaltekapazitäten zur Ableitung des nach heftigen Regenfällen in großer Menge anfallenden Regenwassers auf durchschnittlich etwa 10 % bis 20 % der Investitionskosten abschätzen. Eine sachgerechte Anwendung des Äquivalenzprinzips bedeutet, daß unter diesen Umständen nur 80 % bis 90 % der Kosten für den Bau des Abwasserkanalnetzes und der Kläranlagen den Privathaushalten bzw. Privatgrundstücksinhabern anzulasten sind, 10 % bis 20 % der Kosten jedoch von der Gemeinde für die Ableitung des Regenwassers von öffentlichen Straßen oder Plätzen zu tragen sind.

In vielen Fällen erfolgt die Kostenteilung durch einen Zuschuß zu den Investitionsausgaben einer sich mittels Gebühren finanzierenden Einrichtung von der Gemeinde oder durch eine Zweckzuweisung der übergeordneten Gebietskörperschaft. Durch Abzug dieses Zuschusses oder dieser Zuweisung von den Investitionsausgaben wird die Gebührenkalkulation entlastet. Unterstellt man beispielsweise im Fall kommunaler Friedhöfe ein öffentliches Interesse an geordneten und kulturell gebotenen Formen der Bestattung, dann ist eine Mitbeteiligung der kommunalen Allgemeinheit an den Friedhofskosten geboten. Dies kann beispielsweise dadurch erfolgen, daß die Gemeinde ein Grundstück "kostenlos" für Friedhofszwecke zur Verfügung stellt. Der Friedhof als öffentliche Einrichtung ist gewissermaßen die von der kommunalen Allgemeinheit "nachgefragte" Mischgutkomponente.

In neuerer Zeit wird immer öfter der Weg der Privatisierung öffentlicher Leistungen bei gleichzeitiger öffentlicher Bezuschussung des privaten Leistungserbringers beschritten: Eine auch im öffentlichen Interesse liegende Leistung, z.B. der nationale oder regionale Eisenbahnbetrieb oder die kommunale Müllentsorgung wird einem privatrechtlichen Unternehmen übertragen und diesem wird als Kompensation für die Wahrnehmung des öffentlichen Interesses ein vorher politisch festgelegter Zuschuß gegeben. Man erhofft sich daraus Effizienzgewinne bei der Leistungserbringung ohne Einbuße des Nutzens der Allgemeinheit - ob immer zu Recht, ist eine andere Frage.

III.C.3. Die Bestimmung von Kosten oder Nutzen

Das Äquivalenzprinzip der *kostenmäßigen* Variante bedarf zu seiner Konkretisierung einer möglichst genauen Feststellung der Kosten, die mit der Leistungsbereitstellung verbunden sind. Kosten sind *Werteverzehr*. Da ein solcher Werteverzehr im Prinzip nicht davon abhängt, ob er bei der Produktion eines öffentlichen oder eines privaten Gutes anfällt oder ob die Produktion im öffentlichen oder privaten Sektor erfolgt, ist es richtig und in der Regel auch gesetzlich vorgeschrieben, sich bei der Gebührenkalkulation an *privatwirtschaftlichen Vorbildern* zu orientieren, d.h. nach betriebswirtschaftlichen Grundsätzen zu kalkulieren. Daraus folgt, daß bei der Gebührenkalkulation von denselben Kostenarten und von demselben Kostenbegriff auszugehen ist wie in der Privatwirtschaft. Zu den Kosten gehören hier wie dort neben dem Personal- und dem laufenden Sachaufwand auch die sog. *kalkulatorischen* Kosten, d.h. *Abschreibungen* auf Investitionen und die *Verzinsung* des gebundenen Kapitals. Abschreibungen und Verzinsung können bei den oft sehr kapitalintensiven öffentlichen Einrichtungen 50 % und mehr der gesamten Kosten ausmachen.

Neben kalkulatorischen Abschreibungen müssen für die Bindung von Kapital auch *kalkulatorische Zinsen* verrechnet werden, wenn betriebswirtschaftliche Grundsätze gelten sollen. Kalkulatorische Zinsen sind Finanzierungskosten, und zwar sowohl für geliehenes Fremdkapital als auch für verliehenes (d.h. von der Eigentümerkörperschaft bereitgestelltes) Eigenkapital. Über die kalkulatorischen Zinsen werden die Opportunitätskosten alternativer Nutzungen, d.h. es wird der sog. Schattenpreis für das in der Einrichtung gebundene Kapital verrechnet. Seine Höhe richtet sich nach dem Restwert der Einrichtung, für dessen Bestimmung wiederum der Zeitwert eine geeignete Grundlage bildet.

Trotz der Anlehnung der öffentlichen Gebühren- und Beitragskalkulation an die privatwirtschaftliche Preiskalkulation darf ein *wichtiger Unterschied* nicht übersehen werden: Die Kalkulation eines *Gewinnaufschlags* stünde im Widerspruch zum Äquivalenzprinzip. Bei privatwirtschaftlicher Tätigkeit ist Gewinnerzielung in der Regel unverzichtbar: fehlender Gewinn kann als ein Indikator für Fehlallokation von Kapital angesehen werden. Nur eine nachhaltig Gewinn einbringende Unternehmenstätigkeit ist kreditwürdig und kann sich auf Dauer im Markt behaupten. Ganz anders verhält es sich im öffentlichen Sektor: Der Staat und die zum öffentlichen Sektor gehörenden Institutionen beziehen anders als private Unternehmen ihre Handlungsmotivation nicht aus der Gewinnerzielungsabsicht, sondern aus politischen und gesellschaftlichen Zielen, und weil sie Güter bereitstellen, die vom Markt nicht bereitgestellt werden.

Der Staat muß seine Fähigkeit, Kredite zurückzahlen zu können, nicht durch Erzielung von Gewinn unter Beweis stellen. Die Kalkulation von Gewinn bei Gebühren (Beiträgen) entspräche einer *Steuererhebung* bei dem mehr oder weniger zufälligen Kreis derer, die eine gebühren- oder beitragsfähige Leistung in Anspruch nehmen. Die Gebührenzahler würden auch zur Finanzierung reiner öffentlicher Güter herangezogen. Dies entspräche einer speziellen Verbrauchsbesteuerung der gegen Gebühr erbrachten öffentlichen Leistung und hätte, wie im vierten Kapitel zu zeigen sein wird, obendrein sog. Zusatzlasten zur Folge. Das wäre willkürlich und bedeutete eine ungerechtfertigte Belastung einzelner zugunsten der Allgemeinheit. Bezüglich der Höhe des Entgelts für öffentlich erbrachte Leistungen ist daher das aus dem Äquivalenzprinzip abgeleitete *Gewinnerzielungsverbot* aufgestellt worden. Die Orientierung der Gebührenkalkulation an privatwirtschaftlichen Vorbildern wird also durch *eine wichtige Besonderheit* begrenzt

Sofern Gebühren oder Beiträge im Zusammenhang mit Leistungen der Hoheitsverwaltung erhoben werden, spielen (wie schon erwähnt) Kosten in der Regel eine untergeordnete Rolle. In diesen Fällen ist auf den Wert oder den Nutzen bei den Empfängern abzustellen. Allerdings muß bei dem durch hoheitliches Handeln ausgelösten besonderen Vorteilszugang die Bestimmung des Wertes oder Nutzens in der Regel durch eine politische Entscheidung erfolgen. Dies ist beispielsweise und zugleich typischerweise der Fall bei der Ausstellung von berufsqualifizierenden Dokumenten, wie Gewerbescheinen oder Zeugnissen für abgelegte Prüfungen (Führerscheinprüfungen, Diplomprüfungen usw.). Immerhin gibt es aber speziell im Bereich der Erteilung von Konzessionen oder Lizenzen auch Anhaltspunkte für eine *Objektivierung* des einer bestimmten Person oder einem bestimmten Personenkreis aufgrund ordnungspolitischen Handelns zuwachsenden Wertes oder Nutzens. Eine Vorstellung für die Höhe des hoheitlich geschaffenen Werts z.B. für Funklizenznehmer läßt sich beispielsweise dadurch gewinnen, daß man die Kostenverringerung abschätzt, die sich für sie durch die öffentliche Ordnungstätigkeit ergibt.

III.C.4. Berücksichtigung des Marktes

Die öffentlichen Anbieter stehen nicht selten in einer Konkurrenzsituation zu privaten Anbietern von Substitutionsgütern. So konkurrieren beispielsweise öffentlich-rechtliche Kultureinrichtungen (Theater, Museen, Rundfunk- und Fernsehanstalten) mit privaten Kultureinrichtungen, öffentliche Personennahverkehrsunternehmen konkurrieren mit dem Individualverkehr, staatliche Hochschulen mit privaten Hochschulen usw.. In solchen Fällen müssen die öffentlichen Anbieter den Marktverhältnissen und im speziellen den Nachfrageelastizitäten bei der Gebühren- oder Beitragsgestaltung Rechnung tragen, um eine möglichst optimale Auslastung der eigenen Kapazitäten zu erreichen und um damit zugleich dem mit einer solchen Auslastung verbundenen Allgemeininteresse zu dienen. Dies kann beispielsweise eine Gebührendifferenzierung (Marktspaltung) oder eine zeitliche Gebührenstaffelung (Spitzenlast-/Niederlastgebühr, "peak-load-pricing") erforderlich machen. Flexibilität bei der Gestaltung von Gebühren in Entsprechung zu unterschiedlichen Nachfrageelastizitäten verschiedener Benutzergruppen oder im Fall von variierender Nachfrage im Zeitablauf findet man beispielsweise auch bei den öffentlichen Elektrizitätsunternehmen, die von verschiedenen Abnehmergruppen wie Privathaushalten, Kleingewerbe und Großabnehmern oder verschiedenen Tages- und Nachtzeiten unterschiedliche Tarife verlangen.

Die Berücksichtigung der Marktverhältnisse bedeutet keine Abkehr vom Äquivalenzprinzip. Dieses erhält vielmehr eine auf Grund der Berücksichtigung der Marktlage sachadäquate Interpretation: es wird dann nicht verlangt, daß die Gebühr für *jede einzelne Leistungseinheit* sich an den zurechenbaren Kosten orientieren sollte, sondern nur, daß das Gesamtaufkommen aus Gebühren oder Beiträgen (nach Abzug des durch Steuern zu finanzierenden "Vorteils der Allgemeinheit") den Gesamtkosten entspricht. Solange gesamthaft an der Richtschnur festgehalten wird, die Kosten der Leistungsbereitstellung als maßgebend für das Gesamtaufkommen von Gebühren oder Beiträgen anzusehen, liegt eine der Marktlage entsprechende Auslegung des Äquivalenzprinzips vor.

III.C.5. Sozialpolitische Ziele

Sozialpolitische Ziele spielen außer bei der Festlegung der Leistungen der Sozialversicherungen auch bei der Gestaltung der Sozialversicherungs*beiträge* eine Rolle. Diese Beiträge werden in vielen Fällen nicht ausschließlich an den individualversicherungsmäßigen Erwartungswerten orientiert. So werden z.B. öffentliche Krankenversicherungsbeiträge nicht danach differenziert, ob und wieviele Familienmitglieder eines Versicherten mitversichert sind, oder es werden bei der Rentenversicherung von Verheirateten die gleichen Beiträge verlangt wie von Ledigen, obwohl bei Verheirateten die Hinterbliebenen ebenfalls einen Anspruch auf eine (Witwen- oder Waisen-)Rente haben. Für gewisse Gruppen von Sozialversicherten werden reduzierte Beiträge verlangt, ohne daß deshalb die späteren Leistungsansprüche im gleichen Maß gesenkt werden.

Auch bei der Festlegung von *Gebühren* spielt häufig ein sozialpolitisches Ziel eine Rolle. Die populäre und weitverbreitete Ansicht, Gebühren seien eine unsoziale Form öffentlicher Finanzierung, ist nicht richtig. So erhalten einkommensschwache Personen oft eine gebührenpflichtige öffentliche Leistung zu einer stark ermäßigten Gebühr oder ohne Gebühr. Ein geringes Einkommen oder auch andere soziale Merkmale können ein Ermäßigungsgrund für Gebühren sein. Die *Sozialstaffelung* von Gebühren ist so alt wie die Gebühr selbst. So können z.B. unter Berufung auf das Armenrecht Unterbemittelte ohne Gebührenzahlung ihre Rechte vor Gericht geltend machen. Klassischerweise werden von Sozialhilfeempfängern, aber auch von im allgemeinen als einkommensschwach angesehenen Gruppen wie Schülern, Studenten, Rentnern oder Invaliden reduzierte Gebühren erhoben.

Eine Sozialstaffelung modifiziert das Äquivalenzprinzip ohne es außer Kraft zu setzen. Für alle nicht einkommensschwachen Leistungsempfänger bleibt es verbindliche Richtschnur. Von diesem Personenkreis wird eine Gebühr bzw. ein Beitrag erhoben, so wie es auch beim Fehlen von einkommensschwachen Leistungsempfängern der Fall wäre. Daraus folgt, daß der Fehlbetrag, der durch die unentgeltliche Abgabe an Einkommensschwache entsteht, *durch die Allgemeinheit* über Steuern zu finanzieren ist, denn Sozialpolitik ist Sache der Allgemeinheit. Diese muß die Kosten tragen, denn andernfalls könnte sie ihre Lasten auf einen oft zufälligen Kreis von Leistungsempfängern abwälzen. Die entstehende Lastverteilung wäre willkürlich, denn alle, die die betreffende öffentliche Leistung nicht nachfragten, trügen nicht zur Finanzierung der öffentlichen Sozialpolitik bei.

Zur Illustration des Gesagten sei angenommen, eine Gemeinde beschließe, Kindergartenplätze für Kinder einkommensschwacher Eltern kostenlos zur Verfügung zu stellen und den entstehenden Einnahmenausfall durch höhere Gebühren für die anderen Inanspruchnehmer zu kompensieren. Bei diesen würde neben den Kosten ein Gewinn einkalkuliert. Belastet würden auf diese Weise aber nur jene Eltern, die kommunale Kindergartenplätze in Anspruch nehmen oder nehmen müßten. Alle anderen Gemeindebürger müßten nichts zur Deckung des Fehlbetrags beitragen.

Die soeben beschriebene "Kompensationslösung" tritt oft als sog. *Durchstaffelung* von Gebühren oder Beiträgen auf. Dabei steigt z.B. die Kindergartengebühr mit der Einkommenshöhe der Eltern, die einen kommunalen Kindergartenplatz in Anspruch nehmen, stetig an. Eine solche Gebührenstaffelung in Anlehnung an einen progressiven Steuertarif erweckt nur den Anschein einer gerechten Lastverteilung. Gemäß dem Äquivalenzprinzip sollte bei Eltern mit höherem Einkommen eine an den Kosten oder dem Nutzen der empfangenen Leistung orientierte Gebühr erhoben werden. Die Finanzierung des Fehlbetrags infolge sozialpolitisch abgesenkter Gebühren muß über Steuern erfolgen, durch die, falls erwünscht, eine sozialpolitisch akzeptable Lastverteilung herbeigeführt werden kann.

III.C.6. Meritorisches Ziel

Das meritorische Ziel (so genannt, weil es "verdienstvoll" ist, dieses Ziel zu verfolgen) beinhaltet eine Bereitstellung von Leistungen zur Befriedigung einer besonderen Art von *Gemeinschaftsbedürfnissen.* Es handelt sich dabei um Bedürfnisse, die hauptsächlich von den die politische Verantwortung tragenden Entscheidern erkannt werden, weil nur sie über die erforderlichen Informationen verfügen. Die Mehrheit der Bürger hat in der Regel keinen (oder noch keinen) Zugang zu diesen Informationen.

Die dem meritorischen Ziel dienenden öffentlichen Leistungen können den Charakter reiner öffentlicher Güter, aber auch von gemischt-öffentlichen Gütern oder sogar von privaten Gütern haben. Man spricht von meritorischen Gütern ("merit goods"), obwohl es sich bei ihnen nicht um eine im technischen oder ökonomischen Sinn abgrenzbare Güterkategorie handelt. Vielmehr handelt es sich um Güter oder Leistungen, die Gemeinschaftsbedürfnisse befriedigen, welche sich auf die Erhaltung der *inneren Stabilität* sowie der *Kultur* und *Identität* eines politischen Gemeinwesens richten. Die Bereitstellung meritorischer Güter liegt gewissermaßen im "*konstitutionellen Interesse*" der Bürger und legitimiert sich, weil Mitgliedern einer *Gemeinschaft* ein solches Interesse grundsätzlich unterstellt werden kann, *auch wenn es ihrem momentanen Bewußtsein entrückt ist.*

Die Bereitstellung von meritorischen Gütern setzt das Vorliegen eines über besondere Kenntnisse und Informationen verfügenden und sich dem Gemeinwesen besonders verpflichtet fühlenden Personenkreises voraus. Wenn es sich um öffentlich bereitgestellte Leistungen handelt, liegen ihrer Bereitstellung Budgetentscheidungen zugrunde, die der Zustimmung einer Mehrheit der Abgeordneten bedürfen. Einer öffentlichen Bereitstellung meritorischer Güter liegt daher kein undemokratisch zustandegekommener Entscheid zugrunde, wie gelegentlich unterstellt wird.

Beispiele
Meritorischen Charakter besitzt vor allem die öffentliche Bereitstellung von Kultur- und Wissensgütern (Museen, Theater usw.) oder die Verleihung von Prämien oder Preisen für besondere Leistungen zur Hebung des Ansehens des Gemeinwesens auf politischem, sportlichem, wissenschaftlichem, karitativem oder kulturellem Gebiet. Dadurch soll gemeinschaftstiftendes individuelles Handeln belohnt oder angespornt werden. Zu den meritorischen Gütern gehören auch *öffentliche Veranstaltungen aller Art mit gemeinschaftsstiftendem Charakter*, das repräsentative Auftreten staatlicher Funktionsträger oder ein aufwendiges Zeremoniell bei besonderen Staatsanlässen.

Die Bereitstellung meritorischer Güter sollte nicht verwechselt werden mit einer am sozialpolitischen Ziel orientierten öffentlichen Güterbereitstellung. Sofern meritorische Gesichtspunkte nicht von vornherein der Anwendung des Ausschlußprinzips entgegenstehen, können sie einen mehr oder weniger weitgehenden *Verzicht* auf die Erhebung von Gebühren oder Beiträgen rechtfertigen, auch wenn die technisch-ökonomischen Voraussetzungen der Auschließbarkeit an sich vorhanden wären.

III.C.7. Lenkungsziele

Öffentliche Gebühren und Beiträge als Äquivalenzabgaben mit dem Charakter von Preisen können auch zur Erreichung umweltpolitischer Ziele eingesetzt werden. Sie können in manchen Fällen an die Stelle polizei- oder ordnungsrechtlicher Maßnahmen treten. Der Einsatz des Preismechanismus ermöglicht in der Regel eine Zielerreichung mit geringeren volkswirtschaftlichen Kosten. Insbesondere in den Bereichen der Entsorgung von Abwasser und Abfall können Gebühren und Beiträge so gestaltet werden, daß sie neben ihrem angestammten Refinanzierungszweck (Wiederhereinholung von meistens kommunalen Reinigungskosten) auch zur Schadensvermeidung (Emissionsverminderung) beitragen, d.h. zu einer geringeren Belastung der allgemeinen Umweltgüter Luft, Wasser und Boden. Die Bepreisung der Inanspruchnahme der Umwelt und die Erzielung öffentlicher Einnahmen bei Beeinträchtigung von deren Qualität läßt sich rechtfertigen, weil saubere Luft, sauberes Wasser und unbelastete Böden als der Allgemeinheit gehörende öffentliche Güter (als sog. "Allmende") anzusehen sind und diese daher für eine überdurchschnittliche individuelle Aneignung seitens privater Umweltnutzer eine Entschädigung verlangen kann.

Beispiel
Das deutsche Abwasserabgabengesetz vom 13. September 1976 legte fest (§ 9): "Abgabepflichtig ist, wer Abwasser einleitet... Der Abgabesatz beträgt für jede Schadenseinheit ab 1. Januar 1981 12 DM, ab 1. Januar 1982 18 DM, ... ab 1. Januar 1986 40 DM". Inzwischen sind diese Beträge beträchtlich angehoben worden. Die den deutschen Bundesländern zustehende Abwasserabgabe (AWA) sollte innerhalb von etwa zehn Jahren zu einer 90prozentigen biologischen Reinigung der Abwässer und zum Erreichen der sog. Wassergüteklasse 2 im damaligen Bundesgebiet führen.

Der Gestaltung der AWA lagen folgende Überlegungen zu Grunde: Saubere Fließgewässer (sog. Vorfluter) sind ein öffentliches Umweltgut. Ungereinigte oder nur partiell gereinigte Abwässer verschlechtern seine Qualität. Die AWA kann einerseits als Entschädigung der Allgemeinheit für diese Qualitätsverschlechterung angesehen werden, andererseits verfolgt die AWA das Ziel, mit möglichst geringem volkswirtschaftlichen Aufwand einen als akzeptabel anzusehenden Qualitätsstandard der Fließgewässer zu erreichen. Im Fall der AWA war es die Wassergüteklasse 2, die durch die folgende "pretiale Lenkung" erreicht werden sollte: Jeder Produzent von Abwasser sollte die Kosten der eigenen Reinigung seiner Abwässer gegen die Bezahlung der AWA abwägen. Die für ihn günstigere Alternative würde er wählen. Der Abwasserproduzent sollte die Beeinträchtigung der Qualität der Fließgewässer durch eigene Reinigung vermeiden können. Falls keine eigene oder nur eine partielle Reinigung erfolgt, weil diese teurer zu stehen käme als die Bezahlung der AWA, muß er ein Entgelt für die Verschmutzung bezahlen. (Abwasserproduzenten im Sinne der AWA sind einerseits die meist kommunalen Betreiber von Abwasseranlagen, die die Abwässer von Haushalten und kleineren Gewerbebetrieben sammeln und diese oft nur partiell gereinigt in die Vorfluter abgeben, und andererseits die "direkteinleitenden", meist größeren Unternehmen). Theoretisch läßt sich über den Preis (Gebühr je eingeleitete Schadstoffeinheit) die Summe der Schadstoff-Einleitungen so steuern, daß im Ergebnis die gewünschte Wasserqualität resultiert.

Ein anderes Beispiel einer an Lenkungszielen orientierten Gebühr ist ein *progressiv* zur verbrauchten Menge verlaufender Elektrizitätstarif. Während herkömmlicherweise ein an der Degression der Kosten orientierter degressiver Tarif die Regel war, wird durch die Progression zu einer Einschränkung des Verbrauchs angeregt. Das Äquivalenzprinzip wird dadurch nicht außer Kraft gesetzt. Durch eine verbilligte oder sogar kostenlose Abgabe der jeweils ersten Verbrauchseinheiten, wie sie einem nicht weiter reduzierbaren Grundbedarf eines Haushalts entsprechen, kann vermieden werden, daß mehr als die Kosten deckende Einnahmen erzielt werden.

Neben Lenkungszielen, die zu *Einschränkungen* der Inanspruchnahme öffentlicher Leistungen oder von Umwelt führen sollen, stehen Lenkungsziele, die eine *vermehrte Inanspruchnahme* öffentlicher Dienste hervorrufen sollen. In einem solchen Fall müssen Gebühren gegebenenfalls auf ein tieferes als das von der Kostendeckung her gebotene Niveau gesenkt werden. Vor allem im Bereich des öffentlichen Personennahverkehrs (ÖPNV) liegt vielfach eine solche Situation vor. Es soll eine "Umlenkung" von Individualverkehr auf öffentliche Nahverkehrsmittel erfolgen.

Beispiel
Um die Zentren von Städten oder Agglomerationen nicht am Individualverkehr "ersticken" zu lassen, gleichwohl aber ihre Attraktivität als Einkaufs- und Arbeitsorte durch eine gute Verkehrserschließung beizubehalten, sind in der Regel leistungsfähige Nahverkehrsnetze, die einen großen Teil des Verkehrsaufkommens übernehmen können, unabdingbar. Will man neben dem öffentlichen Verkehr auch eine möglichst freie individuelle Wahl des jeweiligen Verkehrsmittels zulassen, kann es erforderlich sein, zusätzliche Anreize zur Nutzung des öffentlichen Verkehrsmittels durch unter den Kosten liegende Gebühren zu setzen. Um die durch Gebühren nicht gedeckten Kosten gleichwohl nicht den Steuerzahlern aufzubürden, kann man Defizite des Nahverkehrsmittels dadurch vermeiden, daß man von den Bewohnern der Stadt oder Agglomeration einen Beitrag für das sog. Vorhalten ("die Nutzungsoption") eines Nahverkehrsnetzes verlangt. Die Beitragszahler können sodann mit preisreduzierten Fahrscheinen das Nahverkehrsmittel benutzen. Agglomerationsfremde müssen die volle Benutzungsgebühr entrichten.

Das soeben vorgestellte Modell ermöglicht im Prinzip die Finanzierung des Nahverkehrssystems einer Agglomeration, ohne zu Lasten der Allgemeinheit auf steuerfinanzierte Haushaltsmittel angewiesen zu sein. Es orientiert sich außer am Äquivalenzprinzip an einem Lenkungsziel: die moderaten Gebühren setzen die nötigen Anreize für die Nutzung des öffentlichen Verkehrsmittels durch die Agglomerationsbewohner. Bei Preisvergleichen wird diesen erkennbar, daß das Fahren mit dem öffentlichen Verkehrsmittel im Verhältnis zum privaten Fahrzeug vorteilhaft ist. Durch zwar reduzierte, jedoch nicht bis auf Null herabgesetzte Gebühren wird außerdem keine mißbräuchliche Verkehrsnachfrage geschaffen. Die Agglomerationsbewohner, die zusätzlich eine Nahverkehrsabgabe zu entrichten haben, werden gegenüber Agglomerationsfremden, die einen kostendeckenden Tarif zu bezahlen haben, nicht begünstigt.

Auch dieses letzte Beispiel zeigt, daß die Verfolgung eines Lenkungsziels bei richtigem Einsatz und adäquater Gestaltung des Gebühren- und Beitragsinstruments keineswegs zur Abkehr vom Äquivalenzprinzip führen muß. Das Lenkungsziel kann zu einer umfassender definierten öffentlichen Leistung (als des Äquivalents für die zu zahlende Nahverkehrsabgabe) führen und im vorliegenden Fall die Erhebung eines zweiteiligen Tarifs erfordern: die öffentliche Leistung besteht nicht nur aus öffentlich durchgeführten Transportleistungen, sondern auch aus der Bereitstellung einer insgesamt ressourcenschonenden Nahverkehrsinfrastruktur, die eine möglichst unbehinderte Nutzungsmöglichkeit des Straßennetzes für den Individualverkehr einschließt.

Bei der Befolgung von ökologischen Lenkungszielen und der Erhebung einer Gebühr für den Verbrauch von Umweltgütern kann es ebenso wie in Fällen einer an der nutzenmäßigen Variante des Äquivalenzprinzips orientierten Gebühr zu sog. *freien Einnahmen* einer Gebietskörperschaft kommen. Diesen Einnahmen stehen keine in öffentlichen Haushalten ausgewiesenen Ausgaben bzw. Kosten einer öffentlichen Einrichtung gegenüber. Der Gebührenschuldnerschutz und die Bändigungsfunktion müssen jetzt auf andere Weise sichergestellt werden: z.B. durch strenge Verwendungs- bzw. Rückerstattungsauflagen, durch eine möglichst exakt begründete Feststellung der Wertminderung der Umweltgüter bzw. durch eine monetäre Quantifizierung der durch öffentliches Verwaltungshandeln erzeugten Vermögensvorteile.

III.C.8. Allokationseffizienz

Eine am Äquivalenzprinzip orientierte Gestaltung öffentlicher Abgaben zielt darauf ab, eine gerechte Verteilung der Finanzierungslasten mit einer allokativen Wirkung zu verbinden. Das geschieht dadurch, daß der öffentlichen Abgabe ein preisähnlicher Charakter verliehen wird. Durch "Bepreisung" der öffentlichen Leistung soll die öffentliche Ressourcenallokation in eine Richtung gelenkt werden, die sich (auch) an den Präferenzen der Nachfrager ausrichtet.

Die Eigenschaft, nicht nur Allokation, sondern *Effizienz* der Allokation zu bewirken, besitzen allerdings nur Preise, die sich auf einem Markt mit vollkommener Konkurrenz bilden, d.h. Preise in Höhe de *Grenzkosten*. Daraus kann man ableiten, daß sich der Staat oder überhaupt ein öffentlicher Leistungsanbieter, obwohl er sich in der Regel in der Situation eines Monopolisten befindet, wie ein Anbieter auf einem Markt mit vollkommener Konkurrenz verhalten sollte, wenn er Leistungen gegen Zahlung einer Gebühr bereitstellt: Um dem Ziel *gesamtwirtschaftlich* effizient eingesetzter Ressoucen zu dienen, sollte demnach der Staat die *Grenzkostenpreisregel* bei der Gebührenfestsetzung befolgen. Zwar wird dieses Ziel nur erreicht, wenn auch im Privatsektor der Volkswirtschaft die Grenzkosten die Preise bestimmen, doch sollte der Staat, wenn er die theoretische Anweisung der Grenzkostenpreisregel befolgt, eine Vorreiterrolle spielen und vermeiden, daß er ein Hindernis auf dem Weg zur Erreichung gesamtwirtschaftlicher Effizienz darstellt.

Gebühren, die den Grenzkosten entsprechen, jedoch niedriger sind als die (totalen) Durchschnittskosten, führen nicht zur vollen Kostendeckung des jeweiligen öffentlichen Leistungsbereichs. Es entstehen *Defizite*. Defizite müssen in der Regel zu Lasten der Allgemeinheit durch Steuern gedeckt werden. Das aber widerspräche dem (kostenmäßigen) Äquivalenzprinzip, wonach Leistung und Gegenleistung übereinstimmen sollten. Weil gebührenfähige öffentliche Leistungen in vielen Fällen einen hohen Fixkostenanteil enthalten, würden Gebühren, die nach der Grenzkostenpreisregel unterhalb der totalen Durchschnittskosten festgesetzt werden, oft zu hohen öffentlichen Defiziten führen. Dem Äquivalenzprinzip entspricht daher für die Gebührenfestsetzung die Durchschnittskostenregel.

Es stellt sich somit die Frage, ob unter Umständen eine Abwägung erfolgen muß, d.h. ob das Äquivalenzprinzip eventuell durch den Gesichtspunkt der Allokationseffizienz modifiziert bzw. relativiert werden muß oder ob umgekehrt die Befolgung des Äquivalenzprinzips die Hinnahme von Einbußen beim Anstreben von Allokationseffizienz rechtfertigt. Glücklicherweise kann diese Frage in der Regel verneint werden. Eine prinzipielle Unvereinbarkeit von Durchschnittskostenregel und Grenzkostenpreisregel besteht nicht. Beide Regeln können gleichzeitig befolgt werden, wenn das Ziel gesamtwirtschaftlicher Effizienz konsequenterweise bereits bei der Erstellung öffentlicher Einrichtungen, die Leistungen gegen Gebühren oder Beiträge abgeben sollen, befolgt wurde.

Um öffentliche Einrichtungen zu erstellen, muß zuerst im Rahmen einer Kosten-Nutzen Analyse die zu erwartende *Nachfrage* möglichst genau festgestellt werden. Ist das geschehen, sollte die Kapazität der öffentlichen Einrichtung so gewählt werden, daß die Leistungsbereitstellung bei *betriebsoptimaler Auslastung der öffentlichen Einrichtung* erfolgen kann. Ein das Ziel gesamtwirtschaftlicher Effizienz verfolgender öffentlicher Leistungsanbieter trägt die Verantwortung dafür, betriebsoptimal auszulastende Kapazitäten zu errichten, d.h. die bei einer gegebenen Nachfragefunktion nachgefragte Ausbringungsmenge zum Minimum der durchschnittlichen Totalkosten bereitzustellen. Da die durchschnittliche Totalkostenkurve bei ihrem Minimum von der Grenzkostenkurve geschnitten wird, wenn die unterstellte Lage der Kostenverläufe wie in Abbildung 1.3 gegeben ist, deckt die in Höhe der Grenzkosten beim Schnittpunkt mit der Nachfragefunktion festgesetzte Gebühr neben den durchschnittlichen variablen Kosten zugleich auch die durchschnittlichen Fixkosten, d.h. insgesamt die totalen Durchschnittskosten. Die nach der Durchschnittskostenregel kalkulierte Gebühr kann also allokationseffizient sein, ohne öffentliche Defizite zur Folge zu haben. Man erkennt aus Abbildung 1.3, daß eine Gebühr in Höhe von g* bei einer gegebenen Nachfragefunktion NN zur optimalen Kapazitätsauslastung x* der öffentlichen Einrichtung führt und zugleich den Grenzkosten bei dieser Kapazitätsauslastung entspricht.

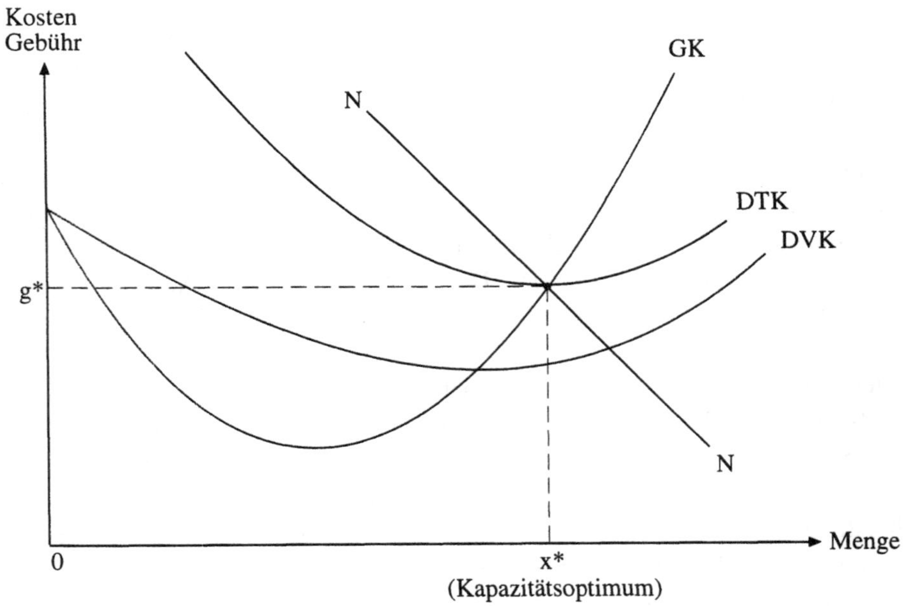

Abb. 1.3: Volle Kostendeckung bei Grenzkostentarifierung

Da eine Gebührenkalkulation auf der Grundlage der Durchschnittskosten in der Regel weniger anspruchsvoll ist als auf der Basis der Grenzkosten, sprechen im übrigen auch praktische Gesichtspunkte für eine Befolgung der Durchschnittskostenregel. Zumindest eine Annäherung an Allokationseffizienz dürfte auch dann noch erreicht werden, wenn die in der Vergangenheit erstellten öffentlichen Einrichtungen nicht mehr beim Betriebsoptimum ausgelastet werden.

Bevor die Höhe einer Gebühr festgelegt wird, die von den Empfängern der besonderen öffentlichen Leistung als Gegenleistung verlangt wird, müssen von den Gesamtkosten zuerst jene Kosten abgezogen werden, die der Allgemeinheit anzulasten sind. Es handelt sich dabei um jene Kosten, die dem Allgemeininteresse an der Einrichtung und/oder ihrer Inanspruchnahme, d.h. die dem Vorteil der Allgemeinheit entsprechen, oder die aus meritorischen oder anderen Gründen ebenfalls von der Allgemeinheit durch Steuerfinanzierung zu übernehmen sind.

Beispiel
In einer Großstadt soll ein neues Müllentsorgungssystem eingerichtet werden. Angenommen, bei dieser Anlage sei wie in Abb. 1.3 ein U-förmiger Verlauf der Grenzkosten (GK) gegeben. Ferner sei angenommen, daß ein von der Allgemeinheit zu tragender Teil der Fixkosten von den Gesamtkosten für die Erstellung der Einrichtung abgezogen wurde. Wurde die Nachfragefunktion richtig ermittelt und eine dieser Nachfrage entsprechende optimale Kapazität erstellt, dann kann die spätere Bereitstellung der öffentlichen Leistung zu den geringsten durchschnittlichen Totalkosten dieser Einrichtung erfolgen, d.h. im Schnittpunkt der Grenzkostenkurve und der Kurve der durchschnittlichen Totalkosten (DTK) mit der Nachfragekurve (NN). (In Abb. 1.3. ist auch die Kurve der durchschnittlichen variablen Kosten (DVK) eingezeichnet).

Nicht immer kann aus *technischen Gründen* eine der Nachfrage optimal entsprechende Kapazität verwirklicht werden, wie dies im soeben dargestellten Fall unterstellt wurde. So muß beispielsweise die Kapazität einer Infrastruktur oft eine Mindestgröße besitzen, die nicht unterschritten werden kann. Ein Fußballfeld oder ein für Wettkämpfe geeignetes Schwimmbecken kann nicht entsprechend der zu erwartenden Benutzungshäufigkeit einfach "in halber Größe" errichtet werden. In solchen Fällen führt eine Grenzkostentarifierung der Gebühren zu öffentlichen Defiziten. Dies ist der in Abbildung 1.4 veranschaulichte Fall mit einer für die optimale Kapazitätsauslastung nicht ausreichenden Nachfrage. Bei einer Grenzkostengebühr von g entsteht ein Defizit in Höhe der schraffierten Fläche. Sollen die vollen Kosten von den Inanspruchnehmern der öffentlichen Leistung gedeckt werden, muß daher von ihnen neben der Gebühr ein *Beitrag* für die Bereitstellung der Einrichtung erhoben werden. Vorraussetzung dafür ist allerdings die Möglichkeit einer gruppenmäßigen Ausschließbarkeit. Ist das nicht möglich, sollte nicht versucht werden, durch Kalkulation auf der Grundlage der DTK Defizite zu vermeiden und Ineffizienz in Kauf zu nehmen. Es gibt verschiedene Möglichkeiten, Defizite vermeidende und dennoch effiziente Lösungen zu verwirklichen, worauf bereits in Abschnitt III.C.3 im Hinblick auf die Marktanpssung verwiesen wurde. (differenzierende Gebühren je nach unterschiedlichen Nachfrageelastizitäten verschiedener Nutzergruppen usw.).

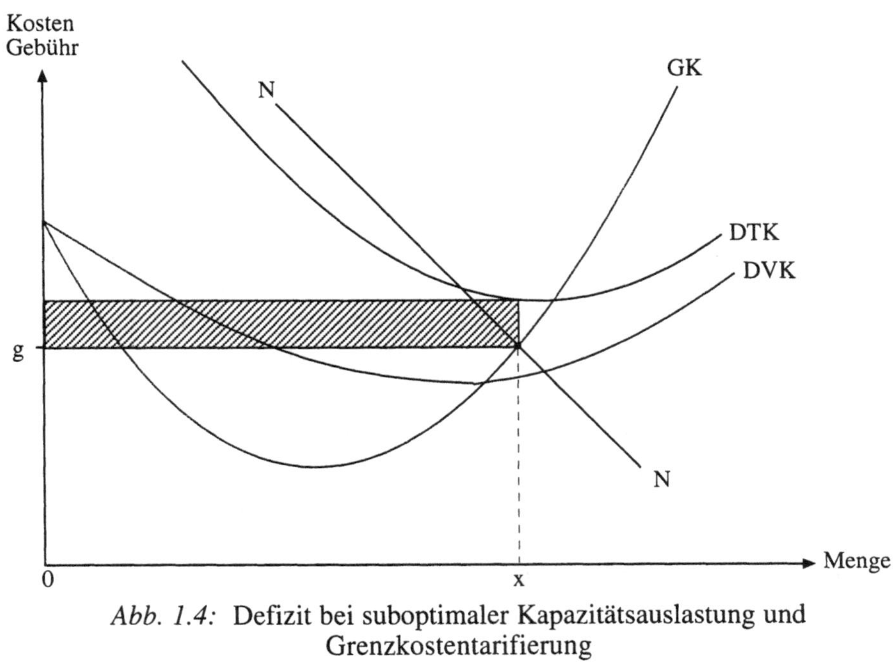

Abb. 1.4: Defizit bei suboptimaler Kapazitätsauslastung und Grenzkostentarifierung

Eine nicht betriebsoptimale Auslastung der Kapazität einer öffentlichen Einrichtung ist allerdings oft die Folge einer *Fehleinschätzung* der Nachfrage oder hat andere, politisch zu verantwortender Gründe. In solchen Fällen ist weder die Anhebung der Gebühr auf das Niveau der DTK noch die eventuelle Erhebung eines Beitrags von den Nutzern der öffentlichen Einrichtung zwecks Deckung des Defizits gerechtfertigt: Verantwortlich für die Entstehung des Defizits sind in einem solchen Fall nicht technische Gegebenheiten, sondern falsche politische Entscheidungen. *Ein durch politische oder administrative Fehler entstehendes Defizit muß daher über Steuern gedeckt werden.* Die Allgemeinheit und nicht die Gruppe der speziellen Inanspruchnehmer muß die Folgen des Fehlers tragen, denn die Allgemeinheit trägt die Verantwortung für die von ihr ins Amt eingesetzten Politiker und die von diesen zu führende Verwaltung.

Das Ergebnis der vorangegangenen Darlegungen lautet also, daß Gebühren im Prinzip den Grenzkosten entsprechen sollten und daß dies, wenn der Nachfrage optimal entsprechende Kapazitäten errichtet wurden, durch Gebühren, die auf der Grundlage von Durchschnittskosten (DTK) kalkuliert werden, auch realisiert werden kann. Defizite, die durch sozialpolitische, meritorische oder lenkungspolitische Gesichtspunkte. entstehen, müssen allerdings stets von der Allgemeinheit übernommen werden. Gegebenenfalls ist ein Beitrag von der Gruppe der Leistungsinanspruchnehmer ergänzend zur Gebühr zu verlangen oder es sind in Entsprechung zu den Nachfrageelastizitäten differenzierende Gebühren zu erheben. Defizite aufgrund von politisch-administrativen Fehlplanungen bei der Kapazitätserstellung müssen allerdings ebenfalls von der Allgemeinheit über Steuern getragen werden.

IV. Die quantitative Bedeutung von Gebühren und Beiträgen

Öffentliche Gebühren und Beiträge sind in fast allen öffentlichen Tätigkeitsbereichen anzutreffen. Tabelle 1.1 zeigt, wo Gebühren und Beiträge einen mehr oder weniger großen Anteil bei der Finanzierung übernehmen. Einen genauen statistischen Nachweis dieser Anteile findet man in der Regel jedoch nicht. Statistisch werden Gebühren und Beiträge, wie sie finanzwissenschaftlich im vorliegenden Kapitel definiert wurden, oft nur zusammen mit anderen Einnahmen ausgewiesen, meist zusammen mit Erwerbseinnahmen für rein wirtschaftliche Tätigkeiten öffentlicher Gemeinwesen oder mit Veräußerungserlösen aus Privatisierungen oder Verkäufen gebrauchter Anlagen.

Tab. 1.1: Gebühren und/oder Beiträge erhebende Öffentliche Einrichtungen

Gerichts- und Justizwesen Straf-, Zivil-, Verwaltungsgerichte Konkursämter, Grundbuchämter Patentämter Notariate, Handelsregisterämter	**Sport, Erholung, Gesundheit** öffentliche Sportanlagen, Stadien, Bäder Zoologische und botanische Gärten Krankenhäuser, Sanatorien, Rehabilitations-anstalten, Pflegeheime
Allgemeine Verwaltungen Personenstandsämter, Paßämter Friedhofsverwaltungen Amt für öffentliche Ordnung Bauordnungsamt, Bau- und Planungsamt Pfandleihanstalten Jagd- und Fischereiaufsicht Gewerbeaufsicht, Marktkontrolle Amt für Maße und Gewichte	**Kultur, Information** Theater, Museen Konzerthallen öffentliche Rundfunkanstalten (Radio, Fernsehen) amtliche Publikationsdienste öffentliche Bibliotheken
Verkehr Öffentliche Nahverkehrsbetriebe staatliche Eisenbahnen, Fähren staatliche Postdienste Seehäfen, Binnenhäfen, Flughäfen Straßenbauämter	**Sozialversicherung** Rentenversicherung Unfall- und Invalidenversicherung Krankenversicherung Arbeitslosenversicherung
Versorgung, Entsorgung Wasser-, Gas-, Elektriztitätswerke Tiefbauämter Abwasserbeseitigung Abfallbeseitigung kommunale Schlacht- und Viehhöfe	**Schulen, Bildung, Erziehung** Kindergärten, Kinderhorte Höhere Schulen, Spezialschulen Hochschulen, Universitäten Forschungseinrichtungen Volkshochschulen, Musikschulen

Für Deutschland untersuchen regelmäßig *H. Karrenberg* und *E. Münstermann* in ihrem vom Deutschen Städtetag herausgegebenen Gemeindefinanzbericht Art, Umfang und Probleme der Gebührenfinanzierung auf der Gemeineebene. Tabelle 1.2 gibt für 2000 die Gebühreneinnahmen der kommunalen Verwaltungshaushalte an (Beiträge fließen den Vermögenshaushalten zu).

Tab. 1.2: Einnahmen der Verwaltungshaushalte deutscher Gemeinden 2000*)

	Mrd. DM	Anteile
Steuern	101,5	40,6 %
Gebühren	*33,1*	*13,3 %*
Zuweisungen von Bund und Ländern	78,8	31,6 %
andere Einnahmen	36,2	14,5 %
Total Einnahmen	249,7	100,0 %

*) ohne Stadtstaaten, ohne ausgegliederte Einrichtungen, ohne Krankenhäuser mit kaufmännischem Rechnungswesen

Quelle: BMF, Finanzbericht 2002 (2001), S. 172.

Der in Tabelle 1.2 ausgewiesene Gebührenanteil von 13,3 % vermittelt nur ein unvollständiges Bild, denn viele kommunale Leistungsbereiche sind aus der allgemeinen Verwaltung ausgegliedert und führen als kommunale Betriebe oder Unternehmen eine eigene Rechnung als sog. *Gebührenhaushalt*. Der Anteil von Gebühren und Beiträgen an den kommunalen Einnahmen einschließlich der Einnahmen dieser Gebührenhaushalte dürfte eine Größenordnung von 20 bis 30 Prozent haben.

Die nachfolgende Tabelle 1.3 zeigt die vom Deutschen Städtetag durch eine Umfrage bei den Mitgliedsstädten in den "alten" Bundesländern ermittelten Kostendeckungsgrade einiger Gebührenhaushalte im Jahr 1994.

Tab. 1.3: Kostendeckungsgrade städtischer Gebührenhaushalte 1994

Bereich	Deckungsgrad	Bereich	Deckungsgrad
Abfallbeseitigung	90,0 %	Volkshochschulen	29,2 %
Abwasserentsorgung	89,0 %	Bäder	23,7 %
Rettungsdienst	89,0 %	Theater	13,3 %
Friedhöfe	74,7 %	Kindergärten	11,6 %
Straßenreinigung	73,0 %	Museen	7,1 %
Musikschulen	31,8 %	Büchereien	4,0 %

Quelle: Karrenberg/Münstermann, Gemeindefinanzbericht 1996, S. 154

Eine erneute Umfrage bei den Mitgliedsstädten des Deutschen Städtetags ergab eine im Zeitablauf weitgehend konstante Größenordnung der durch Gebühren erzielten Deckungsgrade in den Alten Bundesländern ebenso wie eine weitgehende Angleichung an diese Deckungsgrade bei den Mitgliedsstädten aus den Neuen Bundesländern (*Karrenberg/Münstermann*, Gemeindefinanzbericht 2002, S. 47 ff.).

Bei den öffentlichen Beiträgen spielen die Sozialabgaben in Form von Zwangsabgaben an die öffentlichen Renten-, Kranken- und Arbeitslosenversicherung die Hauptrolle. Diese Abgaben haben seit 1965 in nahezu allen industrialisierten Ländern weit überproportional zu den übrigen öffentlichen Einnahmen zugenommen und stoßen wegen ihres enormen Umfangs heute an ihre Grenzen. Nahezu überall nahm ihr *Anteil* an den Gesamteinnahmen der öffentlichen Haushalte erheblich zu. Tabelle 1.4 zeigt für einige ausgewählte Länder und Jahre den Verlauf, den die Anteile der Sozialabgaben an den Gesamteinnahmen aus Steuern und Sozialabgaben zwischen 1965 bis 2000 eingenommen haben.

Tab. 1.4: Anteile der Sozialabgaben an den Gesamteinnahmen der öffentlichen Haushalte aus Steuern und Sozialabgaben, 1965 - 2000, Prozent

	1965	1970	1980	1990	1995	2000
Deutschland [1)]	26,8	30,3	34,3	37,5	39,0	39,0
Österreich	24,9	25,4	30,9	32,9	36,2	34,2
Schweiz	22,5	23,4	30,5	32,6	37,2	33,6
Frankreich	34,2	36,3	42,7	44,1	42,6	36,1
Japan	21,8	22,3	29,1	29,0	36,2	36,5
USA	13,3	16,1	21,9	25,9	25,1	23,3

[1)] bis 1990 nur Westdeutschland

Quelle: OECD, Revenue Statistics 1965 - 2001 (2002), S.80.

Die in Tabelle 1.4 angegebenen Anteile der Sozialversicherungsbeiträge an den Gesamteinnahmen der öffentlichen Hand enthalten im Zähler und Nenner der Quotienten neben den Arbeitnehmeranteilen auch die *Arbeitgeberanteile* an den Beiträgen zur Sozialversicherung. Letztere erscheinen zwar nicht auf den Lohnzetteln, sind jedoch als Lohnbestandteil anzusehen. Der Beitragscharakter des Arbeitgeberanteils wird durch die pauschale Abführung selbstverständlich nicht tangiert.

Hinweis
Die großen Unterschiede der Anteile, den die Sozialversicherungsabgaben an den öffentlichen Einnahmen eines Staates haben, dürfen für sich genommen nicht als Ausdruck unterschiedlich weit ausgebauter Sozialversicherungssysteme interpretiert werden. Einerseits kann die politische Wahl zwischen Beiträgen und Steuern als Finanzierungsinstrumenten für diese Systeme in verschiedenen Staaten unterschiedlich ausfallen und andererseits ist die Grenze zwischen beiden Finanzierungsformen fließend und daher für die Finanzstatistik oft nicht eindeutig vorgegeben.

Trotz ihrer quantitativ erheblichen Bedeutung reichen öffentliche Gebühren und Beiträge für die Finanzierung der öffentlichen Haushalte nicht aus, denn sie lassen sich nur mit gemischt-öffentlichen Gütern verbinden und sind an das Vorliegen einer Reihe von Voraussetzungen gebunden. Zudem gibt es, wie gezeigt wurde, verschiedene politische Gründe, die auch bei Mischgütern und beim Vorliegen der Ausschlußmöglichkeit einen zumindest teilweisen Rückgriff auf Steuern erforderlich machen. Auch das Äquivalenzprinzip begrenzt das Aufkommen von Gebühren und Beiträgen, wenngleich sich gelegentlich auch Verstöße gegen dieses Prinzip ereignen. Vor allem aber ist das Gebühren- und Beitragsinstrumentarium nur bedingt dazu geeignet, sozialpolitischen Zielen dienende öffentliche Ausgaben zu finanzieren. Die staatliche Wirtschafts- und Sozialpolitik bedarf in vielen Bereichen Finanzierungsinstrumente, die an weniger enge Voraussetzungen gebunden und flexibler gestaltbar sind. Es handelt sich dabei in erster Linie um Steuern.

V. Fragen zur Selbstkontrolle und zum Nachdenken

1.) Warum gibt es Gebühren und Beiträge? Sind es nicht historisch überholte Abgabeformen?

2.) Von welchen Gebühren war im vorliegenden Kapitel im einzelnen die Rede? Stellen Sie eine Liste zusammen!

3.) "Gebühren sind eine bösartige Erfindung moderner Leviathan-Staaten, um den Bürgern noch mehr Geld aus der Tasche zu ziehen". Nehmen Sie Stellung zu dieser Behauptung!

4) Welcher Grundgedanke bildet den Kern des Äquivalenzprinzips? Welchen "Nutzen" kann das Äquivalenzprinzip stiften?

5.) Kann man oder sollte man die Verbindlichkeit des Äquivalenzprinzips über das heutige Maß hinaus verstärken?

6.) Läßt sich Gerechtigkeit bei der Verteilung öffentlicher Finanzierungslasten besser *mit* oder besser *ohne* das Äquivalenzprinzip verwirklichen?

7.) Welche Kostenarten sollen bei der Kalkulation von öffentlichen Gebühren und Beiträgen berücksichtigt werden und warum?

8.) Wie ist das Verbot der Kalkulation eines Gewinnaufschlags bei öffentlichen Gebühren oder Beiträgen begründet?

9.) Lassen sich öffentliche Gebühren und/oder Beiträge ökologischen Lenkungszielen dienstbar machen? Welche Konsequenzen im Hinblick auf die Einnahmen eines öffentlichen Haushalts sind im Fall von Gebühren zu erwarten, die an Lenkungszielen orientiert sind?

10) Im Kanton Waadtland wurde bei der Volksabstimmung vom 24 November 2002 ein Gesetzenturf abgelehnt, der die Gemeinden des Kantons verpflichten wollte, die Müllabfuhr nicht mehr wie bisher über die allgemeinen Steuern, sondern hauptsächlich über Abfallgebühren zu finanzieren. Vor allem linke Parteien bezeichneten eine solche Gebühr als unsozial. Wie ist diese Behauptung zu beurteilen?

11.) Welche Gründe können dafür verantwortlich sein, daß die Kosten eines öffentlichen Leistungsbereichs nur teilweise oder gar nicht durch Einnahmen aus Gebühren oder Beiträgen gedeckt werden?

12.) Kann man immer sicherstellen, daß bei Privatisierung eines öffentlichen Leistungsbereichs das öffentliche Interessse gewahrt bleibt? Welche Probleme können auftreten?

13.) Ist es mit dem Äquivalenzprinzip vereinbar, die Höhe von Verwaltungsgebühren (z.B. Konzessionsgebühren für Funklizenzen) durch Versteigerung zu bestimmen? Darf der für die Bestimmung der Gebührenhöhe ins Kalkül zu ziehende Nutzen über den Nutzen des Konzessionsempfängers hinaus auch den später zu erwartenden Nutzen der Abnehmer seiner Leistungen umfassen?

ZWEITES KAPITEL

Steuerobjekte, Steuersysteme

*I: Was unterscheidet Steuern von Gebühren? - **II:** Steuerobjekte - **II.A:** Erscheinungsformen - **II.B:** Beziehungen zwischen Steuerobjekten - **III:** Anknüpfungspunkte für Steuern - **IV:** Steuerbemessungsgrundlagen - **V:** Steuersysteme **V.A:** Das deutsche Steuersystem - **V.B:** Das Schweizer Steuersystem **V.C:** Das österreichische Steuersystem - **VI:** Steuer- und Abgabenquoten **VII:** Schlußbemerkung - **VIII:** Fragen zur Selbstkontrolle und zum Nachdenken*

I. Was unterscheidet Steuern von Gebühren?

Reine öffentliche Güter bieten keine Handhabe, um wie im Fall der *gemischt-*öffentlichen Güter eine am individuellen Nutzenempfang orientierte Abgabe (Gebühr) zu erheben. Die Verbindung einer öffentlichen Abgabe mit dem Nutzen beim Empfänger eines reinen öffentlichen Gutes könnte nur bei *Offenlegung der Präferenzen* für die staatlichen Leistungen seitens der Empfänger erfolgen. Dazu besteht für diese jedoch keine Veranlassung, weil jeder als *Trittbrettfahrer* ohnehin in den Genuß dieser Leistungen kommen kann. Der Staat muß daher dem privatwirtschaftlichen Sektor Ressourcen auf andere Weise entziehen. Das geschieht *zwangsweise* in Form von Steuern. Erträge aus dem staatlichen oder kommunalen Land- und Gutsbesitz, die in früheren Jahrhunderten eine wichtige Rolle für die Staatsfinanzierung spielten (Steuern galten oft nur als *außerordentliche* Einnahmen), sind heute bedeutungslos.

Steuern können in *Geldform* oder in *naturaler Form* erhoben werden. Naturalsteuern gab es früher z.B.als Hergabe eines (zehnten) Teils der Ernte oder als sog. *Hand- und Spanndienste*: Arbeitseinsatz beim Bau von Straßen, Deichen usw. oder Zur-Verfügung-Stellung bespannter Fuhrwerke. Naturalsteuern gibt es heute allenfalls noch in Form von Wehr- oder Zivildienst.

Den Gegenstand des vorliegenden Kapitels bilden die in Geldform zu entrichtenden Steuern. Man kann sie wie folgt definieren:

"Steuern sind Geldleistungen, die nicht eine Gegenleistung für eine besondere Leistung darstellen und von einem öffentlich-rechtlichen Gemeinwesen zur Erzielung von Einnahmen allen auferlegt werden, bei denen der Tatbestand zutrifft, an den das Gesetz die Leistungspflicht knüpft; die Erzielung von Einnahmen kann Nebenzweck sein."[1]

---

1 Deutsche Abgabenordnung (AO) vom 16. März 1977, § 3, Absatz 1.

Die entscheidenden Begriffsmerkmale von Steuern sind somit:

1.) Steuern werden durch gesetzliche Verpflichtung "auferlegt". Steuern entsprechen einer *zwangsweisen.* Übertragung von Finanzressourcen vom privaten an den öffentlichen Sektor.

2.) Steuern liegen Tatbestände zugrunde, die prinzipiell keiner Beschränkung unterworfen sind.

Die Befugnis zur Erhebung von Steuern, die Abgabenhoheit, haben nur öffentlichrechtliche Körperschaften. *Nur bei ihnen gibt es politische Entscheidungsbefugnisse*, und *nur sie besitzen* die *Gebietshoheit* als Voraussetzung für die Abgabenhoheit: Nur wer die *Herrschaft über ein Territorium* ausübt, kann die Verpflichtung zur Entrichtung von Steuern notfalls durch Anwendung von Gewalt auch durchsetzen.

Besteht ein Staat aus mehreren Staatsebenen mit *Gliedstaaten* (Bundesländern, Kantonen usw.) auf der mittleren und *kommunalen Gebietskörperschaften* (Städten, Gemeinden, Landkreise) auf der unteren Staatsebene, können die Entscheidungsbefugnisse und Rechte unter den Gebietskörperschaften aufgeteilt sein. Zu unterscheiden ist dabei:

- *Gesetzgebungshoheit* (die Befugnis, Steuergesetze zu erlassen)
- *Ertragshoheit* (die Anspruchsberechtigung auf den Steuerertrag)
- *Verwaltungshoheit* (die Befugnis zur Durchführung der Steuerveranlagung)

Je nach der Staatsebene, zu der die Gebietskörperschaften gehören, denen die *Anspruchsberechtigung auf den Steuerertrag (Ertragshoheit)* verfassungsrechtlich zugeteilt ist, unterscheidet man

- Bundessteuern
- Länder- (Kantons- bzw. Einzelstaats-)steuern
- Gemeindesteuern

Für den Fall, daß die Anspruchsberechtigung auf Gebietskörperschaften verschiedener Staatsebenen aufgeteilt ist, spricht man von Gemeinschafts- bzw. Verbundsteuern.

In der Regel werden steuerliche Zahlungspflichten an Tatbestände geknüpft, die ein Gesetzgeber als wirtschaftlich einträgliche und/oder individuellen Nutzen abwerfende Erscheinungen des privaten Sektors ansieht. Steuerlich nutzbare Tatbestände können nach herrschender Auffassung eine Sache, eine Geldsumme, ein wirtschaftlicher Vorgang, eine Handlung oder eine rechtliche bzw. ökonomische Transaktion sein.

Realistischerweise läßt sich allerdings nicht jeder beliebige Tatbestand als öffentliche Finanzierungsquelle nutzen. Das Lesen eines Buches, der Genuß einer schönen Landschaft oder der Besitz von Wertgegenständen, die sich leicht verbergen lassen, sind als steuerlich nutzbare Finanzierungsquellen wenig geeignet. Andererseits läßt sich der Kreis steuerlich nutzbarer Tatbestände weit ausdehnen: So zählten z.B. schon einmal das Tragen einer Perücke, das Verbleiben im Junggesellenstand oder die Zugehörigkeit zu einer bestimmten Bevölkerungsgruppe zum Kreis steuerlich nutzbarer Tatbestände. Auch heute wird beispielsweise die steuerliche Verwendung eines Tatbestandes nicht dadurch verhindert, daß dessen Vorliegen durch rechtswidriges oder unsittliches Verhalten entstanden ist. Sowohl Schmiergelder, Einkommen aus Prostitution oder Gelder aus Veruntreuung oder aufgrund verbotener Tätigkeit sind prinzipiell steuerlich nutzbare Tatbestände.

Wenn ein Tatbestand im Hinblick auf seine Nutzung für den steuerlichen Zugriff begrifflich präzisiert oder "zugeschnitten" wird, entsteht ein sog. Steuerobjekt ("Gegenstand der Besteuerung"). Beispielsweise entsteht aus dem Tatbestand "Tabakgenuß in Form von Rauchen" das Steuerobjekt "verkaufte Produktion von Zigaretten". Der folgende Abschnitt gibt einen Überblick über die verschiedenen Arten von Steuerobjekten.

II. Steuerobjekte

II.A. Erscheinungsformen

Die Steuerobjekte (Steuergegenstände) lassen sich grundsätzlich einteilen in

- *Bestandsgrößen*
- *Strömungs- oder Bewegungsgrößen.*

Im ersten Fall handelt es sich um das Vorhandensein oder Vorliegen von privaten Wirtschaftsgütern oder um ein Potential zur Hervorbringung solcher Güter zu einem bestimmten Zeit*punkt*. Im zweiten Fall handelt es sich um private Transaktionen oder um wirtschaftlich relevante Vorgänge im privaten Sektor innerhalb eines bestimmten Zeit*raums*.

Man kann die Unterscheidung in Bestands- und Bewegungsgrößen weiterführen und die Steuerobjekte nach gemeinsamen Merkmalen in fünf Gruppen zusammenfassen:

<u>A</u>. Steuerobjekte in der Form von Besitz oder Eigentum an *einzelnen* Vermögensbestandteilen bzw. Wirtschaftsgütern. An erster Stelle zu nennen ist Grundbesitz in seiner Eigenschaft als produktiver Faktor zur Hervorbringung von Bodenerzeugnissen. Er gehört seit dem Altertum zum Kreis der Steuerobjekte. Ein klassi-

sches Steuerobjekt war auch der Viehbesitz, ebenso der Besitz oder das Eigentum an Gebäuden. Neben den Immobilien können jedoch auch einzelne bewegliche Sachen (Mobilien) aller Art, Maschinen, Schiffe, Luxusgegenstände, Aktiven in der Form von Geldforderungen oder ganz allgemein wirtschaftlich verwertbare Rechte, zum Steuerobjekt gemacht werden.

B. *Gesamtvermögen* als Steuerobjekt. Es besteht aus einer Zusammenfassung aller einzelnen Vermögensbestandteile. Erforderlich ist bei diesem Steuerobjekt ein einheitlicher Geldmaßstab. Erst dadurch können die einzelnen Vermögensbestandteile zu einer Gesamtgröße zusammengefaßt werden. Sowohl das Gesamtvermögen natürlicher Personen oder von Personengruppen als auch dasjenige juristischer Personen kann Steuerobjekt sein.

C. *Vermögensverkehr* als Steuerobjekt. Vielfältiger noch als die Bestandsgrößen sind Steuerobjekte, die als Bewegungsgrößen zu kennzeichnen sind. Eine erste Gruppe von derartigen Steuerobjekten besteht aus dem *Eigentumswechsel von Bestandsgrößen* d.h. aus der Übertragung von Eigentum oder Nutzungsrechten. Ein besonders verbreitetes Steuerobjekt dieser Art ist die Eigentumsübertragung von Grundstücken. Auch die Eigentumsübertragung beweglicher Sachen kann man zum Steuerobjekt machen, beispielsweise den Verkauf von Kunstwerken auf Auktionen. Im antiken Rom war der Besitzwechsel von Sklaven ein Steuerobjekt. In der Vergangenheit hat man viele wirtschaftliche Vorgänge als Akt des (faktischen oder rechtlichen) Besitzwechsels gedeutet und ihn unter der Bezeichnung "Verkehrsakt" zum Steuerobjekt gemacht. Es wurden die Übergänge von Rechtstiteln, wie sie beispielsweise bei reinen Finanztransaktionen (z.B. Ausstellung oder Übertragung von Handelswechseln) erfolgen, physische Transportvorgänge und ebenfalls auch Vorgänge wie Warenumsätze als Verkehrsakte aufgefaßt und zum Steuerobjekt gemacht. "Verkehrsakte" stellten ein Sammelsurium von Steuerobjekten dar.

Auch heute noch werden zahlreiche Formen des Besitzwechsels als Steuerobjekte genutzt. Neben dem Grundstückserwerb bzw. der sog. Handänderung (Eigentümerwechsel) von Grundstücken gehören dazu der Übergang von Rechtstiteln bei Börsengeschäften, bei Aktienemissionen und ähnlichem. Schließlich ist der Besitzwechsel in der Form einer Erbschaft oder einer Schenkung ein fast überall anzutreffendes Steuerobjekt.

D. Die wichtigsten modernen Steuerobjekte bestehen aus *Transaktionsvorgängen bei der Entstehung, Verteilung und Verwendung des Sozialprodukts.* Diese Steuerobjekte sind abgeleitet aus Größen, die in statistisch erhobener und aggregierter Form Eingang in die volkswirtschaftliche Gesamtrechnung finden.

D.a. Steuerobjekte in Zusammenhang mit dem *Entstehen* des Sozialprodukts sind insbesondere die Vorgänge des Produktions- oder Dienstleistungsprozesses bzw. die Wertschöpfung in den Unternehmen oder im öffentlichen Sektor.

D.b. Steuerobjekte in Zusammenhang mit *Verteilungs*vorgängen des Sozialprodukts werden gebildet von der Entrichtung oder dem Empfang von Faktorentgelten. Es kann sich um eine Gesamtsumme handeln oder um einzelne Faktorentgelte wie z.B. Arbeitslöhne, Gewerbeerträge, Unternehmensgewinne, eventuell unterschieden nach einbehaltenen oder ausgeschütteten Gewinnen, Zinserträge, Miet- und Pachteinnahmen.

D.c. Steuerobjekte gebildet aus der *Verwendung* des Sozialprodukts bestehen aus Käufen bzw. den ihnen entsprechenden Verkäufen von Gütern oder aus Investitions- oder Sparvorgängen. Viele Tatbestände bei der Verwendung des Sozialprodukts, die sich als Steuerobjekte nutzen lassen, gab es schon lange bevor man den Begriff des Sozialprodukts kannte. Bereits im Altertum gab es die Besteuerung der Einfuhr von Verbrauchsgütern (Zölle!). Für viele Steuerobjekte, die wir heute als Kreislaufgrößen ansehen, gab es Vorformen: die Tätigkeit als Gewerbetreibender, Münzwechsler, Pächter oder Händler.

E. Es gibt schließlich eine Reihe von Steuerobjekten, die als *Indikatoren* für wirtschaftliche Tatbestände verwendet werden, weil diese sich *nicht direkt* zum Steuerobjekt machen lassen. Es handelt sich hierbei vor allem um die *Inanspruchnahme von öffentlichen Infrastrukturen und um die Nutzung des Allmendgutes Umwelt.* Zwar könnten bei solchen Inanspruchnahmen oder Nutzungen oft auch *Gebühren* oder *Beiträge* erhoben werden, doch müßten beispielsweise die aus zahlreichen Einzelleistungen bestehende öffentliche Zurverfügungstellung von Verkehrsinfrastrukturen und ihre zahllosen Einzelnutzungen in eine unüberschaubare Menge einzelner Gebühren- oder Beitragstatbestände zerlegt werden. Die Erhebung wäre mit prohibitiven Erhebungskosten verbunden. Es muß daher aus praktischen Gründen auf *Steuerobjekte* als Indikatoren zurückgegriffen werden. Solche *Indikatoren* müssen auf eine individuelle oder gruppenmäßige Inanspruchnahme einer zur Verfügung gestellten Infrastruktur schließen lassen. Als Indikatoren kommen Bestands- oder Strömungsgrößen in Frage wie beispielsweise der Besitz eines Kraftfahrzeugs oder der Verbrauch an Treibstoffen für den Straßenverkehr. Man verwendet, um Inanspruchnahmen öffentlicher Infrastrukturen zum Gegenstand der Besteuerung zu machen, oft auch mehrere Steuerobjekte gleichzeitig.

Öffentlich bereitgestellte Infrastrukturen werden speziell im kommunalen Bereich in Anspruch genommen. Dort sind es nicht nur die zur Verfügung gestellten kommunalen Verkehrsinfrastrukturen, sondern das ganze Spektrum der von einer kommunalen Verwaltung den Einwohnern oder dem Gewerbe erbrachten Leistungen. Die beispielsweise mit dem Tatbestand des "Einwohnerseins" oder des Wohnens in einer Gemeinde verknüpften kommunalen Leistungen erfordern Steuerobjekte als Indikatoren für die Inanspruchnahme dieser Leistungen.

Abgaben, die mit Steuerobjekten der soeben dargestellten Art verknüpft sind, haben einen den Beiträgen nahestehenden Charakter. Man bezeichnet diese Abgaben daher gelegentlich auch als "Beitragsteuern". Im Unterschied zu den Beiträgen im engeren Sinn liegt bei diesen Beitragsteuern keine strenge Bindung an das Äquivalenzprinzip vor. Die Übergänge von Beiträgen zu Beitragsteuern sind allerdings fließend. Auch der Sprachgebrauch ist daher uneinheitlich. So werden beispielsweise in den Vereinigten Staaten die Beiträge zur Finanzierung der Sozialversicherung als Steuern (Social security "tax") bezeichnet.

Außer der soeben vorgenommenen Unterscheidung der Steuerobjekte in materieller Hinsicht kann man eine Unterscheidung vornehmen, die sich des Merkmals der *Periodizität* des Auftretens eines steuerlichen Tatbestandes bedient. Es gibt

- *periodische bzw. regelmäßig wiederkehrende Tatbestände*
- *einmalige bzw. unregelmäßig auftretende Tatbestände.*

Im ersten Fall handelt es sich um eine stetig fließende, im zweiten Fall nur um eine sporadisch nutzbare Steuerquelle. Das Merkmal der Periodizität ist für die Tarifgestaltung einer Steuer von Bedeutung. Daneben unterscheiden sich die Wirkungen von Steuern, die mit periodisch oder aperiodisch auftretenden Steuerobjekten verbunden sind.

Die wichtigsten der heutigen Steuerobjekte haben als Kreislaufstromgrößen periodischen Charakter. Immerhin spielen aber Steuerobjekte mit aperiodischem Charakter auch heute noch eine nicht unbeträchtliche Rolle. Viele der zur Gruppe der Besitzwechsel gehörenden Steuerobjekte sind, jedenfalls aus der Sicht der betroffenen Steuerschuldner, aperiodischer Natur. Dasselbe trifft zu bei Erbschaften oder Schenkungen.

Als ein weiteres Unterscheidungmerkmal bei Steuerobjekten kann man es ansehen, ob für die Definition bzw. den Zuschnitt eines Steuerobjekts neben den objektiven Merkmalen des steuerlich zu nutzenden Tatbestands auch persönliche (subjektive) Eigenschaften oder Umstände des Steuerpflichtigen (Steuerschuldners) eine Rolle spielen oder nicht. Es gibt

- Steuerobjekte *ohne* Berücksichtigung persönlicher Aspekte des Steuerpflichtigen
- Steuerobjekte *mit* Berücksichtigung persönlicher Aspekte des Steuerpflichtigen

Zu den Steuerobjekten der erstgenannten Art gehören z.B. die in einem Kataster (Verzeichnis) aufgeführten Immobilien hinsichtlich Lage, Größe, Wert usw. Die persönlichen Eigenschaften oder Umstände des Immobilienbesitzers spielen (in der Regel) keine Rolle für die Höhe z.B. der Grundsteuer oder Grunderwerbsteuer. Wenn ein Steuerobjekt vorliegt, das sich ausschließlich durch objektive (sog. "sachlich-generische") Eigenschaften auszeichnet, spricht man von einer *Objektsteuer*. Viele Steuerobjekte werden allerdings unter Berücksichtigung auch persönlicher Aspekte des Steuerpflichtigen definiert, wie z.B. Einkommen oder Vermögen. Nicht nur die Höhe des Einkommens oder des Vermögens sondern auch subjektive Faktoren wie der Familienstand, die Zahl der Kinder und andere persönliche Umstände des Steuerpflichtigen spielen eine Rolle beim Zuschnitt des Steuerobjekts. Man kann in solchen Fällen von einem *subjektbezogenen Steuerobjekt* sprechen.

Neben der soeben vorgenommenen Unterscheidung gibt es die traditionelle Unterscheidung in

- Steuerobjekte *direkter* Steuern
- Steuerobjekte *indirekter* Steuern

Die Unterscheidung in *direkte* und *indirekte* Steuern hat zwar eine gewisse Ähnlichkeit mit der Unterscheidung nach Objekt- und Subjektsteuern, ist jedoch nicht ganz deckungsgleich, denn es wird ein anderes Kriterium zur Unterscheidung herangezogen. Als indirekt werden herkömmlicherweise solche Steuern bezeichnet, die *überwälzt* werden sollen. Im Gegensatz dazu sollen direkte Steuern vom Steuerpflichtigen selber getragen werden und seine *persönliche Leistungsfähigkeit* berücksichtigen.

Steuerobjekte können auch danach unterschieden werden, ob sie sich (auch) als kommunales (lokales) Steuerobjekt eignen oder nur als Bestandteil eines zentralstaatlichen Steuersystems bzw. einer zentralstaatlichen Finanzverfassung in Betracht kommen. Diese Unterscheidung stellt auf den geographischen Wirkungsradius eines Steuerobjekts ab. So sind z.B. Grundstücksflächen oder die Wertsteigerung von Grundstücken als lokale Steuerobjekte geeignet (siehe dazu Kapitel XII). Der Einfuhrumsatz wäre hingegen als lokales Steuerobjekt gänzlich ungeeignet, er kann seinen Platz nur in einem überregionalen oder zentralstaatlichen Steuersystem finden. Zu unterscheiden sind also

- *kommunal* (lokal) geeignete Steuerobjekte
- nur *zentralstaatlich* oder überregional geeignete Steuerobjekte.

Es gibt Steuerobjekte, wie z.B. Grund und Boden, die "seit eh und je" Verwendung finden, weil sie sich den im Zeitablauf sich wandelnden Besteuerungsidealen und -zielen dienstbar machen ließen. Andere Steuerobjekte sind verschwunden, weil sie nicht mehr dem Entwicklungsstand der Technik oder mit den ethischen Normen einer Zeit in Einklang standen. Es gibt allerdings auch Steuerobjekte, die Wiederauferstehungen erleben. Ein Beispiel dafür ist das Überqueren von Brücken oder die Benutzung von bestimmten Wegstrecken. Lag dieses Steuerobjekt früher einer Abgabe als Entgelt für die Inanspruchnahme eines hoheitlichen Rechts oder für die hoheitliche Gewährung von "sicherem Geleit" zu Grunde, so wird ihre heutige Wiederverwendung mit der Inanspruchnahme von öffentlichen Infrastrukturen gerechtfertigt. Ein Steuerobjekt kann sich großer Beliebtheit erfreuen, wenn es sich unterschiedlichen Besteuerungszielen dienstbar machen läßt. Das private Automobil beispielsweise kann Steuerobjekt sein, weil man einen Luxusaufwand besteuern möchte oder weil man einen Indikator für die Inanspruchnahme der öffentlichen Verkehrsinfrastruktur benötigt oder weil man es aufgrund seiner Emissionen, d.h. als Indikator für eine Umweltinanspruchnahme zur Besteuerung heranziehen möchte.

II.B. Beziehungen zwischen Steuerobjekten

Die Beziehungen zwischen verschiedenen steuerlich zu nutzenden Tatbeständen sind von erheblicher Relevanz für die Wahl und Definition der Steuerobjekte. Ein in sich widerspruchfreies Steuersystem muß die inneren Zusammenhänge oder Wechselbeziehungen zwischen Steuerobjekten berücksichtigen. Steuerlich nutzbare Tatbestände und die aus ihnen abgeleiteten Steuerobjekte können in unterschiedlicher Weise zueinander in Beziehung stehen. Steuerobjekte können wie die ökonomischen Erscheinungen, aus denen sie abgeleitet sind, in einem Kausalitäts- oder einem Kettenverhältnis zueinander stehen. Ähnlich wie verschiedene Güter können Steuerobjekte aber auch eine Komplementär- oder eine Substitutionsbeziehung zueinander haben. Zu unterscheiden sind insbesondere ein

- *Ketten- oder Folgeverhältnis*
- *Substitutions- oder Ergänzungsverhältnis*
- *Komplementär- oder Kausalitätsverhältnis.*

Von einem *Ketten- oder Folgeverhältnis* kann man sprechen, wenn sich Tatbestände bzw. Steuerobjekte wie die Glieder einer Kette aneinanderreihen bzw. aufeinander folgen. Auf eine Umsatztransaktion auf der Produktionsstufe folgt in der Regel eine Transaktion auf der Großhandelsstufe und danach auf der Einzelhandelsstufe. Auch bei internationalen Transaktionen ergeben sich oft Steuerobjektketten: Ein Export aus Land A wird stets zu einem Import in Land B Beim Vorliegen eines Kettenverhältnisses müssen die Steuerobjekte aufeinander abgestimmt werden, um Mehrfachbelastungen oder Lücken und negative Anreizwirkungen zu vermeiden. Das Bestehen eines Kettenverhältnisses kann jedoch auch positiv dazu genutzt werden, einer Steuerhinterziehung vorzubeugen. Deswegen errichtet man manchmal ganz bewußt ein Kettenverhältnis von Steuerobjekten, z.B. indem sowohl die Gewinnausschüttung bei Aktiengesellschaften als auch der Dividendenempfang der Aktionäre zu Steuerobjekten gemacht werden. Durch *Anrechnung* der bei der Gewinnausschüttung erhobenen Steuer auf die Steuer beim Empfang der Dividende wird eine Doppelbelastung vermieden und eine mögliche Hinterziehung der Steuer auf die empfangene Dividende verhindert.

Ein Substitutions- oder *Ergänzungsverhältnis* von Steuerobjekten liegt vor, wenn diese ökonomisch vergleichbare Tatbestände repräsentieren. Dies ist beispielsweise der Fall bei den Geschäftsentnahmen eines Unternehmers zum Zweck des Eigenverbrauchs und seinen Umsätzen mit Drittpersonen. Die Entnahme von Gütern aus dem eigenen Geschäft ist ein ergänzendes Steuerobjekt zum Umsatz. Ohne das Steuerobjekt "Eigenverbrauch" bestünde eine Lücke neben dem Steuerobjekt "Umsatz". Letzteres bedarf daher der Ergänzung zur Schließung dieser Lücke.

Die Berücksichtigung eines *Substitutionsverhältnisses* zwischen einem steuerlich zu nutzenden Tatbestand und einem "substitutionalen" Tatbestand ist vor allem wichtig zur Verhinderung von Ausweichreaktionen seitens der Steuerpflichtigen und damit zur Vermeidung steuerlicher Ungleichbehandlung. Das gilt beispielsweise für die Steuerobjekte Erbschaft und Schenkung. Gäbe es nicht das Steuerobjekt Schenkung, bestünde ein starker Anreiz, das Steuerobjekt Erbschaft durch das Steuerobjekt Schenkung zu substituieren. Gleiches gilt, wenn zu einem zu besteuernden Gut ein anderes Gut als dessen Surrogat existiert. Als es (bis zur Abschaffung 1965) in Deutschland eine Zuckersteuer gab, wurden deshalb auch Süßstoffe wie Saccharin oder Natriumcyclamat einer Süßstoffsteuer als Ergänzungsteuer unterworfen. Würde nur der eine Tatbestand besteuert, gäbe es Anreize zu Substitution des besteuerten durch das nichtbesteuerte Gut. Ähnlich verhält es sich bei verschiedenen Arten von alkoholischen Getränken. Wird z.B. Bier zum Steuerobjekt gemacht, dann sollten auch andere alkoholische Getränke zu einem Steuerobjekt gemacht werden, um einem Ausweichen von Bier auf unbesteuerte Alkoholika entgegen zu wirken.

Steuerobjekte können schließlich auch in einem *Komplementär- oder Kausalitätsverhältnis* zueinander stehen. Das ist der Fall, wenn ein bestimmtes Steuerobjekt kausal oder sachlich mit einem anderen Steuerobjekt verbunden ist, so wie beispielsweise das Steuerobjekt *Vermögen* mit dem Steuerobjekt *Einkommen*. In der Regel folgen Vermögens*erträge, also Einkommen,* aus Vermögens*besitz*. Beim Eigentümer einer Immobilie fallen beispielsweise Vermögenserträge in Form von Pacht oder Miete an. Die Berücksichtigung der Beziehungen zwischen Steuerobjekten kann einerseits der Kontrolle und damit der Vorbeugung gegen Steuerhinterziehung dienen, sie ist andererseits aber vor allem das Kennzeichen einer planvollen und zielgerechten Steuerpolitik.

III. Anknüpfungspunkte für Steuern

Als Anknüpfungspunkt von Steuern wird der *geographisch-institutionelle Ort* bezeichnet, an dem der fiskalische *Zugriff* auf das Steuerobjekt erfolgt. Bei einem standortgebundenen Steuerobjekt, wie z.B. bei einem Grundstück, knüpft man in der Regel am Lageort des Grundstücks an. Man bezeichnet ihn als "Ort der Belegenheit". Häufig besteht eine Wahl zwischen zwei verschiedenen Orten als Anknüpfungspunkten. Beim Steuerobjekt Lohneinkommen z.B. kann man den steuerlichen Zugriff auf den Einkommensstrom am Sitzort des Unternehmens, bei dem der Lohnempfänger beschäftigt ist, oder bei seinem Wohnsitz vornehmen. Auch bei Besitzwechseln von Vermögensteilen oder von Rechtstiteln gibt es einen Verkäufer und einen Käufer und dementsprechend zwei verschiedene geographisch-institutionelle Anknüpfungspunkte. Ähnlich ist es beim Erbschafts- oder dem Schenkungsvorgang.

Für die Wahl des Anknüpfungspunktes einer Steuer spielt oft der Gesichtspunkt eine Rolle, Gebietskörperschaften verschiedener Staatsebenen eines Bundesstaates (oder verschiedene Staaten bei internationalen Transaktionen) mit einer Anspruchsberechtigung auf den Ertrag eigener Steuern auszustatten. Wenn man als Anknüpfungspunkt z.B. von Grundsteuern den Lageort des Grund und Bodens wählt (und beispielsweise nicht den Wohnort des Eigentümers oder Nutznießers des Grund und Bodens), verschafft man den Gemeinden der Lageorte den Anspruch auf den Ertrag einer eigenen Gemeindesteuer.

Die wichtigsten modernen Anknüpfungspunkte der Besteuerung sind Ursprungs- und Ankunftsorte von Strömungsgrößen des volkswirtschaftlichen Kreislaufs. Abbildung 2.1 zeigt schematisch für einige wichtige Geld- bzw. Realströme die bei ihnen theoretisch in Frage kommenden Anknüpfungspunkte.

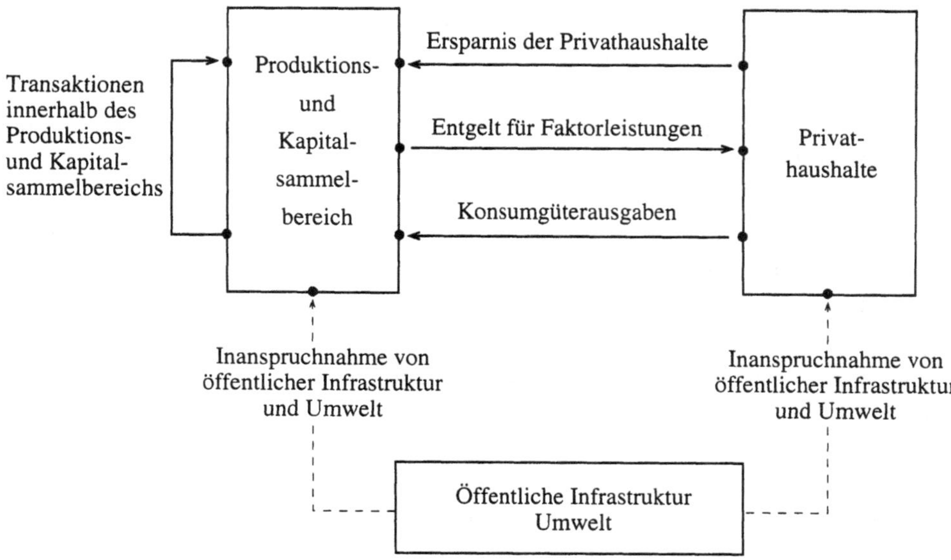

Abb. 2.1: Anknüpfungspunkte der Besteuerung bei volkswirtschaftlichen Kreislaufgrößen einschl. öffentl. Infrastruktur und Umwelt

IV. Steuerbemessungsgrundlagen

Eine Steuerbemessungsgrundlage (BG) ist der quantitative Ausdruck eines Steuerobjekts. Durch Verknüpfung einer Bemessungsgrundlage mit einer Belastungsvorschrift, die üblicherweise als *Steuertarif* bezeichnet wird, resultiert eine *Steuerschuld.* Wird diese durch eine Steuerzahlung abgetragen, entsteht eine *Steuereinnahme* eines öffentlichen Haushalts. Das folgende Schema veranschaulicht die Etappen von einem wirtschaftlichen Tatbestand bis zur Steuereinnahme.

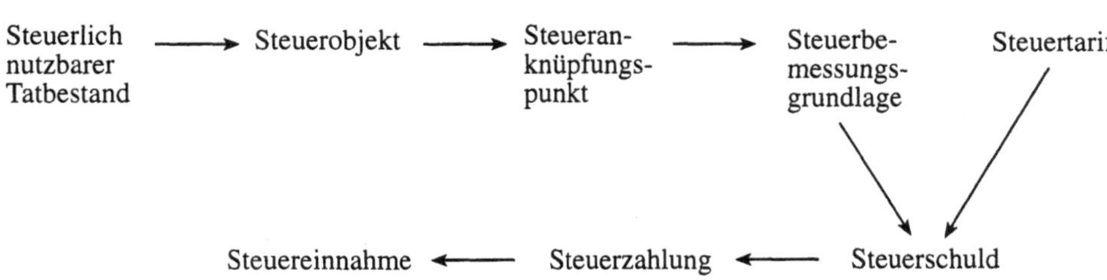

Steuerbemessungsgrundlagen treten in noch größerer Vielfalt als Steuerobjekte auf, da für dasselbe Steuerobjekt oft eine Wahl unter mehreren verschiedenen Bemessungsgrundlagen besteht. Bei Steuerbemessungsgrundlagen handelt es sich immer um *mikroökonomische* Größen. Die Summe der individuellen Steuerbemessungsgrundlagen wird als *Besteuerungsmenge* bezeichnet. Diese stellt eine *makroökonomische* Größe dar.

Steuerbemessungsgrundlagen kann man nach verschiedenen Gesichtspunkten einteilen. Zwei davon werden in folgendem vorgestellt:

1.) Ein erstes Einteilungskriterium ist die *Dimension* einer Bemessungsgrundlage. Es kann sich dabei handeln um eine monetäre oder um eine technisch-physikalische Dimension:

- Bei *monetärer Dimension* besteht der zugehörige Maßstab aus Werteinheiten, ausgedückt in DM, Franken, Schilling, Euro.

- Bei *technisch-physikalischer Dimension* bestehen die Einheiten des zugehörigen Maßstabs aus Stückzahl, Kilogramm, Gallone, Liter, Kubikzentimeter usw. Man nennt solche Einheiten auch *"spezifische Einheiten"*.

Die meisten heutigen Steuern haben Bemessungsgrundlagen mit monetärer Dimension. Allerdings gibt es daneben auch eine Reihe von Steuern mit spezifischen Bemessungsgrundlagen. Beispiele sind die Kubikzentimeter oder PS bei Kraftfahrzeug- oder Automobilsteuern oder der Stammwürzegehalt bei der Biersteuer. Bei Einzelverbrauchsteuern und auch bei Zöllen werden überwiegend Gewichts- oder Hohlmaße als Bemessungseinheiten verwendet.

Früher waren spezifische Bemessungseinheiten gebräuchlicher als heutzutage. Sie sind in der Regel einfacher feststellbar, man muß lediglich zählen oder wiegen. Für eine monetäre Bemessungsgrundlage benötigt man dagegen eine sachgerechte Bewertungsmethode. Was sachgerecht ist, kann strittig sein. Oft ergibt sich daher ein erheblicher Ermessensspielraum bei der Festlegung des Umfangs einer monetären Bemessungsgrundlage. Eine spezifische Bemessungsgrundlage hingegen, wie beispielsweise die Zahl der zur Straße hin führenden, also auch von außen erkennbaren Türen und Fenster eines Wohn- oder Fabrikgebäudes, läßt sich verhältnismäßig einfach feststellen. Eine Tür- und Fenstersteuer gab es über Jahrhunderte hinweg in Großbritannien. Ebenso gab es sie in Frankreich, wo sie erst 1917 abgeschafft wurde.

2.) Bemessungsgrundlagen können - zweitens - unterschieden werden nach der *quantitativen Bedeutung* ihrer wirtschaftlichen Grundlagen. Man untersceidet

- *breite bzw. umfassende Bemessungsgrundlagen*
- *schmale Bemessungsgrundlagen.*

Breit oder schmal bezieht sich also auf den makroökonomischen Umfang, den die Besteuerungsmenge als Summe der individuellen Bemessungsgrundlagen hat. Die Bemessungsgrundlage beispielsweise der Einkommen- oder der Umsatzsteuer ist breit, weil die Besteuerungsmenge entweder fast das gesamte Volkseinkommen oder sogar ein Mehrfaches davon umfaßt. Auch Wertschöpfung- oder Konsumsteuern besitzen breite Bemessungsgrundlagen. Eine Steuer mit einer breiten Bemessungsgrundlage erschließt naturgemäß eine *fiskalisch ergiebige Steuerquelle*. Häufig resultiert eine umfassende Bemessungsgrundlage aus der Bündelung mehrerer einzelner Steuerobjekte. Beim Einkommen beispielsweise erfolgt eine "Synthese" der Einkünfte aus nichtselbständiger und selbständiger sowie gewerblicher Tätigkeit, aus Vermögensbesitz usw. Ebenso werden bei einer Wertschöpfungsteuer die einzelnen Wertschöpfungsbestandteile zu einer gemeinsamen Bemessungsgrundlage zusammengebündelt.

Schmale Bemessungsgrundlagen erbringen einem einzelnen öffentlichen Haushalt in der Regel zwar keine sehr großen Steuereinnahmen, doch treten sie meistens deshalb auf, weil ein Steuerobjekt in einem Ergänzungs-, Substitutions- oder Folgeverhältnis zu einem Steuerobjekt mit einer breiten Bemessungsgrundlage steht. Schmale Bemessungsgrundlagen resultieren teilweise auch aus der Notwendigkeit, verschiedene Erscheinungsformen eines steuerlichen Tatbestands "einzufangen".

Beispielsweise erfordert die Besteuerung des Tabakkonsums aus *sachlichen* Gründen verschiedene Steuerobjekte, um alle Formen des Tabakverbrauchs zu erfassen. Als schmale Bemessungsgrundlagen resultieren dann die Stückzahl von Zigaretten, die Stückzahl von Zigarren und von Zigarillos sowie das Gewicht von Pfeifen-, Kau- oder Schnupftabak, ferner die Stückzahl von Zigarettenpapierblättchen und die Stückzahl der dort hineinzuschiebenden "Steckzigaretten".

Vor allem im Bereich der Kommunalbesteuerung sind Steuern mit schmalen Bemessungsgrundlagen anzutreffen, wie beispielsweise lokale Aufwandsteuern oder lokale Zweitwohnungsteuern. Steuern mit schmaler Bemessungsgrundlage können oft mit verhältnismäßig geringem Verwaltungsaufwand erhoben werden, weil es nur wenige Steuerpflichtige gibt. Auch Steuern mit schmalen Bemessungsgrundlagen können in der Summe erhebliche Einnahmen erbringen.

V. Steuersysteme

Die Gesamtheit oder das Gefüge gleichzeitig nebeneinander existierender Steuern eines Staates oder eines anderen politischen Gemeinwesens bezeichnet man als ein Steuersystem. Handelt es sich um einen auf wissenschaftlichen Erkenntnissen beruhenden, planvoll aufeinander abgestimmten *Entwurf* für eine solche Gesamtheit von Steuern, dann spricht man von einem *rationalen Steuersystem*. Real existierend hat es bisher immer nur *historisch gewachsene Steuersysteme gegeben*. Die "Struktur" oder "Architektur" eines realen Steuersystems ist höchstens teilweise das Ergebnis einer systematisch verwirklichten Leitidee oder einer einheitlichen Steuertheorie. Entsprechend der OECD-Klassifizierung setzen sich die heutigen realen Steuersysteme (einschließlich der Sozialabgaben) aus den in der Tabelle 2.1 angegebenen Steuerarten zusammen.

Tab. 2.1: OECD-Klassifizierung der Steuern einschließlich Sozialabgaben

1. Einkommen-, Gewinn- und Kapitalgewinnsteuern
   - 1.1 Einkommen- und Kapitalgewinnsteuern natürlicher Personen
   - 1.2 Körperschaftsteuern, Gewinnsteuern juristischer Personen
2. Sozialabgaben
   - 2.1 Sozialabgaben seitens der Arbeitgeber
   - 2.2 Sozialabgaben seitens der Arbeitnehmer
   - 2.3 Sozialabgaben Selbständiger bzw. Nichtbeschäftigter
3. Lohnsummensteuer, Steuer des Arbeitgebers auf der Summe der ausgezahlten Löhne und Gehälter
4. Steuern auf Eigentum (Vermögen)
   - 4.1 Periodische Steuern auf unbeweglichem Vermögen (Immobilien)
   - 4.2 Periodische Steuern auf dem Nettovermögen von natürlichen oder juristischen Personen
   - 4.3 Nachlaß-, Erbschaft- und Schenkungsteuern
   - 4.4 Kapitalverkehrsteuern (z.B. Börsenumsatz-, Emissionsteuern, Steuern beim Verkauf von Grundstücken usw.)
   - 4.5 Nichtperiodische (einmalige) Vermögensabgaben wie z.B. Bodenwertzuwachssteuern
5. Steuern auf Gütern und Diensten
   - 5.1 Steuern auf Produktion, Verkauf, Transfer oder Lieferung von Gütern oder Diensten
     - 5.1.1 Allgemeine Steuern (Mehrwert-, Einzelhandelsteuern)
     - 5.1.2 Spezielle Steuern auf Gütern und Diensten (spezielle Verbrauchsteuern, Zölle, staatliche Monopolgewinne usw.)
   - 5.2 Steuern auf Nutzung oder Konzession zur Nutzung von Gütern oder Diensten
6. Sonstige Steuern

Quelle: OECD, Revenue Statistics 1965 - 2001 (2002), S. 279 f.

Die nachfolgenden Tabellen 2.2 bis 2.4 vermitteln einen auch statistisch-quantitativen Überblick über die in Deutschland, der Schweiz und Österreich existierenden realen Steuersysteme. Der Überblick zeigt

1.) aus welchen Steuern sich das jeweilige Steuersystem zusammensetzt und
2.) welchen Beitrag die einzelne Steuer zum Gesamtsteueraufkommen geleistet hat

Die Gliederung der Tabellen 2.2 bis 2.4 lehnt sich an die in Abschnitt II.A. vorgenommene Einteilung der Steuerobjekte an - allerdings nur mit Einschränkungen, da sich bei manchen Steuern eine Zuordnung zu einer bestimmten theoretisch definierten Kategorie nicht eindeutig vornehmen läßt. Die Sozialabgaben sind in den Tabellen 2.2 bis 2.4 nicht enthalten. Die Steuern sind unter den in den einzelnen Ländern in der amtlichen Finanzstatistik verwendeten Bezeichnungen aufgeführt. Diese werden anschließend kurz erläutert, um dem Leser eine ungefähre Vorstellung zu vermitteln, um was es sich bei diesen Begriffen jeweils handelt.

V.A. Das deutsche Steuersystem

Das deutsche Steuersystem ist zwar ein im Prinzip bundesstaatliches Steuersystem, doch es ist zugleich durch eine deutlich *unitarische* Tendenz und seinen *Verbundcharakter* gekennzeichnet. Dieser "Verbund" bezieht sich sowohl auf die Gesetzgebungskompetenz als auch auf die sog. Ertragshoheit. Bei der Steuergesetzgebung haben die Bundesländer bei fast allen wichtigen Steuern ein Mitentscheidungsrecht. Die Länder sind auf die Zustimmung des Bundes und der Bund ist auf die Zustimmung der Länder bei der Gesetzgebung angewiesen. Nur über die sog. Bundessteuern, wie z.B. über die Mineralöl- und die Verbrauchsteuern (ohne die Biersteuer), kann der Bund allein entscheiden. Gemeinschaftssteuern im Sinne der rechtlich festgelegten Beteiligung des Bundes, der Länder und teilweise auch der Gemeinden am Steueraufkommen sind insbesondere die Einkommensteuer, die Körperschaft- und die Umsatzsteuer. Die Länder besitzen mit z.B. der Bier- und Kraftfahrzeugsteuer auch eigene Landessteuern. Die Grund- und die Gewerbesteuer sind die hauptsächlichen Gemeindesteuern. Die EU erhält nach vorgegebenen Schlüsseln Anteile am Steuerertrag des Bundes. Sie erhält obendrein die Zolleinnahmen.

Am Gesamtsteueraufkommen aus eigenen und Gemeinschaftssteuern partizipierten im Jahr 2000 die deutschen Gebietskörperschaften und die EU wie folgt:

	Mrd. DM	Anteile in Prozent
Bund	388'800	42,5
Länder	370'616	40,5
Gemeinden	111'748	12,2
EU	42'701	4,7
Total	913'866	100,0

Quelle: BMF, Finanzbericht 2002 (2001), S. 278

Tab. 2.2: Die Steuereinnahmen von Bund, Ländern und Gemeinden in Deutschland 2000 *)

	Mio DM	v.H.
A. Steuern auf einzelnen Vermögensbestandteilen		
Grundsteuern *(1)*	18'307	*2,0*
B. Steuern auf Gesamtvermögen		
Vermögensteuer *(2)*	847	*0,10*
C. Steuern auf Vermögensverkehr		
Erbschaft-/Schenkungsteuer *(3)*	5'831	*0,6*
Grunderwerbsteuer *(4)*	10'250	*1,1*
D.a/b. Steuern auf Entstehung und Verteilung von Einkommen		
Lohnsteuer *(5)*	265'471	*29,0*
veranlagte Einkommensteuer einschl. Zinsabschlag und Ergänzungsabgabe *(6)*	61'413	*6,7*
Kapitalertragsteuer *(7)*	26'433	*2,9*
Körperschaftsteuer *(8)*	46'108	*5,0*
Gewerbeertragsteuer *(9)*	52'857	*5,8*
D.c. Steuern auf die Einkommensverwendung		
Umsatzsteuer einschl. Einfuhrumsatzsteuer *(10)*	275'520	*30,1*
Verbrauchsteuern *(11)*	41'449	*4,5*
Versicherungsteuer *(12)*	14'166	*1,6*
E. Steuern für Infrastrukturinanspruchnahme und übrige Steuern		
Mineralölsteuer *(13)*	73'982	*8,1*
Kraftfahrzeugsteuer *(14)*	13'720	*1,5*
Sonstige Bundes-, Landes- und Gemeindesteuern *(15)*	874	*0,1*
Zölle *(16)*	6'638	*0,7*
Gesamtsteueraufkommen	913'866	*100,0*

*) *ohne Kirchensteuern*

Quelle: BMF, Finanzbericht 2002 (2001), S. 266, Stat. Jahrbuch für die BRD 2001, S. 532.

Die statistischen Zahlen der Tabelle 2.2 geben die kassenmäßigen Steuereinnahmen an. Die in der Tabelle aufgeführten Steuern werden im folgenden kurz beschrieben. Bei den wichtigeren Steuern wird auf die genauere Darstellung in späteren Kapiteln verwiesen.

(1) Grundsteuern: Steuerobjekt ist das Grundvermögen, bemesssen nach einem sog. Einheitswert (Stichtagswert). Unterschieden wird zwischen land- und forstwirtschaftlich genutztem Boden samt zugehörigem Betrieb (Grundsteuer A) und nichtlandwirtschaftlich genutztem Boden samt zugehörigen Gebäuden, Eigentumswohnungen usw. (Grundsteuer B). Die genauere Darstellung befindet sich in Abschnitt V.A des 12. Kapitels.

(2) Vermögensteuer: Steuerobjekt ist das Nettovermögen (Bruttovermögen abzüglich Schulden) sowohl von privaten Personen als auch von Körperschaften, Personenvereinigungen oder "Vermögensmassen" mit inländischer Geschäftsleitung oder inländischem Sitz. Die Erhebung dieser Steuer ist auf Grund eines Verfassungsgerichtsurteils (vom 22. 6. 1995) ab 1997 wegen gravierender Mängel "ausgesetzt". Ausgewiesen sind in Tabelle 2.2. daher nur noch Einnahmen in Form von Restzahlungen aus früheren Perioden.

(3) Erbschaft-/Schenkungsteuer: Steuerobjekte sind der Wert des Vermögensanfalls (Zugangs), wobei der Wert unterschiedlicher Bestandteile aber nach verschiedenen Bewertungsmaßstäben ermittelt wird.

(4) Grunderwerbsteuer: Steuergegenstand dieser Objektsteuer ist ein durch Kaufvertrag oder ein auf andere Weise begründeter Eigentumswechsel von Grundstücken. Bemessungsgrundlage ist der Kaufpreis.

(5) Lohnsteuer, (6) veranlagte Einkommensteuer einschl. Zinsabschlag und Ergänzungsabgabe: Die *Lohnsteuer* (als Vorauszahlung der Einkommensteuer) ist eine vom Arbeitgeber abzuführende Quellensteuer auf Einkünften (Einkommen) aus nichtselbständiger Arbeit. Jeder Lohnsteuerzahler kann eine Einkommensteuerveranlagung beantragen. Eine Veranlagung zur Einkommensteuer wird darüberhinaus immer dann erforderlich, wenn zu Lohn (Einkommen aus nichtselbständiger Tätigkeit) andere Einkünfte (z.B. aus selbständiger Tätigkeit, Kapitaleinkünfte usw.) hinzukommen. Der *Zinsabschlag* ist eine Quellensteuer auf Zinsen für Obligationen, Sparguthaben usw., die von der auszahlenden Stelle einzubehalten ist. Der Zinsabschlag wird wie die Lohnsteuer bei der Veranlagung zur Einkommensteuer angerechnet. Die *Ergänzungsabgabe* (auch Solidaritätszuschlag oder kurz "Soli" genannt) ist eine Zusatzsteuer zur Einkommensteuer (bzw. zur Lohnsteuer oder zum Zinsabschlag). Die genauere Beschreibung der deutschen Einkommensteuer sowie der Lohnsteuer ist im 6. Kapitel (Abschnitt IV.A) enthalten. Tabelle 2.2 enthält das Lohnsteueraufkommen *netto* nach Abzug der Kindergelder in Höhe von rd. 60 Mrd. DM.

(7) Kapitalertragsteuer: Steuerobjekte sind Gewinnanteile (Dividenden), Erträge aus Beteiligungen an GmbHs und ähnlichem. Die als Quellensteuer erhobene Kapitalertragsteuer wird bei der Einkommen- bzw. Körperschaftsteuer angerechnet.

(8) Körperschaftsteuer: Steuerobjekt ist der Gewinn von Körperschaften (Aktiengesellschaften, GmbHs usw.). Die Beschreibung der deutschen Körperschaftsteuer ist in Abschnitt VI.A des 8. Kapitels enthalten.

(90) Gewerbeertragsteuer: Steuerobjekt ist der sog. Gewerbeertrag. Die Beschreibung dieser kommunalen Steuer erfolgt in Abschnitt V.A des 12. Kapitels. Die Zahlen der Tab. 2.2 enthalten auch noch Reste der abgeschafften Gewerbekapitalsteuer.

(10) Umsatzsteuer einschl. Einfuhrumsatzsteuer: Die Beschreibung der deutschen Umsatzsteuer befindet sich in Abschnitt III.A des 9. Kapitels.

(11) Verbrauchsteuern: Es handelt sich hier um die Bier-, Branntwein-, Kaffee-, Schaumwein-, Strom-, Tabak- sowie die Rennwett- und Lotteriesteuer. Diese Steuern sind im 9. Kapitel genauer dargestellt.

(12) Versicherungsteuer: Steuerobjekt ist der Versicherungsschutz, d.h. die aus dem Versicherungsverhältnis sich ergebende Dienstleistung des Versicherers. Bemessungsgrundlage ist das Versicherungsentgelt. Steuerschuldner ist der Versicherungsnehmer, Steuerzahler ist der Versicherer.

(13) Mineralölsteuer: Steuerobjekte sind die verschiedenen Formen von Mineralölen (Heizöl, Dieselöl, Benzin, Erdgas). Die Einheiten der Bemessungsgrundlagen sind kg, Liter, Megawatt (Heizwert). Die Mineralölsteuer kann sowohl als Verbrauchsteuer als auch als Entgelt für die Inanspruchnahme der Verkehrsinfrastruktur angesehen werden.

(14) Kraftfahrzeugsteuer: Steuerobjekt ist "das Halten von inländischen Fahrzeugen zum Verkehr auf öffentlichen Straßen". Bemessungsgrundlage ist der Hubraum oder das Gesamtgewicht, gestaffelt nach Schadstoffausstoß.

(15) Sonstige Bundes-, Länder- und Gemeindesteuern: Es gibt insbesondere auf der Gemeindeebene eine Reihe kleinerer Aufwandsteuern wie z.B. Hundesteuern, Feuerschutzsteuern oder Jagd- und Fischereisteuern.

(16) Zölle auf Importen aus sog. Drittländern (Nicht-EU-Ländern) sind sog. Eigenmittel der EU und werden vom Bund in voller Höhe an diese weitergeleitet.

V.B. Das Schweizer Steuersystem

Die Schweiz hat ein Steuersystem mit einer ausgeprägt föderalistischen Struktur.

Tab. 2.3: Die Steuern von Bund, Kantonen und Gemeinden 2000*)
(Mio. sFr.)

	Bund	Kantone	Gemeinden	total
A. Steuern auf einzelnen Vermögensbestandteilen				
Grundsteuern *(1)*	-	187	549	735
B. Steuern auf Gesamtvermögen				
Vermögensteuern *(2)*	-	2'207	1'833	4'041
Kapitalsteuern *(3)*	37	807	476	1'319
C. Steuern auf Vermögensverkehr				
Erbschaft-/Schenkungsteuern *(4)*	-	1'115	97	1'212
Vermögensverkehrsteuern *(5)*	-	718	262	979
Stempelabgaben *(6)*	4'146	-	-	4'146
D.a/b. Steuern auf Entstehung und Verteilung von Einkommen				
Einkommensteuern *(7)*	5'713	17'329	15'405	38'447
Ertragsteuern *(8)*	4'891	3'934	2'527	11'353
Vermögensgewinnsteuern *(9)*	44	474	417	936
Verrechnungssteuer *(10)*	6'202	-	-	6'202
D.c. Steuern auf die Einkommensverwendung				
Umsatzsteuer *(11)*	16'594	-	-	16'594
Verbrauchsteuern inkl. Ein- und Ausfuhrzölle *(12)*	3'179	-	-	3'179
E. Steuern für Infrastrukturinanspruchnahme und übrige Steuern				
Mineralölsteuern *(13)*	4'975	-	-	4'975
Verkehrsabgaben *(14)*	643	-	-	643
Motorfahrzeugsteuern *(15)*	-	1'670	-	1'670
Übrige Bundes-, Kantonal- und Gemeindesteuern *(16)*	68	71	61	200
Gesamtsteueraufkommen	46'492	28'512	21'627	96'431

*) einschl. Kirchensteuer

Quelle: Eidg. Steuerverwaltung, Öffentliche Finanzen der Schweiz 2000 (2002), S. 132 ff.

Nachfolgend werden die in Tabelle 2.3 enthaltenen Begriffe kurz kommentiert. Bei den in späteren Kapiteln behandelten Steuern wird auf die Darstellung dort verwiesen.

(1) Grundsteuern: Sie werden vielfach auch Liegenschaftsteuern genannt. Steuerobjekt dieser nicht in allen Kantonen erhobenen Kantons- und/oder Gemeindesteuern ist der Grundstückswert (abgeleitet vom Verkehrs- oder Ertragswert).

(2) Vermögensteuern: Steuerobjekt der von den Kantonen (bei Ertragsbeteiligung der Gemeinden) erhobenen Vermögensteuern ist das Nettovermögen natürlicher Personen.

(3) Kapitalsteuern: Von den Kantonen und Gemeinden erhobene Steuer auf das Kapital (Vermögen) juristischer Personen. Steuerobjekt ist das einbezahlte Eigenkapital samt offenen und versteuerten stillen Reserven sowie verdecktes Eigenkapital. Die Kapitalsteuer des Bundes wurde 1998 abgeschafft. Bei den in der Tabelle 2.3 ausgewiesenen Einnahmen handelt es sich um Restzahlungen.

(4) Erbschaft-/Schenkungsteuern: Fast alle Kantone - teils auch Gemeinden - erheben eine Erbschaft- (Schenkung-)steuer, deren Steuerobjekt in der Regel der Erb- (Schenkungs-)*anfall* ist. Der Steuerertrag gehört dem Kanton (der Gemeinde) des Wohnsitzes des Erblassers bzw. Schenkers.

Vererbt oder schenkt z.B. eine Person A mit Wohnsitz im Kanton Zürich einer (mit ihm nicht verwandten oder haushaltsmäßig verbundenen) Person B mit Wohnsitz im Kanton Freiburg 100'000 Franken, muß B dem Kanton Zürich 16'800 Franken überweisen (im umgekehrten Fall betrüge die dem Kanton Freiburg zustehende Steuer 20'000 Franken).

(5) Vermögensverkehrsteuern: In der Finanzstatistik werden nur die (von Kantonen und/oder Gemeinden erhobenen) sog. Handänderungsteuern (genannt auch Grundbuchgebühr, droit d'enregistrement) als Vermögensverkehrsteuern aufgeführt. Ihr Steuerobjekt ist der Eigentümerwechsel von Grundstücken, die Bemessungsgrundlage ist der Kaufpreis. Daneben sind auch die meisten der sog. eidg. Stempelabgaben der Sache nach Vermögensverkehrsteuern.

(6) Stempelabgaben: Unter den antiquierten Oberbegriff "Eidgenössische Stempelabgaben" fallen drei Steuern, die allerdings mit Stempeln im wörtlichen Sinn zur Quittierung der Steuerzahlung auf einer ansonsten ungültigen Urkunde nichts mehr zu tun haben. 1.) eine sog. Emissionsabgabe auf Begründung oder Erhöhung des Nennwerts von inländischen Beteiligungsrechten (Steuerobjekt ist z.B. die Ausgabe von Aktien). 2.) eine sog. Umsatzabgabe (Steuerobjekt ist vor allem der berufsmäßige Handel mit bzw. die Eigentumsübertragung von Wertschriften wie Aktien oder Obligationen an der Börse oder außerbörslich). In beiden Fällen

handelt es sich um sog. Kapitalverkehrsteuern. 3.) eine Versicherungsteuer auf den Zahlungen von Versicherungsprämien (sofern die Versicherung nicht freigestellt ist wie z.B. Kranken- oder Unfallversicherungen).

(7) Einkommensteuern: Die Einkommensteuer des Bundes nennt sich Direkte Bundessteuer natürlicher Personen. Daneben gibt es die 26 "staatlichen" Einkommensteuern der Kantone. Die Einkommensteuern des Bundes und der Kantone sind allerdings hinsichtlich der Bemessungsgrundlage weitgehend aufeinander abgestimmt. Die genauere Darstellung erfolgt im 6. Kapitel (Abschnitte IV.B und V) sowie im 7. Kapitel (Abschnitt IV.B).

(8) Ertragsteuern: Es handelt sich um Körperschaftsteuern. Sie wurden früher als Ertragsteuer juristischer Personen bezeichnet und 1998 in Gewinnsteuer umbenannt. Siehe Abschnitt VI.B des 8. Kapitels.

(9) Vermögensgewinnsteuern: Steuerobjekt dieser Steuern sind im wesentlichen nur die sog. Veräußerungsgewinne bei Immobilien (Grundstücksgewinnsteuern). Soweit es sich um Veräußerungsgewinne oder Wertsteigerungen bei Betriebsvermögen handelt, unterliegen sie der Einkommen- oder Körperschaftsteuer.

(10) Verrechnungsteuer: Steuerobjekte dieser Bundessteuer, die als Quellensteuer bei den Einkommensteuern angerechnet wird, sind Kapitalerträge (Dividenden sowie Zinsen auf Obligationen, Spar- oder Kontoguthaben bei Banken etc.) ferner Wett- und Lotteriegewinne über 50 Franken und gewisse Versicherungsleistungen, Ausgewiesen sind in der Finanzstatistik die nach erfolgter Anrechnung bzw. Rückerstattung an die in- und ausländischen Antragsteller bzw. an die Kantone dem Bund verbleibenden Nettoeinnahmen.

(11) Umsatzsteuer: Ab 1.1.1995 wurde die vorher erhobene Warenumsatzsteuer ersetzt durch die Mehrwertsteuer. Dargestellt in Abschnitt III.B des 9. Kapitels.

(12) Verbrauchsteuern: Der Bund erhebt eine Bier-, Tabak, Automobil- und Branntwein-(Alkohol-)steuer. (Siehe im einzelnen Abschnitt IV des 9. Kapitels). Das Alkoholsteueraufkommen ist in Tabelle 2.3 allerdings nicht enthalten, weil es unter Monopolabgaben (Regalien und Konzessionen) verbucht wird.

(13) Mineralölsteuer: Steuerobjekt ist importiertes Mineralöl, das hauptsächlich zu Treib- oder Brennstoffen (Benzin, Dieselöl) verarbeitet wird.

(14) Verkehrsabgaben: Dazu zählen die Nationalstraßenabgabe (Vignette) für Pkw bei Inanspruchnahme der schweizerischen Autobahnen sowie die Schwerver-

kehrsabgabe für Lkw und Omnibusse. Ab 2001 wurde die vorangegangene pauschale Schwerverkehrsabgabe durch eine leistungsabhängige Schwerverkehrsabgabe ersetzt. Diese wird entsprechend den in der Schweiz zurückgelegten Tonnenkilometern erhoben.

(15) Motorfahrzeugsteuern: Steuerobjekt ist das Halten eines Motorfahrzeugs. Die Bemessungsgrundlagen sind kantonal unterschiedlich nach Hubraum, Motorleistung oder Gewicht festgelegt.

(16) Übrige Bundes-, Landes- und Gemeindesteuern: Es gibt neben sog. Personalsteuern (Kopfsteuern) zahlreiche kleinere Aufwandsteuern auf Kantons- und Gemeindeebene, wie z.B. die Hunde- oder Vergnügungs-(Billett-)steuer.

Am gesamten Steueraufkommen waren die drei Staatsebenen im Jahr 2000 wie folgt beteiligt:

	Anteile in Prozent
Bund	48,1
Kantone	29,5
Gemeinden	22,4

Quelle: Öffentliche Finanzen der Schweiz 2000 (2002), S. 134.

V.C. Das österreichische Steuersystem

Das österreichische Steuersystem ist durch eine stark zentralistische Tendenz geprägt. Es setzt sich zusammen aus den sog. ausschließlichen Bundesabgaben, den gemeinschaftlichen Bundesabgaben (Mitbeteiligung der Bundesländer und Gemeinden am Steueraufkommen des Bundes) sowie den ausschließlichen Landes- und den ausschließlichen Gemeindeabgaben. Auch die gemeinschaftlichen Bundesabgaben werden von der Bundesfinanzverwaltung erhoben; sie erbringen mehr als zwei Drittel des Gesamtsteueraufkommens.

Die Anteile der Staatsebenen am Gesamtsteueraufkommen 2000 betrugen:

	Anteile in Prozent
Bund	71,7
Länder	13,7
Gemeinden	14,6

Quelle: OECD, Revenue Statistics 1965 - 2001 (2002), S. 226.

Tab. 2.4: Die Steuereinnahmen von Bund, Bundesländern und Gemeinden in Österreich 2000

	Mio. Euro	v.H.
A. Steuern auf einzelnen Vermögensbestandteilen		
Grundsteuern *(1)*	526	*0,9*
B. Steuern auf Gesamtvermögen		
Vermögensteuer *(2)*	1	*0,0*
C. Steuern auf Vermögensverkehr		
Erbschaft-/Schenkungsteuern *(3)*	111	*0,2*
Grunderwerbsteuer *(4)*	452	*0,8*
Kapitalverkehrsteuern *(5)*	115	*0,2*
D.a/b. Steuern auf Entstehung und Verteilung von Einkommen		
Lohnsteuer *(6)*	15'442	*26,2*
veranlagte Einkommensteuer *(7)*	3'142	*5,3*
Kapitalertragsteuer *(8)*	1'946	*3,2*
Körperschaftsteuer *(9)*	3'765	*6,3*
Kommunalsteuer (Lohnsummensteuer)*(10)*	1'735	*2,9*
Dienstgeberbeitrag *(11)*	3'140	*5,3*
Wohnbauförderungsabgabe *(12)*	595	*1,0*
D.c. Steuern auf die Einkommensverwendung		
Umsatzsteuer *(13)*	17'056	*28,9*
Verbrauchsteuern *(14)*	2'287	*3,9*
Normverbrauchsabgabe *(15)*	433	*0,7*
Versicherungsteuer *(16)*	790	*1,3*
E. Steuern für Infrastrukturinanspruchnahme und übrige Steuern		
Mineralölsteuer *(17)*	2'726	*4,6*
Straßenverkehrssteuern *(18)*	1'194	*2,0*
Sonstige Steuern und Zölle *(19)*	3'523	*6,0*
Gesamtsteueraufkommen	58'983	*100,0*

Quelle: OECD, Revenue Statistics 1965 - 2001 (2002), S. 118 ff.

Wie in den beiden vorangegangenen Fällen werden nachfolgend die in Tabelle 2.4 verwendeten Bezeichnungen kurz erläutert oder mit einem Hinweis auf die Darstellung in späteren Kapiteln versehen.

(1) Grundsteuern: Steuerobjekt ist inländisches Grundvermögen mit unterschiedlicher Belastung je nach Nutzungszweck. Zusätzlich gibt es eine "Bodenwertabgabe"

für unbebaute Grundstücke, die nicht land- und forstwirtschaftlich genutzt werden und eine "Abgabe von land- und forstwirtschaftlichen Betrieben".

(2) *Vermögensteuer*: Diese Steuer, früher ergänzt durch die sog. Erbschaftsteueräquivalentabgabe wurde 1994 abgeschafft. Die Einnahmen 1995 waren eingehende Reste der Vorjahre.

(3) Erbschaft-/Schenkungsteuer: Steuerobjekte sind der Vermögensanfall (Zugang) im Fall von Erbschaft oder Schenkung.

(4) Grunderwerbsteuer: Steuerobjekt ist der Erwerb von Grundstücken. Bemessungsgrundlage ist der Wert der Gegenleistung (Kaufpreis) bzw., wenn eine solche nicht vorliegt, der Wert des Grundstücks.

(5) Kapitalverkehrsteuern: Es gibt eine Gesellschafts- und eine sog. Börsenumsatzsteuer. Steuerobjekte sind die "Zufuhr von Eigenkapital an inländische Kapitalgesellschaften" bzw. die Anschaffung von Wertpapieren oder ähnlichem, auch wenn dies nicht über die Börse geschieht. Zu den Kapitalverkehrsteuern sind auch noch teilweise die sog. Stempelsteuern und Rechtsgebühren zu zählen.

(6) Lohnsteuer und (7) veranlagte Einkommensteuer: Steuerobjekt der Lohnsteuer sind die Einkünfte aus nichtselbständiger Arbeit. Die Lohnsteuer ist eine bei der veranlagten Einkommensteuer anzurechnende Quellensteuer. Sie wird wie in Deutschland im Wege des Lohnsteuerabzugs vom Arbeitgeber an den Fiskus abgeführt. Treten außer Einkünften aus nichtselbständiger Arbeit noch anderen Einkunftsarten auf, wird die veranlagte Einkommensteuer erhoben. Eine kurze Beschreibung findet man in Abschnitt IV.C des sechsten Kapitels. Die spezifisch österreichischen Regelungen beim Vorliegen von Ehepaarhaushalten und Familien sind in Abschnitt IV.C des siebten Kapitels dargestellt.

(8) Kapitalertragsteuer: Sie ist eine Quellensteuer, deren Steuerobjekt inländische Kapitalerträge an natürliche Personen sind, und im Prinzip bei der Einkommensteuer anrechenbar. Bei Dividenden und privaten Zinserträgen aus Bankeinlagen ist die Kapitalertragsteuer jedoch seit 1993 Abgeltungsteuer bzw. "Endsteuer", d.h. die betreffenden Erträge werden von der Einkommensteuer nicht mehr erfaßt.

(9) Körperschaftsteuer: Die österreichische Körperschaftsteuer basiert auf dem Separationsprinzip, sie ist eine sog. klassische Körperschaftsteuer. Steuerobjekt ist der gesamte Gewinn juristischer Personen. Eine Anrechnung der Körperschaft-

steuer bei der Einkommensteuer ist nicht vorgesehen. Die Kurzbeschreibung der österreichischen Körperschaftsteuer erfolgt in Abschnitt VI.C des achten Kapitels.

(10) Kommunalsteuer (Lohnsummensteuer): Steuerobjekt dieser für alle Gemeinden einheitlich dreiprozentigen Steuer ist die Summe der Arbeitslöhne, die an die "Dienstnehmer" von einer inländischen Betriebsstätte ausgezahlt werden. Steuerpflichtig sind alle Unternehmen im umsatzsteuerlichen Sinn. Zum Steuerobjekt gehören auch die Einkommen der Freiberufler, der Landwirte und der in ihren eigenen Betrieben geschäftsführenden Eigentümer (ausführlichere Darstellung in Abschnitt V.C des 12. Kapitels).

(11) Dienstgeberbeiträge: Eine von den Arbeitgebern an die Ausgleichsfonds für Familienbeihilfen abzuführende Steuer mit der Bemessungsgrundlage Löhne und Einkommen. Der Tarif beträgt 4,5%.

(12) Wohnbauförderungsabgabe: Eine von den Unternehmen abzuführende Steuer an einen Fonds der Bundesländer zur Förderung des Wohnungsbaus.

(13) Umsatzsteuer: Es handelt sich um eine nach EU-Muster erhobene Mehrwertsteuer. Einige österreichische Besonderheiten sind Abschnitt III.C des 9. Kapitels zu entnehmen.

(14) Verbrauchsteuern: Es handelt sich um eine Alkohol-, Schaumwein-, Bier-, Tabak- und um eine kommunale Getränkesteuer auf alkoholischen und nichtalkoholischen Getränken, ferner um eine Zuckerabgabe. Die Getränkesteuer auf alkoholischen Getränken wurde allerdings im Lauf von 2000 ebenso wie die Steuer auf nichtalkoholischen Getränken und Speiseeis abgeschafft. Seit 1996 gibt es hingegen eine Abgabe auf Elelektrizitäts- und Erdgasverbrauch (Energie) und seit 2000 eine Steuer auf Werbeleistungen. (Weitere Erläuterungen zu den österreichischen Verbrauchsteuern sind in Abschnitt IV im 9. Kapitel zu finden)

(15) Normverbrauchsabgabe: Steuerobjekt ist die Lieferung oder der Import eines neuen Personenwagens, Motorrads etc. Es handelt sich um eine spezielle Verbrauchsteuer auf den Kaufpreis, im Steuersatz gestaffelt nach der Höhe des typenspezifischen Kraftstoffverbrauchs.

(16) Versicherungsteuer einschl. Feuerschutzsteuer: Steuerobjekt ist der Versicherungsschutz bei Lebens-, Kranken-, Haftpflicht und Feuerversicherungen. Bemessen wird nach der Höhe des Versicherungsentgelts.

(17) Mineralölsteuer: Steuerobjekt sind Motorentreibstoffe und Mineralöle, die zum Heizen oder Beleuchten verwendet werden. Wie in Deutschland ist die Mineralölsteuer für Dieselkraftstoff erheblich niedriger als für Benzin.

(18) Straßenverkehrsteuern: Dazu gehören die "motorbezogene (nach der Motorleistung gestaffelte) Versicherungsteuer" für Personenkraftwagen und Motorräder usw. (eine in die Haftpflichtversicherung integrierte Kraftfahrzeugsteuer), und die Kraftfahrzeugsteuer für nicht von dieser Steuer erfaßte Fahrzeuge, wie z.B. Lastwagen, Omnibusse und im Inland verwendete, aber im Ausland zugelassene Fahrzeuge ("neue Kfz-Steuer"), sowie die "Straßenbenützungsabgabe" für schwere LKW und Anhänger.

(19) Sonstige Steuern und Zölle: Es gibt in Österreich noch zahlreiche kleine Aufwand- und Beitragsteuern, wie z.B. die sog. Kammerbeiträge, ferner gibt es eine Spielbankabgabe, eine als Gebühr bezeichnete Wett- und Lotteriesteuer, eine Vergnügungsteuer, seit 2000 eine Werbeabgabe auf entgeltliche Werbeleistungen an Stelle der vorangegangenen Steuer auf Anzeigen in Zeitungen und auf Ankündigungen ("Reklame") usw.

VI. Steuer- und Abgabenquoten

Politische, wirtschaftliche und wissenschaftliche Fragestellungen verbinden sich nicht nur mit Struktur und Höhe der Steuereinnahmen eines bestimmten Jahres, sondern vor allem auch mit der *Entwicklung* von finanziellen Globalgrößen über die Jahre hinweg. Um solche zeitlichen Entwicklungen statistisch in den Griff zu bekommen, benötigt man *makroökonomische Kennzahlen.* Von besonderer Bedeutung sind die im folgenden darzustellenden gesamtstaatlich-globalen Steuer- und Sozialabgabenquoten. Solche Quoten können rein *deskriptiven* Zwecken dienen und für Vergleiche im Zeitablauf oder für Ländervergleiche gebraucht werden. Darüberhinaus werden sie aber als *planerische Instrumente* benötigt, um beispielsweise die für eine mittelfristige Finanzplanung und die Aufstellung öffentlicher Jahreshaushalte erforderlichen Schätzungen des Steueraufkommens in Abhängigkeit von der prognostizierten Entwicklung des Volkseinkommens zu erhalten. Nicht zuletzt aber können Steuer- und Abgabenquoten auch als globale *politische Zielgrößen* Verwendung finden. Ihre zahlenmäßige Fixierung kann z.B. dazu dienen, der Inanspruchnahme des Sozialprodukts durch Zwangsabgaben eine Obergrenze zu setzen. Zahlenmäßg fixierte Quoten können also als politische *Führungsinstrumente* verwendet werden, um von der Einnahmenseite eines öffentlichen Budgets her die Gesamtsumme der öffentlichen Ausgaben zu beschränken.

Bei den im folgenden darzustellenden Quoten handelt es sich, statistisch gesehen, um sog. *echte Quoten*. Bei diesen ist die im Zähler stehende Größe Teil der im Nenner stehenden Größe. Eine Quote wird üblicherweise als Prozentzahl angegeben und drückt somit den Anteil aus, den die Zählergröße an der Nennergröße hat. Im Nenner der darzustellenden Quoten steht das Bruttoinlandsprodukt (BIP).

Die folgenden Tabellen ermöglichen für eine kleine Auswahl wichtiger Länder einen vergleichenden Überblick über die Entwicklung einiger finanzwirtschaftlicher Globalgrößen für den Zeitabschnitt seit 1965. Angegeben sind:

1.) die Entwicklungen des Gesamtsteueraufkommens und des Aufkommen an Sozialversicherungsabgaben nominal und
2.) die Entwicklungen der volkswirtschaftlichen Steuer- und Abgabenquoten.

Die Angaben in den Tabellen 2.5 bis 2.7 sind der jährlich erscheinenden OECD-Publikation "Revenue Statistics 1965 - ...." entnommen. Zu beachten ist, daß die von der OECD vorgenommenen Begriffsabgrenzungen nicht immmer mit denen der nationalen Finanzstatistik übereinstimmen. So werden z.B. gewisse von den nationalen Finanzstatistiken unter Gebühren verbuchte Einnahmen von der OECD zu den Steuern gerechnet. Im Fall Deutschlands ist ferner zu berücksichtigen, daß sich die Zahlen vor 1991 nur auf die "alten" Bundesländer beziehen.

Tab. 2.5: Aufkommen aus Steuern und Sozialabgaben in der jeweiligen Landeswährung 1965, 1980, 1995, 2000

		1965	1980	1995	2000
Deutschland (Mrd. DM)*)	Steuern	106,2	368,9	821,3	914,6
	Sozialabg.	*38,9*	*193,0*	*524,3*	*585,7*
Österreich (Mrd. öS)	Steuern	64,2	282,9	629,3	811,6
	Sozialabg.	*21,3*	*126,6*	*357,6*	*421,3*
Schweiz (Mrd. sFr)	Steuern	9,8	36,2	75,6	95,9
	Sozialabg.	*2,8*	*15,9*	*44,8*	*48,6*
Frankreich (Mrd. FF)	Steuern	111,3	671,1	1'957,2	2'692,9
	Sozialabg.	*57,7*	*500,1*	*1'452,6*	*1'521,3*
Großbritannien (Mrd. £)	Steuern	9,3	67,6	206,7	295,3
	Sozialabg.	*1,7*	*13,5*	*44,0*	*57,8*
Japan (Bill. Yen)	Steuern	4,8	44,3	88,6	88,3
	Sozialabg.	*1,3*	*18,2*	*50,3*	*50,7*
USA (Mrd. $)	Steuern	144,8	570,9	1'500,1	2'200,8
	Sozialabg.	*22,2*	*159,8*	*502,9*	*668,4*

*) 1965 und 1980 nur Westdeutschland ("alte Bundesländer")

Quelle: OECD, Revenue Statistics 1965 - 2001 (2002), S. 120 ff.

Aus den in Tabelle 2.5 enthaltenen Zahlenangaben geht in aller Deutlichkeit die gewachsene Bedeutung der Sozialabgaben (für die Renten-, Arbeitslosen- und Krankenversicherungen) im Verhältnis zu den Steuern hervor. Betrugen 1965 z.B. die deutschen Sozialabgaben 27 Prozent der Steuereinnahmen, lag 2000 dieser Anteil bei 64 Prozent. In der Schweiz stiegen im gleichen Zeitraum die Sozialabgaben von 28 Prozent auf 51 Prozent der Steuereinnahmen, in Österreich von 33 Prozent auf 52 Prozent. Auch in den meisten anderen Ländern gab es eine vergleichbare Entwicklung.

Um die reale Bedeutung der in Tabelle 2.5 enthaltenen Zahlenangaben erkennen zu können, müssen sie wegen der im betrachteten Zeitraum aufgetretenen Teuerung deflationiert werden. In Abbildung 2.2 ist die Entwicklung der Indexstände der Konsumenten-Preisindizes von 1965 bis 1995 angegeben. Diese Periode zeichnete sich in nahezu allen Ländern durch teilweise sehr hohe Inflationsraten aus.

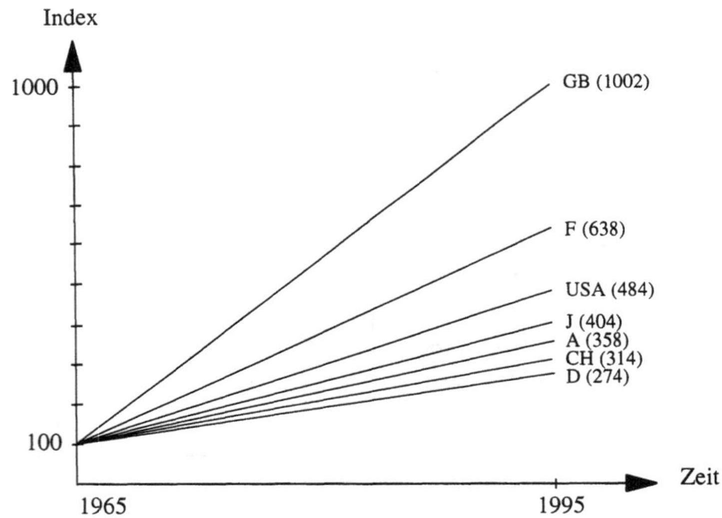

Abb. 2.2: Teuerungsindizes 1995 gegenüber 1965

Abbildung 2.2 enthält die auf die Basis 1965 = 100 umgerechneten Indexstände der jeweiligen nationalen Konsumenten-Preisindizes. Diese werden in verketteter Form als langjährige Reihe im jährlich erscheinenden "International Financial Statistics Yearbook" des Internatinal Monetary Fund veröffentlicht.

Mit Hilfe der Deflationierung erkennt man, daß das *reale* Steueraufkommen von 1995 (Steueraufkommen zu Preisen von 1965) in den meisten der in Tabelle 2.5 aufgeführten Fälle "nur" um einen Faktor zwischen zwei und drei höher lag als

1965 (wohingegen das nominale Steueraufkommen bis zum 20-fachen gestiegen war). Das Schweizer Steueraufkommen 1995 beispielsweise entsprach real dem 2,5-fachen von 1965.

Die Deflationierung allein genügt allerdings noch nicht, um die *Belastungswirkung* der dargestellten Entwicklungen zu erkennen. Dazu muß berücksichtigt werden, daß in den in Tabelle 2.5 ausgewiesenen Ländern im betrachteten Zeitraum auch ein beeindruckendes *Wirtschaftswachstum* stattgefunden hat. Erst durch das In-Beziehung-Setzen des jeweiligen Aufkommens zum Bruttoinlandsprodukt erhält man die für Vergleichszwecke und für eine Beurteilung erforderlichen statistischen Kennzahlen. Üblicherweise berechnet man nebeneinander die *Steuerquote* und die (Gesamt-) *Abgabenquote* eines Landes. Die Steuerquoten sind in der nachfolgenden Tabelle 2.6 angegeben.

Tab. 2.6: Steuerquoten im internationalen Vergleich [1)]

	1965	1970	1980	1990	1995	2000
Deutschland [2)]	23,1	22,5	24,6	22,3	23,3	23,1
Österreich	25,4	25,8	27,5	27,2	26,5	28,8
Schweiz	15,2	17,2	20,1	20,6	20,8	23,7
Frankreich	22,7	21,7	23,3	24,0	25,2	29,0
Großbritannien	25,7	31,9	29,3	30,7	28,7	31,2
Japan	14,3	15,5	17,8	21,4	17,7	17,2
USA	21,4	23,2	21,1	19,8	20,7	22,7

1) Steuern in v.H. des BIP
2) bis 1990 nur Westdeutschland

Quelle: OECD, Revenue Statistics 1965 - 2001 (2002), S.75.

Man kann aus Tabelle 2.6 entnehmen, daß außer in Deutschland (und mit kleinen Einschränkungen auch in den USA in allen ausgewählten Länder die Steuerquote seit 1965 bis 2000 zum Teil erheblich angestiegen ist. Die Schweizer Steuerquote stieg im betrachteten Zeitraum von einem ursprünglich sehr niedrigen Niveau um über 50 Prozent.

Die Steuerquoten vermitteln nur einen Teileindruck über die Höhe des öffentlichen Finanzierungsumfangs. Einen Gesamteindruck für die Belastung durch öffentliche Abgaben erhält man erst, wenn man zu den Steuern die *Sozialabgaben* hinzuaddiert und die sich ergebende Summe ins Verhältnis zum Bruttoinlandsprodukt setzt. Das Ergebnis wird als Abgabenquote bezeichnet (siehe Tabelle 2.7). DerVergleich von Tabelle 2.7 mit Tabelle 2.6 zeigt, daß die Steuerquoten durch die Sozialabgaben um manchmal mehr als die Hälfte angehoben wurden. Hohe Sozialabgaben haben hohe Arbeitskosten zur Folge und beeinträchtigen die Nachfrage nach Arbeitskräften. Hohe Abgabenquoten schlagen sich in der Regel auch in hohen individuellen Belastungen des Einkommens nieder. So liegt mittlerweile beispielsweise in Deutschland der sog. Grenzabgabensatz, d.h. die zusätzliche Belastung durch Steuern plus Abgaben bezogen auf das Bruttoarbeitsentgelt eines durschnittlichen Arbeitnehmers bei nahezu 60 Prozent. Für Alleinstehende liegt der Grenzabgabensatz sogar bei fast 70 Prozent.

Tab. 2.7: Abgabenquoten im internationalen Vergleich [1)]

	1965	1970	1980	1990	1995	2000
Deutschland [2)]	31,6	32,3	37,5	35,7	38,2	37,9
Österreich	33,9	34,6	39,8	40,4	41,6	43,7
Schweiz	19,6	22,5	28,9	30,6	33,1	35,7
Frankreich	34,5	34,1	40,6	43,0	44,0	45,3
Großbritannien	30,4	37,0	35,2	36,8	34,8	37,4
Japan	18,3	20,0	25,1	30,1	27,7	27,1
USA	24,7	27,7	27,0	26,7	27,6	29,6

1) Steuern plus Sozialabgaben in v.H. des BIP
2) bis 1990 nur Westdeutschland

Quelle: OECD, Revenue Statistics 1965 - 2001, (2002), S. 73 f.

Die Abgabenquote als Belastungskennziffer hat gegenüber der Steuerquote vor allem den Vorzug, daß es keine Rolle spielt, ob die vorherrschende Finanzierung der öffentlichen Sozialversicherungssysteme eines Landes in unterschiedlichem Ausmaß durch Steuern oder Sozialversicherungsbeiträge erfolgt. Die unterschiedliche Differenz zwischen Abgaben- und Steuerquote sagt daher für sich allein genommen noch nicht alles aus über Unterschiede im Ausbau der sozialen Sicherheit eines Landes.

Zu berücksichtigen ist ebenfalls, daß soziale Maßnahmen sich sowohl auf der Einnahmenseite als auch auf der Ausgabenseite eines öffentlichen Haushalts niederschlagen können, z.B. durch Sachleistungen oder Transferausgaben. Desgleichen ist zu berücksichtigen, daß soziale Maßnahmen in die Form von Steuervergünstigungen bzw."Steuerausgaben" ("tax expenditures") gekleidet sein können. Im Haushalt erscheinen dann nur Nettoeinnahmen, so daß sich die tatsächlichen Kosten für soziale Maßnahmen nicht in einer erhöhten Abgabenquote niederschlagen.

VII. Schlußbemerkung

Steuern und Sozialabgaben sind ohne Frage unentbehrliche Finanzierungsinstrumente moderner Gemeinwesen. Der Umfang der dem Staat und seinen Gemeinden im Lauf der Zeit übertragenen Aufgaben stößt allerdings in vielen Ländern an Grenzen. Darum sind Steuern heute nur noch selten ein Grund zur Freude, zumal zu ihnen mittlerweile sehr hohe Sozialabgaben hinzukommen. Das war nicht immer so. Als sich der Gedanke der allgemeinen Steuerpflicht im Laufe des 19. Jahrhunderts durchsetzte, galt das damals als ein "ungeheuerer, sittlicher und geistiger Fortschritt"[2]: Zugleich mit dem Entstehen moderner Staaten und einem wachsenden demokratischen Bewußtsein wuchs die Erkenntnis, daß Steuern und eine allgemeine Steuerpflicht das notwendige Korrelat zu den nunmehr in die eigene (bürgerliche) Verantwortung übernommenen Staatsangelegenheiten waren. An die Stelle obrigkeitlich auferlegter Abgaben traten Steuern, die in der Regel in demokratischer Selbstbestimmung festgesetzt wurden und die in ihren Anfängen zumeist auch noch verhältnismäßig niedrig waren. Die ursprünglich freudige Akzeptierung von Steuern erklärte sich auch daraus, daß mit dem Untergang feudaler und absolutistischer Verhältnisse ein als drückend und ungerecht empfundener sog. Gebührenfiskalismus beendet wurde.

Als Gebührenfiskalismus bezeichnete man einen Zustand, bei dem die Obrigkeit ihren Finanzbedarf in großem Umfang über Gebühren deckte, wobei die oft haarsträubendsten Fiktionen als legitimierender Grund für deren Erhebung dienten. So konnten beispielsweise die Geburt eines Thronfolgers oder die Heirat einer Prinzessin als Tatbestände gelten, bei deren Vorliegen von den Bürgern eine Gebühr für ein "frohes Ereignis" verlangt wurde. Das sog. Obereigentum der Feudalherren und die sog. Regalien (Königsrechte) ermöglichten ein nahezu grenzenloses System an entgeltlichen Konzessionen und Erlaubnissen zur Nutzung dieses Eigentums und dieser Regalien durch die Untertanen.

Wenn Steuern heute oft zu einem Ärgernis geworden sind, dann liegt dies nicht daran, daß ihre grundsätzliche Notwendigkeit in Frage gestellt wird. Auf Kritik stoßen vielmehr die Mängel heutiger Steuersysteme und die Höhe der "Steueranspannung". Beides zu ändern ist vor allem eine Aufgabe der Politiker, die sich jedoch mehr als bisher finanzwissenschaftlicher Erkenntnisse bedienen sollten.

VIII. Fragen zur Selbstkontrolle und zum Nachdenken

1.) Warum benötigt der Staat in Geldform zu entrichtende Steuern? War das immer schon so?

2.) Welche Tatbestände kann man heranziehen, um sie steuerlich zu nutzen?

---

2 *Schmoller* (1877), S. 112.

3.) In welcher Beziehung können Steuerobjekte zueinander stehen?

4.) Worin liegt der Unterschied zwischen dem Anknüpfungspunkt einer Steueer und ihrer Bemessungsgrundlage?

4.) Welche Arten von Steuerbemessungsgrundlagen kann man unterscheiden?

5.) Zu welchen Zwecken ermittelt man Steuer- und Abgabenquoten?

6.) Welche strukturellen Unterschiede fallen beim Vergleich der Steuersysteme Deutschlands, Österreichs und der Schweiz besonders auf?

7.) In welchen der in Abschnitt VI aufgeführten Ländern gab es zwischen 1965 und 1995 die stärksten Zunahmen der Steuer- und Abgabenquoten? Kann man einen Zusammenhang zwischen der (absoluten) Höhe einer Steuer- bzw. Abgabenquote und dem realen Wachstum einer Volkswirtschaft vermuten? Überprüfen Sie eine diesbezügliche Hypothese!

DRITTES KAPITEL

Steuertarife

I. Wie wird eine tarifliche Steuerbelastung ausgedrückt?

Ein Steuertarif kann auf verbale, tabellarische oder mathematische Art und Weise angegeben werden. In Verknüpfung mit einer Bemessungsgrundlage kann der Steuertarif eine *Steuerschuld,* eine *Durchschnittsbelastung* oder eine *Grenzbelastung* zum Ausdruck bringen. Die Steuerschuld wird als eine absolute Größe in Geldeinheiten angegeben, die Durchschnitts- und die Grenzbelastung werden üblicherweise als Prozentangaben ausgedrückt.

Bezeichnet man mit

x: Einheiten der Bemessungsgrundlage (BG)

dann lassen sich folgende, jeweils als mathematische Funktion ausgedrück Belastungsmaße bilden:

Steuerbetragsfunktion: Sie gibt die Steuerschuld in Geldeinheiten an, als DM, Franken, Schilling oder Euro.

$$\boxed{T = T(x)}$$

DRITTES KAPITEL

Steuertarife

*I. Wie wird eine tarifliche Steuerbelastung ausgedrückt? - **II:** Tariftypen **II.A:** Kopfsteuertarif - **II.B:** Proportionaltarif - **II.C:** Progressive Tarife **II.C.1:** Direkte Progression - **II.C.2:** Indirekte Progression - **II.D:** Regressive Tarife - **III:** Tarifformen - **III.A:** Stufentarife - **III.A.1:** Stufenbetragstarif **III.A.2:** Durchschnittssatztarif - **III.A.3:** Anstoßtarif - **III.B:** Formeltarife **IV:** Tarifmodifikationen - **IV.A:** Höchst- und Mindestbelastungsvorschriften **IV.B:** Abzüge von der Steuerschuld - **IV.B.1:** Absetzbetrag bei einem proportionalen Tarif - **IV.B.2:** Prozentualer Abzug bei proportionalen Tarifen **IV.B.3:** Absetzbetrag bei progressiven Tarifen - **IV.B.4:** Prozentualer Abzug bei progressiven Tarifen - **IV.C:** Hebesätze - **V:** Tarifbesonderheiten bei Einkommensteuern - **VI:** Fragen zur Selbstkontrolle und zum Nachdenken*

I. Wie wird eine tarifliche Steuerbelastung ausgedrückt?

Ein Steuertarif kann auf verbale, tabellarische oder mathematische Art und Weise angegeben werden. In Verknüpfung mit einer Bemessungsgrundlage kann der Steuertarif eine *Steuerschuld,* eine *Durchschnittsbelastung* oder eine *Grenzbelastung* zum Ausdruck bringen. Die Steuerschuld wird als eine absolute Größe in Geldeinheiten angegeben, die Durchschnitts- und die Grenzbelastung werden üblicherweise als Prozentangaben ausgedrückt.

Bezeichnet man mit

x: Einheiten der Bemessungsgrundlage (BG)

dann lassen sich folgende, jeweils als mathematische Funktion ausgedrückte Belastungsmaße bilden:

Steuerbetragsfunktion: Sie gibt die Steuerschuld in Geldeinheiten an, also in DM, Franken, Schilling oder Euro.

$$\boxed{T = T(x)} \tag{3-1}$$

Beispiel
Bei der Steuerbetragsfunktion $T(x) = -100 + 0{,}2x$ lautet die Grenzsteuersatzfunktion:

$$T'(x) = 0{,}2.$$

Der Grenzsteuersatz beträgt somit 20 Prozent. In diesem speziellen Fall ist der Grenzsteuersatz eine Konstante: Jede zusätzliche Geldeinheit der Bemessungsgrundlage führt zu einer zusätzlichen Steuerschuld von 0,20.

Aus Formel (3-3') errechnet sich im vorliegenden Fall derselbe Wert: die Zunahme der Bemessungsgrundlage von 1'000 nach 2'000 wird mit einem marginalen Steuersatz von 0,20. d.h. 20 Prozent belastet, denn es resultiert (300 - 100)/ (2'000 - 1'000)= 0,20.

Die drei unterschiedlichen Belastungsmaße bzw. Belastungsfunktionen dienen der Beantwortung unterschiedlicher Fragen. Der Steuerbetragsfunktion (3-1) kann man für jeden Wert der Bemessungsgrundlage direkt die Höhe der geschuldeten Steuer entnehmen. Der Grenzsteuersatzfunktion (3-3) kann man für jeden Wert der Bemessungsgrundlage die marginale Steuerbelastung entnehmen. Diese ist vor allem für die Frage nach den Wirkungen einer Veränderung der Bemessungsgrundlage auf die Entscheidungen des Belasteten von Interesse. Der Verlauf der Durchschnittsbelastungsfunktion (3-2) liefert ein Maß für den Progressions- oder Regressionsgrad eines Tarifs und eignet sich insbesondere zur Vornahme von Vergleichen. Die Angabe einer Durchnittsbelastung ist anschaulicher als die Angabe der absoluten Höhe der Steuerschuld.

Wie die Formeln (3-1) bis (3-3) zeigen, kann man jede Belastungsfunktion in jede andere überführen. Die Steuerbetragsfunktion ist beispielsweise das Produkt aus Durchschnittssatzfunktion und Bemessungsgrundlage x:

$$T(x) = t(x) \cdot x.$$

Jedes der drei Belastungsmaße kann daher prinzipiell als gesetzliche Belastungsvorschrift in Frage kommen (siehe Abschnitt III: Tarifformen).

II. Tariftypen

Die Klassifizierung von Tarifen nach *Typen* erfolgt unter dem Gesichtspunkt des unterschiedlichen *Belastungsverlaufs in Abhängigkeit vom Wert der Bemessungsgrundlage:* Durch einen gegebenen Tariftyp wird ein bestimmter Belastungsverlauf gekennzeichnet und damit zusammenhängend eine bestimmte Belastungsstruktur bzw. eine Belastungsdynamik in *materieller* Hinsicht. Von der in materieller Hinsicht relevanten Klassifizierung nach Tariftypen ist die im Abschnitt III darzustellende Klassifizierung nach Tarifformen zu unterscheiden.

II.A. Kopfsteuertarif

Bei der Kopfsteuer fallen Steuerobjekt und Steuersubjekt zusammen. Das Steuerobjekt ist der Steuerschuldner selber ohne Berücksichtigung persönlicher Umstände oder Merkmale. Die Bemessungsgrundlage nimmt nur den Wert x = 1 an.

Im Kanton Zürich erheben die politischen Gemeinden eine sog. Personalsteuer von Fr. 24.- von jeder nicht erwerbsunfähigen, steuerpflichtigen natürlichen Person, die in ihrem Gebiet steuerrechtlichen Wohnsitz oder Aufenthalt hat, mit Beginn im Jahr der Mündigkeit.

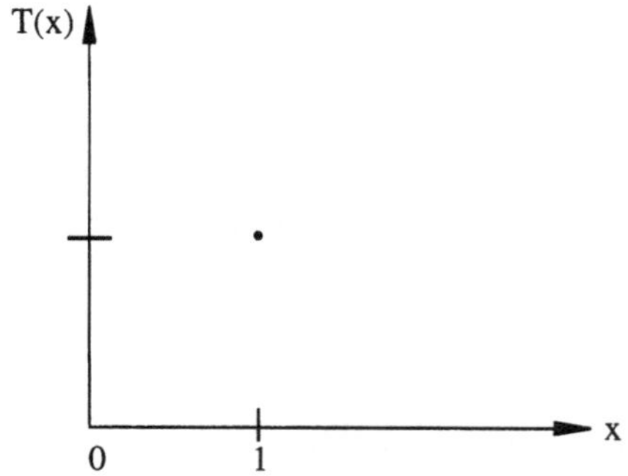

Abb. 3.1: Kopfsteuertarif

II.B. Proportionaltarif

Bei einem Proportionaltarif steigt die Steuerschuld proportional zur Bemessungsgrundlage. Ein solcher Tarif wird durch eine Konstante p festgelegt. Die Steuerbetragsfunktion lautet:

$$\boxed{T(x) = p \cdot x; \quad 0 < p < 1} \tag{3-4}$$

Als *Durchschnittssteuersatzfunktion* folgt daraus:

$$\boxed{t(x) = p = \text{const.}} \tag{3-4'}$$

Man kann eine Durchschnittssteuersatzfunktion formal immer wie folgt charakterisieren: Die Werte dieser Funktion entsprechen dem Tangens des Winkels α, den der Fahrstrahl zu einem Punkt P auf der Steuerbetragsfunktion T(x) mit der Abszisse bildet. In Abb. 3.2 ist dieser Winkel für den Fall eines Proportionaltarifs eingetragen. Ebenso sind zwei Streckenabschnitte T(x*) und x* eingetragen. Ihr Verhältnis zueinander bildet den Tangens des Winkels α:

$$\text{tg}\,\alpha = \frac{T(x^*)}{x^*}$$

Der tg α, d.h. die Durchschnittsbelastung bleibt bei einem Proportionaltarif unverändert für unterschiedliche Werte der BG. Der Fahrstrahl fällt bei diesem Tarif mit der Steuerbetragsfunktion zusammen.

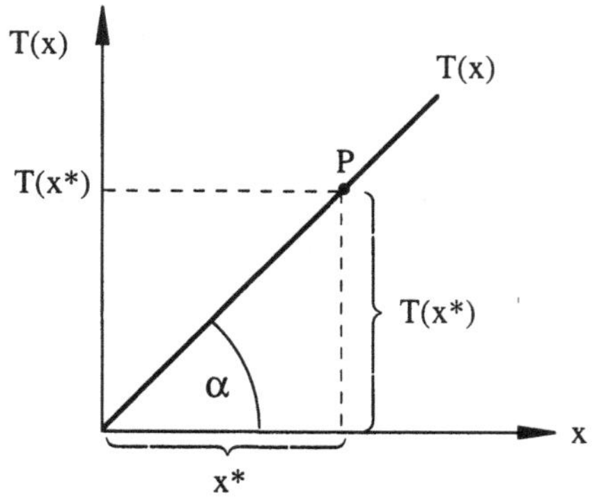

Abb. 3.2: Steuerbetragsfunktion bei proportionalem Tarif

Bei einem proportionalen Tarif sind *Grenz- und Durchschnittssteuersatz stets gleich*:

$$T(x)/x = t(x) = p$$

Ebenfalls: $$\Delta T(x)/\Delta x = T'(x) = p$$

Somit: $$\boxed{T'(x) = t(x) = p} \qquad (3\text{-}4'')$$

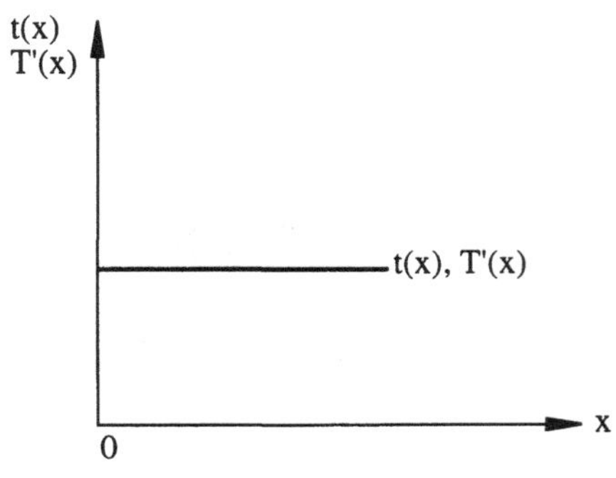

Abb. 3.3: Durchschnitts- und Grenzsteuersatzfunktion bei proportionalem Tarif

Proportionale Tarife gibt es bei vielen Steuern, wie z.B. bei Umsatzsteuern, bei Einzelverbrauchsteuern und bei Körperschaftsteuern. Die Höhe eines Proportionalsatzes kann von wenigen Promille bis hin zu hohen Prozentzahlen reichen.

Variante: Proportionaltarif mit Freigrenze

Man kann bei einem proportionalen Tarif eine sog. Freigrenze "einbauen", d.h. einen Schwellenwert $x = G$ festlegen, bis zu dem "Steuerfreiheit" gewährt wird. Bei Überschreiten von G setzt die Steuerbelastung "mit einem Sprung" ein.

G: Freigrenze

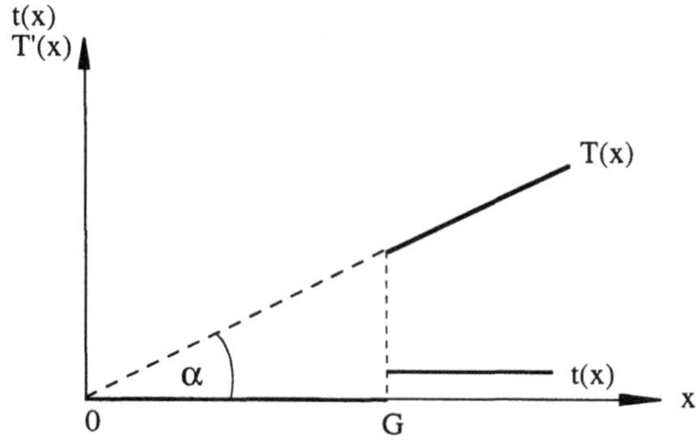

Abb. 3.4: Proportionaler Tarif mit Freigrenze

Es gilt also jetzt:

$$\begin{array}{|l|} \hline T(x) = T'(x) = t(x) = 0; \quad x \leq G \\ T(x) = p \cdot x; \quad x > G \\ t(x) = T'(x) = p; \quad x > G \\ \hline \end{array} \qquad (3\text{-}4''')$$

Einen proportionalen Tarif mit Freigrenze findet man beispielsweise bei Zolltarifen: In diesem Fall sind Waren bis zur Freigrenze zollfrei, wenn jedoch die Freigrenze überschritten wird, ist Zoll auf den Gesamtwert (oder das Gesamtgewicht) zu bezahlen. Wenn z.B. der Import von Textilien aus Singapur mit einem schweizerischen Zoll von 20% belastet wird, für den Reiseverkehr jedoch eine Freigrenze von 250 Franken zugelassen ist, dann ist für den selbst durchgeführten Import eines Anzugs im Wert von 240 Fr. kein Zoll zu entrichten, für einen Anzug, der 260 Fr. gekostet hat, sind jedoch 52 Franken zu bezahlen.

Wie man erkennt, bedeutet das sprunghafte Einsetzen der Besteuerung bei G, daß die Grenzbelastung $T_\Delta(x)$ bei $x = G$ sehr hoch ist. Erst für Werte von $x > G$ wird $T'(x) = t(x) = p$ wie im Normalfall proportionaler Tarife.

II.C. Progressive Tarife

Ein progressiver Tarif liegt vor, wenn das *Verhältnis* von Steuerschuld zu Bemessungsgrundlage mit steigendem Wert der Bemessungsgrundlage zunimmt: die Durchschnittsbelastung wächst mit zunehmendem x. Mathematisch gesprochen: die Durchschnittssteuersatzfunktion t(x) hat einen *positiven Anstieg*. Das bedeutet, daß die *erste Ableitung* von t(x) überall positiv ist:

$$\boxed{t'(x) > 0; \quad x > 0} \tag{3-5}$$

Progressive Tarife findet man außer bei Einkommensteuern z.B. auch bei Vermögensteuern oder bei Erbschaft- und Schenkungsteuern. Im folgenden werden nur einige der allgemeinen Eigenschaften von Progressionstarifen darstellt. Besonderheiten von progressiven Einkommensteuern werden im Abschnitt V behandelt.

Ein progressiver Tarif kann auf zwei verschiedene Weisen "erzeugt" werden. Es gibt eine direkte Progression (Typ I) und eine indirekte Progression (Typ II).

II.C.1. Direkte Progression

Direkte Progression liegt vor, wenn mit wachsendem x nicht nur die Durchschnittssteuersätze, sondern auch die *Grenzsteuersätze zunehmen*. Die Zunahme der Grenzsteuersätze legt die Progression offen, daher wird die direkte Progression auch als offene oder offen ausgewiesene Progression bezeichnet.

Da die Grenzsteuersatzfunktion T'(x) als 1. Ableitung der Steuerbetragsfunktion T(x) deren Anstieg angibt, bedeuten *steigende* Grenzsteuersätze einen mit wachsendem x immer steileren Anstieg der Steuerbetragsfunktion, d.h. eine gegenüber der Zunahme von x *überproportionale* Zunahme des Steuerbetrags. (s. Abb. 3.5).

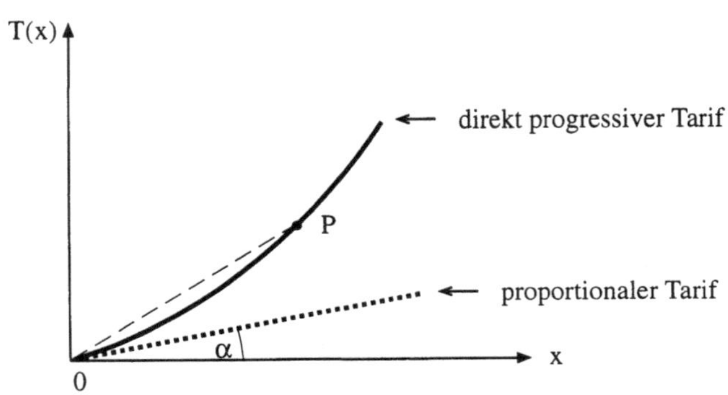

Abb. 3.5: Überproportionale Zunahme des Steuerbetrags bei Progression

Man erkennt aus Abbildung 3.5, in die ein Fahrstrahl (gestrichelt) zu einem Punkt P der Steuerbetragsfunktion eingetragen ist, daß für jeden Punkt P der Steuerbetragsfunktion die Steigung der Tangente an T(x) größer ist als die Steigung des Fahrstrahls zu diesem Punkt: *Die Grenzsteuersatzfunktion liegt grundsätzlich über der Durchnittssteuersatzfunktion.*

Man kann dieses Ergebnis auch analytisch zeigen: t(x) ist der Quotient aus T(x) und x. Gemäß der Regel für die Ableitung eines Quotienten folgt:

$$t'(x) = \left[(T'(x)) \cdot x - T(x)\right] / x^2$$

und wegen $T(x) = t(x) \cdot x$

$$t'(x) = (1/x)\left[(T'(x) - t(x)\right]$$

Da gemäß (3-5) t'(x) für $x > 0$ stets positiv ist, folgt

$$T'(x) > t(x); \quad x > 0$$

Zum Vergleich ist in Abbildung 3.5 die Steuerbetragsfunktion eines proportionalen Tarifs (gepunktet) eingetragen. Bei diesem bleibt der Winkel α konstant, d.h. $T'(x) = t(x)$, während er beim progressiven Tarif mit wachsendem x zunimmt.

Bei direkter Progression gibt es drei Unterfälle:

a) beschleunigte Progression
b) lineare Progression
c) verzögerte Progression

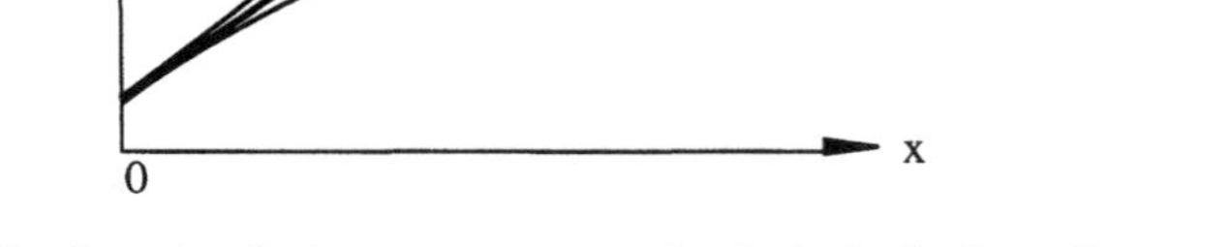

Abb. 3.6: Durchschnittssteuersatzverläufe bei direkter Progression

Abbildung 3.6 zeigt die drei Fälle unterschiedlicher direkter Progression.

Beispiele
Bei einer durch eine mathematische Formel gegebenen Tarifvorschrift würde beispielsweise durch die Funktion $t(x) = ax + bx^2$ eine beschleunigte Progression festgelegt, durch $t(x) = ax - b/x$ eine verzögerte Progression und durch $t(x) = a + bx$ eine lineare Progression (die Parameter a und b müssen dabei so gewählt sein, daß $t(x) \geq 0$ ist).

In allen drei Fällen hat die Durchnittssatzfunktion zwar einen positiven Anstieg, jedoch kommt es für *gleiche Zuwächse* von x bei beschleunigter Progression zu einer *wachsenden Zunahme* der Durchschnittsbelastung, gemessen in Prozent*punkten*. Bei verzögerter Progression nimmt der Zuwachs in Prozent*punkten ab* (ohne freilich Null zu werden). Bei linearer Progression ist die Zunahme an Prozent*punkten* der Durchschnittsbelastung *gleichbleibend.*

Hinweis
Man darf lineare Progression nicht mit einer linearen Steuer*betrags*funktion verwechseln! Linear ist bei linearer Progression die *Durchschnittssatzfunktion.*

Um die Unterschiede zwischen beschleunigter, linearer und verzögerter Progression noch besser hervortreten zu lassen, sind in Abbildung 3.7 die 1. Ableitungen von t(x) für alle drei Fälle dargestellt.

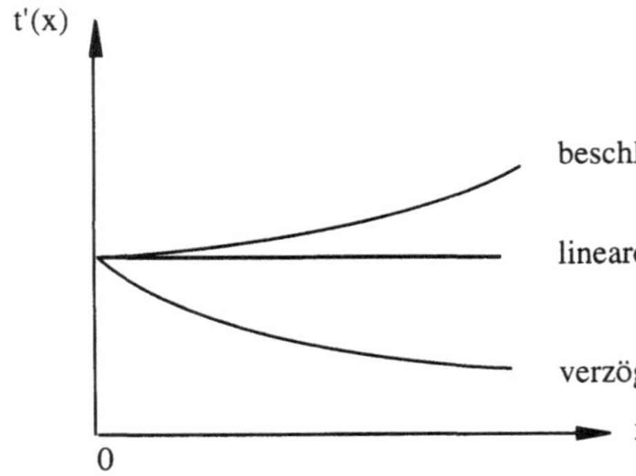

Abb. 3.7: Die 1. Ableitungen der Durchschnittssteuersatzfunktionen

Durch die Bildung der 2. Ableitung von t(x) lassen sich die drei Fälle direkter Progression formal durch das Vorzeichen der 2. Ableitung kennzeichnen. Es resultiert

bei beschleunigter Progression:

$$\boxed{t''(x) > 0} \tag{3-6}$$

bei linearer Progression:

$$\boxed{t''(x) = 0} \tag{3-7}$$

bei verzögerter Progression:

$$\boxed{t''(x) < 0} \tag{3-8}$$

Die zu den drei Unterfällen direkter Progression gehörenden Steuerbetragsfunktionen sind definitionsgemäß das Produkt aus t(x) und x.

Bei linearer Progression lautet die Steuerbetragsfunktion:

$$\boxed{T(x) = ax + bx^2} \tag{3-9}$$

Die Grenzsteuersatzfunktion T'(x) ist bei linearer Progression wieder eine Gerade:

$$\boxed{T'(x) = a + 2bx} \qquad (3\text{-}10)$$

Die drei Belastungsfunktionen bei linearer Progression sind in Abbildung 3.8 dargestellt.

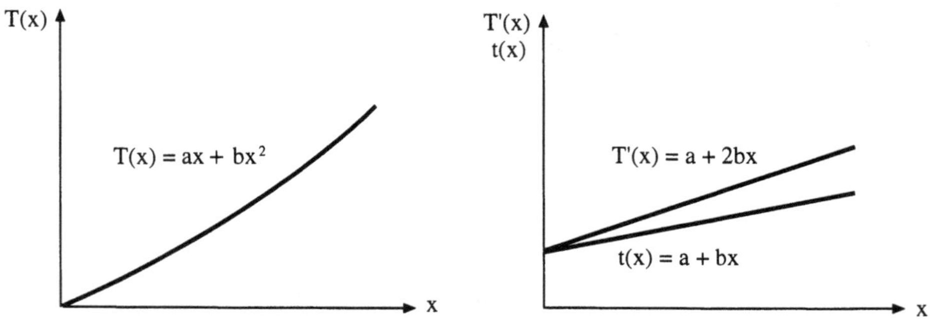

Abb. 3.8: Steuerbetrags-, Durchschnitts- und Grenzsteuersatzfunktion eines linear progressiven Tarifs

Beispiel
Folgende (fiktiv angenommene) Tarifvorschrift einer Einkommensteuer würde einen linear-progressiven Tarif definieren:

$$t(x) = 0{,}1 + 0{,}000001x$$

Die Durchschnittsbelastung würde in diesem Fall bei 10% beginnen und für jeweils zusätzliches Einkommen von 1'000 um 0,001. d.h. um 0,1% steigen. Bei einem Einkommen von 10'000 betrüge die Durchschnittsbelastung 11 Prozent, bei einem Einkommen von 20'000 läge sie bei 12%, bei einem Einkommen von 100'000 bei 20% usw.

Die Steuerbetragsfunktion zu obiger Tarifvorschrift lautete:

$$T(x) = 0{,}1x + 0{,}000001x^2$$

Für ein Einkommen von 10'000 läge die Steuerschuld bei 1100, für ein Einkommen von 20'000 bei 2'400, für ein Einkommen von 100'000 bei 20'000 usw.

Die Grenzsteuersatzfunktion lautete:

$$T'(x) = 0{,}1 + 0{,}000002x$$

Beginnend bei 10% stiege der Grenzsteuersatz um jeweils 0,2% je zusätzliches Einkommen von 1'000. Bei einem Einkommen von 10'000 läge er bei 12%, bei einem Einkommen von 20'000 bei 14%, bei einem Einkommen von 100'000 bei 30% usw.

II.C.2. Indirekte Progression

Indirekte Progression liegt vor, wenn für die Berechnung der Steuerschuld ein Freibetrag von der Bemessungsgrundlage abgezogen und auf die Differenz ein proportionaler Steuersatz angewendet wird. Die indirekte Progression wird auch als einfache oder versteckte Progression bezeichnet. Die Progression wird insofern "versteckt", als sie nicht durch ansteigende Grenzsteuersätze manifest gemacht wird. Sie ist einfach, weil nur *ein Steuersatz* auftritt. Die Tarifvorschrift für die Berechnung der Steuerschuld lautet wie folgt:

Steuerbetragsfunktion:

$$T(x) = \begin{cases} 0; & x \leq F \\ p\,(x - F); & x > F;\ p = \text{const.} \end{cases} \tag{3-11}$$

p: eine Konstante, $0 < p < 1$
F: Freibetrag, $F > 0$

Wie (3-11) zeigt, wird ein indirekt progressiver Tarif nur durch die beiden Parameter p und F festgelegt. Der Freibetrag verändert nicht die Bemessungsgrundlage der Steuer, sondern nur die *Berechnungsgrundlage* für die Ermittlung der Steuerschuld.

Ein Freibetrag darf nicht mit einer Freigrenze (G) verwechselt werden. Ein Freibetrag entfaltet seine Wirkung auch dann noch, wenn $x > F$ ist, während eine Freigrenze G sich für die Höhe der Steuerbelastung nur im Bereich $x < G$ auswirkt.

Die zu (3-11) gehörenden Grenz- und Durchschnittssteuersatzfunktionen lauten:

Grenzsteuersatzfunktion:

$$T'(x) = \begin{cases} 0; & x \leq F \\ p; & x > F \end{cases} \tag{3-12}$$

Man erkennt, daß die Konstante p für $x > F$ die Rolle eines (konstanten) Grenzsteuersatzes übernimmt.

Durchschnittssatzfunktion:

$$t(x) = \begin{cases} 0; & x \leq F \\ p - (pF)/x; & x > F \end{cases} \tag{3-13}$$

Auch bei indirekter Progression nimmt die Durchschnittsbelastung zu mit zunehmendem x, jedenfalls für $x > F$. Durch Formel (3-11) wird also ein *progressiver* Tarif definiert. Analytisch läßt sich dies dadurch zeigen, daß man die erste Ableitung der durch (3-13) gegebenen Durchschnittssteuersatzfunktion t(x) bildet. Weil p und F stets positive Zahlen sind, ist t'(x) stets positiv. Daher ist die Bedingung (3-5) für das Vorliegen von Progression erfüllt:

$$t'(x) = pF/x^2 > 0; \quad x > F \qquad (3\text{-}14)$$

Die 2. Ableitung von t(x) zeigt darüber hinaus, daß (3-8) erfüllt ist, d.h. daß bei indirekter Progression stets *verzögerte Progression* vorliegt:

$$t''(x) = -(2pF/x^3) < 0 \qquad (3\text{-}15)$$

Abbildung 3.9 zeigt die Steuerbelastungsfunktionen bei indirekter Progression:

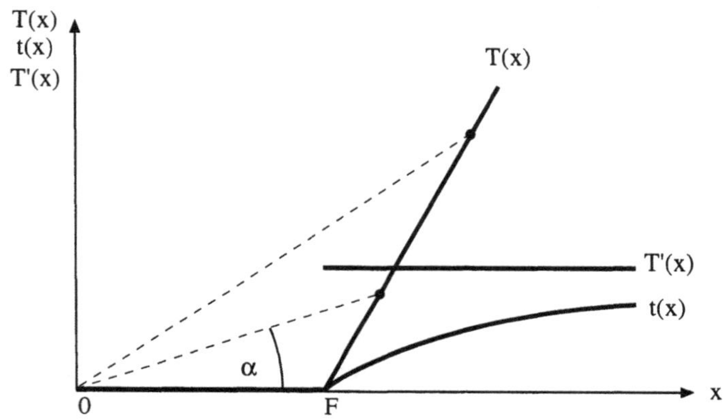

Abb. 3.9: Steuerbetrags-, Grenzsteuersatz- und Durchschnittssteuersatzfunktion bei indirekter Progression

Beispiel

Vermögensteuern waren bzw. sind oft indirekt progressiv gestaltet. Ein solcher Tarif kann beispielsweise lauten: das Gesamtvermögen einer natürlichen Person wird mit 5 Promille besteuert, wobei ein Freibetrag von 100'000 eingeräumt wird. Bis zu einem Vermögen von 100'000 entsteht in diesem Fall keine Steuerschuld. Darüberhinausgehendes Vermögen wird mit einem Grenzsteuersatz von 5 Promille besteuert.

Die Steuerbetragsfunktion lautet.

$$T(x) = 0; \quad x < 100'000$$
$$T(x) = 0{,}005\ (x - 100'000); \quad x > 100'000,$$

Bei einem Vermögen von z.B. 200'000 entsteht somit eine Vermögensteuerschuld von 500, bei einem Vermögen von 300'000 beträgt sie 1'000 usw.

Die Durchschnittsbelastungsfunktion dieser Steuer lautet:

$$t(x) = 0{,}005 - 500/x \quad \text{für } x > 100'000$$

Die Durchschnittsbelastung steigt, beginnend bei 0% für ein Vermögen ab 100'000 stetig, jedoch mit abnehmenden Zuwachsraten an und nähert sich immer mehr dem Wert 0.5% an.

Die folgende Übersicht zeigt für einige runde Werte der Bemessungsgrundlage die Dynamik der Steuerbelastung bei einer indirekten Progression.

Bemessungsgrundlage	Steuerschuld	Durchschnittsbelastung	Grenzbelastung
100'000	0	0,00 ‰	5 ‰
200'000	500	2,50 ‰	5 ‰
300'000	1'000	3,33 ‰	5 ‰
400'000	1'500	3,75 ‰	5 ‰
500'000	2'000	4,00 ‰	5 ‰
...	...	...	...
1'000'000	4'500	4,50 ‰	5 ‰
...	...	...	...
100'000'000	499'500	4,995 ‰	5 ‰

Hinweis: Auch die im ersten Abschnitt zur zahlenmäßigen Darstellung der Belastungsmaße verwendete Funktion $T(x) = -100 + 0{,}2\,x$ definierte einen indirekt progressiven Tarif.

"Flat-Rate Tax"

Im Englischen wird unter einer "Flat-Rate-Tax" oder "Flat-Tax" ("Steuer mit flachem Tarif") bzw. einer "Single-Rate-Tax" eine indirekt progressive Steuer verstanden. Diese englische Bezeichnung darf nicht verwechselt werden mit einer Pauschalsteuer, die ein Spezialfall einer *regressiven* Steuer ist (siehe nachfolgenden Abschnitt II.D). Verwirrenderweise wird oft ein Pauschalpreis für den Zugang zum Internet als "flat-rate" bezeichnet. Gemeint ist damit jedoch ein verbrauchsinvarianter (privater) Beitrag an eine private Gesellschaft.

Kalte (versteckte) Progression

Unter dem Begriff der "kalten Progression" versteht man keinen Tariftyp. Kalte Progression ist keine (bösartige) Alternative zur direkten oder indirekten Progression, sondern ein (bösartiger) Progressionsverstärker. Sie bedeutet höhere Steuerbelastung infolge höherer Nominaleinkommen bei gleichbleibenden Realeinkommen. Hervorgerufen wird sie durch eine inflationsbedingte "Aufblähung" der Bemessungsgrundlagen und des dadurch erfolgenden Hineinwachsens in höhere Progressionsbereiche. Kalte Progression setzt das Vorliegen eines progressiven Tarifs voraus, wobei es gleichgültig ist, ob es sich um einen direkten oder indirekten Progressionstarif handelt.

Tarifelastizitäten

Der in der Wirtschaftstheorie gebräuchliche Begriff der Elastizität kann auch dazu verwendet werden, verschiedene Tariftypen mittels des Werts ihrer Tarifelastizität zu unterscheiden. Eine Tarifelastizität ist allgemein definiert als der Quotient aus der relativen Änderung des Steuerbelastungsmaßes und der relativen Änderung der Bemessungsgrundlage. Die maßgebende Tarifelastizität ist die *Steuerbetragselastizität.* Sie ist definiert als das Verhältnis der relativen Änderung des Steuerbetrags zur relativen Änderung der Bemessungsgrundlage. Für progressive Tarife ist diese Elastizität größer als eins:

$$\eta_{T/x} = \frac{\dfrac{T(x_2) - T(x_1)}{T(x_1)}}{\dfrac{x_2 - x_1}{x_1}} = \frac{\dfrac{\Delta T(x)}{T(x)}}{\dfrac{\Delta x}{x}} = \frac{\Delta T(x) / T(x)}{\Delta x / x} > 1$$

Bei proportionalen Tarifen ist die Steuerbetragselastizität gleich eins, bei den nachfolgend behandelten regressiven Tarifen ist sie kleiner als eins.

Gegenüberstellung

Abbildung 3.10 veranschaulicht im Vergleich direkte und indirekte Progression.

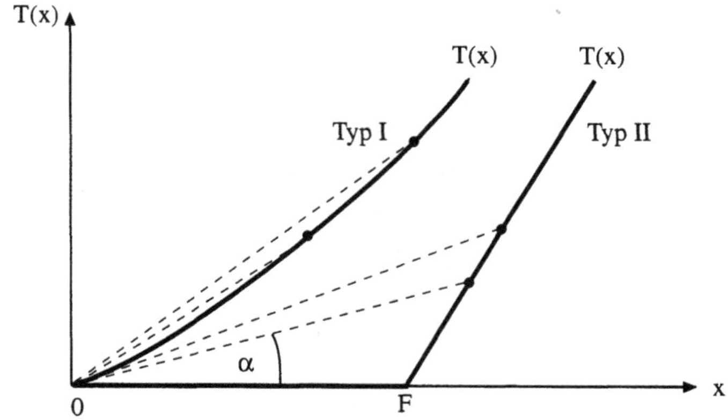

Abb. 3.10: Direkte (Typ I-) und indirekte (Typ II-) Progression

Die Steuerbetragsfunktion ist bei direkter Progression *konvex* (aufwärts gekrümmt), bei indirekter Progression eine *Gerade.* In beiden Fällen nimmt jedoch der Durchschnittssteuersatz mit wachsendem x zu (Zunahme des Winkels α) und liegt der Grenzsteuersatz über dem Durchschnittssteuersatz. (Nur beim Beginn der Progression können Grenz- und Durchschnittssteuersatz zusammenfallen.)

II.D. Regressive Tarife

Die Regression ist das Spiegelbild der Progression. Bei Regression nimmt das Verhältnis von Steuerschuld zu Bemessungsgrundlage mit steigendem Wert der Bemessungsgrundlage ab: Regression ist definiert durch eine *abnehmende Durchschnittsbelastung* mit wachsendem x. Mathematisch ausgedrückt: der Anstieg der ersten Ableitung der Durchschnittssteuersatzfunktion t(x) ist negativ:

$$\boxed{t'(x) < 0} \qquad (3\text{-}16)$$

Eine Regression kann analog zur Progression *beschleunigt, linear* oder *verzögert* sein und sie kann offen ausgewiesen (direkt) oder indirekt sein. Von praktischer Bedeutung sind allerdings nur verzögert regressive Tarife (mathematisch definiert durch eine positive zweite Ableitung der Durchschnittssatzfunktion). In allen

Fällen liegt bei Regression der Grenzsteuersatz *unter* dem Durchschnittssteuersatz. Abbildung 3 - 11 veranschaulicht eine verzögerte Regression.

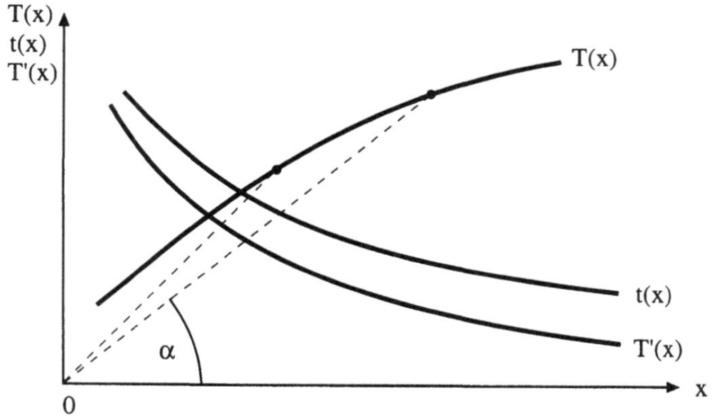

Abb. 3.11: Ein verzögert regressiver Tarif

Verzögerte Regression findet man häufig bei Gebührentarifen, wenn dem Abnehmer die Kostendegression bei zunehmender Abnahmemenge weitergegeben wird. Bei solchen Gebührentarifen nimmt beim Abnehmer mit zunehmendem x (zunehmender Abnahmemenge) die Höhe seiner Abgabenschuld T(x) zwar zu, doch werden ihm mit wachsender Abnahmemenge x sinkende Gebühren pro Einheit zugestanden. Auf derartige Tarife trifft man übrigens nicht nur bei Leistungserbringern des öffentlichen Sektors, sondern auch bei privatwirtschaftlichen Leistungsanbietern. Einen Tarif, der durch fallende Grenzsteuersätze definiert ist, kann man auch als *degressiven* Tarif bezeichnen ("Regression" bezieht sich auf die Durchschnittssteuersätze, "Degression" auf die Grenzsteuersätze!).

Beispiel
Ein kommunaler Wassertarif (als Stufentarif) kann beispielsweise lauten:
Grundgebühr (für den Anschluß an die öffentliche Wasserversorgung) 10,00
Je cbm Wasser für die ersten 5 cbm: 2,00
Je cbm für die weiteren 10 cbm: 1,50
Für alle weiteren cbm: 1,00
Beim Verbrauch von einem Kubikmeter kostet dieser somit 12,00, bei 5 cbm kostet der cbm im Durchschnitt 4,00, bei Abnahme von 10 cbm sinkt der Durchschnitt auf 2,75, bei 20 cbm auf 2,00 usw.

Während die Steuerschuld bei progressiven und proportionalen Tarifen mit wachsendem x *immer zunimmt* (absolut genommen), kann sie bei einem regressiven Tarif auch unverändert bleiben. Das ist der Fall bei einer *Pauschalsteuer*, bei der die Steuerschuld als fixer Betrag festgelegt ist. Der Grenzsteuersatz beträgt null, der Durchschnittssteuersatz sinkt mit zunehmendem x (siehe Abb. 3.12).

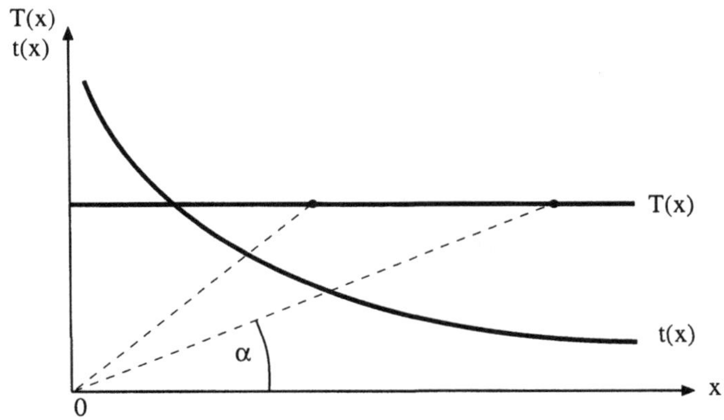

Abb. 3.12: Der verzögert-regressive Tarif einer Pauschalsteuer

III. Tarifformen

Bei einem Tarif sind zwei Aspekte zu unterscheiden: ein *materieller* und ein *formaler* Aspekt. Der Tarif*typ* ist materieller Ausdruck einer bestimmten Belastungsstruktur bzw. eines bestimmten Belastungsverlaufs. Die Tarif*form* gibt hingegen an, wie ein Tariftyp *eingekleidet* ist. Ein gegebener Tariftyp kann in verschiedene Tarifformen eingekleidet sein. Umgekehrt kann eine gegebene Tarifform zur Einkleidung verschiedener Tariftypen Verwendung finden. Man unterscheidet üblicherweise als Hauptformen den *Stufen-* und den *Formeltarif.*

III.A. Stufentarife

Bei Stufentarifen wird eine Bemessungsgrundlage in aufeinanderfolgende (gestaffelte) Teilmengen (z.B. Einkommensabschnitte oder Einkommensklassen) zerlegt, denen jeweils bestimmte Geldbeträge oder Tarifprozentsätze zugeordnet sind. Man bezeichnet Stufentarife daher auch als *Teilmengentarife*. Bei graphischer Darstellung der Belastungsvorschrift resultiert eine (Treppen-)stufenfigur. Das führte zur alternativen Bezeichnung als Stufentarif. Man unterscheidet in Entsprechung zu den drei Belastungsmaßen (3-1) bis (3-3) *Stufenbetragstarife, Stufendurchschnittssatztarife und Stufengrenzsatztarife.*

Je nach dem einzukleidenden Tariftyp bzw. je nach gewünschtem Belastungsverlauf sind die einzelnen Treppenstufen entweder von gleicher, zunehmender oder abnehmender Breite oder von gleicher, zunehmender oder abnehmender Höhe.

III.A.1. Stufenbetragstarif

Die folgende Steuerbelastungsvorschrift kleidet einen progressiven Tariftyp ein. Wiedergegeben ist ein Fall mit Teilmengen (Stufen) von gleichbleibender Breite:

Tab. 3.1: Ein progressiver Stufenbetragstarif

x	T(x)
0 bis unter 1'000	0
1'000 bis unter 2'000	100
2'000 bis unter 3'000	300
3'000 bis unter 4'000	600
usw.	

Die zu diesem Tarif gehörende Abbildung 3.13 zeigt einen Stufenverlauf für die Steuerbetragsfunktion T(x). Gestrichelt eingezeichnet sind einige Linien. Der Winkel α, den die *zu den Vorderkanten* einer Stufe gezogenen Linien bilden, nimmt zu für zunehmendes x: Die Durchschnittsbelastung nimmt zu mit zunehmender Bemessungsgrundlage, der Tarif ist also definitionsgemäß progressiv.

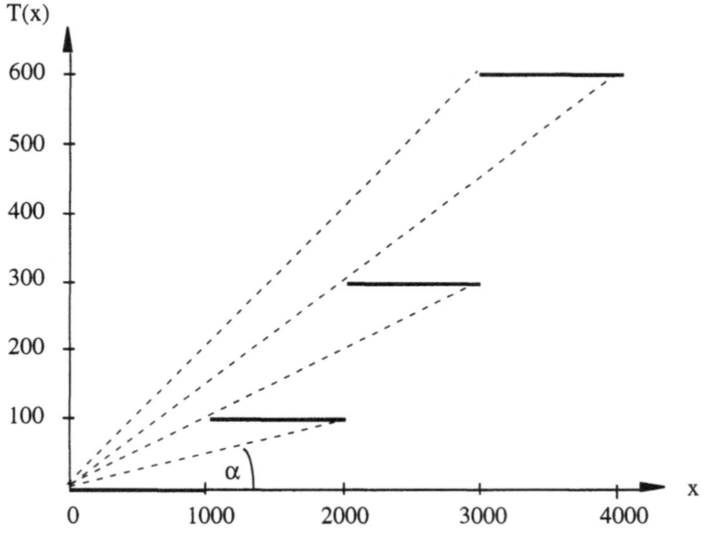

Abb. 3.13: Ein progressiver Stufenbetragstarif

Einen Stufenbetragstarif gab es bei der 1891 in Preußen eingeführten allgemeinen Einkommensteuer. Er begann mit 6 Mark für den ersten Einkommensabschnitt von 900 bis 1'050 Mark Einkommen pro Jahr, stieg auf 600 Mark für Einkommen zwischen 10'000 und 30'000 Mark und endete bei 4'000 Mark für Einkommen über 100'000 Mark.

Die beiden Hauptmängel eines Stufenbetragstarifs bestehen aus (a) der *"inneren Regression"*, dargestellt in Abbildung 3.14, und (b) dem *sprunghaften* Verlauf der Grenzsteuersätze. Diese springen beim Überschreiten der Obergrenze einer Teilmenge jeweils abrupt von Null bis auf mehrere hundert Prozent.

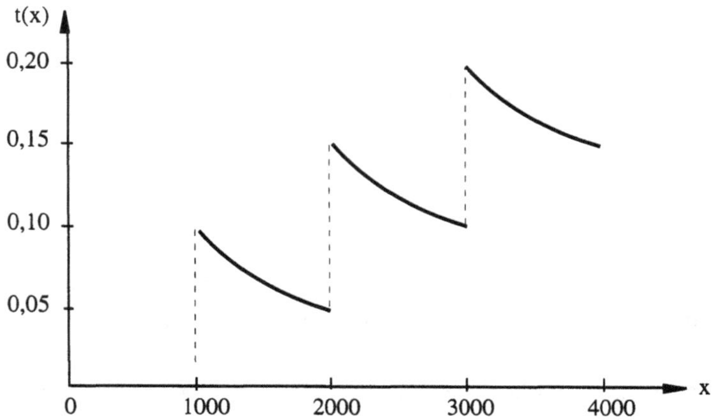

Abb. 3.14: Innere Regression bei Stufenbetragstarifen

Die innere Regression, d.h. eine *abschnittsweise* verzögerte Regression, ergibt sich wie beim Vorliegen eines Pauschalsteuertarifs wegen des abschnittsweise konstant bleibenden Steuerbetrags (siehe Abbildung 3.12). Sie ist zwar überlagert durch die insgesamt vorhandene Progression, führt aber vor allem bei größeren Teilmengenbreiten zu einem der gewollten Progression widersprechenden Tarifverlauf. Anstelle einer stetig oder annähernd stetig zunehmenden Durchschnittsbelastung gibt es ein dauerndes Auf und Ab der Durchschnittsbelastung

Gravierender noch als der Mangel eines erratischen Verlaufs der Durchschnittssteuersatzfunktion ist der Mangel des sprunghaften Verlaufs der Grenzsteuersatzfunktion. Aus dieser Sprunghaftigkeit entsteht das Problem, daß jeder Steuerpflichtige versuchen wird, bis zu einem gewissen Grad ein Überschreiten von Teilmengenobergrenzen zu vermeiden. Auch wenn man beispielsweise durch eine Korrekturvorschrift ("Grenzberichtigung") festlegt, daß beim "Hineinwachsen" in einen nächsthöheren Teilmengenabschnitt ein nach Abzug der Steuerschuld verbleibender Nettobetrag nicht abnehmen darf, lassen sich Ausweichreaktionen der Steuerpflichtigen nicht vermeiden. Bei den in Tabelle 3-1 angenommenen

Steuerbeträgen und Teilmengen würde es ein Steuerpflichtiger trotz dieser Korrekturvorschrift mit Sicherheit vermeiden, ein Einkommen zwischen 1'000 und 1'100 oder zwischen 2'000 und 2'300 oder zwischen 3'000 und 3'600 zu verdienen bzw. zu deklarieren, da er dieses Einkommen jeweils zu 100% an den Fiskus abzuliefern hätte. Ein Stufenbetragstarif enthält falsche Leistungsanreize bzw. Anreize zur Steuerhinterziehung.

III.A.2. Durchschnittssatztarif

Der jetzt zu zeigende Stufentarif vermeidet den Mangel der inneren Regression. Es bilden jetzt die Durchschnittssätze eine Treppe. Die Vorschrift der Tabelle 3.2 kleidet einen linear progressiven Tariftyp ein.

Tab. 3.2: Ein linear progressiver Durchschnittssatztarif

x	t(x)
0 bis unter 1'000	0,05
1'000 bis unter 2'000	0,10
2'000 bis unter 3'000	0,15
3'000 bis unter 4'000	0,20
usw.	

Die Abbildung 3.15 veranschaulicht diesen Tarif

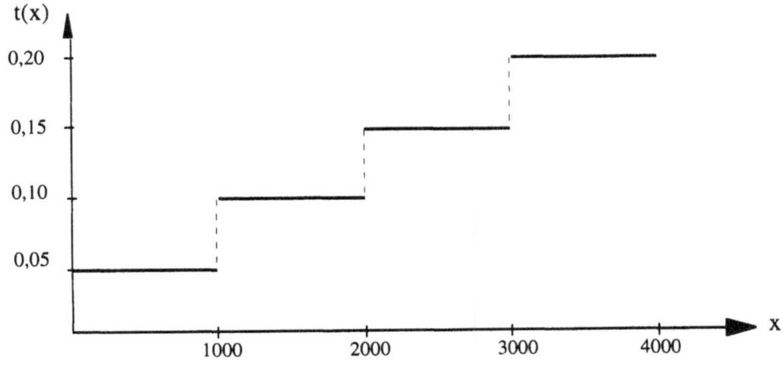

Abb. 3.15: Ein linear progressiver Durchschnittssteuersatztarif

Die zur Tabelle 3.2 gehörende Steuerbetragsfunktion ist in Abbildung 3-16 gezeigt

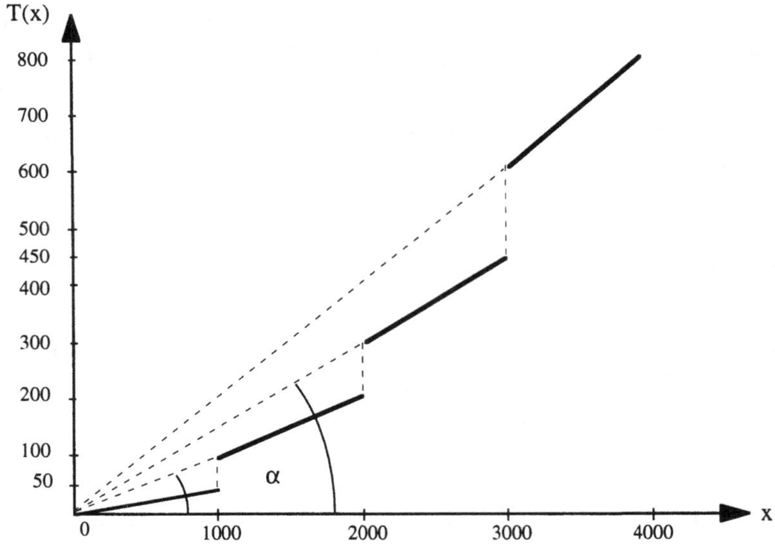

Abb. 3.16: Steuerbetragsfunktion eines Stufendurchschnittssatztarifs

Beim Stufendurchschnittssatztarif tritt nicht mehr die Ungereimtheit der inneren Regression auf. Es bleibt jedoch der gravierende Mangel eines Hinaufschnellens der Grenzsteuersätze bei Überschreiten einer Teilmengenschwelle. Auch eine Vorschrift, die eine Überschreiten der Grenzsteuersatzes von 100% verhindert, bleibt unbefriedigend.

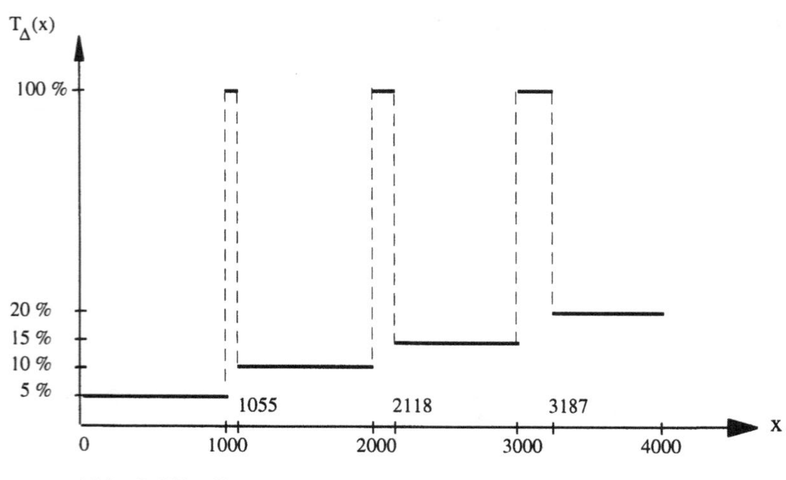

Abb. 3.17: Grenzsteuersätze beim Stufendurchschnittssatztarif und Grenzberichtigung auf 100 Prozent

Die für den Verlauf der Grenzsteuersätze der Abbildung 3.17 unterstellte Korrekturvorschrift vermeidet zwar, daß das nach Abzug der Steuern verbleibende Nettoeinkommen mit steigender Bemessungsgrundlage sinkt, sie vermeidet aber nicht die negativen Leistungsanreize, die von diesem Verlauf ausgehen dürften.

III.A.3. Anstoßtarif

Die soeben beschriebenen Mängel von Stufentarifen treten nicht mehr auf, wenn die Belastungsvorschrift durch Grenzsteuersätze ausgedrückt wird. Der in der Tabelle 3.3 wiedergegebene zehnstufige Anstoßtarif kleidet einen verzögert progressiven Tariftyp ein. Dies geschieht durch die Bildung von immer breiter werdenden Teilmengen (bei gleichbleibender Höhe der Treppenstufen). In den Spalten 1 und 2 sind die den Tarif definierenden Teilmengen und Grenzsteuersätze angegeben. Spalte 3 enthält die sog. "durchgerechnete Form" mit deren Hilfe man rasch die zu jedem Wert von x gehörende Steuerschuld T(x) ermitteln kann.

Tab. 3.3: Ein verzögert progressiver Anstoßtarif

x (Teilmengen)	T'(x) Grenz-steuersätze	T(x) (durchgerechnete Form)
0 - 5'000	0,05	0,05 x
5'001 - 11'000	0,08	250 + 0,08 · (x - 5'000)
11'001 - 18'000	0,11	730 + 0,11 · (x - 11'000)
18'001 - 26'000	0,14	1'500 + 0,14 · (x - 18'000)
26'001 - 35'000	0,17	2'650 + 0,17 · (x - 26'000)
35'001 - 45'000	0,20	4'150 + 0,20 · (x - 35'000)
45'001 - 60'000	0,23	6'150 + 0,23 · (x - 45'000)
60'001 - 80'000	0,26	9'600 + 0,26 · (x - 60'000)
80'001 - 160'000	0,29	14'800 + 0,29 · (x - 80'000)
über 160'000	0,32	38'000 + 0,32 · (x - 160'000)

Beispiel
Aus Tabelle 3.3 ermittelt man die Steuerschuld für z.B. x = 11'500 wie folgt:

$$T\,(11'500) = 730 + 0{,}11 \cdot (11'500 - 11'000) = 785$$

Die Fixbeträge bei der durchgerechneten Form wurden jeweils dadurch gefunden, daß der die Obergrenze des vorangegangenen Teilmengenabschnitts bildende Wert von x in die Formel für den davorliegenden Teilmengenabschnitt eingesetzt wurde. Daher ergibt sich der Fixbetrag von 730 bei der 3. Teilmenge durch Einsetzen von x = 11'000 in die Formel der 2. Teilmenge:

$$730 = 250 + 0{,}08 \cdot (11'000 - 5'000) = 250 + 480.$$

Abbildung 3.18 zeigt den Treppenverlauf der Grenzsteuersatzfunktion des in Tabelle 3.3 angegebenen Anstoßtarifs.

Die Fläche unter einer Grenzsteuersatzfunktion gibt immer die Steuerschuld (den Steuerbetrag) an. Bei einem Anstoßtarif setzt sich der Steuerbetrag aus nebeneinandergestellten Rechtecken zusammen. Abbildung 3.18 illustriert dies für den Wert von x = 90'000 als Fläche der (neun) schaffierten Rechtecke, deren Breite und Höhe durch die Angaben in Tabelle 3.3. bestimmt sind.

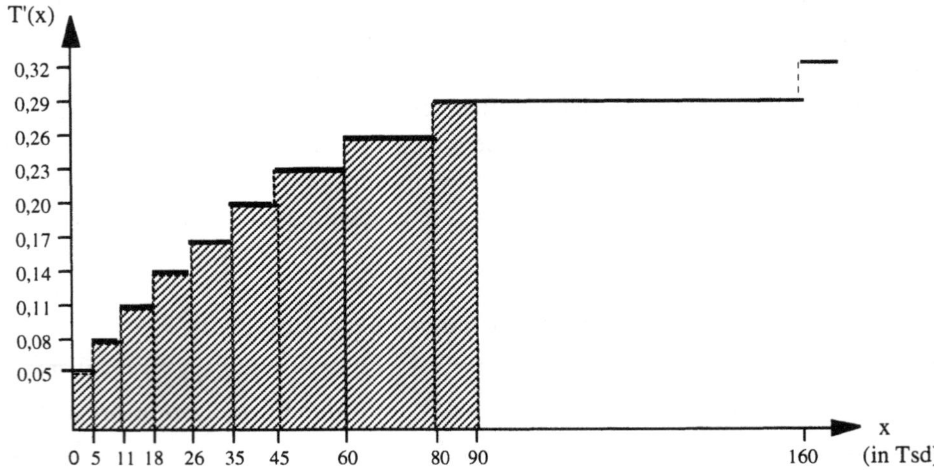

Abb. 3.18: Grenzsteuersatzverlauf und Steuerschuld bei einem Wert von x = 90'000 (schraffierte Fläche)

Beim Anstoßtarif treten bei der Steuerbetrags- und Steuerdurchschnittssatzfunktion keine Sprünge, sondern nur noch *"Knickstellen"* auf: Der Graph der Steuerbetragsfunktion setzt sich aus "aneinanderstoßenden" geraden Abschnitten zusammen (daher der Name des Tarifs). Die Durchschnittssatzfunktion besteht aus einer Folge von aneinanderstoßenden konvexen Bögen (abgesehen vom ersten horizontalen Abschnitt).

Um die prinzipiellen Verlaufseigenschaften eines Anstoßtarifs deutlich hervortreten zu lassen, sind in den Abbildungen 3.19 und 3.20 die Belastungsfunktionen eines Anstoßtarifs mit nur drei Stufen gezeigt. Abbildung 3.20 zeigt, daß ein Anstoßtarif immer *abschnittsweise verzögert progressiv* ist (innere Progressionsverzögerung). Dies gilt unabhängig davon, ob es sich insgesamt um einen beschleunigt, linear oder verzögert progressiven Tariftyp handelt (siehe auch Abb. 3.23 weiter unten).

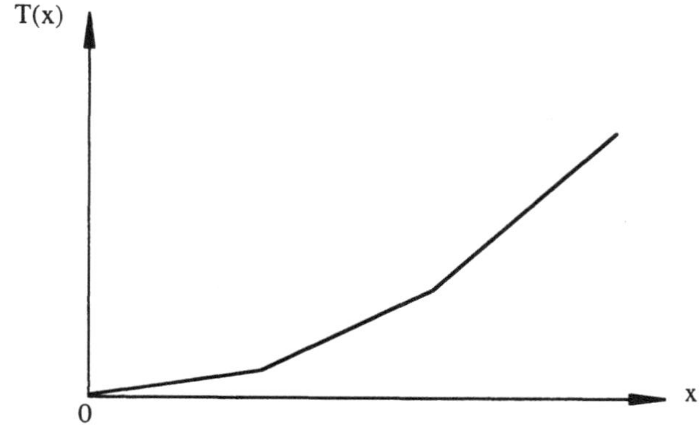

Abb. 3.19: Steuerbetragsfunktion eines progressiven Anstoßtarifs mit drei Stufen

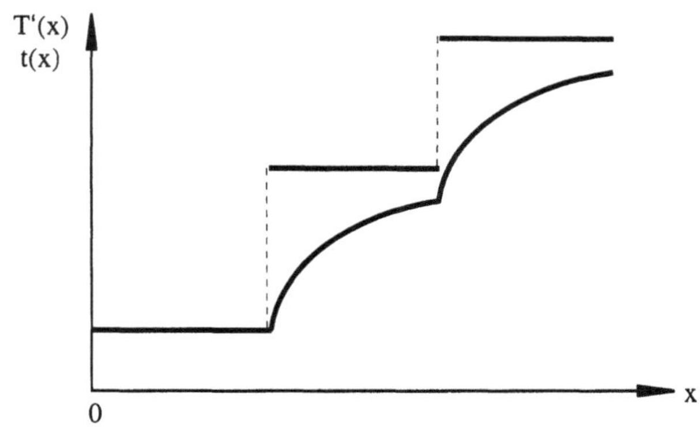

Abb. 3.20: Grenz- und Durchschnittssatzverlauf eines dreistufigen progressiven Anstoßtarifs

Die "Unebenheiten" eines Anstoßtarifs, bestehend aus einem aufeinanderfolgenden Wechsel zwischen zunehmendem und abnehmendem Anstieg des Durchschnittssatzes, werden *mit wachsender Stufenzahl* natürlich immer geringer. Damit verringert sich allerdings auch die Einfachheit und Transparenz eines aus nur wenigen, z.B. drei oder vier Stufen, bestehenden Anstoßtarifs.

Im Jahr 1920 wurde in Deutschland der bis dahin geltende Stufenbetragstarif durch einen Anstoßtarif ersetzt. Der erste Grenzsteuersatz für Einkommen über 1'500 Mark betrug 10 Prozent. Der höchste Grenzsteuersatz lag bei 60 Prozent für Einkommen über 500'000 Mark.

III.B. Formeltarife

Einem "glatten" Linienverlauf der Belastungsfunktion kann man sich zwar durch Vermehrung der Teilmengen eines Stufentarifs annähern (schmälere Stufenbreiten bei Verringerung der Stufenhöhen). Bei einem "echten" Formeltarif ergeben sich aber die Werte des Belastungsmaßes durch Einsetzen des Wertes der Bemessungsgrundlage in eine mathematische Formel.

Einen Formeltarif gibt es bei der deutschen Einkommensteuer seit 1955. Sie ersetzte den zuvor verwendeten Anstoßtarif, dessen höchster Grenzsteuersatz zeitweise (1946 - 1951) bei 95 Prozent gelegen hatte! Begründet wurde die politische Entscheidung für den Formeltarif mit einer als notwendig empfundenen Abkehr von "Willkür innerhalb des Tarifverlaufs" und mit dem Wunsch nach einem gerechteren, "weil mathematischer Gesetzmäßigkeit" folgenden Tarifaufbau.

Nachfolgend wird ein linear-progressiver Formeltarif durch die Grenzsteuersatzfunktion (3-17) festgelegt. Da es eine Obergrenze für den Progressionsanstieg geben soll, handelt es dabei um einen zweiteiligen Formeltarif.

Grenzsteuersatzfunktion:

$$T'(x) = \begin{cases} a + bx;\ x < x^* \\ a + bx^*;\ x = x^* \\ p;\ x > x^*;\ p = a + bx^* \end{cases} \qquad (3\text{-}17)$$

Es bedeutet hierbei:

- x: Bemessungsgrundlage
- a: Eingangssteuersatz
- b: Anstieg der Grenzsteuersatzfunktion
- x*: Obergrenze des Abschnitts, der mit linear zunehmenden Grenzsteuersätzen belastet wird
- p: (proportionaler) Grenzsteuersatz

Die Grenzsteuersatzfunktion wird durch (3-17) stückweise, d.h. für zwei Abschnitte der Bemessungsgrundlage definiert: Für den ersten Abschnitt ist T'(x) eine ansteigende Gerade mit den Parametern a und b, für den zweiten Abschnitt ist T'(x) eine Horizontale, deren Anfangspunkt die Koordinaten x* und $p = a + bx^*$ besitzt.

Abbildung 3.21 zeigt den Verlauf der durch (3-17) festgelegten Grenzsteuersatzfunktion und den Wert der Steuerbetragsfunktion für $x = x_k$:

Steuerbetragsfunktion

$$T(x) = \begin{cases} ax + (b/2)x^2;\ x < x^* \\ ax^* + (b/2)(x^*)^2;\ x = x^* \\ T(x^*) + p\,(x - x^*);\ x > x^*;\ p = a + bx^* \end{cases} \qquad (3\text{-}18)$$

Die Steuerbetragsfunktion T(x) erhält man bei einer stetig verlaufenden Grenzsteuersatzfunktion als deren Integral[1]. Die Steuerschuld für $x = x^*$ beträgt $T(x^*) = ax + (b/2)\cdot(x^*)^2$. Für x^* überschreitende Werte der Bemessungsgrundlage kommt zu $T(x^*)$ dann noch eine Steuerschuld von $p\,(x - x^*)$ hinzu. Allgemein resultiert für T(x) der in (3-18) angegebene Ausdruck.

Der Wert der Steuerbetragsfunktion entspricht der Fläche unter der Grenzsteuersatzfunktion. In Abbildung 3.21 ist für $x = x_k$ die Steuerschuld $T(x_k)$ als schraffierte Fläche dargestellt.

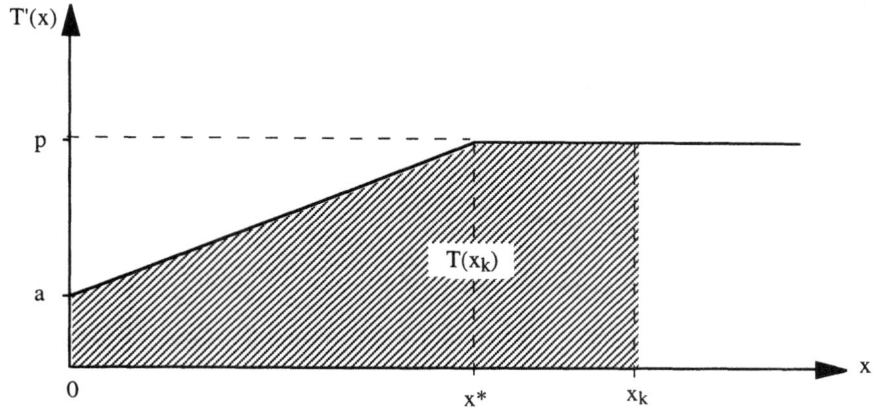

Abb. 3.21: Steuerschuld als Integral der Grenzsteuersatzfunktion

Ausgehend von (3-18) erhält man die *Durchschnittssteuersatzfunktion* t(x), indem man den Quotienten T(x) /x bildet.[2]:

$$t(x) = \begin{cases} a+(b/2)\,x; & x < x^* \\ a+(b/2)\,x^*; & x = x^* \\ a+bx^* - \dfrac{b\cdot(x^*)^2}{2x}; & x > x^* \end{cases} \qquad (3\text{-}19)$$

1 Für $x < x^*$ gilt: $T(x) = \int_0^x (a + bx)\,dx = ax + (b/2)\,x^2$

2 Die Herleitung von t(x) für $x > x^*$ ergibt sich wie folgt:
$T(x)/x \quad = (1/x)[T(x^*) + p(x - x^*)]$
$= (1/x)[ax^* + (b/2)(x^*)^2 + (a + bx^*)\,(x - x^*)]$
$= (1/x)[ax^* + (b/2)(x^*)^2 + ax - ax^* + bx^*x - b(x^*)^2]$
$= (1/x)[ax + bx^*x - (b/2)(x^*)^2] = a + bx^* - \dfrac{b\cdot(x^*)^2}{2x}$

Abbildung 3.22 zeigt die durch (3-19) definierte Durchschnittssteuersatzfunktion. (Zum Vergleich ist auch die Grenzsteuersatzfunktion eingetragen). Der durch die Steuerbelastungsvorschrift (3-17) festgelegte Tarif ist in seinem ersten Abschnitt (bis x = x*) direkt und zwar linear progressiv. Im zweiten Abschnitt ist der Tarif indirekt, d.h. verzögert progressiv, denn die Durchschnittssätze steigen jetzt bei konstantem Grenzsteuersatz.

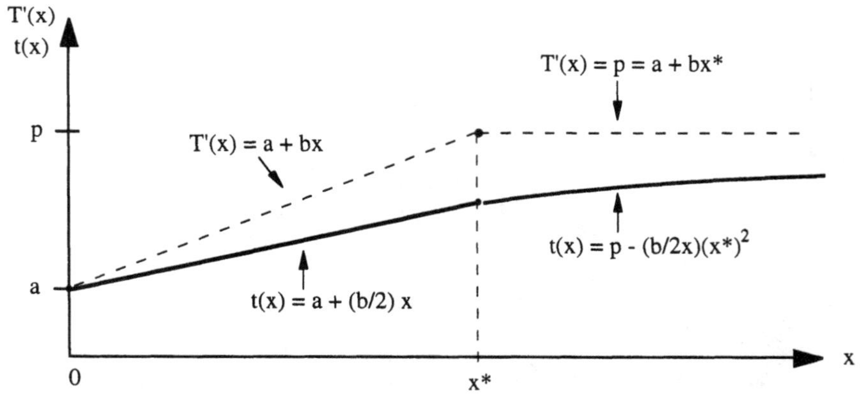

Abb. 3.22: Grenzsteuer- und Durchschnittssteuersatzfunktionen definiert durch (3-17) resp. (3-19)

Zahlenbeispiel für einen Einkommensteuertarif

Es werden für den durch (3-17) definierten Formeltarif jetzt folgende Zahlenwerte eingesetzt:

$a = 0{,}2$
$b = 3 \cdot 10^{-6}$ (drei millionstel)
$x^* = 100'000$ ($= 10^5$)

Daraus folgt für den Spitzengrenzsteuersatz p = 0,5. Die drei Belastungsmaße lauten:

Grenzsteuersatzfunktion:

$$T(x) = \begin{cases} 0{,}2 + 3 \cdot 10^{-6} \cdot x; \; x < 100'000 \\ 0{,}5; \; x \geq 100'000 \end{cases}$$

Steuerbetragsfunktion:

$$T(x) = \begin{cases} 0{,}2 \cdot x + 1{,}5 \cdot 10^{-6} \cdot x^2; \; x < 100'000 \\ 35'000; \; x = 100'000 \\ 35'000 + 0{,}5 \cdot (x - 100'000); \; x > 100'000 \end{cases}$$

Durchschnittssteuersatzfunktion:

$$t(x) = \begin{cases} 0{,}2 + 1{,}5 \cdot 10^{-6} \cdot x; \; x < 100'000 \\ 0{,}35; \; x = 100'000 \\ 0{,}5 - 30'000/2x; \; x > 100'000 \end{cases}$$

Tabelle 3.4 zeigt für einige ausgewählte Werte des Einkommens (Bemessungsgrundlage) bzw. Veränderungen des Einkommens von jeweils 10'000 die sich bei den im Beispiel angenommenen Zahlen ergebenden Belastungen resp. Belastungsdifferenzen.

Tab. 3.4: Belastungsmaße T(x), t(x) und T'(x) und Belastungsveränderungen ΔT(x), Δt(x) und ΔT'(x) für jeweils Δx = 10'000

		Prozent	Prozent
x Δx	T(x) ΔT(x)	t(x) · 100 % Δt(x) Prozentpunkte	T' (x) · 100 % ΔT'(x) Prozentpunkte
10'000 20'000	2'150 4'600	21,5 % 23,0 %	23,0 % 26,0 %
Δx: 10'000	ΔT(x): 2'450	Δt(x): 1,5 %-Pkte	ΔT'(x): 3,0 %-Pkte
50'000 60'000	13'750 17'400	27,5 % 29,0 %	35,0 % 38,0 %
Δx: 10'000	ΔT(x): 3'650	Δt(x): 1,5 %-Pkte	ΔT'(x): 3,0 %-Pkte
100'000 110'000	35'000 40'000	35,0 % 36,4 %	50,0 % 50,0 %
Δx: 10'000	ΔT(x): 5'000	Δt(x): 1,4 %-Pkte	ΔT'(x): 0,0 %-Pkte
500'000 510'000	235'000 240'000	47,00 % 47,06 %	50,0 % 50,0 %
Δx: 10'000	ΔT(x): 5'000	Δt(x): 0,06 %-Pkte	ΔT'(x): 0,0 %-Pkte
5'000'000 5'010'000	2'485'000 2'490'000	49,7000 % 49,7006 %	50,0 % 50,0 %
Δx: 10'000	ΔT(x): 5'000	Δt(x) = > 0,0 %-Pkte	ΔT'(x): 0,0 %-Pkte

Aus Tabelle 3.4 wird die dem linear-progressiven Tarif des Zahlenbeispiels innewohnende Belastungsdynamik gut erkennbar: Bis 100'000 resultiert für absolut gleiche Zuwächse des Einkommens (im Beispiel: von jeweils 10'000) eine progressiv wachsende Steuerschuld. Ab 100'000 ist der absolute Zuwachs der Steuerschuld auf 5'000 pro Zuwachs des Einkommens von 10'000 beschränkt. Die für gleiche absolute Zuwächse des Einkommens im Abschnitt mit linearer Progression überproportional wachsende Steuerschuld resultiert aus einer *gleichen absoluten Zunahme der Durchschnittsbelastung* um jeweils 1,5 Prozent*punkte* und der Grenzsteuersätze um jeweils 3 Prozent*punkte* je Zuwachs der Bemessungsgrundlage um 10'000. Ab x =100'000 verzögert sich dann der Zuwachs der Durchschnittsbelastung, während die Grenzbelastung konstant bei 50 % gehalten wird.

IV. Tarifmodifikationen

Die im vorangegangenen dargestellten (Haupt-)Tarifvorschriften werden oft von Ergänzungs- oder Modifikationsvorschriften begleitet. Einige der wichtigsten davon werden im folgenden dargestellt.

IV.A. Höchst- und Mindestbelastungsvorschriften

Der durch eine Tarifvorschrift erzwungene Ressourcenentzug muß naheliegenderweise eine *obere* Grenze aufweisen. Eine Belastung kann nicht unaufhörlich ansteigen. Aber es kann auch angebracht sein, eine Belastungs*unter*grenze festzulegen, damit Steuerpflichtige daran gehindert werden, sich durch Vorenthaltung steuerlich relevanter Informationen oder durch Ausnutzung von unbeabsichtigten Gesetzeslücken der Steuerpflicht zu entziehen. Bei einer Höchstbelastungsvorschrift spricht man auch von einem Plafond. Dieser kann als maximaler Steuerbetrag, als maximaler Grenzsteuersatz oder als maximaler Durchschnittssteuersatz festgelegt sein. Die zuerst genannte Maximalform findet man nur noch selten, z.B. bei bestimmten Bußgeldtarifen. Die beiden Hauptformen sind der Grenzsteuersatz- und der Durchschnittssteuersatzplafond (GP bzw. DP).

Plafonds in Form von Grenzsteuersätzen (GP)

Wenn ein direkt progressiver Tarif durch Grenzsteuersätze definiert ist, übernimmt in der Regel der höchste Grenzsteuersatz die Rolle eines Plafonds. Bei indirekter Progression übernimmt die Konstante p die Rolle eines GP. In diesen Fällen erübrigt sich eine Ergänzungsvorschrift. Die Progression wird durch den höchsten Grenzsteuersatz bzw. die Konstante "gedeckelt", allerdings nicht beendet.

Von einer anderen Form eines GP war in den Abschnitten III.A.1. und III.A.2. bereits die Rede. Es war dort als Grenzberichtigung (Korrekturvorschrift) die Regel verwendet worden, daß ein Nettobetrag (nach Abzug von Steuern) bei steigender Bemessungsgrundlage nicht sinken dürfe. Eine solche Regel entspricht einer Vorschrift, wonach für einen bestimmten Abschnitt der Bemessungsgrundlage ein Marginalsatz von 100 % als Höchstsatz gilt. Vernünftigerweise ist ein Höchstsatz natürlich immer niedriger angesetzt, um falsche Anreize zu vermeiden. Für das folgende Beispiel sei unterstellt, ein höchstzulässiger Grenzsteuersatz betrage 50 %. Für die Grundvorschrift werden erneut die Zahlen des Stufenbetragstarifs von Tabelle 3.1 aus Abschnitt III.A.1. verwendet. Die Ergänzungsvorschrift ist in Tabelle 3.5 in den Steuerbetragstarif integriert.

Tab. 3.5: Stufenbetragstarif mit Höchstgrenzsatz von 50 %

x			T(x)
0	bis unter	1'000	0
1'000	bis unter	1'200	0,5 (x - 1'000)
1'200	bis unter	2'000	100
2'000	bis unter	2'400	100 + 0,5 (x - 2'000)
2'400	bis unter	3'000	300
3'000	bis unter	3'600	300 + 0,5 (x - 3'000)
3'600	bis unter	4'000	600
	usw.		usw.

Plafonds in Form von Durchschnittssteuersätzen (DP)

Der Plafond eines progressiven Tarifs wird häufig durch einen Durchschnittssteuersatz festgelegt. Ein solcher Durchschnittssatzplafond (DP) *beendet die Progressionszone* eines Tarifs. Ab dem Wert der Bemessungsgrundlage, von dem an der DP anzuwenden ist, erfolgt eine proportionale Besteuerung. Ein DP leitet also über von einer progressiven zu einer proportionalen Tarifzone.

Beispiel
Die Tarifvorschrift in der Formulierung des Zürcher Steuergesetzes vom 8. Juni 1997 (StG-ZH §71) lautet:

"Kapitalgesellschaften und Genossenschaften entrichten vom steuerbaren Gewinn

- eine Steuer von 4 Prozent als Grundsteuer;
- einen Zuschlag von 5 Prozent auf dem Teil des steuerbaren Gewinns, der 4 Prozent Rendite übersteigt;
- einen weiteren Zuschlag von 5 Prozent auf den Teil des steuerbaren Gewinns, der 8 Prozent Rendite übersteigt.

Die Gewinnsteuer beträgt höchstens 10 Prozent.

Rendite gemäß Abs. 1 ist das in Prozenten ausgedrückte Verhältnis des steuerbaren Gewinns zum steuerbaren Kapital."

Hinweis: Die effektive Höhe des Zürcher Gewinnsteuertarifs (z.B. 2001) ergibt sich wegen des Vorhandenseins von kantonalen und kommunalen Vervielfachern (sog. Hebesätzen) von 105 Prozent (Kanton) und 138,01 Prozent (Stadt Zürich) nach Multiplikation mit dem (gerundeten) Faktor 2,5. Die soeben genannte Grundsteuer beträgt daher effektiv nicht 4 % sondern rd. 10 % und die beiden Zuschläge zur Grundsteuer betragen je rd. 12,5 %. Der DP liegt bei rd. 25 %. (Zum Begriff Hebesatz siehe Abschnitt IV.C weiter unten.)

Der Tarifverlauf der zürcherischen Gewinnsteuer ist unter vereinfachenden Annahmen für den Fall einer Unternehmung mit einem steuerbaren Kapital von 1 Mio Fr. in Tabelle 3.6 und Abbildung 3.24 dargestellt. (Die ausführliche Darstellung der Schweizer Gewinnsteuer erfolgt in Abschnitt VI.B des achten Kapitels.).

Tab. 3.6: Gewinnbesteuerung eines Zürcher Unternehmens mit 1 Mio Fr. steuerbarem Kapital (Anstoßtarif in "durchgerechneter Form)

x (in Fr.)	T'(x)	T(x) (in Fr.)
0 - 40'000 [1]	10 %	0,1 · x
über 40'000 - 80'000 [2]	22,5 %	4'000 + 0,225 · (x - 40'000)
über 80'000 - 150'000 [3]	35 %	13'000 + 0,35 · (x - 80'000)
über 150'000	25 %	0,25 · x

1) 40'000 Fr. entsprechen bei 1 Mio Fr. steuerbarem Kapital einer Rendite von 4 %.
2) 80'000 Fr. entsprechen bei 1 Mio Fr. steuerbarem Kapital einer Rendite von 8 %.
3) Bei 150'000 Fr. Gewinn erreicht der Anstoßtarif eine Durchschnittsbelastung in Höhe des DP.

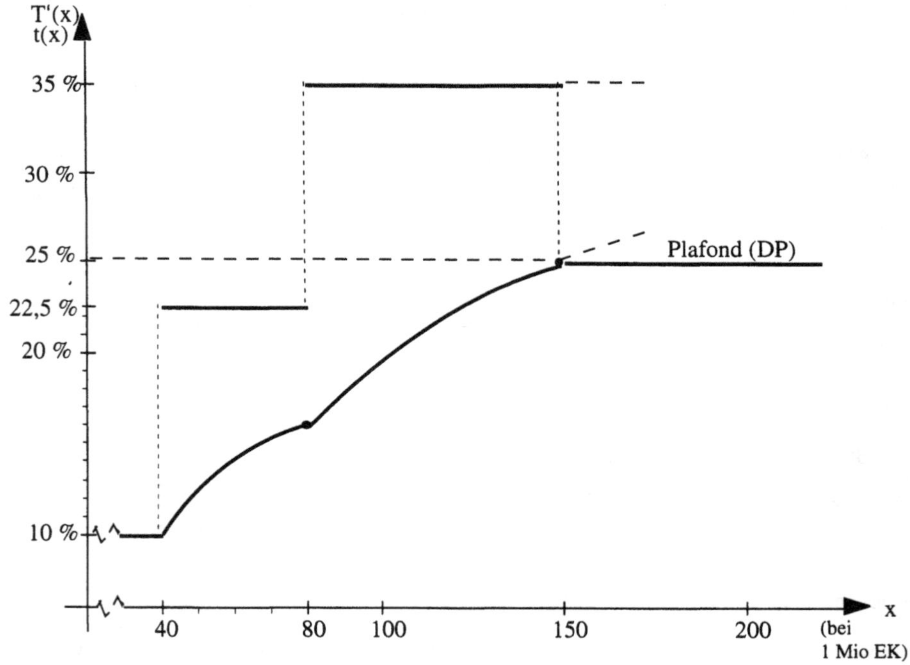

Abb. 3.23: Tarif 1997 der Zürcher Gewinnsteuer

Hinweis: Der im Moment der Drucklegung (2002) noch gültige Zürcher Gewinnsteuertarif dürfte in absehbarer Zukunft durch einen proportionalen Tarif ersetzt werden.

Auch bei der zu einer gewisser Berühmtheit gelangten Reform der amerikanischen Einkommensteuer (mit der Senkung des Spitzensteuersatzes von 50 auf 33 Prozent) unter Präsident *Ronald Reagan* wurde ein Tarif mit einem DP eingeführt: Es bildete nicht der höchste Grenzsteuersatz von 33 % den Plafond, sondern der Durchschnittssteuersatz von 28 %. Die höchste Durchschnittsbelastung entstand nicht beim Bezieher des höchsten Einkommens, sondern schon ab einem Einkommen von 89'560 Dollar. Dieser (inzwischen geänderte) Tarif lautete (siehe Tabelle 3.7):

Tab. 3.7: Amerikanischer Anstoßtarif von 1987 für eine alleinstehende Person

x steuerbares Einkommen (in US-Dollar)			T'(x)
0	bis	17'850	0,15
17'851	bis	43'150	0,28
43'151	bis	89'560	0,33
	über	89'560	0,28

Mindestbelastungsvorschriften

Als Urform einer Mindestbelastung kann man die *Kopfsteuer* bezüglich der Einkommensteuer ansehen. Ein Beispiel ist die Personalsteuer im Kanton Zürich (siehe Abschnitt II.A). Seit 1987 findet auch in den USA eine Mindeststeuervorschrift in der Form der *Alternative Minimal Tax* (AMT) bei Unternehmen Anwendung. Sie soll verhindern, daß diese durch Kumulierung aller für sie günstigen Bestimmungen ihre Körperschaftsteuerschuld unter ein als unerwünscht angesehenes Maß herabdrücken können. Unter Zugrundelegung bestimmter Kriterien (z.B. das Verhältnis des Gewinns gemäß Steuerbilanz zum Gewinn gemäß Handelsbilanz) wird für jedes Unternehmen neben der regulären Körperschaftsteuerschuld parallel eine Minimalsteuerschuld errechnet. Letztere wird fällig, wenn sie höher als die "regulär" berechnete Körperschaftsteuerschuld ausfällt.

Eine andere Art von Mindeststeuervorschrift gibt es auch z.B. im Schweizer Steuergesetz, das vorschreibt, ersatzweise eine Einkommensteuerschuld aufgrund des persönlichen Aufwands zu berechnen, sofern entweder der Verdacht besteht, daß bestimmte Einkünfte verheimlicht werden oder wenn es nicht möglich ist, die für die Feststellung der Einkommensteuer notwendigen Informationen zu beschaffen.

IV.B. Abzüge von der Steuerschuld

Manchmal gestattet ein Tarif einen absoluten (fixen) oder prozentualen Abzug von einer zunächst nach einer Hauptvorschrift berechneten Steuerschuld:

A: Abzug von der Steuerschuld gemäß Haupttarifvorschrift

Nach erfolgtem Abzug von einer zunächst ermittelten (Brutto-)Steuerschuld verbleibt die sog. Nettosteuerschuld. Geht man von der Steuerschuld T(x) gemäß Hauptbelastungsvorschrift aus, dann resultiert als Nettosteuerschuld allgemein:

$$\boxed{T_A(x) = T(x) - A} \qquad (3\text{-}20)$$

Zu unterscheiden sind zwei Fälle: A kann als eine Konstante oder als ein Prozentsatz festgelegt sein. Handelt es sich beim Abzug um einen fixen Geldbetrag, d.h. um eine absolute Größe, wird der Abzug als Absetzbetrag bezeichnet. (Gelegentlich wird ein solcher Abzug in mißverständlicher Anlehnung an den englischen Ausdruck "tax credit" auch Steuerkredit genannt)

IV.B.1. Absetzbetrag bei einem proportionalen Tarif

Wird bei einem *proportionalen* Tarif mit dem Steuersatz p allen Steuerpflichtigen mit einer Steuerschuld, die den Abzug übersteigt, der absolut gleiche Abzug gewährt, dann wird der vorher proportionale Tarif zu einem *indirekt progressiven Tarif.* Ein Abzug von der Steuerschuld in Höhe von c ist äquivalent einer Verkleinerung der Berechnungsgrundlage für die Steuerschuld um c/p. Für kleinere Bemessungsgrundlagen bedeutet ein Absetzbetrag eine stärkere Absenkung der Durchschnittsbelastung als für höhere. Im untersten Bereich sinkt die Steuerschuld sogar auf Null (siehe Abb. 3.25 und zum Vergleich Abb. 3.9).

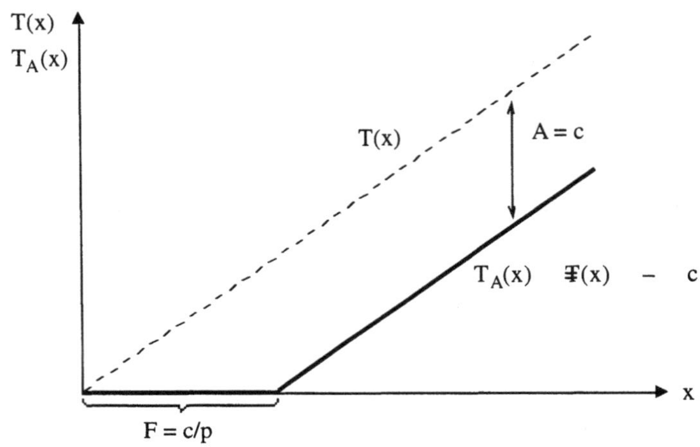

Abb. 3.24: Parallelverschiebung der Steuerbetragsfunktion

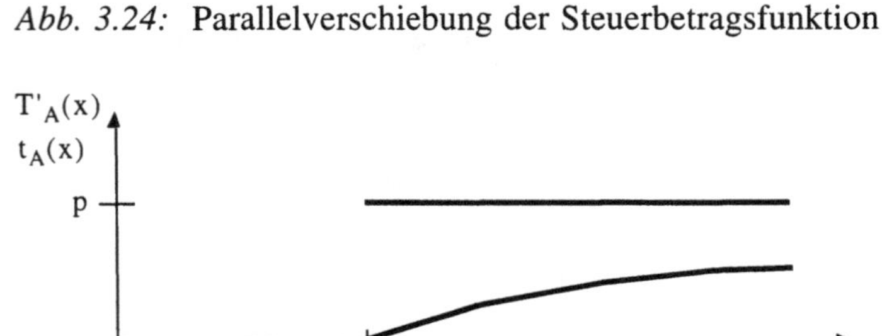

Abb. 3.25: Veränderung der Durchschnittsbelastung bei proportionalem Tarif

Beispiel:
Es sei ein Proportionaltarif mit einem Steuersatz von 20 % gegeben. Die Hauptvorschrift lautet somit $T(x) = 0{,}2 \cdot x$. Wird ein Abzug von 1000 zugelassen, dann entsteht eine Steuerschuld erst ab $x = 5000$. Die um den Abzug gekürzte Steuerschuld beträgt danach $0{,}2\ x - 1000$. Der resultierende Tariftyp ist äquivalent zu einer indirekt progressiven Steuer mit $p = 0{,}2$ und $F = 5000$.

IV.B.2. Prozentualer Abzug bei proportionalen Tarifen

Wird bei einem proportionalen Tarif ein prozentualer Abzug von der Steuerschuld nach Hauptvorschrift zugelassen, erfolgt eine Drehung der T(x)-Funktion. Das entspricht einer Senkung des Proportionalsatzes p (siehe Abb. 3.26).

$A = k \cdot T(x)$: prozentualer Abzug von der Steuerschuld

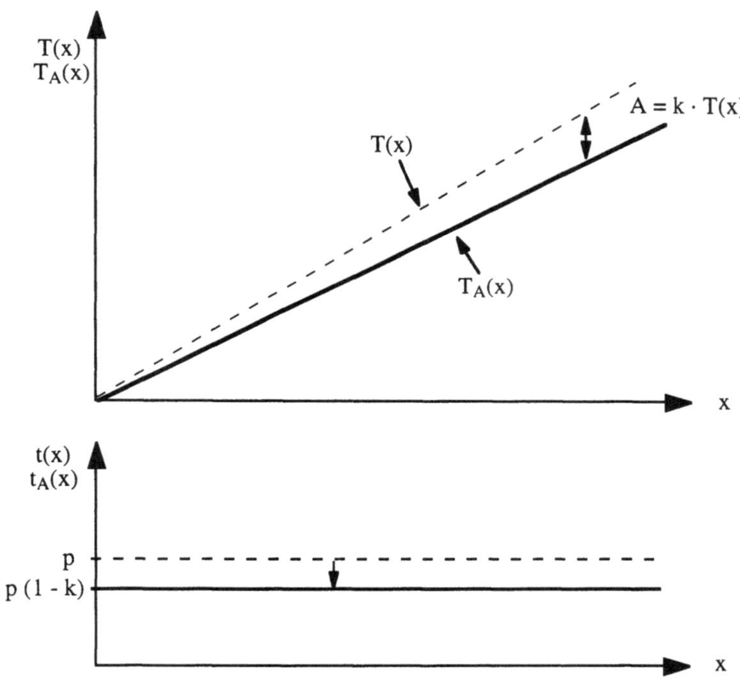

Abb. 3.26: Abzug eines konstanten Prozentsatzes von der Steuerschuld

Es ist jetzt:

$$\begin{aligned} T_A(x) = \; & p \cdot x - k \cdot T(x) \\ & p \cdot x - k \cdot p \cdot x \\ & p(1 - k) \cdot x \end{aligned}$$

Beispiel

Es gebe eine Haupttarifvorschrift wie im vorangegangenen Beispiel, d.h. es sei: $T(x) = 0{,}2 \cdot x$. Wird ein zehnprozentiger Abzug von der Steuerschuld gewährt, dann sinkt der proportionale Steuersatz von 20 auf 18 Prozent.

IV.B.3. Absetzbetrag bei progressiven Tarifen

Auch bei einem *progressiven* Tariftyp bedeutet ein konstanter Abzug von der Steuerschuld, d.h. ein Absetzbetrag, daß im unteren Bereich der Bemessungsgrundlage eine stärkere Senkung des Durchschnittssteuersatzes (am Anfang sogar bis auf Null) resultiert als im oberen Bereich. Mit wachsendem x nimmt die Senkung immer mehr ab, so daß schließlich der neue Durchschnittssatz gegen den alten konvergiert. Die Progression wird in einem solchen Fall insgesamt gesehen steiler, da der Anstieg vom kleinsten zum höchsten Satz auf einen engeren Bereich zusammengedrückt wird.

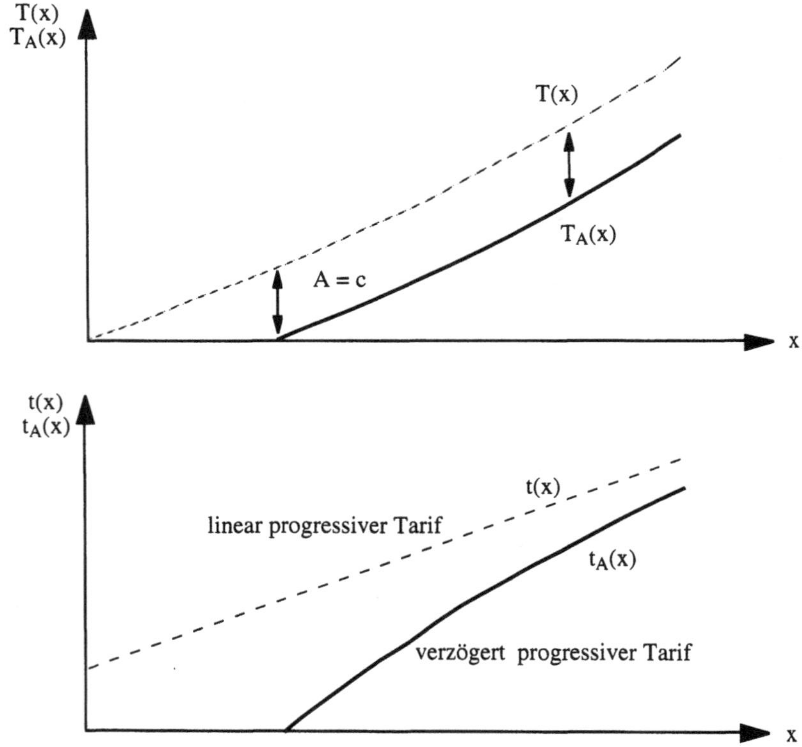

Abb. 3.27: Abzug eines konstanten Geldbetrages bei linear progressivem Tarif

Abbildung 3.27 zeigt das Beispiel eines vor Abzug von der Steuerschuld linear-progressiven Tarifs, der durch den Abzug von der Steuerschuld zu einem verzögert progressiven Tarif wird, denn der Abzug von der Steuerschuld mischt der Haupttarifvorschrift ein Element indirekter Progression bei, was zu einer verzögerten Progression führt.

IV.B.4. Prozentualer Abzug bei progressiven Tarifen

Wird bei einem progressiven Tarif ein Abzug von der Steuerschuld als bestimmter *Prozentsatz der Steuerschuld* zugelassen, dann ändert sich zwar nicht der Tariftyp, die Progression wird jedoch gemildert. Die Progression wird verschärft, wenn der Abzug ein negatives Vorzeichen hat, also ein *Zuschlag* ist. Eine solche Vorschrift kann in konjunkturpolitischer Absicht als Rabatt (oder als Zuschlag) von k Prozent zur Steuerschuld festgelegt sein. Ein Zu- oder Abschlag von bis zu 10 % ist z.B. im Paragraph 26 des deutschen Stabilitäts- und Wachstumsgesetzes vom 8.6.1967 als Möglichkeit vorgesehen. Ein solcher Abzug bedeutet eine Drehung der T(x)-Kurve und ebenfalls eine Drehung der Grenzsteuer- und Durchschnittssatzkurve (siehe Abb. 3.28). Ein vorher linear-progressiver Tarif bleibt in einem solchen Fall linear-progressiv, mit im ganzen Bereich um 10 % verminderter resp. erhöhter Durchschnittssatzbelastung.

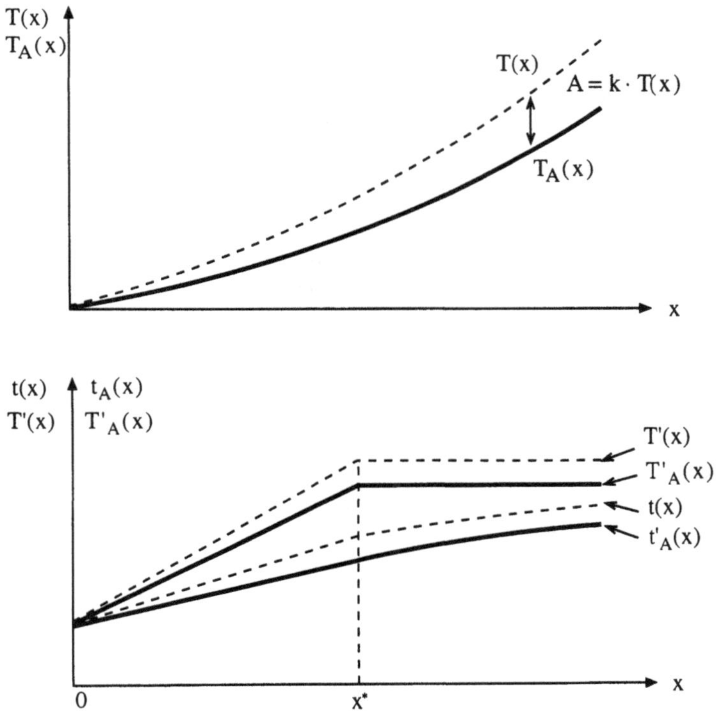

Abb. 3.28: Abzug eines konstanten Prozentsatzes von der Steuerschuld bei linear-progressivem Tarif

Beispiel

Ein Abzug von 10 % der Steuerschuld führt allgemein gemäß (3-20) zur Nettosteuerschuld

$$T_{10}(x) = T(x) - 0{,}1 \cdot T(x) = 0{,}9\, T(x) \qquad \text{(3-25')}$$

Bei Verwendung des Beispiels von Abschnitt III. B. ergibt sich:

Nettosteuerschuldfunktion gemäß (3-18):

$$T_{10}(x) = \begin{cases} 0{,}18x + 1{,}35 \cdot 10^{-6} \cdot x^2; & x \leq 100'000 \\ 31'500 + 0{,}45(x - 100'000); & x > 100'000 \end{cases} \qquad \text{(3-25'')}$$

Durchschnittssatzfunktion gemäß (3-19):

$$t_{10}(x) = \begin{cases} 0{,}18 + 1{,}35 \cdot 10^{-6}\, x; & x \leq 100'000 \\ 0{,}45 - 27'000/(2x); & x > 100'000 \end{cases} \qquad \text{(3-25''')}$$

Grenzsteuersatzfunktion gemäß (3-17):

$$T'_{10}(x) = \begin{cases} 0{,}18 + 2{,}7 \cdot 10^{-6}\, x; & x \leq 100'000 \\ 0{,}45; & x > 100'000 \end{cases} \qquad \text{(3-25'''')}$$

Man erkennt aus der Durchschnittssatzfunktion $t_{10}(x)$, daß auch nach Abzug von 10 % von der Steuerschuld ein linear progressiver Tarif vorliegt. Es hat eine Drehung der Steuerbetragsfunktion nach unten stattgefunden. Der Progressionsgrad hat abgenommen. In Tabelle 3.7 sind die resultierenden Belastungen angegeben. Die zahlenmäßigen Veränderungen durch den zehnprozentigen Abzug ergeben sich aus der Gegenüberstellung mit Tabelle 3.4.

Tab. 3.7: Abzug von 10 % von der Steuerschuld bei einem durch das Beispiel von Abschnitt III.B. festgelegten linear progressiven Formeltarif.

x	T(x)	$T_{10}(x)$	t(x) (Prozent)	$t_{10}(x)$ (Prozent)	T'(x) (Prozent)	$T_{10}'(x)$ (Prozent)
10'000	2'150	1'935	21,50	19,35	23,00	20,70
20'000	4'600	4'140	23,00	20,70	26,00	23,40
30'000	7'350	6'615	24,50	22,05	29,00	26,10
100'000	35'000	31'500	35,00	31,50	50,00	45,00
500'000	235'000	211'500	47,00	42,30	50,00	45,00
5'000'000	2'485'000	2'236'500	49,70	44,73	50,00	45,00

IV.C Hebesätze

Unter einem Hebesatz versteht man einen einheitlichen Faktor, mit dem die Steuersätze einer zugrunde liegenden Tarifvorschrift multipliziert werden. Die mit dem Hebesatz multiplizierten Steuersätze führen zur effektiven Steuerschuld der Steuerpflichtigen. Den zugrunde liegenden Tarif bezeichnet man als Basis- oder Zwischentarif. Hebesätze werden in der Regel als eine Prozentzahl angegeben. Diese kann unter oder über 100 % betragen, d.h. der Faktor (Vervielfacher) kann kleiner oder größer als eins sein.

Ein Hebesatz dient dazu, das Aufkommen aus einer gegebenen Steuer um einen gegebenen Faktor zu erhöhen oder zu senken, ohne den zugrundeliegenden Tarif oder seine Struktur verändern zu müssen. Hebesätze werden daher vor allem dort eingesetzt, wo der unterschiedliche Finanzierungsbedarf von untergeordneten Gebietskörperschaften unter Verwendung eines für alle verbindlichen, von der übergeordneten Gebietskörperschaft vorgegebenen Tarifs gedeckt werden soll. Die deutschen Gemeinden besitzen das Recht, Hebesätze bei den vom Bundesgesetzgeber einheitlich vorgegebenen Grundsteuern und bei der Gewerbesteuer festzulegen. Die Schweizer Gemeinden können mittels ihrer Hebesätze (in der Schweiz als Steuerfüße bezeichnet) ihr Steueraufkommen aus den Einkommen- und Vermögensteuern natürlicher Personen sowie den Gewinn- und Kapitalsteuern juristischer Personen variieren. Auch die Schweizer Kantone verwenden Steuerfüße, um ohne Änderung der gesetzlich festgelegten Tarife ihren im Zeitablauf sich ändernden Finanzierungsbedarf zu decken.

V. Tarifbesonderheiten bei Einkommensteuern

Die zeitliche Dimension einer Bemessungsgrundlage kann je nach betrachteter Steuer unterschiedlich sein. Bei Einkommensteuern bildet üblicherweise das *Einkommen eines Jahres* den für die Berechnung einer Steuerschuld maßgeblichen Wert der Bemessungsgrundlage.

Bei der Einkommensteuer einer natürlichen Person gibt es vor allem die Besonderheit, daß Einkommen im Umfang des sog. Existenzminimums nicht belastet werden kann. Einkommen, das gerade dazu ausreicht, die Existenz einer Person zu gewährleisten, kann logischerweise nicht zur Zahlung einer Steuer herangezogen werden. Um die Belastungsfreiheit des Existenzminimum-Einkommens sicherzustellen, stehen mehrere Wege offen:

Fall 1: Man kann das Einkommen aller Einkommensbezieher um einen Betrag verkürzen, der dem Existenzminimum entspricht. Nur das nach Abzug des Existenzminimums verbleibende Einkommen, das sog. *Überschußeinkommen* bildet die Bemessungsgrundlage für den Tarif (verkürzte Bemessungsgrundlage).

Fall 2: Man kann die Freistellung des Existenzminimums *in den Tarif "einarbeiten"*. Der Tarif wird jetzt so gestaltet, daß keine Steuerschuld bei einem Einkommen entsteht, das unterhalb des Existenzminimums liegt. Die Bemessungsgrundlage umfaßt zwar auch das für die Existenz notwendige Mindesteinkommen, sie ist also um dieses gegenüber Fall 1 erweitert, doch sorgt die Tarifvorschrift für die Nichtbelastung des Existenzminimums. Es gibt folgende zwei Varianten:

Fall 2a (Tarif mit erweiterter Bemessungsgrundlage und Nullzone): Der Eingangs-(Anfangs-)steuersatz für den ersten, dem Existenzminimum entsprechenden Einkommensabschnitt beträgt null Prozent.

Fall 2b (Tarif mit erweiterter Bemessungsgrundlage und Grundfreibetrag): Durch die (Haupt-)Tarifvorschrift wird formal zwar auch das Mindesteinkommens "belastet", doch wird durch einen Absetzbetrag *von der Steuerschuld* sichergestellt, daß die formale Belastung des Mindesteinkommens neutralisiert wird .

Für alle drei genannten Fälle gibt es reale Beispiele. Ein Beispiel für den Fall 1 lieferte das im Kanton Zürich bis Ende 1998 gültige Steuergesetz. Dieses enthielt eine nur auf das Überschußeinkommen bezogene Tarifvorschrift. Der kantonale Tarif des ab 1999 gültigen Zürcher Steuergesetzes besitzt eine erweiterte Bemessungsgrundlage mit Nullzone. Der deutsche und der österreichische Steuertarif sind Beispiele für den Fall 2b (eine detaillierte Darstellung erfolgt im sechsten Kapitel).

Um die soeben genannten speziellen Tarifvorschriften bei Einkommensteuern anhand von Beispielen darzustellen und um ihre Belastungseigenschaften zu zeigen, werden folgende Bezeichnungsweisen verwendet:

x: Jahreseinkommen nach Abzug des Existenzminimums (sog. Überschußeinkommen)
y: Jahreseinkommen unter Einschluß des Existenzminimums (erweiterte Bemessungsgrundlage)
M: Existenzminimum-Einkommen eines Jahres

Fall 1 (Tarif mit Überschußeinkommen als Bemessungsgrundlage): Ein Überschußeinkommen (x) kann ab der ersten Einheit der Bemessungsgrundlage steuerlich belastet werden. Der Eingangssteuersatz kann beispielsweise 20 Prozent wie im Fall des durch (3 - 17) definierten Formeltarifs betragen. Die ermittelte Steuerschuld bei einer mit x bezeichneten Bemessungsgrundlage wurde jeweils durch T(x) zum Ausdruck gebracht.

Werden Belastungsvergleiche einer auf das Überschußeinkommen bezogenen Tarifvorschrift mit einem Tarif angestellt, der sich der erweiterten Bemessungsgrundlage (y) bedient, dann muß der Nenner der Durchschnittsbelastungsfunktion (3 - 2) erweitert werden. Die Steuerschuld T(x) muß auf die erweiterte Bemessungsgrundlage y bezogen werden. Als Durchschnittsbelastung ergibt sich dann:

$$\boxed{T(x)/y} \tag{3-21}$$

Eine gemäß (3 - 21) definierte Durchschnittsbelastung ist natürlich stets kleiner als eine gemäß (3 -2) berrechnete Durchschnittsbelstung, weil y > x ist.

Beispiel
Für ein Überschußeinkommen von x = 11'500 war oben gemäß dem Tarif von Tabelle 3.3 eine Steuerschuld von T(11'500) = 785 festgestellt worden. Das bedeutet eine Belastung *dieses* Einkommens von durchschnittlich 6,8 Prozent. Bezieht man die Steuerschuld von 785 jedoch auf eine um 4'000 (das Existenzminimum) erweiterte Bemessungsgrundlage von 15'500, dann beträgt die durchschnittliche Belastung 5,1 Prozent.

Fall 2a (Tarif mit erweiterter Bemessungsgrundlage und Nullzone): Durch die nachfolgende Tabelle 3.8 wird ein Anstoßtarif mit einer Nullzone von 4'000 definiert. Ein Existenzminimum von diesem Umfang bleibt wegen des Nullsatzes unbelastet. Wurde bei der Feststellung des Überschußeinkommens, das dem Tarif von Tabelle 3.3 unterworfen wurde, vorher ein Existenzminimum von 4'000 abgezogen, dann ist die Belastung der Einkommen durch den Tarif der Tabelle 3.8 identisch mit derjenigen durch Tabelle 3.3. Man kann also genau dieselbe Belastung herbeiführen, wenn man die Grenzsteuersätze wie im vorliegenden Fall unverändert läßt, jedoch die Grenzen der Teilmengenabschnitte jeweils um den Betrag des Existenzminimums erhöht. Die Durchnittslast, d.h. der Quotient T(y)/y entspricht für jedes y = x + M demjenigen von (3 - 21).

Tab. 3.8: Verzögert progressiver Anstoßtarif,
bezogen auf eine erweiterte Bemessungsgrundlage mit Nullzone

y (Teilmengen)			T'(y) Grenz-steuersätze	T(y) (durchgerechnete Form)		
0	-	4'000	0			0
4'001	-	9'000	0,05			0,05 · (y - 4'000)
9'001	-	15'000	0,08	250	+	0,08 · (y - 9'000)
15'001	-	22'000	0,11	730	+	0,11 · (y - 15'000)
22'001	-	30'000	0,14	1'500	+	0,14 · (y - 22'000)
30'001	-	39'000	0,17	2'650	+	0,17 · (y - 30'000)
39'001	-	49'000	0,20	4'150	+	0,20 · (y - 39'000)
49'001	-	64'000	0,23	6'150	+	0,23 · (y - 49'000)
64'001	-	84'000	0,26	9'600	+	0,26 · (y - 64'000)
84'001	-	164'000	0,29	14'800	+	0,29 · (y - 84'000)
	über	164'000	0,32	38'000	+	0,32 · (y ·164'000)

Beispiel
Ein Einkommen von 15'500 führt gemäß obiger Tarifvorschrift zu einer Steuerschuld von

$$T(15'500) = 730 + 0{,}11 \cdot (15'500 - 15'000) = 785.$$

Es resultiert also dieselbe Steuerschuld wie beim Überschußeinkommen von 11'500. Bei einem angenommenen Existenzminimum von 4'000 entspricht das Einkommen von 15'500 dem um das Existenzminimum verkürzten Einkommen von 11'500. Die durchschnittliche Belastung, bezogen auf die erweiterte Bemessungsgrundlage beträgt auch jetzt 5,1 Prozent.

Der Tarif der Tabelle 3.8 ist für Einkommen bis 94'000 in Abbildung 3.29 durch die untere, direkt über der grau getönten Fläche verlaufende Treppenfunktion veranschaulicht (fett ausgezogene Stufen).

Fall 2b (Tarif mit erweiterter Bemessungsgrundlage und Grundfreibetrag): Die nachfolgende Tarifvorschrift der Tabelle 3.9 illustriert den Fall 2b. Die Höhe des Absetzbetrags (Abzugs von der Steuerschuld) entspricht für alle Teilmengen oberhalb des Existenzminimums gerade der für ein Existenzminimum-Einkommen anfallenden Steuer von 200. In der letzten Spalte von Tabelle 3.9 ist dieser Betrag überall explizit aufgeführt. (Bei der ersten Teilmenge wird die für Einkommen unterhalb des Existenzminimums tariflich anfallende Steuer durch einen Betrag von gleicher Höhe neutralisiert). Der Verlauf des durch Tabelle 3.9 definierten Tarifs, d.h. der Verlauf des Grenzsteuersatzes wird durch die über den *einfachschraffierten* Flächen liegenden Stufen der *oberen* Treppenfunktion von Abbildung 3.29 dargestellt. Durch den Absetzbetrag (Grundfreibetrag) wird der fünf Prozent betragende Eingangssteuersatz auf de facto acht Prozent angehoben.

Tab. 3.9: Verzögert progressiver Anstoßtarif,
erweiterte Bemessungsgrundlage mit Abzug von der Steuerschuld

y (Teilmengen)	T'(y) Grenz-steuersätze	T(y) (durchgerechnete Form)
0 - 4'000	0,05	0,5 y - 0,5 y = 0
4'001 - 9'000	0,08	200 + 0,08 · (y - 4'000) - 200
9'001 - 15'000	0,11	600 + 0,11 · (y - 9'000) - 200
15'001 - 22'000	0,14	1'150 + 0,14 · (y - 15'000) - 200
22'001 - 30'000	0,17	2'270 + 0,17 · (y - 22'000) - 200
30'001 - 39'000	0,20	3'630 + 0,20 · (y - 30'000) - 200
39'001 - 49'000	0,23	5'430 + 0,23 · (y - 39'000) - 200
49'001 - 64'000	0,26	7'730 + 0,26 · (y - 49'000) - 200
64'001 - 84'000	0,29	11'630 + 0,29 · (y - 64'000) - 200
84'001 und darüber	0,32	17'430 + 0,32 · (y - 84'000) - 200

Beispiel
Die Steuerschuld für ein Einkommen von y = 15'500 beträgt gemäß Tabelle 3.9:

$$T(15'500) = 1'150 + 0{,}14 \,.\, (15'500 - 15'000) - 200 = 1'020.$$

Die Steuerschuld ist also jetzt um 235 höher als bei Anwendung der Tarifvorschriften der Tabellen 3.3 oder 3.8. Die Durchschnittsbelastung des Einkommens von 15'500 beträgt jetzt 6,6 Prozent im Gegensatz zur Durchschittsbelastung von 5,1 Prozent bei Anwendung der Tarifvorschrift von Tabelle 3.8.

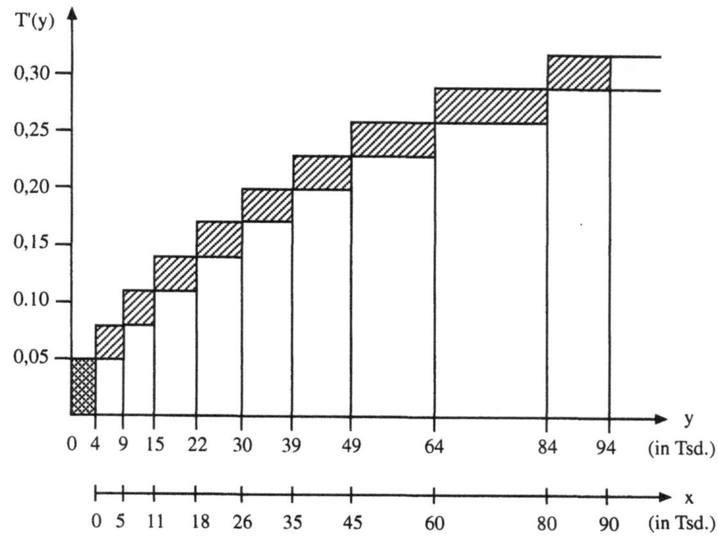

Abb. 3.29: Steuerschuld bei erweiterter Bemessungsgrundlage (y-Skala) und bei verkürzter Bemessungsgrundlage (x-Skala)

Die Steuerschuld ist beim Tarif der Tabelle 3.9 für *jedes* Einkommen y > M um die einfach gestrichelten Rechtecke höher als beim Tarif der Tabelle 3.8 mit tariflicher Nullzone. Das in der Abbildung 3.29 *kreuzweise* gestrichelte Rechteck wird beim Tarif der Tabelle 3.9 zwar immer zum Abzug von der Steuerschuld zugelassen, damit das Existenzminimum steuerlich unbelastet bleibt. Als das wesentliche Resultat ergibt sich jedoch, daß *trotz gleicher Eckwerte*, d.h. bei formal gleichem Eingangs- und Höchststeuersatz (und im Fall der Tabelle 3.9 auch Gleichheit aller Steuersätze "dazwischen"), die nach links verschobene Grenzsteuersatzfunktion eine gegenüber dem Tarif der Tabelle 3.8 *verschärfte Progression* herbeiführt.

In der Abbildung 3.29 ist die Steuerschuld für ein Einkommen von y = 94'000 bei Berechnung gemäß Tabelle 3.8 (oder Tabelle 3.3) *grau getönt.* Wird die Steuerschuld hingegen nach dem Tarif der Tabelle 3.9 berechnet, dann entspricht die Steuerschuld eines Einkommens von 94'000 der grau getönten Fläche *zuzüglich* der *einfach schraffierten* Rechtecke (*ohne* das kreuzweise gestrichelte Rechteck über der Teilmenge von 0 bis 4'000).

Progressionsvorbehalt

Bei Einkommensteuern, aber auch bei anderen progressiven Steuern, kann als Besonderheit ein sog. Progressionsvorbehalt (PV) auftreten. Gemeint ist damit: Wenn die Bemessungsgrundlage der Einkommensteuer, also z.B. x, einen Bestandteil q enthält, der aus irgendwelchen Gründen nur "unter Vorbehalt" am Ort der Einkommensbesteuerung besteuert werden soll (z.B., weil er bereits anderswo besteuert wurde), es zugleich aber falsch wäre, dieses q für die Berechnung der Steuerschuld unberücksichtigt zu lassen, dann resultiert als Einkommensteuerschuld "unter PV":

$$T(x) = t(x) \cdot (x - q).$$

Es wird also im Fall von PV der sich aufgrund der Steuerprogression für das Einkommen x als Ganzes sich ergebende Durchschnittssteuersatz statt auf x nur auf das um q reduzierte Einkommen angewendet, um die Steuerschuld zu ermitteln.

VI. Fragen zur Selbstkontrolle und zum Nachdenken

1.) Was ist Ihrer Meinung nach wichtiger: der Typ oder die Form eines Tarifs? Kann die Tarifform auch Einfluß haben auf den materiellen Belastungsverlauf ?

2.) Wo liegen die Vor- und Nachteile verschiedener Tarifformen?

3) Wodurch unterscheiden sich Freigrenze und Freibetrag?

4.) Welche Unterschiede bestehen zwischen direkter und indirekter Progression?

5.) Was ist Ihrer Meinung nach bei der Einkommensteuer vorzuziehen: eine verkürzte oder eine erweiterte Bemessungsgrundlage?

6.) Welches Belastungsmaß findet zur Einkleidung eines Anstoßtarifs Verwendung?

7.) Halten Sie eine indirekte Progression (flat-rate-tax) für unsozial?

8.) Welche Belastungskonsequenzen können oder sollen durch Abzüge von der Steuerschuld (statt von der Bemessungsgrundlage) erreicht werden?

9.) Welche Wirkung hat ein konstanter Abzug von der Steuerschuld bei einem linear progressiven Einkommensteuertarif?

10.) Welchen Zahlenwert nimmt die Tarifelastizität einer Kopfsteuer an?

11.) Welche Belastungsfunktion erhält man, wenn man eine Grenzsteuersatzfunktion integriert?

12.) Worin liegt der Unterschied zwischen Degression und Regression?

13.) Ist es begründbar, daß beispielsweise ein Gebührentarif degressiv ist?

14.) Was ist gemeint, wenn gesagt wird, das Existenzminimum sei in den Tarif eingearbeitet? Welche Gründe kann es dafür geben?

VIERTES KAPITEL

Steuerwirkungen

*I: Manche Steuerwirkungen sind erwünscht, andere unerwünscht - **II.** Preis- und Mengenwirkungen - **II.A** Mengen- und Wertsteuern - **II.B:** Mengensteuern bei vollkommener Konkurrenz - **II.C:** Wertsteuern bei vollkommener Konkurrenz **II.D:** Mengensteuern bei monopolistischer Marktform - **II.E:** Wertsteuern bei monopolistischer Marktform - **II.F:** Wirkungen unter realitätsnäheren Annahmen **III:** Wohlfahrtswirkungen - **III.A:** Effizienz von nichtdifferenzierenden Steuern **III.B:** Die Zusatzlast einer speziellen Verbrauchsteuer - **IV:** Steuerwirkungen im Überblick - **V:** Fragen zur Selbstkontrolle und zum Nachdenken*

I. Manche Steuerwirkungen sind erwünscht, andere unerwünscht

Ein Steuersystem sollte aus Steuern bestehen, die die Allokation der volkswirtschaftlichen Ressourcen so wenig wie möglich verzerren, die für die Erreichung der finanzpolitischen Ziele und im speziellen des fiskalischen Ziels am besten geeignet sind und die obendrein den Besteuerten keine vermeidbaren Nachteile oder Lasten zufügen. Um solche Steuern zu finden, muß man die Wirkungen kennen, die von der Einführung und Gestaltung, oft sogar allein schon von der *Ankündigung* einer Steuer ausgelöst werden.

Die Wirkungen einer Steuer hängen von vielen Faktoren ab und sind in vielen Fällen nur bedingt vorhersehbar. Das gilt beispielsweise schon für die vorrangige vom Gesetzgeber beabsichtigte Wirkung, nämlich die Erzielung von Steuereinnahmen. Ob und inwieweit diese Wirkung eintritt, ist oft nicht vorhersehbar. Moderne Steuergesetze legen nur Bemessungsgrundlagen und Tarife fest, nicht jedoch den Umfang der Steuereinnahmen. Diese hängen nicht nur von den Bemessungsgrundlagen und Tarifen ab, sondern von zahlreichen weiteren Faktoren, wie z.B. von den Ausweichreaktionen der Steuerpflichtigen, von der konjunkturellen Lage oder von der Effektivität der Steuerverwaltung. Ein Gesetzgeber kann zwar die Steuerschuldner (Steuerzahler) bestimmen und er kann auch eine bestimmte Zielgruppe im Auge haben, die er im Endergebnis mit einer Steuer belasten will, doch über die tatsächlichen ökonomischen Abläufe hat er keine Gewalt.

Das vorliegende Kapitel dient einer Einführung in die komplexe Materie der Steuerwirkungen. Es werden zuerst einige aufgrund einer *partialanalytischen Gleichgewichtsuntersuchung* unmittelbar ("primär") zu erwartende Preis- und Mengenwirkungen bei speziellen Steuern behandelt, wobei unterschiedliche Marktformen zu Grunde gelegt werden. Die Kenntnis dieser Wirkungen bildet den ersten Schritt auf dem Weg zur Beantwortung der oft sehr viel schwierigeren Frage nach den endgültigen Wirkungen auf die Einkommensverteilung, d.h. nach der sog. *Inzidenz* bzw. dem "Liegenbleiben" einer Steuer. Danach werden die speziell von Einzelverbrauchsteuern ausgehenden Wirkungen auf die *Wohlfahrt* der Besteuerten behandelt. Es wird gezeigt, daß bei solchen Steuern zusätzlich zu den direkten Steuerlasten Wohlfahrtsverluste (sog. Zusatzlasten) auftreten.

II. Preis- und Mengenwirkungen

II. A Mengen- und Wertsteuern

Wenn die Bemessungsgrundlage einer Steuer eine physikalische Dimension hat, spricht man von einer spezifischen Steuer oder auch von Stück- oder Mengensteuer (unit tax), bei monetärer Dimension von einer Wertsteuer (ad-valorem-tax). Allgemeine Umsatz- oder Verbrauchsteuern können nur als Wertsteuern auftreten. Spezielle Steuern, z.B. auf Branntwein, Bier oder Zigaretten, können hingegen sowohl als *Mengen*steuer als auch als *Wert*steuer ausgestaltet sein. Bei der Mengensteuer lautet die Steuervorschrift auf einen bestimmten Geldbetrag pro verkaufte Mengeneinheit. Bei der Wertsteuer lautet die Vorschrift auf einen bestimmten Prozentsatz vom Wert oder Preis eines Gutes. Da nicht nur Konsumgüter mit einer speziellen Steuer belegt werden können, sondern auch einzelne Vorprodukte, wie z.B. Mineralöl oder Faktorleistungen, wie z.B. Arbeitslöhne, lassen sich die nachfolgenden Ergebnisse verallgemeinernd interpretieren als Wirkungen von Steuern auf speziellen Gütern oder Faktoren.

Für die anschließenden Darlegungen werden folgende Bezeichnungen verwendet:

t_S:	Steuerbetrag der spezifischen Steuer pro Mengeneinheit
t_{vH}:	"vom-Hundert"-Steuersatz
t_{iH}:	"im-Hundert"-Steuersatz
x_O, p_O:	Menge, bzw. Preis eines Gutes vor (d.h. *o*hne) Steuererhebung
x_1, p_1:	Menge, bzw. Preis nach (*erst*maliger) Steuererhebung
p_n:	(Netto-)Preis (Marktpreis abzüglich Steuer)
w:	Wert einer Gutsmenge
η_N, η_A:	Preiselastizität der Nachfrage bzw. des Angebots

Die Preiselastizität der Nachfrage bzw. des Angebots bezeichnet das Verhältnis der relativen Änderung der (nachgefragten bzw. angebotenen) Menge (x) zur relativen Änderung des Preises: $(\Delta x/x):(\Delta p/p)$.

Die Steuersätze t_S, t_{iH} und t_{vH} sind Proportionaltarife. Ein proportionaler Tarif wurde im dritten Kapitel definiert als konstanter Durchschnittssteuersatz: $t(x) = p = \text{const.}$ Mit x wurde allgemein die Bemessungsgrundlage bezeichnet.

Bei der *Mengensteuer* dient eine Mengeneinheit (Kilogramm, Hektoliter, Stück, ein Dutzend) oder ein Vielfaches als Bemessungsgrundlage. Die *Steuerbetragsfunktion* lautet:

$$\boxed{T(x) = t_S \cdot x} \qquad (4\text{-}1)$$

Bei der *Wertsteuer* und bei *"vom-Hundert"*-Angabe des Steuersatzes ist die Bemessungsgrundlage der *Nettowert*: $w_n = p_n \cdot x$. Die *Steuerbetragsfunktion* lautet jetzt:

$$\boxed{T(w_n) = t_{vH} \cdot w_n = t_{vH} \cdot p_n \cdot x} \qquad (4\text{-}2)$$

Bei einer *"im-Hundert"*-Angabe des Steuersatzes ist die Bemessungsgrundlage der *Marktwert* inklusive der Steuer: $w_l = p_l \cdot x$. Die *Steuerbetragsfunktion* lautet:

$$\boxed{T(w_l) = t_{iH} \cdot w_l = t_{iH} \cdot p_l \cdot x} \qquad (4\text{-}3)$$

Bei den *Mengensteuern* besteht folgender Zusammenhang von Marktpreis inklusive Steuer und Nettopreis nach Abzug der Steuer:

$$\boxed{p_l = p_n + t_S} \qquad (4\text{-}4)$$

Bei der *Wertsteuer* lautet der Zusammenhang von Markt- und Nettopreis und bei "vom-Hundert-Angabe" des Steuersatzes

$$\boxed{p_l = p_n\,(1 + t_{vH})} \qquad (4\text{-}5)$$

oder auch:

$$p_n = \frac{p_l}{1 + t_{vH}} \qquad (4\text{-}6)$$

Bei einer "im-Hundert-Angabe" des Steuersatzes gilt:

$$\boxed{p_n = p_l\,(1 - t_{iH})} \qquad (4\text{-}7)$$

Als Marktpreis ergibt sich somit bei einer "im Hundert-Angabe" des Steuersatzes:

$$p_l = \frac{p_n}{1 - t_{iH}} \tag{4-8}$$

Analog zu den beiden möglichen Bezugsgrößen eines Steuersatzes gibt es im kaufmännischen Bereich für die Handelsspanne entweder einen z.B. 50-vom-Hundert-Aufschlag auf den Einkaufswert oder - äquivalent - eine 33,3-im-Hundert-Spanne des Verkaufspreises. Ein vom-Hundert-Satz ist stets größer als ein äquivalenter im-Hundert-Satz: Es besteht folgender Zusammenhang:[1]

$$t_{iH} = \frac{t_{vH}}{1 + t_{vH}} \qquad \text{bzw.} \qquad t_{vH} = \frac{t_{iH}}{1 - t_{iH}}$$

Beispiel
Der Tarif einer Umsatzsteuer wird üblicherweise als vom-Hundert-Satz angegeben. Äquivalent beispielsweise zum Normalsatz (2001) der deutschen Mehrwertsteuer von "sechzehn vom Hundert der Bemessungsgrundlage", die das Umsatzsteuergesetz als "Entgelt abzüglich der Umsatzsteuer" festgesetzt hat, ist ein im-Hundert-Satz von 13,793%. Dem Normalsatz (2001) der Schweizer Mehrwertsteuer von 7,6 % entspricht der äquivalente im-Hundert-Satz von 7,063 %.

II.B. Mengensteuern bei vollkommener Konkurrenz

Im folgenden werden die im Gleichgewicht sich einstellenden Preise und Mengen mit einem Stern (*) versehen.

Die Erhebung einer Mengensteuer in Höhe von t_s, die von den Anbietern (Verkäufern) zu entrichten ist, kann als eine Erhöhung ihrer Grenzkosten um t_s angesehen werden. Die Grenzkostenkurve $K_0'K_0'$ verschiebt sich parallel um t_s nach oben (nach $K_1'K_1'$, siehe Abb. 4.1).

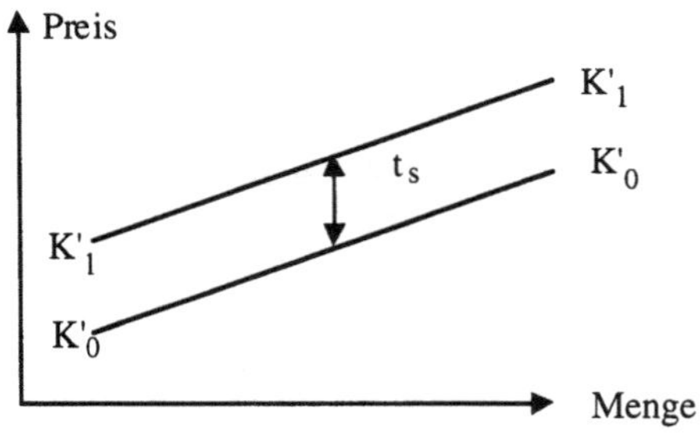

Abb. 4.1: Parallelverschiebung der Grenzkostenkurve bei Auferlegung einer Mengensteuer

---

[1] Gleichsetzung der rechten Seiten von (4-3) und (4-4) führt zu $t_{iH} = t_{vH}/(1 + t_{vH})$. Analog dazu führt die Gleichsetzung der rechten Seiten von (4-5) und (4-2) zu: $t_{vH} = t_{iH}/(1 - t_{iH})$.

Da *alle* Anbieter dieselbe Mengensteuer zu entrichten haben, resultiert auf dem von dieser Steuer betroffenen Markt eine Parallelverschiebung der Angebotskurve A_0A_0 nach oben (nach A_1A_1, siehe Abb. 4.2).

Spezielle Steuern werden aus erhebungstechnischen Gründen in der Regel bei den Produzenten (Verkäufern, Anbietern) erhoben. Doch kann eine spezielle Steuer auch beim Käufer (Nachfrager) erhoben werden, z.B. auf den Kauf oder den Verbrauch von Elektrizität. Diese Situation wird durch eine Parallverschiebung der Nachfragefunktion nach unten veranschaulicht (Abb. 4.3). Für die Herleitung der Wirkungen spielt es keine Rolle, ob der Käufer oder der Verkäufer als Anknüpfungspunkt für eine spezielle Steuer dient, da es für die Preisbildung auf die den Anbietern nach Abführung der Steuer verbleibenden *Nettoerlöse* ankommt. Die Auferlegung einer Mengensteuer kann daher immer auch als eine Parallelverschiebung der Nachfragekurve N_0N_0 nach unten (nach N_1N_1) bei unveränderter Angebotskurve AA dargestellt werden. Die Wirkung der Einführung einer Mengensteuer kann somit auf zwei verschiedene Arten veranschaulicht werden. Beide Darstellungen sind äquivalent..

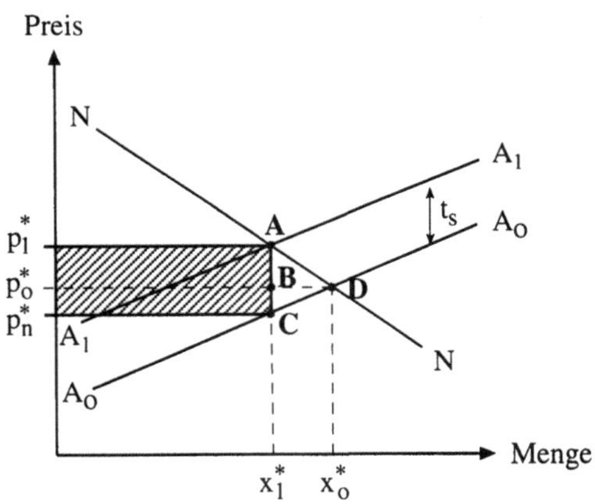

Abb. 4.2: Parallelverschiebung der Angebotskurve

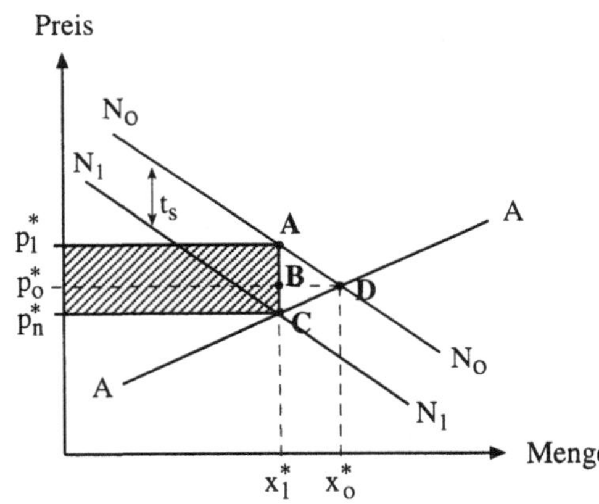

Abb. 4.3: Parallelverschiebung der Nachfragekurve

Bei Auferlegung einer Mengensteuer treten folgende Wirkungen ein: Das vor Auflage der Steuer vorhandene Marktgleichgewicht bei x_0^* und p_0^* stellt sich nach Auferlegung der Steuer bei x_1^* und p_1^* ein. Für die Anbieter resultiert ein Nettoerlös ("Nettopreis") pro Stück von $p_n^* = p_1^* - t_s$. Das auf dem betreffenden Markt erzielte *Steueraufkommen* entspricht dem gesamten schraffierten Rechteck. Infolge der Preiserhöhung von p_0^* nach p_1^* geht der dem Teilrechteck $ABp_0^*p_1^*$ entsprechende Steueraufkommens*anteil* zu Lasten der Konsumenten (Nachfrager), während der dem Teilrechteck $BCp_n^*p_0^*$ entsprechende Steueraufkommens*anteil* zu

Lasten der Anbieter geht. (Abgeführt wird die Steuerschuld natürlich als Ganzes, sei es von den Anbietern oder den Nachfragern.)

Man bezeichnet üblicherweise die durch die Steuerauferlegung hervorgerufene Differenz $\Delta p = p_1^* - p_o^*$ als *absolute Steuerüberwälzung* $\ddot{U}_a$:

$$\boxed{\ddot{U}_a = p_1^* - p_o^*} \tag{4-9}$$

Die *relative Steuerüberwälzung* $\ddot{U}_r$ bezeichnet den Anteil der Mengensteuer, der sich als Preiserhöhung niederschlägt:

$$\boxed{\ddot{U}_r = \frac{p_1^* - p_o^*}{t_s}} \tag{4-10}$$

Zu der in der Regel von Konsumenten und Produzenten gemeinsam zu tragenden (primären) Steuerlast, die sich in einem höheren Preis für die Konsumenten und einem niedrigeren Nettopreis der Produzenten niederschlägt, kommt noch eine Last in Form zusätzlich verlorener *Konsumentenrente* hinzu. Die Konsumentenrente *vor Steuer* entspricht der Fläche unter NN über der Horizontalen p_o^*D (wobei die Nachfragekurve NN in Abb. 4.2 bis zu ihrem Schnittpunkt mit der Ordinate, d.h. dem hypothetischen Preis für die erste Einheit der nachgefragten Menge, zu verlängern ist). Da der Preis am Markt nur p_o^* beträgt, fällt den *intramarginalen Nachfragern* ein "unauffälliger Gewinn" zu. Sie wären bereit gewesen, einen höheren Preis als den Marktpreis p_o^* zu bezahlen. Diesen stillvergnügt eingeheimsten Profit bezeichnet man als Konsumentenrente. Nach Auferlegung der Steuer reduziert sie sich auf die Fläche über p_1^*A. Infolge der Steuer verlieren die Konsumenten also nicht nur Konsumentenrente ("Wohlfahrt") im Umfang des Rechtecks $ABp_o^*p_1^*$, (dem eine entsprechende Steuereinnahme des Staates und - anzunehmenderweise - ein volkswirtschaftlicher Wohlfahrtsgewinn gegenübersteht), sondern auch Konsumentenrente (= Zusatzlast bzw. "excess burden") im Umfang des Dreiecks ADB, dem *kein* volkswirtschaftlicher Nutzen (keine Steuereinnahme) gegenübersteht. Die Produzenten ihrerseits verlieren neben dem Rechteck $BCp_n^*p_o^*$, (dem staatliche Steuereinnahmen gegenüberstehen) zusätzliche Produzentenrente im Umfang des Dreiecks BDC. (Das Problem der Zusatzlast wird in Abschnitt III aufgegriffen und dort detaillierter behandelt.)

Das "Zurückbleiben" des Steueraufkommens infolge des Mengenrückgangs gegenüber einem hypothetischen Steueraufkommen in Höhe von $t_s \cdot x_o^*$ bezeichnet man als *Steuerausweichung* AW:

$$\boxed{AW = t_s\,(x_o^* - x_1^*)} \tag{4-11}$$

Anders als dies ein Gesetzgeber oft glaubt, führt die Auferlegung einer Stücksteuer wegen der Steuerausweichung in der Regel nicht zu einem Steueraufkommen $t_s \cdot x_o^*$ sondern nur zu dem kleineren Steueraufkommen $t_s \cdot x_1^*$.

Die von einer Mengensteuer ausgelösten Wirkungen hängen von den Elastizitäten bei Angebot und Nachfrage ab. Man kann für didaktische Zwecke fünf *Grenzfälle* unterscheiden.

Fall 1: Völlig unelastische Nachfrage: Aus der Darstellung (Abb. 4.4) erkennt man, daß in diesem Grenzfall ($\eta_N = 0$) dem zur Zahlung der Steuer verpflichteten Unternehmer eine volle Überwälzung, d.h. *Weitergabe* der Steuer, gelingt und die Verbraucher (Nachfrager) allein die Steuerlast tragen. Sieht man von den Kosten ab, die den Unternehmern mit dem Entrichten der Steuer entstehen, bleiben sie unbelastet.

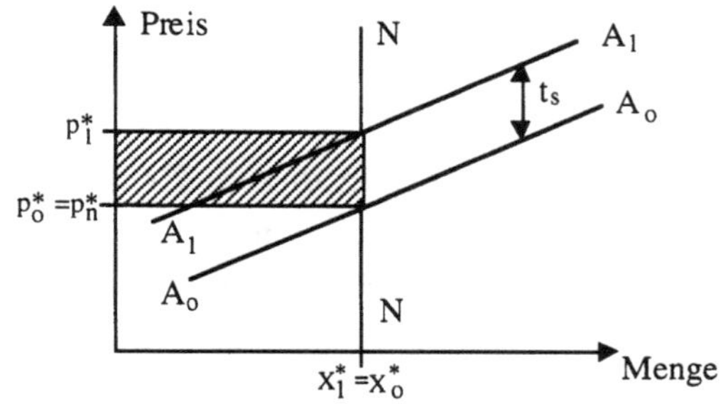

Abb. 4.4: Volle Überwälzung einer Mengensteuer

Im vorliegenden Fall gilt somit:

$$x_1^* = x_o^*; \quad p_1^* = p_o^* + t_s \quad \text{und} \quad p_n^* = p_o^*,$$

und daher wegen (4-9), (4-10) und (4-11):

$$\ddot{U}_a = t_s; \quad U_r = 100\% \quad \text{und} \quad AW = 0.$$

Fall 2: Völlig elastisches Angebot ($\eta_A = \infty$): Auch in diesem Grenzfall, d.h. bei konstanten und für alle Anbieter gleich hohen Stückkosten, gelingt eine volle Steuerüberwälzung der Mengensteuer. Allerdings unterscheidet sich der vorliegende Fall vom vorangegangenen dadurch, daß die Anbieter mit einem starken Rückgang ihrer Ausbringung rechnen müssen. Gewisse Anbieter werden infolge der Steuerausweichung vom Markt ausscheiden bzw. ihre Produktionsfaktoren für andere Verwendungsarten einsetzen müssen. Abbildung 4.5 veranschaulicht diesen Fall, für den gilt:

$$x_1^* < x_o^*; \quad p_1^* = p_o^* + t_s\,; \quad p_n^* = p_o^* \quad \text{sowie} \quad \ddot{U}_a = t_s; \quad \ddot{U}_r = 100\%$$

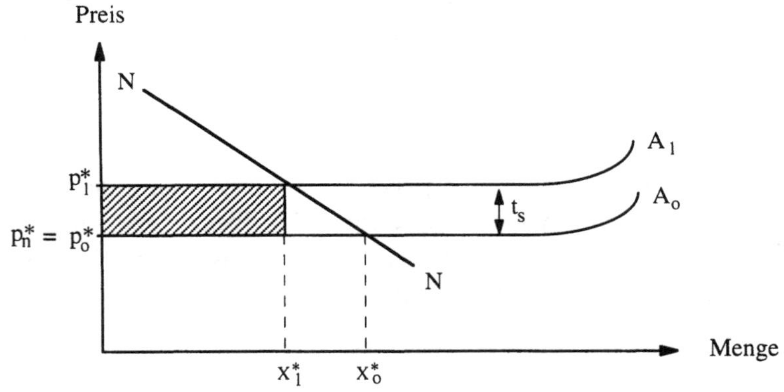

Abb. 4.5: Volle Überwälzung einer Mengensteuer

Fall 3: Völlig elastische Nachfrage: In diesem Grenzfall ($\eta_N = \infty$) läßt die Nachfragestruktur überhaupt keinen Spielraum für eine Steuerüberwälzung zu. Hier tragen die Anbieter, d.h. die Unternehmer die volle (primäre) Steuerlast. Es kommt zu einer starken Einschränkung der ausgebrachten Menge und einem Verlust nur von Produzentenrente. Abbildung 4.6 zeigt diesen Fall. Es gilt:

$x_1^* < x_o^*$ (i.d.R. starker Mengenrückgang)
$p_1^* = p_o^*$ und $p_n^* = p_o^* - t_s$
$Ü_a = Ü_r = 0$
AW > 0 (i.d.R. starke Steuerausweichung).

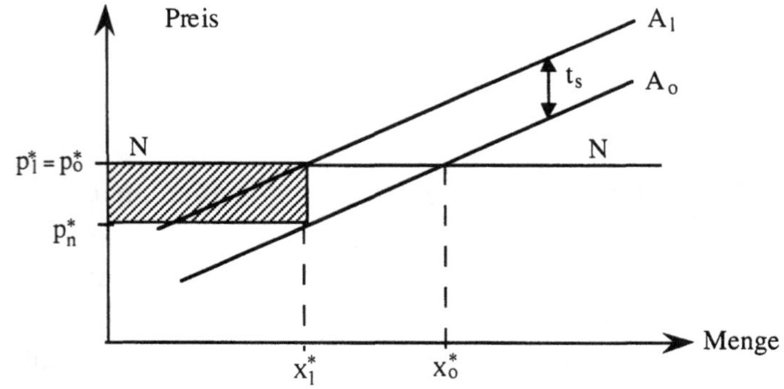

Abb. 4.6: Keine Steuerüberwälzung

Fall 4: Völlig unelastisches Angebot: Auch in diesem Grenzfall ($\eta_A = 0$) ist keine Steuerüberwälzung möglich. Es resultiert, wie in Abb. 4.7 veranschaulicht:

$$x_1^* = x_o^*; \quad p_1^* = p_o^* \quad \text{und} \quad p_n^* = p_o^* - t_s$$

sowie: $$\ddot{U}_a = \ddot{U}_r = 0 \text{ und } AW = 0$$

Auch jetzt tragen die Anbieter (in Form geringerer Produzentenrente) die volle (primäre) Steuerlast. Es kommt zu keiner Verringerung der Ausbringung und keiner Steuerausweichung. Dieser Fall ist gegeben, wenn ein nur begrenzt vorhandener Produktionsfaktor (z.B. Boden) mit einer speziellen Steuer belegt wird.

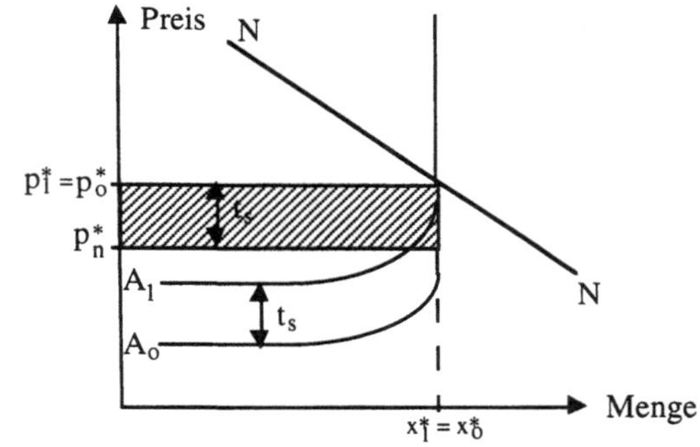

Abb. 4.7: Keine Steuerüberwälzung

Fall 5: Hälftige Überwälzung: Als einen Grenzfall kann man es auch ansehen, wenn im Gleichgewicht gerade Gleichheit von (absolut gemessener) Angebots- und Nachfrageelastizität vorliegt ($|\eta_N| = |\eta_A|$). Es folgt jetzt (siehe Abb. 4.8):

$$x_1^* < x_o^*; \quad p_1^* = p_o^* + \frac{t_s}{2} \quad \text{und} \quad p_n^* = p_o^* - \frac{t_s}{2}$$

sowie: $$\ddot{U}_a = \frac{t_s}{2}; \quad \ddot{U}_r = 50\% \,.$$

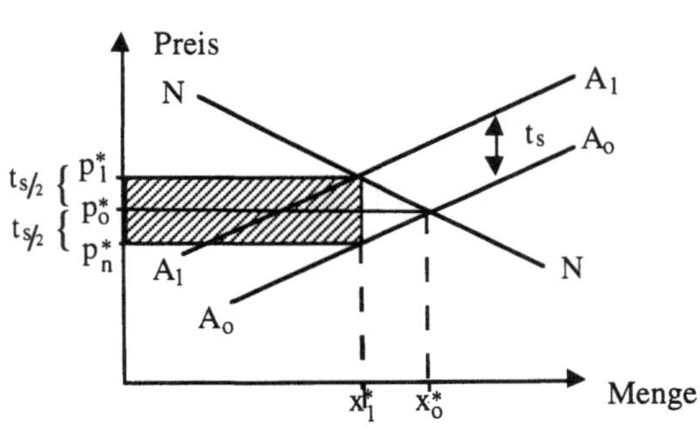

Abb. 4.8: Hälftige Steuerüberwälzung

Ergebnis:

Aus der Partialanalyse geht hervor, daß auf Wettbewerbsmärkten (Marktform mit vollkommener oder "atomistischer" Konkurrenz) eine Stücksteuer in Abhängigkeit von den Angebots- und Nachfrageelastizitäten zwischen null und einhundert Prozent überwälzt werden kann. Als Regel kann bei dieser Marktform gelten: *Die Überwälzung einer Mengensteuer gelingt um so mehr, je geringer die Nachfrageelastizität bzw. je höher die Angebotselastizität ist. Umgekehrt gelingt die Überwälzung um so weniger, je elastischer die Nachfrage und je unelastischer das Angebot ist.* Auch die Stärke der Mengenänderungen hängt von den Nachfrage- und Angebotselastizitäten ab.

Beispiel für eine 80prozentige Überwälzung

Es werde für ein bisher nicht besteuertes Gut eine Mengensteuer von $t_S = 2$ pro Stück eingeführt. Angenommen seien folgende Nachfrage- und Angebotsfunktionen (siehe Abb. 4.9):

Nachfragefunktion (NN):

$$p = 20 - 0{,}4x.$$

Angebotsfunktion vor Auflage der Steuer (A_OA_O):

$$p_o = 10 + 0{,}1x_o.$$

Werden die beiden Funktionen gleichgesetzt, dann folgt für die Gleichgewichtsmenge und den Gleichgewichtspreis vor Auflage der Steuer:

$$x_O^* = 20 \quad \text{und} \quad p_O^* = 12.$$

Nach Auferlegung der Steuer von $t_S = 2$ resultiert die Angebotsfunktion:

$$p_1 = 12 + 0{,}1\, x_1.$$

Als neue Gleichgewichtsmenge und als neuer Markt- bzw. "Nettopreis" ergeben sich dann:

$$x_1^* = 16$$
$$p_1^* = 13{,}6$$
$$p_n^* = 11{,}6.$$

Infolge der Mengensteuer von 2 hat sich also der Preis von 12 auf 13,6 , erhöht. Die (relative) Steuerüberwälzung ($\ddot{U}_r$) beträgt 80 %.

Das Steueraufkommen, in Abbildung 4.9 als schraffierte Fläche dargestellt, beläuft sich auf:

$$T = x_1^* \cdot t_S = 16 \cdot 2 = 32\ .$$

Wegen des Mengenrückgangs beträgt die Steuerausweichung:

$$AW = (x_O^* - x_1^*) \cdot\ t_S\ = 8\ .$$

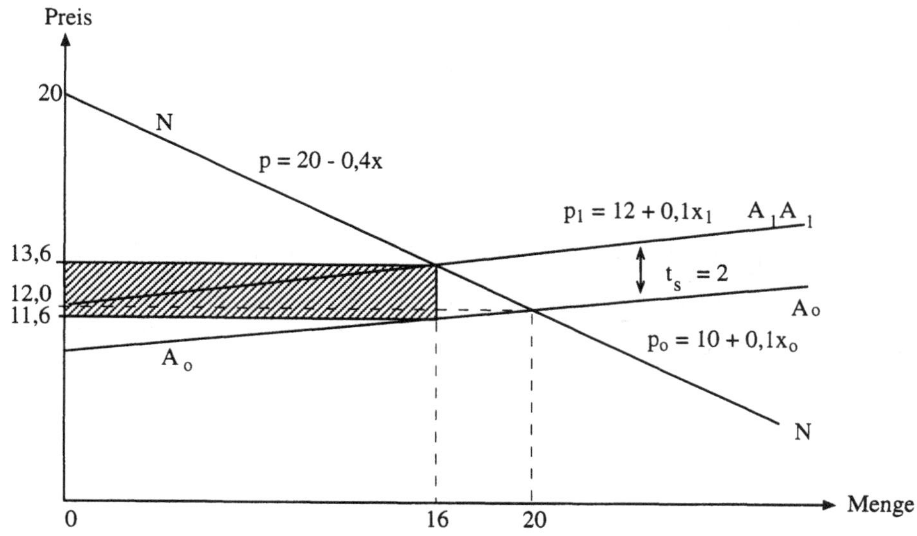

Abb. 4.9: Wirkung einer Mengensteuer von $t_s = 2$ pro Stück

Erhöhung einer Mengensteuer

Die bisherigen Darlegungen bezogen sich auf die mit der *Einführung* einer Mengensteuer verbundenen primären Wirkungen. Wird eine bereits *bestehende* Mengensteuer erhöht, dann lassen sich die Wirkungen in prinzipiell gleicher Weise wie bisher herleiten. Allerdings bedeutet die Erhöhung einer Steuer nicht notwendigerweise immer auch eine Erhöhung des Steueraufkommens! Nach Überschreiten einer gewissen Tarifhöhe kann das Steueraufkommen abnehmen. Um das zu zeigen, soll das soeben vorgestellte Beispiel fortgeführt werden. Die Steuererhöhung erbringt zunächst ein erhöhtes, bei weiterer Steuersatzerhöhung aber ein geringeres Steueraufkommen.

Beispiel:
Es wird von derselben Nachfrage- und Angebotsfunktion ausgegangen wie im vorangegangenen Beispiel mit einer Mengensteuer von $t_s = 2$ und einem Steueraufkommen $T = T_1 = 32$. Es erfolgt jetzt eine Erhöhung der Mengensteuer um 2 auf $t_s = 4$.

Die Angebotskurve verschiebt sich dadurch von A_1A_1 nach A_2A_2 und hat die Gleichung:

$$p_2 = 14 + 0{,}1x_2.$$

Die Nachfragefunktion lautet unverändert:

$$p = 20 - 0{,}4\,x.$$

Die Gleichgewichtsmengen und Gleichgewichtspreise betragen jetzt:

$$x_2^* = 12$$
$$p_2^* = 15{,}2$$
$$p_n^* = 11{,}2.$$

Das Steueraufkommen beläuft sich auf: $T_2 = 12 \cdot 4 = 48$.

Durch die Verdoppelung der Mengensteuer (von 2 auf 4) resultierte eine Zunahme des Steueraufkommens von 32 auf 48, d.h. um 50 %. Das entspricht einer zunächst plausiblen Erwartung. Allerdings ist eine solche Erwartung nicht immer gerechtfertigt. Eine weitere Erhöhung der Mengensteuer auf 8 führt nämlich zu einer *Verringerung* des Steueraufkommens. Bei $t_s = 8$ lautet die Angebotsfunktion:

$$p_3 = 18 + 0{,}1\ x_3.$$

Aus dieser Angebotsfunktion und der Nachfragefunktion p = 20 - 0,4 x folgt:

$$x_3^* = 4$$
$$p_3^* = 18{,}4$$
$$p_n^* = 10{,}4$$

Als Steueraufkommen resultiert: $T_3 = x_3^* \cdot t_s = 4 \cdot 8 = 32.$

Die Erhöhung der Mengensteuer um 100% führte in diesem Fall zu einer Verringerung des Steueraufkommens um 50%. Abbildung 4.10 veranschaulicht die bei $t_s = 4$ und $t_s = 8$ sich einstellenden Ergebnisse.

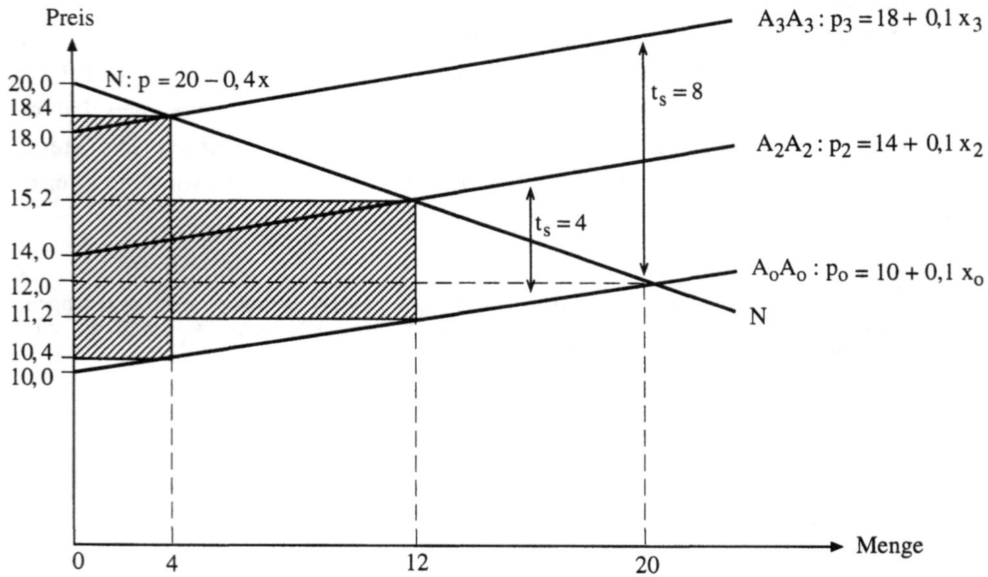

Abb. 4.10: Wirkungen einer Erhöhung der Mengensteuer von $t_s = 4$ auf $t_s = 8$

Der soeben zahlenmäßig dargelegte Rückgang eines Steueraufkommens bei Erhöhung des Steuersatzes illustriert die klassische Beobachtung des irischen Dichters *Jonathan Swift* (1667-1745), die als das *Swiftsche Steuereinmaleins* in die Finanzwissenschaft Eingang gefunden hat. Der schlaue Dichter hatte bemerkt, daß bei Besteuerung irgendeines Gutes "above a moderate Rate, the Consequence was to lessen that Branch of the Revenue...; the Mistake of Parliaments, on such Occasions, was owing to an Error of computing Two and Two to make Four; whereas, in the Business of laying heavy Impositions, Two and Two never made more than One..." (Irish Tracts, S. 21)

Die *Swift*sche Schlußfolgerung hat ohne Frage eine gewisse Berechtigung: Ein Steuertarif oder eine volkswirtschaftliche Steuerquote läßt sich nicht beliebig erhöhen, ohne daß dies wegen Steuerausweichung, Abwanderung von Arbeitsplätzen, Steuerhinterziehung und wegen anderer Reaktionen der Besteuerten längerfristig gesehen zu abnehmenden Steuereinnahmen führt.

Der von *Swift* erkannte Zusammenhang wurde in neuerer Zeit von dem amerikanischen Ökonomen *Laffer* "wiederentdeckt" und als Hypothese für die fiskalische Wirkung der Belastung des Sozialprodukts durch die Gesamtheit aller Steuern aufgestellt. Es ist jedoch Vorsicht angebracht. Der Verlauf der sog. *Laffer*-Kurve (siehe Abb. 4.11) läßt sich nicht exakt angeben. Man kann nur sagen, daß die *Laffer*-Kurve im Ursprung beginnt (Steuersätze von null erbringen kein Steueraufkommen). Die Laffer-Kurve illustriert einen vermutlich langfristig gegebenen Zusammenhang, doch weiß man in der Regel nicht, ob sich eine gegebene Volkswirtschaft mit ihrer Steuerquote (als Maß für die durchschnittliche Belastung) links oder rechts vom Scheitelpunkt der *Laffer*-Kurve befindet, so daß sich eine konkrete Politikempfehlung aus der Lafferkurve allein nicht ableiten läßt. Das Wissen über das Vorhandensein einer solchen Kurve hat aber dennoch sein Gutes. Es läßt Vorsicht angeraten sein beim Anziehen der Steuerschraube.

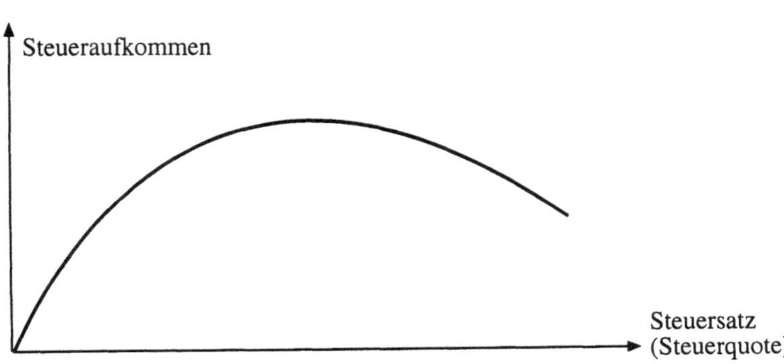

Abb. 4.11: Laffer-Kurve

II.C. Wertsteuern bei vollkommener Konkurrenz

Anders als bei einer Mengensteuer ist das Steueraufkommen bei einer Wertsteuer eine Funktion von Menge *und Preis*. Da die Steuer vom Preis des besteuerten Gutes abhängt, muß jetzt die theoretisch zu erwartende Preiswirkung aus der Verschiebung der Nachfragekurve abgeleitet werden. Die Wertsteuer (gleichgültig, ob gesetzlich als "im-Hundert"- oder "vom-Hundert"-Variante festgelegt) führt nicht zu einer Parallelverschiebung, sondern zu einer *Drehung* der Markt-Nachfragekurve N_oN_o. Es resultiert die Netto-Nachfragekurve N_1N_1 (siehe Abb. 4.12). Diese gibt die nachgefragte Menge in Abhängigkeit vom Marktpreis abzüglich der Steuer (dem sog. Nettopreis) an.

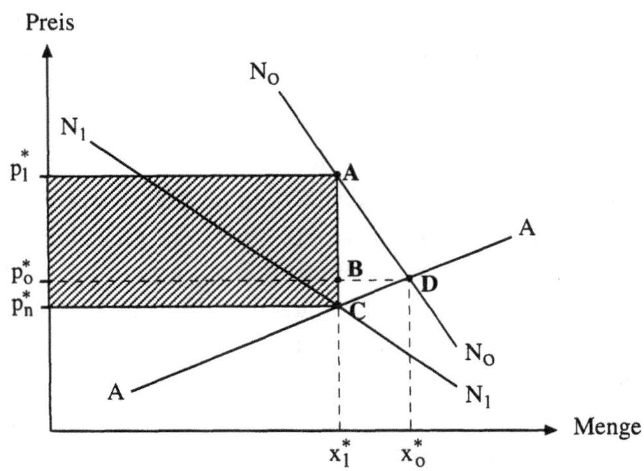

Abb. 4.12: Drehung der Marktnachfragekurve bei einer Wertsteuer

Wie man sieht, führt eine Wertsteuer zum Steueraufkommen $ACp_n^*p_1^*$ (schraffierte Fläche). Die bei einer Wertsteuer auf einem Markt mit vollständigem Wettbewerb sich einstellenden Wirkungen entsprechen denjenigen bei einer Mengensteuer, die beim vorliegenden Gleichgewicht gerade $t_s = \overline{AC}$ betrüge.

II.D. Mengensteuern bei monopolistischer Marktform

Die bei monopolistischer Marktform sich einstellenden Wirkungen einer Mengensteuer unterscheiden sich von den Wirkungen auf einem Markt mit vollkommener Konkurrenz. Unter Beschränkung auf lineare Nachfrage- und Grenzkostenfunktionen sollen einige der jetzt zu erwartenden Wirkungen einer Mengensteuer dargelegt werden. Die graphische Darstellung kann sich wie bei vollkommenem Wettbewerb wieder zweier äquivalenter Modelle bedienen: Man kann die

Einführung einer Mengensteuer als eine Parallelverschiebung der Grenzkostenkurve (von $K_0'K_0'$ nach $K_1'K_1'$, siehe Abb. 4.13) oder als eine Parallelverschiebung der Nachfragefunktion (von N_0N_0 nach N_1N_1) darstellen (siehe Abb. 4.14). Eingezeichnet sind jedesmal auch die Grenzumsatz-(Grenzerlös-)Funktionen U'U' bzw. deren Parallelverschiebung von $U_0'U_0'$ nach $U_1'U_1'$.

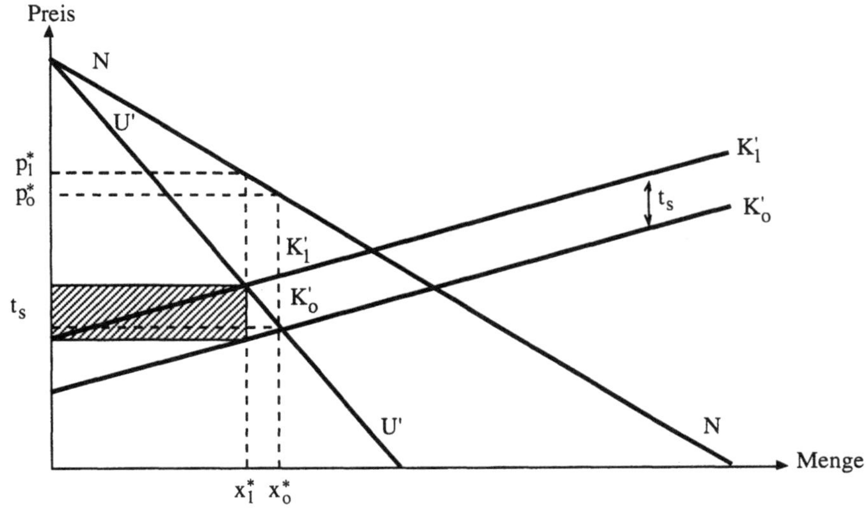

Abb. 4.13: Einführung einer Mengensteuer
(dargestellt als Parallelverschiebung der Grenzkostenkurve)

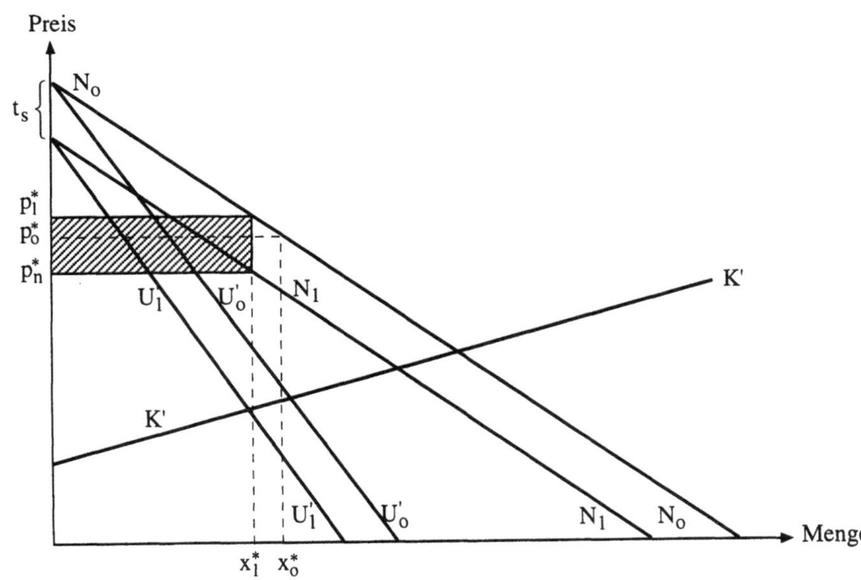

Abb. 4.14: Einführung einer Mengensteuer
(dargestellt als Parallelverschiebung der Nachfragefunktion)

Um spezifische Aussagen über die Wirkungen auf Preise, Mengen usw. machen zu können, ist es vorteilhaft, die Ergebnisse zuerst in allgemeiner Form herzuleiten.

Gegeben seien folgende lineare Funktionen:

Nachfragefunktion (NN):	$p = N - nx$	(4-12)
Grenzkostenfunktion (K'K'):	$K' = A + ax$	(4-13)
Umsatzfunktion:	$U = p \cdot x = Nx - nx^2$	(4-14)
Grenzumsatzfunktion (U'U'):	$U' = N - 2nx$	(4-15)

Im Gleichgewicht vor Auferlegung der Steuer ergeben sich nach Gleichsetzung $K' = U'$ (Cournotscher Punkt) und Einsetzen von x_o^* in (4-12) als Gleichgewichtsmenge und Gleichgewichtspreis:

$$\boxed{x_o^* = \frac{N - A}{2n + a}} \tag{4-16}$$

$$\boxed{p_o^* = N - \frac{N - A}{2 + a/n}} \tag{4-17}$$

Nach Auferlegung einer Stücksteuer von t_S lautet die parallel verschobene Grenzkostenfunktion im Modell der Abbildung 4.13:

$$K_1' = A + t_S + ax_1 . \tag{4-18}$$

Es folgen als neue Gleichgewichtsmenge und neuer Gleichgewichtspreis durch Gleichsetzung von $K_1' = U'$ und Einsetzen von x_1^* in (4-12):

$$\boxed{x_1^* = x_o^* - \frac{t_S}{2n + a}} \tag{4-19}$$

$$\boxed{p_1^* = p_o^* + \frac{t_S}{2 + a/n}} \tag{4-20}$$

Die Überwälzung (Preisänderung infolge der Steuer) beträgt also allgemein:

$$Ü_a = p_1^* - p_o^* = \frac{t_S}{2 + a/n} . \tag{4-20'}$$

Der Nettopreis des Monopolisten beläuft sich auf:

$$p_n^* = p_l^* - t_s \tag{4-21}$$

Durch Einsetzen von (4 - 20) in (4 - 21) ergibt sich:

$$\boxed{p_n^* = p_o^* - t_s\left(1 - \frac{1}{2 + a/n}\right)} \tag{4-21'}$$

Man erkennt, daß es für die Höhe der Überwälzung einer Stücksteuer auf das Vorzeichen des Anstiegs der Grenzkostenfunktion sowie auf das Verhältnis des Anstiegs der Nachfrage- und der Grenzkostenfunktion ankommt.

Die soeben hergeleiteten Ergebnisse erhält man auch, wenn man vom Modell der Parallelverschiebung der Nachfragefunktion ausgeht (dargestellt in Abb. 4.14). Die jetzt auftretende Netto-Nachfragefunktion N_lN_l lautet:

$$p_n = N - t_s - nx_l \tag{4-22}$$

Daraus resultieren für die Umsatz- und Grenzumsatzfunktionen:

Netto-Umsatzfunktion:	$U_n = p_n \cdot x_l = (N - t_s)\, x_l - nx_l^2$	(4-23)
Netto-Grenzumsatzfunktion ($U_l'U_l'$):	$U_n' = N - t_s - 2nx_l$	(4-24)

Für die Gleichgewichtspreise und -mengen im neuen Cournotschen Punkt ($K' = U_n'$) erhält man wieder die in (4-19) bis (4-21') angegebenen Ausdrücke.

Die von einer Mengensteuer erzeugten Wirkungen bei monopolistischer Marktstruktur werden jetzt beispielhaft für drei unterschiedliche Grenzkostenverläufe gezeigt.

Fall 1: Horizontaler Verlauf der Grenzkostenkurve. Es resultiert eine *hälftige Überwälzung* der Mengensteuer. Dieses Ergebnis folgt aus (4-20), wenn $a = 0$ gesetzt wird:

$$\boxed{p_1^* = p_o^* + \frac{t_s}{2}} \tag{4-25}$$

Der *Absatz* nach Einführung der Mengensteuer von t_s beträgt jetzt gemäß (4-19):

$$\boxed{x_1^* = x_o^* - \frac{t_s}{2n}} \tag{4-25'}$$

Dem Monopolisten verbleibt als Nettopreis nach Auferlegung der Mengensteuer:

$$\boxed{p_n^* = p_o^* - \frac{t_s}{2}} \tag{4-25''}$$

Anders als Anbietern bei vollkommenem Wettbewerb und völlig elastischem Angebot gelingt es dem Monopolisten nur, die Hälfte der Mengensteuer zu überwälzen.

In Abbildung 4.15 ist der vorliegende Fall dargestellt.

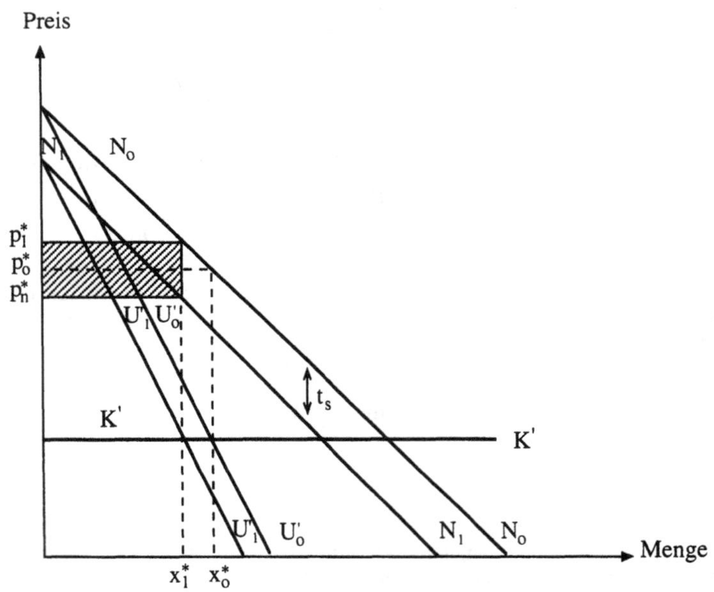

Abb. 4.15: Hälftige Überwälzung einer Mengensteuer bei konstanten Grenzkosten

Beispiel
Bei einer Nachfragefunktion p = 40 – 0,1x, einer Grenzkostenfunktion K' = 10 und bei Auferlegung einer Mengensteuer von $t_S = 6$ resultiert gemäß (4-22) als Netto-Nachfragefunktion

$$p_n = 34 - 0{,}1x_1$$

und gemäß (4-24) als Netto-Grenzumsatzfunktion

$$U'_n = 34 - 0{,}2x_1 \,.$$

Durch Verwendung der Formeln (4-16), (4-17), (4-19), (4-20) und (4-21) folgen: $x_o^* = 150$; $x_1^* = 120$; $p_o^* = 25$; $p_1^* = 28$ und $p_n^* = 22$ und damit eine gerade hälftige Steuerüberwälzung. Das Steueraufkommen beträgt T = 120 · 6 = 720.

Fall 2: Abnehmende Grenzkosten. Es gelingt jetzt (immer unter der Annahme linearer Kurvenverläufe!) einem Monopolisten eine mehr als 50-prozentige Steuerüberwälzung. Wegen (4-20) und a < 0 folgt:

$$\boxed{p_1^* = p_o^* + \frac{t_S}{2 - |a|/n}} \qquad (4\text{-}26)$$

Da n positiv ist, ist der Ausdruck unter dem Bruchstrich von (4 - 26) kleiner als 2, so daß p_1^* größer als $p_0^* + t_s/2$ ist. Als einen hypothetischen Grenzfall kann man $|a| = n$ ansehen . In diesem Fall betrüge $p_1^* = p_0^* + t_s$. Für $-n < a < 0$, d.h bei abnehmenden Grenzkosten, kann somit die folgende Abschätzung angegeben werden:

$$p_0^* + \frac{t_s}{2} < p_1^* < p_0^* + t_s \qquad (4\text{-}27)$$

Es gelingt somit bei abnehmenden Grenzkosten eine Überwälzung der Steuer, die mehr als 50 Prozent beträgt, jedoch unterhalb von 100 Prozent bleibt.

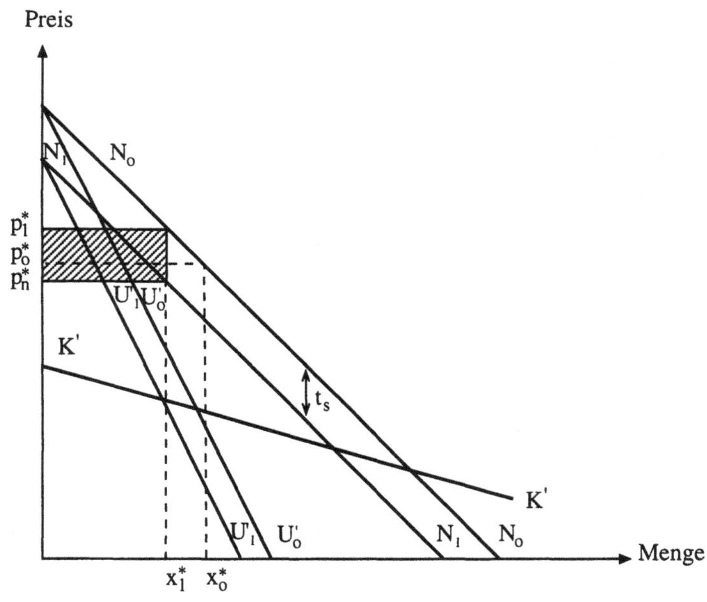

Abb. 4.16: Überwälzung von mehr als 50% bei abnehmenden Grenzkosten

Beispiel
Bei einer Nachfragefunktion $p = 40 - 0{,}1x$ und Auferlegung einer Mengensteuer von $t_s = 6$ (wie im vorangegangenen Fall, jedoch einer (leicht) abnehmender Grenzkostenfunktion

$$K' = 10 - 0{,}0125x$$

resultiert aus den Gleichungen (4-16) bis (4-21):

$$x_0^* = 160; \; p_0^* = 24; \; x_1^* = 128; \; p_1^* = 27{,}2 \text{ und } p_n^* = 21{,}2.$$

Von der Mengensteuer von 6 werden jetzt 3,2 auf die Abnehmer überwälzt, der Monopolist hat 2,8 zu "tragen". Die Überwälzung $\ddot{U}_r$ beträgt 53.3%, das Steueraufkommen T beläuft sich auf 768.

Fall 3: Zunehmende Grenzkosten. Ein Monopolist kann jetzt weniger als die Hälfte einer Mengensteuer überwälzen. Analytisch erkennt man das aus der Gleichung (4-20). Für a > 0 steht im Nenner des Ausdrucks $\frac{t_S}{2 + a/n}$ eine Zahl, die größer als 2 ist, so daß $\frac{t_S}{2 + a/n} < \frac{t_S}{2}$ ist. Das bedeutet:

$$\boxed{p_1^* < p_0^* + \frac{t_S}{2}} \qquad (4\text{-}28)$$

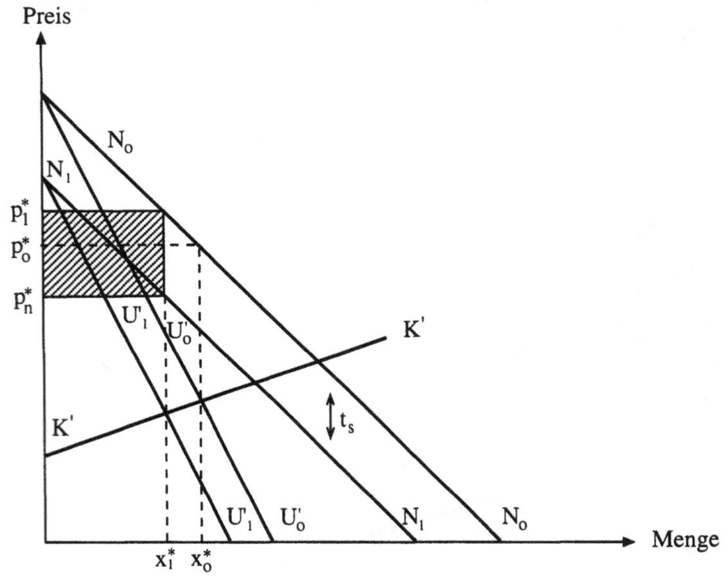

Abb. 4.17: Überwälzung von weniger als 50% bei zunehmenden Grenzkosten

Beispiel
Ausgehend von der Nachfragefunktion: p = 40 – 0,1x
und der Grenzkostenfunktion: K' = 10 + 0,1x
ergibt sich für eine Mengensteuer von t_S = 6 aus den Gleichungen (4 - 16) bis (4 - 21):

$$x_0^* = 100 \text{ und } p_0^* = 30;\ x_1^* = 80 \text{ und } p_1^* = 32. \text{ Ferner ist } p_n^* = 26.$$

Von der Mengensteuer werden 2, d.h. ein Drittel überwälzt. Die Steuereinnahme beträgt T = 480.

Ergebnis:

Aus der vorangegangenen Analyse geht hervor, daß es unter den gemachten Annahmen von linearen Nachfrage- und Grenzkostenverläufen dem Monopolisten zwar immer gelingt, einen Teil der ihm auferlegten Mengensteuer zu überwälzen, daß es aber in den meisten Fällen zu *weit weniger als einer 100-prozentigen Überwälzung* kommt. Entscheidend für den Grad der Überwälzung ist der Verlauf der Grenzkostenfunktion und das Verhältnis des Anstiegs der

Grenzkosten- und Nachfragefunktionen: Bei *zunehmenden* Grenzkosten kann er *weniger als die Hälfte* der Mengensteuer überwälzen. Je steiler der Anstieg der Grenzkosten und/oder je flacher die Nachfragekurve verläuft, desto schlechter werden die Überwälzungschancen. Bei *konstanten* Grenzkosten kann er die *Hälfte* der Mengensteuer überwälzen, nur bei *abnehmenden* Grenzkosten kann *mehr als die Hälfte* der Mengensteuer überwälzt werden.

II.E. Wertsteuern bei monopolistischer Marktform

Auch wenn *Wertsteuern* auf speziellen Produkten aus praktisch-administrativen Gründen weniger häufig anzutreffen sind, ist die Gleichgewichtsanalyse von Wertsteuern vor allem deswegen interessant, weil sie die theoretische Überlegenheit der Wertsteuer über die *Mengensteuer* bei monopolistischer Marktform zeigt.

Grundsätzlich muß auch jetzt wieder, wie bei vollkommener Konkurrenz, von der Verschiebung in Form einer Drehung der Nachfragekurve ausgegangen werden, wie dies in Abbildung 4.18 für den Fall konstanter Grenzkosten gezeigt ist.

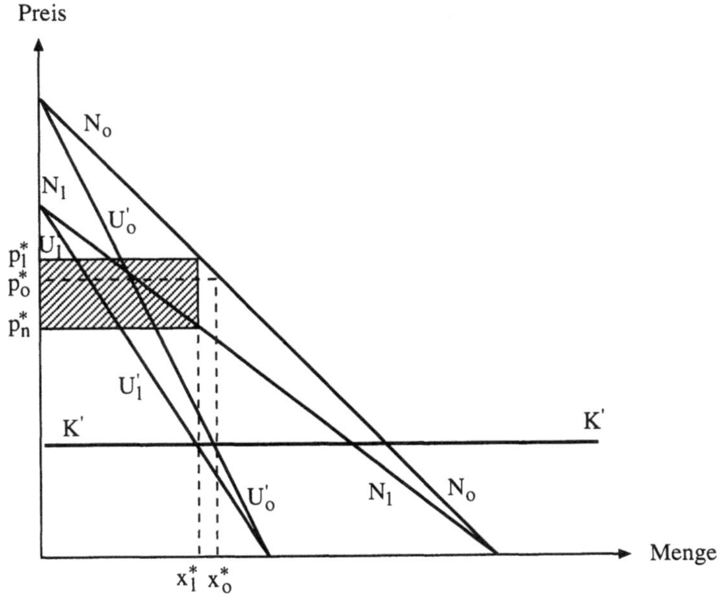

Abb. 4.18: Drehung der Netto-Nachfragefunktion als Folge einer Wertsteuer

Gleichgewicht in allgemeiner Form

Ausgehend von einer linearen Nachfragefunktion

$$p = N - nx$$

führt ein "im-Hundert"-Steuersatz t_{iH} zur (gedrehten) Netto-Nachfragefunktion

$$p_n = (N - nx_1)(1 - t_{iH}). \qquad (4\text{-}29)$$

Die Netto-Umsatzfunktion lautet jetzt:

$$U_n = p_n \cdot x_1 = (Nx_1 - nx_1^2)(1 - t_{iH})$$

Daraus folgt die Netto-Grenzumsatzfunktion

$$U_n' = (N - 2nx_1)(1 - t_{iH}) .$$

Aus der Gleichsetzung mit der linearen Grenzkostenfunktion

$$K' = A + ax_1$$

ergeben sich die Gleichgewichtsausbringung nach Steuer und, nach Einsetzen in (4-12) und (4-29), die Markt- und Nettopreise:

$$\boxed{x_1^* = \frac{N(1 - t_{iH}) - A}{2n(1 - t_{iH}) + a}} \qquad (4\text{-}30)$$

$$\boxed{p_1^* = N - nx_1^*} \qquad (4\text{-}31)$$

$$\boxed{p_n^* = p_1^*(1 - t_{iH})} \qquad (4\text{-}32)$$

Als Steueraufkommen resultiert:

$$\boxed{T = x_1 \cdot p_1 \cdot t_{iH}} \qquad (4\text{-}33)$$

Durch Vergleich der Abbildungen 4.18 und 4.15 (mit gleichen Nachfrage- und Grenzkostenfunktionen) erkennt man schon optisch, daß die Auferlegung einer ein *gleiches Steueraufkommen* erbringenden Wertsteuer zu einer geringeren *Erhöhung des Marktpreises* und einer geringeren Einbuße der Ausbringung führt als die Auferlegung einer Mengensteuer. Dieses Ergebnis kann analytisch allgemein bewiesen werden. Im nachfolgenden Beispiel wird es zahlenmäßig illustriert.

Beispiel
Es wird eine Wertsteuer mit einem im-Hundert-Satz von 20 Prozent mit einer Mengensteuer verglichen, die zu einem Steueraufkommen von gleicher Größe führt.

Wie in den vorangegangenen Zahlenbeispielen wird in beiden Fällen von einer Nachfragefunktion

$$p = 40 - 0{,}1x$$

ausgegangen. Ferner wird für den Vergleich von konstanten Grenzkosten (a = 0) wie im Beispiel zum Fall 1 von Abschnitt II.C ausgegangen, der in Abb. 4.15 dargestellt wurde:

$$K' = 10$$

In der Ausgangslage vor Auferlegung einer Produktsteuer beträgt, wie gezeigt wurde, der Gleichgewichtspreis $p_o^* = 25$ und die Gleichgewichtsmenge $x_o^* = 150$. Bei einer Mengensteuer von $t_s = 6$ resultierte ein Marktpreis von $p_1 = 28$, eine Ausbringungsmenge von von $x_1 = 120$ und ein Steueraufkommen von T = 720.

Bei Auferlegung einer Wertsteuer von $t_{iH} = 0{,}2$ ergibt sich aus den Gleichungen (4-30) bis (4-32):

$$x_1^* = \frac{40\ (1 - 0{,}2) - 10}{2 \cdot 0{,}1\ (1 - 0{,}2) + 0} = 137{,}5$$

$$p_1^* = 40 - 0{,}1 \cdot 137{,}5 = 26{,}25$$

$$p_n^* = 26{,}25 \cdot (1 - 0{,}2) = 21$$

$$T = (26{,}25 - 21) \cdot 137{,}5 = 721{,}87$$

Die Ausbringung geht bei dem Wertsteuersatz von 20% somit von 150 vor Steuer auf 137,5 nach Steuer zurück, der Marktpreis steigt von 25 vor Steuer auf 26,25 nach Steuer. Der für den Monopolisten maßgebende Nettopreis sinkt auf 21. Umgerechnet entspricht die Differenz von Markt- und Nettopreis der Belastung durch eine Stücksteuer von 5,25.

Der Vergleich einer Wertsteuer von 20% mit einer Mengensteuer von $t_s = 6$ zeigte also, daß eine Wertsteuer bei gleichem (im vorliegenden Beispiel sogar geringfügig größeren) Steueraufkommen wie bei der Mengensteuer, einen kleineren Rückgang der Ausbringung (von 150 auf 137,5 anstatt auf 120 Stück) und eine geringere Zunahme des Marktpreises (von 25 auf 26,25 anstatt auf 28) zur Folge hat. Die Wertsteuer räumt also dem Monopolisten einen Optimierungsspielraum ein, der sich auch zugunsten der Nachfrager auswirkt.

Für den Monopolisten verbleibt bei der Wertsteuer im Verhältnis zur Stücksteuer unter den gemachten Annahmen ein höherer Nettoerlös: Beim gezeigten Beispiel beträgt der Nettoerlös im Fall der Wertsteuer 137,5 · 21 = 2'887,5 gegenüber 120 · 22 = 2'640 bei der Mengensteuer. Nach Abzug seiner variablen Kosten von (137,5 · 10 =) 1'375 im Fall der Wertsteuer verbleiben ihm 2'887,5 - 1'375 = 1'512,5 zur Deckung seiner Fixkosten und als Gewinn. Im Fall der Mengensteuer betrugen die variablen Kosten (120 · 10 =) 1'200 , so daß ihm zur Deckung von Fixkosten und Gewinn nur 2'640 - 1'200 = 1'440 verblieben sind.

Das Beispiel zeigte also, daß eine Wertsteuer sowohl die Konsumenten (Nachfrager) als auch den monopolistischen Anbieter besserstellt als eine Mengensteuer, ohne den Fiskus schlechter zu stellen. *Wertsteuern sind also bei monopolitischer Marktform Mengensteuern theoretisch überlegen.* Hinzu kommt noch folgendes: Da Mengensteuern nicht den Wert eines Gutes berücksichtigen, haben sie obendrein eine tendenziell *regressive* Belastungswirkung. Eine Mengensteuer belastet in der Regel die höherwertigen Qualitätsvarianten eines Produktes weniger als die billigen Varianten. Eine Schaumweinsteuer von beispielsweise DM 2.- belastet eine Flasche Sekt, die 10,- DM kostet, mit 20 Prozent und einen Champagner, der 100-DM kostet, mit 2 Prozent. Unterstellt man, daß die wohlhabenderen Einkommensbezieher eher die teuren Varianten eines Gutes kaufen, dann folgt daraus die tendenzielle Regressivität einer Mengensteuer. Ähnlich verhält es sich auch bei Gewichtszöllen, die nichts anders sind, als an der Grenze erhobene Mengensteuern auf speziellen Produkten.

II.F. Wirkungen unter realitätsnäheren Annahmen

Konvexe Nachfragekurven

Die bisher abgeleiteten Wirkungen beruhten auf teilweise ziemlich restriktiven Annahmen. Um realitätsnähere Ergebnisse zu erhalten, sollen einige davon gelockert werden. Läßt man beispielsweise die *Linearitätsannahme* der Nachfragefunktion fallen und unterstellt einen konvexen Kurvenverlauf, dann haben die Anbieter *bessere Überwälzungsmöglichkeiten.* So kann beispielsweise für die Nachfragefunktion

$$p = \frac{a}{x + b} - c$$

gezeigt werden, daß bei konstanten Grenzkosten die Steuerüberwälzung einer Mengensteuer mehr als jene 50 Prozent beträgt, wie sie bei monopolistischer Marktform für lineare Nachfragefunktionen bei konstanten Grenzkosten abgeleitet wurden (vgl. Abschnitt II.D, Fall 1). Man kann dies schon optisch der Abbildung 4.19 entnehmen: Der Anstieg der Grenzumsatzfunktion ist im relevanten Bereich gegenüber dem Anstieg der Nachfragefunktion steiler als im Fall einer linearen Nachfragefunktion (siehe Abb. 4.15).

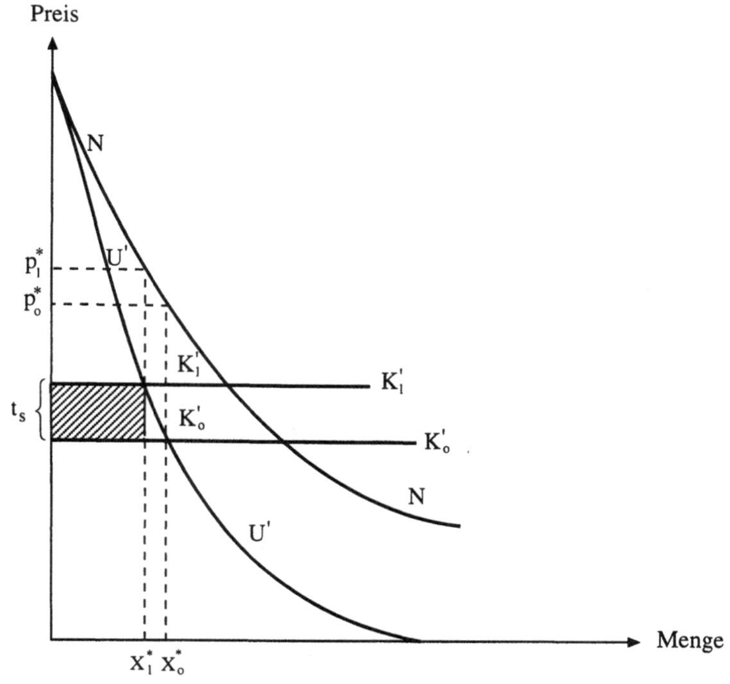

Abb. 4.19: Steuerüberwälzung bei konvexer Nachfragefunktion

Beispiel
Gegeben seien konstante Grenzkosten von

$$K' = 8{,}33 \; (= 25/3).$$

Für die oben angegebene Nachfragefunktion lautet die Umsatzfunktion

$$U = \frac{ax}{x + b} - cx$$

und daher die Grenzumsatzfunktion

$$U' = \frac{ab}{(x + b)^2} - c.$$

Setzt man a = 600, b = 20 und c = 5, dann folgt für die Nachfragefunktion $p = \frac{600}{x + 20} - 5$ und für die Grenzumsatzfunktion

$$U' = \frac{12'000}{(x + 20)^2} - 5.$$

Die Nachfragefunktion hat den Ordinatenabschnitt p = 25 für x = 0 und den Abszissenabschnitt x = 100 bei p = 0. Bei Grenzkosten von 8,33 liegt der Schnittpunkt mit der Grenzumsatzfunktion bei einer Ausbringung von $x_o^* = 10$. Der zugehörige Marktpreis beträgt $p_o^* = 15$.

Wird jetzt eine Mengensteuer von z.B. $t_S = 2$ erhoben, dann erhöhen sich die (konstanten) Grenzkosten auf 10,33 (= 31/3). Der neue Cournotsche Punkt liegt bei (gerundet) $x_1^* = 8$. Der Marktpreis p_1^* liegt bei dieser Ausbringung bei (gerundet) 16,45. Die Mengensteuer von $t_S = 2$ führt also zu einer Preiserhöhung von (gerundet) 1,45 bzw. zu einer Preisüberwälzung von rund 72,5 Prozent. Das ist deutlich mehr als im Fall einer linearen Nachfragefunktion.

Oligopolistische Konkurrenz/Geknickte Nachfragekurven

Nicht in allen Fällen der Einführung oder Erhöhung einer Produktsteuer treten bei unvollkommenem Wettbewerb Preis- und Mengenwirkungen der bisher behandelten Art auf. Empirisch beobachtet hat man sowohl ein gänzliches *Ausbleiben* von Preis- und Mengenwirkungen als auch eine sog. *Überreaktion* der Preise, d.h. einen Anstieg über das Ausmaß der eingeführten oder erhöhten Steuer hinaus. Das eine wie das andere kann aus partialanalytischer Sicht beim Vorliegen bestimmter Voraussetzungen auch theoretisch erwartet werden und läßt sich mit einem rationalen Verhalten der Unternehmer vereinbaren.

Der Fall ausbleibender Preis- und Mengenreaktion ist z.B. erklärbar mit dem Vorliegen von *geknickten Nachfragefunktionen.* Die Preisunempfindlichkeit trotz einer auferlegten Mengensteuer in Höhe von t_S ist dann zu erwarten, wenn die Grenzkostenkurve zwischen dem oberen und unteren Ast der Grenzumsatzfunktion verläuft, wie dies in Abbildung 4.20 gezeigt ist. Ein oligopolistischer Anbieter bleibt bei der gezeigten Lage von Nachfragefunktion und Grenzkostenkurve aus seiner Sicht im Optimum, wenn er trotz Erhöhung seiner Grenzkosten um t_S (Parallelverschiebung der Grenzkostenkurve $K_o'K_o'$ nach $K_1'K_1'$) seinen Marktpreis nicht ändert und den Steuerbetrag in Höhe von ABDC = $t_s \cdot x_o^*$ selber trägt. Es findet in diesem Fall keine Steuerüberwälzung und keine Steuerausweichung statt. Das Steueraufkommen entspricht dem Produkt aus bisheriger Ausbringungsmenge und der eingeführten Stücksteuer: $T = x_o^* \cdot t_S$.

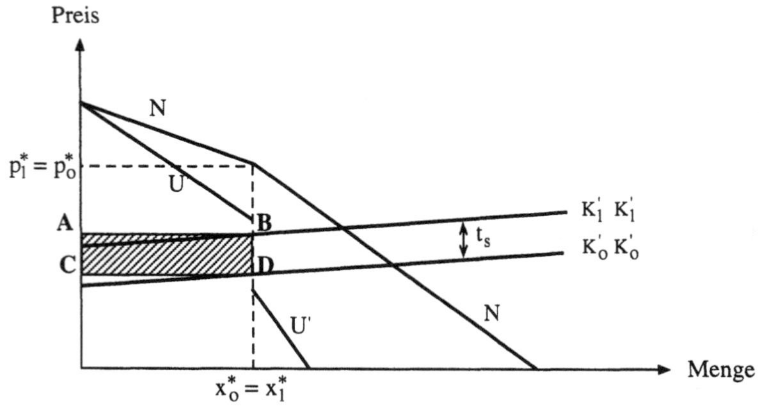

Abb. 4.20: Ausbleibende Preiswirkungen bei einer geknickten Nachfragefunktion

Standardkosten-(Aufschlags-)kalkulation

Die Wirkungen einer Produktsteuer können außer von den bisher gezeigten Annahmen (Marktform, Ausgestaltung als Mengen- oder Wertsteuer, Verlauf bzw. Elastizitäten der Nachfrage- und Kostenkurven) auch vom Kalkulationsverhalten der Unternehmer abhängen. Bei einer Standardkostenkalkulation werden häufig die Produktionskosten auf den mittelfristig zu erwartenden Absatz ausgerichtet. Außerdem findet man nicht selten die (langfristige) Zielsetzung der Erwirtschaftung einer bestimmten *Verzinsung des investierten Kapitals* ("target return on investment"). Für die Preiskalkulation wird dabei von einer mittelfristig zu erwartenden Kapazitätsauslastung und den bei dieser Kapazitätsauslastung anfallenden Plan- oder *Standardkosten* ausgegangen. Unter diesen versteht man die bei einer gegebenen oder zu erwartenden Kapazitätsauslastung *anfallenden totalen Stückkosten.* Zu den Standardkosten wird ein der Zielverzinsung des investierten Kapitals entsprechender Gewinnaufschlag addiert, um den Marktpreis zu kalkulieren. Man spricht daher auch von Aufschlags- oder "mark-up"-Kalkulation.

Es bedeutet jetzt beispielsweise:

SK_{90}: Standardkosten bei 90-prozentiger Kapazitätsauslastung
G_{90}: Gewinnaufschlag bei 90-prozentiger Kapazitätsauslastung

In Abbildung 4.21 ist die soeben beschriebene Standardkosten-Kalkulation veranschaulicht. Eingezeichnet sind beispielhaft die den Kapazitätsauslastungen von 90 % und 75 % entsprechenden Standardkosten SK_{90} bzw. SK_{75}. Kürzerfristige Veränderungen der Kapazitätsauslastung finden keinen Niederschlag in veränderten Standardkosten. Solange damit gerechnet wird, daß längerfristig eine durchschnittliche Auslastung von ca. 90 Prozent realisierbar ist, werden der Preiskalkulation die SK_{90} zugrundegelegt. Erst wenn aus irgendwelchen Gründen mit einer längerfristig nur noch realisierbaren Kapazitätsauslastung von z.B. 75 % gerechnet wird, werden der Kalkulation die jetzt zu veranschlagenden Standardkosten bei 75 % Kapazitätsauslastung SK_{75} zugrundegelegt. Diese sind wegen der nunmehr auf eine kleinere Ausbringungsmenge umzulegenden Fixkosten höher als die Standardkosten bei 90-prozentiger Kapazitätsauslastung SK_{90}.

Für den Gewinnaufschlag gilt ein ähnlicher Zusammenhang. Der für die Zielverzinsung zu erwirtschaftende Geldbetrag kann bei 90-prozentiger Kapazitätsauslastung auf eine größere Ausbringungsmenge umgelegt werden als bei geringerer Kapazitätsauslastung. Dementsprechend ist g_{90}, der Gewinn pro Stück bei 90-prozentiger Kapazitätsauslastung niedriger als beispielsweise g_{75}, der zu kalkulierende Stückgewinn bei 75-prozentiger Kapazitätsauslastung.

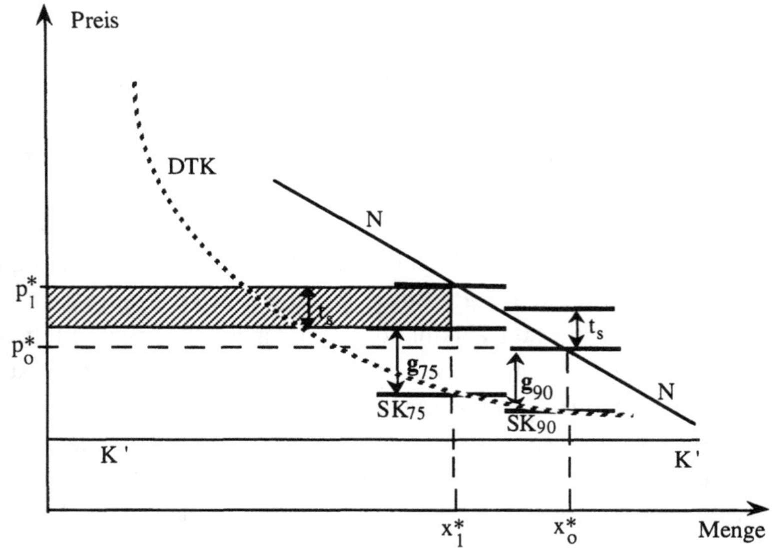

Abb. 4.21: Überwälzung einer Stücksteuer bei Aufschlagskalkulation

Die Auferlegung einer Mengensteuer in Höhe von t_s bedeutet für die Preiskalkulation, daß zu den Standardkosten und zum Gewinnaufschlag auch noch die pro Stück abzuführende Steuer hinzukommt. Die horizontale "Standardkostenlinie" verschiebt sich daher parallel um t_s nach oben. Man erkennt jetzt, daß der für eine Kapazitätsauslastung von ca. 90 Prozent kalkulierte Preis p_o^* nach Auferlegung der Mengensteuer zu dem höheren Preis p_1^* führt, *der um mehr als t_s über dem bisherigen Preis p_o^* liegt.* Zu einer solchen Neukalkulation kann es dann kommen, wenn ein Unternehmer angesichts seiner Nachfragekurve NN damit rechnet, daß er infolge der eingeführten Steuer längerfristig nur noch eine 75-prozentige Kapazitätsauslastung realisieren kann. Dieser Fall ist in Abbildung 4.21 veranschaulicht. Man sieht, daß die Standardkostenlinie für eine Auslastung von ca. 90 Prozent die Nachfragekurve nicht mehr schneidet. Bei einem Preis von $p_o^* + t_s$ ist nur noch eine Ausbringung im Bereich um eine 75-prozentige Kapazitätsauslastung realisierbar. Daher erfolgt eine Neukalkulation des Preises auf der Basis "SK_{75} plus g_{75} plus t_s". Der Marktpreis kann in einem solchen Fall wegen der gestiegenen Standardkosten und des gestiegenen Gewinnaufschlags um mehr als die Mengensteuer ansteigen.

Wegen $SK_{75} > SK_{90}$ und $g_{75} > g_{90}$ folgt somit:

$$SK_{75} + g_{75} + t_s - (SK_{90} + g_{90}) > t_s$$

d.h.

$$\Delta p = p_1^* - p_o^* > t_s$$

Die Standardkosten- bzw. die Aufschlagskalkulation kann als ein Preisverhalten angesehen werden, das durchaus rational ist im Sinne eines Mitbedenkens der Zukunft. Der im unelastischen Nachfragebereich unterhalb des Cournotpunktpreises kalkulierte Standardkostenpreis verspricht langfristig eine Belohnung für den Verzicht auf kurzfristige Gewinnmaximierung. Die Preisanhebung infolge Auferlegung der Mengensteuer läßt den Gewinn unverändert. Der Unternehmer macht lediglich Gebrauch von einem vorher vorhandenen Spielraum für Preiserhöhungen, um die Steuerlast an die Abnehmer weiterzugeben.

Beispiel
Es werde auf einem Markt für ein bestimmtes Produkt eine Stücksteuer von $t_S = 2{,}67$ eingeführt. Ein Monopolist stehe einer Nachfragefunktion von

$$p = 33 - 0{,}06x$$

gegenüber und habe konstante Grenzkosten von 5 sowie Fixkosten (ohne Verzinsung des investierten Kapitals) von 1'200. Die Kapazitätsgrenze liege bei 400 Stück. Eine geplante Ausbringung von 360 Stück entspricht einer 90-prozentigen Auslastung des Produktionsapparates. Dieser sei durch eine Investition von 5'400 erstellt worden. Die Zielverzinsung betrage 20 %. Somit besteht als Vorgabe für die Kalkulation, einen Gewinn von 1'080 zu erwirtschaften. Bei einer Produktion von 360 Stück entspricht das einem Gewinnaufschlag von 3 pro Stück.

Bei Fixkosten von 1'200 fallen bei einer Ausbringung von 360 Stück durchschnittliche Fixkosten von 3,33 an. Zusammen mit den (konstanten) Grenzkosten von 5 betragen daher die Standardkosten bei 90-prozentiger Auslastung

$$SK_{90} = 5 + 3{,}33 = 8{,}33$$

Zusammen mit dem zu erwirtschaftenden Stückgewinn kalkuliert das Unternehmen bei erwarteter 90-prozentiger Kapazitätsauslastung einen Marktpreis (vor Auferlegung einer Steuer) von

$$\begin{aligned} p_0^* &= SK_{90} + g_{90} \\ &= 8{,}33 + 3 \\ &= 11{,}33 \end{aligned}$$

Bei Auferlegung einer Stücksteuer von 2,67 kalkuliert der Unternehmer jedoch nicht einen Marktpreis von 11,33 + 2,67 = 14, weil er angesichts der ihm vorliegenden Nachfragefunktion bei diesem Marktpreis eine Ausbringung von nur noch 317 Stück erwarten kann. Dies sind 79 Prozent der Kapazität. Vermutet er, daß er längerfristig nur eine Ausbringung in der Größenordnung von 300 Stück realisieren kann, dann berechnet er Standardkosten bei dieser nur noch 75-prozentigen Ausbringung von 9 (Grenzkosten von 5 zuzüglich durchschnittliche Fixkosten von 1200 : 300 = 4). Außerdem kalkuliert er einen Stückgewinn bei einer Ausbringung von 300 Stück und der Gewinnzielgröße von 1'080 von $g_{75} = 3{,}60$. Der von ihm kalkulierte Marktpreis beläuft sich daher nach Auferlegung der Stücksteuer von 2,67 auf

$$\begin{aligned} p_1^* &= SK_{75} + g_{75} + t_S \\ &= 9 + 3{,}60 + 2{,}67 \\ &= 15{,}27 \end{aligned}$$

Angesichts seiner Nachfragefunktion kann er bei diesem Preis eine Menge von 295,5 Stück absetzen, d.h. also eine Menge im Bereich der 75-prozentigen Kapazitätsauslastung. Die Anhebung des Marktpreises von ursprünglich 11,33 auf 15,27, d.h. um fast 4 macht in diesem Fall fast 150 % der auferlegten Stücksteuer von 2,67 aus.

III. Wohlfahrtswirkungen

Steuern setzen das Vorliegen von Tatbeständen voraus, die sich in eine für ein Steuerobjekt adäquate Fassung bringen lassen. Im zweiten Kapitel wurde ein Überblick über die heute in Betracht kommenden sowie über die in Deutschland, Österreich und der Schweiz auch tatsächlich auftretenden Steuerobjekte gegeben. Sie entsprechen fast alle einem *ökonomischen Vorgang* oder widerspiegeln eine *wirtschaftliche Erscheinung*. Grundsätzlich können aber auch *nichtökonomische Phänomene* als Steuerobjekt verwendet werden, z.B. Mond- oder Sonnenfinsternisse, die Geburt eines Thronfolgers[2] oder andere naturgegebene Merkmale, z.B. der Intelligenzquotient eines Menschen oder seine angeborenen Fähigkeiten.

Den geringsten definitorischen und sonstigen Schwierigkeiten begegnet man, wenn man den Menschen, repräsentiert durch seinen *Kopf*, zum Steuerobjekt macht. Der Vorteil dieses, wie überhaupt eines jeden nichtökonomischen Steuerobjekts besteht darin, daß es zu keinen Veränderungen bzw. Verzerrungen des ökonomischen Verhaltens der Steuerpflichtigen Anlaß gibt. Die Allokation der vorhandenen Ressourcen wird durch die Auferlegung einer mit einem solchen Steuerobjekt verbundenen Steuer nicht gestört. Die Ressourcen werden effizient alloziert. Eine ökonomisch optimale (effiziente) Form der Besteuerung bestünde also darin, das benötigte Steueraufkommen durch eine Kopfsteuer zu erheben, bei der jeder Bürger den gleichen Beitrag zur Staatsfinanzierung leisten müßte. (Zum Kopfsteuer*prinzip* siehe Abschnitt IV.A des fünften Kapitels).

Der Haken an der Sache bestünde allerdings darin, daß eine solche Form der öffentlichen Finanzierung in so grober Weise gegen die Wertvorstellungen der Bevölkerung, insbesondere gegen Gerechtigkeitsvorstellungen verstoßen würde, daß sie real nicht in Betracht gezogen werden kann. Der Verstoß gegen die Gerechtigkeit der Besteuerung hätte Einbußen fundamentaler Art bei der ("nichtökonomischen") Zufriedenheit der Bürger zur Folge. Die Stabilität eines eine solche Steuer erhebenden Staates wäre bedroht. Ein Steuerobjekt darf den Wertvorstellungen der Gesellschaft nicht widersprechen. Es muß *ethisch akzeptabel* sein. Als Steuerobjekte verwendet man daher in der Regel Erscheinungen *ökonomischer Art*, auch wenn dadurch gewisse ökonomische Wohlfahrtsverluste (Ineffizienzen) verursacht werden. Diese müssen hingenommen werden, weil sie weniger schwer wiegen als "nichtökonmische Wohlfahrtsverluste" der genannten Art. Auch ökonomische Wohlfahrtsverluste sind allerdings sehr unerfreulich und sollten so weit wie möglich vermieden werden.

---

2 Das gab es tatsächlich. Man bezeichnete das Steuerobjekt als "frohes Ereignis" oder "heureux événement" und beteiligte die Bürger an der Freude mittels einer Steuer.

Als effizient wird von Ökonomen ein Zustand betrachtet, bei dem gegebene Ressourcen so genutzt werden, daß kein Individuum besser gestellt werden kann (einen Wohlfahrtsgewinn erhält), ohne daß ein anderes Individuum schlechter gestellt werden muß. Wohlfahrtsverluste (Ineffizienzen) durch eine Steuer treten auf, wenn diese der Anlaß dafür ist, daß die ökonomischen Entscheidungen der Individuen anders ausfallen als beispielsweise bei der Kopfsteuer.

Im folgenden wird exemplarisch am Beispiel selektiver Verbrauchsteuern dargestellt, wie *vermeidbare* ökonomische Wohlfahrtsverluste entstehen und wie die öffentliche Finanzierung ohne solche vermeidbaren Wohlfahrtsverluste gestaltet werden könnte. Die Darstellung bedient sich der Gegenüberstellung einer selektiven, d.h. nach Produkten differenzierenden Verbrauchsteuer und einer nichtdifferenzierenden proportionalen Verbrauchsteuer bzw. einer äquivalenten Steuer auf Einkommen, das ganz für den Konsum ausgegeben wird. Es wird dabei stets unterstellt, eine nichtdifferenzierende Besteuerung erbringe *dasselbe Steueraufkommen* wie die differenzierende Besteuerung. Dadurch wird sichergestellt, daß ein unverändertes Bündel an öffentlichen Gütern finanziert werden kann und daß eine Änderung der Besteuerungsstrukur keine Wohlfahrtswirkungen infolge Veränderungen auf der Ausgabenseite des öffentlichen Haushalts auslöst. Diese Annahme der sog. *Aufkommensneutralität* erlaubt es, sich bei der Frage nach Zusatzlasten auf die Einnahmenseite des öffentlichen Haushalts zu beschränken.

Die nachfolgende Herleitung knüpft an die oben bereits aus der partialanalytischen Betrachtung gewonnene Erkenntnis an, daß es bei einer speziellen Steuer auf einzelne Güter zu einem *Verlust an Konsumentenrente* kommt (Dreiecke ABD der Abbildungen 4.2 bzw 4.3). Ein partialanalytisch erzieltes Ergebnis ist jedoch an ziemlich restriktive ("ceteris-paribus"-) Annahmen gebunden und ist daher in seiner allgemeinen Aussagekraft eingeschränkt. Aus einer gesamtwirtschaftlichen Betrachtungsweise wie der nachfolgenden lassen sich besser fundierte Erkenntnisse gewinnen.

Ein Hinweis: Bei den im folgenden verwendeten Begriffen Allgemeine Verbrauchsteuer (Umsatzsteuer) oder Einkommensteuer handelt es sich um gewissermaßen idealisierte Steuern, die nicht einfach mit den gleichnamigen Steuern der Realität gleichgesetzt werden dürfen. Bei den idealisierten Steuern wird unterstellt, daß sie effizient sind, d.h. daß von ihnen die Entscheideungen der Verbraucher zwischen Einkommen (Güterverbrauch) und Freizeit bzw. zwischen Konsum und Ersparnis in der Gegenwart und Einkommen in der Zukunft nicht beeinflußt werden.

Für die im folgenden vorzunehmende Analyse wird mit einem sog. Zwei-Güter-Modell gearbeitet und es wird angenommen, es gebe neben dem Konsumgut X ein Güterbündel Y, bestehend aus dem "Rest" aller übrigen von Konsumenten nachgefragten Güter, doch werde *nur* das Gut X besteuert. Der Kürze halber wird im folgenden statt von einem "Güterbündel Y" von einem "Gut Y" gesprochen.

III.A. Effizienz von nichtdifferenzierenden Steuern

Für den Vergleich einer speziellen Verbrauchsteuer mit einer nichtdifferenzierenden Steuer soll zuerst der Fall einer nichtdifferenzierenden Steuer dargelegt werden.

Außer den bereits oben (in Abschnitt II) eingeführten Bezeichnungen werden noch folgende Bezeichnungen benötigt:

E:	individuelles Einkommen
x, p:	Menge und Preis von Gut X
y, q:	Menge und Preis von Gut Y
i_1, i_2, i_3...:	individuelle Indifferenzkurven

Eine individuelle Indifferenzkurve gibt die aus der Präferenzordnung eines Individuums abgeleiteten Orte gleichen Nutzens unterschiedlich gewählter Güterkombinationen an. Die verschiedenen Orte auf einer gegebenen Indifferenzkurve besagen also, daß ein Individuum hinsichtlich seines Nutzens auf dem gleichen Niveau bleibt. Je näher eine Indifferenzkurve beim Ursprung des Koordinatenkreuzes liegt, desto geringer ist das durch die Indifferenzkurve repräsentierte Nutzenniveau.

Abbildung 4.22 zeigt beispielhaft die von einem Individuum vorgenommene Aufteilung seines Einkommens auf die beiden Güter X und Y in einer Situation ohne Steuern.. Dieses Individuum spare angenommenerweise nichts, d.h. es verausgabe sein Einkommen E ganz für den Kauf der Güter X und/oder Y. Es kann äußerstenfalls (maximal) x^m Mengeneinheiten von X (und nichts von Y) oder y^m Mengeneinheiten von Y (und nichts von X) kaufen. Seine Verbrauchsmöglichkeiten werden durch die Budgetgerade AB wiedergegeben, die die bei gegebenem Einkommen und dessen voller Verausgabung möglichen alternativen Kombinationen der Gütermengen von X und Y angibt. Angesichts der in Abbildung 4.22 gezeigten Lage der Indifferenzkurven kauft das Individuum die ihm optimal erscheinende Kombination an Gütermengen, nämlich x^* und y^*. Sie wird realisiert beim Tangentialpunkt der Indifferenzkurve i_3 mit der Budgetgeraden AB (Punkt M). Würde das Einkommen E ganz verausgabt für Gut X, dann gälte $E = x^m \cdot p$. Würde es ganz für Gut Y verausgabt, dann gälte $E = y^m \cdot q$. Daraus folgt $x^m \cdot p = y^m \cdot q$ und daher auch $(-)y^m/x^m = (-)p/q$. Die Budgetgerade hat also den Anstieg $(-)p/q$.

Der Anstieg der Budgetgeraden entspricht der sog. Grenzrate der Substitution (GRS) von X für Y (diese Rate gibt an, auf wieviele Einheiten von Y ein Individuum verzichten muß, um eine zusätzliche Einheit von X zu erhalten). Diese Rate (engl. MRS = marginal rate of substitution) entspricht gleichzeitig für eine Volkswirtschaft mit totalem Konkurrenzgleichgewicht der Grenzrate der Transformation (GRT) von X für Y. Diese gibt an, wieviele Einheiten von Y es kostet, um eine zusätzliche Einheit von X herzustellen, d.h. Y durch X zu "ersetzen". Bleiben die Produktionskosten konstant, können *Linearität* der Transformationskurve und eine Budget*gerade* unterstellt werden.

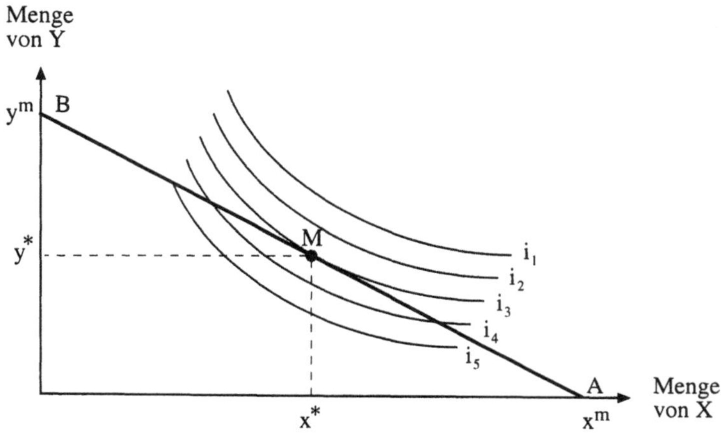

Abb. 4.22: Budgetgerade und Indifferenzkurven

Beispiel
Beim Einkommen eines Verbrauchers von z.B. E = 100 und bei Preisen von p = 5 und q = 10 beträgt $x^m = 20$ und $y^m = 10$. Die Grenzrate der Substitution (Anstieg der Budgetgeraden) beläuft sich auf - 1/2: Der Verbraucher muß also auf eine *halbe* Mengeneinheit von Y für eine zusätzliche Mengeneinheit von X verzichten. Die in Abbildung 4.22 unterstellte Lage der Indifferenzkurve i_3 führe zum Kauf von $x^* = 10$ und $y^* = 5$. Das Einkommen wird also - zufällig - gerade zur Hälfte für den Kauf der Güter X und Y verwendet.

Durch die Auferlegung einer proportionalen Einkommensteuer verschiebt sich die Budgetgerade parallel von AB nach CD. Diese Verschiebung zeigt die *Einkommenswirkung* an. Als Folge davon kauft das Individuum anstelle der Güterkombination x^*, y^* jetzt die Güterkombination x_1^*, y_1^* (siehe Abb. 4.23. Die jetzt mit x_0^*, y_0^* bezeichneten Mengen entsprechen den Mengen x^*, y^* der Abb. 4.22). Die neue Güterkombination ist natürlich abhängig von der Lage der Indifferenzkurven dieses Individuums. Realisiert wird jetzt der Tangentialpunkt einer "niedrigeren" (ein niedrigeres Nutzenniveau indizierenden) Indifferenzkurve i_2 mit der Budgetgeraden CD.(Die Indiffernzkurven wurden neu numeriert.)

Für die Lage der Budgetgeraden CD gilt: Ein *proportionaler Einkommensteuersatz* t_{iH} reduziert das für den Verbrauch zur Verfügung stehende Einkommen auf $E\ (1 - t_{iH})$.

Somit ergibt sich bei voller Verausgabung entweder für X oder für Y:

$$E\ (1 - t_{iH}) = x_1^m \cdot p = y_1^m \cdot q$$

und somit:

$$(-)\ y_1^m / x_1^m = (-)\ p/q.$$

Die Budgetgerade CD hat also denselben Anstieg wie AB, sie wurde durch die nichtdifferenzierende Einkommensteuer parallel verschoben.

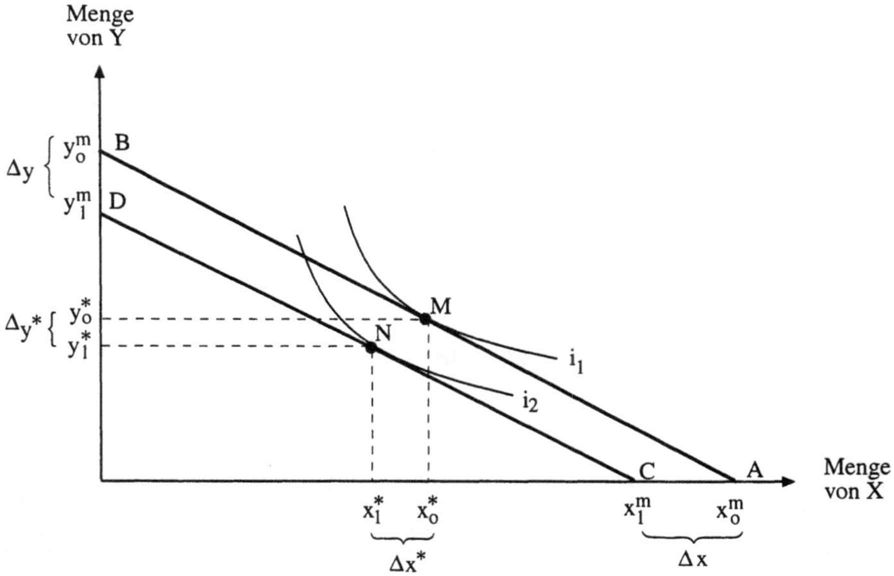

Abb. 4.23: Wirkung einer Einkommen- oder allgemeinen Umsatzsteuer

Beispiel

Bei den oben angenommenen Zahlen für E, p und q und bei $t_{iH} = 0{,}2$ liegt das für den Konsum verfügbare Einkommen bei $100 \cdot 0{,}8 = 80$ und der Punkt C bei $x_1^m = 16$. Nach Besteuerung könnten somit nur noch maximal 16 Einheiten von Gut X erworben werden. Die Differenz gegenüber vorher beträgt $\Delta x = 4$. Bei ausschließlichem Kauf von Gut Y könnten andererseits nur noch $y_1^m = 8$ Einheiten erworben werden. Die Differenz beträgt $\Delta y = 2$ und der Punkt D liegt bei $y_1^m = 8$. Angesichts der Lage der Indifferenzkurven wird nunmehr die Güterkombination beim Punkt N mit den Koordinaten $x_1^* = 8$ und $y_1^* = 4$ realisiert (Tangentialpunkt von CD mit i_2).

Im Fall der Auferlegung einer zur Einkommensteuer äquivalenten (d.h. einer ein gleiches Steueraufkommen erbringenden) *allgemeinen Umsatzsteuer* hätte sich die Budgetgerade AB ebenfalls nach CD verschoben. Die Lage von CD wäre genau dieselbe wie im Fall der Einkommensbesteuerung gewesen. Die Preise hätten jetzt $p\,(1 + t_{vH})$ und $q\,(1 + t_{vH})$ betragen.

Aus

$$E = x_1 \cdot p\,(1 + t_{vH}) = y_1 \cdot q\,(1 + t_{vH})$$

folgt wieder:

$$(-)\ y_1^m / x_1^m = (-)\ p/q.$$

Es erfolgt somit bei der Umsatzbesteuerung dieselbe Parallelverschiebung der Budgetgeraden wie im Fall der Einkommensbesteuerung.

Beispiel
Bei den im obigen Beispiel angenommenen Zahlen für E, p, q und bei einem zu $t_{iH} = 0{,}2$ äquivalenten $t_{vH} = 0{,}25$ steigt der Preis für X auf $p = 5 \cdot (1 + 0{,}25) = 6{,}25$ und der Preis für Y auf $q = 10 \cdot (1 + 0{,}25) = 12{,}5$.Der Punkt C liegt wieder bei $x_1^m = 100/6{,}25 = 16$ und der Punkt D bei $y_1^m = 100/12{,}5 = 8$. Realisiert wird wiederum die Güterkombination $x_1^* = 8$ und $y_1^* = 4$.

Es ist jetzt noch zu zeigen, wie sich die Höhe der abzuführenden Steuer ermitteln bzw. aus der Graphik ablesen läßt. Die *Steuerabführung* des durch Abbildung 4.23 repräsentierten Individuums läßt sich als realer Verzicht auf Teile des *vor der Besteuerung* beim Einkommen E erhältlichen Mengen von Gut X und/oder von Gut Y aufgefaßt werden, d.h. als Verzicht in Höhe von Δx^* plus Δy^*. In Geld bewertet besteht die zu entrichtende Steuer des in Frage stehenden Individuums aus der Summe der zu den Preisen p und q bewerteten Mengeneinbußen. Es ergibt sich somit als individuelle Steuerschuld:

$$\boxed{T = (\Delta x^*) \cdot p + (\Delta y^*) \cdot q} \tag{4-34}$$

Beispiel
Wie soeben dargelegt, reduziert sich die von dem Individuum gekaufte Menge von Gut X um 2 ($\Delta x^* = 10 - 8 = 2$) und von Gut Y um 1 ($\Delta y^* = 5 - 4 = 1$). Das Steueraufkommen beträgt somit $T = 2 \cdot 5 + 1 \cdot 10 = 20$.

Hinweis
Das soeben gefundene Ergebnis ist völlig unabhängig von der Lage der Indifferenzkurven. Wo auch immer der vor Besteuerung realisierte Punkt M mit den Koordinaten x_0^* und y_0^* gelegen hat und wo auch immer der nach der Besteuerung realisierte Punkt N auf der parallel verschobenen Budgetgeraden CD zu liegen gekommen wäre, es hätte sich stets bei den angenommenen Zahlen für E, p, q und t_{iH} eine Steuerlast von $T = 20$ ergeben. Das hätte auch dann gegolten, wenn der Punkt N nordwestlich von M zu liegen gekommen wäre (statt südwestlich wie in Abb. 4.23). In diesem Fall hätte das Individuum aufgrund seiner steuerlich bedingten Einkommensminderung in hohem Maße das Gut X durch das Gut Y substituiert und beispielsweise ein N mit den Koordinaten $x_1^* = 4$ und $y_1^* = 6$ realisiert. (Von Y wären also nach der Einkommensbesteuerung mehr Einheiten gekauft worden als vor der Besteuerung). In einem solchen Fall hätte $\Delta x^* = 6$ und $\Delta y^* = -1$ betragen. Daraus folgt wiederum als Steuerlast: $T = 6 \cdot 5 - 1 \cdot 10 = 20$.

Als wichtiges Resultat ist also festzuhalten: Bei einer nichtdifferenzierenden Steuer, d.h. also bei einer Einkommensteuer (oder einer äquivalenten allgemeinen Umsatzsteuer) hängt zwar das Verhältnis, in dem Δx^* und Δy^* zueinander stehen, von der Lage der individuellen Indifferenzkurven ab, doch bleibt die vom Individuum aufzubringende Steuer davon völlig *unberührt.*

Im übrigen kann jetzt noch folgendes gezeigt werden: Die Steuerlast, wie sie sich aus (4-34) entnehmen läßt, kann stets als Verzicht *nur* auf X oder *nur* auf Y ausgedrückt werden. Es gilt immer

$$\boxed{(\Delta x^*) \cdot p + (\Delta y^*) \cdot q = (\Delta x) \cdot p = (\Delta y) \cdot q} \qquad (4\text{-}35)$$

Man kann dieses Ergebnis anhand von Abbildung 4.24 leicht erkennen.

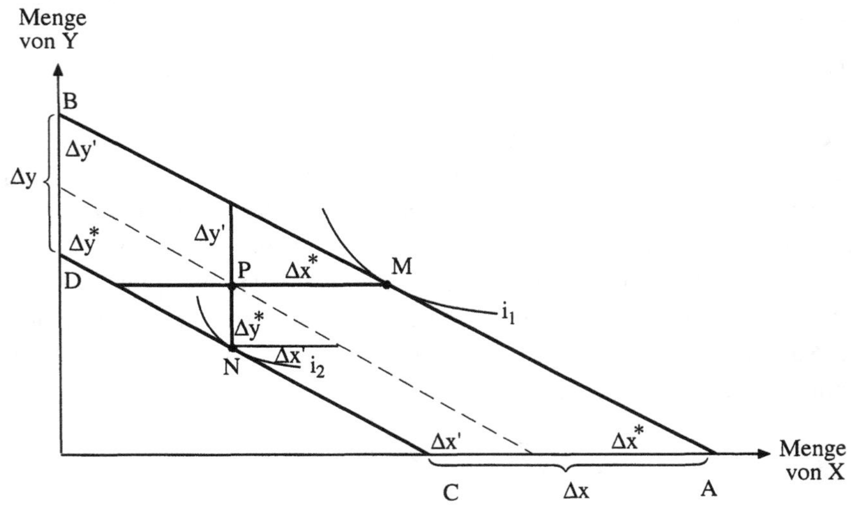

Abb. 4.24: Alternative Darstellung des Einkommenseffekts

In Abbildung 4.24 sind die beiden Tangentialpunkte M und N der Indifferenzkurven i_1 und i_2 mit den Budgetgeraden AB und CD nochmals dargestellt. Zeichnet man eine Horizontale durch M und eine Vertikale durch N, dann entsteht der Schnittpunkt P. Die Strecke PM = Δx^* entspricht dem durch die Besteuerung erzwungenen, mengenmäßigen Verzicht auf Gut X, die Strecke PN = Δy^* dem Verzicht auf Gut Y. Bezeichnet man

$$\Delta x' = \Delta x - \Delta x^* \text{ und } \Delta y' = \Delta y - \Delta y^*,$$

dann erkennt man, daß wegen der parallel zu AB bzw. CD verlaufenden (gestrichelten) Geraden durch P zu AB bzw. CD folgende Beziehungen bestehen:

$$\frac{(-)\ \Delta y^*}{\Delta x'} = \frac{(-)\ p}{q}$$

und daher: $$(\Delta y^*) \cdot q = (\Delta x') \cdot p. \qquad (4\text{-}36)$$

$$\frac{(-)\ \Delta y'}{\Delta x^*} = \frac{(-)\ p}{q}$$

und daher: $$(\Delta y') \cdot q = (\Delta x^*) \cdot p. \qquad (4\text{-}37)$$

Aus $\Delta x = \Delta x^* + \Delta x'$ folgt nach Multiplikation mit p und wegen (4-36):

$$(\Delta x) \cdot p = (\Delta x^*) \cdot p + (\Delta y^*) \cdot q.$$

In analoger Weise folgt aus $\Delta y = \Delta y^* + \Delta y'$ nach Multiplikation mit q und wegen (4-37), daß

$$(\Delta y) \cdot q = (\Delta y^*) \cdot q + (\Delta x^*) \cdot p.$$

Beispiel

Setzt man die oben ermittelten Zahlen $\Delta x = 4$ und $\Delta y = 2$ in die beiden rechten Terme von (4-35) ein, dann erhält man wie aus (4-34) wiederum als Steueraufkommen 20:

$$T = (\Delta x) \cdot p = 4 \cdot 5 = 20$$
$$T = (\Delta y) \cdot q = 2 \cdot 10 = 20$$

Als Ergebnis kann also festgehalten werden: Die reale Steuerschuld eines Individuums kann als Mengenverzicht entweder nur an der Ordinate oder nur an der Abszisse abgelesen werden. Die monetäre Steuerschuld erhält man durch Multiplikation dieser Mengenverzichte mit den entsprechenden Preisen.

III.B. Die Zusatzlast einer speziellen Verbrauchsteuer

Nach erfolgter Vorbereitung im vorangegangenen Abschnitt soll jetzt im Hinblick auf den Vergleich mit der nichtdifferenzierenden Steuer der Fall einer speziellen Verbrauchsteuer dargestellt werden. Es soll nur das Gut X besteuert werden. Zunächst bleiben wir bei der Betrachtung nur eines einzelnen Individuums (das man sich als äußerste Vereinfachung einer Volkswirtschaft vorstellen kann - eine Volkswirtschaft mit einem Konsumenten: Robinson Crusoe ohne seinen Diener Freitag). Das Gut X werde jetzt mit einem Steuersatz t_{vH} belastet, der *zum gleichen Steueraufkommen wie zuvor die nichtdifferenzierende Steuer* führt. Der Preis für Gut X steigt jetzt von bisher p auf

$$p \cdot (1 + t_{vH}).$$

Als Folge der Preiserhöhung dreht sich die Budgetgerade AB um den Punkt B der Ordinate (Gut Y bleibt unbesteuert!), so daß das Individuum nun seine Güterkombination auf der Grundlage der gedrehten Budgetgeraden BR wählt. Es könnte jetzt mit seinem unveränderten Nominaleinkommen im Extremfall (wenn nur Gut X von ihm begehrt würde) nur noch die (maximale) Menge x_2^m erwerben. Diese neue Situation wird durch Abbildung 4.25 zum Ausdruck gebracht.

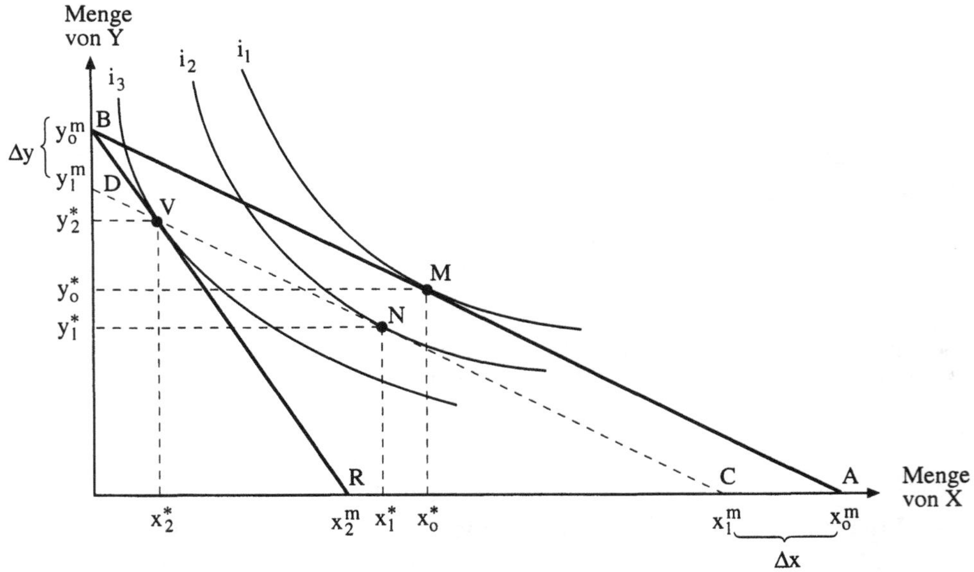

Abb. 4.25: Spezielle Besteuerung von X

Die gedrehte Budgetgerade BR tangiert eine Indifferenzkurve (mit i_3 bezeichnet) im Punkt V mit den Koordinaten x_2^* und y_2^*. Legt man durch diesen Punkt V eine (gestrichelt gezeichnete) Parallele CD zu AB (sie entspricht der Budgetgeraden bei Einkommensbesteuerung), dann erkennt man zweierlei:

1.) Das Steueraufkommen ist unverändert. Sowohl bei Realisation von N mit der Güterkombination x_1^*, y_1^*, als auch bei Realisation von V mit der Güterkombination x_2^*, y_2^* entspricht das Steueraufkommen dem Produkt $p \cdot \Delta x$ bzw. $q \cdot \Delta y$.

2.) Bei differenzierender Besteuerung liegt der Punkt V als Tangentialpunkt mit einer Indifferenzkurve auf einer niedrigeren Indifferenzkurve i_3. Das muß so sein, denn die gedrehte Budgetgerade BR kann nur eine *niedrigere* Indifferenzkurve tangieren, weil Indifferenzkurven sich logischerweise *nicht schneiden* können. Durch die spezielle Verbrauchsbesteuerung wird das Individuum veranlaßt, einen neuen Optimalpunkt für seine Güterkombination auf einem niedrigeren Nutzenniveau zu realisieren.

Durch den Wechsel von einer Einkommen- (oder allgemeinen Umsatzsteuer) zur Verbrauchsteuer auf ein spezielles Gut kommt es somit zu einer Zusatzlast (Wohlstandsminderung) als Folge von Substitution des besteuerten Gutes X durch das nichtbesteuerte Gut Y. In einer aus einem einzigen Konsumenten bestehenden

Volkswirtschaft tritt natürlich nur einmal eine Zusatzlast auf. Robinson entrichtet als einziger Steuerzahler zugleich einen unveränderten Steuerbetrag (Annahme der Aufkommensneutralität!).

Beispiel:
Angenommen, beim Tangentialpunkt V werden nur noch $x_2^* = 2$ sowie $y_2^* = 7$ Einheiten nachgefragt. In diesem Fall muß, um dasselbe Steueraufkommen wie bisher zu erhalten, t_{vH} = 2,00, d.h. 200 % betragen. Dadurch erhöht sich der Preis für eine Einheit des Gutes X von 5 auf $5 \cdot (1 + 2) = 15$. Auf jeder Einheit von X lasten also 10 an spezieller Verbrauchsteuer. Beim Kauf der zwei Einheiten von Gut X fallen Steuern in Höhe von $T = 2 \cdot 10 = 20$ an.

Die Annahme, eine Volkswirtschaft bestehe aus nur einem Konsumenten, soll jetzt aufgegeben werden. Im nun zu betrachtenden Fall mit zwei Konsumenten (z.B. Robinson mit seinem Diener Freitag) sei zunächst angenommen, daß kein Einkommensunterschied zwischen beiden besteht, daß beide jedoch unterschiedliche Präferenzen für das Gut X haben.

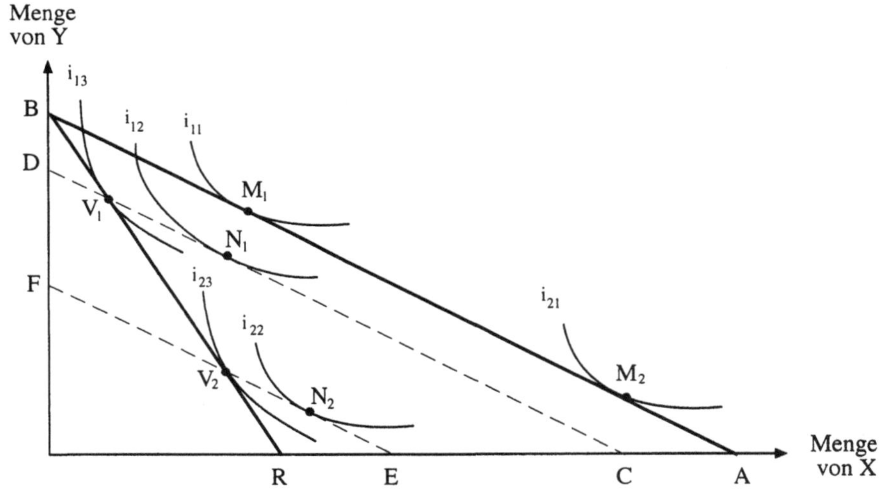

Abb. 4.26: Unterschiedliche Einkommenswirkungen und Zusatzlasten bei einer speziellen Verbrauchsteuer in Abhängigkeit von den Präferenzen

Aus Abbildung 4.26 geht hervor, daß eine einseitige Besteuerung von X den Einkommensbezieher Nr. 1 (z.B. Robinson) mit niedriger Präferenz für Gut X (und hoher Präferenz für Y) wesentlich weniger mit Steuern belastet als den Einkommensbezieher Nr. 2 (Freitag) mit hoher Präferenz für X (und dementsprechend niedriger Präferenz für Y). Die Einkommenswirkungen gehen aus den (gestrichelt gezeichneten), durch die Tangentialpunkte V_1 bzw. V_2 laufenden Parallelen zu AB, nämlich CD bzw. EF hervor. Steuerzahler Nr. 1 bezahlt Steuern, die real als Mengeneinheiten von Y durch die Strecke BD angegeben wird, während Nr. 2 Steuern in Höhe der Strecke BF zahlt. Die spezifische Verbrauchsteuer hat also *unterschiedliche, von den Präferenzen der Konsumenten abhängige Einkommenswirkungen.* Ein Individuum, das beispielsweise für das besteuerte Gut überhaupt kein Bedürfnis hat, entgeht der Steuer völlig, gleichgültig, wie hoch sein Einkommen ist. Umgekehrt werden jene Individuen "bestraft", die eine hohe Präferenz für das besteuerte Verbrauchsgut haben.

Von den Einkommenswirkungen zu unterscheiden sind wiederum die Zusatzlasten, die *bei beiden Steuerzahlern* infolge der ihnen durch die Einseitigkeit der Besteuerung von X aufgezwungenen Substitutionen auftreten. Steuerzahler Nr. 1 realisiert V_1 statt N_1 und Nr. 2 realisiert V_2 statt N_2. Beide befinden sich auf einer für sie jeweils niedrigeren Indifferenzkurve (Nr. 1 auf i_{13} statt i_{12} und Nr. 2 auf i_{23} statt i_{22}), tragen also beide eine Zusatzlast in Form von Wohlfahrtsminderungen.

Würde eine nichtdifferenzierende Steuer an die Stelle der Verbrauchsteuer treten, dann würde Steuerzahler Nr. 1 ebenso stark mit Steuern belastet wie Nr. 2. Jeder würde wegen des angenommenerweise gleichen Einkommens Steuern in Höhe der Strecke BH (Abbildung 4.27) bezahlen, wobei BH gerade die Hälfte der Streckensumme BD + BF aus Abbildung 4.26 ausmacht. Die Summe der von beiden zusammen zu tragenden Steuern muß annahmegemäß stets gleichbleiben (Aufkommensneutralität). Es läge jetzt aber nicht nur keine Ungleichbelastung infolge unterschiedlicher Präferenzen vor, es gäbe auch keine Zusatzlasten. Es gäbe nur Einkommenseffekte, die wegen des angenommenen gleichen Einkommens bei beiden gleich stark wären.

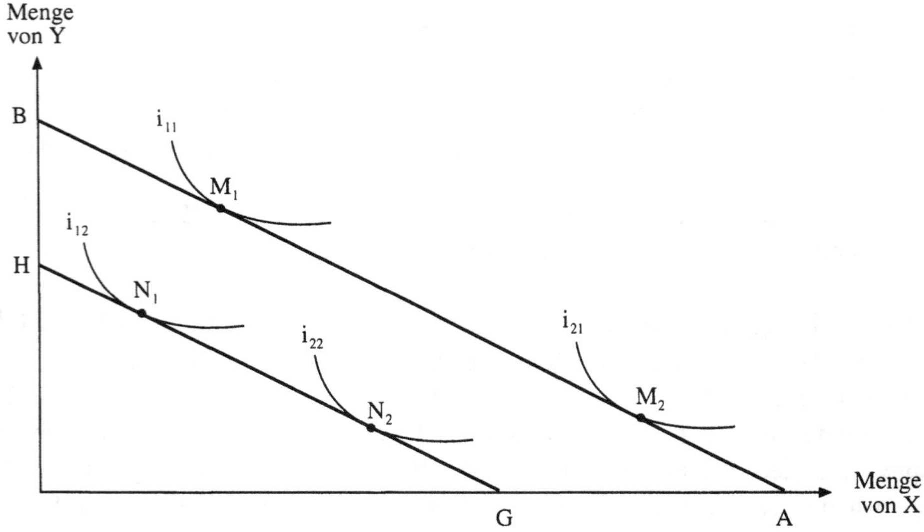

Abb. 4.27: Nichtdifferenzierende Besteuerung zweier Individuen mit gleichem Einkommen

Häufig ist in der Vergangenheit ein Verbrauchsgut X besteuert worden, weil man dieses als ein "Luxusgut" betrachtete, dessen Käufer eine spezielle Leistungsfähigkeit aufweise. Es wurde also ein positiver Zusammenhang unterstellt zwischen hoher Präferenz für das Luxusgut und hohem Einkommen des Käufers dieses Luxusguts. Seine verhältnismäßig höhere, d.h. auf das Einkommen bezogen höhere Steuerbelastung wurde als gerecht angesehen. Allerdings war diese Art einer über die spezielle Verbrauchsbesteuerung erreichten Progression stets mit Zusatzlasten verbunden. Abbildung 4.28 zeigt einen solchen Fall, bei dem, um Aufkommensneutralität zu gewährleisten, der Besserverdienende eine (absolute) Steuerlast in Höhe der Strecke B_1H_1 trägt. Die (absolute) Steuerlast des Wenigerverdienenden beträgt B_2H_2. Man erkennt, daß die relative Steuerlast, gemessen durch das Verhältnis B_1H_1 zu OB_1 beim Bezieher des höheren Einkommens höher ist als beim Bezieher des niedrigeren Einkommens (bei diesem ist das Verhältnis B_2H_2 zu OB_2 kleiner). Bei beiden tritt jedoch eine Zusatzlast infolge der Drehung ihrer Budgetgeraden aufgrund der speziellen Verbrauchsbesteuerung auf. Anstelle der Tangentialpunkte V_1 bzw. V_2 wären bei nichtdifferenzierender, jedoch progressiver Einkommensteuer die Punkte N_1 bzw. N_2 realisiert worden. Diese wären Tangentialpunkte zu höheren Indifferenzkurven gewesen.

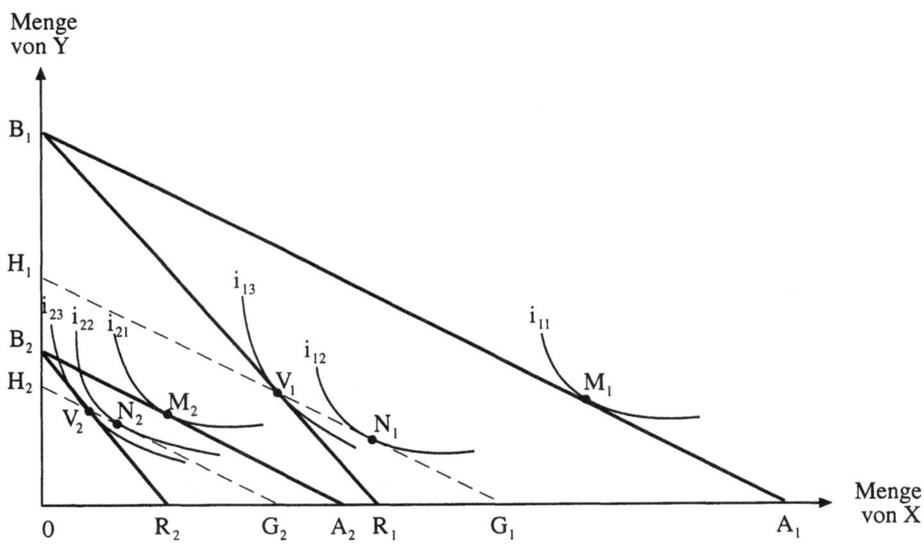

Abb. 4.28: Progressive Belastung und Zusatzlasten infolge spezieller Verbrauchsteuern bei zwei Einkommensbeziehern mit unterschiedlich hohem Einkommen

Der soeben behandelte, gewissermaßen klassische Fall einer auf indirektem (statt direktem) Weg herbeizuführenden Höherbelastung hoher Einkommen unterstellte eine bestimmte, mit der Höhe des Einkommens in ganz bestimmter Weise zusammenhängende Verbrauchsstruktur. In noch eher traditionell gebundenen Gemeinschaften mit einem noch relativ niedrigen Wohlstandsniveau gibt es vermutlich solche feststehenden Verbrauchsmuster je nach sozialer Stellung und dem damit verbundenen Einkommen. In modernen, hochentwickelten Volkswirtschaften sind solche Zusammenhänge höchstens noch schwach ausgeprägt. In solchen Fällen kann man das einseitig besteuerte Gut X nicht mehr als verbrauchstypisch für Besserverdienende unterstellen. Es wird vielmehr jetzt auch von den Wenigerverdienenden nachgefragt. Die mit der einseitigen Verbrauchsteuer verbundene Inzidenz kann jetzt in eine umgekehrte (regressive) Richtung verlaufen. Die Wenigerverdienenden können u.U. relativ höher belastet werden als die Besserverdienenden. Und obendrein entstehen natürlich noch Zusatzlasten. Abbildung 4.29 veranschaulicht diesen Fall.

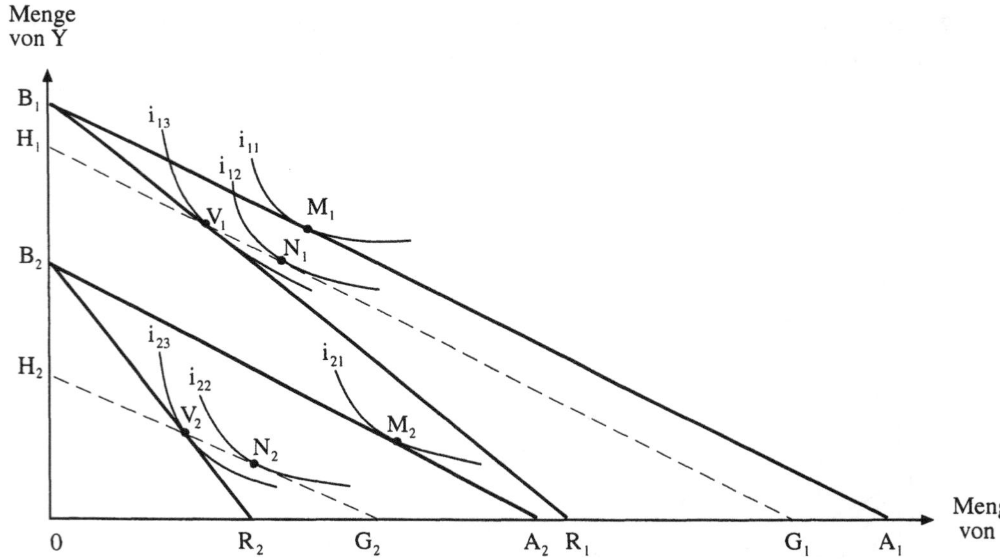

Abb. 4.29: Zusatzlasten bei gleichzeitig regressiven Einkommenseffekten

Die aus der vorausgegangenen Analyse zu ziehenden *Schlußfolgerungen* lauten: Eine spezielle Verbrauchsteuer ist stets mit Zusatzlasten, d.h. Wohlfahrtsminderungen verbunden. Obendrein ist sie ein ungeeignetes, weil unsicheres Instrument, um höhere Einkommen relativ stärker zu belasten als niedrige. Eine nichtdifferenzierende Besteuerung, die dasselbe Steueraufkommen erbringt, hat keine solchen Zusatzlasten zur Folge. Eine Besteuerung, die auf direkte Weise (wie z.B.

eine progressive Einkommensteuer) eine relativ höhere Belastung höherer Einkommen zugunsten einer Entlastung kleiner Einkommen erreicht, ist daher einer (indirekten) speziellen Verbrauchsbesteuerung vorzuziehen. Ganz allgemein kann gesagt werden: Eine an welchem Belastungsziel auch immer ausgerichtete, unterschiedlich hohe Belastung unterschiedlich hoher Einkommen läßt sich durch eine spezielle Verbrauchsteuer nicht erreichen. Da sogar gleiche Einkommen ungleich belastet werden, je nach der im einzelnen vorliegenden Präferenzstruktur, muß man bei der Verbrauchsteuer von willkürlichen Einkommenswirkungen sprechen.

Das Entstehen von Zusatzlast ist bei weitem nicht auf den Fall einer speziellen Verbrauchsteuer beschränkt. Das Auftreten von Zusatzlast ist vielmehr eine bei realen Steuern bzw. Steuersystemen sehr verbreitete Erscheinung. Da nämlich aus vielerlei Gründen reale Steuern und im speziellen auch die Einkommen- oder allgemeine Umsatzsteuern nicht völlig nichtdifferenzierend ausgestaltet sind (bzw. ausgestaltet werden können), tritt auch bei ihnen stets ein gewisses Maß an Zusatzlasten auf.

IV. Steuerwirkungen im Überblick

Das vierte Kapitel diente dem Zweck einer Einführung in das vielschichtige Phänomen der Wirkungen, die von einer neu beschlossenen oder von einer veränderten Steuer ausgehen. Um zu beginnen, wurde in den Abschnitten II und III der relativ einfache Fall einer Steuer auf ein einzelnes Produkt behandelt. Die Untersuchung beschränkte sich hierbei auf einige wenige Wirkungsaspekte, wie insbesondere auf die unmittelbaren Preis- und Mengenwirkungen und die Zusatzlast. Es gibt darüber hinaus jedoch noch eine ganze Reihe von Wirkungen, auf die nicht näher eingegangen wurde. So gibt es beispielsweise neben der bisher ausschließlich betrachteten Steuer*vor*wälzung im Sinne einer Preiserhöhung von hergestellten Produkten auch eine sog. Steuer*rück*wälzung, d.h. eine Rückwirkung auf die Faktorpreise. Analoges gilt für die Faktormengen.

Die unmittelbaren Preis- und Mengeneffekte einer Produktsteuer tangieren die Einkommen der Nachfrager nach dem besteuerten Produkt und die Einkommen der Besitzer der Produktionsfaktoren, die zu seiner Herstellung erforderlich sind. Diese "in der ersten Runde" ausgelösten, sog. primären oder auch gesetzlich-formalen Einkommenseffekte stellen in der Regel nur den Beginn eines Wirkungsablaufs dar, an dessen Ende eine gegenüber vorher veränderte Einkommensverteilung steht. Die endgültige Lastverteilung aufgrund einer neuen oder veränderten Steuer bezeichnet man auch als die effektive oder endgültige Inzidenz einer Steuer. Tabelle 4.1 enthält einen Überblick über die zu unterscheidenden Steuerwirkungen. In späteren Kapiteln werden weitere Steuerwirkungen behandelt.

Tab. 4.1: Steuerwirkungen bei Einführung oder Veränderung von Steuern

- Ankündigungswirkungen (Erwartungswirkungen): antizipierende (legale) Steuervermeidung

- Wirkungen auf Unternehmen und Märkte:
  a) Preiswirkungen:
     - Vorwälzung: Wirkungen auf Abnehmer der Produkte
     - Rückwälzung: Wirkungen auf Besitzer von Produktionsfaktoren
  b) Mengenwirkungen
     - auf Produkte
     - auf Faktoreinsatz

- Wirkungen auf dasVerhalten der Steuersubjekte:
  a) legale Wirkungen:
     - Substitution (Steuerausweichung)
     - Steuereinholung (erhöhter Einsatz von Arbeit usw.)
  b) illegale Wirkungen (Steuerhinterziehung)

- Fiskalische Wirkung (Aufkommenseffekt): Ressourcentransfer zum öffentlichen Sektor (Zu-/Abnahme öffentlicher Einnahmen)

- Wirkungen auf die Einkommensverteilung (Inzidenz):
  a) formale, primäre Inzidenz
  b) effektive bzw. endgültige Inzidenz

- Makroökonomische Wirkungen auf Beschäftigung, Kapazitätsauslastung, Preisniveau

- Wohlfahrtswirkungen (Zusatzlasten, "excess burden")

V: Fragen zur Selbstkontrolle und zum Nachdenken

1.) Wie ist eine Mengensteuer und wie eine Wertsteuer definiert?

2.) Wovon hängen die Überwäzungschancen einer Steuer auf einem Markt mit vollkommener Konkurrenz ab? Wann ist keine, wann hälftige und wann volle Überwälzung einer Mengensteuer zu erwarten?

3.) Hat die Marktform einen Einfluß auf die Überwälzungschancen einer Mengensteuer?

4.) Worauf kann man bei Einführung oder Erhöhung einer Mengensteuer eine Preisänderung zurückführen, die größer ist als die eingeführte oder erhöhte Steuer?

5.) Was spricht zugunsten einer Wertsteuer, was gegen sie?

6.) Indifferenzkurven wurden im Text stets als (mehr oder weniger) parallel verlaufend dargestellt. Könnten sie sich nicht in speziellen Fällen auch schneiden?

7.) Was versteht man unter der Zusatzlast einer speziellen Verbrauchsteuer und wodurch kommt sie zustande?

8) Warum dreht sich die Budgetgerade bei einseitiger Besteuerung eines speziellen Verbrauchsguts?

9.) Könnte man durch ein System differenzierender Verbrauchsteuern eine gerechte Besteuerung (progressive Besteuerung) herbeiführen?

10.) Inwieweit sollte oder könnte das Auftreten von Zusatzlasten als Richtschnur für den Entwurf eines rationalen Steuersystems dienen?

FÜNFTES KAPITEL

Normen, Ziele und Grundsätze der Besteuerung

*I: Welchen Anforderungen muß die Besteuerung genügen? - **II:** Werteordnungen von Verfassungen - **III:** Finanz- und steuerpolitische Ziele - **IV:** Besteuerungsgrundsätze - **IV.A:** Alterna-tive Fundamentalprinzipien der Besteuerung **IV.A.1:** Kopfsteuerprinzip - **IV.A.2:** Äquivalenzprinzip - **IV.A.3:** Leistungsfähigkeitsprinzip - **IV.B:** Gesamtsysteme von Besteuerungsgrundsätzen - **V:** Fragen zur Selbstkontrolle und zum Nachdenken*

I. Welchen Anforderungen muß die Besteuerung genügen?

Steuern sind Instrumente, die mit Zwangscharakter ausgestattet sind. Diese instrumentelle Besonderheit erfordert es, Steuern spezifischen *Beschränkungen* zu unterwerfen: Die Besteuerung bedarf der besonderen Bindung an Normen, Regeln und Prinzipien, die dem *Schutz* nicht nur der *Gesamtheit der Besteuerten*, sondern auch dem *Schutz jedes einzelnen Besteuerten* dienen und aus den Wertvorstellungen der Gesellschaft abgeleitet sind. In gewisser Weise ersetzen solche Normen und Prinzipien den Schutz, wie er im Bereich des Marktes durch einen funktionierenden Wettbewerb unter Anbietern als Schutz der Verbraucher vor überhöhten Preisen erzeugt wird. Nur durch Beachtung von Normen und Prinzipien kann erreicht werden, daß der einzelne Besteuerte durch politische Entscheidungen nicht willkürlich oder ungerecht belastet wird und den Besteuerten insgesamt nicht mehr an Ressourcenverzicht abverlangt wird, als für die öffentliche Aufgabenerfüllung erforderlich ist.

II. Werteordnungen von Verfassungen

Die grundlegenden Wertvorstellungen der Gesellschaft sind in einer üblicherweise geschriebenen Verfassung niedergelegt. Diese grundlegenden Wertvorstellungen haben *allgemeine* Gültigkeit für *alle Bereiche* des sozialen Lebens. Aus ihnen sind im speziellen jene Regeln und Prinzipien abgeleitet, die maßgebend oder bindend sind für die Auswahl und Gestaltung von *Steuern*. Die politischen Willensträger bzw. die Gesetzgeber können keine beliebige Besteuerung auferlegen. Politische

Entscheidungen, welche den Grundnormen einer Verfassung widersprechen, werden von den dazu befugten Gerichten aufgehoben und haben keinen Bestand.

Für Deutschland sind die für die Besteuerung wichtigsten Normen im *Grundgesetz für die Bundesrepublik Deutschland* vom 23. Mai 1949 (GG) enthalten. Es handelt sich insbesondere um Art. 1 (Garantie der Menschenwürde und Grundrechtsbindung der staatlichen Gewalt), den Gleichheitsgrundsatz (Art. 3), den Schutz von Ehe und Familie (Art. 6), die Berufsfreiheit (Art. 12), die Eigentumsgarantie und die Eingriffsbegrenzung (Art. 14) sowie um die Festlegung der Sozialstaatlichkeit (Art. 20, Abs. 1).

Für die *Schweiz* sind die für die Ausgestaltung der Besteuerung maßgebenden Normen teils in der *Bundesverfassung*[1](BV) und teils in den Verfassungen der Kantone niedergelegt. Die Bundesverfassung enthält die Grundnormen Rechtsgleichheit (Art. 8), die Eigentumsgarantie (Art. 26) sowie die Handels- und Gewerbefreiheit (Art. 27). Auch folgende Besteuerungsregeln haben Verfassungsrang:

"Soweit es die Art der Steuer zuläßt, sind ... insbesondere die Grundsätze der Allgemeinheit und der Gleichmäßigkeit der Besteuerung sowie der Grundsatz der Besteuerung nach der wirtschaftlichen Leistungsfähigkeit zu beachten" (Art. 127 Abs. 2 BV), "Bei der Steuer auf dem Einkommen der natürlichen Personen werden die Folgen der kalten Progression periodisch ausgeglichen" (Art. 128 Abs. 3 BV)[2].

Auch einige Kantonsverfassungen enthalten spezifische Besteuerungsregeln. So legt beispielsweise die *Verfassung des eidgenössischen Standes Zürich* vom 18. April 1869 (Kantonsverfassung, KV) in Art. 19 fest:

- "Alle Steuerpflichtigen haben im Verhältnis der ihnen zu Gebote stehenden Mittel an die Staats- und Gemeindelasten beizutragen.
- Auf den Konsum unentbehrlicher Lebensmittel dürfen keine Steuern gelegt werden.
- Steuerprivilegien zugunsten Einzelner sind unzulässig.
- Die Gesetzgebung bestimmt ... die Anwendbarkeit des Grundsatzes einer gerechten progressiven Belastung der Steuerpflichtigen nach der Größe ihrer Mittel und des Grundsatzes der Steuerbefreiung kleiner Einkommen und Vermögen."

In *Österreich* ist die verfassungsmäßige Werteordnung in verschiedenen Verfassungs- bzw. Nebenverfassungsgesetzen niedergelegt. Das *Bundes-Verfassungsgesetz* von 1920 (B-VG) enthält in Art. 7 den Gleichheitsgrundsatz und in Art. 18 den Rechtsstaatsgrundsatz. Im *Staatsgrundgesetz* von 1867 (StGG) sind darüber hinaus als bürgerliche Grundrechte die Eigentumsgarantie (Art. 5) und die Gewerbefreiheit (Art. 6) verankert. Die Gewährleistung persönlicher Freiheit ist

---

1 Bundesverfassung der Schweizerischen Eidgenossenschaft vom 18. April 1999.

2 Vor dem Inkrafttreten der neuen Verfassung auf 1. Januar 2000 enthielt die Verfassung vom 29. Mai 1874 analoge Bestimmungen (Artikel 4, 22ter, 31 und 41ter).

in Art. 1 des *Bundesverfassungsgesetzes von 1988 (BVG) über den Schutz der persönlichen Freiheit* niedergelegt. Für die Besteuerung von Bedeutung ist insbesondere auch noch das *Finanz-Verfassungsgesetz* von 1948 (F-VG). Die normativen Grundlagen für die Gestaltung der Besteuerung in Österreich sind weitgehend vergleichbar mit denen in Deutschland und in der Schweiz.

Den Verfassungen dieser drei Staaten ist als *oberstes Besteuerungsprinzip* das einer *gerechten Verteilung der Steuerlast* auf die einzelnen Steuerpflichtigen zu entnehmen. Eine gerechte Steuerlastverteilung kann sogar als Ausfluß eines universell gültigen, im Naturrecht wurzelnden Grundsatzes angesehen werden, wie es das folgende Zitat eines bekannten Steuerrechtswissenschaftlers ausweist:

"Die gerechte Verteilung der Gesamtsteuerlast auf die einzelnen Bürger ist ein Imperativ der Ethik. Auch wenn juristische Techniker oder 'reine' Ökonomen es nicht sehen können: Das in den Steuergesetzen positivierte Recht sollte umgesetzte praktische Ethik sein. Das ist kein Postulat, das erst mit dem Rechtsstaat aufgekommen ist; es besteht, solange die Steuern und eine Theologie und Philosophie existieren. Zur Menschheitskultur gehört die Vorstellung, daß jede Art von Herrschaft Gerechtigkeit zu üben habe. Schon Augustinus fragte in seinen Confessiones: 'Was sind Reiche ohne Gerechtigkeit anders als große Räuberbanden?' Diese Frage zielt vor allem auf die Besteuerung. Der Staat, der die Bürger willkürlich, regellos belastet, erscheint als organisierter Räuber ..."[3]

Neben Gerechtigkeit als Verfassungsgebot für ein Steuersystem ist auch ein *Übermaßverbot* Bestandteil der deutschen, schweizerischen und österreichischen Verfassung. Dem Übermaß*verbot* entspricht das Verhältnismäßigkeits*gebot* . Es beinhaltet im besonderen, daß *Eingriffe in die Freiheits- und Privatsphäre* des Bürgers nur insoweit zulässig sind, als dies zur Zweckerreichung unerläßlich ist. Seinen Niederschlag findet das Verhältnismäßigkeitsgebot ebenso wie das Gerechtigkeitsgebot in verschiedenen, sachgerecht formulierten Besteuerungsgrundsätzen (s. Abschnitt IV). Auch das Verhältnismäßigkeitsgebot bindet bzw. *bändigt den Gesetzgeber,* d.h. die politischen Entscheidungsträger.

Die Verfassungen der Bundesstaaten *Deutschland* und *Schweiz* enthalten neben den grundlegenden Wertvorstellungen auch Kataloge namentlich aufgezählter Steuern bzw. Steuerarten. In den Art. 105 bis 107 des deutschen Grundgesetzes werden nacheinander die folgenden Steuern erwähnt: Zölle, Finanzmonopolerträge, Verbrauch- und Aufwandsteuern, Straßengüterverkehr-, Kapitalverkehr-, Versicherungs- und Wechselsteuer, Einkommen-, Körperschaft-, Vermögen-, Erbschaft- und Kraftfahrzeugsteuer, Biersteuer, Abgabe von Spielbanken, Umsatzsteuern, Realsteuern, Gewerbesteuern, Lohnsteuer.

Die *schweizerische* Bundesverfassung zählt in den Art. 128 ff als Bundessteuern auf: direkte Bundessteuern (Steuern auf dem Einkommen natürlicher Personen

---

[3] *Tipke* (1993), S. 261.

und auf dem Reinertrag sowie auf dem Kapital und den Reserven juristischer Personen), Umsatzsteuer (Mehrwertsteuer), Zölle, Verbrauchsteuern auf Tabak, gebrannten Wassern, Bier, Automobilen und ihren Bestandteilen, Erdöl und anderen Mineralölen, Erdgas und Treibstoffen, ferner Stempelsteuern auf bestimmten Urkunden sowie Versicherungsprämien und schließlich Verrechnungssteuern auf dem Ertrag von beweglichem Kapitalvermögen, Lotteriegewinnen und Versicherungsleistungen. Die Art. 85 sowie 86 BV erlauben dem Bund ferner die Erhebung einer Schwerverkehrsabgabe und einer Motorfahrzeugabgabe (Vignette) und Art. 106 BV erlaubt die Erhebung einer Spielbankenabgabe.

Die *österreichische* Verfassung bzw. das Finanz-Verfassungsgesetz enthält nur formale Regeln über die Zuständigkeiten der einzelnen Staatsebenen, benennt jedoch keine der dabei im einzelnen infrage kommenden Steuergegenstände. Allerdings werden Binnenzölle und Verbrauchsteuern der Länder und Gemeinden, die den Verbrauch außerhalb des Landes- bzw. Gemeindegebiets belasten, von Verfassungs wegen untersagt (§ 8 F-VG). Im übrigen überläßt es die österreichische Verfassung dem "einfachen Gesetzgeber", d.h. den politischen Entscheidungsträgern insbesondere auf der zentralstaatlichen Ebene, die Steuergegenstände zu bestimmen.

Die verfassungsmäßigen Steuerkataloge Deutschlands und der Schweiz zeigen an, welche Steuerobjekte von Verfassungs wegen zulässig sind. Die verfassungsmäßige Enumeration bestimmter Steuern besagt allerdings nicht, daß die Erhebung einer jeden von ihnen von der Verfassung gefordert wird. Umgekehrt schließt die Enumeration nicht aus, daß auch nicht erwähnte Steuern mit der Verfassung vereinbar sein können. Nicht in den Verfassungen erwähnte Steuern oder Steuerarten dürften es freilich nicht leicht haben, einen verfassungsmäßigen "Eignungstest" zu bestehen. Mit Sicherheit würden früher einmal erhobene Steuern wie z.B. eine Eheerlaubnissteuer, eine Junggesellensteuer, eine Judensteuer oder eine Berufszulassungssteuer den heutigen gesellschaftlichen Wertvorstellungen nicht mehr entsprechen.

Der oben bereits zitierte Steuerrechtswissenschaftler *Tipke* vertritt den Standpunkt, der Gleichheitsgrundsatz der Verfassung räume dem Gesetzgeber bei der Auswahl der Steuerobjekte nur einen sehr beschränkten Spielraum ein: *"Es gibt nur eine Steuerquelle: das Einkommen* bzw. das als Vermögen gespeicherte Einkommen. Der Gesetzgeber muß solche Steuergegenstände auswählen, die sich in die 'Einheit der Steuerrechtsordnung' einfügen und in diesem Rahmen dazu führen, daß das Einkommen (Vermögen) der Steuerpflichtigen nach einem einheitlichen Maßstab belastet wird... Wenn man zuläßt, daß der Gesetzgeber als Steuerobjekt einzelne Einkunftsarten, einzelne Vermögensarten, einzelne Leistungen, einzelne Güter etc. als Steuerobjekt bestimmt, vergleichbare Einkünfte, Vermögensarten, Leistungen, Güter aber nicht erfaßt, dann läuft das auf nichts anderes hinaus als auf ein Messen mit verschiedenem Maß. Es läuft darauf hinaus, daß das Einkommen (Vermögen), aus dem alle Steuern entrichtet werden müssen, nach verschiedenem Maß belastet wird... Allerdings hat der Gesetzgeber wiederum insoweit einen gewissen *Wertungsspielraum*, als es mehrere - in vertretbarer Weise - wertungsmäßig folgerichtige Lösungen geben kann. Der Gleichheitssatz untersagt es dem Gesetzgeber aber, die wertungsmäßige Folgerichtigkeit beliebig außer Kraft zu setzen. Die Durchbrechung des Prinzips, der Systembruch, bedarf der Rechtfertigung durch ein anderes sachgerechtes Prinzip. Außerdem muß die Durchbrechung von ihrem Zweck her erforderlich, sie muß auch geeignet und verhältnismäßig sein." (Hervorhebungen im Original)[4]

III. Finanz- und steuerpolitische Ziele

Die Gestaltung der Besteuerung wird nicht allein von den Normen oder Vorschriften einer Verfassung geprägt, sondern auch von politischen Zielen und insbesondere von Zielen der Finanz- und Steuerpolitik. Steuerpolitik ist eine Sparte der Finanzpolitik, diese ein Teil der Wirtschafts- und Sozialpolitik und diese wiederum ist ein Teilbereich der allgemeinen Staats- und Gesellschaftspolitik. Das folgende Schema veranschaulicht die *Zielhierarchie*, in die die steuerpolitischen Ziele im engeren Sinn eingebunden sind.

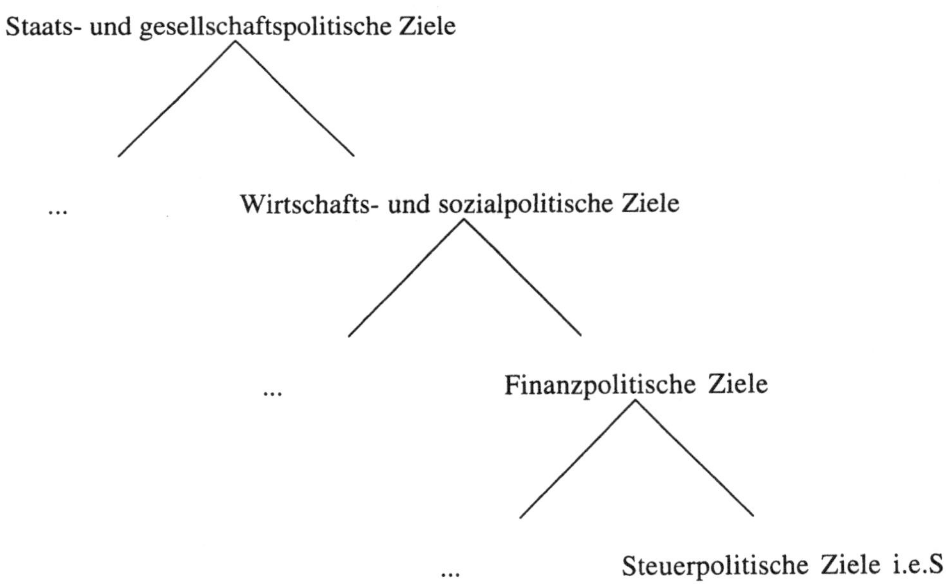

Die im obigen Schema unbezeichneten Äste verweisen auf Ziele, die mit Mitteln oder Instrumenten aus den anderen Sparten der jeweils "spezielleren" Politikebene verfolgt werden. Die Ziele einer "spezielleren" Politikebene haben oft ihrerseits den Charakter eines Mittels zur Erreichung der Ziele der "darüberliegenden" Politikebene. So kommen für die Befolgung von Zielen der Staats- und Gesellschaftspolitik nicht nur Instrumente aus dem Bereich der Wirtschafts- und Sozialpolitik in Betracht, sondern auch Instrumente z.B. aus den Bereichen der Bildungs-, Kultur-, Verteidigungs-, Innen- oder Außenpolitik.

---

4 *Tipke* (1993), S. 353 ff.

Auf eine Kurzformel gebracht kann man die auf der staatspolitischen Ebene angesiedelten Ziele als das *Gerechtigkeits-, das Freiheits- und das gesellschaftliche Stabilitätsziel* bezeichnen. Die in der Regel sehr abstrakt formulierten staats- und gesellschaftspolitischen Ziele müssen in spezifischer formulierte Ziele überführt werden, um auf den darunterliegenden Politikebenen verwirklicht werden zu können. So ist beispielsweise das Beschäftigungsziel bzw. das Ziel der Schaffung von Arbeitsplätzen, das auf der Ebene der Wirtschaftspolitik angesiedelt ist, ein Unterziel oder Instrument des höherrangigen gesellschaftspolitischen Ziels der inneren Stabilität. Das Beschäftigungsziel kann wiederum mit finanzpolitischen oder mit anderen, z.B. geldpolitischen Instrumenten verfolgt werden. Werden zur Schaffung von Arbeitsplätzen finanzpolitische Instrumente eingesetzt, dann zieht das wirtschaftspolitische Beschäftigungsziel ein finanzpolitisches Ziel nach sich. Dieses kann mit dem Einsatz steuerlicher Instrumente oder mittels öffentlicher Ausgaben, z.B. durch ein Arbeitsbeschaffungsprogramm, verfolgt werden. Wird der Weg über steuerliche Maßnahmen eingeschlagen, dann kommt zum Beschäftigungsziel ein spezifisch steuerpolitisches Ziel hinzu.

Weitere auf der wirtschafts- und sozialpolitischen Ebene angesiedelten Ziele mit Relevanz bis auf die Ebene der Steuerpolitik sind unter anderem das *ordnungs- und wettbewerbspolitische Ziel* der Erhaltung eines ungestörten Funktionierens der marktwirtschaftlichen Abläufe und des freien Wettbewerbs, das Ziel einer (gegebenenfalls) *sozialpolitisch wünschbaren Korrektur der marktmäßigen Einkommensverteilung* und das Ziel einer *Mehrung des volkswirtschaftlichen Wohlstands.* Aus dem Wohlstandsziel sind sodann eine ganze Reihe weiterer Unterziele mit finanz- und steuerpolitischer Relevanz abzuleiten. Zu nennen ist an erster Stelle das *Allokationsziel*, dem vor allem mit dem Instrument der staatlichen Bereitstellung öffentlicher Güter zu dienen ist, da solche Güter wegen des sog. Marktversagens andernfalls nicht bereitgestellt würden. Das Wohlstandsziel zusammen mit dem Ordnungs- und Wettbewerbsziel beinhaltet auch, daß die allokative *Effizienz* innerhalb des privatwirtschaftlichen Sektors nicht gestört werden soll, d.h., daß der Ressourceneinsatz in den Betrieben nicht vom Optimum abgelenkt und daß die Produktion an den Präferenzen der Nachfrager orientiert sein soll (im ersten Fall ist das Ziel auf die sog. *innere*, im zweiten Fall auf die sog. *äußere Rationalität der Produktion* gerichtet). Unter das Wohlstandsziel subsumierbar sind schließlich die finanzpolitischen Unterziele eines *hohen Beschäftigungsgrades*, einer *ökologisch vertretbaren Nutzung der Umweltressourcen,* einer *Vermeidung übermäßiger Konjunkturschwankungen* sowie der *Förderung eines inflationsfreien wirtschaftlichen Wachstums.*

Das Spezifikum der finanzpolitischen Ziele besteht darin, daß ihre Befolgung in der Regel mit dem Einsatz *wirtschaftlicher Ressourcen* verbunden ist, die dem privaten Sektor entzogen oder ihm für die Erfüllung öffentlicher Aufgaben (wieder) zugeführt werden. Die finanzpolitisch eingesetzten Instrumente sind überwiegend "haushaltsbezogen", d.h. es handelt sich um Ausgaben und Einnahmen der *öffentlichen Haushalte*. Die wichtigsten Ausgabeninstrumente sind die Bereitstellung öffentlicher Güter sowie Geldübertragungen mit Transfer- bzw. Subventionscharakter an Privathaushalte und Unternehmen. Die wichtigsten Einnahmeninstrumente sind andererseits die Steuern.

Viele finanzpolitische Ziele werden *nebeneinander* oder gleichzeitig mit ausgabemäßigen und steuerlichen Instrumenten verfolgt. Das ist beispielsweise der Fall beim familienpolitischen Ziel, beim ökologischen Ziel, beim Ziel der Mittelstandsförderung, beim Ziel der Stärkung strukturschwacher Regionen (z.B. Grenz- oder Berggebiete) und nicht zuletzt auch beim Ziel der nationalen Standortsicherung, das heute an die Stelle des früheren nationalen Autarkieziels getreten ist.

IV. Besteuerungsgrundsätze

Die Formulierung von Grundsätzen oder Prinzipien der Besteuerung entspricht dem Bedürfnis, auf finanzwissenschaftlichen Erkenntnissen beruhende Richtlinien für die Erhebung und den Einsatz der steuerlichen Instrumente aufzustellen, damit einerseits die verfassungsmäßigen Normen nicht verletzt werden und andererseits die Verfolgung steuerpolitischer Ziele *in einer für den angestrebten Erfolg sachgerechten Weise* geschehen kann.

IV.A. Alternative Fundamentalprinzipien der Besteuerung

Entsprechend dem grundlegenden Verfassungsgebot spielt das für eine faire bzw. gerechte Steuerlastverteilung maßgebende Prinzip eine herausragende Rolle und wird daher auch als Fundamentalprinzip bezeichnet. Dieses Prinzip enthält die *Leitregel* für die Zuteilung der Lasten an die einzelnen Steuerpflichtigen und soll dem Schutz vor Übervorteilung bzw. Benachteiligung eines jeden einzelnen von ihnen dienen. Dies geschieht, indem - in welcher Weise auch immer - die Steuerlastverteilung an den *Grundgedanken der Gleichheit* als konstitutives Element von Gerechtigkeit gebunden wird. Hypothetisch zur Wahl als Fundamentalprinzip steht eines der im folgenden dargestellten Prinzipien.

IV.A.1. Kopfsteuerprinzip

Wenn die Zuteilung der Steuerlasten so erfolgt, daß jeder bei demokratisch stattfindenden Wahlen über *eine* Stimme verfügende Bürger einen *absolut gleich hohen* Steuerbetrag entrichten muß, entspricht dies dem Kopfsteuerprinzip: Die aufzubringende Steuersumme wird durch die Anzahl der zur Steuerzahlung verpflichteten, wahlberechtigten Bürger (im Prinzip alle volljährigen Personen) dividiert. In Analogie zum Grundsatz, wonach alle Bürger vor dem Gesetz gleich sind, gilt beim Kopfsteuerprinzip, daß alle Bürger vor dem Fiskus gleich sind. Beim Kopfsteuerprinzip entsteht für die Bezieher der höchsten Einkommen die gleiche Steuerschuld wie für die Bezieher eines knapp über dem Existenzminimum liegenden Einkommens.

Das Kopfsteuerprinzip orientiert sich zwar am Gleichheitsgrundsatz, jedoch nicht in einer für das Gebiet der Besteuerung *sachgerechten* Form. Das Sozialstaatsprinzip des deutschen Grundgesetzes würde das Kopfsteuerprinzip als Fundamentalprinzip nicht zulassen. Auch in Österreich und in der Schweiz könnte es nicht den Rang eines Fundamentalprinzips einnehmen. Nur im vollkommen unrealistischen Fall eines Staates oder eines Gemeinwesens, bei dem alle Bürger unterschiedslos über den gleichen Wohlstand verfügen, würde dieses Prinzip nicht gegen die Gerechtigkeitsnorm verstoßen. Das Kopfsteuerprinzip verletzt allerdings nicht eine optimale Ressourcenallokation bzw. die Neutralität der Besteuerung: Niemand kann der Besteuerung ausweichen, es sei denn durch Auswanderung. Die Kopfsteuer löst zwar keine Substitutionsvorgänge aus, stellt aber keine *realisierbare* Alternative als Fundamentalprinzip dar.

Der Versuch der englischen Premierministerin *Margaret Thatcher*, auf der Gemeindeebene eine Kopfsteuer einzuführen, scheiterte schon nach kurzer Zeit kläglich und trug wesentlich zu ihrem Rücktritt (am 28. 11. 1990) bei. Die offiziell als *"Community Charge"* und - weil im Prinzip jeder Wahlberechtigte diese Steuer zu zahlen hatte - auch als *"poll tax"* bezeichnete Steuer sollte jedem Bürger/Wähler die Finanzierungslast der nach Ansicht Thatchers von verschwenderischen "linken" Gemeindevertretern beschlossenen Ausgaben bewußt machen und auf diese Weise die Gemeinden zu sparsamerer Haushaltsführung zwingen. Ihre Höhe betrug im Durchschnitt 350 Pfund bei einer Bandbreite zwischen rd. 100 und rd. 800 Pfund je nach Gemeinde. Obwohl es eine Reihe von Befreiungen (für Häftlinge, geistig Behinderte usw.), von Ermäßigungen (für Klein- und Nichtverdiener usw.) sowie von Unterstützungszahlungen (Sozialhilfe zwecks Befähigung zur Kopfsteuerzahlung) gab, kam es zu Aufruhr und Steuerverweigerung im großen Stil und zur Rücknahme des Kopfsteuergesetzes.

IV.A.2. Äquivalenzprinzip

Auch das Äquivalenzprinzip enthält den Gleichheitsgedanken als eine Leitidee, allerdings bezogen auf die Gleichheit von öffentlicher Leistung und dafür zu entrichtender Gegenleistung. Das Äquivalenzprinzips kann daher die Rolle eines

Fundamentalprinzips bei der Rechtfertigung und Gestaltung von Gebühren und Beiträgen spielen. Als Fundamentalprinzip der Besteuerung kommt es aber ebensowenig in Betracht wie das Kopfsteuerprinzip, wenn auch aus anderen Gründen: Eine Ausschließung vom Empfang reiner öffentlicher Güter ist nicht möglich. Der bei den reinen öffentlichen Gütern über die Allgemeinheit diffundierende Nutzen läßt keine Zurechnung individueller Nutzenäquivalente je nach individueller Inanspruchnahme oder je nach individueller Kostenverursachung zu. Auch die zu einem erheblichen Teil dem Sozial- oder Umverteilungsziel dienenden öffentlichen Ausgaben könnten naturgemäß nicht äquivalenzfinanziert werden: Von Minderbemittelten oder sozial Schwachen kann man weder Beiträge noch Steuern erheben.

Die aus sachlichen Gründen resultierende Ungeeignetheit des Äquivalenzprinzips *als Fundamentalprinzip* der Besteuerung darf nicht dahingehend mißverstanden werden, daß der Äquivalenzgesichtspunkt bei der Gestaltung der Besteuerung keine Rolle spielen dürfe. Er kann, wie im zweiten Kapitel bereits dargelegt, zur Rechtfertigung bestimmter Steuern als Indikatoren für die Inanspruchnahme bestimmter öffentlicher Infrastrukturnetze dienen. Solche Steuern treten gewissermaßen an die Stelle eines Bündels von Gebühren und Beiträgen, deren Einzelerhebung technisch oft nicht möglich oder ökonomisch, d.h. wegen der dabei entstehenden Erhebungskosten, nicht sinnvoll wäre.

Der Äquivalenzgesichtspunkt kann ferner eine leitorientierende Rolle bei der Beantwortung der Frage spielen, *welcher Staatsebene* Aufgaben- und Einnahmenverantwortung institutionell zugeordnet werden sollen, damit eine globale und räumliche Äquivalenz von Nutzern bzw. Kostenverursachern und Lastenträgern so gut wie möglich hergestellt werden kann. Es geht dann nicht mehr darum, individuelle Lasten der Höhe nach entsprechend den individuellen Nutzen bzw. verursachten Kosten zuzurechnen, sondern darum, die Kreise der Nutzer und Lastenträger deckungsgleich mit dem Kreis der Entscheidungsverantwortlichen zu machen, um so die Voraussetzung für eine gruppenmäßig präferenzgerechte Allokation zu schaffen. Dieser Äquivalenzgesichtspunkt ("Prinzip der fiskalischen Äquivalenz") hat seine Bedeutung vor allem für die Gestaltung des Gemeindesteuersystems (behandelt in Abschnitt III.A des zwölften Kapitels) Auch bei der internationalen Koordination direkter Steuern spielt die Herstellung fiskalischer Äquivalenz eine Rolle (behandelt in Abschnitt II des elften Kapitels).

IV.A.3. Leistungsfähigkeitsprinzip

Beim Leistungsfähigkeitsprinzip ("ability-to-pay-principle") orientiert sich die Bemessung der Steuern nicht wie beim Kopfsteuerprinzip an der Gleichheit vor dem Gesetz oder wie beim Äquivalenzprinzip an der Gleichheit von öffentlicher Leistung und privater Gegenleistung, sondern an der Gleichheit der *Fähigkeit* einer Person, Steuern zahlen bzw. Steuerlasten tragen zu können. Dem Leistungsfähigkeitsprinzip liegt die Vorstellung zugrunde, steuerliche Lasten so zuzuteilen, wie es in der *Analogie* geschieht, bei der körperliche Kraft erfordernde Arbeiten nach Maßgabe der physischen Konstitution zugeteilt werden. Der Stärkere muß die schwereren, der Schwächere die leichteren Arbeiten übernehmen. Die Anstrengung soll im Verhältnis zu den vorhandenen Kräften gleich groß sein. Für das Zahlen von Steuern soll dementsprechend gelten, daß jedem einzelnen Steuerpflichtigen ein im Verhältnis zum Umfang der ihm zur Verfügung stehenden Mittel ein gleich schmerzhafter Verzicht (ein relativ gleich schweres "Opfer") abverlangt wird. Das Leistungsfähigkeitsprinzip könnte man auch als Belastbarkeitsprinzip bezeichnen.

Die einer Person zur Verfügung stehenden Mittel, von denen ein Teil als Steuer abgetreten werden muß, entsprechen ihrem Einkommen oder, insoweit vorhanden, ihrem Vermögen. Als eine dem persönlichen Einkommen innewohnende Eigenschaft ist die steuerliche Leistungsfähigkeit allerdings nicht direkt proportional zum Einkommen (oder Vermögen) und auch nicht wie die Körperkraft eine physikalisch meßbare Größe. Sie bedarf vielmehr eines sachgerechten Maßstabs bzw. einer sachlich begründeten Festlegung. Aus der Sicht der Wirtschaftstheorie läßt sich der Zusammenhang von steuerlicher Leistungsfähigkeit und persönlichem Einkommen unter Verwendung des *Nutzenkonzepts* sachgerecht herstellen.

Zum Nutzenkonzept, wie es im folgenden Verwendung findet, ist folgendes vorweg anzumerken: Der in der Mikroökonomie verwendete Nutzenbegriff bezieht sich üblicherweise auf die Bedürfnisbefriedigung aufgrund des *Konsums eines einzelnen Gutes*. Aus dem Konsum einer bestimmten Menge dieses Gutes erzielt ein bestimmtes Individuum einen bestimmten Gesamtnutzen. Dementsprechend entsteht Grenznutzen aus dem Konsum einer zusätzlichen Einheit des Gutes unter Konstanthaltung des Konsums aller übrigen Güter. Der im folgenden verwendete Nutzenbegriff unterscheidet sich davon in zweifacher Hinsicht. Die nutzenstiftende Bezugsgröße ist erstens das *Einkommen* bzw. der Zufluß oder die Verwendung des Einkommens. Gesamtnutzen und Grenznutzen beziehen sich dementsprechend auf Einkommen. Zweitens aber kann der für die überindividuell vorzunehmende Besteuerung als relevant zu unterstellende Einkommensnutzen keine subjektiv oder individuell empfundene Größe sein, sondern muß als eine aus *gesellschaftlicher Sicht* dem Einkommen zugeordnete Größe festgelegt werden. Bei einem "Massenverfahren" wie dem der Besteuerung können interindividuell eventuell unterschiedliche Nutzenempfindungen keine Rolle spielen. Der Maßstab muß für alle derselbe sein.

Einkommen kann für Konsum oder Ersparnis verwendet werden. Auch die *gesparten Einkommensteile* stiften Nutzen. Ersparnis bzw. Zuwachs von Vermögen als Ergebnis des Sparens entspricht dem *Erwerb* eines *positionalen Gutes*. Ein positionales Gut besteht nicht nur aus gespeichertem Konsumpotential, sondern verhilft zusätzlich zu einem höheren sozialen Rang und höherem gesellschaftlichen Ansehen. Solange Vermögen nicht für Konsum verwendet oder infolge von Inflation real zum Verschwinden gebracht wird, wirft Ersparnis von Periode zu Periode unvermindert und von Periode zu Periode erneut Nutzen ab. Ersparnis muß nicht abgeschrieben werden. Ersparnisnutzen resultiert insbesondere auch aus der sich immer wieder erneuernden Vergewisserung, gegen die Wechselfälle des Lebens besser abgesichert zu sein, d.h. aus der Befriedigung des *elementaren menschlichen Bedürfnisses nach Sicherheit*. Außerdem erweitert Ersparnis als

Vorstufe von Vermögen persönliche Dispositions- und Freiheitsräume, indem es die Möglichkeit verschafft, finanzielle Vorteile wahrzunehmen in spontan auftretenden Situationen.

Nicht zuletzt resultiert Ersparnisnutzen auch daraus, daß in späteren Perioden Einkommen *ohne Verzicht auf Freizeit*, d.h. ohne mit Arbeitseinsatz verbundenem Einsatz von Freizeit bezogen werden kann. Nicht ohne Grund wurde von vielen Generationen von Finanzwissenschaftlern eine *zusätzlich* zur Einkommensteuer erhobene *Vermögensteuer* damit begründet, daß "fundiertem", d.h. aus Vermögen fließendem Einkommen eine höhere Leistungsfähigkeit innewohnt als Arbeitseinkommen. Einkommen stiftet somit Nutzen, gleichgültig, ob es für Konsum oder Ersparnis verwendet wird. Wird der aus privatem Vermögen gezogene Nutzen *nicht durch eine separate Vermögensteuer* erfaßt, dann kann dies nur über die Einkommensteuer geschehen.

Eine Reihe heutiger Finanzwissenschaftler beschränkt sich darauf, nur Konsum als nutzenstiftend anzusehen. Sparen wird als "in die Zukunft verschobener" Konsum betrachtet, so daß Nutzen aus Ersparnis nicht im Moment ihres Entstehens, sondern ausschließlich im Zuge der Umwandlung in Konsum in späteren Perioden resultiert. Aufbauend auf solchen Annahmen läßt sich zeigen, daß bei Besteuerung des (auch die Ersparnis bzw. die Zinsen umfassenden) Einkommens eine Störung der Allokation, d.h. intertemporale Ineffizienz resultiert (als Folge der Entscheidungsverzerrung zuungunsten der Ersparnis). Daraus wird abgeleitet, das Leistungsfähigkeitsprinzip sei so zu interpretieren, daß jeder Einkommensbezieher als Konsument einen gleich schmerzhaften *Konsum*verzicht leisten müsse. Statt des Einkommens solle ein "sparbereinigtes" bzw. (weil einfacher und theoretisch im wesentlichen auf dasselbe hinauslaufend) ein "zinsbereinigtes" Einkommen (Einkommen abzüglich der Ersparnis bzw. abzüglich empfangener Zinsen) als Indikator für Leistungsfähigkeit angesehen werden.

Obwohl es bestechend wäre, das Leistungsfähigkeitsprinzip als eine "Nur-Gerechtigkeitsregel" durch eine "Effizienz-plus-Gerechtigkeitsregel" ersetzen zu können, hat sich weltweit bisher eine solche Regel nicht durchsetzen können. Das dürfte vielleicht weniger an der Realitätsferne der zugrundeliegenden Annahmen liegen als an den gesellschaftlich als nicht tragbar empfundenen Verteilungskonsequenzen. Interessanterweise hat sich Kroatien, das nach dem Zusammenbruch des Sozialismus eine zinsbereinigte Einkommensbesteuerung eingeführt hatte, inzwischen von seinem Experiment weitgehend wieder verabschiedet. Die nachfolgenden Darlegungen folgen der immer noch vorherrschenden Ansicht, daß Einkommen (und nicht nur Konsum) nutzenstiftend und Leistungsfähigkeit begründend ist.

Ausgehend von einem auf das Einkommen bezogenen Nutzenkonzept kann das Leistungsfähigkeitsprinzip inhaltlich dahingehend festgelegt werden, daß Einkommen unabhängig von seiner Höhe durch die Steuerzahlung so gekürzt werden soll, daß es für jeden Einkommensbezieher zu einer *gleichen relativen Einbuße* des aus Einkommen resultierenden Nutzens (zu einem "gleichen relativen Opfer") kommt, d.h. zu einer Kürzung der privaten Bedürfnisbefriedigungsniveaus um eine *einheitliche Quote*. Die Befähigung zur Steuerzahlung bemißt sich dann also nach dem relativ gleich hoch zugemuteten Verzicht auf Bedürfnisbefriedigung im Verhältnis zum Bedürfnisbefriedigungsstatus vor Steuern. Die quotal gleiche Kürzung des Bedürfnisbefriedigungsniveaus bzw. die Kürzung des Einkommens kann jedoch nur bei solchen Einkommen vorgenommen werden, die *oberhalb des Existenzminimums* liegen. Ein Einkommen unterhalb des Existenzminimums muß für *nicht zur Disposition stehende Ausgaben* verwendet werden, was eine ihm innewohnende steuerlich relevante Leistungsfähigkeit ausschließt. Man kann sich also für die Ermittlung des Zusammenhangs von Leistungsfähigkeit und

Einkommen ganz auf das für die Steuerzahlung in Betracht kommende sog. *Überschußeinkommen* beschränken.

In Abb. 5.1 ist der Verlauf einer Nutzenkurve U(x) aus Überschußeinkommen dargestellt. Dieser Verlauf drückt aus, daß zunehmendes Einkommen zwar zu immer weiter zunehmendem Gesamtnutzen führt, daß diese Zunahme aber von gleichzeitig abnehmendem Grenznutzen U'(x) begleitet ist, d.h., daß der Anstieg der Gesamtnutzenkurve immer kleiner wird.

Der in Abb. 5.1 gezeigte Nutzenverlauf bezogen auf das Einkommen entspricht zwar dem 1. Gossenschen Gesetz für den "normalen" Nutzenverlauf beim Konsum eines Einzelgutes, doch ist diese Gleichartigkeit des Verlaufs keineswegs zwingend. Man kann aber einen solchen Verlauf des Einkommensnutzens, der auf gesellschaftlichen Wertungen beruht, als plausibel unterstellen, da er als überindividueller Verlauf anzusehen ist. Für ein Einzelindividuum ist ein solcher Verlauf des Einkommensnutzens natürlich nicht ohne weiteres anzunehmen. Beim Überschreiten gewisser Einkommensschwellen kann der Einkommensnutzen eines Einzelindividuums auch zunehmen, da sich ihm die Befriedigung von Bedürfnisdimensionen eröffnet, die bei niedrigeren Einkommen gar nicht vorhanden waren. Für einen überindividuell unterstellten Nutzenverlauf dürfte jedoch nur ein abnehmender Grenznutzenverlauf (eine bei hohen Einkommen sogar *rasch flacher* werdende Gesamtnutzenkurve) eine realistische Annahme sein: Niemand würde öffentlich der Aussage widersprechen, zusätzliches Einkommen von z.B. 100 Einheiten stifte im Bereich von niedrigen Einkommen im Regelfall einen höheren Zusatznutzen als im Bereich hoher Einkommen.

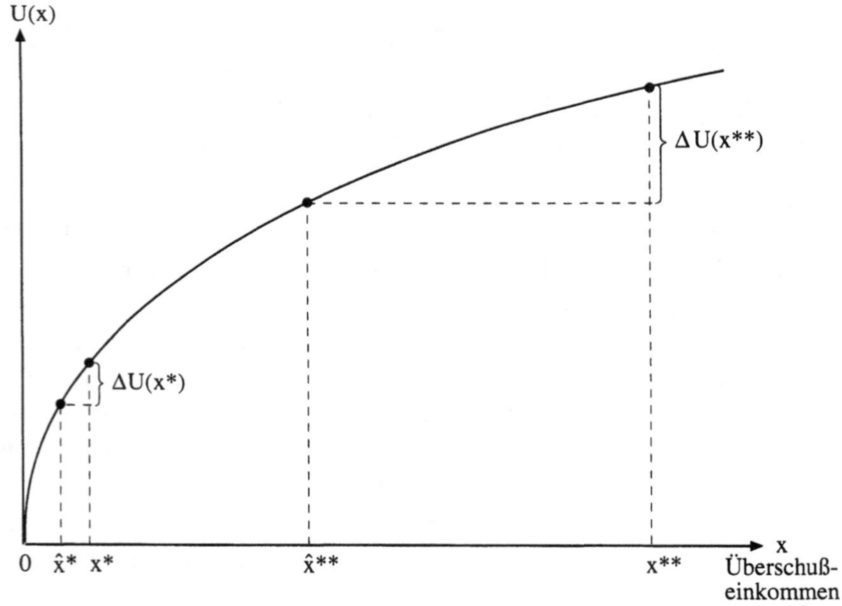

Abb. 5.1: Nutzenfunktion des Einkommens

Dargestellt sind in Abbildung 5.1 die zu einem relativ kleinen Überschußeinkommen x^* und die zu einem relativ großen Überschußeinkommen x^{**} gehörenden Werte der Nutzenfunktion *vor* Besteuerung:

$$U(x^*) \text{ bzw. } U(x^{**})$$

sowie die Werte der Nutzenfunktion *nach* Besteuerung, wobei $\hat{x}^*$ und $\hat{x}^{**}$ die jeweils steuerlich gekürzten Einkommen bezeichnen:

$$U(\hat{x}^*) \text{ bzw. } U(\hat{x}^{**})$$

Dargestellt sind in Abb. 5.1 ferner die Differenzen:

$$\Delta U(x^*) = U(x^*) - U(\hat{x}^*)$$

und

$$\Delta U(x^{**}) = U(x^{**}) - U(\hat{x}^{**})$$

Wird mittels des (Durchschnitts-) Steuersatzes $t = t(x)$ ein Vorsteuereinkommen in Höhe von x um den Steuerbetrag $x \cdot t$ gekürzt, dann beträgt das Nach-Steuer-Einkommen $\hat{x}$ somit generell:

$$\hat{x} = x\,(1 - t)$$

Eine Steuerlastverteilung im Sinne des Leistungsfähigkeitsprinzips liegt vor, wenn für jede (Überschuß-)Einkommenshöhe das Verhältnis des steuerbedingten Nutzenentgangs zum Nutzen vor Besteuerung konstant ist, d.h. wenn die folgende Bedingung erfüllt ist:

$$\boxed{\frac{U(x) - U(\hat{x})}{U(x)} = \text{const. für alle } x} \qquad (5\text{-}1)$$

Es hängt nun allerdings ganz vom Verlauf der Nutzenfunktion ab, ob eine die Bedingung (5 - 1) erfüllende Kürzung des Überschußeinkommens *progressiv, proportional oder sogar regressiv* ausfallen muß. Eine Nutzenfunktion mit dem in Abbildung 5.1 gezeigten Verlauf (zunehmender Gesamtnutzen bei abnehmendem Grenznutzen) läßt diesbezüglich *keine* Folgerung zu, wie sich mathematisch zeigen läßt. Es hängt ganz vom gewählten Funktionstyp ab, ob man das Überschußeinkommen progressiv, proportional oder regressiv kürzen müßte. Aus der bisher vorgenommenen, *auf das Überschußeinkommen beschränkten* Untersuchung kann man daher entgegen der Intuition nicht den Schluß ziehen, die Besteuerung nach dem Leistungsfähigkeitsprinzip erfordere einen progressiven Tarif.

Beispielsweise führt die einen abnehmenden Grenznutzen besitzende (Gesamt-)Nutzenfunktion

$$U(x) = k \cdot \sqrt{x} \qquad (5\text{-}2)$$

zu dem Ergebnis, daß das Überschußeinkommen proportional, d.h. um einen konstanten Prozentsatz zu kürzen sei: Setzt man $k \cdot \sqrt{x}$ bzw. $k \cdot \sqrt{\hat{x}}$ in (5-1) ein, dann zeigt sich, daß die Kürzungs*quote* des Nutzens nicht von der Höhe des Einkommens, d.h. von x abhängig ist (die Wurzel aus einem Produkt ist gleich dem Produkt der Wurzeln aus den einzelnen Faktoren):

$$\frac{k \cdot \sqrt{x} - k\sqrt{x(1-t)}}{k \cdot \sqrt{x}} = 1 - \sqrt{(1-t)} = \text{const.}$$

Die Bedingung (5-1) wird in diesem Fall also durch einen konstant gehaltenen (Durchschnitts-) Steuersatz erfüllt, d.h. einen *Proportionaltarif.* Ein proportionaler, auf das Überschußeinkommen angewendeter Einkommensteuertarif von z.B. 40 Prozent (t = 0,4) würde den Nutzen vor Besteuerung überall um 22,54 Prozent kürzen $(1 - \sqrt{1 - 0{,}4}) = 1 - \sqrt{0{,}6} = 0{,}2254)$.

Würde der Nutzenverlauf z. B. durch die Funktion U(x) = log (x+1) beschrieben (auch sie erfüllt die Bedingung abnehmenden Grenznutzens, wie die erste Ableitung zeigt), müßte allerdings ein Progressionstarif verwendet werden, um eine konstante Quote der Nutzenkürzung herbeizuführen. Doch läßt sich auch eine mathematische Nutzenfunktion U(x) angeben (mit abnehmendem Grenznutzen), die einen *Regressionstarif* erforderte, um eine für jede Einkommenshöhe konstante Kürzungsquote herbeizuführen.

Die finanzwissenschaftliche Auseinandersetzung mit dem Leistungsfähigkeitsprinzip hat eine weit zurückreichende Tradition und bildet bis hinein in die Gegenwart einen zentralen Gegenstand der Finanzwissenschaft. In den frühen Stadien der Diskussion wurde überwiegend das *Vermögen* als Indikator der Leistungsfähigkeit angesehen. Wie erwähnt ist für manche Autoren der *Konsum* der angemessene Indikator für Leistungsfähigkeit. Auch die Frage, welcher Maßstab der Gleichheit angemessen sei, ob der Maßstab des gleichen relativen oder der des gleichen absoluten "Opfers" oder der des gleichen Grenzopfers zu verwenden sei, war ein viel umstrittener Gegenstand der Diskussion, die teils aus dem Blickwinkel der Wohlfahrtstheorie und teils unter dem Gesichtspunkt der Gerechtigkeit der Besteuerung geführt wurde. Die vorangegangene Darstellung entspricht einem kleinen Ausschnitt aus dieser Diskussion. Sie resümiert einen für ihren weiteren Verlauf sehr wichtigen Beitrag, der von *Cohen Stuart* (1855 - 1921) erbracht wurde[5].

Schon in der Zeit des Absolutismus gab es eine am Staatsinteresse orientierte Fiskalregel, die man als Vorläuferin des Leistungfähigkeitsprinzips ansehen kann: Der französische Staatsmann und Kardinal *Richelieu* (1585 - 1645) verglich Steuerzahler mit Mauleseln, die, falls unter übermäßiger Last zusammengebrochen, als Lastenträger nicht mehr zur Verfügung stünden. Es entspreche also dem gesunden Menschenverstand, Lasten *ins Verhältnis zu den Kräften* zu bringen.[6] (Adel und Klerus waren damals natürlich keine Steuerzahler.)

Die bisher angestellten Überlegungen gingen für die *Herleitung eines Maßstabs* für die Ermittlung von Leistungsfähigkeit von einem Nutzen aus, der durch Einkommen *oberhalb des Existenzminimums* gestiftet wird. Da Einkommen unterhalb des Existenzminimums kein steuerlich disponibles Einkommen darstellt, konnte davon abgesehen werden, für die Herleitung eines Maßstabs der

[5] *Cohen Stuart* (1889), Ausschnitte davon aus dem Holländischen ins Englische übersetzt in: *Musgrave, Peacock* (1958), S. 48 - 71.

[6] *Mann* (1978), S. 96.

steuerlichen Leistungsfähigkeit Nutzen aus diesem Einkommen zu unterstellen. Das Existenzminimum-Einkommen blieb konsequenterweise unberücksichtigt.

Für die Herleitung eines Tarifs aus dem Leistungsfähigkeitsprinzip gibt es allerdings keinen triftigen Grund, das Existenzminum-Einkommen auszuklammern. Vor allem dann nicht, wenn gesellschaftliche Wertungen als relevant angesehen werden. Zwar wohnt aus gesellschaftlicher Sicht einem Einkommen, das unterhalb des Existenzminimums bleibt, keine steuerliche Leistungsfähigkeit inne. Sobald aber ein Einkommen über dem Existenzminimum liegt, ist das gesamte Einkommen unter Einschluß von Einkommen im Umfang des Existenzminimums als zutreffende Bezugsgröße für den Tarif anzusehen. Das zeigt sich auch darin, daß bei Einkommensteuertarifen üblicherweise eine das Existenzminimum umfassende Bemessungsgrundlage verwendet wird (d.h., daß das Existenzminimum in den Tarif "eingearbeitet" ist - siehe Abschnitt V des dritten Kapitels). Das, was beispielsweise der Bezieher eines Einkommen von 100'000 (bei einem gesellschaftlich anerkannten Existenzminimum von z.B. 10'000) "sich leisten kann", wird von der Gesellschaft nicht auf die abstrakte, für die Bildung des Maßstabs erforderliche Größe Überschußeinkommen von 90'000, sondern auf sein Einkommen von 100'000 zurückgeführt. Es ist daher vernünftig, weil mit gesellschaftlichen Wertungen übereinstimmend, als Bemessungsgrundlage des Tarifs das Gesamteinkommen zu verwenden.

In der folgenden Abbildung 5.2 wird die Einkommensnutzenkurve der Abb. 5.1 auf eine um das Existenzminimum erweitere Einkommensskala übertragen. Für den ersten Abschnitt bis zum Skalenwert M hat die gesellschaftlich als relevant anzusehende Nutzenkurve, die zur Vermeidung von Verwechslung jetzt als personelle Wohlfahrtskurve bezeichnet werden soll, Nullwertigkeit. Aus dem Verlauf dieser personellen Wohlfahrtsfunktion ergibt sich ein *progressiver* Tarif als Ausdruck einer Besteuerung nach der Leistungsfähigkeit. Für die Herleitung dieses Ergebnisses in analytisch-formaler Weise werden folgende, teilweise bereits im dritten Kapitel bereits eingeführte Bezeichnungen verwendet:

M:	Existenzminimum
y:	persönliches Gesamt-Einkommen vor Steuer
$\hat{y}$:	persönliches Gesamt-Einkommen nach Steuer
$t = t(y)$:	Durchschnittssteuersatz
$W(y)$:	personelle Wohlfahrtsfunktion

Das persönliche Einkommen nach Steuer beträgt somit

$$\hat{y} = y \cdot (1-t)$$

Diesem Einkommen entspricht das personelle Wohlfahrtsniveau

$$W(\hat{y}) = W(y \cdot [1-t]) \tag{5-3}$$

Durch die Besteuerung wird das Vor-Steuer-Wohlfahrtsniveau - absolut gesehen - abgesenkt um

$$\Delta W(y) = W(y) - W(\hat{y}) \tag{5-4}$$

Die Kürzungsquote wird ausgedrückt durch

$$\frac{W(y) - W(\hat{y})}{W(y)} \tag{5-5}$$

Eine Besteuerung nach der Leistungsfähigkeit läuft jetzt darauf hinaus, daß Einkommen unterhalb des Existenzminimums wegen der Nullwertigkeit der personellen Wohlfahrtsfunktion im ersten Abschnitt nicht verkürzt werden. Nur über dem Existenzminimum liegende Einkommen werden verkürzt, und zwar so, daß die relative Verringerung des persönlichen Wohlstandsniveaus für alle Bezieher *dieser* Einkommen einen aus gesellschaftlicher Sicht relativ gleichen Verzicht an persönlichem Wohlstand bedeutet.

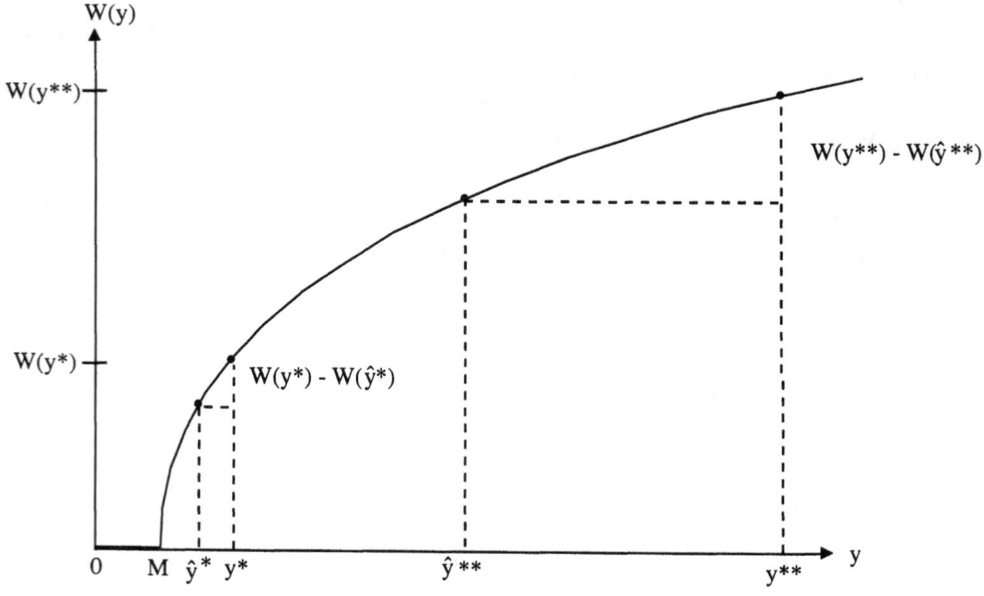

Abb. 5.2: Personelle Wohlfahrtsfunktion

Die Bedingung für eine Besteuerung nach der Leistungsfähigkeit bedeutet jetzt, daß *für alle Einkommen über dem Existenzminimum* gilt:

$$\boxed{\frac{W(y) - W(\hat{y})}{W(y)} = \text{const. für alle } y} \tag{5-6}$$

Eine personelle Wohlfahrtsfunktion mit dem soeben beschriebenen Verlauf (Nullwertigkeit für $y < M$, abnehmende Grenzwohlfahrt), kann beispielsweise durch die folgende Funktion zum Ausdruck gebracht werden:

$$W(y) = \begin{cases} 0 \ ; \ y \leq M \\ k \cdot \sqrt{y - M} \ ; \ y > M \end{cases} \tag{5-7}$$

Für das Nach-Steuer-Einkommen $\hat{y} = y(1\text{-}t)$ beträgt die personelle Wohlfahrt für über dem Existenzminimum liegende Einkommen demnach

$$W(\hat{y}) = k \cdot \sqrt{y(1-t) - M} \ ; \ y > M \tag{5-8}$$

Die Funktion (5-7) ist in Abbildung 5.2 dargestellt. Dort sind auch für zwei Vor-Steuer-Einkommen y^* und y^{**} und die zugehörigen Nach-Steuer-Einkommen $\hat{y}^*$ und $\hat{y}^{**}$ die Werte der personellen Wohlfahrtsfunktion eingetragen. Durch Einhaltung der Bedingung (5-6) wurden die Einkommen y^* und y^{**} so gekürzt, daß die Streckenverhältnisse

$$\frac{W(y^*) - W(\hat{y}^*)}{W(y^*)} = \frac{W(y^{**}) - W(\hat{y}^{**})}{W(y^{**})} \tag{5-9}$$

einander gleich sind.

Wie man schon optisch aus Abbildung 5.2 erkennen kann, fällt die relative Kürzung von y^{**} *höher* aus als die relative Kürzung von y^*, damit *Proportionalität der personellen Wohlfahrtseinbußen* resultiert. Auch formal-analytisch kann man zeigen, daß für die durch (5-7) definierte personelle Wohlfahrtsfunktion nur dann die Bedingung (5-6) erfüllt ist, wenn der Durchschnittssteuersatz $t = t(y)$ eine zunehmende Funktion von y ist, d.h. wenn ein progressiver Tarif vorliegt.

Zahlenbeispiel

Es sei ein Existenzminimum von M = 10'000 angenommen. Für die in der 1. Spalte der untenstehenden Tabelle 5.1 angenommenen Einkommen y sind in der 4. Spalte die (teilweise gerundeten) progressiven Steuersätze t(y) angegeben, die zu einer für alle y gleichen relativen Kürzung der personellen Wohlfahrt führen. Wird z.B. das Einkommen y = 20'000 um t(y) = 20 % gekürzt, so daß es (nach Abzug der Steuer) noch $\hat{y}$ = 16'000 beträgt, dann ergibt sich gemäß (5-6) eine Kürzungsquote von 22,54 Prozent. Es ist nämlich

$$W(20'000) = k \cdot \sqrt{20'000 - 10'000} = k \cdot 100$$

und

$$W(16'000) = k \cdot \sqrt{16'000 - 10'000} = k \cdot 77{,}4597.$$

Somit ist

$$\frac{k \cdot (100 - 77{,}4597)}{k \cdot 100} = 0{,}2254 = 22{,}54\ \%.$$

Dieselbe Kürzungsquote ergibt sich, wenn z. B. das Einkommen y = 100'000 um t(y) = 36 % gekürzt wird:

$$W(100'000) = k \cdot \sqrt{90'000} = k \cdot 300$$

und

$$W(64'000) = k \cdot \sqrt{54'000} = k \cdot 232{,}3790.$$

Somit ist wieder

$$\frac{k \cdot (300 - 232{,}3790)}{k \cdot 300} = 0{,}2254 = 22{,}54\ \%.$$

Das Zahlenbeispiel zeigt zugleich, daß die persönliche Wohlfahrtsfunktion $W(y) = k \cdot \sqrt{y - M}$, die für alle y = x + M einen gleichen Steuerbetrag T(y) = T(x) erbringt wie die Nutzenfunktion $U(x) = k \cdot \sqrt{x}$, einen *progressiven* Tarif erfordert, um zu einer für alle Einkommen gleichen relativen Kürzungsquote zu führen. Bei der mit dem Überschußeinkommen gebildeten Nutzenfunktion führte hingegen ein proportionaler Tarif t(x) zu diesem Ergebnis, wie dies oben bereits gezeigt wurde. In den Spalten 2 und 6 der nachfolgenden Tabelle sind auch die zu y bzw $\hat{y}$ gehörenden Überschußeinkommen x bzw. $\hat{x}$ angegeben. In Spalte 3 steht der proportionale Tarif t(x), der zur konstanten Kürzungsquote des Nutzens aus Überschußeinkommen führt.

Tabelle 5.1: Steuersätze t(y) und t(x) für einige ausgewählte Einkommen, wenn M = 10'000 und die konstante relative Wohlfahrtseinbuße 22,54 Prozent beträgt

y	x	t(x)	t(y)	T(y) = T(x)	$\hat{x}$	$\hat{y}$
10'000	0	-	0,0 %	-	-	10'000
10'500	500	40 %	1,9 %	200	300	10'300
12'000	2'000	40 %	6,7 %	800	1'200	11'200
20'000	10'000	40 %	20,0 %	4'000	6'000	16'000
100'000	90'000	40 %	36,0 %	36'000	54'000	64'000
250'000	240'000	40 %	38,4 %	96'000	144'000	154'000
1'000'000	990'000	40 %	39,6 %	396'000	594'000	604'000

Das Zahlenbeispiel verdeutlicht, daß zur Erreichung einer konstanten quotalen Kürzung der personellen Wohlfahrt oberhalb des Existenzminimums auch dann ein progressiver Tarif erforderlich ist, wenn die konstante quotale Kürzung bei derselben Nutzenfunktion "nur" einen auf das Überschußeinkommen bezogenen proportionalen Tarif erfordert hätte. Bei Zugrundelegung gesellschaftlicher Wertungen folgt aus dem Leistungsfähigkeitsprinzip (verstanden als konstante quotale Kürzung der personellen Wohlfahrt) *grundsätzlich ein* (auf das Gesamteinkommen bezogener) *progressiver Tarif.* Auch ein *indirekt progressiver Tarif* (eine "single-rate-tax") ist mit dem Fundamentalprinzip der Besteuerung nach der Leistungsfähigkeit vereinbar. Offen bleibt allerdings, welchen Progressionsverlauf der Tarif im einzelnen haben sollte. Darüber kann nur politisch entschieden werden.

Es ist manchmal eingewendet worden, es sei wissenschaftlich nicht möglich, eine progressive Besteuerung aus dem Leistungsfähigkeitsprinzip abzuleiten, da gesellschaftliche Wertungen maßgebend seien. Dem ist entgegenzuhalten, daß jede Besteuerung letztlich auf gesellschaftlichen Wertungen beruhen muß und daß eine wissenschaftlich abgeleitete Gestaltung der Besteuerung nicht deswegen unmöglich ist, weil normative Voraussetzungen zugrunde gelegt werden müssen. Es kann nur verlangt werden, daß die Herleitung des Ergebnisses wissenschaftliche Kriterien erfüllt. Dies ist jedoch der Fall bei der oben unterstellten Definition des Leistungsfähigkeitsprinzips als einer Regel, wonach die Höhe der Steuerschuld so zu bemessen ist, daß es für alle Einkommensbezieher zu einer gleichen quotalen Kürzung ihres Bedürfnisbefriedigungsniveaus ("gleiches relatives Opfer", "equal proportional sacrifice") kommt.

Die Regel der gleichen quotalen Kürzung der Bedürfnisbefriedigungsniveaus genügt im übrigen dem Kriterium, die Bedürfnisbefriedigungsniveaus (personellen Wohlstandsniveaus) in ihrem Verhältnis zueinander durch die Besteuerung *nicht zu verändern.* Formal ausgedrückt: Wenn bei Besteuerung nach der Leistungsfähigkeit alle Wohlstandsniveaus um den gleichen Prozentsatz gesenkt werden, resultiert für jedes Einkommenspaar y_i und y_j mit y_i, $y_j > M$:

$$\boxed{W(y_i) : W(y_j) = W(\hat{y}_i) : W(\hat{y}_j)} \qquad (5\text{-}10)$$

Die Formel 5-10 läßt sich durch ein einfaches Zahlenbeispiel illustrieren: Es gebe drei unterschiedlich hohe Einkommen y_1, y_2 (mit $y_2 = 2y_1$) und y_3 (mit $y_3 = 2y_2$). Es ist also y_2 doppelt so groß wie y_1 und y_3 viermal so groß wie y_1. Die Bedürfnisbefriedigungsniveaus, ausgedrückt als Index, sollen mit 100 (für y_1), 150 (für y_2) und 180 (für y_3) angenommen werden (Widerspiegelung des abnehmenden Grenznutzens). Sie stehen also aus gesellschaftlicher Sicht im Verhältnis von 1 : 1,5 : 1,8 zueinander. Die Bemessung der Einkommensteuern nach Maßgabe, daß die Kürzung der Bedürfnisbefriedigungsniveaus um einen gleichen Prozentsatz erfolgt, beispielsweise um 20 Prozent, beläßt die Positionen der Bedürfnisbefriedigungsnveaus zueinander unverändert: sie betragen nach Besteuerung 80 (für y_1), 120 (für y_2) und 144 (für y_3). Das Verhältnis der Bedürfnisbefriedigungsniveaus nach Steuern bleibt also bei 1 : 1,5 : 1,8.

In neuerer Zeit hat sich vor allem *Heinz Haller* mit dem Leistungsfähigkeitsprinzip auseinandergesetzt und dessen zentrale Bedeutung für ein rationales, in sich geschlossenes Steuersystem aufgezeigt[7]. Er hat ferner gezeigt, daß bei der von ihm vorgenommenen inhaltlichen Festlegung dieses Prinzips (der im vorliegenden Buch weitgehend gefolgt wurde) sich die Lastverteilungszielsetzung (Verteilung der Lasten zur Finanzierung der öffentlichen Güter) konzeptionell unzweideutig von der Umverteilungszielsetzung abgrenzen läßt. Das verfassungsmäßig gebotene Leistungsfähigkeitsziel richtet sich auf eine *gleiche quotale Kürzung* der personellen Wohlstandsniveaus, wohingegen sich das politische Umverteilungsziel auf eine *Nivellierung* dieser Wohlstandsniveaus durch die Besteuerung richtet. Umverteilung erfordert einen höheren Grad an Progression, als es zur Befolgung des Leistungsfähigkeitsprinzips nötig ist.

Abschließende Bemerkung
Das Leistungsfähigkeitsprinzip ist eine *Gerechtigkeitsregel.* Es basiert auf einem als sachgerecht anzusehenden Begriff von Gleichheit als Maßstab für gerechte Besteuerung und richtet sich nicht auf das Ziel einer Ergebnisgleichheit, wie z.B. Gleichheit aller Einkommen oder aller Wohlstandsniveaus. Eine solche Ergebnisgleichheit würde z.B. mit der Besteuerungsregel des gleichen Grenzopfers bei allen Einkommensbeziehern ("equal marginal sacrifice" und somit "least total sacrifice") angestrebt. Das Leistungsfähigkeitsprinzip respektiert grundsätzlich eine Einkommensverteilung, wie sie sich in einer demokratischen und marktorientierten Gesellschaftsordnung einstellt. Wenn sich die Steuerlastverteilung nicht mehr grundsätzlich an Gleichheit als Maßstab für Gerechtigkeit orientiert, sondern am Ziel z.B. des kollektiven Wohlfahrtsmaximums oder des geringsten totalen Wohlfahrtsverlusts, entspricht sie nicht mehr einer Besteuerung nach der Leistungsfähigkeit, sondern einem wie auch immer theoretisch begründeten Lastverteilungsmuster.

In einer Reihe von Staaten ist das Leistungsfähigkeitsprinzip explizit verankert, so beispielsweise in der oben zitierten Verfassung des Kantons Zürich, ebenso in der französischen oder italienischen Verfassung. Auch die Weimarer Reichsverfassung vom 1. August 1919 enthielt in Art. 134 das Leistungsfähigkeitsprinzip als Vorschrift. Eine solche Vorschrift ist nach der Rechtsprechung des deutschen Bundesverfassungsgerichts aber auch dem heutigen Grundgesetz entnehmbar.

IV.B. Gesamtsysteme von Besteuerungsgrundsätzen

Die jetzt noch darzustellenden Systeme oder Kataloge der Besteuerungsgrundsätze enthalten über das Fundamentalprinzip hinaus eine Reihe weiterer steuerpolitisch relevanter Gesichtspunkte, deren Beachtung für die Befolgung bzw. den Erfolg der steuerpolitisch angestrebten Ziele mehr oder weniger zwingend ist. Die Formulierung als Grundsätze oder Maximen soll die Bedeutung zum Ausdruck bringen, die ihnen aufgrund wissenschaftlicher Erkenntnisse zukommt.

Kaum ein anderes Thema hat die Finanzwissenschaft so nachhaltig beschäftigt wie das der Entwicklung von Besteuerungsgrundsätzen. Die Beschäftigung mit ihnen nahm ihren Anfang etwa gleichzeitig mit der systematischen Erforschung volkswirtschaftlicher Zusammenhänge. Nach erfolgter Bewußtseinserweiterung durch die *Aufklärung*, beeinflußt durch die Entwicklung des Naturrechts und durch die Fortschritte der Naturwissenschaften wurde im Verlauf des 17. und 18. Jhs. entdeckt, daß Steuern für den volkswirtschaftlichen Kreislauf von zentraler Bedeutung sind. Man

---

[7] *Haller* (1981).

erkannte, daß die Gestaltung der Steuern so erfolgen sollte, daß durch sie der Volkswohlstand nicht beeinträchtigt würde. Mit der Aufstellung eines Systems von Besteuerungsgrundsätzen sollte dem Staat daher eine Art von Gebrauchsanweisung für den richtigen Umgang mit Steuern an die Hand gegeben werden. Veraltete Steuerformen und eine in der Vergangenheit praktizierte, oft als willkürlich empfundene Technik der Steuereintreibung sollten ersetzt werden durch ein *rationales Steuersystem*.

Die folgenden Darlegungen berücksichtigen etwas mehr als die übrigen Teile des vorliegenden Lehrbuchs die historische Dimension der Finanzwissenschaft. Dies erscheint deswegen gerechtfertigt zu sein, weil vor allem im historischen Vergleich und an dem sich im historischen Ablauf vollziehenden Wandel erkennbar wird, welche Rolle gesellschaftliche Wertungen für die Besteuerung spielen.

Ein berühmt gewordenes Bündel von Besteuerungsgrundsätzen wurde von dem schottischen Moralphilosophen und Ökonomen *Adam Smith* (1723 - 1790) aufgestellt bzw. zusammengestellt.[8] Seine Besteuerungsgrundsätze, die später als *die vier klassischen Maximen der Besteuerung* bezeichnet wurden, lauten:

1.) Die Besteuerten sollten *gleichmäßig* belastet werden. Der Maßstab für die Besteuerung sollte der Wert sein, den der staatliche Schutz für die Besteuerten darstellt. Dieser Schutz ermögliche das Erzielen von Einkommen und dementsprechend sollte die Steuer (für alle gleichermaßen) im Verhältnis zur Höhe des Einkommens stehen. Die von *Adam Smith* geforderte Besteuerung entsprach einer *assekuranztheoretischen* Auffassung: Steuer als Gegenleistung für den staatlichen Schutz, dessen Wert sich nach der Höhe des Einkommens bemesse und in dem sich zugleich die Fähigkeit zum Steuerzahlen ausdrücke. Das *Gleichmäßigkeitspostulat* von *Smith* war *nicht ethisch*, sondern volkswirtschaftlich begründet. Er sprach von "equality of taxation" und nicht von "equity of taxation".

2.) Die Steuergesetzgebung sollte unzweideutig und für jedermann *klar verständlich* sein. Die Gesetzgebung sollte Zahlungstermin, Zahlungsart und Zahlungsbetrag *eindeutig* festlegen, damit jede Art von *Willkür* seitens der Steuerbehörden und der früher oft zwischengeschalteten Steuerpächter vermieden wurde. Diese zweite Maxime wird als der Grundsatz der *Bestimmtheit der Steuergesetzgebung* ("certainty of taxation") bezeichnet.

3.) Auch das dritte Besteuerungspostulat von *Smith* - er sprach von "convenience of taxation" - war eine auf die *Steuertechnik* bezogene Besteuerungsregel. Sie verlangte, die Steuerlast dem Steuerpflichtigen dadurch zu erleichtern, daß die Erhebung bezüglich Zeitpunkt und Umständen für den Steuerpflichtigen möglichst erträglich sein sollte. So sollte z.B. die Steuer auf die Grund- oder Hausrente erst zu entrichten sein, nachdem die entsprechenden Gelderträge eingegangen waren. Dieses Postulat wird meistens als *Bequemlichkeits-*

---

8 *Smith* (1776), Book V, Chapter II.

grundsatz übersetzt, verständlicher wäre die Bezeichnung als *Erträglichkeitsgrundsatz.*

4.) Das vierte Steuerpostulat von *Adam Smith* wird als Grundsatz der *Wohlfeilheit* bzw. der *Billigkeit* bezeichnet. Dieser Grundsatz hatte den doppelten Zweck, einerseits die Höhe der *Erhebungskosten* auf Seiten des Staates und andererseits die Kosten, die auf Seiten der Steuerpflichtigen durch die Steuerpflicht entstehen, möglichst niedrig zu halten ("economy of taxation").

Die von *Smith* aufgestellten Maximen haben bis heute ihre Gültigkeit behalten. Insbesondere seine vierte Maxime hat einen erheblich weiterreichenden ökonomischen Sinn, als dies den Bezeichnungen "Wohlfeilheit" oder "Billigkeit" zu entnehmen ist. Leicht gekürzt lautet seine vierte Besteuerungsregel:

"Jede Steuer muß so eingerichtet sein, daß sie sowenig als möglich über die Summe, die sie dem Staatsschatze einbringt, aus der Tasche des Bürgers herausnimmt oder derselben fortdauernd entzieht. Dieses Herausnehmen oder Entziehen kann aber auf viererlei Art geschehen. Erstens kann die Erhebung der Steuer eine große Zahl von Beamten erfordern, deren Gehalte den größten Teil von dem Steuerertrage aufzehren. ... Zweitens kann sie dem Gewerbefleiß hinderlich sein und die Bürger von gewissen Geschäftszweigen abhalten, die einer großen Zahl von Menschen Unterhalt und Beschäftigung geben könnten. Während sie die Leute zum Zahlen zwingt, vermindert sie so, oder zerstört vielleicht gar einen oder den anderen Fonds (gemeint ist: Steuerquelle, P.B.), der sie zum Zahlen hätte instand setzen können. Drittens kann sie durch die Gütereinziehungen und andere Strafen, welchen diejenigen Unglücklichen verfallen, die den mißlingenden Versuch machen, die Steuer zu umgehen, dieselben oft zugrunde richten und dadurch den Gewinn unmöglich machen, welche die Gesellschaft sonst von der Anwendung jener Kapitalien gehabt haben würde. Eine unkluge Steuer gibt eine starke Versuchung zum Schmuggeln. Je größer aber die Versuchung ist, desto schärfer müssen auch die Strafen werden. So bringt nun das Gesetz, allen Grundsätzen der Gerechtigkeit zuwider, zuerst die Versuchung hervor und straft dann diejenigen, die ihr erliegen. ... Viertens kann die Steuer dadurch, daß sie die Steuerpflichtigen häufigen Besuchen und gehässigen Untersuchungen von seiten der Einnehmer unterwirft, dieselben höchst unnötigen Beunruhigungen, Plackereien und Bedrückungen aussetzen, und wenn auch die Plackerei genau genommen kein Kostenaufwand ist, so steht sie doch dem Kostenaufwande ganz gleich, mit welchem sich jeder gern von ihr loskaufen möchte. Auf eine oder andere dieser vier Arten ist also eine Steuer oft für die Bürger eine weit größere Last, als sie für das Staatsoberhaupt ein Gewinn ist".[9]

Adam Smith war keineswegs der erste, der Besteuerungsregeln aufstellte. Er übernahm Regeln von Vorläufern und Zeitgenossen, nicht zuletzt von dem deutschen Kameralisten *Johann Heinrich Gottlob v. Justi* (1717 - 1771) und dem englischen Juristen und Philosophen *Henry Home, Lord Kames* (1696 - 1782). Das Verdienst von *Adam Smith* liegt vor allem darin, daß er Besteuerungsgrundsätze, die dem Zeitgeist des sog. *Wirtschaftsliberalismus* entsprachen, griffig formulierte.

Die bedeutsamste Erweiterung erfuhren die von *Adam Smith* aufgestellten und dann von nachfolgenden Autoren ergänzten und ausdifferenzierten Besteuerungs-

---

9 zitiert bei: *Mann* (1978), S. 153 f. nach der Übersetzung von *Max Stirner*, Leipzig 1847, 5. Buch S. 169 f.

maximen durch den Staatswissenschaftler und Sozialreformer *Adolph Wagner* (1835 - 1917). Er kehrte sich von der wirtschaftsliberalen *Edinburger Besteuerungsregel* des "leave them as you find them" ab. Dem Grundsatz einer aus individualistisch-wirtschaftsliberaler Sicht gerechtfertigten Besteuerung stellte er einen Grundsatz gerechter Besteuerung an die Seite, den er aus der *Gemeinschaftsbezogenheit* des Menschen, d.h. aus dem Menschenbild des *homo communalis* ableitete.

Der von *Wagner* vertretene Standpunkt, den man bei Verwendung heutiger Begriffe auch als *kommunitaristisch* bezeichnen könnte, lautete: "Die Konsequenz, ... daß (die im freien Marktprozeß sich einstellende, P.B). Einkommens- und Vermögensverteilung in ihren Relationen der Einzeleinkommen und Vermögen zueinander ein *Noli me tangere* (eine Unberührbarkeit, P.B.) sein müsse, ist ... in dieser prinzipiellen Allgemeinheit *unrichtig*. Es darf und muß vielmehr noch ein *zweiter* Gesichtspunkt neben dem rein finanziellen für die Besteuerung aufgestellt werden: der sozialpolitische, kraft dessen die Steuer nicht nur Mittel zur Deckung des Finanzbedarfs, sondern zugleich ein ... Mittel ... ist, welches in die bei freier Konkurrenz entstandene Einkommens- und Vermögensverteilung *korrigierend* ... eingreift." [10]

Die Steuern wurden von *Adolph Wagner*, für den sich die Aufgaben des Staates nicht allein im "Rechts- und Machtzweck" erschöpften, sondern für den der Staat daneben auch einen *"Cultur- und Wohlfahrtszweck"* zu erfüllen hatte, als ein geeignetes Instrument zur Durchsetzung sozialpolitischer Ziele angesehen. Auf die Zeit einer ungehemmten freihändlerischen Gesinnung folgte seit der Mitte des 19. Jhs. eine Zeit der sozialen Besinnung. Sie fand ihren Niederschlag nicht nur in der Einrichtung eines modernen Sozialversicherungssystems durch *Otto von Bismarck* (1815 - 1898), sondern z.B. auch in der Einführung einer progressiven Einkommensteuer in Preußen durch die *Miquel*sche Finanzreform von 1891.[11]

Wagners sozialpolitischer Zweck der Besteuerung fand seinen Niederschlag in der von ihm vorgenommenen Neuformulierung der Gerechtigkeitsprinzipien der Allgemeinheit und der Gleichmäßigkeit und in der Aufstellung seiner volkswirtschaftlichen Prinzipien. Er gliederte seine insgesamt neun Prinzipien in die vier Gruppen der finanzpolitischen (fiskalischen), der volkswirtschaftlichen, der auf Gerechtigkeit der Besteuerung abzielenden und der auf die Steuerverwaltung bezogenen Prinzipien[12]. Diese sind inhaltlich und in dieser Systematik von seinen Nachfolgern weitgehend übernommen worden.

In neuerer Zeit hat insbesondere *Fritz Neumark* (1900 - 1991) Besteuerungsgrundsätzen eine umfangreiche Untersuchung gewidmet. Veränderungen politischer, verfassungsmäßiger und realwirtschaftlicher Art (zwei Weltkriege, Hyperinflation in Deutschland und Weltwirtschaftsdepression der zwanziger und

[10] *Wagner* (1890), S. 383.
[11] *Johannes von Miquel* (1828 - 1901), preußischer Finanzminister.
[12] *Wagner* (1890), S. 292 ff.

dreißiger Jahre) waren vorausgegangen und hatten die Wirtschafts- und Finanzpolitik vor bis dahin unbekannte Herausforderungen gestellt. Um ihnen zu entsprechen, hatten einige Wirtschaftstheoretiker, unter denen *John Maynard Keynes* (1883 - 1946) der bekannteste wurde, ein Instrumentarium entwickelt, bei dem auch den Steuern eine wichtige, allerdings nicht mehr primär fiskalische, sondern vor allem konjunktursteuernde Rolle zugedacht war. *Fritz Neumark* trug mit seinem Katalog an Besteuerungsgrundsätzen diesen Veränderungen Rechnung[13].Er hat "alten" Grundsätzen eine Reihe von Ergänzungen hinzugefügt und eine eigene Klassifizierung hinsichtlich der Rangfolge dieser Grundsätze vorgenommen.

I. Fiskalisch-budgetäre Besteuerungsgrundsätze

1. Grundsatz der Ausreichendheit der Steuererträge
2. Grundsatz der deckungspolitischen Anpassungsfähigkeit (Steigerungsfähigkeit) der Besteuerung

II. Ethisch-sozialpolitische Besteuerungsgrundsätze

1. Gerechtigkeitspostulate:
   a) Grundsatz der Allgemeinheit der Besteuerung
   b) Grundsatz der Gleichmäßigkeit der Besteuerung
   c) Verhältnismäßigkeitsgrundsatz oder Prinzip der Besteuerung nach der persönlich-individuellen Leistungsfähigkeit
2. Grundsatz der steuerlichen Umverteilung von Einkommen und Vermögen

III. Wirtschaftspolitische Besteuerungsgrundsätze

1. Wirtschaftsordnungspolitische Prinzipien:
   a) Grundsatz der Vermeidung steuerdirigistischer Maßnahmen
   b) Grundsatz der Minimierung steuerlicher Eingriffe in die Privatsphäre und in die wirtschaftliche Dispositionsfreiheit von Individuen
   c) Grundsatz der Vermeidung ungewollter Folgen steuerlicher Beeinträchtigungen des Wettbewerbs.
2. Prozeßpolitische Prinzipien:
   a) Grundsatz der aktiven Flexibilität der Besteuerung
   b) Grundsatz der passiven ("eingebauten") Flexibilität der Besteuerung
   c) Grundsatz der wachstumspolitischen Ausrichtung der Besteuerung

---

[13] *Neumark* (1970), S. 44 f.

IV. Steuerrechtliche und steuertechnische Grundsätze

1. Grundsatz der Widerspruchslosigkeit und Systemhaftigkeit der Steuermaßnahmen
2. Grundsatz der Steuertransparenz
3. Grundsatz der Praktikabilität der Steuermaßnahmen
4. Grundsatz der Stetigkeit des Steuerrechts
5. Grundsatz der Wohlfeilheit der Besteuerung
6. Grundsatz der Bequemlichkeit der Besteuerung

Die von *F. Neumark* übernommenen bzw. aufgestellten Besteuerungsgrundsätzen sind wie folgt zu verstehen :

Zu I: Die fiskalisch-budgetären Besteuerungsgrundsätze reflektieren die Tatsache, daß die Bereitstellung öffentlicher Güter die Inanspruchnahme wirtschaftlicher Ressourcen einer Volkswirtschaft erfordert. Die an erster Stelle stehenden Grundsätze der *Ausreichendheit* und der *Anpassungs-* bzw. *Steigerungsfähigkeit* bringen das *fiskalische Deckungsziel* zum Ausdruck. Gegenüber einer wie bisher strikten Auslegung verlangte *Neumark* allerdings nur eine "nachhaltige Deckung" über die Zeit hinweg und nicht mehr grundsätzliche Deckung für jeden einzelnen öffentlichen Haushalt und für jede Periode. Neumarks Interpretation ließ Raum für *bewußte Deckungslücken*, die durch *öffentliche Kreditaufnahme* zu füllen sind, wenn dies aus wirtschaftspolitischen Gründen als erforderlich angesehen würde.

Der Grundsatz der *Steigerungsfähigkeit* der Besteuerung - auch als *Beweglichkeit* bezeichnet - bezieht sich auf die notwendige Eigenschaft eines Steuersystems, die Deckung eines steigenden Ausgabenbedarfs ohne große Zeitverzögerung zu ermöglichen. Ein solcher Fall kann eintreten bei gewissen externen Schocks oder wie zum Beispiel bei einem Ereignis wie dem der deutschen Wiedervereinigung. Nicht in allen Fällen eines unerwarteten oder eines nur einmalig oder kurzfristig auftretenden Mehrbedarfs sind allerdings Steuern zur Finanzierung das primär in Betracht zu ziehende Instrument, vielmehr kann eine öffentliche Kreditaufnahme auch aus Gründen einer intertemporal gerechten Lastverteilung vorzuziehen sein.

Zu II: Die ethisch-sozialpolitischen Besteuerungsgrundsätze sind in erster Linie Ausfluß verfassungsmäßig verankerter Gebote und haben daher prinzipiellen Vorrang vor den nachfolgenden Budgetgrundsätzen. Der Grundsatz der *Allgemeinheit* der Besteuerung verlangt, daß unterschiedslos alle Personen zur Steuerpflicht herangezogen werden, bei denen ein vom Gesetz als steuerpflichtig bezeichneter Tatbestand vorliegt. *Gleichheit* bzw. *Gleichmäßigkeit* erweitert das Allgemeinheitspostulat um die Forderung, einen gleichen Maßstab bei gleichartigen Tatbeständen anzulegen. Der *Verhältnismäßigkeitsgrundsatz* entspricht dem Leistungsfähigkeitsprinzip, wie es weiter unten in Abschnitt IV.C dargestellt wird.

Mit dem eigenständigen Grundsatz der *steuerlichen Umverteilung* von Einkommen und Vermögen macht sich *Neumark* eine grundlegende Unterscheidung zwischen "gerechter Verteilung steuerlicher Lasten" und einer gegebenenfalls aus dem Sozialstaatsgebot abzuleitenden "Korrektur der marktmäßig sich ergebenden Einkommens- und Vermögensverteilung" zu eigen. Er definiert diesen Grundsatz wie folgt[14]:

> "Gemäß dem Umverteilungspostulat ist die Gesamtsteuerpolitik so zu gestalten, daß die interindividuelle Verteilung der Steuerlasten über das zur Verwirklichung des Leistungsfähigkeitsgrundsatzes erforderliche Maß hinaus einen progressiven Verlauf nimmt, um auf diese Weise eine gewisse, mit den Grundinstitutionen einer Marktwirtschaftsordnung noch zu vereinbarende und nach vorherrschender Auffassung als gerecht angesehene Redistribution von Einkommen und Vermögen zu erreichen, und zwar im Sinne einer Verringerung der Unterschiede in der durch Marktmechanismus und Marktmacht herbeigeführten primären Verteilung".

Zu III: Die drei ersten wirtschaftspolitischen Besteuerungsgrundsätze bringen das ordnungspolitische Ziel der Erhaltung eines ungestörten Funktionierens der marktwirtschaftlichen Abläufe in die Form von Besteuerungsgrundsätzen. Sie zielen darauf ab, eine Beeinträchtigung der Allokationseffizienz und Eingriffe in die Entscheidungsfreiheit von Personen nach Möglichkeit zu vermeiden, d.h. sie sollen *Neutralität der Besteuerung* sicherstellen. Unter dem Neutralitätsgebot versteht man, daß die Besteuerung eine Verzerrung des Preisgefüges (der relativen Preise) und damit eine Beeinträchtigung der Anzeige relativer Knappheiten vermeiden soll. Das Neutralitätsgebot umschließt das Gebot zu interventionistischer Enthaltsamkeit (Vermeidung steuerdirigistischer Maßnahmen, Minimierung steuerlicher Eingriffe usw.) Im speziellen sind mit *Steuerdirigismus* Eingriffe "unsystematisch-punktueller Form in größere oder kleinere Teilgebiete des Wirtschaftslebens" gemeint. Sie sollen unterbleiben. Der Grundsatz der *Minimierung von steuerlichen Eingriffen* verlangt darüberhinaus generelle Zurückhaltung bei unvermeidbaren steuerlichen Maßnahmen. Hinter dem Grundsatz der *Vermeidung ungewollter Folgen steuerlicher Beeinträchtigungen des Wettbewerbs* verbirgt sich das Postulat, nach Möglichkeit keine unerwünschten Nebenwirkungen der Besteuerung, wie z.B. Zusatzlasten (excess burden) entstehen zu lassen. Der Zwangstransfer ökonomischer Ressourcen soll den "Konkurrenzmechanismus des Marktes" nicht stärker beeinträchtigen, als dies "aus übergeordneten Gründen für erforderlich" gehalten wird.

Während die ersten drei wirtschaftspolitischen Grundsätze von der Schutzwürdigkeit eines freien Wettbewerbs und einer diesem zugetrauten allokativen

---

[14] *Neumark* (1970), S. 195.

Effizienz ausgehen, liegt der Aufstellung der drei weiteren Grundsätze die Annahme einer (partiellen) *Mangelhaftigkeit* des real existierenden Wettbewerbs zugrunde. Der Grundsatz der aktiven Flexibilität soll die Steuerpolitik in die Lage versetzen, mit diskretionären, d.h. situationsgerechten Maßnahmen "sowohl inflatorischen als auch deflatorischen Entwicklungstendenzen zu begegnen", während der Grundsatz der passiven Flexibilität eine vorausschauende Gestaltung des Steuersystems verlangt, damit das Ziel der Konjunktursteuerung auch ohne solche Einzelmaßnahmen erreicht wird.

Der letzte wirtschaftspolitische Grundsatz der wachstumspolitischen Ausrichtung der Besteuerung richtet sich gegen Steuern mit "wachstumshemmender Wirkung", verlangt aber auch eine Besteuerung, die "das Wachstum positiv zu beeinflussen" vermag, sofern die Wachstumsrate "unter der als angemessen betrachteten" bleibt.

Zu IV: Die von *Neumark* als steuerrechtlich und steuertechnisch bezeichneten Grundsätze entsprechen zum Teil den klassischen Maximen von *Adam Smith. Widerspruchslosigkeit* und *Systemhaftigkeit* der Steuermaßnahmen verlangen die Vermeidung von Lücken der Besteuerung und die Berücksichtigung der Zusammenhänge, in denen die einzelnen Steuertatbestände zueinander stehen. Der Grundsatz der *Steuertransparenz* verlangt ein "Höchstmaß an Gemeinverständlichkeit" sowie "Eindeutigkeit und Bestimmtheit der Vorschriften" um "Willkür bei Veranlagung und Erhebung" von Steuern durch die Verwaltung auszuschließen. Der Grundsatz der *Praktikabilität* verlangt insbesondere, daß die Besteuerung "den institutionellen und fachlichen Kapazitäten der Veranlagungs-, Erhebungs- und Kontrollbehörden" entsprechen und "effizient anwendbar und durchsetzbar" sein sollten. Schließlich sollte das Steuerrecht gemäß dem Grundsatz der *Stetigkeit* "nur in größeren Zeitabständen und nach Möglichkeit im Rahmen allgemein-systematischer Reformen" geändert werden, sofern Änderungen nicht aus "Gründen der aktiven Flexibilität geboten" erscheinen. Die antiquiert klingenden Grundsätze der *Wohlfeilheit* und *Bequemlichkeit* der Besteuerung haben unverändert die ihnen schon von *Adam Smith* zugemessene Bedeutung. Man sollte sie moderner als Grundsätze der *Wirtschaftlichkeit* der Besteuerung und der *Rücksichtnahme auf die persönlichen Umstände* der Besteuerten bezeichnen.

Kritisch ist zu dem von *Neumark* zusammengestellten System von Besteuerungsgrundsätzen anzumerken, daß die darin enthaltenen Grundsätze der "steuerlichen Umverteilung" und der "aktiven Fexibilität der Besteuerung" zu sehr einem heute nicht mehr wissenschaftlich vertretbaren steuerpolitischen Interventionismus verhaftet sind. Sein System berücksichtigt zu wenig die inzwischen eingetretenen Veränderungen, die sich mit den Stichworten Globalisierung, vermehrte Mobilität von Kapital und qualifizierter Arbeitskraft und internationaler Wettbewerb der nationalen Steuersysteme charakterisieren lassen.

Neumarks Besteuerungsprinzipien haben durch diese neueren Entwicklungen insgesamt gesehen aber keineswegs ihre Bedeutung verloren. Allerdings ist heute eine etwas andere Gewichtung der einzelnen Grundsätze auch deswegen erforderlich, weil einige Staatsaufgaben in den vergangenen Jahrzehnten oft unter erheblichem Verstoß gegen die fiskalischen und steuertechnischen Grundsätze der Besteuerung ausgeweitet wurden. Gerade die von *Neumark* nur als steuerrechtlich und technisch abqualifizierten Grundsätze, bei denen schon *Adam Smith* erkannte, daß sie mehr als nur diese Bedeutung hatten, erfordern heute eine verstärkte Berücksichtigung. Auch der alte Grundsatz der *Mäßigkeit der Besteuerung*, den *Neumark* für überholt hielt (!) und den er bewußt *nicht* in sein System aufgenommen hatte, muß wieder respektiert werden. Dieser in der Zeit des Wirtschaftsliberalismus hochgehaltene, später als nicht mehr zeitgemäß fallengelassene Grundsatz darf in einem auf die heutigen Bedürfnisse zugeschnittenen Grundsatzkatalog nicht fehlen. Eine solche Ergänzung des *Neumark*schen Systems entspricht dem heutigen wissenschaftlichen Erkenntnisstand über die Grenzen der Leistungs- und Regelungskapazitäten von staatlichen oder übernationalen Administrationen und über die Möglichkeit ihres Versagens.

V. Fragen zur Selbstkontrolle und zum Nachdenken

1.) Aus welchen Verfassungsartikeln kann man das Gerechtigkeits- oder das Freiheitsziel ableiten? In welchen Besteuerungsgrundsätzen sind diese Ziele inkorporiert?

2.) Welche der in Abschnitt IV.B dargestellten Besteuerungsgrundsätze sind aus heutiger Sicht eher als zeitgebunden zu qualifizieren, welche sind eher als überzeitlich gültig anzusehen?

3.) Welche Konsequenzen bezüglich der Rangfolge der Besteuerungsgrundsätze ergeben sich aus der Tatsache, daß Steuern einen zwangsweisen Entzug von privaten Ressourcen bedeuten?

4.) Unter welchen Prämissen wäre die Kopfsteuerregel zu befürworten?

5.) Ist es gerechtfertigt, dem Leistungsfähigkeitsprinzip einen besonders hohen Rang zuzubilligen?

6.) Welche Konsequenzen hätte eine Besteuerung, die statt nach der Regel des gleichen relativen Opfers nach der Regel des gleichen Grenzopfers erfolgen würde?

7.) Man zeige, daß bei Annahme einer Nutzenfunktion $U(x) = \log(x + 1)$ die relative Nutzeneinbuße ("das relative Opfer") mit zunehmendem Wert von x bei einem Proportionaltarif $t(x) = const.$ immer kleiner wird. Welche Konsequenz folgt somit für den Tarif in Abhängigkeit vom Wert des Überschußeinkommens x, wenn die Bedingung (5 - 1) erfüllt sein soll, wonach das relative Opfer für alle gleich sein soll?

8.) Unter welchen Annahmen folgt ein progressiver Tarif aus dem Ziel, eine Besteuerung nach der Leistungsfähigkeit zu erreichen?

9) Handelte es sich um eine direkte oder eine indirekte Progression, mit der im Fall des Zahlenbeispiels im Text des vorangegangenen Abschnitts das Einkommen y besteuert wurde, so daß es zu den in Tabelle 5.1 angegebenen zahlenmäßigen Durchschnittsbelastungen t(y) bzw. zu den Steuerbeträgen T(y) kam?

10.) Mit welchen Argumenten kann man begründen, Gerechtigkeit der Besteuerung sei nicht allein mittels einer Besteuerung nach der Leistungsfähigkeit zu erreichen, sondern erfordere darüber hinaus auch noch eine Umverteilungskomponente?

SECHSTES KAPITEL

Die Einkommensteuer

I. Einkommen als Objekt der Besteuerung

Die Einkommensteuer natürlicher Personen ist die *Steuer der ersten Wahl*, wenn es gilt, eine Besteuerung am *Leistungsfähigkeitsprinzip* auszurichten. Weil sie sich wie keine andere Steuer für eine solche Besteuerung eignete, konnte sie im Laufe des 19. und des 20. Jahrhunderts zur wichtigsten Steuer in fast allen industrialisierten Ländern aufsteigen. Gleichzeitig verdankte sie ihren Aufstieg allerdings auch ihren bedeutsamen Neutralitätseigenschaften. Bei der Einkommensteuer spielt es keine Rolle, in welchen *Berufen* Einkommen erzielt wird, welche Tätigkeiten zu Einkommen führen, welche Ressourcen zur Einkommenserzielung benötigt werden oder aus welchen *Quellen* Einkommen stammt. Die Besteuerung des Einkommens ist auch indifferent hinsichtlich der *Aufteilung* des Einkommens auf *alternative Verwendungsarten.* Im Idealfall entspricht die Einkommensteuer einer gerechten und in überwiegender Hinsicht auch neutralen Steuer, wenngleich sich bei ihrer Implementierung Abstriche vom Ideal nicht vermeiden lassen und sich theoretisch wie bei allen Steuern außer bei der Kopfsteuer auch gewisse Ineffizienzaspekte nachweisen lassen.

Um Einkommen zum Gegenstand einer am Leistungsfähigkeitsprinzip orientierten Steuer zu machen, muß es als eine Größe definiert werden, die sich vom umgangssprachlichen Einkommensbegriff unterscheidet. Einkommen wird demnach definiert *als Zufluß an ökonomischen Mitteln, die für die persönliche Bedürfnisbefriedigung zur Verfügung stehen und in der Summe das für die persönliche Bedürfnisbefriedigung zur Verfügung stehende Dispositionspotential* bilden. Bei einer solchen Definition kommt es nicht darauf an, ob die Mittel, die der Bedürfnisbefriedigung dienen, in Geld-, Natural- oder Realform zufließen, ob sie regelmäßig oder unregelmäßig oder vielleicht sogar nur einmalig zufließen, aus welcher Quelle sie stammen oder welcher Verwendung sie zugeführt werden. Ein solcher Einkommensbegriff stützt sich auf die Einkommensdefinition der *Reinvermögenszugangstheorie*, wie sie von *Georg von Schanz* (1853 - 1931) aufgestellt wurde[1].

Die Einkommensbesteuerung fast aller industrialisierten Länder orientierte sich an der *Schanz*schen Einkommenskonzeption. Diese wird auch als *SHS-Einkommenskonzeption* bezeichnet, weil sie dank *Robert Murray Haig* (1887 - 1953) und *Henry Calvert Simons* (1899 - 1946) ein integraler Bestandteil auch der englischsprachigen Finanztheorie wurde. *Simons*, ein Mitbegründer der sog. Chicagoer Schule der Nationalökonomie, machte sie zum Fundament der von ihm entworfenen modernen amerikanischen Bundes-Einkommensteuer.

Die Reinvermögenszugangstheorie verwendet, um Einkommen zu definieren, den *buchhalterischen* Grundgedanken, wonach ein Konto stets ausgeglichen sein muß. Auf der Habenseite steht der (Brutto-)Zufluß an Mitteln bzw. an Vermögen zwischen zwei Zeitpunkten, auf der Sollseite des Kontos deren Verwendung bzw. Abfluß. Das Einkommen kann dadurch als eine *Residualgröße*, genannt Reinvermögenszugang, definiert werden:

$$\boxed{R = Z - A = (V_{t_1} - V_{t_0}) + C} \qquad (6\text{-}1)$$

R: Reinvermögenszugang
Z: Zufluß an Mitteln bzw. an Vermögen, brutto
A: Auslagen bzw. "Kosten", die den Mittelzufluß ermöglichen
C: Vermögensabfluß zur Bestreitung des Lebensunterhalts
V_{t_0}: Vermögensbestand am Anfang der Steuerperiode
V_{t_1}: Vermögensbestand am Ende der Steuerperiode

Formel (6-1) kann durch die Abbildung 6.1 veranschaulicht werden:

[1] *Schanz* (1896)

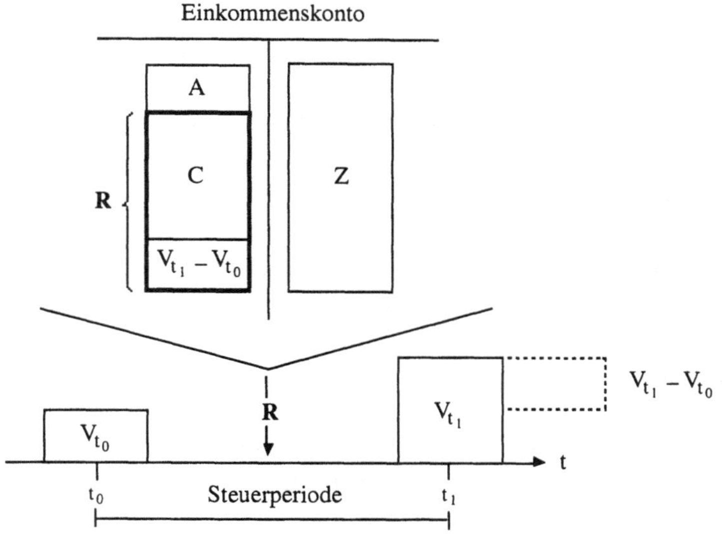

Abb. 6.1: Schematische Darstellung des Reinvermögenszugangs

Der Einkommensbegriff der Reinvermögenszugangstheorie zeichnet sich durch folgende fünf Eigenschaften aus:

1.) Das Einkommen ist eine *Zuflußgröße*. Der Zufluß von Mitteln verschafft ihrem Empfänger das Potential für seine Bedürfnisbefriedigung. Die Quelle, aus der die Mittel stammen, oder ihre Herkunft sind nicht relevant.

2.) Das Einkommen ist eine *umfassende* Größe. Es besteht, so formulierte es *Haig* in prägnanter Kürze, "of (a) money itself, or, (b) anything susceptible of valuation in terms of money"[2]. Das Kriterium "umfassend" stellt sicher, daß keine Lücken verbleiben, durch die die Allgemeinheit, Gleichmäßigkeit, Verhältnismäßigkeit und Neutralität der Besteuerung gefährdet würden und daß kein Anreiz geboten wird, besteuerte Mittelzuflüsse durch nichtbesteuerte Mittelzuflüsse zu substituieren. Auf Englisch wird eine Steuer auf der Grundlage eines solchen umfassenden Einkommensbegriffs als "comprehensive income tax" bezeichnet

3.) Das Einkommen ist eine *synthetische* Größe, es hat *Summencharakter*. Die einzelnen, im folgenden Abschnitt darzustellenden Einkommensarten werden zu einer Gesamtgröße addiert. Im Unterschied zu der Vorläuferin der Einkommensbesteuerung, der sog. *Quellen-* oder *Schedulenbesteuerung*, werden die verschiedenen Einkünfte zu einem einheitlichen Steuerobjekt zusammengefaßt.

2 *Haig* (1921), S. 7.

4.) Das Einkommen ist eine *Nettogröße*. Für seine Ermittlung ist das sog. *objektive Nettoprinzip* maßgebend. Von den auch als *Roheinkommen* oder *Bruttoeinkünfte* bezeichneten Einnahmen ist durch Abzug der bei ihrer Entstehung anfallenden Kosten bzw. durch Abzug der für ihre Erwerbung, Sicherung und Erhaltung notwendigen Aufwendungen das sog. *Reineinkommen* zu bilden. Diese Kosten bzw. diese Aufwendungen werden je nachdem, bei welchen Einkommensarten sie anfallen, als Betriebsausgaben (in der Schweiz: Gewinnungskosten) oder als Werbungskosten (in der Schweiz: Berufsauslagen) bezeichnet. Ihr Abzug ist erforderlich, *weil grundsätzlich nur eine Nettogröße für die persönliche Bedürfnisbefriedigung zur Verfügung stehen kann* (zum *subjektiven Nettoprinzip* siehe unten Abschnitt III).

5.) Das Einkommen ist eine *Periodengröße*. Das Einkommen einer Periode besteht aus dem Mittelzufluß im Verlauf einer Periode. Einkommen ist, in den Worten von *Haig*, "the money value of the net accretion to one's economic power between two points of time"[3].

Eigentlich müßte die Periodenlänge die gesamte Lebensspanne einer jeden zu besteuernden Person umfassen. Nur in einem solchen Fall können ungleiche Belastungen gleicher Lebenseinkommen vermieden werden, denn persönliche Einkommen fallen stets unregelmäßig und ungleichmäßig im Zeitablauf an, während die Tarife von Einkommensteuern nirgendwo auf Dauer konstant gehalten werden und in der Regel progressiv sind. Da jedoch eine Einkommensbesteuerung des Lebenseinkommens administrativ nahezu unüberwindliche praktische Schwierigkeiten bereiten würde - speziell bei internationaler Mobilität der Einkommensbezieher - wird für die Einkommensbesteuerung in der Regel als Einkommen nur der Mittelzufluß während eines Kalenderjahres bzw. während einer Einjahres- oder allenfalls einer Zweijahresperiode verstanden.

II. Einkommensbestandteile

Die Bestandteile der im vorliegenden Kapitel darzustellenden "synthetischen Einkommensteuer", die entweder einzeln oder zusammen auftreten können, lassen sich in drei Gruppen einteilen. Es gibt:

1.) in Geldform anfallende Einkommensbestandteile
2.) in naturaler Form anfallende Einkommensbestandteile
3.) zugerechnete Einkommensbestandteile

---

[3] *Haig* (1921), S. 7.

II.A. Geldeinkommen

Der in der Regel überwiegende Teil des Einkommens besteht aus in Geldform anfallenden Mittelzuflüssen und hierbei vor allem aus Entgelten für das Zur-Verfügung-Stellen von Faktorleistungen. Man kann beim Geldeinkommen die folgende Unterscheidung nach Einkünften vornehmen:

1.) Einkünfte aus Erwerbstätigkeit von Nichtselbständigen
2.) Einkünfte aus Kapitalvermögen
3.) Einkünfte aus Vermietung und Verpachtung
4.) Einkünfte aus selbständiger (unternehmerischer) Tätigkeit
5.) Alterseinkünfte (Renteneinkommen)
6.) Lohnersatzleistungen und Unterstützungszahlungen
7.) Einmalig anfallende Einkünfte

Obwohl für die Steuerberechnung am Ende alle Einkünfte zu der synthetischen Größe "Geldeinkommen" zusammengefaßt werden, ist ihre Unterscheidung aus praktischen Gründen erforderlich oder doch zumindest hilfreich. Das liegt nicht zuletzt daran, daß die Kosten für die Erwerbung und Erhaltung des Mittelzuflusses von der jeweiligen Einkunftsart bzw. Einkunftsquelle abhängen. Um von den Brutto- zu den Nettoeinkünften zu gelangen, sind für jede Einkunftsart *einkunftsspezifische Abzüge* vorzunehmen.

II.A.1. Einkünfte von Nichtselbständigen

Die Löhne und Gehälter von Arbeitnehmern (Nichtselbständigen), d.h. von Arbeitern, Angestellten und Beamten sind die bei weitem wichtigste unter allen Einkunftsarten. In Deutschland, Österreich und der Schweiz sind zwischen 85 und 90 Prozent der Erwerbstätigen Lohn- und Gehaltsempfänger mit einem Anteil am Volkseinkommen von 65 bis 70 Prozent. Diesen Einkünften liegen in der Regel die in der Buchhaltung der Arbeitgeber exakt dokumentierten Arbeitsleistungen zu Grunde. Die Erfassung von Löhnen und Gehältern stellt administrativ vor die geringsten Schwierigkeiten, da sie sich auf leicht nachkontrollierbare Belege der Arbeitgeber stützen kann. Man hat diese Einkunftsart daher in vielen Ländern, so auch in Deutschland und Österreich zu einem eigenen Steuerobjekt gemacht, bei dem die Anknüpfung der Besteuerung an der Einkommensquelle, d.h. beim Arbeitgeber vorgesehen ist. Für viele Steuerpflichtige erübrigt sich dadurch die Abgabe einer Steuererklärung. Auch kann das Verhältnis von Verwaltungsaufwand zu Steuerertrag relativ niedrig gehalten werden. Gleichwohl bleibt das Steuerobjekt Löhne und Gehälter von Nichtselbständigen in das weitergefaßte

Steuerobjekt "Einkommen" integriert; es werden, wenn gleichzeitig noch andere Einkünfte vorliegen, diese und die Einkünfte aus nichtselbständiger Tätigkeit zusammengefaßt.

Bei nichtselbständiger Erwerbstätigkeit gibt es neben dem regulären Lohn oder Gehalt auch noch vielfältige Formen von Zusatzeinkommen, wie Provisionen, Gratifikationen, Gewinnbeteiligungen (Tantiemen) oder Zuschläge für Überstunden, Sonntags- oder Nachtarbeit. Manche Arbeitgeber zahlen "Urlaubsgelder" als Zuschuß zum regulären Lohn oder sogar Entschädigungen für nicht genommenen Urlaub. Ferner gibt es Geldzuwendungen des Arbeitgebers bei Firmen- oder Dienstjubiläen, zu Weihnachten oder bei privaten Anlässen des Arbeitnehmers (Eheschließung, Geburt eines Kindes usw.). Auch Trinkgelder, die über den sog. Bedienungszuschlag hinaus gegeben werden, sind grundsätzlich als Einkünfte aus nichtselbständiger Tätigkeit anzusehen. Werden diese Einkünfte nicht über die Kasse des Arbeitgebers abgerechnet, ist in diesem Spezialfall die Steuerverwaltung allerdings auf die schwer nachprüfbaren Angaben der Lohnempfänger angewiesen.

Wie bei allen anderen Einkunftsarten müssen auch bei den Einkünften aus nichtselbständiger Tätigkeit Abgrenzungen vorgenommen werden, um Mittelzuflüsse, die Arbeitsentgelte und damit Einkommen sind, von Mittelzuflüssen zu trennen, die keinen Einkommenscharakter haben. Wenn beispielsweise der Arbeitgeber im Betriebsinteresse Auslagen für die Weiterbildung des Arbeitnehmers übernimmt, stellt dies keinen Lohn dar. Andererseits können solche Auslagen Geldlohn darstellen, wenn sie überwiegend dem allgemeinen Berufs- oder Bildungsinteresse des Arbeitnehmers dienen. Bei Zuwendungen des Arbeitgebers zu privaten Anlässen ist zu unterscheiden, ob diese Zuwendungen Lohn- oder Geschenkcharakter besitzen. Im letzteren Fall müssen sie, sofern Geschenke aus weiter unten anzugebenden Gründen der Schenkungsteuer unterworfen sind bzw. dort wegen Geringfügigkeit unter die Freigrenze fallen, vom Lohneinkommen abgegrenzt werden. Andere Abgrenzungen vom Lohn können erforderlich werden im Zusammenhang mit Darlehn in Form von Lohnvorschüssen oder ähnlichem an den Arbeitnehmer.

Um das *Nettoprinzip* der Reinvermögenszugangstheorie zu verwirklichen, müssen die für die Einkunftserzielung notwendigen Aufwendungen des Arbeitnehmers zum Abzug von den Bruttoeinnahmen zugelassen werden. Als notwendig für die Einkunftserzielung gelten Aufwendungen nur dann, wenn sie erstens in einem *sachlich* und *zeitlich so engen* Zusammenhang mit den erzielten Einkünften stehen, daß ihre Vermeidung die weitere Ausübung der auf die jeweilige Einkunftserzielung gerichteten Tätigkeit gefährden würde und wenn es sich bei ihnen zweitens *nicht* in erster Linie um Aufwendungen für die *Lebensführung*, d.h. um Konsum, handelt. Die Werbungskosten (Berufsauslagen) bei nichtselbständiger Tätigkeit umfassen daher beispielsweise die Berufskleidung, die Kosten für ein öffentliches oder allenfalls für ein privates Verkehrsmittel für Fahrten zwischen Wohn- und Arbeitsstätte und die Fortbildungs- oder Weiterbildungskosten im Zusammenhang mit dem augenblicklich ausgeübten Beruf. Sie umfassen aber beispielsweise nicht die Ausbildungskosten für eine Lehre oder ein Studium als Grundlage für einen später einmal auszuübenden Beruf.

Der Abzug von Einkunftserzielungskosten ist erforderlich, um gerechterweise nur das tatsächlich zur Bedürfnisbefriedigung zur Verfügung stehende Einkommen zu erfassen. Auch aus Gründen der Allokationseffizienz ist dieser Abzug geboten, denn die Entscheidungen für den optimalen Faktoreinsatz orientieren sich am Nettoergebnis dieses Faktoreinsatzes. Beide Gesichtspunkte erfordern allerdings eine strikte Beschränkung dieser Abzüge auf das ökonomisch gerechtfertigte Maß und eine strenge Bindung an die jeweils zu Grunde liegende Tätigkeit bzw. die dabei erzielte Einkunftsart. Natürlich ist in der Praxis die restriktive Auslegung des "ökonomisch gerechtfertigten" Maßes oft umstritten, wie z.B. bei Umzugskosten, bei Ausgaben für Liebhabereien, die im Zusammenhang mit dem ausgeübten Beruf stehen, oder, im Fall selbständiger Tätigkeit, bei Geschenken oder bei der Bewirtung zugunsten von Geschäftspartnern.

II.A.2. Einkünfte aus Kapitalvermögen

Einkünfte aus Kapitalvermögen sind ein Entgelt für die Überlassung von Geldkapital an Dritte. Eine solche liegt vor, wenn der Eigentümer sein Kapital nicht im Rahmen einer selbständigen unternehmerischen Tätigkeit einsetzt, sondern es einer anderen natürlichen oder juristischen Person als Fremd- oder Eigenkapital zur Verfügung stellt. Zu den Einkünften aus Kapitalvermögen gehören in erster Linie Wertpapierzinsen und Dividenden, außerdem aber auch Zinsen aus Sparguthaben, Zinsen für Hypothekardarlehen wie überhaupt Erträge aufgrund von Kapitalforderungen jeglicher Art sowie offene und verdeckte Gewinnausschüttungen von Aktiengesellschaften, GmbHs, Genossenschaften oder Kommanditgesellschaften. Werden festverzinsliche Obligationen vor dem Zinszahlungstermin weiterverkauft, dann sind auch die rechnerisch bis zum Verkaufstermin aufgelaufenen Zinsen, die sog. Stückzinsen (in der Schweiz Marchzinsen genannt) als Einkünfte aus Kapitalvermögen des Verkäufers anzusehen. Die dem Besitzer am Zinstermin zufließenden Zinsen müssen dementsprechend um die von ihm dem Verkäufer bezahlten Stückzinsen gekürzt werden.

Beispiel
Angenommen ein festverzinsliches Wertpapier im Nominalwert von 100 werde jährlich einmal am 1. Dezember mit einem Zins von 10% bedient. Wird dieses Wertpapier von seinem bisherigen Besitzer z.B. am 1. Juni veräußert, muß der Erwerber dem Verkäufer neben dem Kurswert (z.B. 104) noch 5 an aufgelaufenen Stückzinsen erstatten. Der Erwerber bezahlt also 109. Er kann für die Einkommensermittlung aber 5 von der ihm am 1. Dezember zufließenden Zinseinnahme von 10 abziehen. Beide Besitzer haben also in der vergangenen Zinszahlungsperiode Einkünfte aus Kapitalvermögen von jeweils 5.

Angesichts der heutigen Vielfalt an privatwirtschaftlichen Finanzprodukten ist es nicht immer einfach, Einkünfte aus Kapitalvermögen als solche zu identifizieren und zu erfassen. Oft müssen solche Einkünfte von Kapitalgewinnen (Wertsteigerungen) oder Kapitalrückflüssen abgegrenzt werden. Wechselt z.B. eine sog. Nullkuponanleihe ("Zerobond"), bei der Zins und Zinseszins vom Anleiheschuldner erst am Ende der Laufzeit ausgerichtet werden, während ihrer Laufzeit den

Besitzer, erfordert eine exakte Ermittlung des Zinsanteils des Kaufpreises wegen der Schwankungen des Marktzinses (und dadurch ausgelöster Wertänderungen der Anleihe) eine unter Umständen komplizierte Rechnung.

Auch bei den Einkünften aus Kapitalvermögen treten Werbungskosten auf, deren Abzug zwecks Verwirklichung des objektiven Nettoprinzips erforderlich ist. Dazu gehören beispielsweise Schuldzinsen für ein Darlehen, das für den Kauf von festverzinslichen Wertpapieren aufgenommen wurde oder Spesen, die für das Inkasso von Zinseinnahmen von der Bank verlangt werden. Keine Werbungskosten, die im Zusammenhang mit Einkünften aus Kapitalvermögen stehen, sind hingegen Aufwendungen, die sich auf die *Erhaltung des Vermögens* beziehen, wie beispielsweise Beratungskosten für die Vermögensanlage oder -verwaltung oder Kurssicherungskosten.

II.A.3. Einkünfte aus Vermietung und Verpachtung

Einkünfte aus Vermietung und Verpachtung sind ein Entgelt für die Überlassung bzw. die Erlaubnis zur Nutzung von:

- unbeweglichem Vermögen
- Sachvermögen
- Rechten.

Als *unbewegliches Vermögen* sind vor allem Grundstücke und Gebäude sowie Gebäudeteile (Wohnungen) anzusehen. Zum *Sachvermögen* gehören einzelne Wirtschaftsgüter, wie Maschinen, Fahrzeuge, eine Großrechneranlage oder Gesamtheiten solcher Einzelgüter, wie z.B. eine Wohnungseinrichtung. Unter *Rechten*, die zur Nutzung überlassen werden können, versteht man vor allem Urheberrechte an künstlerischen Werken oder das Recht auf geistiges Eigentum in Form von technischem oder organisatorischem Erfahrungswissen und nicht zuletzt Patentrechte. Die Einkünfte aus der Nutzungsüberlassung solcher Rechte werden meist als *Lizenzgebühren* oder auch als Tantiemen bezeichnet.

Wer etwas vermietet oder verpachtet, hat in der Regel auch Werbungskosten. Wer beispielsweise ein Haus oder Wohnungen vermietet, muß für die laufenden Unterhaltskosten aufkommen und für bestehende Hypotheken Schuldzinsen bezahlen.

II.A.4. Einkünfte aus selbständiger Tätigkeit

Einkünfte aus selbständiger Tätigkeit treten auf als

- Einkünfte aus Land- und Forstwirtschaft
- Einkünfte aus Handels-, Industrie- und Gewerbebetrieb
- Einkünfte aus freien Berufen und sonstigen Tätigkeiten als Selbständiger

Einkünfte aus selbständiger Tätigkeit entstehen grundsätzlich aus dem *Überschuß* der *Betriebseinnahmen* über die *Betriebsausgaben*. Letztere treten an die Stelle der Werbungskosten bzw. Berufsauslagen, die bei den drei vorangegangenen Einkunftsarten von den Bruttoeinnahmen zum Abzug zugelassen werden, um das Nettoeinkommen zu bestimmen. Anders als Werbungskosten müssen Betriebsausgaben nach kaufmännischen Gesichtspunkten ermittelt werden. Maßgeblicher Ausgangspunkt für die Feststellung der Einkünfte aus selbständiger Tätigkeit sind daher die im Rahmen der Betriebswirtschaftslehre entwickelten bzw. die im Handelsrecht festgelegten Regeln (siehe dazu die Ausführungen im achten Kapitel).

Statt durch die sog. Überschußrechnung kann das Einkommen bei selbständiger Tätigkeit auch durch einen sog. *Betriebsvermögensvergleich* ermittelt werden (Differenz der Vermögensbestände des "Betriebs" des Selbständigen am Ende und am Anfang der Steuerperiode - siehe Formel 6.1). Diese Differenz muß allerdings um die sog. *Entnahmen* (zur Bestreitung des Lebensunterhalts des Selbständigen = sein *Konsum* im Verlauf der Periode) erhöht werden.

Eine Besonderheit bei der Ermittlung von Einkünften bei selbständiger Tätigkeit besteht darin, daß typischerweise auch negatives Einkommen (Verlust) entstehen kann. Selbständige Tätigkeit ist vom Begriff her *nachhaltig* auf Gewinnerzielung gerichtet. Eine Fokussierung der Einkunftsermittlung auf nur eine einzelne Steuerperiode ohne Berücksichtigung der vorangegangenen bzw. der folgenden Perioden würde dem Charakter unternehmerischer Tätigkeit nicht gerecht. Zu dieser gehört auch die Inkaufnahme von Verlusten während einzelner Perioden. Verluste müssen daher mit (positiven) Einkünften früherer Perioden als *Verlustrücktrag* oder mit positiven Einkünften nachfolgender Perioden als *Verlustvortrag* verrechnet werden können.

Eine weitere Besonderheit bei der Ermittlung von Einkünften aus selbständiger Tätigkeit ist die Notwendigkeit, die mit dieser Tätigkeit in Beziehung stehenden Betriebsausgaben von Ausgaben für *Liebhaberei* abzugrenzen. Liebhaberei stellt für die Einkommensermittlung bei selbständiger Tätigkeit insofern ein spezielles Problem dar, als sich in diesem Fall leichter als sonst Möglichkeiten eröffnen, privaten Konsum, also Einkommensverwendung, als Betriebsausgaben auszuweisen. Solche Liebhabereien können z.B. sein das Halten eines privaten Rennstalls unter dem Deckmantel eines Pferdezuchtbetriebs oder der Aufbau einer privaten Sammlung im Rahmen eines Antiquitäten- oder Briefmarkenhandels. Auf Liebhaberei zurückführbare Betriebsausgaben dürfen natürlich nicht zum Abzug zugelassen werden

II.A.5. Alterseinkünfte (Renten)

Alterseinkünfte treten nach Beendigung der Erwerbstätigkeit an die Stelle von vorher bezogenem Arbeitseinkommen. Zu den Alterseinkünften zählen die Renten der öffentlichen Sozialversicherung, Beamtenpensionen, Betriebsrenten sowie durch freiwillige Leistungen erworbene Renten oder Kapitalauszahlungen Außer im Spezialfall von Beamtenpensionen beruhen Alterseinkünfte auf vorangegangenen Beitragleistungen oder Kapitaleinzahlungen an eine öffentliche oder private Versicherung. Oft kommen Staatszuschüsse an die Sozialversicherungen hinzu, um die Alterseinkünfte anzuheben.

Bei Alterseinkünften ist im Hinblick auf ihre steuerliche Behandlung zu beachten, daß sie ihre Entstehung Beitrags- oder Kapitalleistungen aus *versteuertem* oder *unversteuertem* Einkommen verdanken können. Leistungen aus unversteuertem Einkommen erfolgen in der Realität zumeist aufgrund gesetzlicher Vorschriften teils in Form von Beitragsleistungen des Arbeitgebers (Arbeitgeberanteil zur öffentlichen Sozial- und/oder betrieblichen Altersversicherung) oder in Form *gesetzlich vorgeschriebener* Beitragszahlungen seitens des späteren Rentenempfängers (Arbeitnehmeranteil). Bei den vom Staat besoldeten Beamten kann man die Entstehung ihrer Alterseinkünfte (Beamtenpension) darin erblicken, daß ihnen während ihrer aktiven Tätigkeit nur ein Teil des zustehenden Leistungsgehalts ausgerichtet wird. Der zurückbehaltene Anteil wird während der Dauer des Ruhestands überwiesen.

Alterseinkünfte setzen sich in der Regel aus folgenden Bestandteilen zusammen: 1.) *Rückfluß* von früher hingegebenem (Stamm-)Kapital bzw. von früher gezahlten Beiträgen (sog. Tilgungsanteil der Rente), 2.) *Verzinsung* dieser Beiträge bzw. dieses Kapitals (sog. Ertragsanteil der Rente), 3.) *Umverteilungsgewinne* als Folge einer überdurchnittlichen Lebens- und daher Rentenbezugsdauer und 4.) Zuschüssen zur Rentenversicherung aus allgemeinen Steuermitteln (Staatszuschüssen). Andere Einkünfte können zu den Alterseinkünften hinzukommen, wie beispielsweise Einkünfte aus Kapitalvermögen oder aus Vermietung und Verpachtung. Sie bilden dann zusammen mit diesen das insgesamt im Alter zur Verfügung stehende Einkommen.

Da Alterseinkünfte teils aus versteuertem und teils aus unversteuertem Einkommen entstammen, hat man als Richtschnur das sog. *Korrespondenzprinzip* aufgestellt. Dieses Prinzip besagt, daß einer *ursprünglichen Besteuerung* eine *nachträgliche Steuerfreiheit* ("vorgelagerte Besteuerung") und daß umgekehrt der *ursprünglichen Steuerfreiheit* eine *nachgelagerte Besteuerung* gegenüberstehen muß. Daher darf z.B. der Rückfluß des Stammkapitals nur insoweit zum steuerbaren Einkommen der Rentenperiode gerechnet werden, als es ursprünglich nicht besteuert wurde. Die auf dem Stammkapital angefallenen Zinsen (Ertragsanteil) bilden jedoch ebenso wie eventuelle Staatszuschüsse und der Umverteilungsgewinn steuerbare Alterseinkünfte.

Da Alterseinkünfte ihre Entstehung vor allem der Nichtinanspruchnahme eines Teils der in der Erwerbsphase zugeflossenen und in dieser Phase zur Verfügung stehenden Mittel verdanken, stellt sich die grundsätzliche Frage, ob und inwieweit eine solche interperiodische Verschiebung des individuellen Dispositionspotentials zulässig ist. Die ältere Theorie rechtfertigte nur eine Verschiebung bis zur Höhe der staatlich verordneten Zwangsersparnis, weil dies einem Entzug der frei für die laufende Bedürfnisbefriedigung verfügbaren Mittel gleichkomme. Es entspricht jedoch der Lebenswirklichkeit, daß Menschen im Normalfall die

Sicherung ihres Lebensstandards auch während der Nichterwerbsphase im Alter als eine Unausweichlichkeit ansehen. Solange daher Abzüge von der Steuerbemessungsgrundlage während der Erwerbsphase erfolgen, um Alterseinkünfte zur Sicherung des Lebensstandards zu erzielen, d.h. solange die Abzüge an den Erwerb von Alterseinkünften *gebunden* bleiben, sollte ein interperiodischer Transfer von Teilen des Dispositionspotentials zulässig sein. Ein Widerspruch zur Reinvermögenszugangstheorie kann darin nicht gesehen werden. Im Gegenteil entspricht eine solche Verschiebung einer Annäherung an die theoretisch grundsätzlich wünschbare Besteuerung des Lebenseinkommens.

Inwieweit die Bemessungsgrundlage der Einkommensteuer während der Erwerbstätigkeit verkürzt werden darf, um später zur Quelle für Alterseinkünfte zu werden, kann selbstverständlich nur politisch entschieden werden. Es sollte eine Grenze für die Höhe der Abzüge festgelegt werden, die es der großen Masse der Erwerbtätigen erlauben würde, Alterseinkünfte zu erzielen, die bei Unterstellung der durchschnittlichen Lebenserwartung ausreichen würden, um *die erreichte soziale Stellung* beim Ausscheiden aus dem Erwerbsleben auch weiterhin zu gewährleisten. Auch selbständig Erwerbenden und Personen, die ausschließlich Kapitaleinkommen beziehen, müßten diese Abzüge zugestanden werden.

Die interperiodische Verschiebung und nachgelagerte Besteuerung des gesamten der Bedürfnisbefriedigung in der Altersphase dienenden Dispositionspotentials hat eine nivellierende Wirkung hinsichlich der Steuerbelastung in den verschiedenen Perioden der Lebensspanne und bedeutet daher auch eine gleichmäßigere Erfassung der steuerlichen Leistungsfähigkeit des Lebenseinkommens. Im Ergebnis resultiert dadurch eine Annäherung an die Belastungswirkungen einer spar- oder zinsbereinigten Einkommensteuer, doch wird durch den interperiodischen Transfer von Leistungsfähigkeit nicht das Konzept einer Besteuerung verlassen, bei der steuerliche Leistungsfähigkeit aus Einkommen resultiert und nicht durch Konsum indiziert wird.

II.A.6. Lohnersatzleistungen und Unterstützungen

Die wichtigsten Beispiele für diese Einkunftsarten, bei denen es sich um *Transfereinkommen handelt,* sind Arbeitslosenunterstützungen sowie empfangene *Unterhaltszahlungen.* Sie stellen wie andere Einkunftsarten einen zur Bedürfnisbefriedigung verfügbaren Mittelzufluß dar. Auch wenn Lohnersatzleistungen und Unterstützungszahlungen nur eine geringe Höhe unterhalb des steuerfreien Existenzminimums haben, können solche Transfereinkommen zu anderweitigen Einkünften hinzukommen und sind daher grundsätzlich steuerbares Einkommen.

Auch bei den im vorliegenden Abschnitt behandelten Einkünften ist ein *Korrespondenzprinzip* zu beachten: Sofern der Anspruch auf Lohnersatzleistung durch ursprünglich steuerlich von der Bemessungsgrundlage abzugsfähige Beiträge wie z.B. an eine Arbeitslosenversicherung erworben wurde, bilden die empfangenen Transfereinkommen einen Bestandteil des steuerbaren Einkommens. Werden Lohnersatzleistungen hingegen aufgrund einer Versicherung erbracht, die durch Beiträge aus versteuertem Einkommen erworben wurde, dann gehören sie nicht oder höchstens teilweise zum steuerbaren Einkommen. Analog verhält es sich bei den Unterhaltsleistungen z.B. an den geschiedenen Ehepartner. Als Bestandteil des steuerbaren Einkommen des Empfängers müssen sie bei dem zum Unterhalt Verpflichteten von dessen steuerbaren Einkommen abgezogen werden.

II.A.7. Einmalig anfallende Einkünfte

Wett-, Spiel- und Lotteriegewinne, Veräußerungs- und Liquidationsgewinne oder Abfindungen seitens eines Arbeitgebers bei vorzeitiger Auflösung des Arbeitsverhältnisses sind Beispiele für einmalig oder sporadisch auftretende Einkünfte. In allen Fällen erfolgt, konzentriert auf einen bestimmten Zeitpunkt, ein Mittelzufluß, der zur persönlichen Bedürfnisbefriedigung zur Verfügung steht.

Einen Spezialfall einmalig anfallender Einkünfte bilden realisierte Wertsteigerungen. Man bezeichnet die Differenz zwischen dem Verkaufserlös eines Vermögensgegenstands und seinem Anschaffungspreis als einen Kapitalgewinn oder auch als realisierte Wertsteigerung. Diese bilden im Verhältnis zu den weiter unten zu behandelnden nichtrealisierten oder buchmäßigen Wertsteigerungen insofern eine besondere Einkommensart, als sie statt in Buchform *in Geldform* auftreten.

Die Rede ist im vorliegenden Abschnitt nur von realisierten Wertsteigerungen im sog. *Privatbereich,* d.h. insbesondere bei nichtselbständiger Tätigkeit. Treten sie im Rahmen selbständiger oder unternehmerischer Tätigkeit auf, dann bilden sie grundsätzlich Einkünfte aus selbständiger Tätigkeit (z.B. Liquidationsgewinne bei Veräußerung von Beteiligungen oder bei Geschäftsaufgabe).

Realisierte Wertsteigerungen treten im Privatbereich vor allem auf im Fall spekulativ motivierten Kaufs und raschen Wiederverkaufs von Aktien oder anderen Wertpapieren an der Börse. Der dabei erzielte Gewinn wird als *Spekulationsgewinn* und die darauf zu entrichtende (Einkommen-)Steuer als *Spekulationsteuer* bezeichnet. Ein Wesensmerkmal des Spekulationsgewinns ist die Kürze der Zeitspanne zwischen Kauf und Verkauf, z.B. weniger als sechs Monate oder ein Jahr.

Werden Wertsteigerungen erst bei Realisierung als Einkommen erfaßt, nicht aber auch buchmäßige, d.h. nichtrealisierte Wertsteigerungen, dann kann das einen sog. *Einschließungseffekt* ("lock-in-Effekt") zur Folge haben. Da die Steuerschuld erst beim Verkauf entsteht, unterbleibt dieser u.U. aus rein steuerlichen Gründen. Der Kapitaleinsatz in einzel- oder gesamtwirtschaftlich rentablere Objekte wird dadurch behindert.

Es gibt allerdings Vorkehrungen, die einen steuerlich bedingten Einschließungseffekt bei langjährig gehaltenen Vermögenswerten ausschalten oder zumindest abschwächen können. Letzteres ist z.B. der Fall, wenn man den Progressionseffekt vermeidet, indem man auf den Wertsteigerungsgewinn einen Durchschnittssteuersatz anwendet, wie er sich einstellen würde, wenn dieser Gewinn hypothetisch auf die Jahre seiner buchmäßigen Entstehung verteilt würde. Allerdings ist zu berücksichtigen, daß der Veräußerer vom Aufschub der Steuerzahlung während dieser Jahre, d.h. von einem Zinsvorteil, profitiert hat.

Der Einschließungseffekt kann allerdings nicht einen Verzicht auf die Erfassung realisierter Wertsteigerungen rechtfertigen. Nicht nur bedeutete ein solcher Verzicht einen Verstoß gegen eine gleichmäßige Besteuerung, vielmehr würde auch in diesem Fall gegen Effizienzgesichtspunkte verstoßen: Kapital würde umgelenkt in Anlageformen, die anstelle eines periodisierten Vermögensertrags einen Kapitalgewinn im Zuge der Realisierung ermöglichen. Viele der modernen Finanzprodukte zielen darauf ab, einen Vermögensertrag nicht in Form periodischer Erträge, sondern als Kapitalgewinn anfallen zu lassen. Steuerlich gesehen sollte es keinen Unterschied ausmachen, ob Einkommen in Form von Zinsen oder in Form von Kapitalgewinnen anfallen.

II.B. Naturaleinkommen

Als Naturaleinkommen bezeichnet man Güter oder Dienstleistungen, die anstelle von Geldeinkommen zufließen. Es gibt insbesondere die folgenden Arten:

a) *Naturalleistungen, die bei Arbeitnehmern Bestandteil ihres regulären Lohnes sind*. Das ist z.B. die freie Kost und Unterbringung der Angestellten im Hotelgewerbe, die Werkswohnung des Hausmeisters, die Dienstvilla eines Fabrikdirektors oder das sog. Deputat, das in bestimmten Berufszweigen in Form naturaler Güter wie z.B. Kohle, Holz oder Bier zusätzlich zum Geldlohn ausgerichtet wird.

b) *Geldwerte Vorteile in naturaler Form an Arbeitnehmer*. Es handelt sich dabei z.B. um den *verbilligten Bezug* von Produkten der Firma. Viele Autohersteller bieten ihren Mitarbeitern einmal jährlich den verbilligten Bezug eines sog. Jahreswagens an. Andere Firmen geben ihren Mitarbeitern Warengutscheine oder stellen einem Mitarbeiter einen Firmenwagen für private Urlaubszwecke zur Verfügung.

c) *Entnahmen von im eigenen Betrieb hergestellten Produkten seitens des Geschäftsinhabers*. Hierbei handelt es sich insbesondere um die in einem landwirtschaftlichen Betrieb erzeugten und im Haushalt des Landwirts selbst verbrauchten Lebensmittel. Bei einem Handelsbetrieb sind es die für die Verwendung im eigenen Haushalt entnommenen Waren.

II.C. Zugerechnetes Einkommen

Zugerechnetes Einkommen ("imputed income") steht für die persönliche Bedürfnisbefriedigung ebenso zur Verfügung wie Geld- oder Naturaleinkommen. Ihm liegt ein transaktionslos stattfindender Mittelzufluß zugrunde. Der Markt spielt bei zugerechnetem Einkommen nur insofern eine Rolle, als er den Maßstab für die Bewertung des zugerechneten Einkommens liefert. Zugerechnetes Einkommen tritt bei *nichtrealisierten Wertsteigerungen*, beim Besitz *dauerhafter Konsumgüter,* bei der *Eigennutzung von Wohneigentum* und nicht zuletzt auch beim Vorhandensein *überdurchschnittlicher Freizeit* auf.

II.C.1. Nichtrealisierte Wersteigerungen

Nichtrealisierte Wertsteigerungen von privatem Vermögen entsprechen dem *buchmäßig gestiegenen Wert* an beweglichem oder unbeweglichem Vermögen. Diese Differenz hat den Charakter von Einkommen, das *simultan zu Ersparnis* wird. Auch wenn die Wertsteigerung nicht realisiert wird, erfolgt ein Zufluß von Mitteln, die für die Bedürfnisbefriedigung des Vermögenseigentümers zur Verfügung stehen. Ein zu Marktpreisen vergleichbarer Objekte ermittelter Buchgewinn kann vom Eigentümer in Geldform umgewandelt werden, wenn eine anderweitige Verwendung oder andere Anlageform der Ersparnis erwünscht ist. Nur bei steuerlicher Erfassung auch der nichtrealisierten Wertsteigerungen werden die Portfolioentscheidungen der Eigentümer nicht beeinflußt, ist also Entscheidungsneutralität der Besteuerung und damit Allokationseffizienz gewährleistet. Werden auch nichtrealisierte Wertsteigerungen besteuert, dann tritt die bei Besteuerung nur der realisierten Wertsteigerungen zu erwartende *Mobilitätshemmung (der Einschließungseffekt)* nicht auf. Ein Anreiz zur Substitution von Einkommensformen, die besteuert werden, durch Einkommensformen, die nicht besteuert werden, entsteht dann nicht.

Wertzuwächse können natürlich inflationsbedingt aufgebläht sein, so daß eine Indexierung zwecks Inflationsbereinigung naheliegen könnte. Man würde dadurch allerdings das sog. *Nominalwertprinzip* preisgeben, das aus guten Gründen bei der Besteuerung grundsätzlich beachtet wird. Durch Freibeträge könnte jedoch der Inflationsproblematik bei der Besteuerung von Wertzuwächsen bis zu einem gewissen Grad Rechnung getragen werden

Trotz der angeführten Gründe für eine konsequente Erfassung auch der nichtrealisierten Wertsteigerungen stehen ihrer Erfassung im Rahmen der Einkommensbesteuerung allerdings erhebliche Hindernisse praktischer und sozialer Art entgegen: Die Besitzer von im Wert gestiegenem Vermögen müssen auf anderweitige, liquide Mittel zurückgreifen können, um Steuern für zugerechnetes Einkommen bezahlen zu können. Andernfalls wären sie gezwungen, Teile des

Vermögens zu veräußern. Das kann zu sozialen Härten führen - man denke nur an die in ihrem Eigenheim wohnenden Rentner und Rentnerinnen. Vor allem aber wären die Finanzverwaltungen überfordert, wenn sie jährlich eine Neubewertung aller von natürlichen Personen gehaltenen Vermögensbestandteile einer Volkswirtschaft vornehmen oder zumindest die Angaben der Vermögensbesitzer überprüfen müßten.

Ein Verzicht auf die steuerliche Erfassung von nichtrealisierten Wertsteigerungen im Rahmen der Einkommensbesteuerung kann manchmal allerdings durch andere (ergänzende) Steuern zumindest teilweise kompensiert werden. Ein solcher Fall liegt vor, wenn die gestiegenen Börsenwerte von Teilhaberpapieren mit einer Körperschaftsteuer auf nicht ausgeschüttete (thesaurierte) Gewinne belegt werden (siehe dazu die Ausführungen im achten Kapitel).

II.C.2. Eigenmieten

Der Wert des Nutzens, den ein Eigentümer von dauerhaften Gütern im Fall der Eigennutzung hat, soll im folgenden als Eigenmiete bezeichnet werden. Man kann dauerhafte Güter entweder mieten oder kaufen, um sie zu nutzen. Im Fall des Kaufs mit anschließender Selbstnutzung tritt an die Stelle der Mietzahlung die sog. Eigenmiete. Der wichtigste Fall entsteht bei *selbstgenutztem Immobilieneigentum* ("imputed rental-value of owner-occupied housing"). In analoger Weise fallen Eigenmieten aber auch bei selbst genutzten *langlebigen Konsumgütern* an, wie beispielsweise beim Wohnungsmobiliar, bei Sport- und Freizeitinventar (Segelyacht, Wohnmobil) oder bei einer Kunstsammlung.

Den prinzipiell gegebenen Charakter von Eigenmieten als Einkommen erkennt man beim Vergleich zweier Personen mit gleichem Lohneinkommen und gleichem Vermögen. Person A hat ihr Vermögen in den Kauf von selbst genutzten Sachgütern gesteckt (z.B. eine Wohnung gekauft), während Person B ihr Vermögen am Kapitalmarkt angelegt hat. B erhält Einkünfte aus Kapitalvermögen, die er zu versteuern hat. Aus seinem versteuerten Einkommen bezahlt er den Mietzins für die von ihm gemietete Wohnung. A fließen weniger Geldeinkünfte zu, doch hat er auch keine Mietauslagen. Würde A keine Eigenmiete zugerechnet werden, hätte er ein kleineres Einkommen zu versteuern als B. Um beide Personen steuerlich gleich zu behandeln, muß daher A die Eigenmiete als geldwerter Einkommensbestandteil zugerechnet werden.

Hinsichtlich der Zurechnung von Eigenmiete sind allerdings auch folgende Gesichtspunkte zu berücksichtigen: Die Bewertung des Nutzens bei dauerhaften *Konsum*gütern erforderte neben einem hohen Verwaltungsaufwand ein tiefes Eindringen in die persönlichen Verhältnisse des Steuerpflichtigen. Da die Ausstattung der Haushalte mit dauerhaften Konsumgütern zwar unterschiedlich ist, aber doch mehr oder weniger von der Höhe des Haushaltseinkommens abhängt, käme es in den meisten Fällen zu einem ungefähr gleichen prozentualen Zuschlag an zugerechnetem Einkommen zum übrigen Einkommen. Eine signifikante Veränderung der Steuerlastverteilung würde durch eine solche Einkommenszurechnung kaum bewirkt. Aus diesem Grund kann auf die Zurechnung von Eigenmiete für die Nutzung dauerhafter *Konsum*güter ohne nennenswerte Einbuße bei der Besteuerung nach der Leistungsfähigkeit verzichtet werden.

Der bei langlebigen *Konsum*gütern als gerechtfertigt erscheinende Verzicht auf Zurechnung kann allerdings nicht ohne weiteres auf den Fall *von Wohneigentum* übertragen werden. Bei Wohnraum handelt es sich der Sache nach um ein *Investitionsgut*, das im übrigen nur ein mehr oder weniger großer Teil der Bevölkerung besitzt. Gegenüber dem Mietwert von dauerhaften Konsumgütern fällt obendrein die Wohnungsmiete in der Regel erheblich mehr ins Gewicht. Sie beträgt durchschnittlich 20 bis 25 Prozent der Konsumausgaben. Um Gleichbehandlung zwischen Mietern und Selbstnutzern von Wohneigentum herzustellen, oder anders gesagt, um nicht Anlagen am Kapitalmarkt gegenüber selbstgenutzten Immobilien steuerlich zu diskriminieren, muß in diesem Fall die Eigenmiete als Einkommen zugerechnet werden. Ihre Höhe sollte im Prinzip der für ein gleichartiges Mietobjekt verlangten Marktmiete entsprechen. Die Verzinsung für einen eventuell in Anspruch genommenen Hypothekarkredit, die Kosten des Unterhalts und auch Abschreibungen müssen selbstverständlich als Werbungskosten abziehbar sein.

In einigen Ländern, wie z.B. in den Vereinigten Staaten, wird auf die Erfassung von Eigenmieten verzichtet. Auch in Deutschland und Österreich wurde ihre Erhebung vor einigen Jahren abgeschafft. Das Argument, es solle durch Verzicht auf Eigenmieterfassung das Wohneigentum gefördert werden, ist allerdings nicht durchschlagend: Erstens kommt dieser Verzicht vor allem den Besitzern von Luxusvillen zugute, er wirkt also ausgesprochen regressiv, zweitens werden generell alle Einkommensbezieher "gefördert", die ihr Wohneigentum bereits selber nutzen und daher keines Anreizes zur Bildung von Wohneigentum mehr bedürfen und drittens schließlich gibt es gezieltere und daher wirkungsvollere Instrumente zur Wohneigentumsförderung, wie z.B. Prämien beim Erwerb oder beim Bau eines Eigenheims, erhöhte Abschreibung in den ersten Jahren der Fertigstellung eines Hauses usw.

Zu berücksichtigen ist allenfalls, ob und inwieweit selbstgenutztes Wohneigentum durch Grund- oder Vermögensteuern belastet wird. Die in den USA auf der Gemeinde- und Einzelstaatsebene erhobene Vermögensteuer, die sog."property tax" ist eine in erster Linie auf selbstgenutztem Wohneigentum ruhende Steuer. Gleichwohl bedeutet die fehlende Zurechnung von Eigenmieten auch in den USA, daß die Eigennutzung von Wohneigentum in ungerechtfertigter Weise steuerlich privilegiert wird. Übrig bleibt als Argument zugunsten des Verzichts auf Erfassung von Eigenmieten nur der Fall, daß die gesamte Bevölkerung eines Landes bereits Wohneigentum selber nutzt, so daß der Verzicht auf einen für alle Steuerzahler in etwa proportionalen Abzug von der Bemessungsgrundlage der Einkommensteuer hinausläuft.

II.C.3. Freizeitnutzen

Freizeit muß als ein transaktionslos zufließendes, knappes und daher auch ökonomisch wertvolles Gut angesehen werden ("Time is Money"). Bis zu einem gewissen Grad wird Freizeit durch Arbeitseinkommen substituiert, weil Geldeinkommen bzw. die Verwendung von Geldeinkommen höher geschätzt wird als Freizeit. Entscheidet sich eine Person allerdings freiwillig für Freizeit statt für

Arbeitslohn, dann zeigt dies, daß sie das Gut Freizeit als Konsumgut höher einschätzt. Freizeit bzw. die in der Freizeit ausgeübten Beschäftigungen dienen der Bedürfnisbefriedigung ohne den Umweg über die Erzielung von zu versteuerndem Einkommen. Das klassische Beispiel für eine "nichtmarktliche" Beschäftigung in der Freizeit sind die im eigenen Haushalt geleisteten "häuslichen Dienste". Die heute meist sehr hohe Belastung des am Arbeitsmarkt erzielten Einkommens durch Steuern und Sozialabgaben schafft darüber hinaus starke Anreize auch zur Selbstversorgung mit handwerklichen Diensten "am Markt vorbei", sei es in Heimarbeit, oder in wechselseitiger Nachbarschaftshilfe. Freizeit kann natürlich auch "pur" oder unmittelbar ein Konsumgut sein. Freizeit bzw. die durch das Vorliegen von Freizeit in realer Form ermöglichte Bedürfnisbefriedigung muß grundsätzlich als ein Mittelzufluß im Sinne der Reinvermögenszugang angesehen werden.

Einschränkend ist freilich auch jetzt wieder zu berücksichtigen, daß es nicht sinnvoll ist, eine allen Erwerbspersonen in gleichem Umfang zur Verfügung stehende Freizeit außerhalb der normalen Arbeitszeit zum übrigen Einkommen hinzuzurechnen. Geht man von einem durchschnittlichen Wochenarbeitstag von acht Stunden aus und bewertete man die übrigen 16 Stunden eines Wochentages zu dem auf die acht Stunden umgerechneten Lohnsatz, ergäbe sich eine Aufblähung aller Einkommensbemessungsgrundlagen um das Dreifache. Sinnvoll kann es nur sein, die individuell vom Durchschnitt abweichende, "übernormale" Freizeit und *nur die aufgrund freier Entscheidung überdurchschnittlich vorhandene Freizeit* als zugerechnetes Einkommen zu berücksichtigen. Diese Berücksichtigung ist jedoch grundsätzlich geboten, um die Besteuerungsgrundsätze der Allokationseffizienz und einer gerechten Lastverteilung zu verwirklichen.

Auch die Zurechnung von Einkommen für überdurchschnittliche Freizeit stößt allerdings auf praktische Schwierigkeiten: Erstens läßt sich der tatsächliche Umfang freiwillig vorhandener überdurchschnittlicher Freizeit nicht ohne nachhaltiges Eindringen in die Privatsphäre feststellen (Verstoß gegen das Verhältnismäßigkeitsgebot) und zweitens ist es schwierig, für den jeweils vorliegenden Fall die Freizeit "richtig" zu bewerten. In der Regel wird daher von der Zurechnung von Einkommen für überdurchschnittliche Freizeit abgesehen. Dennoch kann unterschiedlich vorhandene Freizeit für die Einkommensbesteuerung dann eine Rolle spielen, wenn ein fester Zusammenhang von *über-* oder *unterdurchschnittlicher* Freizeit mit bestimmten Einkunftsarten unterstellt werden kann und zusätzliche Ermittlungen daher nicht erforderlich sind. Dies dürfte beispielsweise der Fall sein bei einem berufsbedingt erzwungenen Verzicht auf Teile der normalen Freizeit infolge Überstundenarbeit. Der Lohn für diese Überstunden kann zumindest teilweise als Entschädigung für entgangene übernormale Freizeit angesehen werden. Er stellt insofern nur ein partiell zu besteuerndes Einkommen dar. Umgekehrt wird beispielsweise Kapitaleinkommen anders als Arbeitseinkommen in der Regel ohne Preisgabe von Freizeit erzielt. Bei Kapitaleinkommen fällt überdurchschnittliche Freizeit zumindest potentiell als Kuppelertrag an. Das kann eine im Verhältnis zur Arbeit höhere steuerliche Belastung von Kapital bzw. Kapitaleinkommen rechtfertigen.

Die Darstellung jener Erscheinungsformen, die im Sinne der Reinvermögenszugangstheorie *objektiv* als Einkommen zu qualifizieren sind, kann jetzt abgeschlossen werden. Bei extensiver Auslegung müßten zwar noch weitere Bestandteile hinzugezählt werden, wie z.B. Erbschaften oder Schenkungen. Vor allem praktische, nicht theoretische Gesichtspunkte stehen einer solchen weiten Auslegung jedoch entgegen. Der Einbezug von Erbschaften und Schenkungen in das Steuerobjekt der Einkommensteuer, der schon bei *Georg von Schanz* vorgesehen war und in jüngerer Zeit von der berühmten *Carter*-Kommission erneut verlangt wurde[4], ist nie verwirklicht worden.

III. Einkommen als subjektbezogene Größe

Das als fiskalische Größe entsprechend der sog. SHS-Einkommenskonzeption (Reinvermögenszugangstheorie) *"objektiv"* definierte Einkommen muß sachgerecht "zugeschnitten" werden, damit es als *subjektbezogenes* Steuerobjekt für eine am Fundamentalprinzip der *Leistungsfähigkeit* orientierte Einkommensbesteuerung in Frage kommen kann. Neben den bisher bereits berücksichtigten Abzügen für Betriebsausgaben und Werbungskosten sowie für Verlustverrechnungen sind in Befolgung des sog. *subjektiven Nettoprinzips* noch weitere Abzüge zur Berücksichtigung allgemein-menschlicher und speziell-persönlicher Umstände erforderlich. Es handelt sich um:

- Abzüge für den Unterhalt von Familienangehörigen (Kinder usw.)

- Abzüge, um im Fall von Unterhaltsverpflichtungen Einkommen (Alimentenzahlungen) an getrennt besteuerte Unterhaltsempfänger zu übertragen (interpersonelle Einkommensverlagerungen)

- Abzüge für individuell auftretende, die Leistungsfähigkeit mindernde Lasten, wie z.B. schwere Krankheit oder Behinderung, Betreuung pflegebedürftiger Angehöriger usw.

Die nach diesen drei Abzugsarten verbleibende Größe umschließt noch das allen natürlichen Personen unabhängig von ihren jeweiligen Lebensumständen zustehende *Existenzminimum*. Um auch dieses zu berücksichtigen, gibt es die im dritten Kapitel (Abschnitt V) dargestellten Alternativen eines in den Tarif der Einkommensteuer "eingearbeiteten" Existenzminimums (Nullzone bzw. Abzug von der Steuerschuld) oder eines weiteren Abzugs von der Summe der Einkünfte. Im ersten Fall hat das Steuerobjekt Einkommen eine um das Existenzminimum *"erweiterte"* Bemessungsgrundlage, im anderen Fall entsteht eine *verkürzte Bemessunggrundlage* als quantitativer Ausdruck des sog. Überschußeinkommens.

Unter dem Begriff des Existenzminimums, das im deutschen Einkommensteuerrecht als *Grundfreibetrag* bezeichnet wird (Österreich: allgemeiner Absetzbetrag, Schweiz: persönlicher Abzug oder Sozialabzug) darf nicht nur ein Einkommen verstanden werden, das physiologisch für das nackte Überleben erforderlich ist, sondern ein zivilisatorisch-kulturell notwendiges Mindesteinkommen. Die Höhe des Existenzminimums ist daher nicht natur- oder ernährungswissenschaftlich, sondern nur politisch bestimmbar.

---

4 Report of the Royal Commission of Taxation (1966), Bd. 3, Kapitel 17.

Das Einkommen, wie es nach Vornahme der bisher erwähnten Abzüge definiert ist, hat immer noch den Charakter eines *Modellkonstrukts*. Es entspricht in der Regel nicht den real existierenden Steuerobjekten im Sinne der Steuergesetze. Die Verfolgung wirtschafts- und sozialpolitischer Ziele geschieht oft dadurch, daß gewisse Einkünfte oder Teileinkünfte vom Gesetzgeber nicht in den Katalog des steuerbaren Einkommens aufgenommen werden (wie z.B. vielfach die Eigenmieten), oder dadurch, daß noch weitere Abzüge zugelassen werden für Zwecke, die als förderungswürdig angesehen werden, wie z.B. Spenden für karitative Organisationen oder für besondere Sparformen. Was unter Einkommen in den Steuergesetzen verstanden wird, soll im folgenden Abschnitt IV gezeigt werden.

Tab. 6.1: Bemessungsgrundlage einer subjektbezogenen Einkommensteuer

I. Geld-, Natural- und zugerechnetes Einkommen	
Netto-Einkünfte [1] aus aktiver Erwerbstätigkeit Nichtselbständiger	e_1
Netto-Einkünfte [1] aus Kapitalvermögen	e_2
Netto-Einkünfte [1] aus Vermietung und Verpachtung	e_3
Netto-Einkünfte [2] aus selbständiger Tätigkeit	e_4
Alterseinkünfte	e_5
Lohnersatzleistungen und Unterstützungszahlungen	e_6
Einmalig anfallende Einkünfte [3]	e_7
Naturaleinkommen [4]	e_8
Zugerechnetes Einkommen [4]	e_9
Summe der Nettoeinkünfte [5]	$\Sigma\, e_i$
II. Abzüge:	
Interperiodische Transfers für Alterseinkünfte	a_1
Interpersonelle Transfers	a_2
Individuelle Sonderlasten	a_3
Summe dieser Abzüge	$\Sigma\, a_i$
III. Nicht um Existenzminimum verkürzte Bemessungsgrundlage	$y = \Sigma\, e_i - \Sigma\, a_i$
IV. Abzug des Existenzminimums [6]	M
V. Um das Existenzminimum gekürzte Bemessungsgrundlage	$x = y - M$

[1] Bruttoeinkünfte abzüglich Werbungskosten - [2] Überschuß der Betriebseinnahmen über die Betriebsausgaben - [3] Sofern nicht einem ermäßigten Steuersatz oder einer eigenen Steuer unterworfen - [4] Sofern nicht bereits unter den anderen Einkunftsarten erfaßt - [5] Saldiert mit eventuellen Verlusten - [6] Sofern das Existenzminimum nicht in den Tarif "eingearbeitet" ist (Nullzone)

IV. Einkommen im Sinne der Steuergesetze

Die Einkommensteuergesetze Deutschlands, der Schweiz und Österreichs orientieren sich im großen und ganzen an der SHS-Konzeption bzw. am subjektiven Nettoprinzip auf der Grundlage der Reinvermögenszugangstheorie. Es gibt aber auch eine Reihe mehr oder weniger gravierender Abweichungen. Im vorliegenden Abschnitt werden in exemplarischer Absicht einige wichtige bzw. als bemerkenswert anzusehende gesetzliche Bestimmungen wiedergegeben, durch die das Steuerobjekt der Einkommensteuer in den genannten drei Ländern definiert bzw. durch Aufzählung festgelegt wird.

IV.A. Deutsche Einkommensteuer

Das deutsche Einkommensteuergesetz (EStG) umschreibt Einkommen durch eine Aufzählung von sieben Einkunftsarten. Die ersten drei Einkunftsarten gelten als *Gewinneinkunftsarten*, bei denen von den Bruttoeinnahmen die *Betriebsausgaben* abzugsfähig sind. Bei den vier weiteren Einkunftsarten bestehen die Nettoeinkünfte aus dem Überschuß der Bruttoeinkünfte über die *Werbungskosten*. Der Gesetzestext, verkürzt auf das Wesentliche, lautet[5]:

§ 2 Umfang der Besteuerung, Begriffsbestimmungen. (1) Der Einkommensteuer unterliegen

1. Einkünfte aus Land- und Forstwirtschaft,
2. Einkünfte aus Gewerbebetrieb,
3. Einkünfte aus selbständiger Arbeit,
4. Einkünfte aus nichtselbständiger Arbeit,
5. Einkünfte aus Kapitalvermögen,
6. Einkünfte aus Vermietung und Verpachtung,
7. sonstige Einkünfte im Sinne des § 22...

(2) Einkünfte sind
1. bei Land- und Forstwirtschaft, Gewerbebetrieb und selbständiger Arbeit der Gewinn...
2. bei den anderen Einkunftsarten der Überschuß der Einnahmen über die Werbungskosten...

(3) Die Summe der Einkünfte, vermindert um den Altersentlastungsbetrag ... ist der Gesamtbetrag der Einkünfte.

(4) Der Gesamtbetrag der Einkünfte, vermindert um die Sonderausgaben und die außergewöhnlichen Belastungen, ist das Einkommen.

(5) Das Einkommen, vermindert um die Freibeträge nach § 32 Abs. 6 ("Kinderexistenzminimum", "Kinderbedarf für Betreuung etc")..., den Haushaltsfreibetrag ...und um die sonstigen vom Einkommen abzuziehenden Beträge, ist das zu versteuernde Einkommen; dieses bildet die Bemessungsgrundlage für die tarifliche Einkommensteuer.

...

(7) Die Einkommensteuer ist eine Jahressteuer...

---

[5] Den folgenden Darlegungen liegt das Einkommensteuergesetz in der Fassung der Bekanntmachung vom 19. Oktober 2002 zugrunde.

Bei nichtselbständiger Arbeit wird die Einkommensteuer unter der Bezeichnung Lohnsteuer erhoben (siehe Abschnitt VI weiter unten). Die Alterseinkünfte werden nicht gesondert aufgeführt, sondern werden, falls überhaupt, zu anderen Einkunftsarten gerechnet: Die Beamtenpensionen zählen zu den Einkünften aus nichtselbständiger Tätigkeit, Sozialversicherungsrenten, Betriebs- und Leibrenten zu den sonstigen Einkünften. Zahlungen von Lebensversicherungen werden gar nicht erfaßt. § 22 stellt ein (allerdings lückenhaftes) Sammelbecken für Einkünfte dar, die nicht unter die sechs anderen Einkunftsarten fallen:

§ 22 Arten der sonstigen Einkünfte. Sonstige Einkünfte sind

1. Einkünfte aus wiederkehrenden Bezügen, soweit sie nicht zu den in § 2 Abs. 1 Nr. 1 bis 6 bezeichneten Einkunftsarten gehören. ... Zu den in Satz 1 bezeichneten Einkünften gehören auch
   a) Leibrenten insoweit, als in den einzelnen Bezügen Einkünfte aus Erträgen des Rentenrechts enthalten sind... Der Ertrag des Rentenrechts (Ertragsanteil) ist aus der nachstehenden Tabelle zu entnehmen ...
   b) Einkünfte aus Zuschüssen und sonstigen Vorteilen, die als wiederkehrende Bezüge gewährt werden;

1a. Einkünfte aus Unterhaltsleistungen, soweit sie ... vom Geber abgezogen werden können;

2. Einkünfte aus privaten Veräußerungsgeschäften (vor dem 1.1.1999: Spekulationsgeschäften) im Sinne des § 23;

   ...

4. Entschädigungen, Amtszulagen, Zuschüsse zu Kranken- und Pflegeversicherungsbeiträgen, Übergangsgelder, Überbrückungsgelder, Sterbegelder, Versorgungsabfindungen, Versorgungsbezüge, die auf Grund des Abgeordnetengesetzes oder des Europaabgeordnetengesetzes...gezahlt werden.

§ 23 Private Veräußerungsgeschäfte. (1) Private Veräußerungsgeschäfte (§ 22 Nr. 2) sind

1. Veräußerungsgeschäfte bei Grundstücken und Rechten,..., bei denen der Zeitraum zwischen Anschaffung und Veräußerung nicht mehr als zehn Jahre beträgt.
2. Veräußerungsgeschäfte bei anderen Wirtschaftsgütern, insbesondere bei Wertpapieren, bei denen der Zeitraum zwischen Anschaffung und Veräußerung nicht mehr als ein Jahr beträgt.
3. Veräußerungsgeschäfte, bei denen die Veräußerung der Wirtschaftsgüter früher erfolgt als der Erwerb.
4. Termingeschäfte, durch die der Steuerpflichtige einen ... Vorteil erlangt, sofern der Zeitraum zwischen Erwerb und Beendigung des Rechts auf einen Differenzausgleich, Geldbetrag oder Vorteil nicht mehr als ein Jahr beträgt.

Nach der Angabe dessen, was im Sinne des Gesetzes als Einkommen anzusehen ist, folgt eine lange Liste jener Mittelzuflüsse, die "steuerfrei" bleiben sollen. Teilweise handelt es um eine sozialpolitisch motivierte Freistellung von Einnahmen, die aufgrund des Eintritts eines Versicherungstatbestands erzielt werden, obwohl der Versicherungsanspruch durch steuerlich abzugsfähige Beiträge erworben wurde, teils werden Einnahmen aus sozial- oder lenkungspolitischen, aus meritorischen Gründen oder wegen ihrer Geringfügigkeit freigestellt. Auch die Eigenmieten (Nutzungswerte der eigenen Wohnung) werden, sofern es sich nicht um Wochenend- oder Ferienhäuser handelt, seit Mitte der 80er Jahre nicht mehr besteuert. Dem nachfolgenden Auszug aus den zehn engbedruckte Seiten umfassenden §§ 3 und 3b EStG kann man entnehmen, daß neben vertretbaren, d.h. von der Besteuerungsgrundsätzen gedeckten Ausnahmen von der Steuerpflicht auch zahlreiche finanzwissenschaftlich nicht mehr zu rechtfertigende und dringend reformbedürftige Steuerbefreiungen Eingang in das deutsche Einkommensteuerrecht gefunden haben:

§ 3 Steuerfreie Einnahmen. Steuerfrei sind

1. a) Leistungen aus einer Krankenversicherung, aus einer Pflegeversicherung und aus der gesetzlichen Unfallversicherung,...
2. das Arbeitslosengeld,... das Kurzarbeitergeld, das Winterausfallgeld, die Arbeitslosenhilfe, ...das Unterhaltsgeld
3. Kapitalabfindungen auf Grund der gesetzlichen Rentenversicherung...

...

9. Abfindungen wegen einer vom Arbeitgeber veranlaßten oder gerichtlich ausgesprochenen Auflösung des Dienstverhältnisses,...
10. Übergangsgelder und Übergangsbeihilfen auf Grund gesetzlicher Vorschriften wegen Entlassung aus einem Dienstverhältnis...

...

15. Zuwendungen, die Arbeitnehmer anläßlich ihrer Eheschließung oder der Geburt eines Kindes von ihrem Arbeitgeber erhalten,...

...

23. die Leistungen nach dem Häftlingshilfegesetz, dem Strafrechtlichen Rehabilitierungsgesetz,...
24. Leistungen, die auf Grund des Bundeskindergeldgesetzes gewährt werden;

...

29. das Gehalt und die Bezüge,...die die diplomatischen Vertreter ausländischer Staaten erhalten.

...

44. Stipendien

...

51. Trinkgelder

...

67. das Erziehungsgeld nach dem Bundeserziehungsgeldgesetz ...

§ 3b Steuerfreiheit von Zuschlägen für Sonntags-, Feiertags- oder Nachtarbeit.

(1) Steuerfrei sind Zuschläge, die für tatsächlich geleistete Sonntags-, Feiertags- oder Nachtarbeit neben dem Grundlohn gezahlt werden, soweit sie

1. für Nachtarbeit 25 vom Hundert,
2. ...für Sonntagsarbeit 50 vom Hundert,
3. ...für Arbeit am 31. Dezember ab 14 Uhr und an den gesetzlichen Feiertagen 125 vom Hundert,
4. für Arbeit am 24. Dezember ab 14 Uhr, am 25. und 26. Dezember sowie am 1. Mai 150 vom Hundert des Grundlohns nicht übersteigen

Die zitierten Auszüge aus dem Einkommensteuergesetz zeigen beispielhaft, daß finanzwissenschaftliche Theorie und Gesetzespraxis zum Teil weit auseinanderklaffen. Die gravierendsten Verstöße gegen die Besteuerungsgrundsätze der Gleichmäßigkeit und der Leistungsfähigkeit treten allerdings bei der Besteuerung der Alterseinkünfte auf: So wird z.B. bei einem Sozialversicherten, der lebenslang Beiträge gezahlt hat und mit 65 Jahren in Rente geht, als hypothetischer (Ertrags-) Anteil nur 27 Prozent der Rente besteuert, sofern diese überhaupt den sog. Altersentlastungs- und den Grundfreibetrag (Existenzminimum) überschreitet!

Erzielt z.B. ein Rentner Einkünfte aus verschiedenen Quellen (z.B. neben der Sozialversicherungsrente noch eine Betriebsrente und Kapitaleinkünfte) kann er wegen des niedrig angesetzten Ertragsanteils und wegen verschiedener Freibeträge ein Jahreseinkommen von bis zu DM 62'103 steuerfrei beziehen! Noch schwerwiegender als dieser offensichtliche Verstoß gegen das Leistungsfähigkeitsprinzip sind die gleichzeitig auftretenden Verstöße gegen die Gleichmäßigkeit der Besteuerung, wie es das folgende Beispiel zeigt: Bei einem im Erwerbsleben stehenden ledigen

Arbeitnehmer mit einem Bruttogehalt von DM 40'000 beträgt die Einkommensteuer *DM 6'551*. Ein ebenfalls alleinstehender Beamter mit einem Ruhegehalt von DM 40'000 kann einen Versorgungsfreibetrag abziehen und seine Steuerschuld auf *DM 5'031* drücken. Ein alleinstehender Rentner mit einer Sozialversicherungsrente von DM 40'000 bleibt *steuerfrei*. (Die soeben vorgeführte Steuerschuldberechnung beruht auf dem im wesentlichen bisher unveränderten Gesetzesstand von 1996)[6].

Noch mehr als die Sozialversicherungsrenten werden die meisten Formen von *Lebensversicherungen* durch Nichtbesteuerung des Ertragsanteils begünstigt.

Eine beachtliche Lücke bedeutet auch der sog. Sparerfreibetrag, d.h. die Steuerfreiheit von privaten Kapitalerträgen gemäß § 20 Abs. 4 EStG. Der Freibetrag betrug bis einschließlich 1998 DM 6'000 pro Jahr und Person bzw. DM 12'000 bei Ehepaaren. Diese Freibeträge wurden allerdings inzwischen erheblich herabgesetzt (ab 2002 auf 1'550 bzw. 3'100 Euro).

Die in der Tabelle 6.1 aufgeführten Abzüge zwecks interperiodischen und interpersonellen Einkommenstransfers (a_1 und a_2), wegen individueller Sonderlasten (a_3) und aus wirtschafts- und sozialpolitischen Gründen treten im deutschen Einkommensteuergesetz vor allem unter den Rubriken *"Sonderausgaben"* und *"außergewöhnliche Belastungen"* auf. Teils werden diese Sonderausgaben unbeschränkt (wie z.B. bezahlte Kirchensteuer), teils nur beschränkt zum Abzug zugelassen. Außergewöhnliche Belastungen sind hingegen erst abzugsfähig, wenn sie die Grenze einer "zumutbaren Belastung" überschreiten. Die komplizierten und in unterschiedlichem Maß gegen das Leistungsfähigkeits- und speziell bei Alterseinkünften auch gegen das Korrespondenzprinzip verstoßenden gesetzlichen Regelungen für die "Sonderausgaben" sind in den §§ 10 ff. und diejenigen der "außergewöhnlichen Belastungen" in den §§ 33 ff. EStG niedergelegt.

Zu den partiell bzw. innerhalb gewisser Höchstgrenzen abzugsfähigen Sonderausgaben zählen die Vorsorgeaufwendungen in Form von Beiträgen zu Kranken-, Pflege-, Unfall- und Haftpflichtversicherungen, zu den gesetzlichen Rentenversicherungen und an die Bundesanstalt für Arbeit (Arbeitslosenversicherung), ferner Beiträge zu privaten Versicherungen, speziell auch zu längerlaufenden Lebensversicherungen, Unterhaltsleistungen an den geschiedenen oder dauernd getrennt lebenden Ehegatten, Aufwendungen des Steuerpflichtigen für seine Berufsausbildung oder seine Weiterbildung in einem nicht ausgeübten Beruf, Ausgaben zur Förderung mildtätiger, kirchlicher, religiöser, wissenschaftlicher und der als besonders förderungswürdig anerkannten gemeinnützigen Zwecke, Mitgliedsbeiträge und Spenden an politische Parteien, Herstellungskosten einer Wohnung in einem im Inland gelegenen eigenen Haus sowie Aufwendungen für Herstellungs- und Erhaltungsmaßnahmen an eigenen schutzwürdigen Kulturgütern.

Geradezu bizarr sind die Abzugsgrenzen bei Vorsorgeaufwendungen gestaltet: Zunächst können solche Aufwendungen zwar nach Maßgabe der geleisteten Beiträge voll abgezogen werden, schon ab einem mittleren Einkommen, z.B. ab ca. 30'000 DM eines Alleinstehenden wird der Abzugsbetrag *absolut genommen* ohne Rücksicht auf zunehmende Beitragsleistungen abgesenkt![7]

---

6 Detailliert beschrieben von *Seer* (1996), S.326 ff..

7 Detailliert dargestellt bei Kaltenborn (1999), S. 100 ff., insbes. S. 104.

Bezüglich der zum Abzug zugelassenen *"außergewöhnlichen Belastungen"* ist im § 33 EStG folgendes festgelegt:

(1) Erwachsen einem Steuerpflichtigen zwangsläufig größere Aufwendungen als der überwiegenden Mehrzahl der Steuerpflichtigen gleicher Einkommensverhältnisse, gleicher Vermögensverhältnisse und gleichen Familienstands... so wird auf Antrag die Einkommensteuer dadurch ermäßigt, daß der Teil der Aufwendungen, der die dem Steuerpflichtigen zumutbare Belastung (Absatz 3) übersteigt, vom Gesamtbetrag der Einkünfte abgezogen wird.

(2) Aufwendungen erwachsen dem Steuerpflichtigen zwangsläufig, wenn er sich ihnen aus rechtlichen, tatsächlichen oder sittlichen Gründen nicht entziehen kann und soweit die Aufwendungen den Umständen nach notwendig sind und einen angemessenen Betrag nicht übersteigen.

In Absatz 3 ist die zumutbare Belastung in Abhängigkeit von der Höhe des Einkommens, dem Familienstand und der Zahl der Kinder im einzelnen festgelegt. Die Schwelle der Zumutbarkeit variiert zwischen einem und sieben Prozent des Gesamtbetrags der Einkünfte. Betragen beispielsweise diese Einkünfte bei einem Steuerpflichtigen mit drei Kindern mehr als 100'000 DM (ab 2002: 51'130 Euro), dann liegt die Grenze der Zumutbarkeit bei zwei Prozent dieser Einkünfte.

IV.B. Einkommensteuern in der Schweiz

In der Schweiz gibt es neben der Einkommensteuer des Bundes auch kantonale und kommunale Einkommensteuern. Jeder Kanton hat eine eigene Einkommensteuer. Im Sinne eines Beispiels wird im folgenden auf das am 8. Juni 1997 in einer Volksabstimmung angenommene Steuergesetz des Kantons Zürich (StG-ZH) Bezug genommen. Dieses seit dem 1. Januar 1999 in Kraft befindliche Steuergesetz[8] zeichnet sich durch eine knappe und gut verständliche Neuformulierung der Einkommensbesteuerung aus. Es umschreibt Einkommen als fiskalische Größe wie folgt :

Der Einkommensteuer unterliegen alle wiederkehrenden und einmaligen Einkünfte. Als Einkommen gelten auch Naturalbezüge jeder Art, insbesondere freie Verpflegung und Unterkunft sowie der Wert selbstverbrauchter Erzeugnisse und Waren des eigenen Betriebs (§ 16).

Bezüglich der einzelnen Einkunftsarten ist festgelegt:

Steuerbar sind alle Einkünfte aus privatrechtlichem oder öffentlich-rechtlichem Arbeitsverhältnis mit Einschluß der Nebeneinkünfte, wie Entschädigungen für Sonderleistungen, Provisionen, Zulagen, Dienstalters- und Jubiläumsgeschenke, Gratifikationen, Trinkgelder, Tantiemen und andere geldwerte Vorteile... (§ 17).

Steuerbar sind die Erträge aus beweglichem Vermögen, insbesondere: a) Zinsen aus Guthaben... b) Einkünfte aus der Veräußerung oder Rückzahlung von Obligationen mit überwiegender Einmalverzinsung... c) Dividenden, Gewinnanteile... d) Einkünfte aus Vermietung, Verpachtung, Nutzniessung oder sonstiger Nutzung beweglicher Sachen... e) Einkünfte aus Anteilen an Anlagefonds... f) Einkünfte aus immateriellen Gütern ... (§ 20).

Steuerbar sind alle Erträge aus unbeweglichem Vermögen, insbesondere a) alle Einkünfte aus Vermietung, Verpachtung, Nutznießung oder sonstiger Nutzung... (§ 21).
Steuerbar sind alle Einkünfte aus einem Handels-, Industrie-, Gewerbe-, Land- und Forstwirtschaftsbetrieb, aus einem freien Beruf sowie aus jeder anderen selbständigen Tätigkeit... (§ 18).

---

8 Nachfolgerin des bis Ende 1998 geltenden Gesetzes über die direkten Steuern vom 8. Juli 1951.

Steuerbar sind alle Einkünfte aus der Alters-, Hinterlassenen- und Invalidenversicherung, aus Einrichtungen der beruflichen Vorsorge und aus anerkannten Formen der gebundenen Selbstvorsorge mit Einschluß der Kapitalabfindungen und Rückzahlungen von Einlagen, Prämien und Beiträgen... (§ 22 Abs. 1).

Einkünfte aus Leibrenten und andere wiederkehrende Einkünfte aus Wohnrecht, Nutznießung oder Verpfründung sind zu 60 Prozent steuerbar, wenn die Leistungen, auf denen der Anspruch beruht, ausschließlich vom Steuerpflichtigen erbracht worden sind (§ 22 Abs.3)

Steuerbar sind auch: a) alle anderen Einkünfte, die an die Stelle des Einkommens aus Erwerbstätigkeit treten; ... b) einmalige oder wiederkehrende Zahlungen bei Tod sowie für bleibende körperliche und gesundheitliche Nachteile; c) Entschädigungen für die Aufgabe oder Nichtausübung einer Tätigkeit; d) Entschädigungen für die Nichtausübung eines Rechtes; e) Einkünfte aus Lotterien und lotterieähnlichen Veranstaltungen; f) Unterhaltsbeiträge, die ein Steuerpflichtiger bei Scheidung, gerichtlicher oder tatsächlicher Trennung für sich erhält, sowie Unterhaltsbeiträge, die ein Elternteil für die unter seiner elterlichen Gewalt oder Obhut stehenden Kinder erhält (§ 23).

Besonders hervorhebenswert bei dieser Umschreibung des Einkommens als fiskalischer Größe ist, daß das neue Steuergesetz die Altersrenten der Sozialversicherung (AHV/IV) und Betriebsrenten, die auf Grund steuerfreier Beitragsleistungen erworben wurden, grundsätzlich zu 100% zum Einkommen rechnet und somit nachgelagert besteuert. Bei Renten, deren Erwerb aus versteuertem Einkommen erfolgte, bleibt ein Anteil von 60% steuerfrei. Andererseits sieht auch das neue Steuergesetz *keine Besteuerung von Kapitalgewinnen* aus der Veräußerung von Privatvermögen vor, es sei denn, es handle sich um Grundstücksgewinne, die einer besonderen (kommunalen) *Grundstückgewinnsteuer* unterworfen werden. An einer Wertpapierbörse erzielte private Kursgewinne bleiben also steuerfrei. Dasselbe gilt auch für Unterstützungszahlungen wie z.B. Sozialhilfeleistungen oder Stipendien. Die sog. Eigenmiete wird besteuert, wobei allerdings als Regel zu gelten hat, daß diese "zur Förderung von Eigentumsbildung und Selbstvorsorge" nur zu 60% des Marktwerts angesetzt werden sollte.

Von den Bruttoeinkünften können die zu ihrer Erzielung notwendigen Aufwendungen (Berufsauslagen bzw. Betriebsausgaben), teils in pauschalierter, teils in einzeln nachzuweisender Form abgezogen werden. Zu den Berufsauslagen gehören u.a. die notwendigen Kosten für Fahrten zwischen Wohn- und Arbeitsstätte, notwendige Mehrkosten für Verpflegung und mit dem Beruf zusammenhängende Weiterbildungs- und Umschulungskosten. Bei selbständiger Erwerbstätigkeit können u.a. abgezogen werden: Abschreibungen, Rückstellungen für Verpflichtungen, deren Höhe noch unbestimmt ist, eingetretene Verluste aus bis zu sieben Jahren zurückliegenden Geschäftsjahren ("Verlustvortrag") und Zuwendungen an Vorsorgeeinrichtungen zugunsten des eigenen Personals. Bei den Einkünften aus privatem Liegenschaftsvermögen sind abzugsfähig neben den Unterhaltskosten auch - aus lenkungspolitischer Absicht - Ausgaben für Investitionen, die dem Energiesparen und dem Umweltschutz dienen. Abzugsfähig sind schließlich auch - ohne Begrenzung nach der Höhe oder dem Zweck der ursprünglichen Kreditaufnahme - Schuldzinsen.

Zur Berücksichtigung interpersoneller oder interperiodischer Einkommensübertragungen sowie meritorisch oder im Einzelfall schicksalhaft begründeter Aufwendungen können über die Einkunftserzielungskosten hinaus noch die folgenden Abzüge geltend gemacht werden:

... die Unterhaltsbeiträge an den geschiedenen, gerichtlich oder tatsächlich getrennt lebenden Ehegatten sowie die Unterhaltsbeiträge an einen Elternteil für die unter dessen elterlicher Gewalt oder Obhut stehenden Kinder, ... die gemäß Gesetz, Statut oder Reglement geleisteten Einlagen, Prämien und Beiträge zum Erwerb von Ansprüchen aus der Alters-, Hinterlassenen- und Invalidenversicherung und aus Einrichtungen der beruflichen Vorsorge; ... Einlagen, Prämien und Beiträge zum Erwerb von vertraglichen Ansprüchen aus anerkannten Formen der gebundenen Selbstvorsorge ... die Prämien und Beiträge für die Erwerbsersatzordnung, die Arbeitslosenversicherung und die obligatorische Unfallversicherung (§ 31).

Beschränkt zum Abzug zugelassen sind im übrigen auch Prämien und Beiträge für die Lebens- und Krankenversicherung, Zuwendungen und Beiträge an politische Parteien, Spenden für gemeinnützige Zwecke und selbst zu tragende Krankheits- Unfall- und Invaliditätskosten, soweit sie fünf Prozent des Reineinkommens übersteigen.

Für die Herstellung des steuerbaren Einkommens wird das sog. Reineinkommen um die sog. Sozialabzüge gekürzt. Es sind dies ein Kinderabzug von Fr. 5400 je Kind, ein Unterstützungsabzug von Fr. 2400 für erwerbsunfähige Personen, für deren Unterhalt der Steuerpflichtige ganz oder teilweise aufkommt und ab 1999 - im Fall der Betreuung durch Drittpersonen - Kinderbetreuungskosten von Fr. 3000 je Kind unter 15 Jahren bei Erwerbstätigkeit beider Ehepartner oder des verwitweten, geschiedenen oder ledigen Alleinerziehers. Das Existenzminimum ab 1999 von Fr. 5500 je Erwachsenem ist im neuen Steuergesetz anders als vorher in den Tarif eingebaut, so daß nunmehr für die Berechnung der Steuerschuld eine *erweiterte* Bemessungsgrundlage mit einer *Nullzone* verwendet wird (siehe Abschnitt V).

Neben den Einkommensteuern des Kantons Zürich und der 25 anderen Kantone bzw. Halbkantone, die in der Regel zugleich die kommunalen Einkommensteuern der jeweiligen Kantonsgemeinden definieren, gibt es eine Einkommensteuer des Bundes (die sog. direkte Bundessteuer). Sie stimmt jedoch hinsichtlich Steuerobjekt und Bemessungsgrundlagen weitgehend mit den kantonalen Einkommensteuern überein, so daß die Steuerpflichtigen *nur eine* Einkommensteuererklärung einzureichen haben. Hinsichtlich der Tarife unterscheiden sich die kantonalen Einkommensteuern und die vom Bund erhobene Einkommensteuer. (Der Zürcher Tarif und der Tarif der Bundeseinkommensteuer sind im Abschnitt V angegeben).

IV.C. Österreichische Einkommensteuer

Das österreichische Einkommensteuergesetz vom 7. Juli 1988 (öEStG) umschreibt das, was fiskalisch als Einkommen anzusehen ist, durch eine Aufzählung von sieben Einkunftsarten, die dem Wortlaut und auch dem Inhalt nach weitgehend mit denjenigen im deutschen EStG übereinstimmen. In vieler Hinsicht sind beide Steuergesetze sehr ähnlich, doch gibt es auch eine Reihe wichtiger Unterschiede. Z.B werden in Österreich anders als in Deutschland die *Renten* aus der gesetzlichen Sozialversicherung regulär der Einkommensteuer unterworfen. Andererseits unterliegen das 13. und 14. Monatsgehalt von Nichtselbständigen einer stark ermäßigten Besteuerung und sind insofern von der regulären Einkommensteuer ausgenommen (*"Arbeitnehmerprivileg"*). Statt durch die Einkommensteuer werden Löhne aber in erheblichem Maße durch *Lohnsummenabgaben der Arbeitgeber* "vorbelastet". Wie im siebten Kapitel (Abschnitt V.C) näher ausgeführt wird, gibt es in Österreich eine *getrennte Veranlagung* von Ehepaaren ("Individualbesteuerung"). Die Berücksichtigung des Existenzminimums und anderer, die persönliche Leistungsfähigkeit beeinträchtigender Umstände erfolgt durch sog. Absetzbeträge (von der Höhe des Einkommens weitgehend unabhängige Abzüge von der Steuerschuld). Neben einem "allgemeinen Absetzbetrag" von (bis 2001) 12'200 Schilling (öS) pro Jahr (ab 2002: 887 Euro), der grundsätzlich jedem Steuerpflichtigen zusteht, gibt es einen Alleinverdienerabsetzbetrag von 5'000 öS (ab 2002: 364 Euro), einen Alleinerzieherabsetzbetrag von ebenfalls 5'000 öS (ab 2002: 364 Euro), einen Pensionistenabsetzbetrag von max. 5'500 öS (ab 2002: 400 Euro) und gegebenenfalls weitere, im § 33 öEStG aufgezählte, jeweils auf ein Jahr bezogene Absetzbeträge. Zum überwiegenden Teil werden *Kapitaleinkünfte*, nämlich solche in Form von Zinsen und Dividenden, aus der Bemessungsgrundlage der Einkommensteuer herausgenommen und ohne Berücksichtigung der Höhe der übrigen Einkünfte mit einem Proportionalsatz von 25% besteuert.

Realisierte Wertsteigerungen werden in Österreich besteuert, wenn bei Immobilien zwischen Anschaffung und Veräußerung weniger als 10 Jahre und bei "anderen" Wirtschaftsgütern, also z.B. bei Börsengewinnen, weniger als ein Jahr vergangen sind. Eigenmieten zählen nicht zu den zu versteuernden Einkünften. Dementsprechend sind Werbungskosten bei Wohneigentum nicht abzugsfähig.

V. Die Einkommensteuertarife der Steuergesetze

Die Festlegung eines Steuertarifs ist letztlich immer eine politische Entscheidung. Der politische Spielraum bei Tarifentscheidungen bedeutet allerdings nicht, daß gesellschaftliche Wertungen, verfassungsrechtliche Normen und ökonomische Zusammenhänge, wie sie in den von der Finanzwissenschaft entwickelten Besteuerungsgrundsätzen ihren Niederschlag gefunden haben, unberücksichtigt bleiben dürfen. Die Tarifgestaltung ist weder in materieller noch in formaler Hinsicht politischer Willkür anheimgestellt. So folgt in materieller Hinsicht aus dem Grundsatz der Besteuerung nach der Leistungsfähigkeit ein progressiver Tarif, wie im vorangegangenen Kapitel dargelegt wurde. Es gibt aber keine wissenschaftlich zu begründende Antwort auf die Frage, ob es eine direkte oder eine indirekte Progression sein sollte. Erst recht nicht kann wissenschaftlich begründet werden, ob eine direkte Progression verzögert, linear oder beschleunigt sein sollte. Der politischen Entscheidung anheimgestellt bleibt auch die Wahl des Anfangs- und des Höchststeuersatzes. Gleiches gilt auch hinsichtlich der im dritten Kapitel dargestellten Tarifmodifikationen. Finanzwissenschaftlich begründet, weil dem Grundsatz der Transparenz entsprechend, ist es andererseits, daß ein Tarif möglichst willkürfrei, d.h. stetig verlaufen sollte. Bei der Entscheidung über die Tarif*form* gibt es aber auch wieder einen von der Theorie offen gelassenen Spielraum. In Betracht kommen kann sowohl ein Formeltarif als auch ein von inneren Widersprüchen und Unebenheiten befreiter Stufentarif.

Deutschland

Der im folgenden als ein Beispiel dargestellte, für den Veranlagungszeitraum 1998 geltende deutsche Einkommensteuertarif eines Alleinstehenden ist in Tabelle 6.2 wiedergegeben. Es ist ein Formeltarif mit einer erweiterten Bemessungsgrundlage. Im Gesetz wird diese als "das zu versteuernde Einkommen" bezeichnet. Einkommen bis zum Wert des Existenzminimums (im Gesetz als Grundfreibetrag bezeichnet) bleibt steuerfrei. Über dieser Schwelle wird das Einkommen tariflich voll erfaßt, doch erfolgt gleichzeitig eine Entlastung des dem Grundfreibetrag entsprechenden Einkommensteils, allerdings nur um die sich hypothetisch aus dem Tarif ergebende Steuerschuld für ein Einkommen in Höhe des Grundfreibetrags. (Für die Erstellung der Tabelle 6.2 wurde die in § 32a EStG angegebene Tarifvorschrift in eine für das Nachrechnen "einfachere" Form gebracht.)

Abbildung 6.2 zeigt den Verlauf der *Durchschnittsbelastung* für Einkommen des Veranlagungszeitraums 1998 bis DM 250'000. Der dargestellte Tarif ist *verzögert-progressiv*. Ab DM 12'365 steigt der *Grenzsteuersatz* in linearen Abschnitten an, beginnend bei 25,9 % und endend bei 53 %. Ab einem Einkommen von DM 120'042 liegt der Grenzsteuersatz konstant bei 53 %. Diesem Satz nähert sich die Durchschnittsbelastung mit steigendem Einkommen immer mehr an. Bei z.B. einem Einkommen von einer Million DM beträgt sie 50,7 %.

Tab. 6.2: Einkommensteuertarif für einen Alleinstehenden, 1998[1)]

Einkommen (y)[2)] DM			Steuerschuld DM
0	-	12'365	0
12'366	-	58'643	$\left(91{,}19 \cdot \frac{y - 12'312}{10'000} + 2'590\right) \cdot \frac{y - 12'312}{10'000}$
58'644	-	120'041	$\left(151{,}96 \cdot \frac{y - 58'590}{10'000} + 3'434\right) \cdot \frac{y - 58'590}{10'000} + 13'938$
120'042		und mehr	$0{,}53\, y - 22'843$

1) aus der Verbalform des § 32a EStG abgeleitete Formeln. 2) y bezeichnet das zu versteuernde Einkommen.

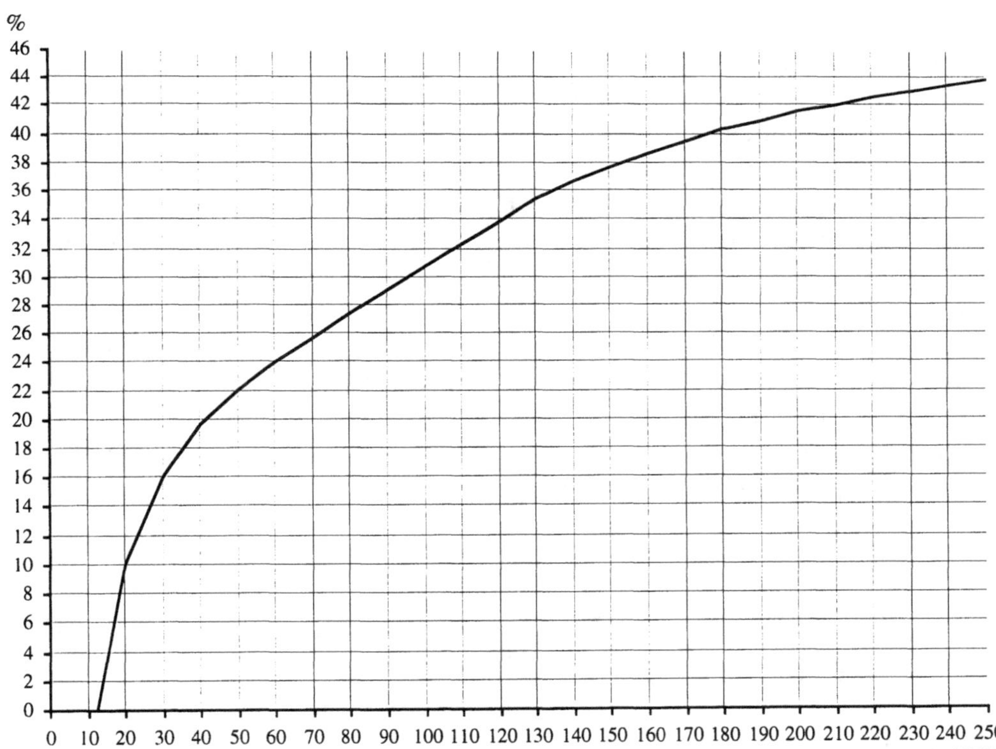

Abb. 6.2: Durchschnittsbelastung eines Alleinstehenden durch die deutsche Einkommensteuer 1998

Der deutsche Einkommensteuertarif wurde in jüngerer Zeit fast jedes Jahr geändert: So wurde für 1999 der Grundfreibetrag von DM 12'365 auf DM 13'067 erhöht und der Eingangssteuersatz von 25,9 % auf 23,9 % gesenkt (bei unverändertem Spitzensteuersatz von 53 % für Einkommen über DM 120'042). Für 2000 wurde der Grundfreibetrag auf DM 13'499 erhöht und der Eingangssteuersatz auf 22,9 % gesenkt. Gesenkt wurde auch ab 2000 für Einkommen ab DM 114'696 der Spitzensteuersatz für sog. *nichtgewerbliche* Einkünfte auf 51 %. Einkünfte ***aus Gewerbebetrieb*** wurden in Verletzung des Syntheseprinzips ab 2000 mit einem Spitzensteuersatz von nur noch 43 % besteuert.

Für den Zeitraum 2001 bis 2003 beträgt der Grundfreibetrag DM 14'093 (7'235 Euro), der Eingangssteuersatz 19,9 % und der ab DM 107'568 (55'008 Euro) anzuwendende Spitzensteuersatz für nichtgewerbliche Einkünfte 48,5 %. Ab 1.1. 2004 sind weitere Tarifsenkungen geplant: Grundfreibetrag 7'426 Euro (DM 14'500), Eingangssteuersatz 17 % und Spitzensteuersatz 47 % für Einkommen über 52'293 Euro.

Die in den vergangenen Jahren vorgenommenen Tarifänderungen haben das Tarif*niveau* der deutschen Einkommensteuer tendenziell gesenkt. Da der Tarif bezüglich Struktur und Typ grundsätzlich unverändert blieb, hat die Darstellung des 1998er-Tarifs (Tab. 6.2 und Abb. 6.2) auch weiterhin exemplarischen Charakter.

Schweiz

Der für den Kanton Zürich festgelegte sog. Grundtarif für einen alleinstehenden Steuerpflichtigen ohne Kinder ist in Tabelle 6.3 angegeben. Dieser Tarif ist auf das steuerbare Reineinkommen eines Jahres bezogen. Es handelt sich um eine das Existenzminimum umfassende erweiterte Bemessungsgrundlage. Die Freistellung des Existenzminimums erfolgt tariflich durch eine Nullzone. Der Grundtarif der Tabelle 6.3 (ein "Zwischentarif") legt nur die Struktur, jedoch nicht das Niveau der Steuerbelastung durch die kommunale, kantonale und kirchliche Einkommensteuer fest. Die Steuersätze dieser Tabelle müssen mit einem Faktor multipliziert werden, der sich aus der Summe von drei (bei nichtkirchlicher Zugehörigkeit von zwei) sog. *Hebesätzen* ergibt. Bei einem in Zürich als *Steuerfuß* bezeichneten Hebesatz, der z.B. im Jahr 1999 108 % für den Kanton, 130 % für die Stadt Zürich und 11 % für die protestantische Kirchgemeinde Zürich betrug, resultiert ein Faktor von gerundet 2,5. Daher beträgt beispielsweise der auf den Nullsatz folgende Anfangsssteuersatz effektiv rd. 5% und der Höchstsatz rd. 32,5 %.

Tab. 6.3: Einkommensteuer-Grundtarif im Kanton Zürich*)

Einkommen Fr.	Grenzsteuersatz %	Einkommen Fr.	Grenzsteuersatz %
0 - 5'500	0	49'001 - 63'900	8
5'501 - 9'600	2	63'901 - 92'500	9
9'601 - 13'700	3	92'501 - 121'000	10
13'701 - 20'400	4	121'001 - 165'900	11
20'401 - 28'600	5	165'901 - 224'300	12
28'601 - 38'100	6	224'301 und mehr	13
38'101 - 49'000	7		

*) Tarif gemäß § 35 Abs. 1 StG-ZH vom 8. Juni 1997

Beispiel

Für den soeben bezeichneten Steuerpflichtigen entsteht beim Multiplikator von 2,5 und einem steuerbaren Reineinkommen von Fr. 30'000 eine Steuerschuld von Fr. 2'417,50 wie folgt:

0 %	auf die ersten	5'500	0
5 %	auf die folgenden	4'100	205.--
7.5 %	auf die folgenden	4'100	307.50
10 %	auf die folgenden	6'700	670.--
12.5 %	auf die folgenden	8'200	1'025.--
15 %	auf die letzten	1'400	210.--

Kanton, Gemeinde und Kirche teilen sich das Steueraufkommen von 2'417,50 bei den 1999 gültigen Steuerfüßen im Verhältnis von 108 : 130 : 11.

Die Steuerfüße, in einigen Kantonen auch "Steuerfaktoren" oder "Vielfaches der einfachen Ansätze" genannt, tendierten in den vergangenen Jahren ähnlich wie das deutsche Tarifniveau generell leicht nach unten. Im Moment der Drucklegung (2002) betrug der Steuerfuß des Kantons Zürich 105 %, der Steuerfuß der Stadt Zürich 122 % und derjenige der evangelischen Kirchgemeinde 10 %. Innerhalb des Kantons variierten die Gemeindesteuerfüße im Jahr 2002 zwischen 76 Prozent und 138 Prozent (einschl. Kirchensteuer). Der höchste Hebesatz lag somit 62 Prozentpunkte oder 82 Prozent über dem niedrigsten! In anderen Kantonen ist die Spannweite zwischen kleinstem und größtem Gemeindehebesatz teilweise noch größer.

Zu den soeben dargestellten Einkommensteuern ist noch die Einkommensteuer des Bundes, die sog. *direkte Bundessteuer*, zu addieren. Der (auch für 2002 unverändert gebliebene) Tarif ist in Tabelle 6.4 angegeben.

Tab. 6.4: Tarif der direkten Bundessteuer für einen Alleinstehenden ohne Kinder*)

Einkommen Fr.	Steuerschuld Fr.	Einkommen Fr.	Steuerschuld Fr.
bei 0 - 12'800	0	bei 91'100	2'731.50
für je weitere 100 Fr.	+ 0.77	für je weitere 100 Fr.	+ 8.80
bei 27'900	116.25	bei 118'400	5'133.90
für je weitere 100 Fr.	+ 0.88	für je weitere 100 Fr.	+ 11.00
bei 36'500	191.90	bei 154'700	9'126.90
für je weitere 100 Fr.	+ 2.64	für je weitere 100 Fr.	+ 13.20
bei 48'600	511.30	bei 664'300 - 664'399	76'394.10
für je weitere 100 Fr.	+ 2.97	bei 664'400 - 664'499	76'406.00
bei 63'800	962.70	für je weitere 100 Fr.	+ 11.50
für je weitere 100 Fr.	+ 5.94		
bei 68'800	1'259.70		
für je weitere 100 Fr.	+ 6.60		

*) Tarif gemäß Art. 214 Abs. 1 DBG

Beispiel

Zusätzlich zur soeben berechneten Steuerschuld von Fr. 2'417.50 entsteht bei einem steuerbaren Reineinkommen von Fr. 30'000 noch eine Steuerschuld gegenüber dem Bund von (gerundet) Fr.134.70:

für das Einkommen bis Fr. 27'900		Fr. 116.25
für die weiteren Fr. 2'100 (21 Einkommensstufen)	(gerundet)	Fr. 18.45
	insgesamt:	Fr. 134.70

Die direkte Bundessteuer ist im Bundesgesetz über die direkte Bundessteuer vom 14. Dezember 1990 (DBG) festgelegt. Ihre Bemessungsgrundlage ist (von kleineren Abweichungen abgesehen) dieselbe wie die der Kantone (es wird eine in den wesentlichen Punkten "harmonisierte" Bemessungsgrundlage verwendet). Während die drei erstgenannten Einkommensteuern mittels eines *Anstoßtarifs* errechnet werden, besitzt die direkte Bundessteuer den in Tabelle 6.4 wiedergegebenen *Stufenbetragstarif.* Zwecks Minimierung der dabei auftretenden (im dritten Kapitel aufgezeigten) Probleme wurden schmale Einkommensstufen von jeweils 100-Franken-Breite gebildet.

Die durchschnittliche Belastung durch Einkommensteuern bei Wohnsitz in der Stadt Zürich ist für Einkommen bis 250'000 Franken in Abbildung 6.3 veranschaulicht. Man kann der Darstellung beispielsweise entnehmen, daß ein steuerbares Reineinkommen von 70'000 mit 16 Prozent an Einkommensteuern belastet ist oder auch, daß die direkte Bundessteuer für sich allein ein steuerbares Reineinkommen von 110'000 mit 4 Prozent belastet. Desgleichen kann man der Darstellung entnehmen, daß der *aggregierte* Belastungsverlauf von Kanton und Bund verzögert progressiv ist. Eine kleine Ausnahme gibt es nur beim Bundestarif im Bereich von Einkommen zwischen 30'000 und 80'000 Franken. Die dort vorhandene leichte Belastungsbeschleunigung geht anschließend jedoch wieder in einen verzögert-progressiven Verlauf über. Dem maximalen Grenzsteuersatz des Bundes von 13,2 % sind Einkommen ab 154'700 Franken unterworfen. Die mit steigendem Einkommen zunehmende Belastung wird bei der direkten Bundessteuer durch den Durchschnittssatzplafond von 11,5 % ab einem Einkommen von 664'500 Franken "gedeckelt", d.h. von einem Grenzsteuersatz von 11,5 % abgelöst. Für die Stadt Zürich resultierte 1999 für die höchsten Einkommen ein maximaler Gesamt-Grenzsteuersatz von 45,7 %. Infolge der Steuerfußsenkungen ist dieser Spitzensteuersatz auf (2002) rd. 44 % zurückgegangen.

Hinweis

Die (exemplarische) Darstellung der schweizerischen Tarife erfolgte anhand der für 1999 geltenden Zahlen für Alleinstehende ohne Kinder in Stadt und Kanton Zürich und anhand des in Art. 214 Abs. 1 DBG enthaltenen Bundestarifs.

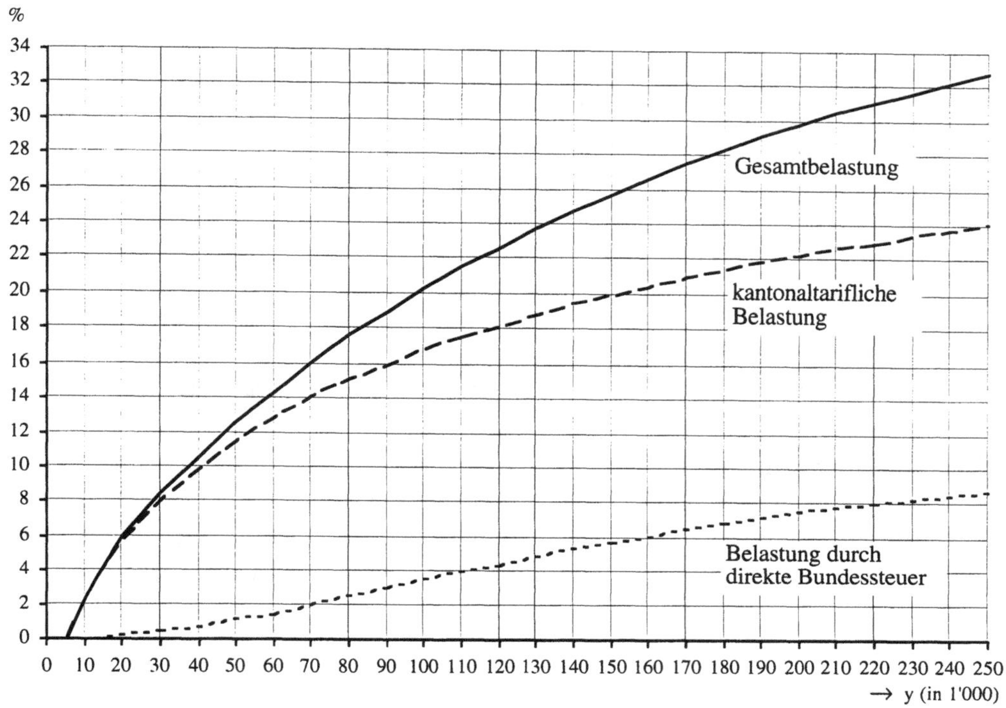

Abb. 6.3: Durchschnittliche Steuerbelastung eines Alleinstehenden in der Stadt Zürich durch Einkommensteuern 1999

Österreich

Der österreichische Tarif ist ein Anstoßtarif. Beschrieben wird im folgenden der Tarif 1998, bei dem die Nichtbelastung des Existenzminimums durch einen Abzug von der Steuerschuld (Absetzbetrag) von jährlich 8'840 öS (der allerdings ab Einkommen von 200'000 öS linear bis auf null bei Einkommen von 500'000 öS abgesenkt wird) und durch die Nichterhebung einer Steuerschuld von unter 4'700 Schilling erreicht wird. Die bei dem in Tabelle 6.5 angegebenen Tarif resultierende Durchschnittsbelastung ist unter Berücksichtigung des allgemeinen Absetzbetrags in Abbildung 6.4 veranschaulicht. Der allgemeine Absetzbetrag sowie das Grenzminimum von 4'700 Schilling bedeuten, daß Einkommen bis rd. 90'000 Schilling (umgerechnet 6'540 Euro) unbelastet bleiben. Kommen andere Absetzbeträge hinzu, dann ermäßigt sich die durchschnittliche Belastung und es steigt die Grenze, ab der eine Steuerschuld entsteht. Da es in Österreich keine Haushaltsbesteuerung gibt, ist der in Tabelle 6.5 angegebene Tarif für Verheiratete und Alleinstehende gleichermaßen maßgebend.

Tab. 6.5: Österreichischer Einkommensteuertarif 1998*)

Einkommen [1] öS			Grenzsteuersatz %
	bis	50'0000	10
50'000	bis	150'000	22
150'000	bis	300'000	32
300'000	bis	700'000	42
	über	700'000	50

*) gemäß § 33 öESG [1] jeweils auf volle 100 öS auf- oder abgerundet

Der in der Abbildung 6.4 gezeigte Verlauf der Durchschnittsbelastung für Einkommen bis 1,8 Mio Schilling ist ähnlich steil ansteigend wie in Deutschland. Da aber Umstände, die die persönliche Leistungsfähigkeit mindern, durch Absetzbeträge berücksichtigt werden, fällt der Progressionsverlauf individuell unterschiedlich aus.

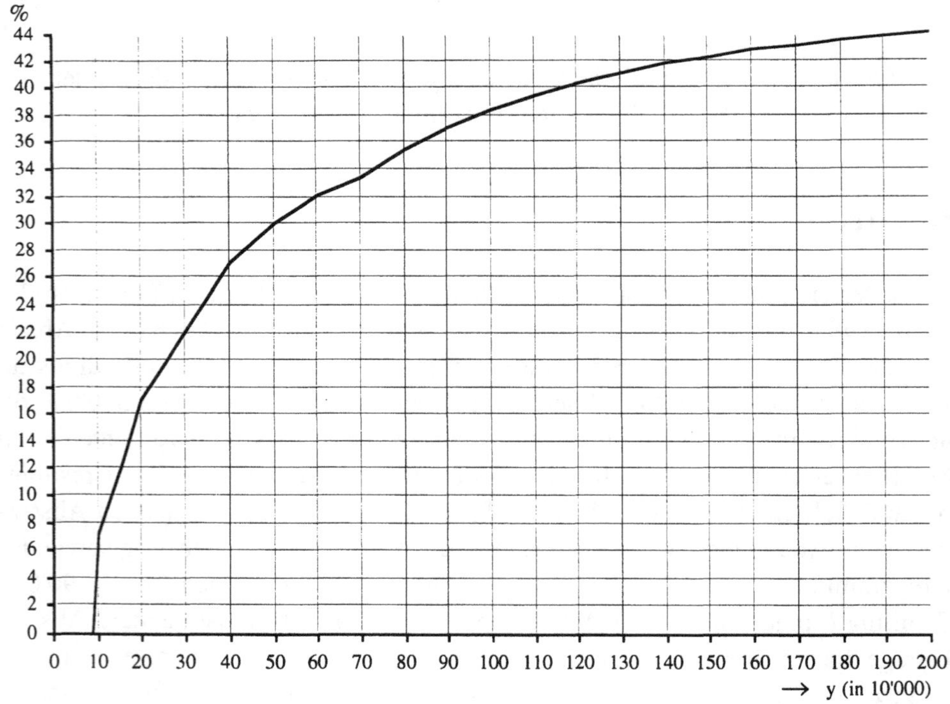

Abb. 6.4: Durchschnittsbelastung des tariflichen Einkommens unter Berücksichtigung des Existenzminimums und des Grenzminimums von öS 4'700

VI. Erhebungsformen

Die Erhebung der Einkommensteuer erfordert das Vorliegen umfangreicher Informationen. Der Steuerverwaltung muß folgendes bekannt sein:

- alle einer Person zufließenden Bruttoeinkünfte einschließlich naturaler und zugerechneter Einkommensbestandteile
- alle bei dieser Person angefallenen Werbungskosten bzw. Betriebsausgaben
- die zu persönlichen Abzügen berechtigenden Lebensumstände.

Für die Einkommensbesteuerung sind von den Steuerpflichtigen im Prinzip daher *Einkommensteuererklärungen* einzureichen. Ohne die persönliche *Deklarationspflicht* der Besteuerten kämen die Steuerverwaltungen nur schwer in den Besitz aller jener Informationen, die für eine gleichmäßige und am Leistungsfähigkeitsprinzip orientierte Besteuerung des Einkommens erforderlich sind. Der Steuerpflichtige muß seine Angaben in ein amtliches Formular eintragen und durch entsprechende Belege (Lohnnachweise, Bankbescheinigungen und dergleichen) dokumentieren. Die eingereichten Formulare bilden die Grundlage für die Berechnung der Steuerschuld. Die Steuerverwaltung überprüft gegebenenfalls die abgegebenen Informationen und korrigiert sie unter Umständen. Man bezeichnet den soeben dargestellten Vorgang als *Veranlagungsverfahren.*

Das - relativ aufwendige - Veranlagungsverfahren kann durch das sog. *Quellenabzugsverfahren ersetzt werden*, wenn es um die Erhebung der Einkommensteuer von Nichtselbständigen, d.h. *Lohnempfängern* mit keinen oder nur geringfügigen anderweitigen Einkünften geht: Der *Arbeitgeber* führt aufgrund der ihm vorliegenden Informationen die Steuer in der dem jeweiligen Lohn oder Gehalt entsprechenden Höhe für die bei ihm angestellten Personen direkt an den Fiskus ab. Den Lohnempfängern wird dadurch in der Regel die Abgabe von Einkommensteuererklärungen erspart und die Steuerverwaltung wird entlastet, weil sie im wesentlichen nur noch die Richtigkeit der Steuerberechnung durch die Arbeitgeber zu überprüfen hat. (Der dem Quellenabzugsverfahren unterworfene Steuerpflichtige behält aber grundsätzlich das Recht, eine Veranlagung zu verlangen, wenn dies für ihn zu einer niedrigeren Steuerschuld führt.)

In Deutschland und Österreich ist grundsätzlich der Quellenabzug bei Einkünften aus nichtselbständiger Tätigkeit vorgesehen. Die auf diese Weise erhobene Einkommensteuer wird als *Lohnsteuer* bezeichnet (§ 38 deutsches EStG bzw. § 47 öEStG). In der Schweiz ist hingegen das Veranlagungsverfahren das Regelverfahren auch für die Steuererhebung bei den nichtselbständig Erwerbenden. Das hängt mit der föderalistischen Staatsstruktur zusammen. Das Quellenabzugsverfahren ist in der Schweiz als Ausnahme nur für Ausländer mit kurzfristiger Aufenthaltsgenehmigung vorgesehen. (für Zürich gemäß § 87 des neuen kantonalen Steuergesetzes).

Das Quellenabzugsverfahren kann nicht nur aus Vereinfachungsgründen als Ersatz für das Veranlagungsverfahren verwendet werden, sondern auch, um den Grundsatz der Gleichmäßigkeit der Besteuerung so gut wie möglich zu verwirklichen. Da sich insbesondere Kapitaleinkünfte relativ leicht verheimlichen lassen, werden in fast allen Ländern die solche Kapitaleinkünfte (Dividenden, Zinsen) ausschüttenden Unternehmen (oder Banken als "Zahlstellen") verpflichtet, eine sog. Quellensteuer als Vorauszahlung (auf die später fällige Einkommensteuer) an den Fiskus abzuführen.

Die Quellensteuer auf Kapitalerträge wird in der Schweiz als Verrechnungsteuer bezeichnet. Sie beträgt 35 %. In Deutschland heißt die entsprechende Quellensteuer Kapitalertragsteuer und beträgt 25 % bei Dividenden bzw. 30 % bei festverzinslichen Wertpapieren. Da im Rahmen der Einkommensteuerveranlagung die Quellensteuer nur als vorweg entrichteter Einkommensteueranteil auf die insgesamt sich ergebende Steuerschuld angerechnet wird, sind im Ergebnis auch die Kapitaleinkünfte der sich aus dem Gesamteinkommen ergebenden Progression bzw. der von dieser hervorgerufenen Durchschnittsbelastung unterworfen. In Österreich wird als Quellensteuer eine Kapitalertragsteuer von 25 % erhoben. Diese Quellensteuer kann die Einkommensteuer definitiv ersetzen. Sie wird daher auch als "Endsteuer" bezeichnet. Für die Veranlagung zur Einkommensteuer spielen die Kapitalerträge dann keine Rolle mehr.

Ein weiteres, allerdings nur bei widerspenstigen Steuerpflichtigen in Frage kommendes Erhebungsverfahren der Einkommensteuer ist die *amtliche Ermessensveranlagung*. Wenn wegen fehlender Deklaration der Einkünfte und der persönlichen Verhältnisse durch den Steuerpflichtigen eine reguläre Veranlagung nicht möglich ist, wird die Höhe des Einkommens unter Zugrundelegung von Indikatoren wie Aufwand für die Lebensführung, Miete oder manifestem Besitz geschätzt und die Steuerschuld auf der Grundlage dieser Schätzung festgesetzt. So heißt es z.B. in § 139 Abs. 2 des Zürcher Steuergesetzes vom 8. Juni 1997: "Hat der Steuerpflichtige trotz Mahnung seine Verfahrenspflichten nicht erfüllt oder können die Steuerfaktoren mangels zuverlässiger Unterlagen nicht einwandfrei ermittelt werden, nimmt das kantonale Steueramt die Einschätzung nach pflichtgemäßem Ermessen vor. Es kann dabei Erfahrungszahlen, Vermögensentwicklung und Lebensaufwand des Steuerpflichtigen berücksichtigen".

Die Höhe der Einkommensteuerschuld richtet sich in der Regel nach dem Einkommen eines Kalenderjahres. Dem aus verschiedenen Gründen wünschenswerten Ziel, Steuereinnahmen dem Einkommenszufluß beim Steuerpflichtigen möglichst rasch ("zeitnah") folgen zu lassen, dient nicht nur das soeben beschriebene Quellenabzugsverfahren, sondern ganz allgemein die *Gegenwartsbesteuerung* des Einkommens (Gegenwartsbemessung). Man versteht darunter, daß die *für ein Jahr j geschuldete und an den Fiskus zu zahlende Steuer T_j* auf dem Einkommen x_j (bzw. y_j) desselben Jahres basiert. Die Zahlung der Steuer kann und wird dann normalerweise aus demselben Einkommen erfolgen, das zur Bemessung der Steuerschuld diente und das um diese Steuer gekürzt werden sollte.

Die Alternative zur Gegenwartsbesteuerung ist die *Vergangenheitsbesteuerung*. Bei dieser basiert die für das Jahr j geschuldete Steuer auf dem Einkommen des Vorjahres (oder auch auf dem Durchschnitt der Einkommen in den beiden Vorjahren j - 1 und j - 2). In Abb. 6.5 sind die beiden Systeme einander schematisch gegenübergestellt.

Steuerperiode	1997	1998	1999	2000
Gegenwartsbesteuerung	x_{97} ↓ $T_{97}(x_{97})$	x_{98} ↓ $T_{98}(x_{98})$	x_{99} ↓ $T_{99}(x_{99})$	x_{00} ↓ $T_{00}(x_{00})$
Vergangenheitsbesteuerung	x_{97} ↘ $T_{97}(x_{96})$	x_{98} ↘ $T_{98}(x_{97})$	x_{99} ↘ $T_{99}(x_{98})$	x_{00} $T_{00}(x_{99})$

Abb. 6.5: Gegenwarts- und Vergangenheitsbesteuerung

Die früher allgemein verbreitete Vergangenheitsbesteuerung ist immer seltener anzutreffen. Bei diesem Verfahren kann es beispielsweise passieren, daß die Steuer eines Jahres höher ist als das Einkommen des gleichen Jahres (bei großen Schwankungen des Einkommens). Auch in der Schweiz wurde in den vergangenen Jahren zunehmend auf die Gegenwartsbesteuerung umgestellt, so außer im Kanton Zürich noch in weiteren 22 Kantonen. Bis einschließlich 2003 haben nur noch die Kantone Tessin, Waadtland und Wallis eine (zweijährige) Vergangenheitsbesteuerung, bei der die Steuerschuld für das Jahr j auf der Grundlage des Durchschnitts der Einkommen der Jahre j - 1 und j - 2 errechnet wird.

Eine kantonale Vergangenheitsbesteuerung hat zur Folge, daß die direkte Bundessteuer nach zwei Systemen veranlagt werden muß, da sich der Bund mangels einer eigenen Einkommensteuerverwaltung für die Bemessung seiner Steuer auf die von den kantonalen bzw. kommunalen Steuerämtern ermittelten Bemessungsgrundlagen stützen muß. Es gibt daher zwei Steuertarife des Bundes: einen Tarif für Gegenwartsbesteuerung und einen "Vergangenheitstarif"[9]. Es ist allerdings zu erwarten, daß auch die genannten Kantone mit Vergangenheitsbesteuerung auf Gegenwartsbesteuerung umstellen werden.

Das oben dargestellte *Quellenabzugsverfahren* in Deutschland und Österreich führt naturgemäß zu konsequenter *Gegenwartsbesteuerung*. Je mehr vom Quellenabzug Gebrauch gemacht wird, desto zeitnäher wird der Einkommenszufluß steuerlich erfaßt. Auch das *Veranlagungsverfahren* läßt sich jedoch mit *Gegenwartsbesteuerung* vereinbaren: Es müssen dann im Hinblick auf die zu erwartende Steuerschuld Voraus- oder *Abschlagszahlungen* festgelegt und entrichtet werden.

Gemäß dem deutschen EStG (§ 37) hat der Steuerpflichtige "am 10. März, 10. Juni, 10. September und 10. Dezember Vorauszahlungen auf die Einkommensteuer zu entrichten, die er für den laufenden Veranlagungszeitraum voraussichtlich schulden wird". Das österreichische Steuergesetz enthält eine analoge Vorschrift, durch die konkretisiert wird, daß für die Höhe der Vorauszahlungen von einem um 4 % höheren Einkommen als im Vorjahr auszugehen ist (§ 45 Abs.1 öEStG).

---

9 Gleiches gilt für den sog. Familientarif. Enthalten in den Art. 36 bzw. 214 DBG.

VII. Die Einkommensbesteuerung im Spiegel der Statistik

Eine globale Betrachtungsweise zeigt: Der seit Ende des 19. Jahrhunderts zu beobachtende Aufstieg der Einkommensteuer zur wichtigsten Steuer setzte sich zunächst überall auch nach 1965 weiter fort. Seit ungefähr 1980 verlief die Entwicklung allerdings in verschiedenen Ländern unterschiedlich. (siehe Tabelle 6.6).

Tab. 6.6: Anteil der Persönlichen Einkommensteuer an den gesamten *Steuer*einnahmen (ohne Sozialabgaben) 1965 - 2000, in Prozent

	1965	1970	1980	1990	1995	2000
Deutschland *)	35,4	38,3	45,1	44,0	45,0	41,5
Österreich	26,6	27,7	33,6	31,2	32,7	33,5
Schweiz	40,2	43,3	51,5	51,2	50,4	46,1
Frankreich	16,1	18,8	22,5	21,2	24,5	28,2
Japan	27,7	27,2	32,8	37,8	33,6	32,5
USA	36,5	43,6	50,0	50,8	48,6	55,3
*) bis 1990 nur Westdeutschland						

Quelle: OEC, Revenue Statistics 1965 - 2001 (2002), S. 118 ff

Berücksichtigt man allerdings neben den Steuern auch noch die Sozialabgaben (Beiträge an die Sozialversicherungen) und bezieht die Einnahmen aus der Einkommensteuer auf die *gesamten öffentlichen Einnahmen (unter Einschluß der Sozialabgaben),* dann blieb der Anteil der Einkommensteuer im Zeitraum 1965 - 2000 in den meisten Ländern nahezu konstant, wie Tabelle 6.7 ausweist.

Tab. 6.7: Anteil der Persönlichen Einkommensteuer an den Gesamteinnahmen aus Steuern und Sozialabgaben 1965 - 2000, in Prozent

	1965	1970	1980	1990	1995	2000
Deutschland [1)]	26,0	26,7	29,6	27,6	27,5	25,3
Österreich	20,0	20,7	23,2	21,0	20,9	22,1
Schweiz	31,2	33,2	35,8	34,1	31,2	30,6
Frankreich	10,6	10,7	11,6	11,8	11,3	18,0
Japan	21,7	21,5	24,3	26,8	21,4	20,6
USA	31,7	36,6	39,1	37,7	36,3	42,4
1) bis 1990 nur Westdeutschland						

Quelle: OECD, Revenue Statistics 1965 - 2001 (2002), S. 78

Der, wie Tabelle 6.7 zeigt, fast konstant gebliebene Anteil der Einkommensteuer am gesamten öffentlichen Finanzierungsvolumen ist vor allem darauf zurückzuführen, daß in den industrialisierten Ländern nach dem zweiten Weltkrieg sozialstaatliche Einrichtungen großzügig ausgebaut wurden und ihre Finanzierung im Sinne des Äquivalenzprinzips überwiegend durch Sozialbeiträge erfolgte. Beim Vergleich von Tabelle 6.7 mit Tabelle 1.4 (Abschnitt V, erstes Kapitel) tritt diese Schwerpunktverschiebung für die Zeit von 1965 bis 2000 deutlich hervor.

Die nachfolgenden Statistiken sollen es in exemplarischer Weise ermöglichen, sich Antworten auf einige speziellere, aber zentrale Fragestellungen zu nähern, so insbesondere: Wurde die mit der modernen, synthetischen Einkommensteuer beabsichtigte Erfassung des *gesamten Einkommens natürlicher Personen* erreicht? Wurde die *über ein Einkommen verfügende Bevölkerung* eines Landes entsprechend dem Besteuerungsgrundsatz der Gleichmäßigkeit auch tatsächlich *der Einkommensteuer unterworfen*? Läßt sich statistisch nachweisen, daß die mit der progressiven Gestaltung beabsichtigte steigende relative Belastung mit steigender Einkommenshöhe auch erreicht wurde?

Deutschland

Tabelle 6.8 enthält einige vor allem die erste Fragestellung betreffende Angaben.

Tab. 6.8: Volkseinkommen und Einkommen im steuerlichen Sinn in Deutschland*)

	Mrd. DM	v.H. des NSP
Bruttosozialprodukt (BSP)	3'094,6	130,6
Bruttoinlandsprodukt (BIP)	3'075,6	129,8
Volkseinkommen/Nettosozialprodukt zu Faktorkosten (NSP)	2'370,1	100,0
Gesamtbetrag der Einkünfte [1)]	1'550,2	65,4
Einkommen im Sinne der Einkommensteuer [2)]	1'321,8	55,8
Zu versteuerndes Einkommen [3)]	1'245,0	52,5
Festgesetzte Einkommensteuer [4)]	276,4	11,7

*) Zahlen für 1992, Gebietsstand nach Wiedervereinigung - [1)] Definiert in § 2, Abs.3 EStG [2)] Definiert in § 2, Abs. 4 EStG - [3)] Definiert in § 2, Abs. 5 EStG - [4)] Definiert in § 2, Abs. 6 EStG

Quellen: Statistisches Bundesamt, Finanzen und Steuern 1992 (1998), S. 16f, Statistisches Bundesamt, Statistisches Jahrbuch 1997 (1997), S. 666.

Es ist nicht überraschend, daß das zu versteuernde Einkommen geringer ausfällt als das statistisch ermittelte Volkseinkommen. Bemerkenswert ist jedoch im Fall Deutschlands der sehr große Unterschied zwischen diesen beiden Größen. Zurückzuführen ist dieser Unterschied nicht allein darauf, daß es Bestandteile des Volkseinkommens gibt, die nicht Bestandteil des persönlichen Einkommens sind, wie beispielsweise die unverteilten Gewinne von Aktiengesellschaften und auch nicht auf die verschiedenen Abzüge zur Berücksichtigung der persönlichen Leistungsfähigkeit und für wirtschafts- und sozialpolitische Zwecke sowie auf die Nichtdeklaration von Einkünften (Steuerhinterziehung), sondern vor allem auch darauf, daß das deutsche Einkommensteuerrecht zahlreiche Lücken aufweist (Nichterfassung von Eigenmieten, Nichterfassung oder nur partielle Erfassung von Alterseinkünften, insbesondere der Sozialversicherungsrenten, desgleichen nur partielle Erfassung von Kapitalerträgen, von landwirtschaftlichem Einkommen und vielem anderen).

Den folgenden beiden Tabellen (Tab. 6.9 und 6.10)) sind eine Reihe von Strukturdaten der deutschen Einkommensteuerstatistik zu entnehmen.

Tab. 6.9: Unbeschränkt Einkommensteuerpflichtige in Deutschland*) 1992

mit Einkünften überwiegend aus	Anzahl	%	durchschnittlicher Gesamtbetrag der Einkünfte, DM
Land und Forstwirtschaft	217'871	0,8	52'587
Gewerbebetrieb	1'347'570	4,9	115'705
selbständiger Arbeit	438'213	1,6	149'758
nichtselbständiger Arbeit	23'980'326	87,0	52'535
Kapitalvermögen	446'840	1,6	68'261
Vermietung und Verpachtung	320'825	1,2	50'067
sonstigen Einkünften	804'649	2,9	13'499
insgesamt	27'556'294	100,0	56'257
(mit Verlust veranlagt)	*(1'922'533)*	-	*(-5'116)*
als Alleinstehende besteuert [1)]	12'826'499	46,5	35'391
zusammen veranlagte Ehepaare [2)]			
- Einverdiener-Ehepaare	5'058'393	18,4	56'657
- Zweiverdiener-Ehepaare	9'671'402	35,1	83'721

*) Gebietsstand nach Wiedervereinigung - [1)] dazu zählen auch Verheiratete, die eine getrennte Veranlagung beantragt haben - [2)] zusammen veranlagte Ehepaare werden als ein Steuerpflichtiger gezählt

Quelle: Statistisches Bundesamt, Finanzen und Steuern 1992 (1998), S. 16f

Besonders hervorhebenswert ist, daß 87 Prozent der Steuerpflichtigen "Einkünfte überwiegend aus nichtselbständiger Tätigkeit" haben. Rund 90 Prozent der Steuerpflichtigen sind also Lohnsteuerpflichtige, bei denen die Einkommensteuer ganz oder teilweise im Quellenabzugsverfahren erhoben wird. Die Summe dieser Einkünfte beträgt rd. 80 Prozent des Gesamtbetrags aller Einkünfte.

In Deutschland gab es 1992 unter Einbezug der im Ergebnis mit Verlust Veranlagten ca. 29,5 Mio. Steuerpflichtige im juristischen Sinn. Bei Berücksichtigung, daß rd. 14,7 Millionen Ehepaare finanzstatistisch als jeweils *ein* Steuerpflichtiger ausgewiesen werden, dieser jedoch aus *zwei* Personen besteht, wurden insgesamt rd. 45 Mio. Personen "im ökonomischen Sinn" der Einkommensteuer unterworfen. Bei einer Bevölkerung von 81 Mio. im Jahr 1992 entspricht dies einem Anteil von etwa 56 Prozent. Dieser niedrige Anteil ist unter anderem die Folge der Nichterfassung der meisten Rentner und der Freistellung bei sog. geringfügiger Beschäftigung (monatlicher Lohn unter 630 DM, ab 2002 unter 325 Euro).

Die folgende Tabelle 6.10 zeigt, wie sich die"Steuerpflichtigen im ökonomischen Sinn" approximativ auf die einzelnen Einkommensklassen verteilten[10].

Tab. 6.10 Besteuerte natürliche Personen nach Einkommensklassen, 1992*)

Gesamtbetrag der Einkünfte von ... bis unter ... DM	Steuerpflichtige		Beitrag der Einkommensklasse zum Gesamtbetrag der Einkünfte		Festgesetzte Einkommensteuer	
	Anzahl	%	Mrd. DM	%	Mrd. DM	%
1 - 10'000	4'714'055	11,15	25,5	1,6	0,3	0,1
10'000 - 20'000	6'757'976	15,98	102,6	6,6	5,6	2,0
20'000 - 30'000	9'467'014	22,39	237,1	15,3	22,6	8,2
30'000 - 40'000	7'904'428	18,69	278,6	18,0	38,1	13,8
40'000 - 50'000	6'001'411	14,19	261,3	16,9	41,6	15,1
50'000 - 100'000	5'203'704	12,31	342,6	22,1	70,5	25,5
100'000 - 250'000	2'065'611	4,88	190,5	12,3	49,8	18,0
250'000 - 500'000	118'263	0,30	39,6	2,6	16,0	5,8
500'000 - 1 Mio	34'822	0,08	23,5	1,5	10,2	3,7
1 Mio - 5 Mio	17'143	0,04	31,5	2,0	14,1	5,1
über 5 Mio	1'662	0,00	17,4	1,1	7,5	2,7
insgesamt	42'286'089	100,0	1'550,2	100,0	276,3	100,0

*) Deutschland, Gebietsstand nach Wiedervereinigung

Quelle: Statistisches Bundesamt, Finanzen und Steuern 1992 (1998), S. 28 ff., eigene Umrechnungen.

10 Ehepaareinkommen wurden jeweils hälftig den beiden Ehepartnern zugeteilt.

Zu beachten ist, daß Tabelle 6.10 nur jene Steuerpflichtigen enthält, für die eine (positive) Steuerschuld entstand. Nicht enthalten sind Steuerpflichtige, bei denen ein negativer Gesamtbetrag der Einkünfte vorlag.

Mit Hilfe der Tabelle 6.10 kann man die Konzentration der Anteile der verschiedenen Einkommensschichten am Gesamtsteueraufkommen als Lorenzkurven darstellen (Abb. 6.6). Diese dienen wiederum als Grundlage für die Ermittlung von Ginikoeffizienten als Maß für die prozentuale Abweichung von der hypothetischen Gleichverteilung, wie sie durch die Diagonale in Abb. 6.6 repräsentiert wird. Man kann aus Abb. 6.6 z.B. ablesen, daß "die unteren 50%" der Steuerpflichtigen nur etwa 10 % zum Steueraufkommen beitrugen. Auch die unteren 80 % brachten es zusammen nur auf etwas über 35 % des Steueraufkommens. Umgekehrt trugen die 20 Prozent Steuerpflichtigen mit den höchsten Einkommen fast zu 65 Prozent zum Steueraufkommen bei.

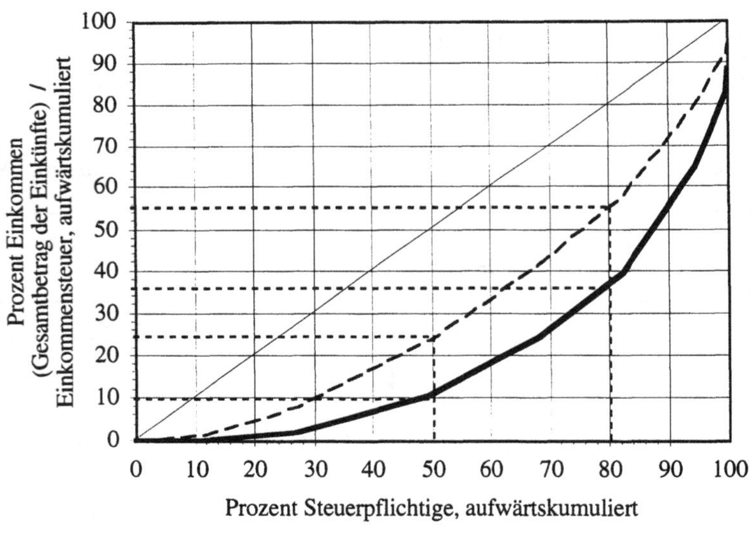

Abb. 6.6: Die Konzentration der Einkommen und der geschuldeten Einkommensteuern in Deutschland 1992

Die *gestrichelte Linie* in Abbildung 6.6 veranschaulicht die Konzentration der Einkommen ("Gesamtbetrag der Einkünfte"), d.h. die (aufwärtskumulierten) Anteile am Einkommen, den die (aufwärtskumulierten) Anteile der nach der Höhe ihrer Einkommen geordneten Steuerpflichtigen hatten. Der zugehörige Ginikoeffizient als prozentuales Maß für die Abweichung der Einkommensverteilung von der Gleichverteilung beträgt 0,39. (Bei Gleichverteilung hat der Ginikoeffizient den Wert null). Die *durchgezogene Linie* ist die Lorenzkurve für die Konzentration der Steueranteile zum Gesamtsteueraufkommen. Der zugehörige Ginikoeffizient beträgt 0,61.

Die wesentlich stärkere Konzentration der Steueranteile als der Einkommen bestätigt die mit der Progression beabsichtigte Wirkung.

Schweiz

Als statistisch besonders bemerkenswert können speziell die folgenden Eigenschaften der schweizerischen Einkommensbesteuerung gelten:

1.) Die Schweiz gehört im internationalen Vergleich zur Spitzengruppe gemessen am Anteil, den die Einkommensteuern der drei Staatsebenen am Gesamtsteueraufkommen haben.
2.) Nahezu 100 Prozent der Gesamtbevölkerung (ohne Kinder) sind der Einkommensteuerpflicht unterworfen
3.) Die Konzentration der Anteile zum Steueraufkommen auf die oberen Einkommensteuerklassen ist relativ hoch.
4.) In Abhängigkeit vom kantonalen bzw. kommunalen Wohnsitz gibt es große Belastungsunterschiede für gleichhohe Einkommen.

Zu Punkt eins: Das international vergleichsweise hohe Gewicht der schweizerischen Einkommensteuern im Verhältnis zu den übrigen Steuern kann man sowohl der Tabelle 6.6 als auch dem Vergleich der Tabellen 2.1 bis 2.3 des zweiten Kapitels entnehmen. Diese Tabellen zeigen zugleich, daß in der Schweiz den Umsatz- und (speziellen) Verbrauchsteuern spiegelbildlich dazu ein vergleichsweise niedriges Gewicht zukommt.

Zu Punkt zwei: Bei einer Wohnbevölkerung z.B. des Kantons Zürich von (1995) 1'172'970 Personen gab es einschließlich 59'000 quellensteuerpflichtiger Ausländer rd. 975'000 "im ökonomischen Sinn" einkommensteuerpflichtige natürliche Personen. (Da wie in Deutschland auch in der Schweiz finanzstatistisch-juristisch ein Ehepaar als *ein* Steuerpflichtiger registriert wird, muß man diese Zahl verdoppeln, um die im ökonomischen Sinn einkommensteuerpflichtigen natürlichen Personen zu erhalten.) Die Quote der im Verhältnis zur Wohnbevölkerung ökonomisch Steuerpflichtigen beträgt für den Kanton Zürich ca. 83,5 Prozent.

Es wird in diesem Abschnitt zur Exemplifizierung vor allem die Finanzstatistik des Kantons Zürich herangezogen, um einige Charakteristika der Schweizer Einkommensbesteuerung aufzuzeigen. Als finanzstarker, aber keineswegs als finanzstärkster Kanton ist Zürich zwar nicht in jeder Hinsicht repräsentativ für die Schweiz als Ganzes, doch leben immerhin 17 Prozent der Gesamtbevölkerung dort und das im Kanton 1995 erwirtschaftete Volkseinkommen von 64 Mrd. Franken betrug 21 Prozent des Schweizer Volkseinkommens.

Der hohen Quote an Einkommensteuerpflichtigen entspricht eine verhältnismäßig hohe Quote des den Steuerbehörden zur Kenntnis gebrachten Einkommens im Verhältnis zum Volkseinkommen. Bei einem kantonalen Volkseinkommen von 64,1 Mrd. Franken (1995) wurde ein *Reineinkommen* von 38,9 Mrd. Franken ermittelt. Dieses entspricht begrifflich ungefähr dem "zu versteuernden Einkommen" bei der deutschen Einkommensteuer. Im Verhältnis zum kantonalen Volkseinkommen beträgt der Anteil des Reineinkommens rd. 61 Prozent und liegt damit deutlich höher als der entsprechende Anteil in Deutschland.

Bezieht man die 1995 durch die Einkommensteuern des Kantons, der Gemeinden und der Kirche entstandene Steuerschuld von 5,0 Mrd. Franken auf dieses Volkseinkommen, dann ergibt sich daraus eine globale Belastung von ca. 7,8 Prozent. Durch die direkte Bundessteuer wird diese Belastung um ungefähr zwei Prozentpunkte angehoben. Die Gesamtbelastung des kantonalen Volkseinkommens durch Einkommensteuern beläuft sich somit auf knapp 10 Prozent.

Zu Punkt drei: Tabelle 6.11 zeigt die *Schichtung* der im Kanton Zürich 1995 zur Einkommensteuer *veranlagten* Personen (ohne die quellensteuerpflichtigen Ausländer) nach Einkommensklassen und deren Beitrag zum Gesamtaufkommen der Einkommensteuer.

Die von der Finanzstatistik als jeweils nur *ein* Steuerpflichtiger registrierten Ehepaare wurden auch jetzt wieder in jeweils zwei Personen mit hälftigem Einkommen umgerechnet und einer entsprechend niedrigeren Einkommensklasse zugeordnet. Um die von den Steuerpflichtigen effektiv zu entrichtenden Steuern auszuweisen, wurde von einem durchschnittlichen Vervielfacher ("Steuerfuß") der 171 Zürcher Gemeinden von 131,5 % und dem kantonalen Steuerfuß von 108 % ausgegangen. Die in der Tabelle ausgewiesenen Steuerbeträge sind daher das Produkt aus der nach Tarif erhobenen "einfachen Staatssteuer" und dem sich aus der Summe der Vervielfacher ergebenden Faktor 2,4.

Tab. 6.11: Zur Einkommensteuer veranlagte natürliche Personen*) nach Einkommensklassen, Kt. Zürich, 1995

Reineinkommens-klassen von ...bis ... Franken	Steuerpflichtige Personen		Reineinkommen		Steuerschuld	
	Anzahl	%	Mio Fr.	%	Mio Fr.	%
0 - 19'900	181'793	19,8	1'001	2,6	31	0,6
20'000 - 39'900	360'806	39,4	4'308	11,0	311	6,2
40'000 - 59'900	230'606	25,2	8'009	20,6	774	15,5
60'000 - 79'900	77'216	8,4	7'177	18,4	793	15,8
80'000 - 99'900	28'215	3,1	4'922	12,7	610	12,2
100'000 -139'900	21'610	2,4	4'939	12,7	703	14,0
140'000 -199'900	7'667	0,8	2'864	7,4	476	9,5
200'000 und mehr	8'551	0,9	5'692	14,7	1'312	26,2
insgesamt	916'266	100,0	38'912	100,0	5'010	100,0

*) im ökonomischen Sinn, Ehepaare als zwei Personen mit hälftigem Einkommen gezählt

Quelle: Statistisches Amt des Kantons Zürich, Staatssteuerstatistik 1995 (1997), eigene Umrechnungen

Tabelle 6.11 kann man schon direkt entnehmen, daß z.B. ein Prozent der Steuerpflichtigen (mit Einkommen über 200'000 Franken) zu über 25 Prozent zum Gesamtsteueraufkommen beitrugen. Mit den Zahlen der Tabelle 6.11 wurden die Lorenzkurven der Abbildung 6.7 erstellt: Konzentration der Einkommen (gestrichelte Lorenzkurve) und Konzentration der Anteile am Aufkommen der Einkommensteuer (untere Lorenzkurve, ausgezogene Linie). Der Ginikoeffizient für die Verteilung der Reineinkommen beträgt 0,61, derjenige für die Verteilung der Beiträge zum Aufkommen aus der Einkommensteuer 0,75. Auch für die Schweiz bestätigt dieser Unterschied die Verwirklichung der angestrebten Progressionswirkung der Einkommensteuer.

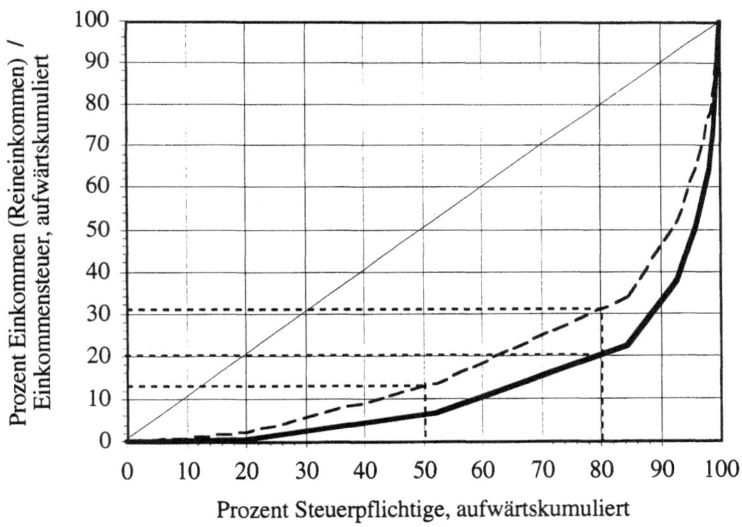

Abb. 6.7: Konzentration der Einkommen und der zu entrichtenden Einkommensteuern im Kanton Zürich 1995.

Zur Einkommensteuer auf der kantonalen und kommunalen Staatsebene kommt die Einkommensteuer des Bundes (direkte Bundessteuer) hinzu. Dieser Steuer werden im ökonomischen Sinn etwa 4,7 Mio Personen unterworfen (ca.1,5 Mio Ehepaare und 1,7 Mio andere natürliche Personen). Ca. 80 Prozent der direkten Bundessteuer wurden von ca. 20 Prozent der Steuerpflichtigen mit den höchsten Einkommen erbracht[11]. Trotz der relativ niedrigen Steuersätze bei der direkten Bundessteuer gab es also auch bei ihr eine relativ hohe Konzentration der Anteile am Steueraufkommen auf die hohen Einkommensklassen.

11 Quelle: Bundesamt für Statistik, Statistisches Jahrbuch der Schweiz 1998 (1997), S. 481.

Zu Punkt vier: Das bemerkenswerteste Charakteristikum der schweizerischen Einkommensbesteuerung ist ohne Frage die sehr unterschiedliche Belastung gleicher Einkommen je nach Wohnsitzkanton (und zudem je nach Gemeinde innerhalb eines Kantons).

Von der Eidgenössischen Steuerverwaltung werden für die sog. Kantonshauptorte unter Zugrundelegung von Bruttoarbeitseinkommen für verschiedene Haushaltstypen charakteristische Belastungsunterschiede durch die Kantons-, Gemeinde- und Kirchensteuern ermittelt.

Tabelle 6.12 zeigt die Belastungsunterschiede für einen verheirateten Alleinverdiener mit zwei Kindern in einigen ausgewählten Gemeinden (Kantonshauptorten). Für die Gesamtbelastung eines Steuerpflichtigen durch Einkommensteuern ist zu den im Mittelfeld der Tabelle 6.12 angegebenen Zahlen die in der letzten Zeile angegebene Belastung durch die Direkte Bundessteuer zu addieren.

Tab. 6.12: Belastung des Bruttoeinkommens eines verheirateten, nichtselbständig Erwerbstätigen mit 2 Kindern durch Einkommensteuern 1996*)

Kantons-, Gemeinde- und Kirchensteuern in den Städten:	Einkommensteuer bei Bruttoeinkommen von ... Franken					
	30'000	40'000	60'000	100'000	200'000	1 Mio
Basel	0	555	3'711	12'227	37'369	276'001
Bern	312	1'465	4'228	11'704	34'823	269'092
Freiburg	420	1'471	4'707	11'999	35'978	241'236
Genf	25	410	3'385	12'822	39'925	312'765
Lausanne	0	187	2'953	11'009	30'578	270'449
Luzern	50	1'241	4'113	11'713	33'730	225'275
Sarnen /Obwalden	828	1'476	3'517	10'119	27'195	172'089
Zug	57	363	1'446	5'008	17'021	122'884
Zürich	161	724	2'549	8'082	27'751	268'075
Direkte Bundessteuer	0	0	184	1'410	11'110	105'904
*) Steuerbelastung in Franken pro Jahr						

Quelle: Eidg. Steuerverwaltung, Steuerbelastung in der Schweiz, Kantonshauptorte (1997), S. 20 u. 21.

Österreich

In Österreich wird bei rd. 75 Prozent der Gesamtbevölkerung (ohne Kinder) "einkommensteuerlich zugegriffen". Dieser Anteil ergibt sich, wenn man zu den rd. 5.3 Mio Lohnsteuerpflichtigen noch die nicht bereits durch die Lohnsteuerpflicht erfaßten, rd. 95'000 nur einkommensteuerlich veranlagten Personen hinzuzählt und außerdem die Partner von Alleinverdienenden berücksichtigt, die kein (eine Bagatellgrenze überschreitendes) Einkommen verdienen, aber natürlich die dem Alleinverdiener zugemessene Einkommensteuer "mittragen" müssen und insofern, wenn auch nur indirekt, von der Einkommensteuer erfaßt werden. Die Ausgangsdaten für die Berechnung dieser Quote sind in Tabelle 6.13 enthalten.

Tab. 6.13: Wohnbevölkerung, Lohn- und Einkommensteuerpflichtige in Österreich, 1994

Wohnbevölkerung	8'029'717		
Lohnsteuerpflichtige	5'340'491		
Männer		2'801'383	
Männer mit AVAB[1)]			*750'367*
Frauen		2'539'108	
Frauen mit AVAB			*219'314*
Arbeitnehmer		3'489'532	
mit Lohnsteuerbelastung			*2'928'442*
ohne Lohnsteuerbelastung			*560'910*
Pensionisten		1'851'139	
mit Lohnsteuerbelastung			*869'091*
ohne Lohnsteuerbelastung			*982'048*
Einkommensteuerpflichtige	444'821		
davon zugleich Lohnsteuerpflichtige [2)]		350'000	

[1)] Alleinverdienerabzugsbetrag [2)]Schätzung

Quellen: Österreichisches Statistisches Zentralamt, Statistisches Jahrbuch 1997, S. 12, 396 ff, Mitteilung des Amtes

Der im Vergleich zu Deutschland relativ hohe Anteil der von der Einkommensteuer "Betroffenen" erklärt sich vor allem aus der Einbeziehung auch der sog. Pensionisten (ganz überwiegend Sozialversicherungsrenter) unter die Steuerpflicht. Ihr Anteil an den Quellensteuer- (d.h. Lohnsteuer-)pflichtigen beträgt rd. 35 Prozent! Auch wenn bei mehr als der Hälfte von ihnen wegen der diversen Absetzbeträge (Abzüge von der Steuerschuld) keine Lohnsteuerschuld entstand, ist doch im Prinzip sichergestellt, daß vor allem bei hinzukommenden anderen Einkünften das gesamte Einkommen eines Rentners von der Besteuerung erfaßt wird.

Aus der folgenden Tabelle 6.14 geht hervor, daß in Österreich das fiskalisch als solches definierte Einkommen eine Quote von 78 Prozent des Volkseinkommens erreicht.

Tab. 6.14: Volkseinkommen, fiskalisches Einkommen und Steueraufkommen 1994

	Mrd. öS	v.H. des NSP
Volkseinkommen (NSP)	1'643,3	100,0
fiskalisch definiertes Gesamteinkommen	1'282,1	78,0
Gesamtsteueraufkommen	187,8	11,4

Quellen: Österreiches Statistisches Zentralamt, Statistisches Jahrbuch 1997, S. 216, Mitteilungen des Amtes

In der abschließenden Tabelle 6.15 sind die vom österreichischen Statistischen Zentralamt ermittelten Daten zur Konzentration des fiskalisch definierten Einkommens und der Steueranteile wiedergegeben. Bemerkenswert ist auch jetzt wieder, daß die obersten zehn Prozent der Steuerpflichtigen nahezu 60 Prozent zum Steueraufkommen beitrugen.

Tab. 6.15: Anteile der Einkommensbezieher-Dezile am fiskalischen Einkommen und Aufkommen der Lohn- und Einkommensteuer in Österreich, 1994

Einkommensbezieher aufwärtskumuliert		fiskalisch definiertes Einkommen aufwärtskumuliert		Beiträge zum Steueraufkommen aufwärtskumuliert	
Anzahl	v.H.	Mrd. öS	v.H.	Mrd. öS	v.H.
560'766	10	7,5	0,6	140,4	0,1
1'121'532	20	37,4	2,9	505,8	0,3
1'682'298	30	87,6	6,8	1'032,1	0,5
2'243'064	40	175,0	13,6	2'593,1	1,4
2'803'830	50	263,1	20,5	4'990,6	4,0
3'364'596	60	372,2	29,0	8'915,4	8,8
3'925'362	70	502,3	39,2	13'603,4	16,0
4'486'128	80	658,8	51,4	19'508,0	25,4
5'046'894	90	858,7	67,0	30'452,1	42,6
5'607'660	100	1'282,1	100,0	187'759,4	100,0

Quelle: Mitteilung des Österreichisches Statistischen Zentralamtes

Die auf der Grundlage der Daten von Tabelle 6.15 erstellten Lorenzkurven veranschaulichen die Konzentration des fiskalisch definierten Einkommens (gestrichelte Linie) und der Beiträge zum Steueraufkommen (ausgezogene Linie). Die zugehörigen Ginikoeffizienten betragen 0,44 für die erstere und 0,70 für die letztere.

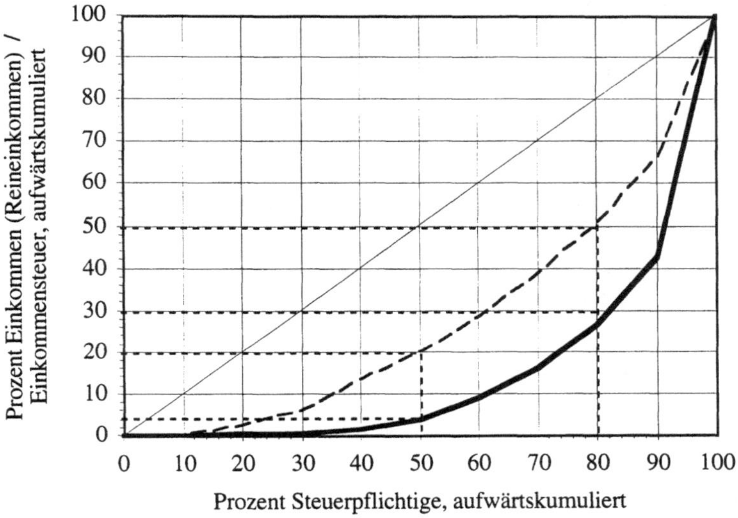

Abb. 6.8: Konzentration des Einkommens und der Beiträge zum Steueraufkommen in Österreich 1994

VIII. Voraussetzungen der Einkommensbesteuerung

Die weltweite Ausbreitung der Einkommensbesteuerung erfolgte nicht allein aufgrund der theoretisch überzeugenden Einkommenskonzeption von *Schanz, Haig* und *Simons*. Erforderlich waren bestimmte ökonomische, institutionelle und nicht zuletzt mentalitätsmäßige Voraussetzungen. Moderne Einkommensteuern konnten sich daher erst seit der zweiten Hälfte des 19. Jahrhunderts nach und nach durchsetzen. Die Einkommensteuer ist im Vergleich zu vielen anderen Steuern eine verhältnismäßig junge Steuer.

Die erste Einkommensteuer überhaupt gab es 1799 in Großbritannien. Als Kriegsmaßnahme eingeführt, wurde sie nach dem Ende der Napoleonischen Kriege jedoch alsbald wieder abgeschafft. 1808 gab es in Deutschland eine am englischen Vorbild orientierte Einkommensteuer in Ostpreußen. Sie war zweckgebunden zur Tilgung der von Napoleon insbesondere der Stadt Königsberg auferlegten Kriegsschulden, war aber von ebenfalls nur kurzer Lebensdauer. In der Schweiz wurde die Einkommensbesteuerung erstmals 1840 im Kanton Basel eingeführt. 1878 ging das in Deutschland in der Industrialisierung am weitesten fortgeschrittene Sachsen zur Einkommensbesteuerung über, 1891 folgte Preußen und 1898 Österreich.

Die Entfaltung der modernen Einkommensbesteuerung beruhte insbesondere auf den folgenden Voraussetzungen:

1.) Industrialisierung und zunehmender Wohlstand breiter Bevölkerungsschichten.

Die mit der Industrialisierung einhergehende Wohlstandssteigerung hatte zur Folge, daß eine Steuer auf das Einkommen eine breite Bemessungsgrundlage erhielt. Während noch zu Beginn des 19. Jahrhunderts der größte Teil der überwiegend auf dem Land lebenden Bevölkerung über wenig mehr als über das steuerlich nicht belastbare Existenzminimum verfügte, entstanden erst mit der Industrialisierung breitere Schichten mit einem über dem Existenzminimum liegenden und damit steuerlich belastbaren Einkommen.

2.) Entstehung einer leistungsfähigen öffentlichen Verwaltung.

Die erhebungstechnisch anspruchsvolle Besteuerung des Einkommens läßt sich nicht ohne eine gut ausgebaute Steuerverwaltung bewerkstelligen. Zur Bewältigung des steigenden Bedarfs an staatlicher Eingriffs- und Ordnungstätigkeit, wie er von der Industrialisierung und der damit einhergehenden Verstädterung ausgelöst wurde, entstand im 19. Jahrhundert auch eine leistungsfähige öffentliche Verwaltung.

3.) Ein steigendes Bildungsniveau breiter Schichten.

Ohne eine weitgehende Alphabetisierung der Bevölkerung und ein auf einem ausreichenden Bildungsstand beruhendes Verständnis für buchalterisches Denken in breiteren Bevölkerungskreisen läßt sich keine Einkommensbesteuerung durchführen. Auch diese Voraussezung wurde in vielen Ländern erst im Lauf des 19. Jahrhunderts geschaffen.

4.) Demokratisierung und abnehmende Dominanz landbesitzender bzw. feudaler Schichten.

Der Widerstand solcher Schichten gegen eine mit der progressiven Einkommensteuer auf sie zukommende höhere Steuerbelastung konnte in vielen Ländern im 19. Jahrhundert erst mit dem Ausbau des allgemeinen und gleichen Wahlrechts gebrochen werden. Man hat die Einkommensbesteuerung gelegentlich auch als "mirror of democracy" charakterisiert.

5.) Bereitschaft zum Mittragen der finanziellen Verantwortung für die Lasten des Gemeinwesens.

Erst mit dem Heranwachsen einer bürgerlichen, durch die Demokratisierung in die Mitverantwortung für das Gemeinwesen einbezogenen Bevölkerung enstand das erforderliche Solidaritätsbewußtsein und die daraus erwachsende und unverzichtbare Kooperationsbereitschaft bei der Erhebung einer progressiven Einkommensteuer.

Während einerseits die soeben aufgezählten Voraussetzungen die weltweite Ausbreitung der synthetischen Einkommensteuer ermöglichten, haben andererseits *politische Lenkungsziele* und *Veränderungen des realen Umfelds* die theoretisch konsequente Ausgestaltung dieser Steuer gefährdet und ihr im Lauf der Zeit mehr oder weniger gravierende *Deformationen* zugefügt. Dreierlei war dafür vor allem verantwortlich:

1.) Überdehnung der Steueranspannung zur Erreichung weitgesteckter Umverteilungsziele.

In den USA erreichte 1944 die Progression 94 Prozent. Auch in anderen Ländern gab es teilweise ähnliche Größenordnungen. Als Folge solch übertriebener Steueranspannung mußten unzählige Ausnahmen von der Gleichmäßigkeit der Besteuerung zugelassen werden, um Härtefälle zu vermeiden oder um ökonomisch oder politisch wünschenswerte Einkommensverwendungsarten (z.B. bestimmte Formen des Sparens oder Investierens) von der hohen Belastung auszunehmen.

2.) Überfrachtung der Einkommensbesteuerung zur Erreichung mikro- und makroökonomischer Lenkungsziele.

In erster Linie handelte es sich um die Ziele der Konjunkturstabilisierung und der Förderung des gesamtwirtschaftlichen Wachstums, daneben aber auch um die Förderung verschiedenster Wirtschaftsbereiche (Landwirtschaft, Mittelstand usw.) oder um die Beeinflussung individueller Verhaltensweisen. Die Höhe und Struktur des Einkommensteuertarifs und die Bemessungsgrundlage der Einkommensteuer wurden als Instrumente zur Erreichung dieser Ziele angesehen. Die Allgemeinheit und Gleichmäßigkeit der Besteuerung wurde dadurch oft preisgegeben. Die Folge war eine immer stärkere *"Durchlöcherung"* und *"Verkomplizierung" der Einkommensteuer.*

Als *Reaktion* auf die im Lauf der Zeit durch Überdehnung und Überfrachtung der Einkommensbesteuerung ausgelösten Deformationen wurden zwar in zahlreichen wissenschaftlichen Gutachten, unter denen der sechsbändige kanadische *Carter* Report einen Meilenstein bildete[12], die notwendigen Schritte für eine Rückkehr zur SHS-Konzeption einer umfassenden Einkommensteuer aufgezeigt. Und tatsächlich kam es in fast allen Ländern in den vergangenen Jahrzehnten auch zu Reformschritten im Sinne einer Ausweitung ihrer Bemessungsgrundlage (Beseitigung von Ausnahmen) bei gleichzeitiger Senkung der Steuersätze ("base-broadening cum rate flattening"). Doch die Gefahr, daß *neue Lenkungsziele*, wie z.B. das heute im Vordergrund stehende *ökologische Lenkungsziel,* erneut zu Deformationen der Einkommensteuer führen, ist keineswegs beseitigt.

3.) Kapitalfluchtmöglichkeiten bei offenen internationalen Finanzmärkten.

Die Erhebung einer synthetischen Einkommensteuer auf der Grundlage der SHS-Konzeption ist durch die Offenheit der internationalen Finanz- und Kapitalmärkte in doppelter Weise in Frage gestellt worden: Angesichts fehlender internationaler Kooperation beim Informationsaustausch und fehlender oder ungenügender Besteuerung der Kapitaleinkommen im sog. Quellenland wird die Einkommensbesteuerung im Ausland entstandenen Kapitaleinkommens einerseits durch Hinterziehung in großem Umfang *de facto* verhindert. Andererseits wurden *legale* Maßnahmen, die der Hinterziehung und Verlagerung von Kapitalvermögen ins Ausland entgegenwirken sollten, mit einer Deformation der synthetischen Einkommensbesteuerung erkauft.

---

12 Report of the Royal Commission on Taxation (1966).

Beispiele für solche Gegenmaßnahmen sind insbesondere die in den vergangenen Jahren in den nordischen Ländern (Dänemark, Schweden, Finnland und Norwegen) eingeführten sog. *Dualen Einkommensteuern* ("Dual Income Taxes"). Man versteht darunter eine separate und *proportionale* Besteuerung von Kapitaleinkommen (Dividenden, Zinsen) und eine *progressive* Besteuerung des gesamten übrigen Einkommens, bestehend in erster Linie aus Arbeitseinkommen und daneben noch aus Altersrenten, Transfereinkommen usw. Dabei wurde die Besteuerung von Kapitaleinkommen auf das unterste Belastungsniveau von Arbeitseinkommen gesenkt und die inländische Doppelbelastung ausgeschütteter Dividenden durch Abgeltung der Einkommensteuer durch die Körperschaftsteuer auf ausgeschüttete Gewinne, d.h. durch "Freistellung" der Dividenden von der Einkommensteuer beseitigt (siehe dazu Abschnitt III des achten Kapitels). Auch wenn für die Einführung der Dualen Einkommensteuern und die Absenkung der Kapitaleinkommensbesteuerung die gesteigerte internationale Kapitalmobilität nicht allein verantwortlich war, sondern auch theoretische Gesichtspunkte einer Verbesserung der Kapitaleffizienz eine Rolle gespielt haben, wäre die Durchbrechung des Prinzips einer umfassenden synthetischen Einkommensbesteuerung und der partielle Rückfall in die der modernen Einkommensbesteuerung vorausgegangene Schedulenbesteuerung wohl kaum ohne die Globalisierung der Kapital- und Finanzmärkte zustande gekommen.

Der bisher in manchen Ländern beschrittene und in anderen Ländern, wie z.B. den U.S.A., von verschiedener Seite vorgeschlagene Weg, Kapitaleinkünfte nicht mehr zusammen mit den übrigen Einkünften einheitlich und nichtdiskriminierend zu besteuern, ist eine problematische Antwort auf die Herausforderungen globaler Finanz- und Kapitalmärkte. Der bekannte dänische Finanzwissenschaftler *Peter Birch Sørensen* formulierte es so: "The abandonment of the principle of global income taxation may open the road to a rather incoherent system of schedular income taxation that is not really understood by anyone."[13]

IX Die Zukunft der Einkommensteuer

Es gibt gewichtige Gründe, die zugunsten einer möglichst eng an der SHS-Konzeption orientierten Einkommensteuer (einer "comprehensive income tax") auch in der Zukunft sprechen.

1.) Das Einkommen einer Person ist (neben Vermögen, falls vorhanden) die umfassendste Größe, durch die die Fähigkeit zur Zahlung von Steuern angezeigt bzw. konstituiert wird. Das Leistungsfähigkeitsprinzip setzt zwar nicht zwingend das Vorliegen einer synthetischen Einkommensteuer voraus, doch ist diese Steuer, falls konsequent ausgestaltet, besser als andere Steuern zur Verwirklichung dieses Prinzips geeignet. Sie wurde daher eingangs dieses Kapitels als "die erste Wahl" bezeichnet. Zwar setzt ein Großteil der Kritik an der als systemimmanent angesehenen Lückenhaftigkeit und Ineffizienz der bestehenden Einkommensteuern an, doch besäße jede Alternative zur synthetischen Einkommensteuer ebenfalls systemimmanente Lücken und Ineffizienzen. Das Leistungsfähigkeitsprinzip kann mit einer anderen als der synthetischen Einkommensteuer oder mit einer Kombination von verschiedenen Nicht-Einkommensteuern entweder gar nicht oder nur

13 *Sørensen* (1994), S. 77.

weniger genau verwirklicht werden. Von keiner anderen Steuer wird die Breite der Bemessungsgrundlage der synthetischen Einkommensteuer erreicht. Bei der sog. spar- oder zinsbereinigten Einkommensteuer ist die Verkleinerung der Bemessungsgrundlage ja geradezu ihr Wesensmerkmal. Die Bezeichnung als "Einkommensteuer" ist in diesen beiden Fällen daher sprachlich irreführend. Zu Recht hat z.B. *Nicholas Kaldor* stets nur von *Ausgabensteuer* gesprochen, wenn er das Einkommen ohne Ersparnis zum Gegenstand einer von ihm favorisierten Steuer machen wollte[14]. Analoges gilt, wenn Zinseinkommen nicht mehr zum übrigen Einkommen hinzugezählt würde und Zinsen von der Bemessungsgrundlage der Einkommensteuer abgezogen würden.

Im Fall der Einführung einer solchen, von manchen Finanzwissenschaftlern der synthetischen Einkommensteuer aus Effizienzgründen als überlegen betrachteten Steuer ist im übrigen folgendes zu bedenken: Eine das Zinseinkommen nicht umfassende Einkommensteuer würde diese als eine Steuer im wesentlichen nur noch auf dem Arbeitseinkommen erscheinen lassen. Eine Steuer auf dem Arbeitseinkommen, auch wenn sie progressiv gestaltet wäre, entspräche nicht mehr einer Besteuerung nach der steuerlichen Leistungsfähigkeit, denn diese umfaßt selbstverständlich auch zufließendes Kapitaleinkommen. Man braucht sich nur die Figur eines wohlhabenden Erben vorzustellen, der ausschließlich Einkommen in Form von Zinsen bezieht, um vorhersagen zu können, daß mit an Sicherheit grenzender Wahrscheinlichkeit die politische Folge der sog. Zinsbereinigung der Einkommensteuer die Wiedereinführung einer in manchen Ländern abgeschafften oder die Erhöhung einer bestehenden persönlichen Vermögensteuer wäre. Vermögensteuern sind *Sollertragsteuern*, d.h. Steuern auf dem *unterstellten* Vermögens-, also auch Zinseinkommen.

Eine Vermögensteuer von z.B. 1 Prozent ist äquivalent zu einer Einkommensteuer von 20 Prozent, falls man einen Marktzinsfuß von 5 Prozent unterstellt. Da im Einzelfall nicht der tatsächliche Vermögensertrag, sondern nur ein angenommener Ertrag belastet wird, spricht man von Sollertragsbesteuerung.

Mit einer neben einer zinsbereinigten "Einkommensteuer" erhobenen Vermögensteuer wäre also keine Verbesserung der Besteuerung nach der Leistungsfähigkeit verbunden, sondern im Gegenteil eine ungenauere Besteuerung nach der Leistungsfähigkeit.

In der englischsprachigen Literatur und speziell in der amerikanischen Diskussion wird eine zins- bzw. sparbereinigte "Einkommensteuer" neuerdings meist in der Form einer indirekt progressiven Steuer vorgeschlagen bzw. propagiert und diese als "flat-rate-tax" bzw. "Flat Tax" bezeichnet.

---

14 Kaldor (1955).

2.) Auch das Argument der *fiskalischen Äquivalenz* spricht im übrigen für die Beibehaltung einer synthetischen Einkommensteuer. Die fiskalische Äquivalenz rechtfertigt, daß jeder Bürger für die staatliche Bereitstellung öffentlicher Güter (die öffentliche Infrastruktur) einen sog. "Steuerpreis" entrichten sollte. Dieser Preis ist begründet durch die Teilhabe an der staatlichen Bereitstellung öffentlicher Güter und dem erst dadurch ermöglichten Markterfolg, wie er an der Höhe des (gesamten) Einkommens erkennbar wird. Nur der Konsum oder das Arbeitseinkommen allein genügen noch nicht, um den Markterfolg anzuzeigen. Auch die Erzielung von Kapitaleinkommen, d.h. von Zinsen, gründet auf dem Vorhandensein der staatlichen Infrastruktur. Die fiskalische Äquivalenz erfordert daher auch von demjenigen, der kein Arbeitseinkommen, sondern ausschließlich Zinseinkommen bezieht, einen steuerlichen Beitrag. Fiskalische Äquivalenz als Begründung für die Auferlegung von Steuerlasten spielt im übrigen auch eine Rolle bei der Gestaltung des Systems kommunaler Steuern und bei der Kompetenzzuordnung im Rahmen der internationalen Besteuerung (siehe Abschnitt II des elften und Abschnitt III.A des zwölften Kapitels).

Um die synthetische, an der SHS-Konzeption orientierte Einkommensteuer als tragenden Pfeiler auch eines zukünftigen Steuersystems zu erhalten, müssen allerdings zwei Bedingungen erfüllt werden: *Erstens* muß eine *Tarifumgestaltung* erfolgen und zweitens müssen die Staaten zur *internationalen Kooperation* beim Informationsaustausch und der Quellenerfassung von Kapitaleinkommen bereit sein. Um die erste Bedingung zu erfüllen, müssen die wegen des steilen Progressionsverlaufs oder lenkungspolitisch begründeten Ausnahmen und Schlupflöcher bei der gesetzlichen Definition der Bemessungsgrundlage beseitigt und dadurch die Voraussetzung geschaffen werden, das Tarifniveau zu senken.

Die Senkung des Tarifniveaus sollte sodann verbunden werden mit dem Übergang zur *indirekten Progression ("single-rate-tax")*. Dies bedeutete nicht nur eine entscheidende Vereinfachung der Einkommensbesteuerung wegen des dann nur noch *einzigen* Grenzsteuersatzes. Indirekte Progression ist vereinbar mit einer Besteuerung nach der Leistungsfähigkeit und würde zudem einen verstärkten Einsatz einer zum gleichen Steuersatz erfolgenden Quellenbesteuerung von Kapitaleinkommen zulassen. Damit würden ohne Verstoß gegen die Reinvermögenszugangstheorie und das Leistungsfähigkeitprinzip die Neutralität der Besteuerung verbessert und Effizienzgewinne ermöglicht. Die konsequente Verbreiterung der Bemessungsgrundlage würde es erlauben, ohne Beeinträchtigung des fiskalischen Aufkommens den Steuersatz der indirekten Progression relativ niedrig zu halten. Aus sozialen und anderen Gründen dürfte dieser Steuersatz, der zugleich der Eingangssteuersatz wäre, allerdings nicht eine Größenordnung von 20 bis höchstens 25 Prozent übersteigen.

Schließlich muß durch die internationale Kooperation beim Informationsaustausch und vermehrte Quellenbesteuerung von Kapitaleinkommen die möglichst lückenlose Erfassung dieses wichtigen Bestandteils einer synthetischen Einkommensteuer sichergestellt werden. Ohne die Erfüllung der genannten Bedingungen hat eine synthetische Einkommensteuer im Sinne von *Schanz, Haig* und *Simons* und eine Besteuerung nach der Leistungsfähigkeit kaum eine Chance, auch längerfristig in der Zukunft weiterzubestehen. Eine solche indirekt progressive Einkommensteuer mit einm Grenzsteuersatz in der genannten Größenordnung läge zwar weit über einer biblischen, jedoch heutzutage illusorischen Zehn-Prozent-Quote, aber sie bedürfte auch nicht einer verfassungsmäßig vorgeschriebenen Belastungsgrenze von fünfzig Prozent, d.h. eines sog. Halbteilungsgrundsatzes, weil die Belastung des persönlichen Einkommens weit darunter bliebe.

X. Wirkungen von Einkommensteuern

Aus der Vielzahl von Fragen bezüglich der zu erwartenden Wirkungen der Einkommensbesteuerung werden im folgenden drei herausgegriffen.

Automatische Stabilisierung

Eine erste Frage von allgemeiner Bedeutung ist die nach den konjunkturellen Wirkungen der Einkommensbesteuerung. Bei einer Steuer mit einer derart breiten Bemessungsgrundlage, wie sie im Fall der Einkommensteuer gegeben ist, verdienen diese Wirkungen naturgemäß besondere Aufmerksamkeit. Man bezeichnet die Einkommensteuer als einen "automatischen" oder "eingebauten" Stabilisator, weil die theoretisch zu erwartende makroökonomische Wirkung der Einkommensteuer in einer *antizyklischen Wirkung,* d.h. in einer gewissen "automatischen" Glättung der Konjunkturschwankungen besteht. Diese Wirkung der Einkommensteuer ist auf ihre relativ hohe *Aufkommenselastizität* zurückführen.

Unter der Aufkommenselastizität einer Steuer versteht man ganz allgemein *das Verhältnis der relativen Änderung des Steueraufkommens dieser Steuer zur relativen Änderung des Sozialprodukts (Volkseinkommens).* Das Aufkommen der Einkommensteuer steigt bzw. fällt ceteris paribus (d.h. unter der Voraussetzung eines konstant gehaltenen Steuergesetzes) überproportional im Verhältnis zum Volkseinkommen. Das wirkt bremsend auf den Anstieg der Nachfrage seitens der privaten Haushalte im Konjunkturaufschwung und schwächt den Nachfragerückgang in der Rezessionsphase ab. Für die Herleitung dieses Ergebnisses werden die folgenden Symbole benötigt:

T, T_E:	Gesamtaufkommen einer Steuer bzw. der Einkommensteuer
$\Delta T, \Delta T_E$:	Veränderung des Steueraufkommens in der lfd. Periode gegenüber der Vorperiode
X_E:	Besteuerungsmenge der Einkommensteuer = Summe der individuellen Bemessungsgrundlagen
ΔX_E:	Veränderung dieser Besteuerungsmenge in der laufenden Periode gegenüber der Vorperiode
Y:	Sozialprodukt (Volkseinkommen)
ΔY:	Veränderung von Y in der laufenden Periode gegenüber der Vorperiode

Die *Aufkommenselastizität* einer Steuer ist wie folgt definiert[15]:

$$\eta_{T/Y} = \frac{\Delta T/T}{\Delta Y/Y} = \frac{\Delta T}{\Delta Y} \cdot \frac{Y}{T} \tag{6-2}$$

Die *Aufkommenselastizität der Einkommensteuer* setzt sich im speziellen aus zwei Teilelastizitäten zusammen:

1.) Teilelastizität des Steueraufkommens in bezug auf die Besteuerungsmenge:

$$\eta_{T_E/X_E} = \frac{\Delta T_E/T_E}{\Delta X_E/X_E} = \frac{\Delta T_E}{\Delta X_E} \cdot \frac{X_E}{T_E} \tag{6-3}$$

Die erste Teilelastizität ist bei der Einkommensteuer wegen ihrer Progressivität größer als eins, denn beispielsweise steigende Einkommen unterliegen einer höheren Durchschnittsbelastung.

2.) Teilelastizität der Besteuerungsmenge in bezug auf das Sozialprodukt:

$$\eta_{X_E/Y} = \frac{\Delta X_E/X_E}{\Delta Y/Y} = \frac{\Delta X_E}{\Delta Y} \cdot \frac{Y}{X_E} \tag{6-4}$$

Auch die zweite Teilelastizität ist bei der Einkommensteuer üblicherweise größer als eins, denn im Konjunkturaufschwung nehmen die individuellen Einkommen und das heißt die individuellen Bemessungsgrundlagen im Durchschnitt überproportional zu. So steigen insbesondere die unternehmerischen Einkünfte der Selbständigen relativ stärker als das Sozialprodukt und auch bei den Nichtselbständigen kommt es durch Neueinstellungen und wegen Überstunden in der Regel zu einem

15 Zum Elastizitätsbegriff siehe auch: drittes Kapitel, Abschnitt II.C.2.

gegenüber dem Sozialprodukt überproportionalen Anstieg der Löhne und Gehälter. Analoges gilt in umgekehrter Richtung für den Konjunkturabschwung.

Die Aufkommenselastizität der Einkommensteuer ist das Produkt aus ihren beiden Teilelastizitäten:

$$\boxed{\eta_{T_E/Y} = \eta_{T_E/X_E} \cdot \eta_{X_E/Y}} \tag{6-5}$$

denn:

$$\frac{\Delta T_E}{\Delta Y} \cdot \frac{Y}{T_E} = \frac{\Delta T_E}{\Delta X_E} \cdot \frac{X_E}{T_E} \cdot \frac{\Delta X_E}{\Delta Y} \cdot \frac{Y}{X_E} \tag{6-6}$$

Da die beiden Teilelastizitäten bei der Einkommensteuer in der Regel größer als eins sind, ist auch die (Gesamt-)Aufkommenselastizität größer als eins. Im Aufschwung steigt das Aufkommen der Einkommensteuer prozentual stärker an als das Sozialprodukt, während ein Rückgang des Sozialprodukts zu einem prozentual stärkeren Rückgang des Aufkommens führt. Es gilt daher im allgemeinen:

$$\boxed{\eta_{T_E/Y} > 1} \tag{6-7}$$

Man kann dieses Ergebnis auch aus der Progression der Einkommensteuer ableiten. Drückt man Formel (6-2) als Quotient aus:

$$\boxed{\eta_{T_E/Y} = \frac{\Delta T_E}{\Delta Y} \Big/ \frac{T_E}{Y}}\ , \tag{6-2'}$$

dann erscheint die Aufkommenselastizität als das Verhältnis der (makroökonomischen) Grenzbelastung zur (makroökonomischen) Durchschnittsbelastung. Da bei einer progressiven Steuer alle einzelwirtschaftlichen Grenzsteuersätze über den Durchschnittssteuersätzen liegen, ist die Aufkommenselastizität einer solchen Steuer auch in makroökonomischer Hinsicht größer als eins.

Beispiel

Bei einem um 5 Prozent gestiegenen Volkseinkommen steige das zu versteuernde Einkommen eines Einkommensbeziehers um 10 Prozent. Sein zu versteuerndes Einkommen von z.B. 60'000 stieg demnach auf 66'000. Bei Zugrundelegung des Tarifs von Tabelle 3.3 belief sich seine Einkommensteuerschuld in der Vorperiode auf 9'600. Bei dem um 6'000 auf 66'000 gestiegenen Einkommen beträgt die Steuerschuld nunmehr 11'160. Sie nahm also um 1'560, d.h. um 16,25 Prozent zu. Die für diesen Einkommensbezieher sich ergebende (individuelle) Aufkommenelastizität kann durch Einsetzen in die Formeln 6-3 bis 6-5 gewonnen werden (wobei unter T_E die individuelle Steuerschuld und unter x_E das individuelle Einkommen zu verstehen ist):

$$\begin{aligned}
\Delta Y/Y &= 0{,}05 \\
x_E &= 60'000 \\
\Delta x_E &= 6'000 \\
\Delta x_E/x_E &= 0{,}1 \\
T_E(60'000) &= 9'600 \\
T_E(66'000) &= 11'160 \\
\Delta T_E &= 1'560 \\
\Delta T_E/T_E &= 0{,}1625 \\
\text{1. Teilelastizität: } \eta_{T_E/x_E} &= (\Delta T_E/T_E):(\Delta x_E/x_E) = 0{,}1625/0{,}1 = 1{,}625 \\
\text{2. Teilelastizität: } \eta_{x_E/Y} &= (\Delta x_E/x_E):(\Delta Y/Y) = 0{,}1/0{,}05 = 2{,}0 \\
\text{Aufkommenselastizität: } \eta_{T_E/Y} &= 1{,}625 \cdot 2{,}0 = 3{,}25
\end{aligned}$$

Das Beispiel illustriert die Aufkommenselastizität eines Einzelfalls. Die (gesamtwirtschaftliche) Aufkommenselastizität der Einkommensteuer ist ein Mittelwert aus den individuellen Aufkommenselastizitäten. Empirische Untersuchungen haben beispielsweise für die Lohnsteuer in Deutschland eine langfristige Aufkommenselastizität von ungefähr zwei ermittelt.

Die *tatsächliche Stabilisatorwirkung* der Einkommensteuer ist natürlich an gewisse Voraussetzungen gebunden. Nicht nur muß das *Steuergesetz unverändert* bleiben. Auch muß der *Steuereingang zeitnah* zur Veränderung der Bemessungsgrundlagen erfolgen, andernfalls kann eine Verzögerung beim Eingang der Steuereinnahmen sogar in eine prozyklische Wirkung umkippen. Vor allem dürfen *die politischen Budgetentscheider die Ausgaben nicht kurzfristig an die entweder überplanmäßig zu- oder abnehmenden Einnahmen anpassen (keine Parallelpolitik betreiben).* Nur wenn sich die Politiker bei den Staatsausgaben an der langfristig zu erwartenden durchschnittlichen Entwicklung des Sozialprodukts orientieren und im Konjunkturzyklus auch am geplanten Ausgabenvolumen festhalten, entstehen durch die über eins liegende Aufkommenselastizität "automatisch" entweder *Budgetüberschüsse* oder *Budgetdefizite* mit den damit verbundenen konjunkturstabilisierenden Wirkungen.

Wirkungen auf die Einkommensverteilung

Eine den Anforderungen der Reinvermögenszugangstheorie genügende Einkommensteuer kann man als den Entwurf einer Steuer bezeichnen, die es erlauben soll, eine gerechte Steuerlastverteilung im Sinne des Leistungsfähigkeitsprinzips herzustellen und - soweit es normative und praktische Gesichtpunkte zulassen - Effizienz zu gewährleisten. Die Wirkung einer gegebenen Einkommensteuer im Hinblick auf die Erreichung dieser anspruchsvollen Ziele läßt sich allerdings empirisch nur bedingt feststellen, weil diese Ziele nicht in der Form formuliert sind (und realistischerweise auch gar nicht formulierbar sind), daß beispielsweise durch die Einkommensteuer eine vorgegebene Wohlfahrtsfunktion realisiert werden sollte. Immerhin kann man folgendes empirisch ermitteln bzw. messen: die Lorenzkurven für die Konzentration der Einkommen *vor und nach Besteuerung* und die sich aus ihnen ergebenden Gini-Koeffizienten.

Empirische Untersuchungen dieser Art bestätigen die Wirkung einer progressiven Einkommensbesteuerung in Richtung einer geringeren Ungleichverteilung der "nach-Steuer"-Einkommen gegenüber den "vor-Steuer"-Einkommen. So hat beispielsweise *Scheer* für die deutsche Einkommensteuer für einzelne Jahre zwischen 1954 und 1977 eine relative Abnahme des Ginikoeffizienten in der Größenordnung von jeweils etwa 15 Prozent ermittelt[16]. Die "nach-Steuer"-Einkom-

[16] *Scheer* (1982), S. 344 ff.

mensverteilung ist demnach weniger ungleich als die "vor-Steuer"-Einkommensverteilung. Erkenntnisse über eine *nachhaltige* Wirkung der Progression im Sinne einer Nivellierung der marktmäßigen Einkommensverteilung über die Jahre hinweg lassen sich aber aus den sich jeweils nur auf ein Jahr beziehenden Vergleichen der "Vor-Steuer-" und "Nach-Steuer-Einkommensverteilungen nicht gewinnen.

Man kann natürlich die zeitpunktbezogene, d.h. auf einzelne Jahre bezogene Gegenüberstellung von Lorenzkurven und die Messung der Abnahme des Ginikoeffizienten auf die Veränderung im Zeitablauf ausdehnen, d.h. dynamisieren, um der zeitlichen Wirkungsverzögerung Rechnung zu tragen. Der zeitliche Verlauf des Ginikoeffizienten für die "nach-Steuer"- Einkommensverteilung wird jedoch auch durch viele andere, nur bedingt quantifizierbare Faktoren außerhalb der Einkommensteuer beeinflußt, so daß zuverlässige Rückschlüsse auf deren Wirkung auch auf diese Weise kaum möglich sind.

Wirkungen auf Arbeitsanreize

Die Wirkung der Einkommensteuer auf das Arbeitsangebot seitens der Besteuerten ist trotz vieler empirischer Versuche, diese zu messen, nicht eindeutig festgestellt. Hohe Grenzsteuersatze dürften zwar vor allem bei denjenigen Steuerpflichtigen, die über das Maß ihres Arbeitseinsatzes selber frei entscheiden können, wie beispielsweise selbständig Erwerbende oder zweitverdienende Ehefrauen, einen negativen Anreiz auf das Arbeitsangebot ausüben. Dies dürfte insbesondere dann der Fall sein, wenn die Einkommensteuer stark angespannt ist. Die Frage nach den Anreizwirkungen der Einkommensteuer hängt sicherlich auch eng mit der Frage nach der *Überwälzungsmöglichkeit* dieser Steuer zusammen. Es ist heute unbestritten, daß die früher als nicht überwälzbar angesehene Einkommensteuer in manchen Fällen überwälzbar ist. Das gilt insbesondere für gewerkschaftlich gut organisierte Gruppen von Arbeitnehmern, aber auch für manche Gruppen der Unternehmer. Wie im nächsten Kapitel zur Körperschaftsbesteuerung noch gezeigt werden wird, lassen sich auch Steuern auf den Gewinn teilweise überwälzen. Die Verteuerung der Arbeit durch überwälzte Einkommensteuern kann bei den Unternehmen zwar zur Einschränkung der Nachfrage nach Arbeit führen, doch ist es fraglich, welche Anreizwirkungen auf das Arbeitsangebot davon ausgehen. Die Frage, ob die Einkommensteuer als solche einen negativen Anreiz auf das Arbeitsangebot ausübt, kann pauschal kaum beantwortet werden. Unbestreitbar dürfte allerdings der negativ zu bewertende Anreiz sein, der von hohen Grenzsteuersätzen mit der Folge des Ausweichens in die Schwarzarbeit sein.

XI. Fragen zur Selbstkontrolle und zum Nachdenken

1.) Warum erhebt der Staat eine Einkommensteuer und begnügt sich nicht mit einem Bündel von einfach zu erhebenden einzelnen Verbrauchsteuern?

2.) Welches ist die theoretische Grundlage für die Definition des Einkommens im Sinne des objektiven Nettoprinzips?

3.) Aus welchen Bestandteilen setzt sich Einkommen gemäß der SHS-Konzeption grundsätzlich zusammen? Weshalb gehören auch nichtmonetäre Bestandteile, wie z.B. Eigenmieten zum Einkommen?

4.) Im Kanton Basel-Land werden Eigenmieten für selbstgenutztes Wohneigentum nur zu etwa einem Drittel einer vergleichbaren Marktmiete als Einkommen angesetzt. In der Volksabstimmung vom 24. November 2002 wurde eine von der Regierung vorgeschlagene Erhöhung der Eigenmieten in Richtung auf das in anderen Kantonen übliche Niveau von 60 Prozent bei gleichzeitiger Erhöhung der bisher den Mietern zum Ausgleich gewährten sog. Mieterabzugs von der Einkommensteuer (Erhöhung des Abzugs von je 1000 Fr. pro Ehepartner und pro Kind auf jeweils 1250 Fr.) abgelehnt. Wie ist das Abstimmungsergebnis zu beurteilen?

5.) Sind Abschreibungen im Zusammenhang mit der Eigennutzung einer Immobilie als Werbungskosten abgezogen worden, dann müssen beim Verkauf der Immobilie die entsprechenden Abschreibungsbeträge zur eventuellen Differnz zwischen Verkaufspreis und Anschaffungskosten hinzugefügt werden. Wird dadurch der realisierte Gewinn nicht zu hoch ausgewiesen?

6.) Was versteht man unter dem subjektiven Nettoprinzip? Welche Arten von Abzügen sind erforderlich zur Verwirklichung des subjektiven Nettoprinzips?

7) Worin liegen die Vorteile einer synthetischen Einkommensbesteuerung gegenüber einer Quellen- bzw. Schedulenbesteuerung?

8.) Die Einkommensteuer ist in der Regel eine auf eine Jahresperiode (üblicherweise auf ein Kalenderjahr) bezogene Steuer. Ist das zwingend? Was spricht für, was gegen eine Einjahresperiode?

9.) Welche Gründe sprechen für die Gegenwartsbesteuerung? Wie läßt sich das Problem lösen, nicht erst das Jahresende abwarten zu müssen, bevor die Steuerschuld ermittelt und die Steuerzahlung verlangt werden kann?

10.) Lassen sich herkömmliche Formen von Einkünften aus Kapitalvermögen (Dividenden, Zinsen) durch Wertsteigerungen (Kapitalgewinne) substituieren? Könnte dadurch der Einkommensbesteuerung ausgewichen werden? Man überlege sich Beispiele! Wo liegen die Grenzen der Einkommensbesteuerung von Wertsteigerungen?

11.) Warum sollte bei der Besteuerung von Alterseinkünften (Leibrenten, Lebensversicherungen usw.) auch der sog. Ertragsteil zur Bemessungsgrundlage gehören, und zwar unabhängig davon, ob die ursprünglichen Beiträge für den Erwerb einer Altersrente aus versteuertem oder unversteuertem Einkommen geleistet wurden?

12.) In einer Reihe von Ländern, so z.B. auch in der Schweiz und im Prinzip auch in den Vereinigten Staten von Amerika gibt es (und gab es bis vor kurzem auch in Deutschland) neben einer synthetischen, das Kapitaleinkommen einschließenden Einkommensteuer auch eine Vermögensteuer für natürliche Personen. Die Rechtfertigung wurde in der besonderen Leistungsfähigkeit gesehen, die vom Vermögen ausgeht. Wie wäre jedoch eine Vermögensteuer zu beurteilen, die *anstelle* einer Steuer auf Kapitaleinkommen erhoben würde?

SIEBTES KAPITEL

Besteuerung von Haushalten (Familien)

*I: Die Einkommensteuer bei gemeinsamem Einkommen - **II:** Einkommensbesteuerung bei Haushalten ohne Kinder - **II.A:** Haushalte von Ehepaaren **II.B:** Alternative Methoden der Besteuerung von Ehepaaren - **II.C:** Beurteilung der einzelnen Methoden - **II.D:** Haushalte von Nicht-Ehepaaren - **III:** Besteuerung von Familien (Haushalten mit Kindern) - **III.A:** Alternative Methoden der Besteuerung - **II.B:** In Betracht zu ziehende Gesichtspunkte - **III.C:** Beurteilung der einzelnen Methoden - **IV:** Gesetzliche Regelungen - **IV.A:** Besteuerung in Deutschland - **IV.B:** Besteuerung in der Schweiz - **IV.C:** Besteuerung in Österreich - **V:** Fragen zur Selbstkontrolle und zum Nachdenken*

I. Die Einkommensteuer bei gemeinsamem Einkommen

Bei der Darstellung der Einkommensbesteuerung im vorangegangenen Kapitel wurde nichts vorausgesetzt über den Personenstand eines Einkommensbeziehers und ob dieser sein Einkommen mit *einer anderen* Person oder mit *mehreren anderen* Personen teilt oder teilen muß. Es wurde stillschweigend unterstellt, daß ein gegebenes Einkommen einer *alleinstehenden* Person zur Bedürfnisbefriedigung dient und nur von einer Person verdient wird. Sobald es sich jedoch nicht mehr um den "Elementarfall" eines alleinstehenden Alleinverdieners handelt, müssen zusätzliche Gesichtspunkte berücksichtigt und teilweise gegeneinander abgewogen werden. Hierbei ist Wertungen Rechnung zu tragen, wie sie mit der zunehmenden Individualisierung der Gesellschaft entstanden sind. Die aus den Wertungen resultierenden "Lösungen" können unterschiedlich ausfallen.

Im vorliegenden Kapitel werden zunächst verschiedene Alternativen der Einkommensbesteuerung vorgestellt, wie sie einerseits bei Zwei- oder Mehrpersonen-Haushalten *ohne* Kinder und andererseits bei Haushalten *mit* Kindern, d.h. bei Familienhaushalten *prinzipiell* in Betracht gezogen werden können. Auf die Beschreibung der unterschiedlichen Verfahren folgt eine Beurteilung aus finanzwissenschaftlicher Sicht. Abschließend werden die realen Lösungen in Deutschland, Österreich und der Schweiz kurz skizziert.

II. Einkommensbesteuerung bei Haushalten ohne Kinder

Der wichtigste Fall von Haushalten ohne Kinder wird von verheirateten Personen (Ehepaaren) gebildet, die keine oder noch keine Kinder haben oder deren Kinder nicht mehr dem Elternhaus zuzurechnen sind, weil sie inzwischen erwachsen sind. Die in diesem Fall gegebenen Besonderheiten werden daher als erstes behandelt.

II.A. Haushalte von Ehepaaren

Bei der Einkommensbesteuerung von Ehepaar-Haushalten müssen im speziellen die folgenden faktischen und normativen Gesichtspunkte berücksichtigt werden:

1.) Das Einkommen eines Ehepaar-Haushalts muß bei der heute vorherrschenden individualistischen Betrachtungsweise als ein auf zwei Personen *aufzuteilender Mittelzufluß* angesehen werden.

Man kann nicht wie früher einmal das dem Haushalt eines Ehepaars zufließende Einkommen als Mittelzufluß an den Haushaltsvorstand ansehen, das zu dessen Bedürfnisbefriedigung zur Verfügung steht und unter anderem den Unterhalt des Ehepartners umschließt. Der Lebensunterhalt des Ehepartners ist nicht Aufwand des Haushaltsvorstands und kann nicht wie Aufwand für Liebhaberei als dessen Privatangelegenheit angesehen werden.

2.) Die Ehe bildet aus gesellschaftlicher Sicht im Normalfall eine *Verbrauchsgemeinschaft*. Dem vorherrschenden Leitbild der Ehe entspricht eine Gemeinschaft *gleichrangiger* Partner. Dementsprechend steht das Einkommen dieser Gemeinschaft, soweit es für *Konsumzwecke* benötigt wird, beiden Ehepartnern grundsätzlich *zu gleichen Teilen* zur Verfügung.

3.) Die Ehe bildet gemäß heutigem Eherecht typischerweise eine *Zugewinngemeinschaft*. Daraus folgt, daß während der Dauer der Ehe *gespartes Einkommen* beiden Ehepartnern *zu gleichen Teilen* zusteht. Es partizipieren daher die beiden Ehepartner zu gleichen Teilen am *gesamten* gemeinsamen Einkommen.

Zusammengenommen implizieren die drei soeben angeführten Gesichtspunkte, daß die individuelle steuerliche Leistungsfähigkeit der zwei Ehepartner grundsätzlich vergleichbar ist mit derjenigen zweier Einzelpersonen, die jede für sich ein Einkommen von der Hälfte des Ehepaar-Einkommens beziehen.

4.) Legt man das Leitbild der Ehe als Verbrauchs-, Zugewinn- und nicht zuletzt auch als Solidargemeinschaft zu Grunde, dann spielt es keine Rolle, *welchen Anteil jeder Partner zum Gesamteinkommen beiträgt. Die steuerliche*

Leistungsfähigkeit der Ehepartner wird durch die *Zusammensetzung des Ehepaareinkommens aus zwei unterschiedlich hohen Teileinkommen* nicht berührt. Das gilt auch dann noch, wenn nur ein Ehepartner ein Einkommen verdient. Allerdings sollte dann die überdurchschnittliche Freizeit des nichtverdienenden Ehepartners berücksichtigt werden.

5.) Eine *gemeinsame Haushaltsführung* kann mit einer sog. *Haushaltsersparnis* verbunden sein, d.h. einem geringeren Aufwand für den Lebensunterhalt bei gleichem Bedürfnisbefriedigungsniveau oder alternativ einem höheren Bedürfnisbefriedigungsniveau bei gleichem Aufwand im Verhältnis jeweils zu zwei getrennt lebenden Einzelpersonen. Daraus wird in der Regel abgeleitet, daß Haushaltsersparnis als ein Einkommensäquivalent zum übrigen Einkommen hinzugerechnet werden sollte.

Es ist natürlich zu fragen, ob bei Ehepaaren immer Haushaltsersparnis anzunehmen ist. Es gibt immer mehr Ehepaare, die berufsbedingt an zwei verschiedenen Orten einen Haushalt führen müssen. Abgesehen davon stellt sich aber überhaupt die Frage, ob *Minderbedarf* als zugerechnetes und damit als ein die Leistungsfähigkeit steigerndes Einkommen betrachtet werden darf. Ein Mittelzufluß im Sinn der Reinvermögenszugangstheorie liegt nicht vor und auch die vom Bruttozufluß abziehbaren Berufsauslagen (Werbungskosten) sind nicht vermindert. Auf die Art der Verwendung des Einkommens kommt es jedoch bei der Einkommensbesteuerung nicht an. Eine "Ökonomie" durch gemeinsame Nutzung gewisser Güter kann durch zusätzliche Ausgaben anderer Art kompensiert sein. Allenfalls könnte die Haushaltsersparnis als Absenkung des Existenzminimums interpretiert werden, die bei gemeinsamer Haushaltsführung zu berücksichtigen sei. Dagegen spricht aber wiederum, daß gerade beim Grundbedarf, der sich in erster Linie aus Ernährung, Kleidung und pro Person zustehender Wohnfläche zusammensetzt, kaum Einsparungen möglich sind, wenn statt einer Person zwei Personen einen Haushalt bilden. Erst bei der Deckung des darüberliegenden Bedarfs dürften Synergieeffekte infolge gemeinsamer Nutzung dauerhafter Güter auftreten.

6.) Die Ehe kann, weil sie im Regelfall die *Vorstufe einer Familie mit Kindern* bildet, als eine für die *Stabilität* und den *Fortbestand der Gesellschaft* wichtige Institution angesehen werden, die dieser Gesellschaft einen *besonderen Nutzen* stiftet. Daraus läßt sich der besondere staatliche Schutz der Ehe sowie die Forderung ableiten, Eheleute im Verhältnis zu Alleinstehenden oder zu anderen Formen des Zusammenlebens steuerlich grundsätzlich nicht schlechter zu stellen. Eine eventuelle steuerliche Besserstellung kann als *Kompensation* für den der Gesellschaft erbrachten besonderen Nutzen angesehen werden. Aus demselben Grund sollte sich mit der Eheschließung die Steuerlast der vor der Ehe einzeln Besteuerten nicht erhöhen (keine "Steuerstrafe" für den Gang zum Standesamt; "no marriage penalty"!).

7.) Man muß realistischerweise davon ausgehen, daß unter Ehepaaren Gestaltungen verabredet werden können, Einkommen des einen Partners als Einkommen des anderen Partners erscheinen zu lassen. Das Besteuerungsverfahren bei Ehepaaren sollte so gewählt werden, daß keine *willkürliche Manipulation* der Steuerbelastung ermöglicht wird.

II.B. Alternative Methoden der Besteuerung von Ehepaaren

Man kann hauptsächlich sieben verschiedene Modelle bzw. Methoden unterscheiden, die im "technischen Sinn" für die Einkommensbesteuerung beim Vorliegen von Ehepaar-Haushalten zur Verfügung stehen. Es handelt sich teilweise um existierende Besteuerungsmodelle, teilweise um solche, die in der Literatur oder Öffentlichkeit diskutiert werden. Für die formale Darstellung werden folgende Symbole verwendet:

y_f : Gemeinsames Bruttoeinkommen eines Ehepaars (einer Familie)
y_p : Bruttoeinkommen einer (erwachsenen) Person
M_p : Existenzminimum einer (erwachsenen) Person
x : um das Existenzminimum verkürztes Einkommen
F_p : Freibetrag für einen Ehepartner
T_p : Steuerschuld einer Person
$T'(x)$: Grenzsteuersatz
T_f : Gesamt-Steuerschuld eines Ehepaars

Für die Illustration der verschiedenen Methoden anhand von Zahlenbeispielen wird der in Tab. 7.1 wiedergegebene Anstoßtarif verwendet. (er ist identisch mit dem der Tab. 3.3 des dritten Kapitels). Als Existenzminima werden für Erwachsene 6'000 und für Kinder 3'000 angenommen. Es wird, um die Darstellung transparent zu halten, eine Besteuerung unterstellt, bei der das Existenzminimum nicht in den Tarif eingearbeitet ist.

Tab. 7.1: Ein verzögert-progressiver Anstoßtarif

Einkommen nach Abzug des Existenzminimums.	T'(x)	T(x) (durchgerechnete Form)
0 bis 5'000	0,05	0,05x
5'001 bis 11'000	0,08	250 + 0,08 (x- 5'000)
11'001 bis 18'000	0,11	730 + 0,11 (x- 11'000)
18'001 bis 26'000	0,14	1'500 + 0,14 (x- 18'000)
26'001 bis 35'000	0,17	2'620 + 0,17 (x- 26'000)
35'001 bis 45'000	0,20	4'150 + 0,20 (x- 35'000)
45'001 bis 60'000	0,23	6'150 + 0,23 (x- 45'000)
60'001 bis 80'000	0,26	9'600 + 0,26 (x- 60'000)
80'001 bis 160'000	0,29	14'800 + 0,29 (x- 80'000)
über 160'001	0,32	38'000 + 0,32 (x- 160'000)

1.) **Verdoppelung des Existenzminimums:** Für die Ermittlung des zu versteuernden Einkommens des Ehepaars wird ein *doppeltes Existenzminimum berücksichtigt.* Die Steuerschuld eines Ehepaares ergibt sich, wenn $x = y_f - 2\ M_p$ in die Funktion T(x) von Tabelle 7.1 eingesetzt wird:

$$\boxed{T_f = T(y_f - 2\ M_p)} \tag{7-1}$$

Beispiel
Bei einem Ehepaareinkommen von z.B. 60'000 und einem Existenzminimum je Person von 6'000 ergibt sich bei Zugrundelegung von Tabelle 7.1: $T_f = T\ (48'000) = 6'840$.

2.) **Einräumung eines Freibetrags:** Neben dem Existenzminimum des ersten Ehepartners *wird ein das Existenzminimum des anderen Ehepartners übersteigender Freibetrag zum Abzug von der Bemessungsgrundlage* zugelassen. Die Steuerschuld ergibt sich allgemein aus Formel (7-2):

$$\boxed{T_f = T(y_f - M_p - F_p)} \tag{7-2}$$

Beispiel:
Ein Freibetrag von z.B. 9'000 für den Ehepartner anstelle des Abzugs nur seines Existenzminimums führt bei einem Einkommen von 60'000 zu einem steuerbaren Einkommen von 45'000 und gemäß Tabelle 7.1 zu einer Steuerschuld von 6'150.

3.) **Partialsplitting**: Der zum Abzug von der Bemessungsgrundlage des gemeinsamen Haushaltseinkommens zugelassene *Freibetrag wird als ein zwischen den Ehepartnern wie zwischen Drittpersonen transferiertes Einkommen angesehen und besteuert.* Als Steuerschuld des Ehepaars resultiert allgemein:

$$\boxed{T_f = T(y_f - M_p - F_p) + T(F_p - M_p)} \tag{7-3}$$

Beispiel
Bei gleichen Zahlenannahmen wie im vorangegangenen Beispiel (Freibetrag von 9'000, Ehepaareinkommen von 60'000) kommt zur Steuerschuld von 6'150 noch eine Steuerschuld von 150 für ein Einkommen von 3'000 (9'000 abzüglich Existenzminimum von 6'000) hinzu. Insgesamt beläuft sich die Ehepaar-Steuerschuld jetzt auf 6'300.

4.) **Vollsplitting:** *Das Ehepaareinkommen wird mit einem Divisor 2 "gesplittet", d.h. durch 2 dividiert, und die sich für das halbierte Einkommen ergebende Steuer mit dem Faktor 2 multipliziert.* Das Vollsplitting läuft darauf hinaus, das gemeinsame Einkommen mit dem (Durchschnitts-) Steuersatz zu belasten, der sich für das halbe, d.h. das um 50 Prozent reduzierte gemeinsame Einkommen ergibt. Die Steuerschuld des Ehepaars beträgt beim Splitting mit Divisor 2 allgemein:

$$\boxed{T_f = 2 \cdot T([y_f / 2] - M_p)} \tag{7-4}$$

Beispiel
Ein Ehepaar-Einkommen betrage 60'000. Das um das Existenzminimum verkürzte halbe Einkommen beträgt 24'000. Die darauf entfallende Teilsteuer von 2'340 belastet das Einkommens von 30'000 mit 7,8 %. Nach Verdopplung beträgt die Gesamt-Steuerschuld 4'680. Das entspricht einer ebenfalls 7,8-prozentigen Belastung des Gesamt-Einkommen von 60'000.

5.) **Reduziertes Ehepaarsplitting:** *Das Ehepaareinkommen wird mit einem Divisor "gesplittet", der kleiner ist als 2. Die verdoppelte Steuer auf das gesplittete und um das Existenzminimum verkürzte Einkommen ergibt die Steuerschuld des Ehepaars.* Wird z.B. mit dem Divisor 1,8 gesplittet, dann wird zur Ermittlung des auf das Gesamteinkommen anzuwendenden Durchschnittssteuersatzes von einem Einkommen ausgegangen, das 55,56 % des Gesamteinkommens beträgt. Die von einem Ehepaar geschuldete Steuer beträgt jetzt allgemein:

$$\boxed{T_f = 2 \cdot T([y_f/1{,}8] - M_p)} \tag{7-5}$$

Beispiel
Bei einem Ehepaareinkommen von 60'000 resultiert nach Division durch 1,8 ein rechnerisches Einkommen von 33'333 (= 55,56 % von 60'000). Auf das nach Abzug des Existenzminimums verbleibende Einkommen von 27'333 entfällt gemäß Tarif der Tab. 7.1 Steuer von 2'846,61. Das entspricht einem Durchschnittssteuersatz von 9,49 % bezogen auf das halbe Einkommen von 30'000. Verdoppelt beträgt die (abgerundete) Steuerschuld des Ehepaars 5'693. Die Belastung des Ehepaar-Einkommens von 60'000 beträgt 9,49 % und liegt um 1'013 höher als beim Vollsplitting.

6.) **Doppeltarif**: *Das gemeinsame Ehepaar-Einkommen wird einem speziellen Verheiratetentarif unterworfen.* Neben dem Tarif für Alleinstehende gibt es einen Spezialtarif für Ehepaare. Man spricht in diesem Fall von einem *Doppeltarif-system* für die Einkommensbesteuerung. Unter Verwendung des Verheirateten-tarifs $T_v(x)$ beträgt die Ehepaar-Steuerschuld allgemein:

$$\boxed{T_f = T_v(y_f - 2\,M_p)} \tag{7-6}$$

Tabelle 7.2 zeigt einen aus dem Grundtarif der Tabelle 7.1 abgeleiteten Doppeltarif.

Tab. 7.2: Doppeltarif für Verheiratete und Alleinstehende

steuerbares Einkommen			Grenzsteuersätze für Verheiratete $T_v'(x)$	Grenzsteuersätze für Alleinstehende $T'(x)$
0	bis	5'000	0,03	0,05
5'001	bis	11'000	0,06	0,08
11'001	bis	18'000	0,09	0,11
18'001	bis	26'000	0,12	0,14
26'001	bis	35'000	0,14	0,17
35'001	bis	45'000	0,17	0,20
45'001	bis	60'000	0,20	0,23
	usw.		usw.	usw.

Beispiel
Beim Anstoßtarif $T_V'(x)$ der Tabelle 7.2 entsteht bei einem Einkommen von zusammen 60'000, d.h. bei einem zu versteuernden Einkommen von 48'000 für Verheiratete eine Steuerschuld von 5'660. Das Ergebnis entspricht für das Einkommen von 60'000 ungefähr dem des Splitting mit Divisor 1,8. Gegenüber dem Splitting mit Divisor 2 und im Verhältnis zu zwei Alleinstehenden mit Einkommen von je 30'000 bedeutet es eine um 960 höhere Steuerschuld.

Bemerkungen
Der Doppeltarif der Tab. 7.2 entspricht bezüglich Struktur und Größenordnung ungefähr dem in den vergangenen Jahren im Kanton Zürich angewendeten Doppeltarif.

Ein Doppeltarif kann die Ergebnisse des Splitting exakt nachbilden. Doch bedient man sich des Doppeltarifs vor allem deswegen, weil eine *andere* Belastungsstruktur als beim Splitting angestrebt wird.

7.) **Getrenntveranlagung (Individualbesteuerung):** Verfügen beide Eheleute über ein eigenes Einkommen, können die beiden Teileinkommen (y_{P_1} und y_{P_2}) einzeln und unabhängig voneinander besteuert werden. Jeder Ehepartner wird wie ein alleinstehender Einzelverdiener behandelt. Es resultiert als additive Steuerschuld des Ehepaars die Summe der von den beiden Ehepartnern für ihr jeweiliges Einkommen geschuldete Steuer:

$$\boxed{T_f = T(y_{P_1} - M_P) + T(y_{P_2} - M_P)} \qquad (7\text{-}7)$$

Beispiel 1
Die beiden Teileinkommen seien gleich groß, sie sollen beispielsweise jeweils 30'000 betragen. Beim Tarif für Alleinstehende (Tabelle 7.1 bzw. 7.2 rechte Spalte) ergibt sich pro Teileinkommen eine Steuerschuld von 2'340, zusammen also von 4'680. In diesem Fall unterscheidet sich die Steuerschuld nicht vom Fall des Splittings mit dem Divisor 2.

Beispiel 2
Wenn beide Teileinkommen beispielsweise im Verhältnis 2:1 stehen und 40'000 resp. 20'000 betragen, resultiert beim größeren Einkommen ein zu versteuerndes Einkommen von 34'000 und eine Steuerschuld von 3'980. Beim kleineren Einkommen resultiert ein zu versteuerndes Einkommen von 14'000 und eine Steuerschuld von 1'060. Zusammen bezahlen die beiden Ehepartner Steuern in Höhe von 5'040.

Da ein Teil der Ehepaare nicht aus Doppelverdienern besteht, muß bei Anwendung der Getrenntveranlagung als Regelmethode eine Sonderlösung für die Fälle von Einverdiener-Ehepaaren vorgesehen werden. "Technisch" in Frage kommen kann ein Freibetragsabzug beim alleinverdienenden Ehepartner in Höhe des Unterhaltsanspruchs des nichtverdienenden Ehepartners oder ein Abzug von der Steuerschuld des Alleinverdieners.

In Österreich, wo nach der Methode der Getrenntveranlagung von Ehepaaren besteuert wird, gibt es einen Abzug von der Steuerschuld in Form des sog. Alleinverdienerabsetzbetrages (AVAB). Auf ihn wurde im sechsten Kapitel bereits verschiedentlich hingewiesen (siehe dort insbesondere Tabelle 6.13.)

II.C. Beurteilung der einzelnen Methoden

Verdoppelung des Existenzminimums

Bei diesem Modell wird impliziert, für den zweiten Ehepartner werde von den zur Verfügung stehenden Mitteln nur gerade so viel benötigt, wie es für dessen Lebensführung auf dem Niveau der Existenzsicherung erforderlich ist. Das Niveau der Bedürfnisbefriedigung des ersten Ehepartners bleibt dabei außer Betracht. Selbst wenn dieser erste Ehepartner ein Alleinverdiener ist, entspricht eine derartige Mittelaufteilung weder der Realität noch dem gesellschaftlichen Leitbild der Ehe als Verbrauchs- und Zugewinngemeinschaft.

Wenn beide Partner ihre vorher ausgeübte Berufstätigkeit nach der Eheschließung beibehalten, verstieße das Modell der Verdoppelung des Existenzminimums auch noch gegen den Gesichtspunkt, daß es durch den Akt der Eheschließung nicht zu einer steuerlichen Mehrbelastung kommen sollte. Das Modell der Verdoppelung des Existenzminimums entspricht in keiner Hinsicht dem Grundsatz der Besteuerung nach der Leistungsfähigkeit und widerspricht eindeutig heute gültigen gesellschaftlichen Normen.

Einräumung eines Freibetrags

Bei diesem Modell wird zwar für den Ehepartner ein das Existenzminimum übersteigender Freibetrag zugelassen, die Höhe dieses Freibetrags ist aber in fast allen verwirklichten Fällen nicht sehr viel höher als das Existenzminimum. Ein prinzipieller Einwand gegen einen Freibetrag besteht vor allem darin, daß dieser Freibetrag von der Höhe des Haushaltseinkommens unabhängig ist. Es wird unterstellt, daß für die Höhe des Leistungsfähigkeitstransfers innerhalb der Ehe die Höhe des Haushaltseinkommens keine Rolle spiele - eine offensichtlich unrealistische Annahme. Aber auch wenn ein sehr hoher Freibetrag eingeräumt würde, wäre dies eine unbefriedigende Lösung, denn der zum Abzug zugelassene Freibetrag würde nicht der Besteuerung unterliegen. Einkommen, das das Existenzminimum bzw. das die beiden Existenzminima überschreitet, sollte jedoch immer besteuert werden, da es steuerliche Leistungsfähigkeit repräsentiert.

Partialsplitting

Beim Partialsplitting wird ein gewichtiger Einwand gegen die Freibetragslösung ausgeräumt: Der beim Haushaltseinkommen zum Abzug zugelassene Freibetrag wird simultan der Besteuerung unterworfen (soweit er das zweite Existenzminimum überschreitet). Allerdings bleibt ein anderer, grundlegender Einwand bestehen, daß nämlich die Höhe eines Freibetrags nicht von der Höhe des Haushaltseinkommens abhängt. Wie hoch auch immer der Freibetrag angesetzt wird, er bleibt eine willkürlich festgelegte Größe ohne Berücksichtigung der Tatsache, daß im typischen Fall die Lebensführung der beiden Ehepartner auf einem im Prinzip äquivalenten Niveau anzunehmen ist

Neuerdings wird in Deutschland ein als "Realsplitting" bezeichnetes Partialsplitting mit einem Freibetrag von DM 27'000 anstelle des existierenden Vollsplittings diskutiert. Ein solches Partialsplitting hat jedoch wenig mit Realität zu tun, denn der genannte Freibetrag soll unabhängig von der Höhe des Ehepaar-Einkommens eingeräumt werden. Der Vorschlag möchte das im deutschen Einkommensteuergesetz fakultativ zugelassene Modell der Besteuerung von Unterhaltsleistungen an den geschiedenen oder dauernd getrennt lebenden Ehegatten zum Regelfall machen. Dabei wird übersehen, daß erstens die Partialsplitting-Lösung für Geschiedene immer eine Einzelfall-Lösung ist, die von der Höhe des Einkommens des zum Unterhalt Verpflichteten abhängt (weil die richterlich festlegten Unterhaltsleistungen davon abhängen), und zweitens wird übersehen daß die nach Gesetz zulässige Obergrenze von DM 27'000 willkürlich festgelegt ist. (siehe auch Abschnitt V.A weiter unten)

Vollsplitting (Ehepaarsplitting mit Divisor 2)

Dem Vollsplitting liegt die typisierende Annahme der "intakten Durchschnittsehe" zu Grunde, wonach die dem Ehepaar-Haushalt zufließenden Mittel beiden Eheleuten auch tatsächlich zu gleichen Teilen zugute kommen. Für die Besteuerung wird die Leistungsfähigkeit jedes Ehepartners derjenigen eines Alleinstehenden mit einem Einkommen in Höhe des halben Haushaltseinkommens gleichgesetzt.. Das Vollsplitting genügt den vier ersten, im Abschnitt II.A aufgeführten Gesichtspunkten. Es berücksichtigt allerdings nicht eine eventuell auftretende "Haushaltsersparnis" und ebensowenig überdurchschnittlich vorhandene Freizeit im Fall von Alleinverdiener-Ehepaaren. Was Freizeit betrifft, könnte das Vollsplitting aber mit einem Zuschlag zur Bemessungsgrundlage kombiniert werden. Da die Bewertung der überdurchschnittlichen Freizeit vermutlich sehr umstritten wäre, könnte als Ersatzlösung auch ein pauschaler Abzug von der Bemessungsgrundlage bei Doppelverdiener-Ehen in Betracht kommen. Für die Berücksichtigung der Haushaltsersparnis müßte allerdings zu einem Splitting mit reduziertem Divisor oder einem Doppeltarif übergegangen werden.

Das Splitting stößt vor allem außerhalb der Finanzwissenschaft auf Vorbehalte und wurde sogar in einigen Ländern, in denen es einmal geltendes Recht war, wieder abgeschafft (zugunsten des Doppeltarifs). Es "verführt" insbesondere Politiker dazu, es als *Begünstigung vor allem Höherverdienender* darzustellen. Die im Verhältnis zum Nichtsplitten beim Splitting auftretende Differenz der Steuerschuld wird oft *fälschlicherweise* als Steuervergünstigung angesehen. Tasächlich ist eine Splittingdifferenz lediglich eine *Konsequenz aus dem Grundgedanken der Progression:* Wenn höheres Einkommen relativ höher belastet werden soll als niedriges, dann muß logischerweise niedrigeres Einkommen relativ niedriger belastet werden als hohes! Die rechnerische Differenz der Steuerschuld bei

Anwendung des Splittings (gegenüber dem Nichtsplitten) zeigt *keine Steuerersparnis* an, vielmehr entspräche umgekehrt der Betrag, der im Fall des Nichtsplittens gegenüber dem Splitting aufträte, einer nicht gerechtfertigten *Sondersteuer* beim Vorliegen eines Ehepaar-Haushalts.

Falsch ist auch die verbreitete Ansicht, das Splitting begünstige vor allem die sehr hohen Einkommen. Tatsache ist vielmehr, daß bei Ehepaaren mit sehr hohem Einkommen das Splitting kaum noch eine rechnerische Steuerdifferenz herbeiführt, weil das Einkommen dieser Personen sich im (proportionalen) Plafondbereich mit einer je nach Tarifverlauf gar nicht oder nur noch unwesentlich steigenden Durchschnittsbelastung befindet. In Deutschland ist z.B. schon ein Einkommen von DM 250'000 dem gleichen Grenzsteuersatz unterworfen wie ein Einkommen von DM 125'000. Bei einer proportionalen Einkommensteuer erübrigt sich ein Splitting, weil es eine Wirkung von *null* hinsichtlich der Steuerschuld hat!

Eine Folge des mißverstandenen Splittings sind Vorschläge für ein "veredeltes Splitting" oder für ein "gekapptes" oder limitiertes Splitting. Gemeint ist mit dem veredelten Splitting, daß mit steigendem Einkommen und von einem bestimmten Einkommen an der Splittingdivisor von 2 langsam abnehmen sollte, im Extrem bis zum Wert 1. Beim limitierten Splitting will man entweder ein Maximaleinkommen oder eine maximale Steuerdifferenz im Verhältnis zum Nichtsplitting als Grenze festlegen, bis zu der ein Splitting zulässig sein soll.

Um das finanzpsychologische Handicap des Vollsplittings mit dem Divisor 2 zu überwinden, sollte es als "Methode der Steuerverdopplung" bezeichnet werden. Bei Ehegatten wird das halbierte Einkommen zweimal besteuert, weil die dem halbierten Einkommen innewohnende Leistungsfähigkeit bei zwei Personen vorliegt.

Reduziertes Ehepaarsplitting

Wird anstelle des Divisors "2" ein kleinerer Divisor für das Splitten des Haushaltseinkommens verwendet, dann will man einer unterstellten Haushaltsersparnis Rechnung tragen. Wird ein Divisor von 1,8 genommen, dann wird, wie schon gezeigt, für die Ermittlung des auf das Ehepaar-Einkommen anzuwendenden Steuersatzes von einem rechnerischen Einkommen ausgegangen, das 55,56 % des Gesamteinkommens beträgt. Dieses rechnerische Einkommen liegt gegenüber dem halbierten Ehepaareinkommen um 11,1 Prozent höher. Der auf Synergieeffekte zurückzuführende Minderbedarf wird also beim Divisor 1,8 als zugerechnetes Einkommen in Höhe von 11,1 Prozent angesetzt.

Das Einkommens-Äquivalent infolge unterstellten Minderbedarfs kann allgemein wie folgt ermittelt werden: Wird das Haushalts-Einkommen durch einen Divisor "d", mit $d < 2$, auf (100/d) Prozent verkürzt, dann ergibt die Differenz zum 50-Prozent-Einkommen, bezogen auf diese 50 Prozent, den prozentualen Zuschlag des Einkommens-Äquivalents zum Ehepaar-Einkommen. Wird der Divisor 1,8 verwendet, dann ergibt sich für die Ermittlung des durchschnittlichen Steuersatzes, der auf das Haushaltseinkommen angewendet wird, ein rechnerisches Einkommen von 55,56 Prozent des Haushaltseinkommens (100/1,8 = 55,5556). Die Differenz von 55,5556 zu 50 d.h. von 5,5556 bezogen auf 50 ergibt ein zugerechneten Einkommensäquivalent für Haushaltsersparnis von gerundet 11,1 Prozent. Das entspricht bei einem Einkommen von y_f = 60'000 einem

Einkommensäquivalent von absolut 3'333 für jeden Ehepartner oder zusammengenommen von 6'666. Bei einem Ehepaareinkommen von 60'000 resultiert eine Steuerschuld von 5'693, was einer Belastung von 9,49 % entspricht.

Wird von einem Haushaltseinkommen von 60'000 und einem Divisor von 1,9 ausgegangen, dann resultiert ein rechnerischer Einkommen von 31'578,95. Das enspricht einem Einkommen von 52,63 Prozent des Haushaltseinkommens. Zum halben Ehepaar-Einkommen von 30'000 wird ein Einkommensäquivalent von 1'578,95 bzw. von 5,26 % hinzugefügt, um den auf das Gesamteinkommen anzuwendenden Durchschnittssteuersatz zu bestimmen. Bei Zugrundelegung des Tarifs von Tab. 7.1 ergibt sich eine "halbe" Steuerschuld von 2'561,05. Das entspricht einer Gesamtsteuerschuld von 5'122,10 bzw. einer durchschnittlichen Belastung des Haushaltseinkommens von 8,54 %.

Trotz der durch das reduzierte Splitting gebotenen Möglichkeit, Haushaltsersparnis steuerlich zu berücksichtigen, spricht allerdings der folgende *Gesichtspunkt* gegen eine solche Berücksichtigung *bei Ehepaaren*: Haushaltsersparnis kann, wenn schon, dann nicht nur bei Ehepaaren, sondern auch bei *anderen Haushalttypen* auftreten. Um Haushaltsersparnis gleichmäßig bei allen Arten von Haushaltsgemeinschaften aufzuspüren, müßte die Steuerbehörde bzw. das Finanzamt in oft sehr private Angelegenheiten eindringen. Dies wäre auch mit hohem administrativem Aufwand verbunden, denn es gibt vielfältige und zeitlich oft nur kurzfristige Formen des Zusammenlebens. Wenn es aber nicht möglich ist, eine Haushaltsersparnis bei *allen* Haushaltsgemeinschaften zu berücksichtigen, ist es problematisch, diese nur bei den ehelichen Haushaltsgemeinschaften zu erfassen. Dies würde auf eine steuerliche Benachteiligung der Ehe, d.h. einen Verstoß gegen den sechsten oben angeführten Gesichtspunkt hinauslaufen.

Doppeltarif

Ein Spezialtarif für Verheiratete neben dem Grundtarif für Alleinstehende soll wie das Splitting mit reduziertem Divisor der Berücksichtigung von Haushaltsersparnis dienen. Die Belastung von Ehepaar-Einkommen ist bei Anwendung des Verheiratetentarifs in der Regel höher als im Fall des Splittings mit Divisor "2". Im Vergleich zum Splitting mit reduziertem Divisor kann beim Verheiratetentarif die Berücksichtigung von angenommener Haushaltsersparnis flexibler, d.h. weniger "mechanisch" ausfallen. Anders als beim Splitting mit reduziertem Divisor erfolgt in der Regel nicht ein konstanter prozentualer Zuschlag an zugerechneten Einkommensäquivalenten für verschieden hohe Einkommen. Vielmehr wird üblicherweise unterstellt, bei hohen Einkommen gebe es eine relativ größere Haushaltsersparnis als bei niedrigeren Einkommen. Zur Begründung läßt sich anführen, daß Synergieeffekte vor allem durch gemeinsame Nutzung von dauerhaften Konsumgütern auftreten. Der Doppeltarif eröffnet also größere Spielräume als das Splitting mit reduziertem Divisor, um gesellschaftliche bzw. politische Wertungen bei der Festlegung des Tarifverlaufs "einzubringen".

Getrenntveranlagung

Bei diesem Modell, das man im Gegensatz zur "Haushaltsbesteuerung" auch als "Individualbesteuerung" bezeichnen kann, wird den Gesichtspunkten der Verbrauchs- und Zugewinngemeinschaft im Prinzip keine Beachtung geschenkt. Auch der Gesichtspunkt, daß die Zusammensetzung des gemeinsamen Einkommens aus zwei unterschiedlich hohen Teileinkommen keine Rolle spielen sollte, bleibt unberücksichtigt, denn bei Getrenntveranlagung hängt die Höhe der Gesamtbelastung vom Verhältnis der beiden Teileinkommen ab. Je weniger unterschiedlich die beiden Teileinkommen sind, desto mehr nähert sich die gemeinsame Steuerschuld jener beim Splitting mit Divisor 2. Diese Eigenschaft können sich einige Steuerpflichtige zunutze machen, um sich durch interne Verschiebung des Einkommenszuflusses steuerliche Vorteile zu verschaffen. Das gilt speziell für Selbständige, die ein fiktives Arbeitsverhältnis für den Ehepartner begründen können. Auch Ehepaare, die Vermögenswerte besitzen, können diese unter sich so aufteilen, daß ihnen die Vermögenserträge je hälftig zufließen. Die getrennte Veranlagung verstößt daher gegen den Gesichtspunkt der Vermeidung von willkürlicher Belastungsmanipulation.

Die Getrenntveranlagung verstößt schließlich auch gegen den Grundsatz der Gleichbehandlung (*Gleichmäßigkeit der Besteuerung*). Im Fall von *Einverdiener*-Ehen wird das Einkommen eines Ehepaars wie das Einkommen eines Alleinstehenden belastet. Als Sonderlösung, um die Ungleichbehandlung zu mindern, kann zwar ein doppelter Existenzminimum-Abzug, der Abzug eines Freibetrags von der Bemessungsgrundlage oder der Abzug eines bestimmten oder gestaffelten Betrages von der Steuerschuld des Alleinverdieners vorgesehen werden. Eine gleichmäßige Besteuerung von Einverdiener- und Doppelverdiener-Ehepaaren ist dadurch aber nicht zu erreichen.

Unproblematisch ist die Getrenntveranlagung nur als ein *fakultatives* Verfahren *neben* dem Grundmodell des Splitting. Bei Wahl dieser Alternative durch Ehepartner, die beispielsweise ihre Vermögensverhältnisse voreinander nicht offenlegen wollen, wird freiwillig eine eventuell höhere Steuerlast in Kauf genommen. Dagegen ist nichts einzuwenden.

II.D. Haushalte von Nicht-Ehepaaren

In vielen Ländern wurde auch für gleichgeschlechtliche Paare eine der Ehe in mancher Beziehung gleichgestellte *amtliche Registrierung* eingeführt. Außer bei Ehepaaren und solchen amtlich registrierten Lebensgemeinschaften gibt es aber auch eine gemeinsame Haushaltsführung in den Fällen von: 1.) Gemeinschaftshaushalten, die neben einem Ehepaar auch deren Eltern, Verwandte oder andere erwachsene Personen umfassen ("Großfamilie" traditioneller Art), 2.) "Pflegehaushalten", gebildet von einer pflegebedürftigen Person mit ihrer Pflegeperson und 3.) formlos gebildeten (nicht registrierten) Lebensgemeinschaften

Bei der Wahl der Besteuerungsmethode von Nicht-Ehepaarhaushalten sind die folgenden Gesichtspunkte zu berücksichtigen: 1.) Es kann nicht grundsätzlich davon ausgegangen werden, daß die einen Nichtehepaarhaushalt führenden Personen ihre jeweiligen Einkommen der Haushaltsgemeinschaft in voller Höhe zur gleichberechtigten Bedürfnisbefriedigung zur Verfügung stellen, d.h. eine Erwerbs- und Verbrauchsgemeinschaft bilden. 2.) Es kann in der Regel auch nicht unterstellt werden, daß die Angehörigen einer formlos gebildeten Haushaltsgemeinschaft bei deren Auflösung ihre in der Zeit des Zusammenlebens gebildeten Ersparnisse ("Zugewinne") mit den übrigen Mitgliedern teilen (müssen). 3.) Es kann aber eine gesetzliche oder sittlich-moralische Unterhaltsverpflichtung zwischen Mitgliedern der Haushaltsgemeinschaft vorliegen. 4.) Es kann, wenn das für Ehepaare verwendete Besteuerungsmodell, wie z.B. ein Doppeltarif oder ein Splitting, auch für Nicht-Ehepaar-Haushalte zugelassen würde, ein starker Anreiz gegeben werden, eine gemeinsame Haushaltsführung durch Alleinstehende mit unterschiedlich hohen Einkommen vorzutäuschen.

Praktisch-administrativ wäre es schwierig, die mißbräuchliche Inanspruchnahme der für Ehepaare in Betracht kommenden Besteuerungsmodelle durch de facto Alleinstehende zu verhindern, so wie es umgekehrt auch problematisch wäre, bei Nicht-Ehepaarhaushalten ein Einkommensäquivalent für Haushaltsersparnis zu berücksichtigen. Angesichts der aufgeführten Gesichtspunkte kommt für nichteheliche Haushalte (ohne Kinder) praktisch nur die getrennte Veranlagung der Haushaltsmitglieder, die über ein eigenes Einkommen verfügen, in Frage. Wird allerdings im Rahmen nichtehelicher Haushalte aufgrund einer gesetzlichen oder sittlich-moralischen Verpflichtung der Unterhalt von Personen ohne eigenes Einkommen von anderen Haushaltsmitgliedern bestritten, dann müssen diesen Freibeträge gewährt werden, um ihrer verminderten Leistungsfähigkeit Rechnung zu tragen.

III. Besteuerung von Familien (Haushalten mit Kindern)

III.A. Alternative Methoden der Besteuerung

Unterhalt, Betreuung und Ausbildung von Kindern und Jugendlichen sind mit Geldkosten und Zeitaufwand ("Kinderbetreuungslasten") verbunden. Es stehen hauptsächlich sechs Methoden "technisch" zur Verfügung, die dem Tatbestand der Kinderlasten mehr oder weniger ausreichend Rechnung zu tragen suchen. Zur

Vereinfachung der Darstellung wird im folgenden ein Splitting mit Divisor 2 für die Eltern angenommen.

Als zusätzliche Symbole zu den im Abschnitt II.B bereits eingeführten Bezeichnungen werden die folgenden verwendet:

M_k: Existenzminimum eines Kindes
F_k: Freibetrag für Kinderbetreuung
K: Kindergeld pro Kind und Jahr
n: Anzahl Kinder

1.) **Abzug von Kinder-Existenzminima:** Zusätzlich zu den Existenzminima der Eltern kann für jedes Kind ein *Existenzminimum vom Familieneinkommen abgezogen werden.* Unterstellt man ein Splitting mit Divisor 2 für die Eltern, dann folgt als Steuerschuld für eine Familie mit n Kindern allgemein:

$$\boxed{T_f = 2\,T([y_f - 2\,M_p - n\,M_k] / 2)} \tag{7-8}$$

Beispiel
Bei 2 Kindern und einem Familieneinkommen von 60'000 sowie bei den wie bisher angenommenen Existenzminima von 6'000 für einen Erwachsenen und von 3'000 für ein Kind beträgt der Gesamtabzug 18'000. Das mit Divisor 2 gesplittete Einkommen beträgt 21'000. Es resultiert gemäß Tarif der Tabelle 7.1 eine Steuerschuld von $2 \cdot T\,(21'000) = 3'840$.

2.) **Einräumung eines Kinderbetreuungs-Freibetrags:** Dieser Freibetrag berücksichtigt die außer dem Aufwand für den Konsumbedarf von Kindern bei den Eltern entstehenden Lasten in Form vor allem verminderter Freizeit. Der *Abzug dieses* von der Anzahl der Kinder im Prinzip unabhängigen Freibetrags vom Familieneinkommen kommt daher *zu den Abzügen für Kinder-Existenzminima hinzu.* Wird für die Eltern das Splittingverfahren mit Divisor 2 zu Grunde gelegt, dann beträgt die Steuerschuld bei n Kindern allgemein:

$$\boxed{T_f = 2\,T([y_f - 2\,M_p - n\,M_k - F_k] / 2)} \tag{7-9}$$

Beispiel
Werden die Betreuungslasten beim Vorliegen von Kindern mit 8'000 angesetzt, dann dürfen bei einem Existenzminimum von 3'000 pro Kind und einem Erwachsenen-Existenzminimum von 6'000 bei einem Ehepaar mit 2 Kindern und einem Einkommen von 60'000 insgesamt 26'000 vom Einkommen abgezogen werden. Die Steuerschuld beliefe sich, Ehepaarsplitting mit Divisor 2 unterstellt, gemäß der Tabelle 7.1 auf 2'780 (1'390 je Eltern-Teileinkommen von 17'000).

3.) **Familiensplitting:** Das Familieneinkommen wird mit einem Divisor zerlegt, bei dem der Ehepaardivisor um sog. Kinderadditive erhöht wird. Empirisch ermittelten Äquivalenzziffern zufolge kann der Aufwand für den Konsumbedarf eines Kindes mit rd. 50 % desjenigen eines Erwachsenen angenommen werden. Dem entspricht ein sog. Kinderadditiv von 0,5 ("halbe Person"). Bei zwei Kindern summieren sich die Kinderadditive zu eins. Bei einem Ehepaardivisor von 2 resultiert dann ein Familiendivisor von 3. Die Steuerschuld bei n Kindern, berechnet nach Formel 7.10, beträgt allgemein:

$$T_f = (2 + n/2)\ T([y_f - 2\ M_p - n\ M_k] / [2 + n/2]) \qquad (7\text{-}10)$$

Beispiel
Bei einer Familie mit 2 Kindern und einem Einkommen von 60'000 wird das nach Abzug der beiden Elternexistenzminima (jeweils 6'000) und der beiden Kinderexistenzminima (3'000 pro Kind) verbleibende Einkommen von 42'000 durch drei dividiert. Auf das gesplittete Einkommen von 14'000 entfällt gemäß Tabelle 7.1 eine Teilsteuer von 1'060. Verdreifacht ergibt sich eine Gesamtsteuerschuld von 3'180. Bei einer Familie mit einem Kind hätte der Divisor 2,5 rund die Steuerschuld 3'750 betragen.

4.) **Individualsplitting:** Zur Ermittlung der Steuerschuld wird das Familieneinkommen rechnerisch in individuell zugeordnete *Teileinkommen* zerlegt. Einer individualistischen Sichtweise entsprechend besitzt *jedes Familienmitglied einschließlich der Kinder als Nutznießer des jeweils eigenen Teileinkommens eine eigene Leistungsfähigkeit.* Die Unterhaltskosten für ein Kind entsprechen seinem Teileinkommen. Die beim Familiensplitting durch die Verwendung von Divisoren mit Kinderadditiven "mechanisch" und implizit vorgenommene Einkommenszerlegung erfolgt beim Individualsplitting *explizit* mit Hilfe von Zerlegungsparametern, die im Fall realer Anwendung auf empirisch gewonnene Daten abgestützt sein sollten. Das im folgenden exemplarisch für Einkind- und Zweikinderfamilien dargestellte Individualsplitting wird mit vereinfacht angenommenen Zahlen durchgeführt.

Für die Zerlegung des Familieneinkommens werden folgende Annahmen gemacht: bei einer Familie mit *einem* Kind wird das nach Abzug aller Existenzminima verbleibende Familien-Nettoeinkommen in einem ersten Abschnitt zu einem Drittel für den Konsumbedarf des Kindes benötigt (je ein Drittel werde also den Eltern und dem Kind"zugeordnet"). Für den anstoßenden zweiten Einkommensabschnitt werde 20 % des Einkommens für den Unterhalt des Kindes benötigt (den Eltern verbleibt je 40 % des Einkommens). Für die weiteren sich anschließenden Einkommensabschnitte halbiere sich jeweils der Anteil des Kindesunterhalts am Elterneinkommen.

Bei einer Familie mit *zwei* Kindern wird bezüglich des ersten Einkommensabschnitts angenommen, für jedes Kind werde 20 % des Familien-Einkommens benötigt (für beide Kinder zusammen also 40 %). Den beiden Eltern verbleiben jeweils 30 % des zum ersten Abschnitt gehörenden Nettoeinkommens. Danach halbiere sich der Anteil jedes Kindes am Einkommen des anschließenden Einkommensabschnitts.

Um die Zerlegung des Familieneinkommens konkret durchzuführen, benötigt man als sog. Zerlegungsparameter (degressive) Grenzabzugssätze für aneinander anstoßende Einkommensabschnitte. Bei einer Familie mit *einem* Kind beträgt der erste Grenzabzugssatz unter der soeben dargelegten

Annahme über den Konsumbedarf eines Kindes 33 %, die darauf folgenden Grenzabzugssätze betragen 20 %, 10 %, 5 % usw. Bei einer Familie mit *zwei* Kindern beträgt der erste Grenzabzugssatz 20 % pro Kind, die anschließenden Sätze betragen 10 %, 5 %, 2,5 % usw.

Für die nachfolgende Darstellung werden neben den bereits verwendeten Bezeichnungen y_f für das Familien-Bruttoeinkommen (Einkommen nach Abzug von Werbungskosten, Berufsauslagen usw.) sowie M_p und M_k für das Existenzminimum einer erwachsenen Person bzw. eines Kindes noch weitere Symbole benötigt. Ein Stern über einem Symbol bedeutet, daß es sich um ein im Rahmen des Individualsplitting rechnerisch *zugeordnetes* Teileinkommen handelt.

$\overset{*}{x}_p$: jedem Elternteil zugeordnetes zu versteuerndes Einkommen *nach* Abzug des Existenzminimums

$\overset{*}{x}_k$: jedem Kind zugeordnetes zu versteuerndes Einkommen *nach* Abzug des Existenzminimums

x_f: zu versteuerndes Familien-(Netto-)Einkommen

u_i: Zerlegungsparameter (Grenzabzugssatz)

Das zu versteuernde Familien-(Netto-)-Einkommen geht aus dem Familien-(Brutto-)-Einkommen durch Abzug der Existenzminima hervor:

$$\boxed{x_f = y_f - 2\,M_p - n\,M_k} \qquad (7\text{-}11)$$

Es setzt sich bei n Kindern aus insgesamt 2 + n zu versteuernden Teileinkommen zusammen:

$$\boxed{x_f = 2\overset{*}{x}_p + n\overset{*}{x}_k} \qquad (7\text{-}12)$$

Die Zerlegungsparameter bzw. die Grenzabzugssätze u_i kann man formal als Differenzenqotienten analog zu Grenzsteuersätzen bei einem Stufentarif ausdrücken. Sie bilden einen degressiv verlaufenden Anstoß"tarif", spiegelbildlich zu einem Steuer-Anstoßtarif mit dem einzigen Unterschied, daß anstelle einer Steuerschuld jetzt ein Unterhaltsabzugsbetrag ermittelt wird:

$$\boxed{u_i = (\Delta\overset{*}{x}_{k_i} \,/\, \Delta x_{f_i}) \cdot 100\,\%;\; i = I, II, \ldots} \qquad (7\text{-}13)$$

Außer den Grenzabzugssätzen sind die Einkommensabschnitte (Teilmengen) festzulegen, auf die sich die Grenzabzugssätze jeweils beziehen. Sie sind zusammen mit diesen den Tabellen 7.3a (für Einkindfamilien) und Tab. 7.3b (für Zweikinderfamilien) zu entnehmen. Diese Tabellen geben in durchgerechneter Form auch die Teileinkommen für Kinder und Elternteile an. Ebenso sind dort die zu den Grenzabzugssätzen u_i komplementären Grenzabzugssätze $(1-u_i)/2$ bzw. $(1-nu_i)/2$ für die Bestimmung der Elternteileinkommen angegeben.

Die Grenzabzugssätze u_i haben logischerweise den Charakter eines *Zerlegungsschlüssels* für das Familieneinkommen: Durch die Grenzabzugssätze werden nicht nur die jeweiligen Kinderteileinkommen festgelegt, sondern zugleich die den beiden Eltern "verbleibenden" Teileinkommen. Beim Splittingdivisor 2 lassen sie sich direkt mittels der komplementären Grenzabzugssätze $\frac{1-u_i}{2}$ (bzw. $\frac{1-nu_i}{2}$ bei n Kindern) aus dem steuerbaren Familieneinkommen errechnen.

Unterstellen wir wie bisher, daß das Erwachsenen-Existenzminimum M_p = 6'000, das Kinder-Existenzminimum M_k = 3'000 betrage, dann setzt ein zu versteuerndes Familieneinkommen ab einem Bruttofamilieneinkommen von 15'000 bei einer Einkindfamilie bzw. ab 18'000 bei einer Zweikinderfamilie ein.

Tab. 7.3 a: Teileinkommen bei einer Familie mit einem Kind

Einkommensabschnitt i	x_f (Teilmengen)	u_i	$\overset{*}{x}_k$ (durchgerechnete Form)	$\frac{1-u_i}{2}$	$\overset{*}{x}_p$ (durchgerechnete Form)
I	0 - u. 15'000	33 %	0,33 · x_f	33 %	0,33 · x_f
II	15'000 - u. 40'000	20 %	5'000 + 0,2 · (x_f - 15'000)	40 %	5'000 + 0,4 · (x_f - 15'000)
III	40'000 - u. 90'000	10 %	10'000 + 0,1 · (x_f - 40'000)	45 %	15'000 + 0,45 · (x_f - 40'000)
IV	90'000 - u. 190'000	5 %	15'000 + 0,05 · (x_f - 90'000)	47,5 %	37'500 + 0,475 · (x_f - 90'000)
V	190'000 - u. ...	2,5 %	20'000 + ...	48,75%	85'000 + ...
VI	usw..		usw.		usw.

Tab. 7.3 b: Teileinkommen bei einer Familie mit zwei Kindern

Einkommensabschnitt i	x_f (Teilmengen)	u_i	$\overset{*}{x}_k$ (durchgerechnete Form)	$\frac{1-nu_i}{2}$	$\overset{*}{x}_p$ (durchgerechnete Form)
I	0 - u. 25'000	20 %	0,2 · x_f	30 %	0,3 · x_f
II	25'000 - u. 75'000	10 %	5'000 + 0,1 · (x_f - 25'000)	40 %	7'500 + 0,4 · (x_f - 25'000)
III	75'000 - u. 175'000	5 %	10'000 + 0,05 · (x_f - 75'000)	45 %	27'500 + 0,45 · (x_f - 75'000)
IV	175'000 - u. 375'000	2,5 %	15'000 + 0,025 · (x_f - 175'000)	47,5%	72'500 + 0,475 · (x_f - 175'000)
V	375'000 - u. ...	1,25 %	20'000 + ...	48,75%	167'500 + ...
VI	usw..		usw.		usw.

In den beiden Diagrammen der Abbildung 7.1 sind die Treppenfunktionen der durch die Tabellen 7.3a und 7.3b festgelegten Grenzabzugssätze für eine Einkind- und eine Zweikinderfamilie veranschaulicht.

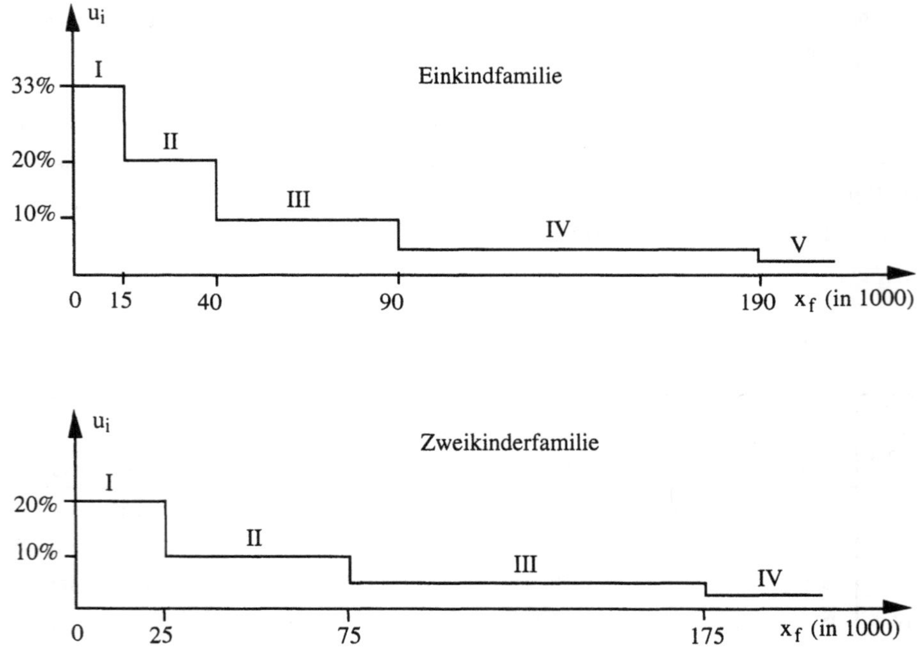

Abb. 7.1: Grenzabzugssätze pro Kind für Einkind- und Zweikinderfamilien für die Familieneinkommensabschnitte i = I, II, ...

Es ist natürlich keineswegs zwingend, die Grenzabzugssätze durch eine (abnehmende) Treppenfunktion zu definieren. Ebenso wie ein Steuerarif könnte der Abzugs"tarif" auch durch eine mathematische Funktion ausgedrückt werden. Anstelle eines Stufen"tarifs" ergäbe sich ein Formel"tarif", gebildet von einer stetig fallenden Funktion.

Ein Übertragung des Individualsplittings in die Praxis erforderte naturgemäß eine möglichst einfache und transparente Abzugsfunktion. Vorteilhaft wäre ein Abzugstarif, der auch für Familien mit drei und mehr Kindern anwendbar wäre.

Die beiden Diagramme der Abbildung 7.2 zeigen die Teileinkommen (Unterhaltsabzüge) pro Kind als absolute Beträge in Abhängigkeit vom Familieneinkommen, wie sie sich aufgrund der Grenzabzugssätze der Tabellen 7.3a und 7.3b für eine Einkind- und eine Zweikinderfamilie für die ersten vier bzw. drei Familieneinkommensabschnitte ergeben.

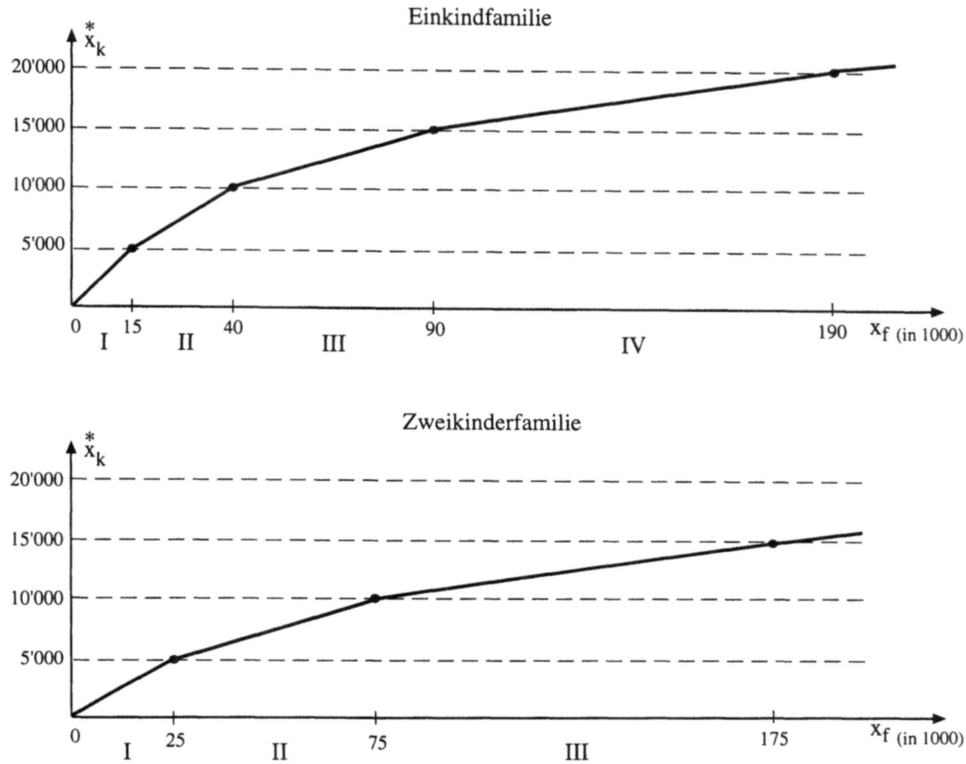

Abb. 7.2: Steuerbare Unterhaltsabzüge (= Teileinkommen) pro Kind bei Ein- und Zweikinderfamilien

Führt man jetzt noch die folgenden Bezeichnungen ein:

$T_p = T(\overset{*}{x}_p)$: Steuerbetrag je Elternteil
$T_k = T(\overset{*}{x}_k)$: Steuerbetrag je Kind,

dann resultiert als Steuerschuld einer Familie mit n Kindern:

$$\boxed{T_f = 2\,T_p + n\,T_k} \qquad (7\text{-}14)$$

Beispiele

1.) Eine *Einkindfamilie* habe ein Bruttoeinkommen y_f von 60'000. Es folgt bei den oben gemachten Zahlenannahmen bezüglich der Existenzminima und gemäß Formel (7-11):

$$x_f = 60'000 - 2 \cdot 6'000 - 3'000 = 45'000.$$

Aus Tabelle 7.3 a ist zu entnehmen:

$$\overset{*}{x}_k = 10'000 + 0{,}1 \cdot (45'000 - 40'000) = 10'500.$$

Ebenfalls aus Tabelle 7.3 a folgt:

$$\overset{*}{x}_p = 15'000 + 0{,}45 \cdot (45'000 - 40'000) = 17'250.$$

Bei Zugrundelegung der Steuertariftabelle 7.1 ergeben sich folgende Steuerteilbeträge und die Familiensteuerschuld.

$$\begin{aligned} T_p &= T\ (17'250) &&= 1'417{,}50 \\ T_k &= T\ (10'500) &&= 690 \\ T_f &= 2\,T_p + T_k &&= 3'525 \end{aligned}$$

2.) Eine *Zweikinderfamilie* habe ein Bruttoeinkommen von ebenfalls 60'000. Es resultiert jetzt aus Formel (7-11):

$$x_f = 60'000 - 2 \cdot 6'000 - 2 \cdot 3'000 = 42'000.$$

Aus Tabelle 7.3 b folgt für jedes Kinderteileinkommen:

$$\overset{*}{x}_k = 5'000 + 0{,}1 \cdot (42'000 - 25'000) = 6'700.$$

Das zugeordnete Einkommen eines jeden Elternteils beträgt gemäß Tabelle 7.3 b:

$$\overset{*}{x}_p = 7'500 + 0{,}4 \cdot (42'000 - 25'000) = 14'300.$$

Die Teilsteuerbeträge und die Familiensteuerschuld ergeben sich aus Tabelle 7.1:

$$\begin{aligned} T_p &= T\ (14'300) &&= 1'093 \\ T_k &= T\ (\ 6'700) &&= 386 \\ T_f &= 2\,T_p + 2 \cdot T_k &&= 2'958 \end{aligned}$$

5.) **Kindergeld:** Unter Kindergeldern versteht man Geldtransfers an Eltern oder alleinerziehende Personen mit Kindern, die (in der Regel zulasten eines öffentlichen Haushalts) entweder direkt ausgezahlt oder mit der Steuerschuld der Eltern verrechnet werden können. Kindergeld sollte grundsätzlich eine gesellschaftspolitisch motivierte Subvention für alle Eltern sein, die Kinder aufziehen. Als eine auf die Zahl oder das Alter von Kindern bezogene Subvention handelt es sich bei Kindergeldern im Prinzip nicht um eine Methode zur Berücksichtigung der infolge von Kinderlasten verringerten steuerlichen Leistungsfähigkeit von Eltern oder Alleinerziehenden. Da die Ausrichtung von Kindergeldern jedoch auch als *Alternative* zur steuerlichen Berücksichtigung der Kinderlasten angesehen werden kann, wird das Kindergeldmodell hier ebenfalls dargestellt: Wird Kindergeld als Alternative zur steuerlichen Berücksichtigung von Kinderlasten ausgerichtet und mit der Steuerschuld saldiert, wie sie sich aufgrund des *nicht* um Kinderexistenzminima gekürzten Elterneinkommens ergibt, dann beträgt die Netto-Steuerschuld beim Ehepaarsplitting mit Divisor 2 und bei n Kindern allgemein:

$$\boxed{T_f = 2\,T([y_f/2] - M_p) - n\,K} \qquad (7\text{-}15)$$

Beispiel
Es sei angenommen, der Staat wolle 25 % des Existenzminimums von 3'000 pro Kind, d.h. 750 pro Kind als Kindergeld auszahlen (dies entspräche einem Kindergeld von 62,50 monatlich). Ein Ehepaar mit zwei Kindern und einem Einkommen von 60'000, das 48'000 zu versteuern hätte und (wie im Abschnitt II.B gezeigt) beim Ehepaarsplitting mit Divisor 2 Steuern in Höhe von zunächst 4'680 schuldete, könnte 1'500 mit der Steuerschuld verrechnen und müßte netto Steuern in Höhe von 3'180 bezahlen.

6.) **Duale Methode:** Bei der dualen Methode wird Kindergeld mit der steuerlichen Berücksichtigung von Kindern kombiniert. Jede der oben dargestellten Besteuerungsmodelle kann für die Kombination in Frage kommen. Durch den in allen Fällen vorgenommenen Abzug der Kinder-Existenzminima von der Bemessungsgrundlage der Einkommensteuer bleibt mindestens der als existenznotwendig angesehene Kinderunterhalt steuerlich unbelastet. Die Kindergelder erhöhen das zu versteuernde Haushaltseinkommen.

Angenommen, Kinder werden im Rahmen der Besteuerung mit dem Abzug der Kinderexistenzminima berücksichtigt (entsprechend der ersten, oben dargestellten Methode) und es werden die Kindergelder mit der Steuerschuld verrechnet, dann resultiert beim dualen Verfahren, n Kindern und einem Ehepaarsplitting mit Divisor 2 als "saldierte Steuerschuld":

$$\boxed{T_f = 2\,T([y_f/2] + [n/2]\,K - M_p - [n/2]\,M_k) - n\,K} \qquad (7\text{-}16)$$

Beispiel
Es werde pro Kind und pro Jahr 750 Kindergeld (monatlich 62,50) gezahlt und pro Kind ein Existenzminimum von 3'000 steuerlich zum Abzug zugelassen. Ein Ehepaar mit einem Markteinkommen von 60'000 und zwei Kindern besitzt dann ein Bruttoeinkommen von 61'500. Sein zu versteuerndes Einkommen beträgt nach Abzug der Erwachsenen-Existenzminima von 6'000 und der beiden Kinder-Existenzminima 43'500. Die tabellarische Steuerschuld gemäß Tabelle 7.1 bei einem Splittingdivisor von zwei beträgt 4'050 [= 2 T(21'750)]. Saldiert mit den Kindergeldern von zusammen 1'500 resultiert eine saldierte Steuerschuld von 2'550.

Werden Kinder im Rahmen eines Individualsplittings berücksichtigt, ergäbe sich allgemein bei n Kindern als saldierte Steuerschuld:

$$\boxed{T_f = 2\,T_p + n\,T_k - n\,K} \qquad (7\text{-}17)$$

Beispiel
Es wird an das oben gegebene Beispiel für das Individualsplitting bei einer Familie mit zwei Kindern angeknüpft. Bei Kindergeld von 750 pro Kind wird jetzt jedem Kind ein um 750 höheres Teileinkommen zugeordnet. Anstelle von 6'700 beträgt das Kinder-Teileinkommen nunmehr 7'450. Die darauf entfallende Steuer beträgt 446 (gemäß Tarif der Tab. 7.1). Die gesamte Steuerschuld der Familie beträgt zwar zunächst 3'078. Verrechnet mit den Kindergeldern von zusammen 1'500 verbleibt aber nur noch eine saldierte Steuerschuld von 1'578.

Hinweis:
Wenn das Elterneinkommen nicht ausreicht, um trotz Kindergelder den existenzminimalen Unterhalt der Kinder zu gewährleisten, muß die *Sozialhilfe* die fehlenden Mittel durch Transfers ausgleichen. Sozialhilfe unterscheidet sich vom Kindergeld, da für ihre Inanspruchnahme *Bedürftigkeit* nachzuweisen ist. Die Auszahlung von Kindergeld erfordert diesen Nachweis nicht.

III.B. In Betracht zu ziehende Gesichtspunkte

Außer den Gesichtspunkten, die bei Haushalten ohne Kinder berücksichtigt werden müssen, sind im Hinblick auf die Besteuerung von Familien zusätzliche Gesichtspunkte maßgebend:

1.) Beim Vorhandensein von Kindern steht Eltern bzw. Erziehenden nur noch ein reduzierter Teil ihres Einkommens bzw. ihrer Freizeit zur eigenen Bedürfnisbefriedigung zur Verfügung, während der andere Teil des Einkommens der Bedürfnisbefriedigung der Kinder dient. Ebenso wie Ehegatten bedeuten Kinder, daß weitere Personen an einem gegebenen Gesamteinkommen teilhaben.

2.) Der Unterhaltsaufwand für Kinder ist typischerweise *abhängig vom Einkommen der Eltern*. Kinder partizipieren am Lebensstil der Eltern bzw. der Erzieher, d.h. sie bilden in ihrem ersten Lebensabschnitt eine *Verbrauchsgemeinschaft* mit den Eltern. Anders als im Fall der Ehepartner bilden Kinder jedoch *keine Zugewinngemeinschaft* mit den Eltern.

3.) Kinder wachsen mit der Volljährigkeit oder mit dem Abschluß der Lehre oder nach einer als angemessen anzusehenden Studienzeit aus der Verbrauchsgemeinschaft mit den Eltern heraus.

4.) Staat und Gesellschaft haben aus vielerlei Gründen ein gewichtiges Interesse an der nachwachsenden Generation. Das öffentliche Interesse rechtfertigt die Verpflichtung der Allgemeinheit zum Mittragen eines Teils der Unterhalts- und Ausbildungskosten der Kinder.

5.) Das öffentliche Interesse an der nachwachsenden Generation hat *subsidiären* Charakter und darf die primäre Verantwortung der Eltern für ihre Kinder nicht aushebeln.

Die im Abschnitt III.A dargestellten Modelle der Einkommensbesteuerung von Familien orientieren sich in unterschiedlichem Grad an den soeben aufgeführten Gesichtspunkten. Die nachfolgende Beurteilung soll dies zeigen und dabei einige der den verschiedenen Modellen innewohnenden Eigenschaften zutage fördern.

III.C. Beurteilung der einzelnen Methoden

Abzug von Kinder-Existenzminima

Wenn die verminderte Leistungsfähigkeit der Eltern oder Erzieher von Kindern lediglich durch Abzüge von Existenzminima für Kinder berücksichtigt würde, wäre dies ein den gesellschaftlichen Wertungen und heutigen Gegebenheiten nur unzureichend Rechnung tragendes Besteuerungsmodell. Insbesondere der zweite und der vierte der oben aufgeführten Gesichtspunkte würde völlig vernachlässigt. Der Abzug der Kinder-Existenzminima bildet daher bei allen anderen Familien-Besteuerungsmodellen (mit Ausnahme der reinen Kindergeldmethode) einen Grundbaustein, der durch weitere Gestaltungselemente ergänzt wird.

Kinder-Betreuungs-Freibetrag

Durch einen Freibetrag für die immer mit Zeitaufwand verbundene Betreuung und Erziehung von Kindern als Ergänzung zum Abzug der Kinder-Existenzminima wird vor allem dem Gesichtspunkt Rechnung getragen, daß beim Vorhandensein von Kindern die Eltern oder Erzieher entweder nur unterdurchschnittliche Freizeit haben oder daß ihnen zusätzliche Auslagen für die von Dritten zu besorgende Betreuung entstehen. Dieser Freibetrag muß als ein notwendiges, jedoch noch nicht hinreichendes Gestaltungselement eines für Familien geeigneten Besteuerungsmodells bezeichnet werden.

Familiensplitting

Das Familiensplitting kann als ein Modell angesehen werden, bei dem analog zum Ehepaar-Splitting dem Gesichtspunkt Rechnung getragen wird, daß Kinder mit den Eltern eine Verbrauchsgemeinschaft bilden und daher auch am Lebensstil der Eltern, d.h. an der Höhe des Familieneinkommens partizipieren. Allerdings wird insofern über das Ziel hinausgeschossen, als beim Familiensplitting unberücksichtigt bleibt, daß Kinder nicht am gesamten Einkommen, d.h. nicht am Zugewinn beteiligt sind, d.h. daß ihnen beim Ausscheiden aus dem elterlichen Haushalt keine proportionalen Anteile an den Ersparnissen zustehen, wie dies im Fall von Scheidung bei Ehepaaren der Fall ist. Die mechanisch vorgenommene, implizite Zuordnung von Teilen des Familieneinkommens, d.h. also auch der gesparten Anteile dieses Einkommens, entspricht nicht den typischerweise transferierten Leistungsfähigkeiten. Dabei ist es ganz unerheblich, wie hoch die Kinderadditive angesetzt werden. Vor allem bei hohen Einkommen unterstellt man beim Familiensplitting einen zu hohen Leistungsfähigkeitstransfer von den Eltern an die

Kinder und läßt die ungleiche, d.h. höhere Leistungsfähigkeit der Eltern unberücksichtigt.

Individualsplitting

Anders als das Familiensplitting versucht das *Individualsplitting* dem realen Transfer von Leistungsfähigkeit Rechnung zu tragen. Man kann es daher auch als *Familien-Realsplitting* bezeichnen. Um die Unterschiede von Familien- und Individualsplitting bei einer Einkind- und einer Zweikinderfamilie zahlenmäßig zu illustrieren, seien für einige Einkommen die Steuerschulden beim Individualsplitting denen beim Familiensplitting mit Kinderadditiven von 0,5 gegenübergestellt. Für die Gegenüberstellung wird für das Individualsplitting eine Einkommenszerlegung gemäß Tabellen 7.3a bzw. 7.3b unterstellt.

Tab. 7.5: Vergleich von Familien- und Individualsplitting

Einkommen*)	Steuerschuld bei Ehepaaren ohne Kinder **)	Steuerschuld bei 1 Kind		Steuerschuld bei 2 Kindern	
		Familien-splitting	Individual-splitting	Familien-splitting	Individual-splitting
40'000	2'120	1'625	1'350	1'310	1'196
60'000	4'680	3'750	3'525	3'180	2'958
100'000	11'900	9'950	9'560	8'540	8'177
400'000	97'760	90'650	91'302	85'580	86'568

*) vor Abzug der Existenzminima
**) Ehepaarsplitting mit Divisor 2 und Besteuerung nach Tarif der Tabelle 7.1

Der zahlenmäßige Vergleich bringt den wesentlichen Unterschied zwischen *Individual- und Familiensplitting* zum Vorschein: Im unteren Bereich der Einkommen führt das Individualsplitting tendenziell zu einer geringeren *Gesamtsteuerschuld*, bei *höheren* Einkommen tendenziell zu einer höheren Gesamtsteuerschuld. Dieses Ergebnis folgt aus zwei nicht von den gewählten Zahlen abhängigen gegenläufigen Wirkungsmechanismen. Beim Familiensplitting wird einerseits bei der Besteuerung des durch Division implizierten Kindereinkommens eine zu hohe Progressionsstufe angewendet. Sind beispielsweise 2 Kinder vorhanden und beträgt das Familieneinkommen 60'000, dann wird nach Abzug der Eltern- bzw. Kinder-Existenzminima von 6'000 bzw. 3'000. ein steuerbares Familieneinkommen von 42'000 gesplittet. Bei Kinderadditiven von 0,5, d.h. einem Divisor von 3, bedeutet das implizit ein Einkommen von 14'000 je Elternteil und als gemeinsames Kindereinkommen. Das den beiden Kindern gemeinsam zuzurechnende Einkommen von 14'000 wird mit demselben Steuersatz besteuert wie das gleichhohe Elterneinkommen. Tatsächlich dürfte das dem einzelnen Kind zuzuordnende Einkommen aber nur 7'000 betragen. Es würde dann mit einem niedrigeren Satz besteuert.

Beim Familiensplitting wird jedoch andererseits auch das gar nicht zu "Kinderleistungsfähigkeit" führende gesparte Einkommen der Eltern mit dem "Familiendivisor" gesplittet und dadurch zu gering belastet. Das Individualsplitting vermeidet diesen Effekt durch die Degression der Kinderabzüge. Deswegen wird beim Individualsplitting die Steuerschuld vor allem bei hohen Einkommen höher. Obwohl den gewählten Zahlen nur Illustrations- und keinerlei "Beweis"-charakter zukommt, zeigen sie eine grundsätzliche Wirkung des Individualsplittings. Dieses stellt dem steuerlich relevanten Unterhaltsabzug bei den Eltern stets ein *steuerbares Kindereinkommen* gegenüber. In dieser *"Zangeneigenschaft"* liegt der entscheidende Vorzug des Individualsplittings gegenüber dem Familiensplitting. Das Individualsplitting orientiert sich am typischerweise zu unterstellenden Transfer der Leistungsfähigkeit auf die Kinder und macht die Besteuerung davon abhängig.

Um die Wirkungsweise des Individualplittings in reiner Form darzustellen, wurden bisher stets nur Abzüge für die Existenzminima berücksichtigt. Bei einem in die Praxis umgesetzten Individualsplitting sollte bei der Ermittlung der zu versteuerndes Elternteileinkommen zusätzlich auch ein Abzug für Kinderbetreuungslasten berücksichtigt werden. Die grundsätzliche Wirkungsweise würde dadurch nicht verändert werden. Dasselbe gilt auch, wenn statt des angenommenen Ehepaarsplittings mit Divisor 2 ein reduzierter Divisor oder ein Doppeltarif verwendet würde.

Ein weiterer Vorzug des Individualsplittings besteht auch noch darin, daß sich bei ihm ein Besteuerungsmodell für sog. *Halbfamilien* "nahtlos" an dasjenige für Familien anschließen läßt. Eine Halbfamilie besteht aus einer alleinstehenden Person, die einen Haushalt mit Kindern führt, d.h. im Regelfall aus einem (geschiedenen, verwitweten oder ledigen) Elternteil mit Kindern. Beim Individualsplitting für Halbfamilien können teilweise anstelle typisierender Unterhaltsleistungen reale Transferleistungen zu Grunde gelegt werden (Alimente für die geschiedene Ehefrau und die Kinder, andere Unterstützungsleistungen, eigene Kindereinkünfte). Es wird wie bei Familien bei allen eine Halbfamilie bildenden Personen von der jeweils zuzuordnenden Leistungsfähigkeit als Maßstab für die Besteuerung ausgegangen.

Beispiel 1
Eine *geschiedene Frau mit einem Kind* erhalte von ihrem früheren Ehegatten Alimente in Höhe von 35'000, wovon durch Gerichtsurteil 25'000 für sie und 10'000 für den Unterhalt des gemeinsamen Kindes bestimmt wurden. (Der zur Alimentenzahlung Verpflichtete kann natürlich von seinem Einkommen diese Alimente abziehen). Die geschiedene Frau hat ein ihr zuzuordnendes zu versteuerndes Einkommen von 19'000 (= 25'000 abzüglich 6'000 für ihr Existenzminimum). Das dem Kind zustehende zu versteuernde Einkommen beträgt 7'000 (10'000 abzüglich 3'000 für das Existenzminimum). Die Steuerschuld der Halbfamilie von 2'050 setzt sich zusammen aus der Teilschuld der Frau von 1'640 und der Teilschuld des Kindes von 410 (stets bei Zugrundelegung des Tarifs der Tab. 7.1.)

Beispiel 2
Ein Witwer *mit zwei Kindern* beziehe eine Rente von 40'000. Nach Abzug seines Existenzminimums von 6'000 und der Existenzminima der Kinder (von je 3'000) verbleiben 28'000 als Einkommen der Halbfamilie. Wird bei diesem Einkommen typisierend für den Unterhalt eines jeden Kindes 25 % des zu versteuernden (Halb-)Familieneinkommens unterstellt, dann betrüge das zu versteuernde Einkommen des Witwers 14'000 und das zu versteuernde Kindereinkommen jeweils 7'000. Die Steuerschuld der Halbfamilie von 1'880 setzt sich zusammen aus der Teilschuld des Witwers von 1'060 und den beiden Kinder-Teilschulden von jeweils 410.

Beispiel 3
Eine *unverheiratete Frau mit einem Kind* erhalte Alimente für das Kind vom Vater in Höhe von 5'000 und verdiene für ihren eigenen Unterhalt noch 30'000 hinzu. Beim Individualsplitting würde man bei der Mutter einen Unterhaltsbeitrag von z.B. 25 Prozent ihres Einkommens nach Abzug ihres Existenzminimums von 6'000 berücksichtigen.. Für die Berechnung der Steuerschuld der Mutter wird dann von einem Einkommen von 18'000 (24'000 – 6'000) ausgegangen, für das Kind von dessen steuerbaren Einkommen von 8'000 (5'000 + 6'000 – 3'000). Die Gesamtsteuerschuld beträgt dann 1'990 (1'500 + 490).

Kindergelder

Beim "Nur-Kindergeld", d.h. bei dem als Alternative zur steuerlichen Berücksichtigung von Kinderlasten verwendeten Kindergeldmodell wird das Leistungsfähigkeitsprinzip ersetzt durch die Absicht, die Einkommensverteilung unter Familien zu nivellieren. Das "Nur-Kindergeld" entspricht einer mit der Höhe des Einkommens abschmelzenden Subvention. Die Einkommenszuschüsse durch Kindergelder erhöhen natürlich die Fähigkeit der Familien, Kinderlasten zu schultern. Wie stark diese Fähigkeit zunimmt, hängt aber umgekehrt von der Höhe des Einkommens ab. Soll durch den Wechsel vom Besteuerungsmodell des Abzugs von Kinderexistenzminima zum "Nur-Kindergeld" keine Familie schlechter gestellt werden, dann müßte das Kindergeld dem Betrag entsprechen, um den sich die Steuerschuld des höchsten Einkommensbeziehers durch Abzug des Kinderexistenzminimums verringert hätte. Bei diesem wäre das Kindergeld als Subvention auf Null abgeschmolzen.

Würde man diesem Gesichtspunkt folgen, dann müßte bei einem angenommenen Kinderexistenzminimum von 3'000 und beim Tarif der Tabelle 7.1 das Kindergeld 32 % von 3'000, d.h. 960 pro Jahr bzw. 80 pro Monat betragen.

Obwohl Kindergelder, durch die niemand schlechter gestellt wird, aus wissenschaftlicher Sicht nicht beanstandet werden können, müssen gegen Kindergelder als *Alternative* zur steuerlichen Berücksichtigung von Kinderlasten, d.h. gegen *"Nur-Kindergelder"* gleichwohl gewichtige Bedenken vorgebracht werden: Um Kindergelder auszahlen oder verrechnen zu können, müssen zuerst die notwendigen Einnahmen durch höhere Steuern beschafft werden. Auch wenn eine Verrechnung mit einer tabellarisch ermittelten Steuerschuld vorgenommen wird, muß diese zuvor entstanden sein. Kindergelder als Alternative zur steuerlichen Berücksichtigung von Kinderlasten haben tendenziell höhere Steuern bzw. höhere

Steuersätze zur Voraussetzung. Dadurch werden leistungsfeindliche Anreize verstärkt und bürokratische Leerläufe vermehrt. Schließlich ist es zumindest ein Schönheitsfehler, daß die Empfänger der Kindergelder die für deren Finanzierung nötigen Steuern teilweise selber aufbringen müssen.

Ein nicht weniger gravierender Einwand gegen Kindergelder als Alternative zur steuerlichen Berücksichtigung von Kinderlasten ist ordnungspolitischer Art und besteht in folgendem: Das Leistungsfähigkeitsprinzip ist keine zur Disposition der Politiker stehende Besteuerungsregel, sondern eine konstitutionell verankerte Schutzbestimmung für die über ein Einkommen verfügenden Bürger. Wenn dieses Prinzip bei einem so wichtigen Tatbestand wie dem der Kinderlasten nicht mehr als zwingend anwendbar angesehen würde, verlöre es seine *Verbindlichkeit auch in anderen Zusammenhängen. An die Stelle von Verbindlichkeit träte Beliebigkeit.* Es könnte dann z.B. im Zusammenhang mit der Ehegattenbesteuerung außer Kraft gesetzt werden.

Insgesamt gesehen eignen sich somit Kindergelder nicht als *Ersatz* für eine steuerliche Berücksichtigung von Kinderlasten. Das darf allerdings nicht als ein Argument gegen eine Einkommensumverteilung zugunsten weniger bemittelter Familien mißverstanden werden. Wenn eine solche politisch oder gesellschaftlich erwünscht ist, kann dies im Rahmen der nachfolgend beschriebenen dualen Methode erfolgen, beispielsweise auch dadurch, daß Kindergelder degressiv mit zunehmendem Familieneinkommen ausgestaltet werden.

Duale Methode

Wenn *neben* der Berücksichtigung von Kindern im Rahmen eines der Besteuerungsmodelle auch Kindergelder ausgerichtet werden, dann kann das in jedem Fall als Ausdruck des gesellschaftlichen Interesses an der nachwachsenden Generation angesehen werden. Die in der Regel unabhängig von der Höhe der Elterneinkommen ausgerichteten Kindergelder können als "Anerkennung" einer von den Eltern für die Gemeinschaft erbrachten meritorischen Leistung interpretiert werden. Kindergelder dienen dann nicht als Ersatz für eine bei der Steuerberechnung nicht zugelassene Berücksichtigung von Kinderexistenzminima.

IV. Gesetzliche Regelungen

IV.A. Besteuerung in Deutschland[1]

Die hauptsächliche Form der Besteuerung von ehelichen Haushalten ist die *Zusammenveranlagung*, in deren Rahmen jedoch dem Prinzip der Individualbesteuerung weitestgehend Rechnung getragen wird. Ein Ehepaarhaushalt gilt, steuerlich und auch statistisch, als *ein* Steuerpflichtiger.

Ehepaare: Das Ehepaar-Splitting mit Divisor 2 ist für Einverdiener- und Doppelverdienerehen seit 1958 geltendes Recht, nachdem das Bundesverfassungsgericht in einem Urteil vom 17. Januar 1957 die zuvor praktizierte Methode der gemeinsamen Veranlagung in Verbindung mit Freibeträgen als verfassungswidrig erklärt hatte. In einem Urteil vom 3. November 1982 stellt das deutsche Bundesverfassungsgericht überdies fest: "Das Splittingverfahren entspricht dem Grundsatz der Besteuerung nach der Leistungsfähigkeit ... (es) knüpft ... an die wirtschaftliche Realität der intakten Durchschnittsehe an, in der ein Transfer steuerlicher Leistungsfähigkeit zwischen den Partnern stattfindet"[2].

In Deutschland können Ehepaare zwischen der getrennten Veranlagung und der Zusammenveranlagung mit einem Splittingdivisor 2 wählen (§ 26 EStG). Das Splittingverfahren ist als das Regelverfahren anzusehen, das auf Wunsch durch Getrenntveranlagung ersetzt werden kann.

Doppelverdiener-Ehen: Einen besonderen Freibetrag gegenüber Einverdiener-Ehen (wegen verminderter Freizeit) gibt es bei Doppelverdiener-Ehen nicht.

Familien mit Kindern: Für jedes Kind unter 16 Jahren können vom zu splittenden Einkommen eines Ehepaars *Freibeträge* von (ab 2002) 5'808 Euro abgezogen werden. Diese setzen sich zusammen aus 3'648 Euro für das sog. "sächliche Existenzminimum des Kindes" und dem "Betreuungs- und Erziehungs oder Ausbildungsbedarf des Kindes" von 2'160 Euro (§ 32 Abs. 6 EStG). Bei getrennter Veranlagung ist bei beiden Einkommen die Hälfte der Freibeträge abzugsfähig. Es werden aber vom Staat auch Kindergelder ausgerichtet. Die Freibeträge kommen zur Anwendung, wenn durch das Kindergeld die Steuerfreistellung des sächlichen Kinderexistenzminimums und des Bedarfs für Betreuung etc. nicht gewährleistet wird (siehe nächste Seite: Kindergelder).

---

1 Festgelegt im Einkommensteuergesetz (EStG) in der Fassung der Bekanntmachung vom 19. Oktober 2002.

2 Zitiert bei *Lang* (1983), S. 112 (Fn 111).

Kinderfreibeträge gab es in Deutschland seit der Reichseinkommensteuer von 1920, später kamen Kinderbeihilfen hinzu und ab 1954 Kindergelder. Dieses duale System mit Kinderfreibeträgen und ergänzendem Kindergeld wurde Ende 1974 von der sozial-liberalen Koalition unter der Kanzlerschaft von Willy Brandt abgeschafft und ab 1975 durch eine reine Kindergeldlösung ersetzt. Das schon zitierte Verfassungsgerichtsurteil vom 3. November 1982 verwarf jedoch die dieser politischen Entscheidung zu Grunde liegende Vorstellung, wonach durch Transfers die Berücksichtigung geminderter Leistungsfähigkeit bei der Besteuerung außer Kraft gesetzt werden kann. Daher wurde schon 1983 das duale Verfahren wiedereingeführt und dieses ab 1996 in eine Optionsform gebracht.

Geschiedene oder getrennt lebende Ehepaare: Im Fall von Unterhaltsleistungen an den geschiedenen oder dauernd getrennt lebenden Ehepartner gibt es auf Antrag ein limitiertes und die Zustimmung des Empfängers voraussetzendes Realsplitting (§ 10 Abs. 1 EStG): Der Unterhaltspflichtige kann seine Unterhaltszahlungen bis zur Höhe von 27'000 DM (ab 2002: 13'805 Euro) jährlich bei sich als Sonderausgaben abziehen, die vom Empfänger sodann als Einkommen zu versteuern sind.

Alleinstehende mit Kindern (Halbfamilien): Bei alleinstehenden Steuerpflichtigen mit Kindern wird, da für sie das Splitting nicht in Betracht kommt, zusätzlich zu den Kinderfreibeträgen bzw. zum Kindergeld ein *Haushaltsfreibetrag* von DM 5'616 (ab 2002: 2'916 Euro) jährlich zum Abzug von der Bemessungsgrundlage zugelassen (§ 32 Abs. 7 EStG).

Ehe- und Nichtehepaare im Vergleich: Wegen des Splittings mit Divisor 2 wird ein Ehepaar steuerlich prinzipiell nicht höher belastet als ein unverheiratet zusammenlebendes Paar bei im übrigen gleichen Verhältnissen und bei zusammengenommen gleichem Einkommen. Eine Gleichbelastung der Vergleichspaare resultiert, wenn beide Partner des unverheirateten Paares ein gleichhohes Einkommen verdienen. Ein Ehepaar kann im Vergleich zu einem unverheirateten Paar nur dann höher belastet sein, wenn es aus persönlichen Gründen für getrennte Veranlagung optiert.

Kindergelder: Die deutsche Kindergeldlösung ist formal zwar ein duales Verfahren, denn es gibt nebeneinander sowohl den Abzug der Kinderexistenzminima bei der Veranlagung zur Einkommensbesteuerung und die Zahlung der Kindergelder, allerdings nur als *alternatives* Verfahren. Es handelt sich daher um eine Zwitterlösung. Bis zu relativ hohen Einkommen sind Kindergelder partiell Kompensation für die bei der Besteuerung nicht berücksichtigte Entlastung. Für Familien, bei denen durch das Kindergeld nicht eine vergleichbare Wirkung erzielt wird wie durch Abzüge der genannten Freibeträge von der Bemessungsgrundlage, wird eine Freibetrags-Abzugslösung angewendet. Nur die Differenz zwischen einer als Kindergeld bezeichneten Auszahlung (bzw. einer ihr entsprechenden Verrechnung mit der Einkommensteuerschuld) und dem

Minderbetrag, der durch den Abzug des Kinder-Existenzminimums und des Kinderbetreuungsbedarfs etc. bei der Besteuerung entstehen würde, kann als "echtes" Kindergeld bezeichnet werden. Dieses "echte" Kindergeld nimmt mit steigendem Einkommen ab und sinkt bis auf null bei den höheren Einkommen. ("abschmelzende Subvention"). Mit steigendem Einkommen nimmt demgegenüber der Kompensationsanteil von ausgezahltem Kindergeld zu. Nur bei sehr hohen Einkommen erbringt der Abzug der Freibeträge für Kinder-Existenzminima etc.von der Bemessungsgrundlage eine höhere steuerliche Entlastung als das Kindergeld. Für Bezieher sehr hoher Einkommen wird von Amts wegen die Freibetrags-Abzugslösung angewendet.

Das Kindergeld betrug bis einschließlich 2001 für das 1. und 2. Kind monatlich 270 DM , für das 3. Kind 300 DM und für das 4. und weitere Kinder 350 DM. Ab 2002 erhöhte sich das Kindergeld für das erste bis dritte Kind auf 154 Euro (DM 300), für weitere Kinder auf 179 Euro (DM 350).

Die Kindergelder werden nicht als Einkommen besteuert. Die Steuerfreiheit der deutchen Kindergelder ist insofern auch richtig, als diese Gelder Kompensation für nicht berücksichtigte Abzüge von Freibeträgen für Kinder sind und daher kein der Besteuerung zu unterwerfender Einkommensbestandteil sein können. Der teilweise Steuervergütungscharakter der Kindergelder kommt übrigens auch darin zum Ausdruck, daß diese Kindergelder (von rd. 60 Mrd. DM im Jahr) von den Bruttoeinnahmen der Lohnsteuer abgezogen werden und daher z.B. in Tabelle 2.2 nur die Nettoeinnahmen dieser Steuer angegeben sind.

IV.B. Besteuerung in der Schweiz

Dem föderalistischen Charakter entsprechend wird in der Schweiz sowohl bei der Familienbesteuerung als auch beim Kindergeld den Tatbeständen von Ehe und Familie in sehr unterschiedlicher Weise Rechnung getragen. Im folgenden wird schwerpunktmäßig die im Kanton Zürich anzutreffende Lösung dargestellt[3].

Die von der Eidgenössischen Steuerverwaltung bearbeitete Loseblattausgabe "Die Steuern der Schweiz" in vier Teilen ermöglicht einen vergleichenden Überblick über die beim Bund und von den einzelnen Kantonen praktizierten Methoden bei der Besteuerung von Haushalten. Eine konzentrierte Zusammenfassung enthält die jährlich erscheinende Publikation der Eidgenössischen Steuerverwaltung: "Die Steuern von Bund, Kantonen und Gemeinden. Ein Kurzabriß über das schweizerische Steuersystem".

Ehepaare: In Zürich wie überhaupt in der Schweiz gibt es für Ehepaare nur die Zusammenveranlagung (Haushaltsbesteuerung). Eine Option auf Getrenntveranlagung besteht nicht, auch nicht bei Doppelverdienerehen.

[3] Steuergesetz (des Kantons Zürich) vom 8. Juni 1997 (StG-ZH). In Kraft seit 1. Januar 1999.

Im Kanton Zürich gibt es neben dem Grundtarif für Alleinstehende ohne Kinder einen sog. Verheiratetentarif, der in Tabelle 7.7 wiedergegeben ist. Dieser Tarif zeichnet sich dadurch aus, daß seine Nullzone, d.h. das in den Tarif eingearbeitete Existenzminimum verdoppelt ist und daß durch Streckung der darauf folgenden 12 Einkommensstufen die Belastung für Ehepaareinkommen bis zum Einkommen von 311'400 Franken abgesenkt sind.

Tab. 7.7: Doppeltarif des Kantons Zürich *)

Grenzsteuersatz in Prozent		Einkommen in Franken	
		Alleinstehende	Ehepaare
0	für die ersten	5'500	11'000
2	für die weiteren	4'100	5'400
3	für die weiteren	4'100	6'800
4	für die weiteren	6'700	8'200
5	für die weiteren	8'200	9'500
6	für die weiteren	9'500	12'200
7	für die weiteren	10'900	27'200
8	für die weiteren	14'900	27'200
9	für die weiteren	28'600	40'800
10	für die weiteren	28'500	48'900
11	für die weiteren	44'900	53'000
12	für die weiteren	58'400	61'200
13	für Einkommen über	224'300	311'400

*) Tarif gemäß § 35 StG-ZH

Da die Streckung der Einkommensstufen beim Zürcher Doppeltarif fast durchgehend weniger als die Verdoppelung der Stufen des Grundtarifs beträgt, bedeutet der Verheiratetentarif eine geringere Entlastung als sie durch ein Splitting mit Divisor 2 hervorgerufen würde. Bei einem solchen Splitting würde der maximale Grenzsteuersatz von 13 % für Verheiratete erst bei einem Einkommen von 448'600 Franken erreicht und der Eingangssteuersatz von 2 % würde für Einkommen von 11'000 bis zu 19'200 Franken (11'000 + 2 · 4'100) gelten. Zu berücksichtigen ist übrigens (siehe die Ausführungen im sechsten Kapitel), daß die tatsächlichen kantonalen Grenzsteuersätze infolge der Vervielfacher (Steuerfüße) für Kanton und Gemeinden durchschnittlich zweieinhalbmal höher sind als in der Tabelle angegeben. Der Eingangssteuersatz liegt also bei rd. 5 % und der Maximalsatz bei rd. 32,5 % .

Die Ehegattenbesteuerung in der Schweiz erfuhr im Gefolge eines Bundesgerichtsurteils vom 13. April 1984 eine Neuorientierung. Ähnlich wie das Urteil des deutschen Bundesverfassungs–

gerichts vom 17. Januar 1957, das die Einführung des Splittings in Deutschland zur Folge hatte, bildete dieses Urteil eine Zäsur für die schweizerische Haushaltsbesteuerung. Die Kernaussage des Urteils lief darauf hinaus, daß Ehepaare grundsätzlich gleich hoch zu besteuern seien wie Konkubinatspaare mit gleichem Gesamteinkommen und je halbem Einkommen jedes Partners. Im Hinblick auf die Verwirklichung dieses Grundsatzes und bezüglich der Interpretation von "gleich hoch" überließ das Gericht dem Gesetzgeber aber einen bedeutenden Spielraum. Immerhin hat das Urteil eine Entwicklung ausgelöst, die beim Bund und bei den Kantonen zu einem mehr oder weniger weit gehenden Abbau der vorher teilweise beträchtlichen Höherbesteuerung von Ehepaaren gegenüber Konkubinatspaaren oder zwei Alleinstehenden mit je halbem Einkommen führte.

Neben dem Kanton Zürich besitzen (1999) der Bund und die Mehrzahl der Kantone einen Doppeltarif. Einige Kantone nehmen einen prozentualen Abzug vom gemeinsamen Ehepaar-Einkommen vor. In Bern z.B. beträgt dieser Abzug 10 Prozent des steuerbaren Einkommens, höchstens jedoch 12'600 Franken. In zwei Kantonen gibt es einen prozentualen *Abzug von der Steuerschuld.* Die Kantone Freiburg und Neuenburg praktizieren ein Splitting mit den Divisoren 1,667 bzw. 1,818. Das läuft darauf hinaus, das gemeinsame Einkommen mit dem sich für 60 bzw. 55 Prozent des Einkommens ergebenden Durchschnittssteuersatz zu besteuern. Die Kantone Aargau und Graubünden besitzen ein sog. limitiertes Teilsplitting: Zur Ermittlung des (durchschnittlichen) Steuersatzes wird das um einen allerdings deutlich unter 50 Prozent bleibenden und obendrein in der Höhe nach oben begrenzten Betrag verminderte Einkommen verwendet.

Doppelverdiener-Ehen: In diesem Spezialfall wird in Zürich wie auch beim Bund und in fast allen anderen Kantonen ein Abzug vom gemeinsamen Ehepaareinkommen vorgenommen und erst dann das gemeinsame Einkommen wie im Fall der Einverdiener-Ehen besteuert. Der Abzug beträgt (1999) im Kanton Zürich 5'200 Franken. In zwei Kantonen wird für Doppelverdiener ein sog. Zweiverdienersplitting bezüglich des Erwerbseinkommens praktiziert. Dieses kann beispielsweise so aussehen, daß das kleinere Einkommen zum gleichen Durchschnittssteuersatz wie das höhere Einkommen besteuert wird.

Familien mit Kindern: Beim Vorhandensein von Kindern wird in fast allen Kantonen und beim Bund von der dualen Methode (Abzug eines Kinder-Existenzminimums und der Ausrichtung von Kindergeldern) Gebrauch gemacht. Die Abzüge (von der Bemessungsgrundlage) schwanken zwischen 2'500 und 6'000 Franken. In Zürich z.B. beträgt der Abzug "für minderjährige Kinder unter der elterlichen Gewalt oder Obhut des Steuerpflichtigen sowie für volljährige Kinder, die in der beruflichen Ausbildung stehen und deren Unterhalt der Steuerpflichtige zur Hauptsache bestreitet" 5'400 Franken pro Kind (§ 34 StG-ZH). Zusätzlich zu dem soeben genannten Abzug wird in Zürich ein Abzug (von 3'000 Fr.) für Kinder unter 15 Jahren im Fall von Doppelverdiener-Ehepaaren sowie für alleinstehende Erwerbstätige zugelassen, "wenn Kosten für die Betreuung durch Drittpersonen anfallen".

Alleinstehende mit Kindern (Halbfamilien): Unterhaltsleistungen an den geschiedenen oder getrennt lebenden Ehepartner einschließlich der Unterhaltsleistungen für die mit diesem zusammenlebenden Kinder werden beim Bund und allen Kantonen einem Realsplitting unterworfen. Alleinstehende mit Kindern werden nach dem Tarif für Verheiratete besteuert, also z.B. in Zürich dem Tarif mit der verdoppelten Nullzone (bis 11'000 Fr.). Zusätzlich können sie den genannten Kinderabzug (Kinderexistenzminimum) von 5'400 Fr. geltend machen und gegebenenfalls auch Kinderbetreuungskosten von 3'000 Fr.

Ehe- und Nichtehepaare im Vergleich: Der Zürcher Doppeltarif in Verbindung mit Abzügen von der Summe der Einkünfte bewirkt bei einem von beiden Partnern gemeinsam im Verhältnis 3 : 1 verdienten Einkommen bis zu ca. 80'000 Franken eine ungefähr gleichhohe Steuerbelastung eines Konkubinats- und eines (Doppelverdiener-)Ehepaars. Bei darüberliegenden Einkommen wird allerdings das Ehepaar höher belastet. Entscheidend ist das Verhältnis, in dem die beiden Einkommen zueinander stehen. Je paritätischer die beiden Einkommen sind, desto vorteilhafter wirkt sich das für die Belastung des Konkubinatspaares im Vergleich zu der des Ehepaars aus. Nur im unteren Einkommensbereich wird das Ehepaar immer etwas günstiger gestellt. Um eine für die Mehrzahl der Fälle in etwa gleichhohe Belastung zu erreichen, wurde als Vergleichspaar ein kinderloses Ehe- und Konkubinatspaar mit einem als typisch unterstellten Verhältnis der beiden Einkommen von etwa 3 : 1 unterstellt. Eine bis zu zehn Prozent der Steuerschuld reichende und eventuell auch mehr betragende Schlechterstellung von Ehepaaren im höheren Einkommensbereich wurde hingenommen. Da aber auch Konkubinatspaare unter Umständen höher belastet werden als ein Ehepaar, kann nicht von einer systematischen steuerlichen Diskriminierung der Ehe gesprochen werden. Gleichwohl kann im Einzelfall ein erheblicher Belastungsunterschied zu Lasten eines Ehepaars auftreten.

Da Halbfamilien, d.h. Alleinstehende mit Kindern, durch den Verheiratetentarif und die Kinderabzüge sowie den bei Erwerbstätigkeit zusätzlich gewährten Kinderbetreuungsabzug in Zürich steuerlich erheblich entlastet werden, überträgt sich diese Entlastung natürlich auch auf Konkubinatspaare mit Kindern, da diese wie eine Halbfamilie und ein Alleinstehender besteuert werden. Von daher resultiert sogar eine tendenzielle und unter Umständen erhebliche steuerliche Begünstigung von (doppelt verdienenden) Konkubinatspaaren mit Kindern gegenüber Ehepaaren mit Kindern. Sie fällt zahlenmäßig nur insofern weniger ins Gewicht, als die meisten Konkubinatspaare ohne Kinder sind.

Eigene Kindereinkommen (Einkommen von Minderjährigen): Grundsätzlich sind Minderjährige für ihr Einkommen selbständig steuerpflichtig. Die

Regelung im Kanton Zürich lautet: "Einkommen und Vermögen von Kindern unter elterlicher Gewalt werden bis zum Beginn des Jahres, in dem sie mündig werden, dem Inhaber dieser Gewalt zugerechnet. Vorbehalten bleibt das Erwerbseinkommen, für welches das unmündige Kind selbständig besteuert wird" (§ 7 Abs. 3 StG-ZH)

Kindergelder: Die Höhe der kantonalgesetzlich festgelegten und noch mehr die der tatsächlich ausgezahlten Kindergelder ist unterschiedlich. Im Kanton Zürich betragen die gesetzlichen Kindergelder (2002) 170 Franken pro Monat für Kinder bis zum Alter von 16 Jahren und - sofern in Ausbildung - darüber hinaus 195 Franken bis zum Alter von maximal 25 Jahren. Zu berücksichtigen ist allerdings, daß es eine nicht unbeträchtliche Zahl von Kindern gibt, für die kein Kindergeldanspruch besteht, denn im wesentlichen erhalten nur Nichtselbständigerwerbende Kindergeld, wobei Teilzeitbeschäftigte in der Regel nach Maßgabe ihres Beschäftigungsgrades Anspruch auf Kinderzulage haben. Allerdings wird in vielen Kantonen *alleinerziehenden* Teilzeitbeschäftigten die volle Zulage gewährt. Kindergelder werden zum übrigen Einkommen hinzugezählt und werden somit regulär versteuert.

Die Ausrichtung von Kindergeldern, üblicherweise als Kinderzulagen bezeichnet, wird in der Schweiz als gemischt-öffentlich/private Aufgabe wahrgenommen. Die Kantone legen in sog. Familienzulagengesetzen, die im einzelnen allerdings stark voneinander abweichen, Mindeststandards bezüglich der Höhe der Kindergelder und die Art ihrer Finanzierung fest. Ein Anspruch auf Kindergeld wird in der Regel nur für Lohn- und Gehaltsempfänger begründet. Teilweise gibt es für Angestellte und Beamte im öffentlichen Dienst eigene Regelungen, hauptsächlich aber halten sich die öffentlichen Arbeitgeber an die für den privaten Sektor erlassenen Vorschriften. Für den Bereich der Landwirtschaft gibt es eine bundeseinheitliche Lösung. Auch gibt es spezielle kantonale Regelungen für bestimmte Gruppen von Arbeitnehmern, in einigen Kantonen auch für Selbständige und Nichterwerbstätige.

Als Regel gilt: "eine Zulage pro Kind", doch gibt es auch nach der Kinderzahl bzw. der Ordnungszahl der Kinder und auch nach anderen Kriterien differenzierte Zulagen. Neben den Kinderzulagen wird Angestellten im öffentlichen Dienst in den meisten Kantonen und beim Bund noch eine monatliche Haushaltszulage ausgerichtet, die allerdings nicht ausschließlich an das Vorhandensein von Kindern gebunden ist. Eine Reihe von Kantonen richtet neben dem Kindergeld eine einmalige Geburtszulage aus.

Die Ausrichtung des Kindergelds obliegt in erster Linie privaten und daneben kantonalen Familienausgleichskassen. Die privaten Ausgleichskassen (es gibt davon nahezu eintausend) sind in der Regel nach Wirtschaftsbranchen organisiert. Unter ihnen besteht kein Lastenausgleich. Alle Kassen werden durch staatlich festgelegte sog. *Lohnprozente* von den Arbeitgebern alimentiert. Als Bemessungsgrundlage dient die Lohnsumme. Von dieser sind an die privaten oder kantonalen Ausgleichskassen zwischen etwa einem und viereinhalb Prozent abzuführen. Ein Teil der öffentlichen Arbeitgeber, z.B. der Bund, übernimmt die Ausrichtung der Familienzulagen selber. Neben den Ausgleichskassen können auch private Arbeitgeber die Auszahlung der Kinderzulagen in eigener Regie übernehmen, wenn sie eine Mindestanzahl von Anspruchsberechtigten aufweisen oder wenn sie einen sog. Gesamtarbeitsvertrag mit den Arbeitnehmern abgeschlossen haben, der die Ausrichtung der gesetzlichen Familienzulagen vorsieht. Die öffentlichen Haushalte werden durch die Zahlung der Kindergelder also nur insofern belastet, als diese an die eigenen Bediensteten ausgerichtet werden.

IV.C. Besteuerung in Österreich[4]

Seit der Einkommensteuerreform von 1972 gibt es grundsätzlich nur noch die *getrennte Veranlagung* von Personen, auch wenn diese zusammen einen Haushalt bilden. Die Berücksichtigung familien- und haushaltsbedingter Besonderheiten erfolgt durch Absetzbeträge (Abzüge von der Steuerschuld) bzw. durch Transfers.

Das ursprünglich aus dem deutschen hervorgegangene österreichische Einkommensteuerrecht ging anfangs von einer Einkommenserzielungs- und Einkommensverwendungsgemeinschaft eines Haushalts aus und besteuerte dementsprechend nach dem Haushaltsprinzip. Familienbezogene Lasten wurden hauptsächlich durch ein *Mehrfachtarifsystem* berücksichtigt (statt Kinderfreibeträgen jeweils unterschiedliche Tarife für Verheiratete mit und ohne Kinder und je nach Zahl der Kinder, daneben ein Tarif für Alleinstehende). Durch immer mehr Ausnahmen, wie beispielsweise derjenigen, wonach Doppelverdiener bis zu einer gewissen Einkommenshöhe *getrennt* veranlagt werden konnten, durch *Zusammenveranlagung* andererseits auch der *nichtverheirateten Paare* und durch die Einführung von Ausgleichszahlungen für Kinder war die Haushaltsbesteuerung im Lauf der Zeit unübersichtlich und widerspruchsvoll geworden. Die sich aufdrängende und von der sozialistischen Alleinregierung 1972 durchgeführte Einkommensteuerreform führte allerdings nur die grundsätzliche Getrenntveranlagung (Individualbesteuerung) ein, gekoppelt mit ursprünglich einkommensunabhängigen Absetzbeträgen (Abzügen von der Steuerschuld) und Transfers für Familien mit Kindern (Familienbeihilfen bzw. Kindergelder). Das bei dieser Reform im Bereich der Familienbesteuerung weitgehend außer Kraft gesetzte Leistungsfähigkeitsprinzip fand erst in den Folgejahren durch die Rechtsprechung des österreichischen Verfassungsgerichtshofs wieder eine gewisse Berücksichtigung bei der Familienbesteuerung.[5]

Ehepaare: *Doppelverdienende* Ehepaare werden wie zwei Alleinstehende mit ihrem jeweiligen Einkommen besteuert. Zwecks steuerlicher Freistellung des Existenzminimums wird ein allgemeiner Absetzbetrag von 887 Euro jährlich (vorher 12'200 öS) eingeräumt. Damit im Fall von *Einverdiener-Ehepaaren* das für den Haushalt gemeinsam zur Verfügung stehende Einkommen geringer als das Einkommen eines *Alleinstehenden* belastet wird, wird ein *Alleinverdiener-Absetzbetrag* gewährt (§ 33 Abs. 4 öEStG). Dieser beträgt (seit 2002) 364 Euro jährlich (vorher 5'000 öS). Der Alleinverdiener-Absetzbetrag entfällt, wenn die Summe der Einkünfte (also der Einkünfte *vor* Abzug von Werbungskosten usw.) des anderen Ehepartners die Bagatellgrenze von 2'200 Euro jährlich (vorher 30'000 öS) überschreitet. Die angeführten Absetzbeträge werden je nach der Höhe des Einkommens und sozialem Status (z.B. für Pensionisten oder Alleinerzieher) mehr oder weniger stark modifiziert.

---

4 Einkommensteuergesetz vom 7. Juli 1988 (öEStG). Änderungen sind berücksichtigt bis einschließlich 2002.

5 Vgl. *Smekal* (1994).

Einverdiener-Ehen werden somit höher als Doppelverdiener-Ehen belastet, insbesondere dann, wenn die Einkommen der beiden Ehepartner ungefähr gleich hoch sind. Man kann darin eine Kompensation für die Nichtbesteuerung der bei Einverdiener-Ehen überdurchschnittlichen Freizeit des nichtverdienenden Partners sehen oder eine Maßnahme zur Förderung der Erwerbstätigkeit bzw. der zusätzlichen Erwerbstätigkeit des Ehepartners.

Familien mit Kindern: Die Unterhalts- und Kinderbetreuungslasten eines Haushalts mit minderjährigen oder in Berufsausbildung stehenden Kindern werden durch Kinderabsetzbeträge, Familienbeihilfen und Kinderbetreuungsgelder berücksichtigt. Kinderabzüge von der Bemessungsgrundlage gibt es nicht. Ab 2002 beläuft sich der Kinderabsetzbetrag (gemäß § 33 Abs. 4 öEStG) für jedes Kind auf monatlich 50,90 Euro (vorher 700 öS). Die Familienbeihilfen betragen gemäß Familienlastenausgleichsgesetz seit 2002 in Euro monatlich:

	ab Geburt	ab dem 10. Lebensjahr
für das 1. Kind	105,40	123,60
für das 2. Kind	118,20	136,40
für jedes weitere Kind	143,70	161,90

Ab dem 19. Lebensjahr erhöhen sich gegebenenfalls die monatlichen Familienbeihilfen um weitere 21,80 Euro monatlich für jedes Kind.

Für Elternteile mit einem Jahreseinkommen von höchstens 14'600 Euro gibt es auf Antrag vom Zeitpunkt der Geburt eines Kindes bis zur Vollendung des 36. Lebensmonats zusätzlich ein *Kinderbetreuungsgeld* von 14,53 Euro täglich. Die Kinderabsetzbeträge und Kinderbetreuungsgelder werden zusammen mit den Familienbeihilfen von den Familienausgleichskassen direkt ausbezahlt. Diese werden finanziert durch Beteiligung am Aufkommen der Lohn-, Einkommen- und Körperschaftsteuer, vor allem aber durch sog. *Dienstgeberbeiträge*. Es handelt sich dabei um eine Abgabe von 4,5 % der Summe der Arbeitslöhne seitens der privaten Arbeitgeber. Die Gebietskörperschaften erbringen die familienbezogenen Leistungen unmittelbar selber.

Alleinstehende mit Kindern (Halbfamilien): Ein Steuerpflichtiger, der nicht in Gemeinschaft mit einem Ehe- oder einem anderen Partner, jedoch mit mindestens einem Kind zusammenlebt, gilt als Alleinerzieher und kann (2002) einen *Alleinerzieherabsetzbetrag* von 364 Euro jährlich (vorher 5'000) bei seiner Einkommensteuer geltend machen.

Empfangene Unterhaltsleistungen (Alimente) werden bei einem Alleinerzieher nicht als steuerbares Einkommen angesehen. Dabei spielt es keine Rolle, ob diese Unterhaltsleistungen freiwillig oder auf Grund einer gesetzlichen Verpflichtung erbracht werden. Wer andererseits für ein uneheliches Kind oder für Kinder auf Grund einer Scheidung gesetzlichen Unterhalt leistet, kann von seiner Steuerschuld Unterhaltsabsetzbeträge (gemäß § 33 Abs. 4 Ziffer 3b) abziehen, z.B. 25,50 Euro für ein Kind, 38,20 Euro für ein zweites Kind usw. Diese Kinderabsetzbeträge werden unabhängig von den tatsächlich geleisteten (und in der Regel wohl erheblich höheren) Unterhaltszahlungen gewährt. Sie sind jedoch an die tatsächliche Erfüllung der Unterhaltspflichten gebunden.

Ehe- und Nichtehepaare im Vergleich: Infolge der Getrenntveranlagung sind eheliche und nichteheliche Haushalte steuerlich in allen Fällen gleichgestellt. Dies gilt sowohl hinsichtlich der Zusammensetzung des Haushaltseinkommens aus zwei Teileinkommen von unterschiedlicher Höhe als auch hinsichtlich Einverdiener- oder Doppelverdienerpaare. So kann auch von einem nichtehelichen Paar, bei dem nur ein Partner Einkommen bezieht, der Alleinverdienerabsetzbetrag in Anspruch genommen werden. Andererseits kann ein nichteheliches Paar, zu dessen Haushalt Kinder gehören, keinen Alleinerzieherabsetzbetrag in Anspruch nehmen.

Eigene Kindereinkommen: Auch auf die eigenen Kindereinkommen erstreckt sich die getrennte Veranlagung.

V. Fragen zur Selbstkontrolle und zum Nachdenken

1.) Geben Ihrer Meinung nach die in Abschnitt II.A aufgeführten Gesichtpunkte als Grundlage für die Besteuerung von Ehepaaren (ohne Kinder) die heute geltenden gesellschaftlichen Wertungen zutreffend wieder?

2.) Warum ist es, anders als oft geglaubt wird, nicht richtig, das Ehepaarsplitting als eine Steuerbegünstigung für Ehepaare anzusehen?

3.) Wie kann man zusätzliche Freizeit des nichverdienenden Ehepartners im Fall von Einverdienerehepaaren (ohne Kinder) steuerlich berücksichtigen?

4.) Versuchen Sie in eigenen Worten auszudrücken, warum der beim Ehegattensplitting mit zunehmendem Einkommen wachsende absolute Steuerschuld*unterschied* gegenüber dem Nichtsplitten (oft als "Steuerersparnis" bezeichnet) *kein* Steuer*vorteil* bzw. *keine* Steuer*vergünstigung* für hohe Einkommen ist.

5.) Wie hoch ist bei einem Haushaltseinkommen von 60'000 das Einkommensäquivalent für Haushaltsersparnis, das durch ein Splitting z.B. mit dem Divisor 1,7 impliziert würde?

6.) Wie kann man durch die Tarifgestaltung eine sog. Haushaltsersparnis berücksichtigen und warum ist es problematisch, dies bei Ehepaaren und Familien zu tun?

7.) Wie ist die Individualbesteuerung (Getrenntveranlagung) zu beurteilen? Unterscheiden Sie Einverdiener- und Doppelverdienerehepaare.

8.) Nach welchem Verfahren sollten Halbfamilien (Alleinstehende mit Kindern) besteuert werden, damit auch in diesem Fall eine Besteuerung nach der Leistungsfähigkeit gewährleistet ist?

9.) Inwieweit stimmen die konkreten gesetzlichen Regelungen Deutschlands, der Schweiz und Österreichs mit den für die Familienbesteuerung als relevant anzusehenden Gesichtspunkten überein und welche Abweichungen sind feststellbar?

10.) Wie sind Kindergelder zu beurteilen, die auch die Bezieher der höchsten Einkommen nicht schlechter stellen als Abzüge von der Bemessungsgrundlage zur Berücksichtigung der durch Kinder bedingten Verminderung der steuerlichen Leistungsfähigkeit der Eltern, wobei die Kindergelder an die Stelle von Abzügen von der Bemessungsgrundlage treten?

11.) Welche Konsequenzen ergäben sich für die Familienbesteuerung bei Einführung der indirekten Progression ("single-rate-tax")?

ACHTES KAPITEL

Körperschaftsbesteuerung

I. Wozu braucht man eine Körperschaftsteuer?

Aus der heute in der Finanzwissenschaft vorherrschenden Sicht soll durch die Körperschaftsteuer (Kapital-)Einkommen auch dann erfaßt werden, wenn es natürlichen Personen nicht unmittelbar zufließt, sondern durch Einschaltung eines Zwischenglieds ihnen nur mittelbar oder erst mit mehr oder weniger großer zeitlicher Verzögerung zugute kommt. Das Steuerobjekt der Körperschaftsteuer ist hauptsächlich der unternehmerisch erzielte Gewinn eines solchen Zwischenglieds. Als Schuldner von Körperschaftsteuer kommen vor allem juristische Personen wie Aktiengesellschaften und Gesellschaften mit beschränkter Haftung in Betracht. Aber auch Genossenschaften und öffentliche Unternehmen können auf Grund gewerblicher Tätigkeit Gewinn erzielen und ebenfalls körperschaftsteuerpflichtig werden. Desgleichen müssen Stiftungen und Vereine Körperschaftsteuer entrichten, wenn sie z.B. Einkünfte aus Vermietung und Verpachtung beziehen. Die Körperschaftsteuer soll also verhindern, daß ein wie auch immer der privaten Bedürfnisbefriedigung dienender Mittelzufluß unbesteuert bleibt, weil er mangels direkten oder individuell erfaßten Zuflusses nicht der Einkommensteuer natürlicher Personen unterworfen ist. Im speziellen soll durch die Körperschaftsteuer auch das Kapitaleinkommen von nicht im Inland ansässigen Personen steuerlich erfaßt werden.

Die Besteuerung von Körperschaften entstand erst im Zuge der Industrialisierung im 19. Jahrhundert. Durch grundlegende technische Erfindungen (Dampfmaschine, Eisenbahn usw.) wurden Voraussetzungen für unternehmerische Tätigkeiten geschaffen, welche den Rahmen eines von einer natürlichen Person in Verbindung mit ihrem Privathaushalt geführten Handwerksbetriebs sprengten. Gleichzeitig entwickelte sich ein großer Kapitalbedarf. Das Rechtskonstrukt der juristischen Person erleichterte vor allem die Beschaffung des benötigten Kapitals. Ein konstitutives Charakteristikum der juristischen Person ist die *Haftungsbeschränkung* auf das ihr gehörende Vermögen. Kapitalbesitzer erhielten dadurch einen Anreiz, einer solchen verselbständigten Institution Kapital zur Verfügung zu stellen. Sie konnten sich mit einem Teil ihres Vermögens an Unternehmen beteiligen ohne das Risiko, im Fall eines Konkurses ihr gesamtes privates Vermögen zu verlieren.

Historisch ging die Körperschaftsteuer aus der Einkommensteuer natürlicher Personen hervor: In Deutschland unterlagen bis 1920 Körperschaften derselben Einkommensteuer wie natürliche Personen. In der deutschsprachigen Rechtsliteratur wird die Körperschaftsteuer bis heute überwiegend als die *Einkommensteuer* juristischer Personen bezeichnet. Dies ist insofern auch durchaus naheliegend, als die meisten der das Steuerobjekt der Körperschaftsteuer betreffenden Vorschriften in Gesetzen enthalten sind, die die Einkommensteuer *natürlicher* Personen betreffen. Desgleichen wird im angelsächsischen Sprachbereich die Körperschaftsteuer als "Corporate *Income Tax*" bezeichnet.

Die nachfolgenden Ausführungen beschränken sich im wesentlichen auf die Körperschaftsbesteuerung von Kapitalgesellschaften.

II. Der Gewinn als Steuerobjekt der Körperschaftsteuer

II.A Grundsätzliches

Gewinn entsteht nicht nur im Rahmen der Geschäftstätigkeit juristischer Personen. Auch unternehmerisch tätige *natürliche* Personen erzielen Gewinn, z.B. als Einzelunternehmer oder im Rahmen einer sog. Personengesellschaft (Mitunternehmerschaft). Aus ökonomischer Sicht ist Gewinn eine Größe, die unabhängig ist von der Rechtsform, in die eine unternehmerische Tätigkeit eingekleidet ist. Daher sollte die Besteuerung von Gewinn bei juristischen und natürlichen Personen in grundsätzlich übereinstimmender Weise, d.h. *rechtsformneutral* erfolgen, damit nicht verzerrende Anreize geschaffen werden und nicht Gleiches steuerlich ungleich behandelt wird. Gewisse Besonderheiten bei der Gewinnermittlung sind allerdings unvermeidbar. Sie ergeben sich vor allem aus der Verselbständigung des Vermögens einer juristischen Person und insbesondere daraus, daß von außen erfolgende Zuführungen von Vermögen ("*Einlagen*") sowie verdeckte Gewinnausschüttungen nur bei juristischen Personen auftreten können.

In Deutschland gibt es rd. 415'000 körperschaftsteuerpflichtige Kapitalgesellschaften. 99 Prozent davon sind GmbHs. Die Rechtsform einer Aktiengesellschaft haben nur knapp 2'500 Unternehmen. Ihnen stehen 2,3 Millionen Unternehmen gegenüber, die als Personengesellschaften (Mitunternehmerschaften) oder als Einzelunternehmen nicht körperschaftsteuerpflichtig sind[1].

Das folgende Schaubild zeigt, wer der Körperschaftsteuerpflicht unterworfen ist.

---

1 Bundesministerium der Finanzen (Hrsg.), Schriftenreihe Heft 67, Bonn 2000, S. 19.

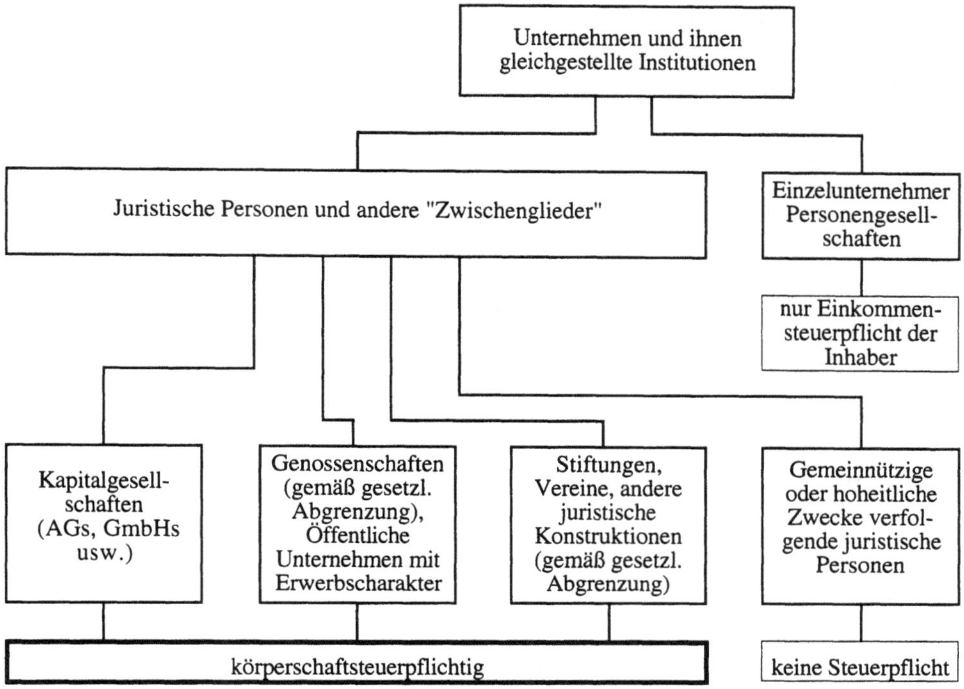

Abb. 8.1: Rechtsformen und Steuerpflicht

Es gibt zwei Ansatzpunkte für die Definition des Gewinns. Man kann Gewinn definieren als Differenz zwischen den Betriebseinnahmen und den Betriebsausgaben *(sog. "Überschußrechnung")* oder als Differenz zwischen dem Reinvermögen (Aktiva minus Schulden) am Schluß eines Wirtschaftsjahres und dem Reinvermögen am Schluß des vorangegangenen Wirtschaftsjahres, vermehrt um den Wert der Gewinnausschüttung und vermindert um den Wert der Einlagen *(sog. "Betriebsvermögensvergleich").*

Die Ermittlung des für die Besteuerung relevanten Gewinns eines Unternehmens erfolgte früher einmal "nach kaufmännischer Übung". Aus Gründen des *Gläubigerschutzes* wurden aber im Lauf der Zeit immer mehr Rechtsvorschriften erlassen. An die Stelle der kaufmännischen Übung traten "Grundsätze ordnungsmäßiger Buchführung". Für juristische Personen im speziellen wurden strengere Vorschriften für die Buchführung und die Erstellung ihrer Handelsbilanz erlassen und dadurch die Spielräume im Hinblick auf die Gewinnermittlung eingeschränkt. Vor allem traten im Lauf der Zeit immer mehr finanzwissenschaftlich, fiskalisch oder finanzpolitisch begründete Vorschriften neben die handelsrechtlichen, so daß heute der in der Erfolgsrechnung bzw. der Handelsbilanz ausgewiesene Gewinn oft nicht mehr mit dem Steuerobjekt der Körperschaftsteuer übereinstimmt. Der für die Besteuerung relevante Gewinn ist vielmehr der sog. Steuerbilanz zu entnehmen. Diese ist aber aus der nach den Vorschriften des Handelsgesetzbuchs zu erstellenden Handelsbilanz abzuleiten ("Maßgeblichkeit der Handelsbilanz").

Neuerdings verdrängen die Rechnungslegungsvorschriften gemäß IAS (International Accounting Standards) bzw. gemäß amerikanischer kaufmännischer Übung, genannt US-GAAP (Generally Accepted Accounting Principles), immer mehr die Vorschriften des Handelsgesetzbuchs - nicht unbedingt ein Fortschritt für den Gläubigerschutz!

Gewinn als Hauptbestandteil der Bemessungsgrundlage der Körperschaftsteuer kann entweder durch Formel (8-1) oder Formel (8 - 1') unter Verwendung folgender Symbole ausgedrückt werden.

G:	Gewinn (Bemessungsgrundlage)
BE:	Betriebseinnahmen (brutto)
A:	Betriebsausgaben
V_{t_0}:	Reinvermögen bei Beginn des Wirtschaftsjahres
V_{t_1}:	Reinvermögen am Ende des Wirtschaftsjahres
$G_{a,}$:	ausgeschütteter, "entnommener" Gewinn
G_{na}:	nicht ausgeschütteter, "thesaurierter" Gewinn
E:	"Einlagen", Einzahlung von Eigenkapital

Bei Ermittlung des Gewinns aus der Überschußrechnung folgt:

$$G = BE - A = G_{na} + G_a \qquad (8\text{-}1)$$

Da sich das das Reinvermögen am Ende des Wirtschafsjahrs gegenüber dem Reinvermögen am Beginn des Wirtschaftsjahrs nur durch nicht ausgeschütteten Gewinn ("Unternehmensersparnis") oder durch Einlagen im Verlauf des Wirtschaftsjahrs erhöhen kann, läßt sich der Gewinn auch ausdrücken als Differenz des Reinvermögens zwischen Anfang und Ende des Wirtschaftsjahrs, vermindert um die Einlagen und vermehrt um den ausgeschütteten Gewinn. Bei Vornahme eines Betriebsvermögensvergleichs folgt also der in Formel (8 - 1') wiedergegebene Ausdruck:

$$G = [(V_{t_1} - E) - V_{t_0}] + G_a \qquad (8\text{-}1')$$

Formeln (8-1) bzw. (8-1') entsprechen der Formel (6-1) und können durch Abbildung 8.2 veranschaulicht werden. Diese entspricht ihrerseits der Abbildung 6.1, durch die das Einkommen im Sinne des objektiven Nettoprinzips bei natürlichen Personen veranschaulicht wurde. Abgesehen vom Spezifikum der *Einlage* (von außen erfolgte Zuführung von Vermögen bzw. Eigenkapital), die es im Prinzip nur bei einer juristischen, aber nicht bei einer natürlichen Person geben kann, stimmt die Definition des Gewinns bei juristischen Personen grundsätzlich überein mit der Definition von Einkommen natürlicher Personen gemäß der Reinvermögenszugangstheorie. Die Gewinnausschüttung tritt an die Stelle des Vermögensabflusses zur Bestreitung des Lebensunterhalts (des Konsums) bei natürlichen Personen.

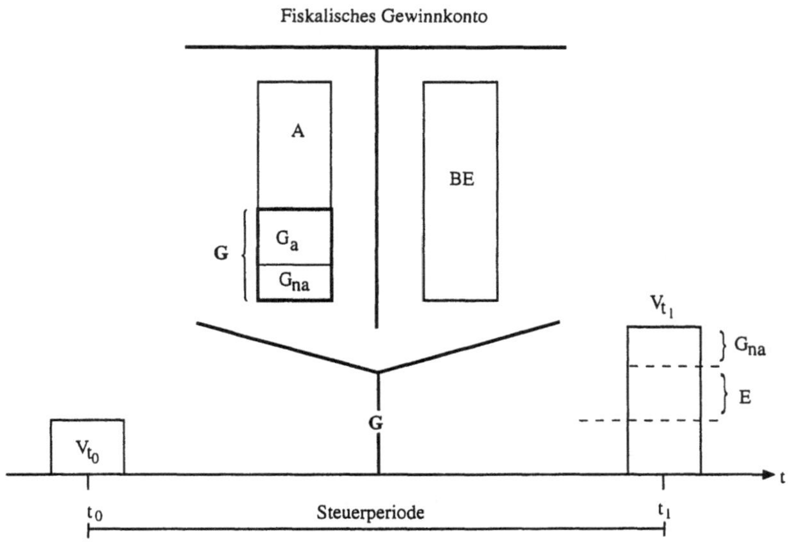

Abb. 8.2: Schematische Darstellung der Gewinnermittlung

II.B Die Ermittlung der Bemessungsgrundlage

Ausgangspunkt für die Festellung des körperschaftsteuerlich relevanten Gewinns ist je nach gewähltem Definitionsansatz entweder die betriebswirtschaftliche Erfolgsrechnung oder die Handelsbilanz. Das Ergebnis der betriebswirtschaftlichen Erfolgsrechnung muß in der Regel allerdings korrigiert werden, um Gleichmäßigkeit der Besteuerung zu gewährleisten und um die Verfolgung steuerpolitischer Ziele zu ermöglichen. Die aus kaufmännischer Sicht wünschbaren und vom Handelsrecht zulässigen Spielräume bei der Ermittlung des Gewinns werden dadurch eingeschränkt. Die Bemessungsgrundlage der Körperschaftsteuer enthält daher u.U. auch Bestandteile, die in der regulären handelsrechtskonformen Jahresüberschußrechnung nicht auftreten, wie z. B. Veräußerungs- oder Geschäftsaufgabegewinne, oder sie ist z.B. um Verluste aus früheren Perioden gekürzt. Korrekturen werden vor allem erforderlich im Fall von *verdeckten Gewinnausschüttungen* sowie bei *Abschreibungen* und *Rückstellungen*. Analoges gilt, wenn der Gewinn durch Vermögensvergleich ermittelt wird.

Als *verdeckte Gewinnausschüttungen* bezeichnet man Geld oder geldwerte Vorteile, die insbesondere einem Allein- oder Miteigentümer einer Kapitalgesellschaft zufließen können, ohne offen als Gewinnausschüttung ausgewiesen und dadurch erkennbar zu sein. Durch verdeckte Gewinnausschüttungen wird der ausgewiesene Gewinn und damit die Bemessungsgrundlage der Körperschaftsteuer verkürzt.

Eventuell bei der Erstellung der Handelsbilanz zulässige verdeckte Gewinnausschüttungen müssen im Hinblick auf die Besteuerung korrigiert werden.

Verdeckte Gewinnausschüttungen können erfolgen durch zu hoch angesetzte Betriebsausgaben bzw. zu niedrig angesetzte Betriebseinnahmen. Sie treten vor allem in folgenden Formen auf:

1.) Wenn der Alleineigentümer oder ein Anteilseigner einer Kapitalgesellschaft zugleich deren Geschäftsführer (ein sog. "active owner") ist und ihm ein unangemessen hohes Gehalt für die Geschäftsführung ausgezahlt wird. Als unangemessen gilt ein Gehalt, das über dem liegt, das einem nicht mit der Gesellschaft kapitalmäßig verbundenen Geschäftsführer gezahlt würde.

2.) Wenn dem (oder einem) Eigentümer der Kapitalgesellschaft für ein bei ihm aufgenommenes Darlehn ein unangemessen hoher Zins vergütet wird.

3.) Wenn die Kapitalgesellschaft einem ihrer Eigentümer ein unangemessen niedrig (oder nicht-) verzinsliches Darlehn gibt.

4.) Wenn ein Eigentümer einer Kapitalgesellschaft dieser Gesellschaft Waren zu einem unangemessen hohen Preis liefert.

5.) Wenn die Kapitalgesellschaft einem ihrer Eigentümer Waren mit unangemessenen Preisnachlässen oder Rabatten abgibt.

6.) Wenn eine Kapitalgesellschaft einem ihrer Eigentümer naturale Leistungen erbringt, indem sie z.B. eine Wohnung, ein Fahrzeug oder andere Gegenstände zu einem unter dem Marktwert liegenden Miet- oder Pachtzins zur Verfügung stellt.

7.) Wenn eine Kapitalgesellschaft die Auslagen des Eigentümers für Liebhabereien als eigene Betriebsausgaben verbucht.

Die Offenlegung verdeckter Gewinnausschüttungen zieht konsequenterweise Korrekturbuchungen bei den in der Steuerbilanz ausgewiesenen Aktiven oder Passiven nach sich, z.B. in Form von (erhöhten) Forderungen gegenüber dem begünstigten Gesellschafter oder durch Verringerung der ihm gegenüber bestehenden Verbindlichkeiten.

Für die Höhe des Gewinnausweises einer Periode als Bemessungsgrundlage der Körperschaftsteuer sind vor allem auch die steuerlich zulässigen Abschreibungen von Bedeutung. Abschreibungen sollten grundsätzlich die einer Periode zuzurechnenden Wertminderungen von Wirtschaftsgütern, die auf Grund ihrer natürlichen, technischen oder rechtlichen Eigenschaften im Produktionsprozeß Nutzungen über mehrere Perioden hinweg abgeben, als Aufwand (Betriebsausgaben) zum Ausdruck bringen. Auch beim Umlaufvermögen, also z.B. den Warenvorräten, können Abschreibungen notwendig werden, weil z.B. äußere Umstände zu einer Wertminderung geführt haben. Es sollten weder die Wertminderung unterschreitende noch sie überschreitende Abschreibungen auftreten. Im ersten Fall würde nämlich mehr, im zweiten Fall weniger als der ökonomisch korrekte Gewinn besteuert. Beides sollte im Prinzip vermieden werden, denn im ersten Fall würde neben dem Periodengewinn auch Aufwand, d.h. *Scheingewinne* besteuert, während im zweiten Fall eine Begünstigung bzw. eine Besteuerungslücke entstünde, die ebenfalls gegen die Grundsätze der Gleichmäßigkeit und Gerechtigkeit der Besteuerung verstieße.

Die zeitliche Verteilung der Abschreibungen ist von erheblicher Bedeutung für die Höhe der Steuerschuld einer Periode. Wird eine raschere als die ökonomisch richtige Abschreibung zugelassen, sinkt der *effektive* Steuersatz auf den Gewinn. Der effektive Steuersatz ist im Unterschied zum nominalen, gesetzlich festgelegten Tarif eine rechnerische Größe. Je schneller Anlagegüter abgeschrieben werden dürfen, desto geringer ist der effektive Steuersatz, mit dem der Gewinn belastet wird: Der Gegenwartswert der Steuern auf dem von einem Anlagegut erzeugten Gewinn sinkt durch eine raschere Abschreibung. Die dadurch vermehrt auf später verschobene Steuer hat den Effekt eines vom Fiskus dem Unternehmer gewährten zinslosen Darlehens. Wird die "Steuerersparnis" sofort wieder investiert, dann wirkt die Begünstigung umso nachhaltiger.

Es gibt verschiedene Abschreibungsmethoden. Eine *degressive* Abschreibung besteht aus fallenden absoluten Jahresbeträgen bei abnehmenden Abschreibungsprozentsätzen bezogen auf den Anschaffungswert, eine *lineare* Abschreibung besteht aus gleichbleibenden Jahresbeträgen (gleichbleibenden Abschreibungsprozentsätzen bezogen auf den Anschaffungswert. Es gibt auch Abschreibungen nach Maßgabe einer feststellbaren Leistungsabgabe bzw. Inanspruchnahme oder außerplanmäßige Abschreibungen bei außergewöhnlicheer technischer oder wirtschaftlicher Entwertung eines Anlagegutes und schließlich Abschreibung auf den *Teilwert* eines Aktivums (im Rahmen des Gesamtunternehmenswertes).

Das Problem bei der steuerlich zulässigen Festlegung der einer Periode zuzurechnenden Abschreibungen besteht vor allem darin, daß der im Einzelfall über die "richtige" Höhe von Abschreibungen in der Regel am besten informierte Unternehmer nicht primär an theoretischer Richtigkeit, sondern an der Erzielung von Gewinn interessiert ist. Neben kaufmännischen Gesichtspunkten aller möglichen Art hat für ihn Steueroptimierung Vorrang. Man kann es also nicht ausschließlich ihm überlassen, die ökonomisch richtigen Abschreibungen zu bestimmen. Das Handelsrecht hat zwar die allgemeingültigen kaufmännischen Gesichtspunkte kodifiziert, fügte ihnen jedoch vor allem als Gebot hinzu, auch den *Gläubigerschutz* und das *Vorsichtsprinzip* zu beachten.

Das Steuerrecht sollte sich nicht ohne Grund über kaufmännische Gesichtspunkte bzw. handelsrechtliche Vorschriften hinwegsetzen, um nicht wirklichkeitsfremd zu werden. Der Steuergesetzgeber verfügt nicht über bessere Informationen als der Unternehmer und ist nicht "klüger" als das Handelsrecht. Daher sollte das Steuerrecht die Wahl der Abschreibungsmethode möglichst dem einzelnen Unternehmer überlassen. Doch muß es andererseits in typisierender oder erfahrungsbasierter Weise Obergrenzen für die Höhe der Abschreibungssätze oder Untergrenzen für die Abschreibungsfristen (Nutzungsdauern) setzen, damit die Grundsätze der Besteuerung nicht verletzt werden und die theoretische Fundierung der Besteuerung auf der Reinvermögenszugangstheorie nicht verlassen wird. Während das Handelsrecht vielfach Abschreibungen zuläßt, die über den ökonomischen Werteverzehr einer Periode hinausgehen, um Spielräume für eine aus kaufmännischen Gründen als notwendig angesehene Bildung stiller Reserven zu fördern, muß das Steuerrecht die Bildung *stiller Reserven* in Grenzen halten.

Auch *Rückstellungen* beeinflussen die Höhe des Gewinns einer Periode. Rückstellungen sind "reserviertes" und daher der Gewinnbesteuerung entzogenes Eigenkapital. Sie sind für die Absicherung drohenden, aber noch nicht realisierten Aufwands bestimmt. Rückstellungen werden gebildet, um Lasten, die in der laufenden Periode entstanden sind, aber erst in der Zukunft zu Ausgaben oder Mindereinnahmen führen, bereits in der Erfolgsrechnung der laufenden Periode als Aufwand zu verrechnen. Typische Rückstellungen sind Pensionsrückstellungen, Rückstellungen für zu erwartende Forderungsausfälle oder Rückstellungen für aufgeschobene Reparaturen bzw. für in der laufenden Periode nicht vorgenommenen Unterhaltsarbeiten an Gegenständen des Anlagevermögens. Steuerlich gesehen sind Rückstellungen Betriebsausgaben, die wie die Abschreibungen dazu beitragen sollten, der Körperchaftsbesteuerung den ökonomisch richtigen Gewinn der laufenden Periode zugrundezulegen.

II.C Verflechtungen von Körperschaften

Gewinn fließt natürlichen Personen oft nur auf Umwegen zu. Dies ist z.B. der Fall, wenn die Gewinnausschüttung zuerst an eine *andere Gesellschaft* erfolgt und erst diese die empfangene Auschüttung an den Anteilseigner weiterreicht. Die kapitalmäßige Beteiligung von Kapitalgesellschaften an anderen Kapitalgesellschaften ist eine weitverbreitete Erscheinung. Ein Beispiel für real auftretende Verflechtungen von Kapitalgesellschaften wird in Abbildung 8.3. gezeigt.

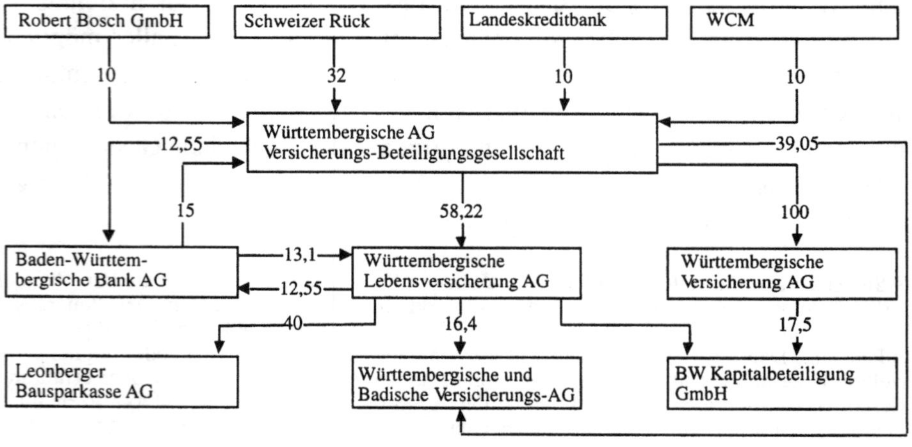

Abbildung 8.3: Ein Beispiel real anzutreffender Unternehmensverflechtungen[2]

2 Frankfurter Allgemeine Zeitung vom 4. November 1998.

Verflechtungen der gezeigten Art machen es erforderlich, eine *mehrfache Belastung* mit Körperschaftsteuer zu vermeiden. Um das zu erreichen, gibt es grundsätzlich zwei Lösungen: Entweder man besteuert die an eine Körperschaft ausgeschütteten, jedoch bereits bei einer anderen Körperschaft versteuerten Gewinne kein weiteres Mal oder man betrachtet die Gewinn ausschüttende und die Gewinn empfangende Körperschaft steuerlich als eine Einheit. Im ersten Fall werden die bei der empfangenden Gesellschaft eintreffenden Gewinne entweder nicht als Betriebseinnahmen betrachtet oder die bei der ausschüttenden Gesellschaft bezahlte Körperschaft wird bei der Körperschaftsteuerschuld der empfangenden Gesellschaft angerechnet. Im zweiten Fall werden Ausschüttungen steuerlich "wegdefiniert", indem die beiden Erfolgsrechnungen bzw. Handelsbilanzen steuerlich als zusammengelegt betrachtet werden. In den meisten Ländern werden aus administrativ-praktischen Gründen gewisse Voraussetzungen für die Vermeidung von Mehrfachbelastung verlangt, in der Regel eine Mindestbeteiligung der Muttergesellschaft an der Tochtergesellschaft. Die juristischen Konstruktionen, die zu diesem Zweck gebildet wurden, werden als *Schachtelprivileg, Holdingprivileg* oder *Organschaft* oder als *Beteiligungsabzug* bezeichnet.

Bei Verflechtungen von Körperschaften kann allerdings nicht nur das Problem der Mehrfachbesteuerung ausgeschütteter Gewinne entstehen, sondern in vielen Fällen auch das der verdeckten Gewinnausschüttung bzw. der Gewinnverschiebung *zwischen Körperschaften.* Bei miteinander verbundenen Körperschaften, vor allem wenn sie ihren Sitz in verschiedenen Gebietskörperschaften mit unterschiedlicher Belastung der Gewinne haben, besteht ein Anreiz, durch zu hohe oder zu niedrige Verrechnungspreise bei Transaktionen zwischen ihnen Gewinne in verdeckter Weise auszuschütten bzw. dort entstehen zu lassen, wo sie am niedrigsten besteuert werden. Durch Korrekturen nach dem Prinzip des Drittvergleichs ("dealing-at-arm's-length-Prinzip") müssen derartige verdeckte Gewinnausschüttungen bzw. -verschiebungen unterbunden werden (siehe dazu Abschnitt VI.A des elften Kapitels).

III. Alternative Modelle der Körperschaftsbesteuerung

In Deutschland, Österreich und in der Schweiz sind unterschiedliche Modelle der Körperschaftsbesteuerung realisiert. Dasselbe gilt für den Rest der Welt. Außerdem gibt es in der wissenschaftlichen Literatur entwickelte Modelle.

Modelltyp I: *Klassische Körperschaftsteuer.* Sie ist eine Steuer, bei der die juristische Person als ein von ihren Eigentümern (Anteilseignern) getrenntes ("separiertes") Steuersubjekt angesehen wird. Der Gewinn (das "Einkommen") soll in einer speziell auf eine juristische Person zugeschnittenen Weise belastet werden. Der an natürliche Personen ausgeschüttete Teil des Gewinns wird daher unabhängig von der Belastung durch die Körperschaftsteuer nochmals durch die Einkommensteuer (oder eine an ihrer Stelle erhobene Steuer) belastet. Es gibt fünf Varianten der klassischen Körperschaftsteuer.

Variante I.A: Es wird der Gesamtgewinn der Körperschaft *proportional besteuert, d.h.* ohne Berücksichtigung, ob er ausgeschüttet wird oder nicht.

Variante I.B: Es wird ein *progressiver* Tarif auf den Gesamtgewinn einer Körperschaft angewendet. Die Progression soll eine unterstellte eigenständige Art von "Leistungsfähigkeit" der juristischen Person berücksichtigen.

Im Kanton Zürich wie auch in den meisten anderen Kantonen wird die *Eigenkapitalrendite* als Indikator der Leistungsfähigkeit von juristischen Personen angesehen. Die Höhe des Steuersatzes richtet sich nach der Höhe dieser Rendite, d.h. nach der Relation von Gewinn zu Eigenkapital der juristischen Person: Bei gegebenem Eigenkapital ist der Steuersatz um so höher, je höher der Gewinn ist. (Der Tarifverlauf der Zürcher Körperschaftsteuer wurde in Abschnitt IV.A des dritten Kapitels dargestellt.)

Variante I.C: Bei dieser Variante des klassischen Modells wird der einbehaltene Teil des Gewinns niedriger besteuert als der ausgeschüttete Teil. Dadurch wird ein Anreiz für die Nichtausschüttung gesetzt. Ein solcher *gespaltener Körperschaftsteuersatz* kann beispielsweise dem Zweck einer Gewinnthesaurierung dienen, um eine als unerwünscht anzusehende Unterkapitalisierung der Unternehmen, z.B. infolge von Kriegszerstörungen, zu überwinden.

Variante I.D: Bei dieser Variante liegt ebenfalls ein *gespaltener Körperschaftsteuersatz* vor, jedoch mit einem den ausgeschütteten Gewinn geringer belastenden Tarif: Die Unternehmen erhalten einen Anreiz zur Ausschüttung, und die Doppelbelastung der Ausschüttung wird gemildert.

Variante I.E: In diesem Fall wird anders als bei den Varianten I.A bis I.D der ausgeschüttete Gewinn *beim Empfänger* statt mit der regulären Einkommensteuer nur mit einer reduzierten Steuer belastet. (Berücksichtigung der Doppelbelastung im Rahmen der Einkommensbesteuerung.)

Modelltyp II.A: *Vollintegrierte Körperschaftsteuer ("Teilhabersteuer").* Die Körperschaftsteuer hat, zumindest für die im Inland ansässigen Anteilseigner (Teilhaber), nur noch den Charakter einer Vorab- oder Quellensteuer im Hinblick auf die Einkommensteuer natürlicher Personen. Der gesamte Gewinn der Körperschaft gilt als "durchgeschüttetes" Einkommen der Teilhaber, und die darauf entrichtete Körperschaftsteuer wird ihnen nach Maßgabe ihres Beteiligungsanteils als Guthaben an vorausbezahlter Einkommensteuer "weitergereicht". Die Körperschaft dient bezüglich des Gewinns nur als ein "Durchlaufkanal".

Beispiel

Drei natürlichen Personen X, Y und Z gehöre das Eigenkapital einer Aktiengesellschaft im Verhältnis 5 : 3 : 2. Der Gewinn betrage 1000, der Körperschaftsteuersatz 30%. Die drei Anteilseigner sind am Gesamtgewinn von 1000 also mit 500 (für X), 300 (für Y) und 200 (für Z) beteiligt. Die Ausschüttungsquote der AG betrage 40%. Nach Abführung der Steuer in Höhe von 300 werden demnach 280 ausgeschüttet und 420 (= 60% von 700) dem Eigenkapital der Gesellschaft zugeführt. Die Eigentümer erhalten Barausschüttungen von 140, 84 und 56. Ihre Kapitalbeteiligungen erhöhen sich um 210 (für X), 126 (für Y) und 84 (für Z). Am Gewinn nach Steuer ist demnach X mit 350, Y mit 210 und Z mit 140 beteiligt. Als Beleg für ihre Anteile an der bezahlten Körperschaftsteuer (KSt) erhalten sie Gutschriften von 150 (für X), 90 (für Y) und 60 (für Z). In der folgenden Tabelle ist das Ergebnis zusammengestellt.

Anteils-eigner	Beteili-gungs-anteil	zu versteuerndes Einkommen	Barausschüttung	Erhöhung der Kapitalbeteiligung	auf Teilhaber entfallende KSt
X	50 %	500	140	210	150
Y	30 %	300	84	126	90
Z	20 %	200	56	84	60
		1'000	280	420	300

Bei der Einkommensteuer müssen die Anteilseigner die in der dritten Spalte angegebenen Beträge als (zum übrigen Einkommen hinzukommendes) Einkommen versteuern, können aber andererseits die in der letzten Spalte angegebenen Gutschriften als bezahlte Einkommensteuer von ihrer insgesamt sich ergebenden Steuerschuld abziehen. Die Einkommensberechnung wird im Abschnitt IV.B.1 detailliert dargestellt.

Modelltyp II.B: Üblicherweise als *"Anrechnungsmodell" ("imputation system")* bezeichnet. Es wird *(nur) ausgeschütteter Gewinn bzw. die Körperschaftsteuer darauf in die Einkommensbesteuerung natürlicher Personen integriert.* Es gibt verschiedene Varianten, je nachdem, ob die (auf ausgeschüttete Gewinne entfallende) Körperschaftsteuer in *vollem Umfang* ("full imputation") oder nur *teilweise* bei der Einkommensteuer angerechnet wird. Bei sog. *Teilanrechnung* ("partial imputation") kann beispielsweise nur die Hälfte der Körperschaftsteuer, die auf dem zur Ausschüttung kommenden Teil des Gewinns bezahlt wurde, als Steuergutschrift von der Einkommensteuerschuld abgezogen werden.

Beispiel für Vollanrechnung

Unter den gleichen Annahmen bezüglich der Beteiligungsverhältnisse, des Gewinns der Körperschaft, des Körperschaftsteuersatzes und des Ausschüttungsverhältnisses wie im vorangegangenen Beispiel erhalten X, Y und Z jetzt eine Steuergutschrift nur für die auf den ausgeschütteten Gewinn bezahlte Körperschaftsteuer. Die nachfolgende Tabelle enthält die nunmehr bei der Einkommensteuer anrechenbaren Steuergutschriften (vorletzte Spalte).

Anteils eigner	Beteili-gungs-anteil	Barausschüttung	Steuergutschrift	zu versteuerndes Einkommen aus Beteiligung
X	50 %	140	60	200
Y	30 %	84	36	120
Z	20 %	56	24	80
		280	120	400

Ein ausführliches Beispiel einer teilintegrierten Körperschaftsteuer mit Vollanrechnung wird in Abschnitt VI.A (weiter unten) vorgestellt. Es handelt sich um die von 1977 bis 2001 in Deutschland praktizierte Körperschaftsbesteuerung.

Modelltyp III: *Freistellungsmodelle.* Es gibt grundsätzlich zwei Möglichkeiten einer Freistellung: Man kann erstens den ausgeschütteten Gewinn beim Unternehmen unbesteuert lassen, Körperschaftsteuer also nur auf den einbehaltenen Gewinn erheben ("Dividend-Deduction"-Modell, Variante III.A). Oder man kann den mit Körperschaftsteuer belasteten ausgeschütteten Gewinn keiner weiteren Steuer, also auch nicht der Einkommensbesteuerung unterwerfen ("Dividend-Exemption"-Modell, Variante III.B).

Die folgende Übersicht zeigt, welche Formen der Körperschaftsbesteuerung es gibt und welche Form in welchem Staat 2002 angewendet wird.

Unterschiedliche Formen der Körperschaftsbesteuerung

- I. Klassische Formen
  - I.A Proportionale Steuer auf Gesamtgewinn [1]
  - I.B Progressive Steuer auf Gesamtgewinn [2]
  - I.C Reduzierte Steuer auf Ausschüttung [3]
  - I.D Reduzierte Steuer auf einbehaltenem Gewinn
  - I.E Reduzierte Besteuerung beim Dividendenempfänger [4]
- II. Integrierte Formen
  - II.A Vollintegration der KSt in die Einkommenbesteuerung des Dividendenempfängers
  - II.B Anrechnung der KSt auf ausgeschüttetem Gewinn bei der Einkommensteuer des Dividendenempfängers [5]
- III. Formen mit Freistellung
  - III.A Freistellung des ausgeschütteten Gewinns von der Besteuerung beim Unternehmen
  - III.B Freistellung des ausgeschütteten Gewinns von der Besteuerung beim Empfänger [6]

1) Irland, USA
2) Schweiz
3) Deutschland bis 1977
4) Belgien, Dänemark, Deutschland ab 2002, Luxemburg, Niederlande, Österreich und Schweden
5) Vollanrechnung: Deutschland 1977 - 2001
Teilanrechnung: Australien, Finnland, Frankreich, Großbritannien, Italien, Japan, Kanada, Portugal und Spanien
6) Griechenland, Norwegen

IV. Separation oder Integration von Körperschafts- und Einkommensbesteuerung ?

Die Tatsache, daß höchst unterschiedliche Modelle der Körperschaftsbesteuerung in der Realität anzutreffen sind, deutet bereits darauf hin, daß die Art und Weise der Körperschaftsbesteuerung umstritten ist. Es gibt nicht nur geteilte Meinungen darüber, welches Modell steuertheoretisch oder steuersystematisch vorzuziehen ist, bevorzugt werden unterschiedliche Modelle auch auf Grund unterschiedlicher ökonomischer und politischer Interessenlagen. Während von Seiten der Finanzwissenschaft und der Betriebswirtschaftslehre überwiegend das Integrationsprinzip befürwortet wird, d.h. die Integration der Körperschaftsbesteuerung in die Einkommensbesteuerung, überwiegen auf Seiten der Politik und teilweise auch auf Seiten des Managements großer Kapitalgesellschaften immer noch die Anhänger des klassischen Körperschaftsmodells, d.h. des sog. *Separations-* oder *Trennungsprinzips*.

IV.A Beurteilung der klassischen Körperschaftsteuer

1.) Eine aus der Anfangszeit der Körperschaftsbesteuerung stammende, gewissermaßen naive Rechtfertigung der Körperschaftsteuer als eigenständiger Steuer (unter Inkaufnahme der Doppelbelastung ausgeschütteter Gewinne) bestand in der Annahme, daß eine Institution mit der Bezeichnung *"juristische Person"*, eine *eigene Leistungsfähigkeit* habe, weil sie gleiche oder ähnliche Merkmale aufweise wie natürliche Personen. Daraus wurde eine analog zu natürlichen Personen vorzunehmende Besteuerung abgeleitet.

Die Problematik dieses Rechtfertigungsansatzes besteht darin, daß aus formalen bzw. sprachlichen Analogien materielle Konsequenzen gezogen werden. Das von der Finanzwissenschaft entwickelte Konzept der Leistungsfähigkeit ist auf natürliche Personen zugeschnitten und beinhaltet die Fähigkeit einer natürlichen Person, auf einen bestimmten Teil ihrer privaten Beürfnisbefriedigung zu verzichten. Von der Leistungsfähigkeit einer juristischen Person zu sprechen ist daher so unpassend, wie es wäre, bei ihr von einem Existenzminimum zu sprechen.

2.) Zur herkömmlichen Rechtfertigung der klassischen Körperschaftsteuer diente auch immer wieder der Hinweis auf das Privileg der *Haftungsbeschränkung*: Dadurch werde einer juristischen Person ein Wettbewerbsvorteil gegenüber einer nicht in diese Rechtsform eingekleideten Unternehmenstätigkeit verschafft, was zu höheren und sicherer fließenden Gewinnen bzw. zu einer höheren und risikoärmeren Rendite führe.

Gegen dieses Argument ist jedoch einzuwenden, daß eventuell höhere Gewinne juristischer Personen infolge verbilligter Kapitalbeschaffung sich letztlich auch in höheren Einkommensteuern der Kapitaleigentümer niederschlagen. Eine *Doppelbelastung* der ausgeschütteten Gewinne läßt sich auf diese Weise nicht begründen, sondern allenfalls eine Körperschaftsteuer nur auf die thesaurierten Gewinne, um auf diese Weise die von den persönlichen Einkommensteuern meist nur unvollständig erfaßten Kapitalgewinne (Wertsteigerungen der Teilhaberpapiere) zu besteuern.

3.) Vielfach wurden bzw. werden zugunsten der klassischen Körperschaftsteuer *Äquivalenzargumente* vorgebracht. Es wird auf die an die Körperschaften erbrachten öffentlichen Leistungen verwiesen, die es rechtfertigten, auf deren Gesamtgewinn eine eigenständige Steuer aufzuerlegen. Dies gelte insbesondere für den Fall ausländischer Unternehmen, denen eine im Inland erstellte Infrastruktur für die Produktion und Wertschöpfung zur Verfügung gestellt werde (Besteuerung im Quellenland - siehe dazu Abschnitt II des elften Kapitels).

Sieht man vom Spezialfall ausländischer Direktinvestitionen ab, dann spricht gegen diese Rechtfertigung, daß die Vorleistungen des Staates nicht nur juristischen Personen, sondern auch (inländischen) Unternehmen natürlicher Personen zugute kommen. Sollen die Vorteile solcher Vorleistungen steuerlich abgegolten werden, dann sollte nicht nach der Rechtsform differenziert werden. Da kostenträchtige öffentliche Leistungen vor allem auf der Gemeindeebene erbracht werden, kommen unter dem Äquivalenzgesichtspunkt in erster Linie kommunale Steuern in Betracht. (Siehe dazu Abschnitt IV.C des zwölften Kapitels).

4.) Zur Rechtfertigung einer eigenständigen Körperschaftsteuer wird oft das fiskalische Ziel der Einnahmenbeschaffung vorgebracht. Durch eine eigenständige Körperschaftsteuer unter Inkaufnahme der Doppelbelastung ausgeschütteter Gewinne könnten andere Steuern, insbesondere die Einkommensteuer natürlicher Personen niediger ausfallen.

Geht man davon aus, daß insgesamt gesehen ein bestimmtes Steueraufkommen erzielt werden soll, dann ist es zwar theoretisch zutreffend, daß im Umfang des Steueraufkommens der eigenständigen Körperschaftsteuer z.B. die Einkommensteuer natürlicher Personen geringer ausfallen kann. Diesem eventuellen Vorteil müssen aber die weiter unten noch darzustellenden nachteiligen Wirkungen der *Doppelbelastung ausgeschütteter Gewinne* gegenübergestellt werden. Das fiskalische Ziel allein liefert daher keine befriedigende Rechtfertigung der klassischen Körperschaftsteuer. Auch die Vermeidung von Hinterziehung erfordert nicht den klassischen Typ der Körperschaftsteuer. Der Anreiz zur Hinterziehung läßt sich auch mit einer integrierten Körperschaftsteuer vermeiden.

5.) Ein weiterer Rechtfertigungsansatz für eine eigenständige Körperschaftsteuer ist *wirtschaftspolitischer Natur*. Da vor allem große Unternehmen die Form einer juristischen Person haben, bildet die Einflußnahme auf Tarif und Bemessungsgrundlagen von Körperschaftsteuern einen wirkungsvollen Ansatzpunkt für eine wirtschaftspolitische Steuerung des Investitionsverhaltens dieser Unternehmen und damit der Konjunktur und Beschäftigung. Durch Variation der Körperschaftsteuerbelastung kann politisch leichter einer konjunkturbedingten Investitionsschwäche gegengesteuert werden oder im internationalen Wettbewerb ein Standortvorteil erzeugt werden als z.B. bei der Einkommensteuer, weil soziale und verteilungspolitische Gesichtspunkte bei der Körperschaftsteuer ein geringeres Gewicht als bei der Einkommensteuer haben.

Gegen diesen Rechtfertigungsversuch ist einzuwenden, daß die klassische Form der Körperschaftsbesteuerung nicht eine notwendige Voraussetzung für eine wirtschaftspolitische Steuerung ist. Auch eine integrierte Form der Körperschaftsbesteuerung bietet steuerungspolitische Ansatzpunkte, wobei allerdings zuzugeben ist, daß durch die Integration in die Einkommensbesteuerung gewisse Steuerungsmöglichkeiten, wie sie nur im Rahmen der klassischen Körperschaftsteuer möglich sind, entfallen.

6.) Des weiteren gibt es einen Versuch zur Rechtfertigung der klassischen Körperschaftsteuer aus *ordnungspolitischer* Sicht: Die Körperschaftsteuer ist vor allem eine Steuer, die große Unternehmen trifft. Indem die dort erwirtschafteten Gewinne stärker belastet werden als bei den nicht in juristischer Form organisierten, in der Regel also eher mittelständischen Unternehmen, kann steuerlich die Attraktivität von Großunternehmen eingeschränkt werden. Die Körperschaftsteuer sei insofern ein Instrument zur Eindämmung der Konzentration in der Wirtschaft.

Diese Begründung einer klassischen Körperschaftsteuer steht gerade angesichts der heutigen Globalisierung auf sehr schwachen Füßen. Zu berücksichtigen ist jedoch vor allem, daß es wirksamere Instrumente zur Erreichung unerwünschter Konzentration gibt.

7.) Zur Rechtfertigung einer klassischen, eigenständigen Körperschaftsteuer kann schließlich noch vorgebracht werden, daß die in eine juristische Form eingekleideten Unternehmen in den meisten Fällen von angestellten Managern und nicht von ihren Eigentümern geführte Unternehmen sind, d.h. Veranstaltungen sind, die vor allem ihren Managern einen hohen Nutzen abwerfen. Diese kommen neben ihrem Einkommen in den Genuß eines oft hohen Dispositionsnutzens aus der Führung ihres Unternehmens. Weder bei der persönlichen Einkommensteuer noch bei einer daneben eventuell erhobenen persönlichen Vermögensteuer wird der

Wert dieses Nutzens steuerlich erfaßt. Die Körperschaftsteuer bei managergeführten Großunternehmen würde also gewissermaßen als Schließung einer Lücke im Steuersystem gerechtfertigt.

Dieser Argumentation ist entgegenzuhalten, daß es neben managergeführten Körperschaften auch viele von ihren Eigentümern geführte Körperschaften gibt und daß es kaum möglich ist, einen unternehmensinduzierten Dispositionsnutzen zu quantifizieren. Ein solcher Dispositionsnutzen hängt im übrigen wohl auch eher von anderen Größen als nur vom Gewinn der Körperschaft ab, so daß sich eine klassische Körperschaftsteuer auf diese Weise ebenfalls nicht rechtfertigen ließe.

Noch weniger als eine der proportionalen Grundvarianten der klassischen Körperschaftsteuer läßt sich die progressiv gestaltete Variante rechtfertigen. Ist schon der Leistungsfähigkeitsbegriff als solcher nicht auf den Unternehmensbereich übertragbar, so erst recht nicht der Progressionsgedanke. Dieser kann nicht aus dem Zusammenhang mit Nutzenvorstellungen oder der Berücksichtigung des Existenzminimums natürlicher Personen herausgelöst werden. Auch ist eine von der *Eigenkapitalrendite* abhängige Progression wirtschaftspolitisch wenig sinnvoll, denn der Gewinn hochkapitalisierter Unternehmen wird vergleichsweise niedrig und derjenige schwach kapitalisierter Unternehmen vergleichsweise hoch belastet. Eine solche Progression schont die Starken und benachteiligt die Schwachen. Diese Schwachen sind jedoch oft die neu in den Markt eintretenden und besonders innovativen Unternehmen.

IV.B Gründe für die Integration

Nachdem die kritische Durchsicht der für die klassische Körperschaftsteuer vorgebrachten Argumente ergeben hat, daß sich eine Körperschaftsteuer, die *eine Doppelbelastung ausgeschütteter Gewinne einschließt,* aus finanzwissenschaftlicher Sicht nicht rechtfertigen läßt, stellt sich nunmehr die Frage, mit welchen Argumenten eine in die Einkommensbesteuerung integrierte Körperschaftsbesteuerung (ein sog. "partnership approach") begründet werden kann.

1.) Körperschaften sind in die Rechtsform einer juristischen Person gekleidete Unternehmen, die von ihren Eigentümern (Anteilseignern, Teilhabern) in der grundsätzlich gleichen Absicht wie eine Personengesellschaft gegründet werden, um durch unternehmerische Tätigkeit Einkommen zu erzielen. Dieses fließt dem Anteilseigner entweder durch Ausschüttung des Gewinns zu oder es wird thesauriert und schlägt sich als Ausdruck der Substanzvermehrung des Unternehmens im höheren Wert seiner Anteile nieder. Im Fall der Thesaurierung entspricht es dem Willen der Gesellschafter, auf den sofortigen Empfang des gesamten Gewinns zu verzichten und einen Teil als Ersparnis im Unternehmen zu belassen. Es resultiert ein Buchgewinn. Der Gewinn von Körperschaften wird somit immer zu Einkommen natürlicher Personen. Es ist daher geboten, die Besteuerung des thesaurierten Gewinns von Körperschaften als eine Form ersatzweiser Einkommensbesteuerung natürlicher Personen anzusehen.

Werden thesaurierte Gewinne im Rahmen der integrierten Körperschaftsteuer definitiv erfaßt, dann dürfen *substanzbasierte Wertsteigerungen* der Anteilspapiere nicht nochmals im Rahmen der Einkommensbesteuerung erfaßt werden. Die sog. Spekulationsteuer (Einkommensteuer auf realisierten Wertsteigerungen) muß auf den Fall kurzfristig realisierter Kursgewinne (innerhalb von z.B. 6 oder 12 Monaten) beschränkt bleiben, ansonsten erfolgt eine Doppelbelastung.

2.) Die Integration der Körperschaftsteuer in die Einkommensbesteuerung bedeutet, daß die unterschiedliche steuerliche Behandlung des Gewinns bei unterschiedlicher Rechtsform grundsätzlich keine Rolle mehr spielt. Es wird also *erstens* Rechtsformneutralität erreicht, d.h. die Wahl der Rechts- oder Organisationsform wird nicht aus steuerlichen Gründen beeinflußt bzw. verzerrt. *Zweitens* wird durch die Integration die Finanzierung neuer Investitionen durch Aufnahme von Beteiligungskapital (Ausgabe neuer Anteilspapiere) nicht gegenüber der Aufnahme von *Fremdkapital* diskriminiert. Die Verzinsung von Fremdkapital ist als Betriebsausgabe abzugsfähig. Werden Gewinne wie Zinsen nur mit der Einkommensteuer des Eigentümers steuerlich belastet, dann wird Beteiligungsfinanzierung (Aufnahme von Eigenkapital) nicht gegenüber Fremdfinanzierung steuerlich diskriminiert, d.h. es erfolgt keine steuerlich hervorgerufene Verzerrung der Finanzierungsentscheidung. Insbesondere werden dann neu zu gründende Firmen, die nicht wie etablierte Firmen die notwendigen Sicherheiten bieten können, um an (billigeres) Fremdkapital heranzukommen, sondern auf Beteiligungskapital angewiesen sind, nicht benachteiligt. Bei Integration entfällt schließlich auch der von der klassischen Körperschaftsteuer und der bei ihr auftretenden Doppelbelastung des ausgeschütteten Gewinns ausgelöste Anreiz zur Gewinnthesaurierung (Nichtausschüttung). Ein solcher Anreiz liegt nicht im Interesse einer effizienten Kapitalallokation. Neu gebildetes Kapital sollte dorthin fließen, wo es den höchsten Ertrag abwirft. Die Entscheidung darüber können am besten die Kapitaleigentümer treffen, indem sie den ausgeschütteten Gewinn dort investieren, wo sie die beste Entlohnung erwarten können.

Die Verzerrungswirkung der klassischen Körperschaftsteuer läßt sich zumindest teilweise bestreiten, wenn man unterstellt, aus Sicht der Kapitaleigner stelle diese Steuer eine Zusatzbelastung des im Körperschaftssektor investierten Kapitals dar ohne Unterschied, ob dieses ausgeschüttet oder thesauriert werde, denn auch der thesaurierte Gewinn werde irgendwie und irgendwann ebenfalls doppelt mit Einkommensteuer belastet. Bei Unterstellung einer solchen Sicht kann gezeigt werden, daß die Verzerrungswirkungen der klassischen Körperschaftsteuer zugunsten der Thesaurierung nicht auftreten müssen. Allerdings müssen, um dieses Ergebnis zu erhalten, eine Reihe sehr spezieller Annahmen zu Grunde gelegt werden. Die Relevanz dieser sog. "neuen Sichtweise" ("new view"), ist bisher empirisch noch nicht zweifelsfrei erwiesen.

3.) Auch die *Gleichmäßigkeit der Besteuerung* und das Leistungsfähigkeitsprinzip erfordern eine Integration der Körperschaftsbesteuerung in die Einkommensbesteuerung. Beide Anforderungen werden nur dann nicht verletzt, wenn der Körperschaftsgewinn wie Einkommen der Teilhaber behandelt wird. Nur in diesem Fall spielt es keine Rolle, ob eine Person ihr Vermögen einer Körperschaft zur Verfügung stellt oder ob sie es anderweitig unternehmerisch einsetzt.

IV.B.1 Vollintegration

Obwohl die (volle) Integration der Körperschaftsteuer in die Einkommensbesteuerung aus theoretischer Sicht gut begründet ist, wurde sie bisher nirgendwo verwirklicht. Bevor die dafür verantwortlichen Gründe benannt werden, soll zuerst anhand eines Beispiels die Funktionsweise einer voll in die Einkommensbesteuerung integrierten Körperschaftsteuer dargestellt werden.

Beispiel
Unter Fortführung des oben (in Abschnitt III) zum Modelltyp II.A (*"Vollintegrierte Körperschaftsteuer"*) gegebenen Beispiels sei angenommen, die drei Teilhaber X, Y und Z würden auf Grund ihres Gesamteinkommens wie folgt veranlagt: X werde mit durchschnittlich 30%, Y und Z mit 40% bzw. 20% besteuert. Für X ist die auf seinen Gewinnanteil von 500 entfallende Einkommensteuer von 200 im Umfang von 150 von der Körperschaft bereits entrichtet, er schuldet keine Nachzahlung mehr. Sein Netto-Bareinkommen aus der Kapitalbeteilung beläuft sich somit auf 140. Auf den Gewinnanteil des Y (von 300) hat die Körperschaft eine Steuer von 90 abgeführt. Da aber Y 40% Einkommensteuer (= 120) schuldet, muß er im Rahmen seiner Einkommensteuerveranlagung noch 30 nachzahlen. Sein Netto-Bareinkommen beträgt 84 - 30 = 54. Bei Z schließlich übertrifft die Vorauszahlung der Körperschaft von 60 seine Einkommensteuerschuld von 40. Er erhält im Rahmen seiner Einkommensteuerveranlagung eine Gutschrift bzw. Erstattung von 20. Sein Netto-Bareinkommen beträgt 56 + 20 = 76.

Anteils-eigner	Beteili-gungs-anteil	Ein-kommen-steuersatz	Baraus-schüttung	abgeführte Körper-schaftsteuer	Einkommen-steuerschuld aus Beteiligung	Nachzahlung (+) oder Erstattung (–)	Netto-Baraus-schüttung
X	50 %	30 %	140	150	150	-	140
Y	30 %	40 %	84	90	120	+ 30	54
Z	20 %	20 %	56	60	40	– 20	76
			280				

Das Beispiel zeigt, daß die Vollintegration mittels Nachzahlungen bzw. Erstattungen eine konsequente Verwirklichung einer an den Grundsätzen der Gleichmäßigkeit und Leistungfähigkeit orientierten Einkommensbesteuerung erlaubt. Leider ist die Vollintegration aber mit gewissen Komplikationen verbunden. Eine erste solche "Komplikation" kann in der Herbeiführung von *Liquiditätsengpässen* bei gewissen Anteilseignern bestehen, wenn eine Mehrheit sich für eine hohe Quote der Nichtausschüttung entscheidet und die Körperschaftsteuer nicht mindestens dem Höchstsatz der Einkommensteuer entspricht. In diesem Fall könnte die Barausschüttung bei einigen Teilhabern nicht ausreichen, ihre Steuerschuld für ihr Unternehmereinkommen mit dem Geld der Barausschüttung zu bezahlen. Sie wären gezwungen, anderweitiges Einkommen zu verwenden oder Kredit aufzunehmen. Das folgende Beispiel illustriert diesen Fall.

Beispiel

Angenommen, die Mehrheit der Eigentümer (z.B. X, der mit einer Stimme mehr als 50% an der Gesellschaft beteiligt sei) beschließe, 90% des Gewinns einzubehalten (statt 60% wie bisher angenommen). Ausgeschüttet werden 10% des nach Zahlung der Körperschaftsteuer von 30% verbleibenden Gewinns von 700, d.h. 70. Entsprechend den oben angenommenen Beteiligungsverhältnissen entfallen auf X davon 35, auf Y 21 und auf Z 14. Wird angenommen, Y unterliege bei der Einkommensteuer einer Belastung von 40%, dann betrüge bei seinem Gewinnanteil von 300 seine Einkommensteuerschuld 120. Die "Vorauszahlung" auf diese Steuerschuld durch die Körperschaft betrug jedoch nur 90. Da Y aber nur eine Barausschüttung von 21 erhielt, muß er über die Barausschüttung hinaus im Umfang von 9 auf anderweitiges Einkommen zurückgreifen, um seine Steuerschuld von 120 zu begleichen.

Anteilseigner	Beteiligungsanteil	Einkommensteuersatz	Barausschüttung	abgeführte Körperschaftsteuer	Einkommensteuerschuld aus Beteiligung	Nachzahlung (+) oder Erstattung (−)	Netto-Barausschüttung
X	50 %	30 %	35	150	150	-	+ 35
Y	30 %	40 %	21	90	120	+ 30	− 9
Z	20 %	20 %	14	60	40	− 20	+ 34
			70				

Obwohl eine Anhebung des Körperschaftsteuersatzes auf mindestens den Spitzensteuersatz der Einkommensteuer natürlich möglich und auch aus anderen Gründen gerechtfertigt ist, können beispielsweise Gesichtspunkte der nationalen Standortkonkurrenz gegen einen sehr hohen Körperschaftsteuersatz sprechen. In einem solchen Fall kann es zu der soeben gezeigten "Liquiditätsfalle" kommen.

Das entscheidende Hindernis für die Realisierung der Vollintegration besteht jedoch zweifellos in den in einer modernen Volkswirtschaft häufig anzutreffenden *komplizierten Beteiligungsverhältnissen.* Ein Beispiel wurde in Abbildung 8.3 gezeigt. Die Verflechtungen und Rückverflechtungen in einer Volkswirtschaft erforderten ein zentral und simultan zu lösendes Gleichungssystem für die Ausstellung der Steuerbescheinigungen an die natürlichen Personen als den Eigentümern der verflochtenen Gesellschaften. Vor allem ergäben sich praktische Schwierigkeiten im Fall von *Verlusten* oder wenn im Zuge von *Betriebsprüfungen* nachträgliche *Gewinnkorrekturen* vorgenommen werden müssen. Verluste müßten den Teilhabern ebenso wie einbehaltene Gewinne "weitergereicht" werden, was aber zur Folge hätte, daß sie dann nicht mehr für einen Verlustvortrag bei der Körperschaft zur Verfügung stünden. Im Fall von manchmal erst mehrere Jahre nach Ablauf des Geschäftsjahrs erfolgenden Betriebsprüfungen entstünde das Problem, daß die Einkommensteuerveranlagungen der Teilhaber rückwirkend korrigiert werden müßten, was insbesondere auch angesichts des Teilhaberfluktuation bei großen Publikumsgesellschaften einen nicht zu bewältigenden Verwaltungsaufwand nach sich ziehen würde.

Die Vollintegration kann angesichts der angeführten "Komplikationen" nur als ein theoretisches Modell angesehen werden. Eine realisierbare Lösung kann nur in der Teilintegration bestehen.

IV.B.2 Teilintegration (Anrechnungsmodell)

Die Körperschaftsteuer auf einbehaltene Gewinne entspricht beim sog. Anrechnungsmodell einer definitiven oder doch bis zur Liquidation als definitiv anzusehenden Steuer, während für die Ausschüttung eine Doppelbesteuerung vermieden wird. Das folgende Beispiel zeigt die Funktionsweise einer *Anrechnung* der Körperschaftsteuer bei der Einkommensteuer, d.h. bei Teilintegration.

Beispiel
Die Annahmen entsprechen bezüglich Gewinn der Körperschaft, Beteiligungsverhältnissen und Steuersätzen denen der vorausgegangenen Beispiele. Bei einem Gewinn von 1000, einem Körperschaftsteuersatz von 30% und einer Ausschüttungsquote von 40% erhalten die drei Eigentümer Barausschütungen von 140 (für X), 84 (für Y) und 56 (für Z). Die von der Körperschaft bezahlten Steuern auf die zur Ausschüttung gelangenden Beträge belaufen sich auf 60 (für X), 36 (für Y) und 24 (für Z). Dies entspricht jeweils 30% des den einzelnen Anteilseignern zuzurechnenden Gewinns vor Steuern, soweit er zur Ausschüttung vorgesehen ist. Bei der Einkommensteuer hat demnach X ein Kapitaleinkommen von 200, Y ein solches von 120 und Z von 80 zu versteuern. Angerechnet werden ihnen die von der Körperschaft bezahlten und ihnen gutgeschriebenen Steuern von 60 bzw. 36 und 24. Für X mit einem Einkommensteuersatz von 30% ist die auf sein Kapitaleinkommen entfallende Steuer bereits bezahlt. Y schuldet bei einem Einkommensteuersatz von 40% Steuern in Höhe von 48. Abzüglich seiner Gutschrift von 36 muß er bei der Veranlagung noch 12 nachentrichten. Von seiner Barausschüttung verbleiben ihm netto noch 72 (= 84 - 12). Bei Z mit einem Einkommensteuersatz von 20% beträgt die Steuerschuld auf sein Kapitaleinkommen nur 16. Für ihn wurden Steuern in Höhe von 8 zuviel vorausgezahlt. Er erhält diesen Betrag erstattet oder er wird mit der übrigen Steuerschuld verrechnet. Seine Barausschüttung erhöht sich von 56 auf "netto" 64.

Anteils-eigner	Beteili-gungs-anteil	Einkom-men-steuer-satz	Baraus-schüt-tung	Steuer-gut-schrift	Kapital-Ein-kommen	Einkom-mensteuer-schuld-auf Kapitalein-kommen	Nach-zahlung(+) oder Erstattung (−)	Netto-Baraus-schüttung
X	50 %	30 %	140	60	200	60	-	140
Y	30 %	40 %	84	36	120	48	+ 12	72
Z	20 %	20 %	56	24	80	16	− 8	64
			280		400			

Wie das Beispiel zeigt, kann die Steuerschuld aufgrund von Kapitaleinkommen stets aus dem zur Ausschüttung vorgesehen Teil des Gewinns bezahlt werden, ein Liquiditätsproblem kann nun nicht mehr entstehen. Die aus Verflechtungen resultierenden Komplikationen entfallen weitgehend und lassen sich durch die Anrechnung der Körperschaftsteuer der ausschüttenden Gesellschaft auf die

Körperschaftsteuer der empfangenden Gesellschaft bewältigen. Sie berühren die natürlichen Personen als Anteilseigner nun nicht mehr.

Die Steuerbelastung des *Gesamt*gewinns entspricht jetzt allerdings in der Regel nicht mehr bei allen Anteilseignern der individuell "richtigen" Steuerbelastung. Um zu vermeiden, daß Personen mit *hohem* Einkommen begünstigt werden und ihrer Einkommensteuer durch die Gründung einer Körperschaft ausweichen, indem sie Teile ihres Einkommens dort thesaurieren, sollte der Körperschaftsteuersatz grundsätzlich die Größenordnung des *Spitzensteuersatzes* der Einkommensteuer haben. Einen Anreiz zu einer im übrigen auch kapitalmarktmäßig ineffizienten Thesaurierung von Gewinnen enthält das Anrechnungsverfahren dann nicht. Allerdings werden jetzt jene Anteilseigner, die bei der persönlichen Einkommensteuer unterhalb des Höchstsatzes belastet werden, bezüglich ihres in der Körperschaft verbleibenden Gewinns (des Buchgewinns ihrer Anteilspapiere) zu hoch belastet. Eine dem Leistungsfähigkeitsprinzip voll entsprechende Belastung ist durch die Teilintegration in der dargestellten Form des Anrechnungsmodells also nicht immer für alle Einkommensbezieher realisierbar. Die in Kauf zu nehmenden Abstriche einer am Grundsatz der Leistungsfähigkeit orientierten Einkommensbesteuerung fallen aber für die Bezieher niedriger Einkommen in der Regel erheblich geringer aus als im Fall der klassischen Körperschaftssteuer und werden umso kleiner, je höher die Ausschüttungsquote ist.

Sind an einer inländischen Körperschaft im Ausland ansässige Anteilseigner beteiligt, dann muß beim Anrechnungsverfahren auch eine gewisse Ungleichbehandlung der im Inland und Ausland ansässigen Anteilseigner in Kauf genommen werden, wenn die beteiligten Staaten sich nicht auf ein internationales Anrechnungsverfahren einigen können oder wenn keine speziellen Ausgleichsverfahren vorgesehen sind (siehe dazu Abschnitt IV.C.2 des elften Kapitels)

Abschließend ist zum Modelltyp III (Freistellungsmodelle) noch folgendes zu sagen: Bei der Variante III.A, d.h. bei einer Körperschaftsteuer nur auf *einbehaltene* Gewinne und Verzicht auf Körperschaftsbesteuerung ausgeschütteter Gewinne (*Dividendenabzugssystem, "Dividend-Deduction")* wäre durch die Möglichkeit des sog. *"Schütt'-aus-hol'-zurück-Verfahrens"*[3] ein hoher Anreiz zur *Steuerausweichung* oder *zur Hinterziehung bei* ausländischen Unternehmen gegeben. Diese Variante stünde im Widerspruch zur äquivalenzbegründeten Funktion der Körperschaftsteuer, im Inland entstandenes Kapitaleinkommen von im Ausland ansässigen Personen zu besteuern. Die Variante III.B einer Besteuerung des gesamten Gewinns bei der Körperschaft und eine *Freistellung von der Einkommensteuer bei den Empfängern* der Ausschüttung ("Dividend-Exclusion", Variante III.B) verstieße andererseits vor allem gegen das Leistungsfähigkeitsprinzip, denn bei der Körperschaft können die persönlichen Steuersätze der

[3] Darunter versteht man die volle Ausschüttung an die Teilhaber in Verbindung mit einer Rückholung des ausgeschütteten Kapitals z.B. durch anschließende Kreditaufnahme bei diesen.

Empfänger der ausgeschütteten Gewinnanteile nicht berücksichtigt werden. Auch diese Variante widerspräche einem wichtigen Grundsatz der Besteuerung.

V. Zur Frage der Überwälzbarkeit der Körperschaftsteuer

Die Frage, ob die Körperschaftsteuer überwälzt werden kann, ist insbesondere im Hinblick auf die klassische Körperschaftsteuer von Bedeutung. Im Fall der (Vorwärts-)Überwälzung trügen nämlich nicht die Eigentümer des im Körperschaftssektor eingesetzten Kapitals (bzw. die juristische Person "Körperschaft") die beabsichtigte Sonderlast dieser Steuer, sondern die Abnehmer der im Körperschaftssektor produzierten Güter. Bei einer über erhöhte Produktpreise vorwärts überwälzten Körperschaftsteuer entspräche die Körperschaftsteuer zumindest teilweise einer mehr oder weniger pauschal auferlegten Verbrauchsteuer. Im Fall einer rückwärts auf die Löhne überwälzten Körperschaftsteuer hätte diese den Charakter einer zusätzlichen Lohnsteuer.

Zur begrifflichen Klarstellung: Unter *Überwälzung* einer Steuer wird ganz allgemein die Verlagerung der Steuerlast vom Steuersubjekt auf Dritte verstanden. Als *überwälzbar* soll eine Steuer bezeichnet werden, wenn empirisch erwiesen oder theoretisch eindeutig ableitbar ist, daß ihre Auferlegung zu einer Überwälzung führen muß: Eine überwälzbare Steuer kann vom Steuersubjekt weitergegeben werden. Die Steuerlast bleibt dementsprechend nicht bei ihm liegen. Die sog. *Inzidenz* der Steuer betrifft dann (auch) Dritte. Von *Nichtüberwälzbarkeit* einer Steuer spricht man hingegen, wenn die Steuerlast beim Steuersubjekt liegenbleibt. Der wichtigste und einer Analyse am ehesten zugängliche Überwälzungsvorgang erfolgt durch Veränderung der Produktpreise eines Unternehmens, weswegen man meistens auch die von einer Steuerauferlegung ausgehende bzw. ausgelöste Preiserhöhung - als dem ersten Schritt einer Lastverlagerung - als Steuerüberwälzung bezeichnet.

Über lange Zeit hinweg galt in der Finanzwissenschaft die *Nichtüberwälzbarkeit* der (klassischen) Körperschaftsteuer als erwiesen. Dieses Ergebnis folgte aus der als selbstverständlich unterstellten Annahme der *Gewinnmaximierung*. Geht man von dieser Annahme als dem allein maßgebenden Ziel eines Unternehmens aus, dann läßt sich zeigen, daß unabhängig von der Marktform die Körperschaftsteuer *prinzipiell nicht überwälzbar* ist.

Nachstehend wird die Herleitung dieses Ergebnisses für ein Unternehmen gezeigt, dessen Preispolitik von der Verfolgung des Gewinnmaximierungsziels dominiert wird. Abb. 8.4a zeigt beispielhaft die Nachfrage-, Grenzkosten- und Grenzumsatzfunktionen eines solchen Unternehmens, Abb. 8.4b die zugehörigen Gesamtumsatz- und Gesamtkostenfunktionen und Abb. 8.4c den resultierenden Verlauf der Gewinnfunktionen vor und nach Auferlegung einer (proportionalen) Steuer auf den Gewinn.

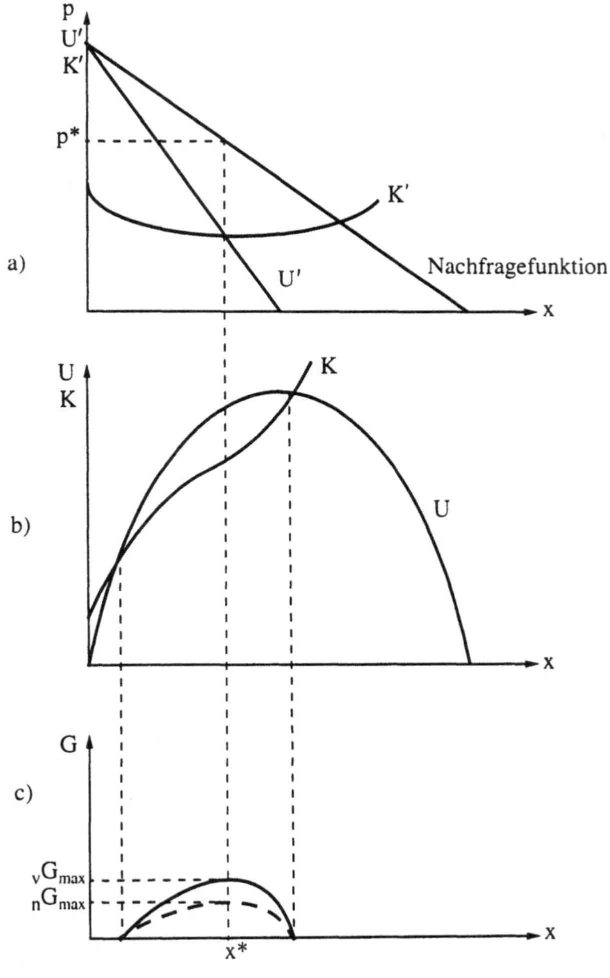

Abb. 8.4: Nichtüberwälzbarkeit bei Gewinnmaximierung

Der Abbildung 8.4a ist zu entnehmen, daß sich der Schnittpunkt (*Cournotsche* Punkt) der Grenzumsatzfunktion (U') und der Grenzkostenfunktion (K') nicht verschieben kann, wenn eine Gewinnsteuer bei Gewinnmaximierung als Unternehmensziel erhoben wird. Gewinn ist definiert als die *Differenz* zwischen Erlös (Umsatz) und Kosten und nicht als Funktion der Nachfrage oder als Funktion der Kosten. Die zum maximalen Gewinn führende Ausbringungsmenge x* beim Preis p* bleibt daher cet. par. unverändert und, wie Abb. 8.4b zeigt, auch der Abszissenabschnitt des maximalen Abstands zwischen der Umsatz- und der Kostenfunktion (Punkt des gleichen Anstiegs von Umsatz- und Kostenfunktion).

Die zugehörige Nach-Steuer-Gewinnfunktion (in Abb. 8.4c gestrichelt eingezeichnet) hat ihr Maximum daher wie die Vor-Steuer-Gewinnfunktion bei der Ausbringungsmenge x* beim unveränderten Preis p*.

Analytisch läßt sich das graphisch abgeleitete Ergebnis für eine proportionale Gewinnsteuer mit dem Steuersatz $t > 0$ wie folgt herleiten:

Gewinn vor Steuer:

$$_vG(x) = U(x) - K(x)$$

Gewinnsteuer:

$$T = t \cdot {_vG(x)} = t \cdot [U(x) - K(x)]$$

Gewinn nach Steuer:

$$\begin{aligned} _nG(x) &= {_vG(x)} - T \\ &= U(x) - K(x) - t \,.\, [U(x) - K(x)] \\ &= (1 - t)\,[U(x) - K(x)] \end{aligned}$$

Der maximale Gewinn vor Steuer liegt dort, wo die erste Ableitung der Gewinnfunktion gleich Null ist:

$$_vG'(x) = U'(x) - K'(x) = 0 \qquad \text{für } x = x^*$$

Für den maximalen Nach-Steuer-Gewinn gilt:

$$_nG'(x) = (1 - t)\,[(U'(x) - K'(x)] = 0 \qquad \text{für } x = x^*$$

Wiederum gilt, daß der maximale Nach-Steuer-Gewinn dort liegt, wo :

$$U'(x^*) = K'(x^*)$$

Eine Anhebung des vor Einführung der Körperschaftsteuer zur Gewinnmaximierung führenden Preises p* würde zu einer Verringerung des nach Einführung der Steuer maximal erzielbaren Gewinns führen und widerspräche damit dem Ziel der Gewinnmaximierung. Im Ergebnis muß beim Vorliegen dieser Zielsetzung die Körperschaftsteuer daher als *unüberwälzbar* bezeichnet werden. Sie bleibt, wie beabsichtigt, bei den Kapitaleignern liegen.

Obwohl die Gewinnmaximierung ein langfristig vernünftigerweise anzunehmendes Unternehmensziel ist, gibt es daneben aber noch weitere relevante Unternehmensziele. Dazu gehören insbesondere das operationale Ziel einer bestimmten Umsatzrendite oder das Ziel einer bestimmten Verzinsung des im Unternehmen eingesetzten Kapitals. Für viele Unternehmen (man kann sie als "zurückhaltende Gewinnmaximierer" bezeichnen) hat die Erreichnung solcher Ziele für ihr Ansehen bei ihren Abnehmern und für ihre Kreditwürdigkeit am Kapitalmarkt erstrangige Bedeutung. Es wird dann das Kalkulationsverhalten eines Unternehmen primär auf ein solches Ziel ausgerichtet und beispielsweise eine sog. Standard- oder Aufschlagskalkulation ("mark-up"-Kalkulation) vorgenommen. Soweit es der Markt zuläßt, wird in diesem Fall eine durch die Gewinnsteuer verringerte Nettorendite durch einen erhöhten Gewinnaufschlag kompensiert. Im vierten Kapitel (Abschnitt II.E) wurde dieses Kalkulationsverhalten für den Fall der Überwälzung einer Mengensteuer dargestellt. Analog dazu läßt sich zeigen, daß auch eine *zumindest partielle Überwälzung* der Körperschaftsteuer möglich ist.

Die für einzelne Unternehmen bzw. einen einzelnen Markt unter der ceteris-paribus-Restriktion partialanalytisch gewonnenen Ergebnisse sind naturgemäß von eingeschränkter Aussagekraft, wenn es darum geht, die zu erwartenden Überwälzungswirkungen bei Einführung oder Erhöhung einer Körperschaftsteuer für eine ganze Volkswirtschaft anzugeben. Mittels eines Totalmodells hat *Arnold C. Harberger* versucht, die Inzidenz einer Körperschaftsteuer vom klassischen Typ theoretisch herzuleiten.

In *Harbergers* berühmt gewordenen allgemeinen Gleichgewichtsmodell, erfolgt die Produktion in zwei sich durch die Rechtsform der jeweils zugehörigen Unternehmen unterscheidenden Sektoren: ein körperschaftlich und ein nicht körperschaftlich organisierter Sektor. Durch die Körperschaftsteuer wird bei den von *Harberger* gemachten Annahmen betreffend die kurz- und langfristige Mobilität von Kapital und Arbeit, die Marktform (vollkommener Wettbewerb) die Produktionsfunktionen, Substitutionselastizitäten und vieles andere mehr in der 1. Runde nur das im Körperschaftssektor eingesetzte Kapital belastet. Kurzfristig findet also auch in *Harbergers* Modell keine Überwälzung statt; die Kapitaleigner im Körperschaftssektor tragen die Last in Form einer verringerten Kapitalrendite. In den anschließenden Runden führt jedoch die im Körperschaftssektor geschrumpfte Kapitalrendite wegen der längerfristig als gegeben anzusehenden Mobilität des Kapitals so lange zu dessen Abfluß in den nichtkörperschaftlichen Sektor, bis die Nettorendite in beiden Sektoren wieder gleichhoch, jedoch niedriger als vorher ist (Angleichung der Nettokapitalrenditen). Im Körperschaftssektor erbringt das knapper gewordene Kapital eine höhere Rendite *vor* Steuern, während der vermehrte Einsatz von Kapital bei den nicht körperschaftlich organisierten Unternehmen zu einer Senkung der dortigen Kapitalrendite bis auf das Nach-Steuer-Niveau im Körperschaftsektor führt. Im Ergebnis tragen daher auch die Kapitaleigner der nicht körperschaftlich organisierten Unternehmen einen Teil der Last der Körperschaftsteuer. Die Inzidenzwirkungen reichen aber noch weiter: Die Kapitalumschichtung zwischen den Sektoren und die erhöhten Produktionskosten bei den körperschaftlich organisierten Unternehmen lassen theoretisch auch Preis- und Outputeffekte auf den Gütermärkten und Substitutionswirkungen zwischen Arbeit und Kapital erwarten. Je nach den zugrundegelegten Annahmen tragen auch bestimmte Gruppen von Konsumenten und Arbeitnehmern einen Teil der Last der Körperschaftsteuer.

Ökonometrische Untersuchungen haben es bisher nicht vermocht, einen unumstrittenen empirischen Nachweis über das Ob und die Höhe der Überwälzung der (klassischen) Körperschaftsteuer zu erbringen. Die Ergebnisse bleiben kontrovers. Allerdings hat die in den vergangenen Jahrzehnten vorangetriebene Integration der Körperschaftsteuern in die Einkommensteuer die Brisanz der Überwälzungshypothese stark verringert, weil der ausgeschüttete Gewinn aus der Sicht der Unternehmen für sie dann keine definitive Steuer mehr darstellt.

VI. Gesetzliche Regelungen

VI.A Besteuerung in Deutschland

Körperschaftsteuerpflichtig sind gemäß Körperschaftsteuergesetz[4]:

1. Kapitalgesellschaften (Aktiengesellschaften, Kommanditgesellschaften auf Aktien, Gesellschaften mit beschränkter Haftung);
2. Erwerbs- und Wirtschaftsgenossenschaften;
3. Versicherungsvereine auf Gegenseitigkeit;
4. sonstige juristischen Personen des privaten Rechts;
5. nichtrechtsfähige Vereine, Anstalten, Stiftungen und andere Zweckvermögen des privaten Rechts;
6. Betriebe gewerblicher Art von juristischen Personen des öffentlichen Rechts.

Die Bemessungsgrundlage wird bei der Körperschaftsteuer - wie bei der Einkommensteuer - als "zu versteuerndes Einkommen"[5] bezeichnet. Dieses kann alle Einkunftsarten im Sinne des deutschen Einkommensteuergesetzes umfassen, außer Einkünften aus nichtselbständiger Arbeit (siehe Abschnitt IV.A des sechsten Kapitels). Bei buchführungspflichtigen Unternehmen - also insbesondere bei den Kapitalgesellschaften - ist das zu versteuernde Einkommen (der Gewinn) zu ermitteln als "der Unterschiedsbetrag zwischen dem Betriebsvermögen am Schluß des Wirtschaftsjahrs und dem Betriebsvermögen am Schluß des vorangegangenen Wirtschaftsjahrs, vermehrt um den Wert der Entnahmen und vermindert um den Wert der Einlagen"[6]. Dies entspricht dem Definitionsansatz der Formel (8 -1') von Abschnitt II.A, wobei unter Gewinn stets der Gewinn *vor* Ermittlung der Körperschaftsteuer zu verstehen ist[7].

Die in Deutschland bis 1976 geltende klassische Körperschaftsbesteuerung mit gespaltenem Tarif (Modell I.C mit den Steuersätzen 51 % und 15 % bzw. effektiv 23,4 %) wurde 1977 umgestellt auf den Modelltyp II.B einer teilintegrierten Körperschaftsteuer mit Vollanrechnung der Körperschaftsteuer auf ausgeschüttete Gewinne. Der Steuersatz für nichtausgeschüttete Gewinne betrug anfangs 56 % (bei einem Spitzensteuersatz der Einkommensteuer von ebenfalls 56 % und einem Steuersatz von 36 % auf ausgeschüttete Gewinne). In mehreren Schritten wurde später der Steuersatz für nichtausgeschüttete Gewinne gesenkt (in Klammern der jeweilige Einkommensteuer-Spitzensatz), nämlich auf 1990: 50 % (53 %), 1994: 45 % (53 %), 1999: 40 % (53 %) und zuletzt 2000: 40 % (51 %). Der Steuersatz auf den ausgeschütteten Gewinn betrug zuletzt 30 % (das entspricht 42,86% des ausgeschütteten Betrags). Außer der Körperschaftsteuer gab es immer auch eine

---

4 § 1, Abs. 1 Körperschaftsteuergesetz 2002 (KStG 2002).

5 § 7 Abs. 1 KStG 2002.

6 § 4 Einkommensteuergesetz in Verbindung mit § 8 Abs.1 KStG 2002.

7 Eine aktuelle Zusammenstellung der speziellen Regelungen für die Besteuerung von öffentlichen Unternehmen und Verwaltungen findet man bei *Friedrich/Feng* (2003).

von den Unternehmen abzuführende Kapitalertragsteuer als eine bei der Einkommensteuer anrechenbare Quellensteuer auf die Ausschüttung.

Nachfolgend wird das deutsche Anrechnungsverfahren mit den zuletzt geltenden Steuersätzen von 40 % auf einbehaltenen und 30 % auf ausgeschütteten Gewinn und einer Kapitalertragsteuer von 25 % veranschaulicht. Tabelle 8.1 zeigt die entstehenden Steuerbelastungen und die systembedingt erforderlichen Steuerbescheinigungen (Belege) bei voller Ausschüttung des Gewinns.

Um die Darstellung einfach zu halten, wird davon abgesehen, daß neben der Körperschaft-, Kapitalertrag- und Einkommensteuer auch noch ein - als vorübergehend anzusehender - Solidaritätszuschlag von 5,5% der Steuerschuld sowie eine (kommunale) Gewerbesteuer erhoben wird. Gezeigt wird der Musterfall einer Kapitalgesellschaft, die ihren Gewinn ganz im *Inland* erzielt hat und deren Ausschüttung an *inländische* Anteilseigner erfolgt.

Tab. 8.1: Körperschaftsbesteuerung mit Vollanrechnung (100 % Ausschüttung)

I ***Besteuerung bei der Körperschaft***		
Gewinn vor Steuer	1'000	
30 % Körperschaftsteuer auf Ausschüttung		*300*
Zur Ausschüttung verfügbarer Gewinn	700	
Kapitalertragsteuer (25 % von 700)		*175*
Barausschüttung an Anteilseigner	525	
Beleg über anrechenbare. Körperschaftsteuer		*300*
Beleg über anrechenbare Kapitalertragsteuer		*175*
Vom Anteilseigner zu versteuerndes Kapitaleinkommen	1'000	
II ***Besteuerung beim Anteilseigner***		
Fall A: Anteilseigner unterliegt 50%-Steuersatz		
Einkommensteuerschuld auf Kapitaleinkommen von 1'000	500	
Anrechenbare Körperschaftsteuer		*300*
Anrechenbare Kapitalertragsteuer		*175*
Vom Anteilsseigner noch geschuldete Einkommensteuer		*25*
Kapitaleinkommen nach Steuern (525 - 25)	500	
Gesamtbelastung des Gewinns mit Steuern		*500*
Fall B: Anteilseigner unterliegt 25%-Steuersatz		
Einkommensteuerschuld auf Kapitaleinkommen von 1'000	250	
Anrechenbare Körperschaftsteuer		*300*
Anrechenbare Kapitalertragsteuer		*175*
Rückerstattung zuviel bezahlter Steuern		-225
Kapitaleinkommen nach Steuern (525 + 225)	750	
Gesamtbelastung des Gewinns mit Steuern		*250*

Bei der folgenden Tabelle 8.2 wird unterstellt, der Gewinn werde zu 60 Prozent thesauriert und dementsprechend werde nur eine Ausschüttung von 40 Prozent vorgenommen.

Tab. 8.2: Körperschaftsbesteuerung mit Vollanrechnung (40 % Ausschüttung)

I	*Besteuerung bei der Körperschaft*		
	Gewinn vor Steuer	1'000	
	40 % Körperschaftsteuer auf nichtausgesch. Gewinn von 600		*240*
	30 % Körperschaftsteuer auf Ausschüttung von 400		*120*
	Einbehaltener Gewinn nach Steuern (Zunahme des Eigenkapitals)	360	
	Zur Ausschüttung bestimmter Gewinn	280	
	Kapitalertragsteuer (25% von 280)		*70*
	Barausschüttung an Anteilseigner	210	
	Beleg über anrechenbare Körperschaftsteuer		*120*
	Beleg über anrechenbare Kapitalertragsteuer		*70*
	Vom Anteilseigner zu versteuerndes Kapitaleinkommen	400	
II	*Besteuerung beim Anteilseigner*		
	Fall A: *Anteilseigner unterliegt 50%-Steuersatz*		
	Einkommensteuerschuld auf Kapitaleinkommen von 400	200	
	Anrechenbare Körperschaftsteuer		*120*
	Anrechenbare Kapitalertragsteuer		*70*
	Vom Anteilseigner noch geschuldete Einkommensteuer		*10*
	Kapitaleinkommen nach Steuern (210 - 10)	200	
	Gesamtbelastung des Gewinns mit Steuern (240 + 200)		*440*
	Fall B: *Anteilseigner unterliegt 25%-Steuersatz*		
	Einkommensteuerschuld auf Kapitaleinkommen von 400	100	
	Anrechenbare Körperschaftsteuer		*120*
	Anrechenbare Kapitalertragsteuer		*70*
	Rückerstattung von zuviel bezahlten Steuern		*-90*
	Kapitaleinkommen nach Steuern (210 + 90)	300	
	Gesamtbelastung des Gewinns mit Steuern (240 + 100)		*340*

Wie die Berechnungsbeispiele zeigen, wird der auszuschüttende Gewinn mit jeweils genau dem Steuersatz belastet, der beim Empfänger nach Maßgabe seines Gesamteinkommens anzuwenden ist. Tabelle 8.2 zeigt auch, daß bei nicht vollständiger Ausschüttung der einem Anteilseigner zuzurechnende Gesamtgewinn bei Personen, die einer hohen Steuerbelastung unterworfen sind, geringer belastet ist als bei Vollausschüttung. Umgekehrt ist die Belastung des Gesamtgewinns bei teilweiser Nichtausschüttung bei einkommensteuerlich niedrig belasteten Personen höher als bei Vollausschüttung.

Genaugenommen haben bei einem Körperschaftsteuersatz von 40 Prozent auf nichausgeschütteten Gewinn Einkommensteuerpflichtige mit mehr als 40-prozentiger Einkommensteuerbelastung ein Interesse an der Nichtausschüttung (Gewinnthesaurierung), während Personen mit darunter liegender Belastung ein Interesse an möglichst weitgehender Ausschüttung haben. Der für Personen mit hoher Einkommensteuerbelastung vorhandene Anreiz zur Thesaurierung ist allerdings kein dem Anrechnungsverfahren anzulastender Mangel, vielmehr rührt er daher, daß im Zuge der in den vergangenen Jahren weltweit sinkenden Gewinnsteuersätze in Deutschland die hohen Einkommensteuersätze nicht im gleichen Maß abgesenkt wurden. Während noch vor wenigen Jahren der Spitzensteuersatz der Einkommensteuer dieselbe Größenordnung hatte wie der Steuersatz auf nichtausgeschüttete Gewinne, lag er im Jahr 2000 um 11 Prozent höher (bei 51 %).

Ab dem Veranlagungszeitraum 2001 wird in Deutschland das sog. *Halbeinkünfteverfahren* als Regelverfahren praktiziert. Der Systemwechel entspricht einer Rückkehr zur klassischen Körperschaftsbesteuerung unter Verwendung der Modellvariante I.E. Der Steuersatz auf den Gesamtgewinn beträgt 25 Prozent, und die Ausschüttung wird nur zur Hälfte bei der Einkommensteuer des Empfängers berücksichtigt. Tabelle 8.3 zeigt die Funktionsweise des Halbeinkünfteverfahrens bei voller Ausschüttung des Gewinns. Man erkennt im Vergleich zu Tabelle 8.1 bedeutsame Veränderungen der Gesamtgewinnbelastungen.

Zwecks Vergleichbarkeit wurden auch bei den Tabellen 8.3 und 8.4 die Belastungen für den Fall eines persönlichen Steuersatzes von 50 % (neben einem solchen mit 25 %) angegeben. Ab 2001 liegt der Spitzensteuersatz zwar statt vorher bei 51 % nur noch bei 48,5 %, doch hat das einen vernachlässigbaren Einfluß auf die Ergebnisse. Auch die Senkung der Kapitalertragsteuer auf 20 % ab 2002 bleibt in den Beispielen unberücksichtigt, da sie ohne Bedeutung für die Endbelastung ist.

Tab. 8.3: Halbeinkünfteverfahren (100 Prozent Ausschüttung)

I	*Besteuerung bei der Körperschaft*		
	Gewinn vor Steuer	1'000	
	25 % Körperschaftsteuer auf Gesamtgewinn		*250*
	Zur Ausschüttung verfügbarer Gewinn	750	
	Kapitalertragsteuer (25 % von 750)		*187,5*
	Barausschüttung an Anteilseigner	562,5	
	Beleg über anrechenbare Kapitalertragsteuer		*187,5*
	Kapitaleinkommen des Anteilseigners	750	
	Vom Anteilseigner zu versteuerndes halbes Kapitaleinkommen	*375*	
II	*Besteuerung beim Anteilseigner*		
	Fall A: Anteilseigner unterliegt 50%-Steuersatz		
	Einkommensteuerschuld auf halbem Kapitaleinkommen	187,5	
	Anrechenbare Kapitalertragsteuer		*187,5*
	Vom Anteilseigner noch geschuldete Einkommensteuer		*0*
	Kapitaleinkommen nach Steuern (562,5 - 0)	562,5	
	Gesamtbelastung des Gewinns mit Steuern (250 + 187,5)		*437,5*
	Fall B: Anteilseigner unterliegt 25%-Steuersatz		
	Einkommensteuerschuld auf halbem Kapitaleinkommen	93,75	
	Anrechenbare Kapitalertragsteuer		*187,5*
	Rückerstattung zuviel bezahlter Steuern		*-93,75*
	Kapitaleinkommen nach Steuern (562,5 + 93,75)	656,25	
	Gesamtbelastung des Gewinns mit Steuern (250 + 93.25)		*343,75*

Die folgende Tabelle 8.4 illustriert die Funktionsweise des Halbeinkünfteverfahrens bei 40-prozentiger Ausschüttung. Der Vergleich mit Tabelle 8.2 zeigt erneut, daß die Systemumstellung vom Anrechnungs- zum Halbeinkünfteverfahren in Verbindung mit der gleichzeitig abgesenkten Körperschaftsteuer einige signifikante Veränderungen der Gewinnsteuerbelastung zur Folge hat.

Tab. 8.4: Halbeinkünfteverfahren (40 Prozent Ausschüttung)

I	*Besteuerung bei der Körperschaft*		
	Gewinn vor Steuer	1'000	
	25 % Körperschaftsteuer auf Gesamtgewinn		*250*
	Einbehaltener Gewinn nach Steuern (Zunahme des Eigenkapitals)	450	
	Zur Ausschüttung bestimmter Gewinn	300	
	Kapitalertragsteuer (25% von 300)		*75*
	Barausschüttung an Anteilseigner	225	
	Beleg über anrechenbare Kapitalertragsteuer		*75*
	Kapitaleinkommen des Anteilseigners	300	
	Vom Anteilseigner zu versteuerndes halbes Kapitaleinkommen	*150*	
II	*Besteuerung beim Anteilseigner*		
	Fall A: Anteilseigner unterliegt 50%-Steuersatz		
	Einkommensteuerschuld auf halbem Kapitaleinkommen	75	
	Anrechenbare Kapitalertragsteuer		*75*
	Vom Anteilseignerr noch zu entrichtende Einkommensteuer		*0*
	Kapitaleinkommen nach Steuern (225 - 0)	225	
	Gesamtbelastung des Gewinns mit Steuern (250 + 75)		*325*
	Fall B: Anteilseigner unterliegt 25%-Steuersatz		
	Einkommensteuerschuld auf halbem Kapitaleinkommen	37,5	
	Anrechenbare Kapitalertragsteuer		*75*
	Rückerstattung zuviel bezahlter Steuern		-37,5
	Kapitaleinkommen nach Steuern (225 + 37,5)	262,5	
	Gesamtbelastung des Gewinns mit Steuern (250 + 37,5)		*287,5*

Tabelle 8.5 stellt für einige verschiedene Ausschüttungsquoten die Belastungsveränderungen einander gegenüber.

Tab. 8.5: Belastung eines Gewinns von 1'000 durch Körperschaft- und Einkommensteuer vor und nach Umstellung der Besteuerung*)

	Gewinnausschüttungsquoten					
	0 %	20 %	40 %	60 %	80 %	100 %
Fall A: Anteilseigner mit 50 % Einko.St.Belastung						
Anrechnungsverf. 2000	400	420	440	460	480	500
Halbeinkünfteverf. 2002	250	287,5	325	362.5	400	437,5
Fall B: Anteilseigner mit 25 % Einko.St.Belastung						
Anrechnungsverf. 2000	400	370	340	310	280	250
Halbeinkünfteverf. 2002	250	268,75	287,5	306,25	325	343,75

*) Die Zahlen im Mittelfeld geben jeweils die Gesamtbelastung des Gewinns in DM bzw. Euro an bei einem Gewinn von 1'000 DM bzw. Euro.

Wie aus Tabelle 8.5 hervorgeht, führt die Neuregelung ab 2001 übers ganze gesehen zu einer erheblich abgesenkten Steuerbelastung der Gewinns. Besonders stark ist die Absenkung der Gewinnsteuerbelastung im Fall thesaurierter Gewinne (0 % Ausschüttungsquote) und für Einkommensteuerpflichtige, die einer hohen Einkommensteuerbelastung unterliegen. Während ein Anreiz zur Thesaurierung für Steuerpflichtige mit hoher Einkommensteuerbelastung schon vorher wegen der systemwidrigen Spreizung von Körperschaft- und Spitzensteuersatz der Einkommensteuer gegeben war, profitieren nunmehr auch Anteilseigner, die einer relativ niedrigen Einkommensteuerbelastung unterliegen, von der Thesaurierung. Für sie hat die Systemumstellung sogar eine *Höherbelastung* zur Folge, wenn die Ausschüttungsquote relativ hoch ist (bei einer Einkommensteuerbelastung von 25 %: wenn die Quote ungefähr 60 Prozent oder mehr beträgt). Für diese Gruppe schlägt ab dieser Ausschüttungsquote die gemilderte Doppelbelastung infolge Halbierung der Einkommensteuer in eine Höherbelastung um.

Von den Belastungswirkungen infolge der Senkung des Körperschaftsteuersatzes sind grundsätzlich zu unterscheiden die Wirkungen infolge des Systemwechels vom Anrechnungs- zum Halbeinkünfteverfahren. Dieser Wechsel wurde offiziell begründet mit der Kompliziertheit und Mißbrauchsanfälligkeit des Anrechnungsverfahrens, seiner mangelnden Europatauglichkeit sowie mit der Erwartung, daß die steuerliche Begünstigung der Thesaurierung zu vermehrten Investitionen im Inland und damit zu zusätzlichen Arbeitsplätzen führen würde. Die Stichhaltigkeit dieser Begründungen muß allerdings in Zweifel gezogen werden: Weil nämlich erstens die Kompliziertheit und Mißbrauchsanfälligkeit des Halbeinkünfteverfahrens kaum geringer sein dürfte als beim Anrechnungsverfahren, weil zweitens das Argument der besseren Europatauglichkeit insofern fragwürdig ist, als mittlerweile etwa die Hälfte der EU-Länder ein Anrechnungsverfahren praktiziert und Europatauglichkeit, falls erwünscht, nur mit einem europaweiten Anrechnungsverfahren erreichbar wäre. Tatsächlich galt das Anrechnungsverfahren einmal als wünschbares europäisches System der Zukunft und war 1975 von der europäischen Kommission vorgeschlagen worden. Nicht zuletzt ist der deutsche Systemwechsel aber auch deswegen als *verfehlt* anzusehen, weil er *theoretisch nicht schlüssig zu begründen* ist. Die positiv zu beurteilende Tarifsenkung der Körperschaftsteuer hätte auch im Rahmen des Anrechnungsverfahrens vorgenommen werden können, allerdings hätte dies eine Absenkung auch der hohen Einkommensteuersätze auf eine vergleichbare Größenordnung erfordert.

Im Zusammenhang mit dem Systemwechsel wurden die in Deutschland bisher relativ großzügigen Abschreibungsregeln verschärft. (Das deutsche Steuerrecht bezeichnet Abschreibungen in der Regel als Absetzung für Abnutzung - AfA.) Dadurch wurde die Entlastungswirkung bei der Körperschaftsbesteuerung teilweise wieder zurückgenommen. So wurde beispielsweise der bisherige Höchstsatz der degressiven Abschreibung für Maschinen und Anlagen von 30 % auf 20 % oder die lineare Abschreibung bei Betriebsgebäuden von 4 % auf 3 % jährlich gesenkt.

Durch den Wechsel zum Halbeinkünfteverfahren wurde zwecks Vermeidung einer mehrfachen Belastung durch Körperschaftsteuer im Fall von Unternehmensverflechtungen die (Wieder-)Einführung des *Schachtelprivilegs* erforderlich: Ab einer Mindestbeteiligung von einem Prozent sind die mit Körperschaftsteuer belasteten ausgeschütteten Gewinne bei der empfangenden Körperschaft von der Körperschaftsteuer befreit. Beim Anrechnungsverfahren wurde ein Schachtelprivileg nicht benötigt, weil die Anrechnung bezahlter Körperschaftsteuer bei der die Ausschüttung empfangenden Körperschaft in gleicher Weise erfolgen kann wie bei einer natürlichen Person.

In Deutschland kann die Mehrfachbelastung von Gewinn durch Körperschaftsteuer auch durch die juristische Konstruktion der *Organschaft* vermieden werden. Von dieser Konstruktion kann Gebrauch gemacht werden, wenn ein inländisches Unternehmen als sog. Organträger mit mehr als 50 Prozent an einer inländischen Kapitalgesellschaft ("Organgesellschaft") beteiligt ist, diese wirtschaftlich und organisatorisch beherrscht und der Gewinn der Organgesellschaft vollständig an den Organträger abgeführt wird. Sind diese Voraussetzungen gegeben, kann die Steuerbilanz der Organgesellschaft in die des Organträgers integriert werden, so daß nur noch dieser als Steuerpflichtiger auftritt.

VI.B Besteuerung in der Schweiz

In der Schweiz heißt die bis vor kurzem noch als Ertragsteuer juristischer Personen bezeichnete Körperschaftsteuer "Gewinnsteuer juristischer Personen". Wie die Einkommensbesteuerung natürlicher Personen erfolgt die Körperschaftsbesteuerung sowohl auf der Bundes- als auch auf der Kantons- und Gemeindeebene. Körperschaftsteuerpflichtig sind grundsätzlich alle juristischen Personen. Nach Bundes- und "harmonisiertem" Kantonsrecht gehören dazu:

a. die Kapitalgesellschaften (Aktiengesellschaften, Kommanditaktiengesellschaften, Gesellschaften mit beschränkter Haftung) und die Genossenschaften,
b. die Vereine, die Stiftungen und die übrigen juristischen Personen.[8]

Die schweizerischen Körperschaftsteuern sind vom *klassischen* Typ. Die Gewinnsteuer des Bundes hat einen *proportionalen* Tarif, der im Fall von Kapitalgesellschaften (und Genossenschaften) 8,5 Prozent des steuerbaren Gewinns (Reingewinn *nach Abzug* bezahlter Steuern) beträgt (Modell I.A von Abschnitt III). Auch die Körperschaftsteuern der Kantone und Gemeinden sind vom klassischen Typ. In einem Teil der Fälle wird wie im Fall Zürich bei den kantonalen Gewinnsteuern ein *progressiver* Tarif verwendet (Modell I.B).

Neben der Gewinnsteuer müssen juristische Personen auf der Kantons- und Gemeindeebene eine Kapitalsteuer entrichten. Auf ausgeschüttete Gewinne wird darüberhinaus zunächst die Verrechnungssteuer von 35 Prozent erhoben. Als Quellensteuer wird diese jedoch bei der Einkommensbesteuerung natürlicher Personen angerechnet oder wird zurückerstattet. In den Fällen, wo Kapitalerträge von ihren Empfängern bei der Einkommensbesteuerung nicht angegeben werden,

---

8 Art. 49 Abs. 1 Bundesgesetz über die Direkte Bundessteuer.

wie oft von Ausländern aus Hochsteuerländern, verbleibt die Verrechnungssteuer als definitive Einnahme beim Bundesfiskus.

Die gesetzliche Tarifvorschrift der Zürcher Gewinnsteuer wurde bereits in Abschnitt IV.A des dritten Kapitels angegeben und dort als Beispiel für einen Grenzsteuersatz-Stufentarif mit einem Durschnittssatz-Plafond gezeigt[9]. Zur Gewinnsteuer kommt eine Kapitalsteuer juristischer Personen hinzu, die in Zürich als Zwischentarif 1,5 Promille des steuerbaren Kapitals beträgt.

Die im kantonalen Steuergesetz festgelegten Steuersätze des *Zwischentarifs* müssen mit den Steuerfüßen ("Vervielfachern") des Kantons und der politischen Gemeinde sowie mit dem Kirchensteuerfuß der Geschäftssitzgemeinde multipliziert werden, um die effektiven Steuersätze anzuzeigen. Für das Jahr 2001 betrug der kantonale Steuerfuß 105 %, der stadtzürcherische Gemeindesteuerfuß 126 % und der Kirchensteuerfuß 12,01 %. Der Kirchensteuerfuß juristischer Personen ergibt sich als arithmetisches Mittel aus den mit dem evangelischen und katholischen Bevölkerungsanteil in der Gemeinde gewogenen (meistens unterschiedlich hohen) Kirchensteuerfüßen für natürliche Personen. Die effektiven Steuersätze resultieren also aus der Multiplikation der Zwischentarifsätze mit dem Faktor 2,4301. (In Abschnitt IV.A des dritten Kapitel wurde der effektive Tarifverlauf für Zürich vereinfacht mit einem Faktor 2,5 für eine Körperschaft mit einem Eigenkapitel von 1 Mio Fr. ermittelt. Siehe Tabelle 3.6 und Abbildung 3.23).

In Tabelle 8.6 ist der für die Stadt Zürch in 2001 geltende Gewinnsteuertarif angegeben. Die beiden ersten Spalten enthalten die kantonalgesetzlichen Zwischentarif-Grenzsteuersätze ("einfache Ansätze") in Abhängigkeit von der Eigenkapitalrendite. In der dritten Spalte der Tabelle 8.6 stehen die mit dem Faktor 2,4301 multiplizierten *effektiven* Steuersätze des Kantons und der Stadt Zürich. Die vierte Spalte enthält den einheitlichen, von der Rendite unabhängigen Steuersatz des Bundes und die fünfte Spalte die totalen effektiven Grenzsteuersätze. Diese Steuersätze beziehen sich stets auf den Gewinn *nach* Abzug aller im jeweiligen Geschäftsjahr bezahlten Steuern (bezahlte Gewinn- und Kapitalsteuern).

Tab. 8.6 Gewinnsteuersätze[1)], Stadt Zürich, im Jahr 2000

Rendite	kantonaler Zwischentarif	Kantons- und Gemeindesteuer[2)]	Bundessteuer-satz	total
bis 4 %	4 %	9,72 %	8,5 %	18,22 %
4 % - 8 %	9 %	22,87 %	8,5 %	30,57 %
8 % - 15 %	14 %	34,02%	8,5 %	42,02 %
über 15 %	10 %	24,30 %	8,5 %	32,80 %

[1)] Grenzsteuersätze bezogen auf den zu versteuernden Reingewinn [2)] effektive Steuersätze als Summe bei kantonalem Steuerfuß von 105 %, Stadtzürcher Gemeindesteuerfuß von 126 % und Kirchensteuerfuß von 12,01 %

9 Steuergesetz vom 8. Juni 1997 des Kantons Zürich (StG-ZH), § 71.

Ein an der Rendite (Ertragsintensität) orientierter Steuertarif hat naturgemäß zur Folge, daß ein *gegebener* Gewinn je nach der Eigenkapitalausstattung eines Unternehmens unterschiedlich hoch belastet wird. Eine progressiv mit der Höhe der Rendite steigende Gewinnsteuer bedeutet, daß der Gewinn von Unternehmen mit hohem Eigenkapitalanteil niedriger belastet wird als von Unternehmen mit kleinem Eigenkapitalanteil. Die zumeist alteingesessenen, mit viel Eigenkapital ausgestatteten Unternehmen (Banken!) haben es über lange Zeit hinweg vermocht, in der Schweiz einen Wechsel zur Proportionalbesteuerung des Gewinns zu verhindern. Seitdem auf der Bundesebene der Durchbruch gelungen ist, gehen aber auch immer mehr Kantone zur Proportionalbesteuerung über. Mit diesem Übergang wird die bisherige Diskriminierung vor allem junger, oft besonders innovativer Unternehmen mit noch wenig Eigenkapital, beseitigt. Es dürfte nur eine Frage der Zeit sein, bis alle Kantone eine proportionale Gewinnsteuer eingeführt haben.

Anders als die Tarife sind die Bemessungsgrundlagen der Körperschaftsteuern der drei Staatsebenen durch das Bundesgesetz über die direkte Bundessteuer [10] und das Steuerharmonisierungsgesetz gleichen Datums[11] weitgehend vereinheitlicht worden. Dies gilt mit gewissen Einschränkungen auch für die Abschreibungen. Richtungweisend sind 2002 die im Merkblatt A 1995 der Eidgenössischen Steuerverwaltung festgelegten Abschreibungssätze. Als "Normalsätze in Prozenten des Buchwertes", d.h. für die degressive Abschreibung, gelten beispielsweise die nachfolgend angegebenen Prozentsätze. Für Abschreibungen auf dem Anschaffungswert (lineare Abschreibung) sind sie zu halbieren. In diesem Fall kann also beispielsweise ein Fabrikgebäude linear über 25 Jahre oder ein Motorfahrzeug mit 20 Prozent pro Jahr über fünf Jahre hinweg linear abgeschrieben werden.

Wohngebäude von Immobiliengesellschaften (ohne Land)	2 %
Geschäftshäuser, Büro- und Bankgebäude usw.	4 %
Fabrikgebäude, Lagergebäude usw.	8 %
Tanks, Container	20 %
Geschäftsmobiliar, Werkstatt- und Lagereinrichtungen	25 %
Apparate und Maschinen zu Produktionszwecken	30 %
Motorfahrzeuge	40 %
Büromaschinen, Datenverarbeitungsanlagen	40 %
Goodwill	40 %
Hotel- und Gastwirtschaftsgeschirr sowie Wäsche	45 %

[10] Bundesgesetz über die direkte Bundessteuer (DBG) vom 14. Dezember 1990, Art. 57 ff.

[11] Bundesgesetz über die Harmonisierung der direkten Steuern der Kantone und Gemeinden (StHG) vom 14. Dezember 1990.

Eine Besonderheit stellt die schweizerische Bestimmung dar, daß bei der Ermittlung des zu versteuernden Gewinns einer Periode alle in der Steuerperiode bezahlten eidgenössischen, kantonalen und kommunalen Steuern auf den Gewinn bzw. das Kapital abgezogen werden dürfen. Als Korrekuren beim Gewinn, wie er sich als Saldo der Erfolgsrechnung ergibt, sind vorgeschrieben die Hinzufügung von Kapital-, Aufwertungs- und Liquidationsgewinnen, während umgekehrt Verluste aus sieben vergangenen Geschäftsjahren abgezogen werden dürfen. Schließlich können auf kantonaler Ebene die Regierungen von dem ihnen zustehenden Recht Gebrauch machen, neu zu gründende Unternehmen, die für ihren Kanton von wirtschaftlicher Bedeutung sind, bis zu zehn Jahre lang ganz oder teilweise von Steuern zu befreien.

Dem föderalistischn Charakter des schweizerischen Steuersystems entsprechen die teilweise großen Unterschiede der Gewinnsteuerbelastung. Tabelle 8.7 zeigt beispielhaft Unterschiede zwischen den beiden Nachbarkantonen Zürich und Zug bzw. zwischen den beiden gleichnamigen Städten. Wie der Kanton Zürich hat auch der Kanton Zug neben einer proportionalen Kapitalsteuer eine progressive Gewinnsteuer, die allerdings auf eine Orientierung an der Rendite verzichtet. Der Kanton Zug verlangt bei der Kapitalsteuer als Zwischentarif 0,5 Promille vom steuerbaren Kapital. Die Tarifvorschrift der Zuger Gewinnsteuer lautet (seit 1. Januar 2001)[12]:

Steuerbarer Gewinn bis 100'000 Fr.	4 % des Gewinns
Steuerbarer Gewinn über 100'000 Fr.	4'000 Fr. plus 7 % des 100'000 übersteigenden Gewinns.

Zu multiplizieren sind diese Zahlen mit den Steuerfüßen des Kantons Zug (82 %), der Gemeinde Zug (65%) sowie der Kirche (10,215 %). Dies ergibt in der Summe einen Faktor von 1,59215, mit dem der Zwischentarif-Steuersatz jeweils zu multiplizieren ist. Die im Vergleich der Städte Zürich und Zug für eine Aktiengesellschaft mit einem Eigenkapital sich ergebenden Belastungsunterschiede für einige angenommene Reingewinne sind aus Tabelle 8.7 zu entnehmen

Um wie in Tabelle 8.7 Belastungsergebnisse ohne Kenntnis der im Einzelfall bezahlten Steuern angeben zu können, muß man folgendermaßen vorgehen: Zuerst ist die Kapitalsteuer festzustellen und vom Reingewinn vor Steuern abzuziehen. Sodann ist bei fehlender Kenntnis der im Berechungsjahr von den Unternehmen *tatsächlich* bezahlten Steuern die Annahme gleich hoher Gewinne und eines unveränderten Eigenkapitals im Berechnungsjahr wie in den Vorjahren zu Grunde zu legen und sind die effektiven Steuersätze auf den Reingewinn *vor* Abzug bezahlter Steuern (im-Hundert-Sätze) aus den gesetzlichen Steuersätzen abzuleiten, die sich auf den Gewinn *nach* Steuern beziehen, um die für die Berechnung der Steuerschuld maßgeblichen Bemessungsgrundlagen zu erhalten.

---

12 Zuger Steuergesetz vom 25. Mai 2000.

Tab. 8.7: Gewinn- und Kapitalsteuer einer AG mit 100'000 Franken Eigenkapital[1)] bei Geschäftssitz in den Kantonshauptorten Zürich und Zug, 2001

	Reingewinn[2)]	steuerbarer Reingewinn[3)]	Gewinn- und Kapitalsteuer, Kanton und Gemeinde	Gewinnsteuer Bund	total	Belastung des Reingewinns[4)]
Zürich	8'000	6'200	1'234	527	1'761	22,01 %
Zug	8'000	6'900	513	586	1'099	13,74 %
Zürich	20'000	14'800	3'942	1'258	5'200	26,00%
Zug	20'000	17'400	1'173	1'479	2'652	13'26%
Zürich	30'000	22'300	5'784	1'895	7'679	25'60%
Zug	30'000	26'100	1'720	2'218	3'938	13'13 %

1)Eigenkapital einschl. Reserven 2) Franken *vor* Abzug von Steuern 3) *Franken nach* Abzug bezahlter Steuern 4)Belastung des Reingewinns durch Gewinn- und Kapitalsteuern *vor* Abzug bezahlter Steuern

Quelle: Eidg. Steuerverwaltung, Steuerbelastung in der Schweiz, Kantonshauptorte, Kantonsziffern 2001 (2002), S. 65 f.

Tabelle 8.7 vermittelt einen Eindruck von der unterschiedlichen Steuerbelastung einer kleinen Aktiengesellschaft in den Kantonen Zürich und Zug. Bei großen Gesellschaften sind die Unterschiede teilweise noch markanter. Die eidgenössische Steuerverwaltung veröffentlicht jährlich für die Hauptorte aller 26 Kantone die Steuerbelastung außer für eine Aktiengesellschaft mit 100'000 Fr. Eigenkapital beispielhaft auch für Aktiengesellschaften, Holding- und Domizilgesellschaften mit 2 Mio. Eigenkapital. Demnach betrug die Steuerschuld (Gewinn- und Kapitalsteuer zusammen) 2001 beispielsweise für eine Aktiengesellschaft mit 2 Mio. Franken Eigenkapital und einem Reingewinn von 600'000 Franken vor Abzug von Steuern in Zürich rd.153'000 Franken (entsprechend 25,5 % bezogen auf den Gewinn vor Steuern) und in Zug rd. 95'000 Franken (entsprechend rd. 16 %)[13]

Der Vermeidung von *Mehrfachbelastungen* durch Körperschaftssteuern (Gewinnsteuern) im Fall von *kapitalmäßigen Verflechtungen von Kapitalgesellschaften* dienen in der Schweiz der sog. *Beteiligungsabzug* und das sog. *Holdingprivileg*. Organschaft oder Schachtelprivileg kennt die Schweiz nicht. Der Beteiligungsabzug kommt generell in Betracht, wenn eine Gesellschaft an anderen Gesellschaften "maßgeblich beteiligt" ist. Eine maßgebliche Beteiligung liegt vor,

---

13 Eidgen. Steuerverwaltung, Steuerbelastung in der Schweiz, Kantonshauptorte, Kantonsziffern 2001 (2002), S. 68.

wenn sie mindestens 20 Prozent des Grund- oder Stammkapitals einer anderen Gesellschaft beträgt oder wenn eine Beteiligung einen Verkehrswert von mindestens zwei Mio. Franken hat. In diesem Fall ermäßigt sich bei der Beteiligungsgesellschaft ("Obergesellschaft") die Gewinnsteuer "im Verhältnis des Nettoertrages aus diesen Beteiligungen zum gesamten Reingewinn". Der *Nettoertrag* entspricht dem Ertrag dieser Beteiligungen abzüglich des darauf entfallenden Finanzierungsaufwandes und eines Beitrages von pauschal fünf Prozent des Beteiligungsertrags zur Deckung des unterstellten Verwaltungsaufwandes. Als Finanzierungsaufwand gelten in der Regel die Schuldzinsen der Obergesellschaft. Anders als z.B. beim deutschen Schachtelprivileg wird also in der Schweiz nicht die ausgeschüttete Dividende bei der empfangenden Obergesellschaft angerechnet bzw. von deren Steuerschuld abgezogen. Vielmehr wird ein Betrag abgezogen, wie er sich ergibt, wenn die Dividende um den für ihre Erzielung als erforderlich angesehenen Aufwand der Obergesellschaft gekürzt wird

Eine Beteiligungsgesellschaft der soeben genannten Art wird in der Schweiz auch als *gemischte Holdinggesellschaft* bezeichnet, weil sie neben ihrer angestammten Tätigkeit zugleich auch Beteiligungen hält. Mit einem Holdingchrakter im *wirtschaftlichen* Sinn ist noch kein sog. Holdingprivileg verbunden. Dieses ist an zusätzliche Tatbestände gebunden, wie sogleich gezeigt wird.

Das Schweizer Verfahren des Abzugs der Nettobeteiligungserträge ist systembedingt durch die kantonale Steuerautonomie und die Progression der kantonalen Gewinnsteuern. Die Beteiligungserträge werden am Geschäftssitz der Obergesellschaft als Gewinn berücksichtigt, um dort den aus der Progression sich ergebenden Durchschnittssteuersatz für den Gesamtgewinn zu ermitteln. Dieser Satz wird jedoch nur auf den *anteiligen Gewinn* der Obergesellschaft (Gesamtgewinn ohne Beteiligungserträge) angewendet. Die Beteiligungserträge werden nicht erneut belastet. Man bezeichnet ein solches Verfahren als Besteuerung unter *Progressionsvorbehalt.* Ein analoges Verfahren gibt es bei der internationalen Koordination progressiver Einkommensteuern. (Siehe elftes Kapitel, Abschnitt I.B.2).

Beispiel: Gewinnsteuer bei Beteiligungsgesellschaften
Eine Aktiengesellschaft sei maßgeblich am Grundkapital einer anderen Gesellschaft beteiligt und empfange von dieser eine dort versteuerte Dividende von 2'000 Franken. Der Wert der Beteiligung mache 25 % der Aktiven der Obergesellschaft aus. Ihr Reingewinn soll 6'000 Franken betragen. Auf einen solchen Gewinn entfalle eine Gewinnsteuer von 25 %, also von 1'500 Franken. Von den Schuldzinsen der Obergesellschaft von 1'000 entfallen nach Maßgabe des Aktivenanteils 250 Fr. auf die Beteiligung. Der pauschal zugelassene Verwaltungsaufwand von 5 % des Beteiligungsertrags beträgt 100. Es resultiert also ein Beteiligungs-Nettoertrag von 1'650. Dies macht 27,5 % des Reingewinns der Obergesellschaft aus. Die von ihr geschuldete Gewinnsteuer vermindert sich daher um 27,5 % bzw. 412,5 Franken. Insgesamt liegen folgende Zahlenannahmen und daraus abgeleitete Ergebnisse vor:

Bilanz	*Aktiven*	*Passiven*
Beteiligungen	10'000	
übrige Aktiven (Konten, Wertpapiere usw.)	30'000	
Schulden (Fremdkapitel)		8'000
Grundkapital (Aktienkapitel)		2'000
Reserven (übriges Eigenkapital)		30'000
	40'000	40'000

Erfolgsrechnung	*Aufwand*	*Ertrag*
Beteiligungsertrag brutto		2'000
übriger Ertag (Zinsen, Lizenzen)		6'200
Schuldzinsen	1'000	
übriger Aufwand (einschl. bezahlter Steuern)	1'200	
Gewinn	6'000	
	8'200	8'200

Steuerrechnung		*Steuerschuld*
Gewinnsteuer 25 % von 6'000		1'500
Beteiligungsertrag brutto	2'000	
abzügl. 5 % Verwaltungsaufwand	- 100	
abzügl. Schuldzinsen 25 % von 1'000	-250	
Nettobeteiligungsertrag	1'650	
Abzug (1'650 / 6'000 = 27,5 % von 1'500)		-412,5
Gewinnsteuerschuld der Obergesellschaft		1'087,5

Der Abzug des Nettobeteiligungsertrags von 1'650 Franken vermindert also die hypothetische Gewinnsteuer der Obergesellschaft von 1'500 um 412.5 Franken auf 1'087,5 Franken. Diese Steuerschuld entspricht 25 % des Gewinns ohne Beteiligungsertrag. Dieser bleibt von (erneuter) Gewinnbesteuerung bei der Obergesellschaft befreit.

Anders als im Fall von Beteiligungsgesellschaften, die einen mehr oder weniger ausgeprägten Holdingcharakter im wirtschaftlichen Sinn haben, erfolgt die Vermeidung von Mehrfachbelastung durch Gewinnsteuern bei Gesellschaften, die den *rechtlichen Status einer Holdinggesellschaft* besitzen. Ein solcher Status wird von den Kantonen Kapitalgesellschaften zuerkannt, wenn (1.) ihr statutarischer Hauptzweck im Halten und Verwalten von Beteiligungen besteht und sie (2.) in der Schweiz keine Geschäftstätigkeit ausüben und wenn (3.) längerfristig entweder ihre Aktiven zu mindestens zwei Dritteln aus Beteiligungen bestehen oder ihre Erträge zu mindestens zwei Dritteln aus Beteiligungen stammen. Holdinggesellschaften mit Holdingprivileg entrichten außer auf Erträgen aus schweizerischem Grundbesitz keine kantonalen oder kommunalen Gewinnsteuern, sondern nur eine Gewinnsteuer des Bundes nach Maßgabe ihres Anteils an Beteiligungserträgen. Stammt ihr Gewinn zu 100 Prozent aus Beteiligungen, wird auch keine Bundesgewinnsteuer geschuldet.

Der Bund kennt den steuerrechtlichen Holdingstatus nicht. Bei ihm erfolgt die Vermeidung der Mehrfachbelastung immer nur durch einen Beteiligungsabzug, wie er oben beschrieben wurde. Bei den Kantonen (und Gemeinden) werden Gesellschaften mit Holdingstatus nur einer ermäßigten

Kapitalsteuer unterworfen. Im Kanton Zürich beträgt diese 0,3 Promille ("einfacher Ansatz"). In der Stadt Zürich resultiert somit für eine Holdinggesellschaft mit Eigenkapital von 2 Mio. Franken nur eine Kapitalsteuerschuld von 1'500 Franken.

Das nachfolgende Beispiel zeigt die Berechnung der Gewinnsteuer einer Gesellschaft mit rechtlichem Holdingstatus (mit Holdingprivileg)[14]

Beispiel: Gewinnsteuer beim Vorliegen des Holdingprivilegs

Bilanz	*Aktiven*	*Passiven*
Beteiligungen	30'000	
übrige Aktiven (Konten, Wertpapiere usw.)	10'000	
Schulden (Fremdkapitel)		8'000
Grundkapital (Aktienkapitel)		2'000
Reserven (übriges Eigenkapital)		30'000
	40'000	40'000

Erfolgsrechnung	*Aufwand*	*Ertrag*
Beteiligungsertrag brutto		7'000
übriger Ertag (Zinsen, Lizenzen)		1'200
Schuldzinsen	1'000	
übriger Aufwand (einschl. bezahlter Steuern)	300	
Gewinn	6'900	
	8'200	8'200

Steuerrechnung		*Steuerschuld*
Gewinnsteuer von Kanton und Gemeinde (Holdingprivileg)		0
Gewinnsteuer des Bundes (8,5 % von 6'900)		586
Beteiligungsertrag brutto	7'000	
abzügl. 5 % Verwaltungskostenpauschale	- 350	
abzügl. Schuldzinsen (1'000 · 30/40)	-750	
Nettobeteiligungsertrag	5'900	
Beteiligungsabzug (5'900 / 6'900 = 86 % von 586)		- 501
Gewinnsteuerschuld		85

Anzumerken bleibt, daß durch das kantonale Holdingprivileg über die Vermeidung von Mehrfachbelastung hinaus auch Erträge, die nicht aus Beteiligungen stammen, ganz der kantonalen und kommunalen Gewinnbesteuerung entzogen sind. Eine Ausnahme besteht nur bei Schweizer Liegenschaftserträgen. Da bei der oben angeführten dritten Bedingung für die Zuerkennung des Holdingstatuts alternativ abgestellt wird auf einen Zweidrittelanteil der ***Beteiligungen*** oder der Beteiligungs***erträge***, kann es sich hierbei um sehr hohe sonstige Erträge handeln. Die Reichweite des Holdingprivilegs bleibt im übrigen den Kantonen überlassen, da die Auslegung der Begriffe "Hauptzweck" und "Geschäftstätigkeit" ihnen zusteht.

Außer Holdinggesellschaften mit kantonalem Holdingprivileg werden auch sog. *Domizilgesellschaften* auf kantonaler und kommunaler Ebene gewinnsteuerlich begünstigt. Als Domizilgesellschaften gelten Kapitalgesellschaften, Genossenschaften und Stiftungen, die in der Schweiz nur Verwaltungstätigkeit, jedoch keine Geschäftstätigkeit ausüben. Für die Zuerkennung des Status als Domizilgesellschaft spielt der Umfang der Beteiligung bzw. der Beteiligungserträge keine Rolle.

---

[14] In Anlehnung an *Höhn/Waldburger* (1997), S. 486.

Beteiligungserträge werden wie im Fall von Beteiligungsgesellschaften durch Beteiligungsabzug von der Gewinnsteuer befreit. Ausländische Erträge, die keine Beteiligungserträge sind, werden von den Kantonen (und Gemeinden) entweder keiner oder nur einer nach Maßgabe der inländischen Verwaltungsstätigkeit ermäßigten Gewinnsteuer unterworfen.

Neben den bisher genannten Kategorien juristischer Personen mit begünstigter steuerlicher Behandlung werden auch sog. *gemischte Gesellschaften*, die zwar in der Schweiz geschäftstätig sind, deren Einkünfte aber vor allem aus dem Ausland stammen, ferner *Vereine* und *Stiftungen*, soweit sie nicht gemeinnützigen oder sozialen Zwecken dienen, sowie "*übrige juristische Personen*", zu denen beispielsweise Anlagefonds gehören, nur einer reduzierten Gewinnbesteuerung unterworfen. Bei Vereinen werden Mitgliederbeiträge nicht zum steuerbaren Gewinn gerechnet. Beim Bund beträgt die Gewinnsteuer für Vereine und Stiftungen 4,25 % des Reingewinns (bei einer Freigrenze von 5'000 Franken), im Kanton Zürich beträgt sie 4 % in Verbindung mit einer Freigrenze von 10'000 Franken.

VI.C Besteuerung in Österreich

Die österreichische Körperschaftsteuer ist eine Bundessteuer vom klassischen Typ. Verwendet wird ein einheitlicher und proportionaler Steuersatz von 34 Prozent auf den Gesamtgewinn. Unbeschränkt steuerpflichtig sind Körperschaften, die in Österreich ihre Geschäftsleitung oder ihren Sitz haben. Als Körperschaften gelten

1. Juristische Personen des privaten Rechts.
2. Betriebe gewerblicher Art von Körperschaften des öffentlichen Rechts.
3. Nichtrechtsfähige Personenvereinigungen, Anstalten, Stiftungen und andere Zweckvermögen.[15]

Auf ausgeschüttete Gewinnen wird eine Kapitalertragsteuer von 25 % erhoben. Ausgeschüttete Gewinne (Dividenden) können jedoch beim Empfänger dem halben Durchschnittssteuersatz unterworfen werden, mit dem sein Gesamteinkommen durch die Einkommensteuer belastet wird.[16] Die bei der Körperschaft auf Ausschüttungen erhobene 25-prozentige Kapitalertragsteuer wird auf Antrag bei der Einkommensteuer angerechnet, wenn die (ermäßigte) Einkommenssteuer auf die Dividenden geringer ist als diese Kapitalertragsteuer. Andernfalls tritt die Kapitalertragsteuer an die Stelle der Einkommensteuer auf Kapitalerträge und wird dann von einer Quellensteuer im Hinblick auf die Einkommensteuer zu einer sog. *End-* bzw. *Abgeltungssteuer*.[17] Das (seit 1.1.1994) in Österreich verwendete

[15] § 1 Abs. 2, Körperschaftsteuergesetz 1988.

[16] § 37 Abs.1 in Verbindung mit § 97 Abs.4 Einkommensteuergesetz 1988.

[17] § 97 Abs.1 Einkommensteuergesetz 1988.

Optionsverfahren wird als *Halbsatzbesteuerung* bezeichnet. Es entspricht wie das ab 2002 in Deutschland eingeführte Halbeinkünfteverfahren dem Modelltyp I.E der klassischen Körperschaftsbesteuerung (Milderung der Doppelbelastung ausgeschütteter Gewinne). Der Unterschied zum deutschen Halbeinkünfteverfahren besteht darin, daß nicht die Bemessungsgrundlage, sondern der Steuersatz halbiert wird.

VII Fragen zur Selbstkontrolle und zum Nachdenken

1.) Wie läßt sich die Körperschaftsbesteuerung grundsätzlich rechtfertigen? Welchen Modelltyp würden Sie bevorzugen?

2.) Worauf kann der Unterschied zwischen dem Gewinn gemäß Handelsbilanz und dem Gewinn gemäß Steuerbilanz zurückzuführen sein?

3.) Könnte es auch sinnvoll sein, statt des geltenden Grundsatzes der Maßgeblichkeit der Handelsbilanz für die Steuerbilanz (Anbindung der Steuerbilanz an die Handelsbilanz) den gegenteiligen Grundsatz aufzustellen?

4.) Warum begünstigt eine raschere Abschreibung als die Abschreibung in Höhe der tatsächlichen Wertminderung einen Investor um so mehr, je langfristiger die Nutzungsdauer der Investition ist?

5.) Die Wirtschaftspolitik bedient sich nicht selten des Mittels der Veränderung der Abschreibungsfristen und der Abschreibungssätze, so daß oft von den ökonomischen Abschreibungswerten in einer Periode abgewichen wird. Wie ist eine solche Politik zu beurteilen?

6.) Sollte es als Gegenstück zu den steuerlich relevanten Abschreibungen nicht auch steuerlich relevante Zuschreibungen z.B. bei gestiegenen Marktwerten von Immobilien, Anlagegütern oder beim Umlaufvermögen geben (ein sog. Wertaufholungsgebot)? Was spricht dafür, was dagegen?

7.) Wenn als Aufwand der laufenden Periode eine Rückstellung für eine in der Zukunft anfallende Altlastensanierung (z.B. Abbruch eines das Ende seiner Laufzeit erreichenden Kernkraftwerks) erforderlich ist: welche Gesichtspunkte sind bei der Bewertung der Rückstellung außer dem heutigen Preis für die Sanierung zu beachten, um eine Über- oder Unterbewertung der Rückstellung zu vermeiden?

8.) Eine natürliche Person ist Teilhabererin einer Aktiengesellschaft, die in der laufenden Periode Gewinn erzielt hat. Bei welcher Methode der Körperschaftsbesteuerung und unter welchen Annahmen muß die Teilhaberin, die ansonsten nur eine das Existenzminimum nicht überschreitende Rente bezieht, persönliche Einkommensteuer bezahlen?

9.) Warum sollte der Steuersatz für nichtausgeschüttete Gewinne in etwa der Höhe des Spitzensteuersatzes der Einkommensteuer entsprechen?

10.) Auch eingetragene Vereine werden als juristische Personen der Körperschaftsteuer unterworfen, wenn sie Gewinne erzielen. Mitgliedsbeiträge an den Verein werden aber nicht zum steuerbaren Gewinn gerechnet. Warum? Welchen ökonomischen Charakter haben Beiträge der Vereinsmitglieder, welchem Zweck dienen sie?

NEUNTES KAPITEL

Umsatz- und spezielle Verbrauchsteuern

I: Wann spricht man von indirekten Steuern? - ***II:*** *Umsatzsteuern -* ***II.A:*** *Vorläufer der Mehrwertbesteuerung -* ***II.A.1:*** *Allphasen-Brutto-Umsatzsteuer* ***II.A.2:*** *Einphasensteuern -* ***II.B:*** *Mehrwertsteuern -* ***II.B.1:*** *Mehrwertsteuern vom Y-Typ -* ***a.)*** *Wertschöpfungsteuer -* ***b.)*** *Zwei Varianten des Vorumsatzabzugs* ***c.)*** *Methode des Vorsteuerabzugs -* ***II.B.2:*** *Mehrwertsteuer vom C-Typ mit Vorsteuerabzug -* ***II.B.3:*** *Die Mehrwertsteuern im Vergleich -* ***III:*** *Gesetzliche Regelungen -* ***III.A:*** *Deutsche Mehrwertsteuer -* ***III.B:*** *Schweizerische Mehrwertsteuer -* ***III.C:*** *Österreichische Mehrwertsteuer -* ***III.D:*** *Mehrwertsteuersätze im internationalen Vergleich -* ***IV:*** *Spezielle Verbrauchsteuern -* ***V:*** *Theorien der Umsatz- und Verbrauchsbesteuerung -* ***V.A:*** *Theorien der Umsatzbesteuerung -* ***V.B:*** *Theorien der Einzelverbrauchsbesteuerung -* ***VI:*** *Fragen zur Selbstkontrolle und zum Nachdenken*

I. Wann spricht man von indirekten Steuern?

Die Produktion, der Handel, der Einsatz von Produktionsfaktoren oder der Verbrauch von Gütern und Diensten sind ökonomische Tatbestände, die in einer arbeitsteiligen Marktwirtschaft zur Bildung von vielen verschiedenartigen Steuerobjekten genutzt werden können. Die zugehörigen Steuern werden als indirekte Steuern bezeichnet. Indirekte Steuern sind *nicht auf die persönliche Leistungsfähigkeit* des zur Zahlung verpflichteten Steuersubjekts zugeschnitten. Ihnen haftet daher, vor allem seit im 19. Jahrhundert mit der Einkommensteuer eine Alternative zur Berücksichtigung persönlicher Leistungsfähigkeit entstanden war, immer noch der Makel sozial ungerechter ("regressiver") Steuern an. Obwohl dieser Aspekt inzwischen aus verschiedenen Gründen viel von seinem ursprünglichen Gewicht eingebüßt hat, ist die Unterscheidung von direkten und indirekten Steuern ein fester Bestandteil vor allem der politischen Debatte geblieben. In der finanzwissenschaftlichen Fachdiskussion spielt sie keine analytisch entscheidende Rolle mehr, doch hat sie sich als eine *finanzstatistische* bzw. *buchhalterische* Größe bei der Sozialproduktsberechnung behauptet. Bei dieser sind indirekte Steuern Abgaben, die zum Nettosozialprodukt zu Faktorkosten (Summe der Wertschöpfungen, Volkseinkommen) hinzuaddiert werden, so daß sich nach Saldierung mit den Subventionen das Aggregat Nettosozialprodukt zu Marktpreisen ergibt.

Summe der Wertschöpfungen
= Volkseinkommen (= Y)

+ indirekte Steuern

– Subventionen

= Nettosozialprodukt zu Marktpreisen (Nettonationaleinkommen)

Der Vorgehensweise bei der Sozialproduktsrechnung liegt die Vorstellung zugrunde, indirekte Steuern könnten (voll) überwälzt werden. Diese Vorstellung geht zurück auf ältere finanzwissenschaftliche Klassifizierungen, bei denen die *Überwälzbarkeit* einer Steuer als *konstitutiv* für Indirektheit angesehen wurde. Die Steuer sollte ihren "Träger" indirekt belasten und das setzte ihre Überwälzbarkeit voraus. Neben den Umsatz- und speziellen Verbrauchsteuern im engeren Sinn (d.h. Steuern auf Konsumgütern wie z.B. die Branntwein-, Bier-, Schaumwein- Tabak- oder Kaffeesteuer), die im vorliegenden Kapitel behandelt werden, gehören zu den indirekten Steuern auch noch die folgenden Abgaben:

- Steuern auf Rohstoffen oder Produktionsfaktoren, wie z.B. auf Mineralöl oder elektrischem Strom
- Grund-, Liegenschaft- oder Immobiliensteuern, Grunderwerbsteuern
- Gewerbesteuern
- Kapitalverkehrsteuern, wie z.B. Emissionssteuern, Börsenumsatzsteuern oder Wechselsteuern
- (überwiegend kommunale) Verbrauch- oder Aufwandsteuern, wie z.B. Hunde-, oder Getränkesteuern
- Kraftfahrzeug- (Automobil-)steuern
- Spielbankenabgabe
- Versicherungsteuern
- Zölle, Einfuhrabgaben.

Über die genannten Steuern hinaus werden für die Sozialproduktserstellung auch noch von Unternehmen zu entrichtende Gebühren wie beispielsweise Verkehrsabgaben (Mautgebühren) oder Lizenzgebühren als indirekte Steuern angesehen und entsprechend verbucht. Der Sammelbegriff der indirekten Steuern umfaßt also höchst Unterschiedliches. Analytisch brauchbarer ist der etwas engere Begriff "Steuern auf Gütern und Diensten".

Manche der indirekten Steuern haben eine breite, andere eine schmale Bemessungsgrundlage. In einigen Fällen kann daher eine sehr ergiebige Steuerquelle erschlossen werden, doch kann auch das Nebeneinander vieler schmaler Bemessungsgrundlagen für den Fiskus einträglich sein. Einige der Steuern, kommen als Bausteine eines guten Steuersystems in Betracht, andere sind weniger gut oder kaum geeignet, theoretischen Anforderungen oder den Grundsätzen der Besteuerung zu genügen.

In Tabelle 9.1 ist für einige Länder die Entwicklung dieser Größe angegeben. Man erkennt, daß ihr Anteil an den öffentlichen Gesamteinnahmen, d.h. den Einnahmen aus *Steuern und Sozialabgaben* im Zeitraum von 1965 - 2000 in fast allen Ländern abgenommen hat. Diese Entwicklung ist insofern bemerkenswert, als im betrachteten Zeitraum in den meisten Staaten die Umsatzsteuern (Mehrwertsteuern) an fiskalischer Bedeutung deutlich gewonnen haben, wie in den nachfolgenden Abschnitten noch gezeigt wird. Die Zunahme des Umsatzsteueraufkommens reichte jedoch ebensowenig wie die Zunahme des Mineralölsteuer- (bzw. Mineralölzoll-) Aufkommens dazu aus, den *Anteil* der Steuern auf Gütern und Diensten an den *öffentlichen Gesamteinnahmen* aufrechtzuerhalten. Zurückzuführen ist dies einerseits auf die überproportionale Zunahme der Sozialabgaben, wie dies bereits den Tabellen 1.4 und 2.5 zu entnehmen war, und andererseits auf den weltweit vorgenommenen Abbau von Zöllen und auf die verminderte Bedeutung spezieller Verbrauchsteuern auf einzelnen Konsumgütern.

Tab. 9.1: Anteil von Steuern auf Gütern und Diensten[1] an den Gesamteinnahmen der öffentlichen Haushalte aus Steuern und Sozialabgaben 1965 - 2000

	1965	1970	1980	1990	1995	2000
Deutschland [2]	33,0	31,8	27,1	26,7	28,0	28,1
Österreich	37,4	37,4	31,5	31,5	27,7	28,4
Schweiz	30,5	26,9	20,5	18,7	18,8	19,7
Frankreich	38,4	38,1	30,4	28,4	27,4	25,8
Japan	26,2	22,4	16,3	13,2	15,2	18,9
USA	22,8	20,0	17,6	17,3	17,9	15,7

1) "Taxes on goods and services" in der Abgrenzung der OECD
2) bis 1990 nur Westdeutschland

Quelle: OECD, Revenue Statistics 19965 - 2001 (2002), S. 85.

II. Umsatzsteuern

Das Steuerobjekt von Umsatzsteuern ist in erster Linie der in Geld bewertete Absatz von inländischen Produktions-, Handels- oder Dienstleistungsfirmen. Hinzu kommen die *Wareneinfuhr* und der *Eigenverbrauch* von Unternehmern.

Im Verhältnis zum Bruttoinlandsprodukt ist das Umsatzsteueraufkommen ("Taxes on general consumption" in der Abgrenzung der OECD) im Zeitraum 1965 - 1995 in fast allen Ländern angestiegen, z.B. in Deutschland von 5,2 Prozent auf 6,6 Prozent, in Österreich von 6,3 Prozent auf 7,6 Prozent und in der Schweiz von 1,9 Prozent auf 3,4 Prozent.[1]

II.A. Vorläufer der Mehrwertbesteuerung

Die zunächst kurz darzustellenden Umsatzsteuern vom Allphasen-*Brutto*-Typ und vom *Einphasen*-Typ waren jahrzehntelang die vorherrschende Form der Umsatzbesteuerung, bis sie in den vergangenen Jahren fast überall von der Mehrwertbesteuerung abgelöst wurden. Ihre Kennzeichnung als "Vorläufer" rechtfertigt sich einerseits aus dieser zeitlichen Abfolge, andererseits jedoch vor allem dadurch, daß sie den theoretisch wünschbaren Anforderungen hinsichtlich Gleichmäßigkeit und Neutralität der Besteuerung viel weniger als die später an ihre Stelle tretenden Mehrwertsteuern entsprechen. Angesichts eines zunehmenden öffentlichen Finanzbedarfs standen auch die Mängel der älteren Umsatzsteuerformen einer in der Regel beabsichtigten weiteren Anhebung der Umsatzsteuereinnahmen im Wege. Gleichwohl werden Allphasen-Brutto- und Einphasen-Umsatzsteuern auch heute noch erhoben, weil sie sich vor allem durch geringe administrative Kosten der Erhebung auszeichnen. Sie sind daher anzutreffen, wenn z.B. bei Kleinstunternehmen die buchhalterischen Voraussetzungen für die Erhebung einer anspruchsvolleren Umsatzsteuer nicht vorliegen oder wenn Gebietskörperschaften nicht über die erforderliche Administration für die Erhebung einer Mehrwertsteuer verfügen.

II.A.1. Allphasen-Brutto-Umsatzsteuer

Wenn eine Steuer auf die Umsätze aller aufeinanderfolgenden Herstellungs- und Handelsstufen von der Urproduktion bis zum Verkauf an den Verbraucher oder Investor und ohne In-Rechnung-Stellung der auf den jeweils vorangegangenen Stufen bereits erfolgten Besteuerung gelegt wird, ist dies eine Allphasen-Brutto-Umsatzsteuer (ABUSt). Eine solche Steuer wurde in Deutschland 1918 eingeführt

---

1 Quelle: OECD (2000), S. 81.

und hatte Bestand bis 1967. Erhoben wurde sie mit Steuersätzen, die von anfangs 0,5 Prozent bis zu 4 Prozent in den späteren Jahren reichten. Bei der ABUSt bilden die sog. *Bruttoumsätze* der Unternehmen die Bemessungsgrundlage.

Der Begriff Bruttoumsatz besagt, daß keine Abzüge von den Verkaufserlösen zulässig sind. Im Bruttoumsatz können Steuern der Vorstufen als Kostenbestandteile enthalten sein.

Da die Bruttoumsätze in einer Volkswirtschaft das Volkseinkommen um ein Mehrfaches übersteigen, ist die ABUSt eine Steuer mit sehr *breiter Bemessungsgrundlage.* Demzufolge kann sie eine *fiskalisch sehr ergiebige Steuer sein,* oder es kann umgekehrt bei ihr ein gegebenes Steueraufkommen mit verhältnismäßig *niedrigen Steuersätzen* erzielt werden. Dies ist vor allem finanzpsychologisch vorteilhaft und hält den Anreiz zur Steuerhinterziehung gering. Die Bemessungsgrundlage "Bruttoumsatz" ist darüberhinaus für einen Unternehmer einfach feststellbar, denn sie stimmt mehr oder weniger mit seinen Verkaufserlösen überein.

Für die folgende Darstellung mittels vereinfachter Ertragskonten finden folgende Bezeichnungen Verwendung:

U_o: Umsatz eines Unternehmens *ohne* von ihm selber geschuldete Steuer ("Bruttoumsatz")

U_e: Umsatz eines Unternehmens einschließlich seiner *eigenen* Steuerschuld

T(...): Steuerschuld

t: (proportionaler) Umsatzsteuersatz.

Die Steuerschuld eines Unternehmens ergibt sich bei der ABUSt allgemein wie folgt:

$$\boxed{T(U_o) = t \cdot U_o} \tag{9-1}$$

Um die Funktionsweise, die Belastungswirkungen und vor allem auch die Nachteile der ABUSt zu zeigen - und um sie zugleich den weiter unten behandelten Einzelhandels- und Mehrwertsteuern gegenüberzustellen - wird von einem einfachen Modell ausgegangen, bei dem das Sozialprodukt einer Volkswirtschaft mit einer Wertschöpfung von 1000 erstellt wird. Die Entlohnung der Unternehmerleistung sei in den Kosten enthalten. Der Steuersatz soll aus Vereinfachungsgründen stets 10 % betragen. Eine Produktion auf Lager finde nicht statt.

Beispiel
Die Produktion (Wertschöpfung) von 1000 verteile sich auf die Unternehmen A, B und C im Verhältnis von 6 : 3 : 1. A verkauft seine gesamte Produktion an B, während B seine Produkte ausschließlich an C verkauft.

<u>*Firma A:*</u> bei einem Bruttoumsatz von 600 (ohne eigene Steuer) beträgt die Steuerschuld 60 .

Ertragskonto von A

U_o^A (Wertschöpfung von A, Kosten von A):	600	U_e^A Umsatz einschl. Steuern: (Verkäufe an B)	660
$T(U_o^A)$:	60		

<u>*Firma B:*</u> Bei einem Bruttoumsatz von 960 (ohne eigene Steuer) beträgt die Steuerschuld 96.

Ertragskonto von B

Einkäufe bei A:	660	U_e^B Umsatz einschl. Steuern: (Verkäufe an C)	1056
Wertschöpfung von B:	300		

U_o^B (Bem.grundl., Kosten von B):	960		
$T(U_o^B)$:	96		

<u>*Firma C:*</u> Bei einem Bruttoumsatz von 1156 (ohne eigene Steuer) beträgt die Steuerschuld 115,6 .

Ertragskonto von C

Einkäufe bei B:	1056	U_e^C Umsatz einschl. Steuern: (Verkäufe der Fertigprodukte)	1271,6
Wertschöpfung von C:	100		

U_o^C (Bem.grundl., Kosten von C):	1156		
$T(U_o^C)$:	115,6		

Das Gesamtsteueraufkommen beträgt also 271,6 und die Belastung der Wertschöpfung (Produktion) 27,16 %. Die Wertschöpfung bei A in Höhe von 600 unterliegt *dreimal* der 10-prozentigen ABUSt, die Wertschöpfung bei B von 300 unterliegt ihr *zweimal*, die Wertschöpfung bei C einmal. Infolge der *Kumulativwirkung* wird daher die Wertschöpfung von 1000 mit Steuern in Höhe von 250 belastet (10 % von 3 · 600 + 2 · 300 + 1 · 100). Hinzu kommen "Steuern auf Steuer" in Höhe von 21,6. (B bezahlt Steuer von 6 auf die von A bezahlte Steuer von 60, C bezahlt nochmals 6 auf diese von A bezahlte Steuer sowie 9,6 auf die von B entrichtete Steuer von 96.)

Wären die Firmen A und B zusammengelegt worden, hätte sich das Gesamtsteueraufkommen auf 199 vermindert. Die zusammengelegte Firma A+B hätte Steuern von 90 auf ihre Bemessungsgrundlage von 900 und Firma C Steuern von 109 auf ihre Bemessungsgrundlage von 1090 zu zahlen gehabt. Die Belasung der gesamten Wertschöpfung hätte nur noch 19,9 % betragen. Wären statt des Zusammenschlusses von A und B die Firmen B und C zusammengelegt worden, hätte sich das Steueraufkommen auf 166 vermindert und die Steuerbelastung wäre auf 16,6 % gesunken (A hätte Steuern von 60, die zusammengelegte Firma B+C Steuern von 106 geschuldet). Wären schließlich alle drei Firmen integriert worden, so daß die gesamte Wertschöpfung bei dieser integrierten Firma stattgefunden hätte, wären nur noch Steuern von 100 fällig gewesen und die Belastung der Produktion hätte sich auf 10 % reduziert.

Zusammenfassend läßt sich dem soeben vorgestellten Beispiel und seinen Abwandlungen folgendes Resultat entnehmen: Die Belastung der Fertigprodukte durch eine Allphasen-Brutto-Umsatzsteuer ist erstens abhängig von der *Zahl der Stufen*, die bei der Herstellung und Verteilung von Waren oder Dienstleistungen durchlaufen werden *(Kaskadeneffekt)*. Zweitens hängt die Belastung von der *Verteilung der Wertschöpfung* auf die einzelnen Stufen ab. Sie steigt, je höher der Anteil der Wertschöpfung ist, der auf *vorgelagerten Stufen* anfällt. Das bedeutet, daß die ABUSt je nach Branche und selbst für gleichartige Güter eine unterschiedliche Belastung zur Folge hat, denn die Stufenzahl und die Wertschöpfungsanteile auf den einzelnen Stufen können von Fall zu Fall ganz unterschiedlich sein. Ferner führt die ABUSt wegen verflochtener und rückgekoppelter Produktionsketten in der Realität zu einer im Einzelfall gar nicht mehr genau feststellbaren Steuerbelastung des Endverbrauchs. Drittens schließlich wird bei der ABUSt *"Steuer von der Steuer"* erhoben. Auch wenn dieser Effekt im Verhältnis zur Mehrfachbelastung der Wertschöpfungen nicht allzusehr ins Gewicht fällt, ist dies doch zumindest ein erheblicher Schönheitsfehler.

Die genannten Mängel der ABUSt wirken sich im speziellen dahingehend aus, daß Konsumgüter cet. par. desto höher belastet sind, je höher der Realkapitaleinsatz bei ihrer Produktion ist, d.h. je höher sich der Abschreibungsanteil an den Stückkosten beläuft. Erhöhter Kapitaleinsatz bedeutet tendenziell eine Wertschöpfungsverlagerung auf vorgelagerte Stufen und eine Erhöhung der Stufenzahl bei der Produktion. Zur Anzahl der Stufen bei der Konsumgüterproduktion kommt nämlich die Stufenzahl bei der (vorgelagerten) Produktion von Investitionsgütern hinzu. Aus alledem folgt, daß die ABUSt keine wettbewerbsneutrale Steuer ist und daß sie im speziellen eine *kapitalintensive Produktion benachteiligt*. Eine weitere unerwünschte Wirkung der ABUSt besteht darin, daß sie eine Prämie auf die *Verminderung der Produktionsstufen* aussetzt. Die ABUSt fördert eine *vertikale Konzentration* in der Wirtschaft.

Auch wenn in der Praxis der Steuersatz einer ABUSt nirgendwo 10 % - wie im vorangegangenen Beispiel - erreicht hat, waren ihre Mängel schon bei viel niedrigeren Steuersätzen groß genug, um ihre Abschaffung zu rechtfertigen. Die Vorteile geringer administrativer Kosten bei der Erhebung und die fiskalische Ergiebigkeit konnten die nachteiligen Belastungsverzerrungen und die davon ausgelösten Konzentrationswirkungen nicht wettmachen. Auch hätte ein steigender Fiskalbedarf kaum durch diese Steuer aufgebracht werden können.

II.A.2. Einphasensteuern

Wenn aus der Kette der aufeinanderfolgenden Wertschöpfungsstufen des Herstellungs- und Vertriebsprozesses eine "Funktionsphase" herausgegriffen und nur den dieser Phase zuzurechnenden Unternehmen eine Umsatzsteuer auferlegt wird, nennt man sie eine Einphasensteuer. Die Einzelhandel-Umsatzsteuer, manchmal auch als Detailhandel- oder Verkaufsteuer (sales tax) bezeichnet, ist ein Spezialfall einer solchen einphasigen (einstufigen) Umsatzsteuer. Einphasensteuern waren, wie die Allphasen-Brutto-Umsatzsteuer, bis vor wenigen Jahren weltweit verbreitet. Auf der Kommunal- und Einzelstaatsebene der Vereinigten Staaten ist die Einzelhandelsteuer immer noch allgegenwärtig. Die Steuersätze der Einzelstaaten liegen zwischen 3 und 7 Prozent, die der Gemeinden zwischen 2 und 4 Prozent. Für die Stadt New York ergibt sich z.B. eine Belastung durch die Einzelstaat- und Gemeindesteuer von zusammengenommen 8,25 Prozent.

Beispiel
Der Steuersatz einer Einzelhandelsteuer betrage 10 % . Wie im vorangegangenen Beispiel soll die Wertschöpfung einer Volkswirtschaft 1000 betragen und im Verhältnis 6 : 3 : 1 auf die Produktionsstufe und die anschließenden Großhandels- und Einzelhandelsstufen verteilt sein. Von Produktion oder Einkauf auf Lager oder von Fabrikverkauf wird abgesehen.

<u>Firma A:</u> Sie verkauft ihre Produktion von 600 an die Großhandelsfirma B weiter. Daher ist A nicht steuerpflichtig.

<u>Firma B:</u> Als eine Großhandelsfirma ist B ebenfalls nicht steuerpflichtig. Sie verkauft die von ihr bezogenen Waren zum Preis von 900 an die Einzelhandelsfirma C.

<u>Firma C:</u> Eine Steuerpflicht entsteht erst beim Einzelhändler. Seine Bemessungsgrundlage entspricht seinen Kosten einschließlich seiner Handelsspanne von zusammen 1000. Bei Firma C entsteht eine Steuerschuld von 100.

Die Endbelastung von 100 auf der Wertschöpfung von insgesamt 1000 entspricht dem Steuersatz von 10 %.

Die Einzelhandelsteuer ist von ihrem volkswirtschaftlichen Belastungsgegenstand her "im Prinzip" eine Umsatzsteuer vom *Konsumtyp*. Bei ihr erfolgt die Belastung der Güter unmittelbar vor deren Übergang in die Verbrauchssphäre. Auf den ersten Blick ist die Einzelhandelsteuer eine einfach zu erhebende Steuer, weil sie "nur" von Einzelhändlern geschuldet wird. Die Schwierigkeiten beginnen jedoch, wenn der Konsum einheitlich und möglichst lückenlos von dieser Steuer belastet werden soll. Es darf dann unter dem Einzelhändler nicht nur der Detaillist im umgangssprachlichen Sinn verstanden werden. Jedes Unternehmen, das an Endverbraucher liefert oder leistet, muß dann ebenfalls der Steuerpflicht unterstellt werden. Das bedeutet, daß auch alle Fabriken und Großhändler, die direkt an die Verbraucher liefern, als Einzelhändler angesehen werden müssen. Dasselbe gilt für alle Unternehmen, bei denen Eigenverbrauch im Sinne von Konsum (Entnahmen aus dem eigenen Unternehmen) auftritt, also beispielsweise, wenn der Vertreter einer Herstellungsfirma den Firmenwagen nicht nur geschäftlich, sondern auch für den Eigengebrauch nutzt.

Die auf den ersten Blick einfache Einzelhandelsteuer wird aber vor allem dann kompliziert, wenn sie *nur Konsum* belasten soll. Um zu verhindern, daß auch

Investitionen belastet werden und dadurch Kumulationswirkungen wie bei einer Allphasen-Brutto-Umsatzsteuer auftreten, bedarf es eines erheblichen Kontrollaufwands. Autohändler, Einrichtungshäuser, Elektrizitätswerke, Transportunternehmen, Tankstellen und viele andere Unternehmen liefern sog. *Doppelzweckgüter* sowohl an Konsumenten als auch "zirkulär zurück" in den Produktionskreislauf. Man muß daher (steuerfreie) Lieferungen des Einzelhandels an Unternehmen und (besteuerte) Lieferungen an Konsumenten separat erfassen, um eine wettbewerbsneutrale Verbrauchsbesteuerung zu erreichen. Da mit der Einführung steuerfreier Verkäufe an Unternehmen jedoch starke Anreize zur Steuerhinterziehung gesetzt werden, ist der erwähnte hohe Kontrollaufwand erforderlich. Um ihn zu mindern, hat man in der Praxis in der Regel eine gewisse Belastung auch von Investitionen hingenommen. Aus praktischen Gründen hat man darüberhinaus Einzelhandelsteuern auch meistens auf *Waren*lieferungen beschränkt und den gesamten Dienstleistungssektor von der Steuerpflicht ausgenommen.

Insgesamt gesehen ist es also kaum möglich, eine Einzelhandelsteuer so zu gestalten, daß sie den Konsum lückenlos erfaßt, und gleichzeitig eine Belastung von Investitionen vermieden wird. Auch als eine fiskalisch ergiebige Umsatzsteuer ist sie wenig geeignet, und zwar vor allem aus folgendem Grund: Da zu den Einzelhändlern in der Regel viele Kleinstunternehmen gehören - man denke an Kioske, Wochenmarktanbieter oder die sprichwörtlichen Tante-Emma-Läden - muß der Fiskus die Steuer in vielen Fällen beim schwächsten und daher nicht allzu stark belastbaren Glied in der Kette vom Hersteller bis zum Händler eintreiben. Das setzt ihrer Anspannung relativ enge Grenzen.

Bemerkung zur ehemaligen Schweizer Warenumsatzsteuer
Einphasen-Umsatzsteuern kann man auch auf der *Großhandelsstufe* erheben. Eine solche Steuer gab es bis vor wenigen Jahren in der Schweiz. Sie wurde *Warenumsatzsteuer* (WUSt) genannt. Bei einer Großhandelssteuer werden die Umsätze belastet, die als Güterlieferungen an Einzelhändler zum sog. "Wiederverkauf an Konsumenten" bestimmt sind. Um das sicherzustellen, müssen sich bei einer Großhandelsteuer alle Nicht-Einzelhändler in einem Register eintragen lassen. Dieses umfaßt neben den Großhändlern im funktionalen Sinn auch alle Produzenten der Vorstufen (in der Schweiz früher allesamt als "Grossisten" bezeichnet). Bei Angabe ihrer *Registernummer* konnten diese Grossisten Lieferungen von anderen Unternehmen steuerfrei beziehen. Ausgenommen von dieser Befreiung waren bei der schweizerischen WUSt außer den Bezügen für den eigentlichen Eigenverbauch (im Sinne von Konsum) allerdings auch die Käufe von Investitionsgütern. Auch sie galten bei der WUSt als Eigenverbrauch. Dadurch erübrigte es sich, beispielsweise beim Kauf eines Fahrzeugs durch einen Grossisten zwischen seiner späteren konsumtiven oder geschäftlichen Nutzung unterscheiden zu müssen. Die breite Definition des Eigenverbrauchs diente der Vermeidung von Hinterziehung bzw. von umständlichen Kontrollen. Diese von der üblichen Definition des Eigenverbrauchs abweichende Definition machte die WUSt allerdings zu einer Steuer, die neben dem Konsum auch die Investitionen belastete. Man nannte diese Belastung "Schattenbesteuerung" bzw. "taxe occulte". Durch sie wurde der schweizerischen Einphasensteuer eine Kumulativbesteuerung wie im Fall einer Allphasen-Brutto-Umsatzsteuer "beigemischt". Sie war also nicht wettbewerbsneutral. Ihr "Hauptvorteil" bestand in der kleinen Zahl steuerpflichtiger Unternehmen.

Eine Großhandelsteuer kann *grundsätzlich* keine wettbewerbsneutrale Belastung des Konsums bewerkstelligen, weil die Wertschöpfung der letzten Stufe je nach Branche und Einzelhändler ganz verschieden ist. Sie bedarf im übrigen auch der Ergänzung durch einen speziellen Steuersatz auf Direktlieferungen der Grossisten an die Endverbraucher. Bei der WUSt betrug der Steuersatz für Lieferungen an wiederverkaufende Einzelhändler zuletzt 9,3 % und bei Direktlieferungen von Grossisten an Konsumenten 6,2 %. (Man unterstellte eine Handelsspanne von 50 % auf den Einkaufswert des Einzelhändlers). 1994 wurde die WUSt durch eine Mehrwertsteuer ersetzt.

II.B. Mehrwertsteuern

Die Mehrwertbesteuerung ist die modernste Form der Umsatzbesteuerung. Die Bezeichnung Mehrwertsteuer ("value added tax") entspricht einer Übersetzung der 1954 in Frankreich eingeführten "Taxe sur la valeur ajoutée" (TVA). Der Begriff Mehrwert im Zusammenhang mit der Mehrwertsteuer darf nicht verwechselt werden mit dem gleichnamigen Begriff der *marxistischen Arbeitswertlehre*. Bei dieser wurde unter Mehrwert ein den Arbeitern von den Kapitalisten vorenthaltener Teil ihres Arbeitslohns verstanden! Beim Mehrwert der Mehrwertsteuer handelt es sich um "hinzugefügten Wert", den man auch als *Wertschöpfung* bezeichnen kann, und der im sog. *Netto-Umsatz* eines Unternehmens zum Ausdruck kommt. Da hinzugefügte Werte auf *allen* Produktions- und Handelsstufen besteuert werden, ist die Mehrwertsteuer (MWSt) eine *Allphasen-Netto-Umsatzsteuer.*

Je nach dem *gesamtwirtschaftlichen Aggregat, das durch eine Mehrwertsteuer belastet werden soll,* unterscheidet man zwei Grundtypen:

I.) *Mehrwertsteuern vom Volkseinkommens-(Y-)Typ*

II.) *Mehrwertsteuern vom Konsum-(C-)Typ.*

Unabhängig von dieser *makroökonomischen* Unterscheidung gibt es bei den Mehrwertsteuern die *mikroökonomische* Unterscheidung nach der Art der *Berechnungsmethode zur Ermittlung der* "Mehrwerte" *bzw. der Steuerschuld beim einzelnen Unternehmen.* Es gibt eine *additive* und drei *subtraktive* Methoden, d.h. es gibt die:

1.) nach *additiver Methode* berechnete Wertschöpfungsteuer

2.a) MWSt mit *Vorumsatzabzug* und *mit* in den Vorumsätzen enthaltener Steuer

2.b) MWSt mit *Vorumsatzabzug*, aber *ohne* in Vorumsätzen enthaltener Steuer

3.) MWSt mit *Vorsteuerabzug.*

Zunächst werden aus systematischen Gründen in den Abschnitten II.B.1 a) bis c) die verschiedenen Berechnungsmethoden für den Fall einer MWSt. vom Y-Typ dargestellt. Danach erfolgt in Abschnitt II.B.2 die Beschreibung der MWSt. vom C-Typ mit Vorsteuerabzug. Diese Form der Mehrwertbesteuerung wurde zum weltweit verwendeten Modell für die in Gesetzesform umgesetzten heutigen Umsatzsteuern.

Für die Darstellung wird im folgenden wieder von einer Volkswirtschaft mit einem Produktionssektor bestehend aus drei Unternehmen A, B und C ausgegangen, in denen insgesamt eine Wertschöpfung von 1000 stattfindet. Wie in den vorangegangenen Beispielen soll sich diese Wertschöpfung im Verhältnis von 6 : 3 : 1 auf diese drei Firmen aufteilen. Die Produktion (Wertschöpfung) einer Periode werde vollständig zum Umsatz derselben Periode. Eine Lagerbildung finde also nicht statt. Es wird angenommen, daß A ausschließlich an B und B ausschließlich an C liefert. Nur C liefert fertige Konsumgüter. A stellt neben Vorprodukten auch fertige Investitionsgüter her, die von B gekauft werden. B liefert Halbfertigwaren an C und ist zugleich auch Investor. Nur B produziere mit in den Vorperioden gekauften Investitionsgütern. Daher treten nur bei ihm Abschreibungen auf.

Das folgende Schema zeigt die *vor Einführung einer Mehrwertsteuer* angenommene Produktions- und Transaktionsstruktur. Um anschließend in transparenter Weise zu zeigen, wie aus den mikroökonomisch ermittelten Steuerbeträgen das makroökonomische Steueraufkommen hervorgeht, werden die dabei auftretenden Buchungen wiederum mittels vereinfachter Ertragskonten ausgewiesen.

Für die nachfolgend zur Illustration verwendeten Beispiele wird zahlenmäßig die folgende Produktions- und Transaktionsstruktur einer Volkswirtschaft zu Grunde gelegt

	Unternehmen:			Volks-
	A	B	C	wirtschaft
Wertschöpfung:	600	300	100	1000
Umsätze:				
1.) Verkäufe von C-Gütern	-	-	800	800
2.) Verkäufe von Vorprodukten	300	700	-	1000
3.) Verkäufe von I-Gütern	300	-	-	300
Umsatzsummen:	600	700	800	2100
Einkäufe von anderen Unternehmen:				
1.) Einkäufe von Vorprodukten	-	300	700	1000
2.) Einkäufe von I-Gütern	-	300	-	300
Investition:				
1.) Bruttoinvestition	-	300	-	300
2.) Abschreibung	-	100	-	100
3.) Nettoinvestition	-	200	-	200

II.B.1. Mehrwertsteuern vom Y-Typ

Bei einer Mehrwertsteuer vom Y-Typ entspricht die sog. Besteuerungsmenge, d.h. die Summe der Bemessungsgrundlagen, die in den Unternehmen zur Berechnung der Mehrwert-Steuerschuld verwendet werden, dem makroökonmischen Aggregat "Konsum plus Nettoinvestition". Im Modell einer geschlossenen Volkswirtschaft ohne Staatssektor entspricht dies der Summe aller Wertschöpfungen bzw. dem Nettoinlandsprodukt zu Faktorkosten (=Y).

Obwohl in der Realität auch der Staatsverbrauch und die in die Exporte gesteckte Wertschöpfung Teil des Volkseinkommens sind, beides jedoch von Mehrwertsteuer unbelastet bleiben soll, wird die Bezeichnungsweise "MWSt vom Y-Typ" generell verwendet, auch wenn von der Mehrwertsteuer nur der Konsum und die Nettoinvestition belastet werden sollen.

a.) Wertschöpfungsteuer

Aus *didaktischen* Gründen wird die Belastungswirkung einer Mehrwertsteuer vom Y-Typ zuerst anhand der Wertschöpfungsteuer vorgeführt. Steuerobjekt der Wertschöpfungsteuer ist zwar nicht der Netto-Umsatz eines Unternehmen, sondern die Summe der dort aufgetretenen Wertschöpfungsbestandteile, so daß es sich im strengen Sinn nicht um eine Umsatzsteuer handelt. Doch kann die Wertschöpfungsteuer als Äquivant einer Nettoumsatzsteuer angesehen werden, vor allem wenn man vereinfachend unterstellt, daß keine Wertschöpfung für Lagerbildung erfolgt. Für die zahlenmäßige Darstellung wird auf das soeben vorgestellte Schema zurückgegriffen. Der Steuersatz soll 10 % betragen.

Folgende Bezeichnungen werden jetzt noch zusätzlich benötigt:

W:	Wertschöpfung eines Unternehmens
L:	Löhne, Gehälter (einschl. realer Nebenleistungen)
G:	Gewinn
B:	Beteiligungsertrag
Za,Ze:	Zinsaufwand bzw. Zinsertrag
Pa,Pe:	Pacht- und Mietaufwand bzw. Pacht- und Mietertrag
Ab:	Abschreibungen
I:	Investitionen (Anlage-, Lagerinvestition)

Für die Wertschöpfung einer Unternehmung gilt die allgemeine Beziehung:

$$\boxed{W = L + G - B + (Za - Ze) + (Pa - Pe)} \tag{9-2}$$

Die Steuerschuld bei der Wertschöpfungsteuer errechnet sich für jedes Unternehmen als

$$\boxed{T(W) = t \cdot W} \tag{9-3}$$

Beispiel
Die Wertschöpfung der laufenden Periode von 1'000 verteilt sich annahmegemäß im Verhältnis 6 : 3 : 1 auf die Firmen A, B und C. Entscheidend für die Ermittlung der Steuerschuld sind nur die in den Ertragskonten angegebenen (Summen der) Wertschöpfungen eines jeden Unternehmens. Es wird angenommen, daß die in den vorangegangenen Perioden vorgenommenen Investitionen auch mit zehnprozentiger Wertschöpfungsteuer belastet wurden. Auf der Abschreibung von 110 bei der Unternehmung B liegt somit Steuer in Höhe von 10. Durch Abzug dieser Steuer vermindert sich die Steuer auf der in der laufenden Periode in die Bruttoinvestititon gesteckten Wertschöpfung von 300, so daß auf der Nettoinvestition der laufenden Periode von 200 nur Wertschöpfungsteuer von 20 "liegenbleibt".

Firma A: Die Wertschöpfungssumme von 600 wird in Formel (9-3) eingesetzt. Es resultiert eine Steuerschuld von 60.

Ertragskonto von A

Einkäufe bei anderen Unternehmen:	0	U_e^A (Verkäufe an B, darunter I-Güter von 330):	660
W^A (Bemessungsgrundlage):	600		
$T(W^A)$:	60		

Firma B: Für die Berechnung der Steuerschuld zählt nur die Wertschöpfungssumme von 300. Gemäß (9-3) resultiert eine Steuerschuld von 30.

Ertragskonto von B

Einkäufe bei A (davon I-Güter von 330):	660	U_e^B Umsatz (Verkäufe an C):	770
Ab:	110	aktivierte I-Güter inkl. MWSt:	330
W^B (Bem.gr.):	300		
$T(W^B)$:	30		

Firma C: Aufgrund der Wertschöpfung von 100 beträgt die Steuerschuld 10.

Ertragskonto von C

Einkäufe bei B:	770	U_e^C (Verkäufe der Fertigprodukte):	880
W^C (Bem. gr.):	100		
$T(W^C)$:	10		

Zusammenfassung:
Es resultiert bei den drei Firmen insgesamt eine Steuerschuld von 100, die sich wie folgt verteilt:

	Unternehmen:			Volks-
	A	B	C	wirtschaft
Bemessungsgrundlage/Besteuerungsmenge:	600	300	100	1000
Steuerschuld/Steueraufkommen:	60	30	10	100
Brutto-Umsatz einschl. eigener Steuer:	660	770	880	2310

Die volkswirtschaftliche Wertschöpfung von 1'000 in der laufenden Periode wurde also zu zehn Prozent mit Steuern belastet. Da bei der Produktion bei B auch Maschinen aus früheren Perioden verschlissen wurden, sind Abschreibungen inkl. MWSt von 110 angefallen. Die Nettoinvestitionen dieser Volkswirtschaft betragen zu Faktorkosten 200 und der Konsum 800. Auf den Konsum entfiel Wertschöpfungsteuer in der Höhe von 80, auf der Nettoinvestition bleibt Wertschöpfungsteuer von 20 liegen. Die Steuerbelastung sowohl des Konsums als auch der Nettoinvestition beträgt 10 % und entspricht genau dem Steuersatz von 10 %.

b.) Zwei Varianten des Vorumsatzabzugs

Die Konzeption der Mehrwertsteuer in der jetzt darzustellenden Form wurde gegen Ende des 1. Weltkrieges von dem Industriellen *Carl Friedrich von Siemens* (1872 - 1941)[2] entworfen. Er bezeichnete seine Mehrwertsteuer als "veredelte Umsatzsteuer". Es gibt sie in zwei Varianten, die beide durch Subtraktion des sog. Vorumsatzes vom Bruttoumsatz ermittelt werden. In beiden Fällen bezeichnet man die Differenz von Brutto- und Vorumsatz als Nettoumsatz.

Folgende Symbole werden jetzt zusätzlich zu den in Abschnitt II.A.1 eingeführten benötigt:

VU_i: Vorumsatz *inklusive* der auf den *Vorstufen* bezahlten MWSt
VU_0: Vorumsatz *ohne* auf den Vorstufen bezahlte MWSt

Als Vorumsatz gilt grundsätzlich der Wert der Einkäufe von anderen Unternehmen, also der Fremdbezug von Waren oder Dienstleistungen anderer Unternehmen. Bei der *ersten* Variante sind in diesen Bezügen die von den vorgelagerten Unternehmen bezahlten Mehrwertsteuern *enthalten*. In diesem Fall enthält der Bruttoumsatz U_0 diese Steuern der Vorstufen. Bei der *zweiten* Variante werden die *auf den Einkaufsrechnungen offen auszuweisenden* Mehrwertsteuern der anderen Unternehmen *nicht als Bestandteil des Vorumsatzes* angesehen. Der Bruttoumsatz U_0 enthält bei dieser Variante *keine* Steuern von Vorstufen.

Variante 1 (im Vorumsatz enthaltene MWSt der Vorstufen)

Das oben eingeführte Symbol U_0 bezeichnet den Bruttoumsatz eines Unternehmens *"ohne"* die von *diesem* Unternehmen geschuldete Steuer. Die Steuern der Vorstufen sind jedoch als Kostenelement in U_0 enthalten. Die Steuerschuld eines Unternehmen errechnet sich im vorliegenden Fall nach folgender Formel:

$$\boxed{T\ (U_0\ ,VU_i) = t \cdot (U_0\ -\ VU_i)} \qquad (9\text{-}4)$$

Der Vorumsatz ist so definiert, daß er auch die Abschreibungen (Fremdbezug früherer Perioden), nicht jedoch die (zu aktivierenden) I-Güter, umfaßt.

Beispiel
Es werden dieselben Transaktionen unterstellt wie im vorangegangenen Beispiel der Wertschöpfungsteuer, nur die Bemessungsgrundlagen der Steuer werden jetzt anders ermittelt.

---

2 Sohn des Firmengründers Werner von Siemens.

Firma A: Der Bruttoumsatz U_o^A beträgt 600. Für die Berechnung der Steuerschuld von A ist in der Formel (9-4) $VU_i^A = 0$ zu setzen, da kein Fremdbezug vorliegt: Die Steuerschuld beträgt:

$$T^A (U_o^A, VU_i^A) = 0{,}1 \cdot (600 - 0) = 60$$

Firma B: Bei der Berechnung der Steuerschuld ist zu berücksichtigen, daß in den Einkäufen (bei A) auch Investitionsgüter im Wert von 330 (einschließlich Steuer) enthalten sind. Diese führen zu einer Bruttoinvestition bei B, die zum Einkaufswert von 330 auf der Habenseite des Ertragskontos von B zu aktivieren ist. Die anderen Einkäufe bei A, die Abschreibungen und die eigene Wertschöpfung der laufenden Periode bilden den Bruttoumsatz ohne eigene Steuer jedoch inklusive der auf den Einkäufen liegenden Steuern.

Der Bruttoumsatz beträgt:

$$U_o^B = (660 - 330) + 110 + 300 = 740$$

Man kann diese 740 auch als die in den eigenen Umsatz eingegangenen Kosten der Unternehmung B (einschließlich des Unternehmensgewinns) bezeichnen. Der Vorumsatz von B besteht aus den Bestandteilen: Einkäufe bei A (ohne die aktivierten Investitionsgüter) plus Abschreibungen. Es ist also zahlenmäßig:

$$VU_i^B = (660 - 330) + 110 = 440$$

Die Bemessungsgrundlage für die MWSt von B beläuft sich also auf:

$$U_o^B - VU_i^B = 740 - 440 = 300$$

Eingesetzt in Formel (9-4) ergibt sich als Steuerschuld von B:

$$T^B (U_o^B, VU_i^B) = 0{,}1 \cdot (740 - 440)) = 30$$

Firma C: Der Bruttoumsatz ohne eigene Steuer (Einkäufe bei B plus eigene Wertschöpfung) beträgt:

$$U_o^C = 770 + 100 = 870$$

Den Vorumsatz bilden die Einkäufe bei B (einschließlich der von A und B bezahlten Steuern):

$$VU_i^C = 770$$

Als Steuerschuld ergibt sich für C:

$$T^C (U_o^C, VU_i^C) = 0{,}1 \cdot (870 - 770) = 10$$

Zusammengefaßt resultiert für das vorliegende Beispiel:

	Unternehmen:			Volks-
	A	B	C	wirtschaft
Bruttoumsatz ohne eigene Steuer:	600	740	870	2210
Vorumsatz inkl. Vorsteuern:	0	440	770	1210
Bemessungsgrundlage:	600	300	100	1000
Steuerschuld:	60	30	10	100
Umsatz einschl. eigener Steuer (= U_e):	660	770	880	2310

Es zeigt sich, daß bei der vorliegenden ersten Variante einer MWSt mit Vorumsatzabzug bei allen Unternehmen die jeweils gleiche Steuerschuld entsteht wie im Fall einer mit gleichem Steuersatz erhobenen Wertschöpfungsteuer.

Variante 2 (Vorumsatz ohne darin enthaltene MWSt der Vorstufen)

Im Fall dieser Variante gehen die auf den Vorstufen bezahlten Steuern nicht in die eigene Kostenkalkulation ein. Es ist jetzt ein *offener Ausweis* der bezahlten Mehrwertsteuern erforderlich. Das geschieht dadurch, daß jedes Unternehmen auf seinen Rechnungen die Höhe der insgesamt aufgelaufenen Mehrwertsteuern neben dem von ihr verlangten Preis für die gelieferte Ware bzw. die erbrachte Dienstleistung angeben muß. Der Bruttoumsatz U_0 enthält jetzt weder eigene noch auf den Vorstufen bezahlte MWStn.

Die Steuerschuld eines Unternehmens errechnet sich nach Formel (9-5):

$$\boxed{T\ (U_0\ , VU_0) = t \cdot (U_0 - VU_0)} \qquad (9\text{-}5)$$

Im folgenden Beispiel werden gleiche Zahlen und Annahmen unterstellt wie im vorangegangenen Beispiel:

Beispiel
Firma A: Da keine Fremdbezüge vorliegen, ist die Steuerschuldberechnung nach Formel (9-5) identisch mit der Berechnung nach Formel (9-4) im vorangegangenen Beispiel:

$$T^A = 0{,}1\ (600 - 0) = 60$$

Diese Steuer von 60 wird auf den von A ausgestellten Rechnungen *separat* ausgewiesen.

Firma B: Der in die Formel (9-5) einzusetzende Bruttoumsatz (Kosten einschließlich Gewinn, ohne Investitionsgüter) beträgt:

$$U_0^B = (600 - 300) + 100 + 300 = 700$$

Der Vorumsatz (Einkauf bei anderen Unternehmen, ohne die zu aktivierenden Investitionsgüter, aber einschl. Abschreibung) beläuft sich auf

$$VU_0^B = (600 - 300) + 100 = 400$$

Somit ergibt sich als Bemessungsgrundlage 700 - 400 = 300 und gemäß (9-5) als Steuerschuld:

$$T^B\ (U_0^B\ ,\ VU_0^B) = 0{,}1\ (700 - 400) = 30$$

B stellt an C eine Rechnung über einen Warenwert von 700 aus. Separat wird auf der Rechnung die MWSt in Höhe von 70 ausgewiesen. (Dieser Betrag resultiert aus MWSt von 30, die A bezahlt hat, aus MWSt-Belastung von 10 aus früheren Perioden, d.h. auf den Abschreibungen, und 30 eigene Steuerschuld von B in der laufenden Periode).

Firma C: Der Bruttoumsatz U_o^C beträgt angesichts einer Wertschöpfung von 100 und Einkäufen von 700:

$$U_o^C = 700 + 100 = 800$$

Der Vorumsatz beläuft sich auf:

$$VU_o^C = 700$$

Als Steuerschuld ist gemäß Formel (9-5) somit abzuführen:

$$T^C(U_o^C, VU_o^C) = 0{,}1 \cdot (800 - 700) = 10.$$

Zusammengefaßt lauten die Resultate für das vorliegende Beispiel:

	Unternehmen:			Volks-
	A	B	C	wirtschaft
Bruttoumsatz ohne eigene und fremde Steuer:	600	700	800	2100
Vorumsatz ohne Vorsteuern:	0	400	700	1100
Bemessungsgrundlage:	600	300	100	1000
Steuerschuld:	60	30	10	100
Umsatz einschl. eigene Steuer:	660	770	880	2310

Es resultieren auch jetzt wieder *dieselben* Belastungsergebnisse wie vorher.

c.) Methode des Vorsteuerabzugs

Beim Vorsteuerabzug werden Steuerbeträge und nicht Umsätze voneinander subtrahiert. In einem *ersten Schritt* wird der Steuersatz auf den Bruttoumsatz (Warenwert *ohne* auf vorgelagerten Stufen bezahlte Steuern) angewendet. Das ergibt die Bruttosteuer. Von dieser Bruttosteuer (als Minuend) werden die "Vorsteuern", d.h. die an die Lieferanten bezahlten Steuern abgezogen. Die Differenz ergibt die Steuerschuld eines Unternehmens. Wie im vorangegangenen Fall ist auch jetzt wieder ein *offener Ausweis der Mehrwertsteuer* auf den Rechnungen erforderlich. Die Funktionsweise des Vorsteuerabzugs wird im folgenden Beispiel für die Mehrwertsteuer vom Y-Typ vorgeführt.

Als Symbol wird jetzt zusätzlich noch benötigt:

VT: Vorsteuer (zum Abzug zugelassene MWStn der Lieferanten)

Die Steuerschuld eines Unternehmens berechnet sich jetzt nach folgender Formel:

$$\boxed{T(U_o, VT) = t \cdot U_o - VT} \qquad (9\text{-}6)$$

Zur Darstellung der Berechnungsweise und der Belastungsergebnisse werden wieder dieselben Annahmen und Zahlen wie bisher zugrunde gelegt.

Beispiel

Firma A: Die Steuerschuld nach Formel (9-6) beläuft sich auf:

$$T^A(U_o^A, VT^A) = 0{,}1 \cdot 600 - 0 = 60$$

Ertragskonto von A

Einkäufe bei anderen Unternehmen:	0	U_o^A	(Verkäufe an B, darunter I-Güter von 300 WE):	600
W^A:	600	MWSt:		60
$T^A(U_o^A, VT^A)$:	60			

Firma B: Da B von A neben Vorprodukten auch Investitionsgüter im Umfang von 300 einkauft, kann B nur einen Teil der ihm von seinen Lieferanten in Rechnung gestellten Vorsteuern abziehen. Insofern die Einkäufe aus zu aktivierenden Investitionsgütern bestehen, ist die darauf liegende MWSt nicht in der laufenden Periode als Vorsteuer abzugsfähig. Vielmehr muß die MWSt auf I-Gütern aktiviert werden und kann nur pro rata temporis in den folgenden Perioden als Vorsteuer abgezogen werden. Es verbleiben abzugsfähige Vorsteuern auf den laufenden Einkäufen von Vorprodukten in Höhe von 30. Hinzu kommen allerdings 10 an abzugsfähigen Vorsteuern auf den Abschreibungen der laufenden Periode. Der Bruttoumsatz als Bemessungsgrundlage der Bruttosteuer beträgt 700.

Die Steuerschuld von B beläuft sich somit auf

$$T^B(U_o^B, VT^B) = 0{,}1 \cdot 700 - 30 - 10 = 30.$$

Ertragskonto von B

Einkäufe bei A: (darunter I-Güter von 300):	600	U_o^B (Verkäufe an C):	700
MWSt auf Einkäufen:	60	MWSt:	70
Ab:	100	aktivierte I-Güter:	300
VT_{Ab}^B:	10	aktivierte MWSt auf I-Güter:	30
W^B:	300		
$T^B(U_o^B, VT^B)$:	30		

Firma C: Die von B in Rechnung gestellte MWSt von 70 ist vollständig als Vorsteuer VT^C in der laufenden Periode abzugsfähig, da C in der laufenden Periode keine Investitionen vornimmt.

$$T^C(U_o^C, VT^C) = 0{,}1 \cdot 800 - 70 = 10$$

Ertragskonto von C

Einkäufe bei B:	700	U_o^C (Verkäufe der Fertigprodukte):	800
MWSt auf Einkäufen:	70	MWSt:	80
W^C:	100		
$T^C(U_o^C, VT^C)$:	10		

Die Resultate des vorangegangenen Beispiels lauten *zusammengefaßt:*

	Unternehmen:			Volks-
	A	B	C	wirtschaft
Bruttoumsatz/Bemessungsgrundlage:	600	700	800	2100
Bruttosteuer:	60	70	80	210
Vorsteuer:	0	40	70	110
Steuerschuld:	60	30	10	100
Umsatz zuzüglich eigene und fremde Steuer:	660	770	880	2310

Die mikro- und makroökonomischen Belastungsergebnisse sind also auch jetzt wieder dieselben wie in den vorangegangenen Fällen. Bezüglich der Belastungsergebnisse sind somit alle vier gezeigten Mehrwertsteuern vom Y-Typ identisch.

II.B.2. Mehrwertsteuer vom C-Typ mit Vorsteuerabzug

Bei einer Mehrwertsteuer vom C-Typ bleibt *makroökonomisch* die in die Nettoinvestition einfließende Wertschöpfung unbelastet. Wird ein einheitlicher, proportionaler Steuersatz angewendet, dann belastet eine Mehrwertsteuer vom Konsumtyp *alle Konsumausgaben* in gleicher prozentualer Höhe. Dieses jetzt zu zeigende Modell der Mehrwertsteuer diente in allen Ländern, die in den vergangenen Jahren ihre Umsatzbesteuerung von älteren Formen auf die Mehrwertbesteuerung umstellten, als Vorlage für die gesetzlichen Regelungen.

Die mikroökonomische Ermittlung der Steuerschuld eines jeden Unternehmens erfolgt bei der C-Typ-MWSt mit Vorsteuerabzug wie im Fall des Y-Typs nach Formel (9-6). Der Unterschied zum Fall der Y-Typ-MWSt besteht nur in einer *erweiterten Definition der Vorsteuer* (VT). Als Vorsteuern gelten jetzt *alle* von anderen Unternehmen auf der Vorstufe entrichteten Mehrwertsteuern, gleichgültig, ob es sich bei diesen um Mehrwertsteuern auf Verkäufen von Halbfertigwaren, Hilfs- und Betriebsstoffen oder auf Verkäufen von Investitionsgütern handelt. Es findet bei der C-Typ-MWSt mit Vorsteuerabzug somit ein *Sofortabzug* anstelle eines "pro-rata-temporis"-Abzugs der auf der Vorstufe bezahlten Mehrwertsteuer auf Investitionsgütern statt. Durch eine Erweiterung dessen, was als "Vorsteuer" abzugsfähig ist, verwandelt sich also eine Mehrwertsteuer vom Y-Typ in eine solche vom C-Typ. Da alle auf den Einkäufen von Investitionsgütern liegenden Vorsteuern von der investierenden Firma sofort *in voller Höhe abgezogen* werden können, findet eine der vorangehenden *Belastung* unmittelbar nachfolgende *Entlastung* von der auf I-Gütern liegenden Mehrwertsteuer statt. Die ursprüngliche Belastung beim Hersteller der I-Güter wird sofort wieder durch Abzug beim investierenden Unternehmen *neutralisiert*. Einen Abzug von Steuern auf Abschreibungen gibt es nicht mehr, da aktivierte Investitionen von Mehrwertsteuern unbelastet blieben.

Für die Darstellung anhand eines Beispiels werden wiederum dieselben Annahmen und Zahlen unterstellt wie bisher:

Beispiel

Firma A: Die Steuerschuld beträgt gemäß Formel (9-6):

$$T^A (U_o^A, VT^A) = 0{,}1 \cdot 600 - 0 = 60$$

Ertragskonto von A

Einkäufe bei anderen Unternehmen:	0	U_o^A (Verkäufe an B, darunter I-Güter von 300 WE):	600
W^A:	600	MWSt:	60
$T^A (U_o^A, VT^A)$:	60		

Firma B: Die mit 10 % MWSt belasteten Einkäufe von Investitionsgütern, die zu Bruttoinvestitionen bei B führen, werden bei B durch Vorsteuerabzug sofort wieder entlastet. Die Steuerrechnung von B gemäß Formel (9-6) lautet:

$$T^B (U_o^B, VT^B) = 0{,}1 \cdot 700 - 60 = 10.$$

Ertragskonto von B

Einkäufe bei A:	600	U_o^B (Verkäufe an C):	700
MWSt auf Einkäufen (VT^B):	60	MWSt:	70
Ab:	100	aktivierte I-Güter:	300
W^B:	300		
$T^B (U_o^B, VT^B)$:	10		

Firma C: Bei C ist die Steuerrechnung ebenso wie bei A unverändert gegenüber dem Fall der Y-Typ-MWSt, da keine Investitionsgüter gekauft werden.

Ertragskonto von C

Einkäufe bei B:	700	U_o^C (Verkäufe der Fertigprodukte):	800
MWSt auf Einkäufen (VT^C) :	70	MWSt:	80
W^C:	100		
$T^C (U_o^C, VT^C)$:	10		

Zusammengefaßt resultiert für das Beispiel der C-Typ-MWSt mit Vorsteuerabzug:

	Unternehmen:			Volks-
	A	B	C	wirtschaft
Bruttoumsatz-Bemessungsgrundlage:	600	700	800	2100
Bruttosteuer:	60	70	80	210
Vorsteuer:	0	60	70	130
Steuerschuld:	60	10	10	80
Umsatz zuzüglich eigene und fremde Steuer:	660	770	880	2310

Die volkswirtschaftliche Gesamtbelastung mit Mehrwertsteuern beträgt im vorangegangenen Beipiel also nur 80. Die in den Konsum von insgesamt 800 eingegangene Wertschöpfung ist mit 10 % belastet, während die Nettoinvestition von 200 unbelastet bleibt.

II.B.3. Die Mehrwertsteuern im Vergleich

Um die vorangegangene Darstellung der buchhalterischen Funktionsweise verschiedener Mehrwertsteuertypen und ihrer "technischen" Erhebungsformen abzuschließen, werden jetzt die makroökonomischen Belastungsergebnisse einer C-Typ und einer Y-Typ Mehrwertsteuer (mit Vorsteuerabzug) unter etwas realitätsnäheren Annahmen nochmals im Vergleich gegenübergestellt (Abb. 9.1 und 9.2). Es wird dazu von einer Volkswirtschaft ausgegangen, in der Anlagen auch selbst erstellt werden. Ferner wird zwischen einer Investitionsgüter- und einer Konsumgüterbranche unterschieden. Für die Gegenüberstellung wird wiederum von einer Volkswirtschaft mit einer Wertschöpfung (Nettosozialprodukt zu Faktorkosten) von 1000 ausgegangen, die jetzt jedoch in vier Unternehmen erfolgt. Je zwei davon gehören zur I-Güter- bzw. C-Güterbranche. Die ersteren sollen mit UI_1 und UI_2, die letzteren mit UC_1 und UC_2 benannt werden. UI_1 und UC_1 sind *jeweils Vorprodukt*lieferanten an UI_2 und UC_2. Das Unternehmen UI_2 stellt *fertige* Investitionsgüter her und UC_2 *fertige* Konsumgüter. Die Wertschöpfung von 1000 werde zu 80 % für Konsum und zu 20 % für Nettoinvestitionen verwendet und verteile sich auf die vier Firmen entsprechend den im nachfolgenden Schema angegebenen Ausgangsdaten. Der Steuersatz betrage in der laufenden Periode ebenso wie in den Vorperioden 10 %.

Den über das Buchhalterisch-Rechnerische hinausgehenden Aspekten der prinzipiell acht unterschiedlichen Mehrwertsteuerformen wurde bisher noch keine Aufmerksamkeit geschenkt. Das ist im folgenden noch nachzuholen. Im Anschluß an den makroökonomischen Vergleich der Belastungsergebnisse werden daher zunächst noch im vorliegenden Abschnitt einige der für die Auswahl unter den vier verschiedenen *technischen Erhebungsformen* zu beachtende Gesichtspunkte behandelt. Die für die Wahl unter den beiden makroökonomischen entscheidenden Kriterien sind sodann im Anschluß an die Darstellung der gesetzlichen Regelungen sowie der speziellen Verbrauchsteuern Gegenstand von Abschnitt V.

Ausgangsdaten für die Gegenüberstellung:

	Unternehmen:				Volks-
	UI_1	UI_2	UC_1	UC_2	wirtschaft
Umsätze (exkl. Steuern):					
1.) Verkäufe von C-Gütern	-	-	-	800	800
2.) Verkäufe von Vorprodukten	140	-	340	-	480
3.) Verkäufe von I-Gütern	-	280	-	-	280
Umsatzsummen:	140	280	340	800	1560
Selbsterstellte Anlagen:	-	120	-	-	120
Einkäufe von anderen Unternehmen:					
1.) Einkäufe von Vorprodukten	-	140	-	340	440
2.) Einkäufe von I-Gütern	-	-	160	120	280
Wertschöpfung:	100	180	300	420	1000
Investition:					
1.) Bruttoinvestition	-	120	160	120	400
2.) Abschreibung	40	80	40	40	200
3.) Nettoinvestition	-40	40	120	80	200

Mit den Ausgangsdaten werden die in den Abbildungen 9.1 und 9.2 im einzelnen vorgeführten Ergebnisse erzielt.

Gegenüberstellung der Ergebnisse:

	Unternehmen:				Volks-
	UI_1	UI_2	UC_1	UC_2	wirtschaft
Mehrwertsteuer Y-Typ:					
Bemessungsgrundlage	140	400	340	800	1680
Bruttosteuer	14	40	34	80	168
Vorsteuer	-4	-22	-4	-38	-68
Steuerschuld (-aufkommen)	10	18	30	42	*100*
Mehrwertsteuer C-Typ:					
Bemessungsgrundlage	140	280	340	800	1560
Bruttosteuer	14	28	34	80	156
Vorsteuer	0	-14	-16	-46	-76
Steuerschuld (-aufkommen)	14	14	18	34	*80*

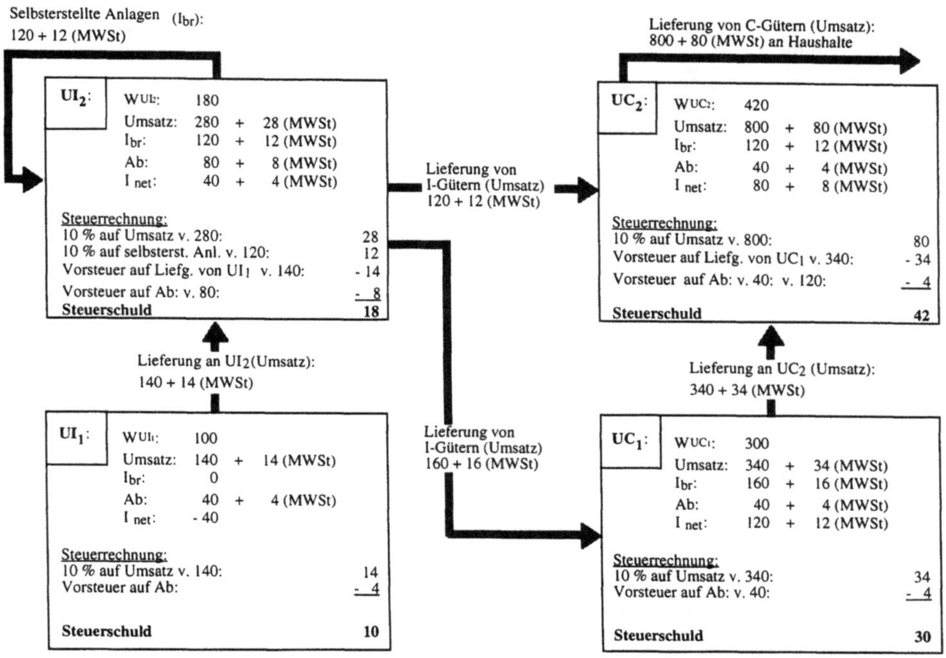

Abb. 9.1: **Mehrwertsteuer mit Vorsteuerabzug vom Y-Typ**

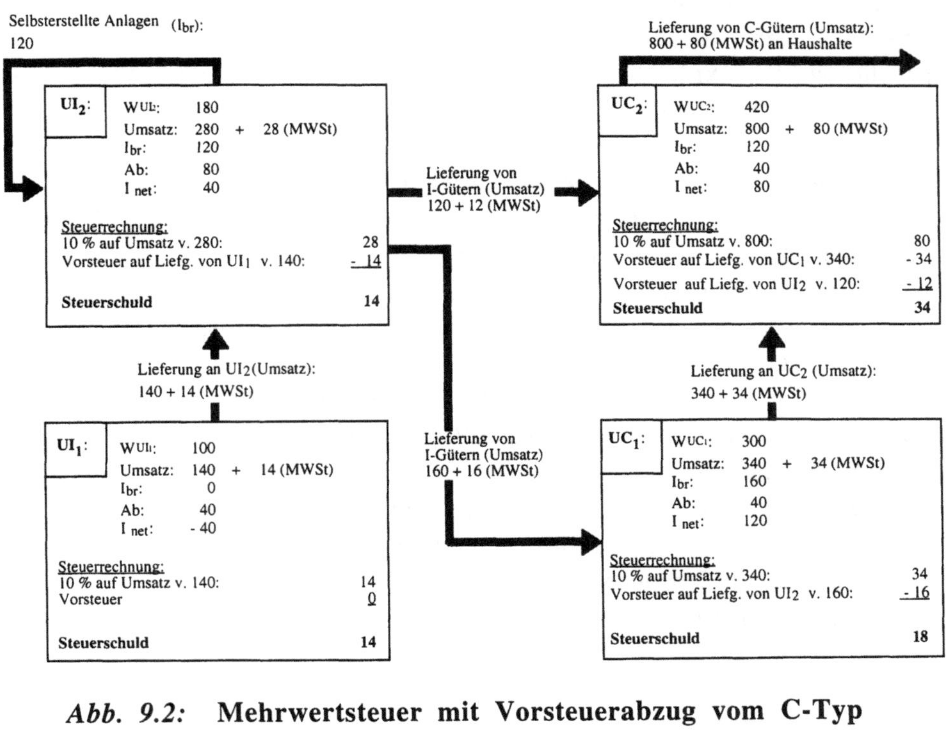

Abb. 9.2: **Mehrwertsteuer mit Vorsteuerabzug vom C-Typ**

Man erkennt aus der Gegenüberstellung, daß im Fall der MWSt vom Y-Typ (Abb. 9.1) die Steuereinnahmen des Fiskus insgesamt 100 betragen. Im Fall der C-Typ-Mehrwertsteuer (Abb. 9.2) belaufen sich die Steuereinnahmen auf 80. Im ersten Fall wird sowohl die in den Konsum als auch die in die Nettoinvestition eingehende Wertschöpfung belastet. Im zweiten Fall erfolgt wegen des bei UC_1 und UC_2 stattfindenden sofortigen Abzugs der auf den Investitionsgüterlieferungen von UI_2 an UC_1 und UC_2 liegenden Vorsteuern eine Belastung nur der in den Konsum eingehenden Wertschöpfung.

Wird davon ausgegangen, daß eine Mehrwertsteuer vom C-Typ realisiert werden soll, dann sind für die Wahl unter den vier technischen Erhebungsverfahren die folgenden Gesichtspunkte von Bedeutung:

1.) Für eine Mehrwertbesteuerung vom Konsumtyp wäre das *additive* Verfahren der *Wertschöpfungsteuer* am wenigsten geeignet, denn es müßte in jedem Einzelfall unterschieden werden, ob eine Wertschöpfung in ein später für Konsum oder Investition verwendetes Gut einfließt. Wertschöpfung, die in Investitionsgüter einfließt, müßte von der Mehrwertsteuer freigestellt sein, und es müßte sichergestellt werden, daß unbelastet gebliebene Güter nicht konsumtiv verwendet werden. Überdies müßten in den Unternehmen die verschiedenen Wertschöpfungsbestandteile einzeln bewertet werden, was sehr aufwendig wäre. Die additive Methode der *Wertschöpfungsteuer* hätte zudem den Nachteil, daß ihre Anknüpfungspunkte sie als eine Steuer primär auf Löhne erscheinen ließe. Da Löhne und Gehälter 60 - 70 Prozent der Wertschöpfung eines Unternehmens ausmachen, würde diese Steuer wie eine Steuer auf den Produktionsfaktor Arbeit erscheinen. Aus einer solchen Sichtweise würden naturgemäß politische und vor allem finanzpsychologische Widerstände resultieren. Die Wertschöpfungsteuer scheidet praktisch aus, wenn eine C-Typ Mehrwertbesteuerung realisiert werden soll.

2.) Die Mehrwertsteuer mit *Vorsteuerabzug* hat gegenüber den anderen Verfahren die in mehrfacher Hinsicht vorteilhafte Eigenschaft des sog. *Nachholeffekts*. Der Nachholeffekt besagt, daß eine auf der Vorstufe unterlassene Besteuerung wegen der dann auf der nächsten Stufe nicht zum Abzug zur Verfügung stehenden Vorsteuer zu einer entsprechend nachgeholten Besteuerung führt. Der Nachholeffekt kann gezielt zur Vereinfachung der Steuererhebung eingesetzt werden. So können beispielsweise gewisse, nur schwierig erfaßbare Umsatzbestandteile, wie sie z.B. in der Landwirtschaft oder bei Banken auftreten, am Entstehungsort "aus der Steuerpflicht herausgenommen" werden, *ohne* daß sich dadurch Steuerausfälle oder Belastungsverzerrungen ergeben, wenn die Abnehmer wiederum Unternehmer sind. Diese holen die Besteuerung und damit die Belastung der Vorstufe nach, wenn sie mit Vorsteuern unbelastete Leistungen (z.B. Bankwertschöpfungen im Zusammenhang mit der Kreditvergabe) abnehmen.

3.) Gegenüber der Methode des Vorumsatzabzugs mit im Vorumsatz enthaltener *Steuer* besitzt eine Mehrwertsteuer mit *Vorsteuerabzug* wegen des Nachholeffekts zudem den Vorzug, daß die effektive Endbelastung der Umsätze beim Übergang in den Konsum grundsätzlich der gewünschten Tarifbelastung, d.h. dem *auf der letzten Stufe* angewendeten Steuersatz entspricht, egal wie hoch die Steuerbelastung auf den Vorstufen war.

4.) Das Verfahren des Vorsteuerabzugs ermöglicht schließlich bei internationalem Handel eine exakte Entlastung des Exports, wie dies bei Anwendung des *Bestimmungslandprinzips*[3] erforderlich ist. Bei den beiden Varianten des *Vorumsatzabzugs* hingegen wäre eine Entlastung von Steuern der Vorstufen entweder gar nicht möglich oder nur sehr schwierig exakt durchführbar. Im Fall der ersten Variante (mit im Vorumsatz enthaltener Steuer) kennt der Vorprodukte beziehende Unternehmer die Höhe der Vorbelastung in der Regel überhaupt nicht. Welche Gesamtbelastung vorliegt, läßt sich in diesem Fall im allgemeinen nicht angeben. Bei der zweiten Variante des Vorumsatzabzugs werden die auf den Vorumsätzen liegenden Mehrwertsteuern zwar offen ausgewiesen, doch diese Variante ist kolossal umständlich und böte große Spielräume für Manipulationen.

5.) Insgesamt gesehen dürfte die Vorsteuerabzugstechnik den anderen drei Erhebungstechniken eindeutig überlegen sein, obwohl sie im Hinblick auf *Steuerhinterziehung* nicht ganz unproblematisch ist. Zwar bewirkt der Korrekturautomatismus des Nachholeffekts, daß wenn z.B. auf einer Vorstufe keine MWSt bezahlt (und auch nicht auf die Rechnung gesetzt) wurde, weil es sich beispielsweise um eine in Schwarzarbeit hergestellte Lieferung handelte, daß der steuerpflichtige Unternehmer als Empfänger die unterlassene Besteuerung nachholt. Doch eröffnet das Vorsteuerabzugsverfahren auch Hinterziehungsmöglichkeiten, wenn die Zahlungseingänge von Mehrwertsteuern, die auf der folgenden Stufe als Vorsteuern geltend gemacht werden können, nicht sorgfältig durch fiskalische Kontrollen überwacht werden. Dem Fiskus entstehen, wenn er Einnahmenverluste vermeiden will, relativ hohe Kosten für die Überwachung des korrekten Ablaufs des Vorsteuerabzugsverfahrens.

Hinterziehung findet bisher vor allem dadurch statt, daß "Lieferanten" oder Scheinlieferanten auf ihren Rechnungen bezahlte MWST vortäuschen. Ihre "Abnehmer" oder Scheinabnehmer, mit denen sie unter einer Decke stecken, reduzieren ihre Steuerschuld durch Abzug vorgetäuschter Vorsteuern oder - schlimmer noch - lassen sich nie bezahlte Vorsteuern vom Fiskus "erstatten". Letzteres funktioniert besonders dann, wenn echt steuerbefreite Exporte geltend gemacht werden. Bei unzulänglichen oder zu spät vorgenommenen Kontrollen haben sich "Lieferant" und "Abnehmer" meist in Luft aufgelöst, bevor der Schwindel auffällt.

---

3 Die Erläuterung dieses Begriffs erfolgt im nächsten Kapitel.

III. Gesetzliche Regelungen

Die Umsatzsteuern Deutschlands und Österreichs sowie aller anderen EU-Länder sind Mehrwertsteuern vom *Konsumtyp mit Vorsteuerabzugstechnik*. Diese Technik wurde den EU-Ländern durch die sog. Erste Richtlinie vorgeschrieben, die 1967 vom Rat der Europäischen Wirtschaftsgemeinschaft erlassen wurde.[4] Die Schweiz und auch alle anderen Nicht-EU-Länder, die zur Mehrwertbesteuerung übergegangen sind, haben seither ebenfalls dieses Mehrwersteuermodell übernommen. In der Ersten Richtlinie hieß es:

Art. 2 (Besteuerungsprinzip)
Das gemeinsame Mehrwertsteuersystem beruht auf dem Grundsatz, daß auf Gegenstände und Dienstleistungen, ungeachtet der Zahl der Umsätze, die auf den vor der Besteuerungsstufe liegenden Produktions- und Vertriebsstufen bewirkt wurden, eine allgemeine zum Preis der Gegenstände und Dienstleistungen genau proportionale Verbrauchsteuer anzuwenden ist.

Bei allen Umsätzen wird die Mehrwertsteuer, die nach dem auf den Gegenstand oder die Dienstleistung anwendbaren Steuersatz auf den Preis des Gegenstandes oder der Dienstleistung errechnet wird, abzüglich des Mehrwertsteuerbetrags geschuldet, der die verschiedenen Kostenelemente unmittelbar belastet hat.

Das gemeinsame Mehrwertsteuersystem wird bis auf die Einzelhandelsstufe einschließlich angewandt.

Spätere Richtlinien, insbesondere die den Charakter eines Mustergesetzes besitzende Sechste Richtlinie der EG vom 17. Mai 1977, vereinheitlichten die Gesetzesbestimmungen der Mitgliedstaaten weitgehend, so daß diesen, abgesehen von den Steuersätzen, nur noch kleine Gestaltungsspielräume verblieben sind.

Nur selten entspricht eine in die Praxis umgesetzte Steuer in allen Details ihrem theoretischen Modell. Fast immer müssen aus sozialen, administrativen oder politischen Gründen Ausnahmen zugelassen werden. Bei dem im vorangegangenen Abschnitt dargestellten Modell einer Mehrwertsteuer vom Konsumtyp mit Vorsteuerabzugstechnik und einheitlichem Steuersatz, gibt es insbesondere die folgenden *vier wichtigen Ausnahmen* von einer alle Güter und Dienstleistungen gleichmäßig und in gleicher Höhe belastenden Steuer:

1. Bestimmte *Umsätze*, vor allem im Grundbedarfs- und Kulturbereich, werden einem *reduzierten* Mehrwertsteuersatz unterworfen.
2. Gewisse *Umsätze* werden von der Umsatzbesteuerung *befreit, wobei* die auf den Vorstufen gezahlten Vorsteuern "rückerstattet" werden bzw. abzugsfähig sind (*echte* Steuerbefreiungen, Nullsatzbesteuerung, "zero-rating")).

---

[4] "Erste Richtlinie des Rates der Europäischen Wirtschaftsgemeinschaft zur Harmonisierung der Rechtsvorschriften der Mitgliedstaaten über die Umsatzsteuer" vom 11. April 1967.

3. Gewisse *Umsätze* werden von der Umsatzbesteuerung *befreit*, ohne daß die auf den Vorstufen gezahlten Vorsteuern abzugfähig sind bzw. "erstattet" werden (unechte Steuerbefreiungen). Die Belastung durch Vorsteuern bleibt bei unechter Befreiung erhalten.
4. Gewisse Unternehmens*kategorien*, speziell die Landwirtschaft und in der Regel auch die nicht der Buchhaltungspflicht unterworfenen Kleinunternehmen sind nicht der Mehrwertsteuerpflicht unterworfen.

Das folgende Schema kann als Wegweiser dienen.

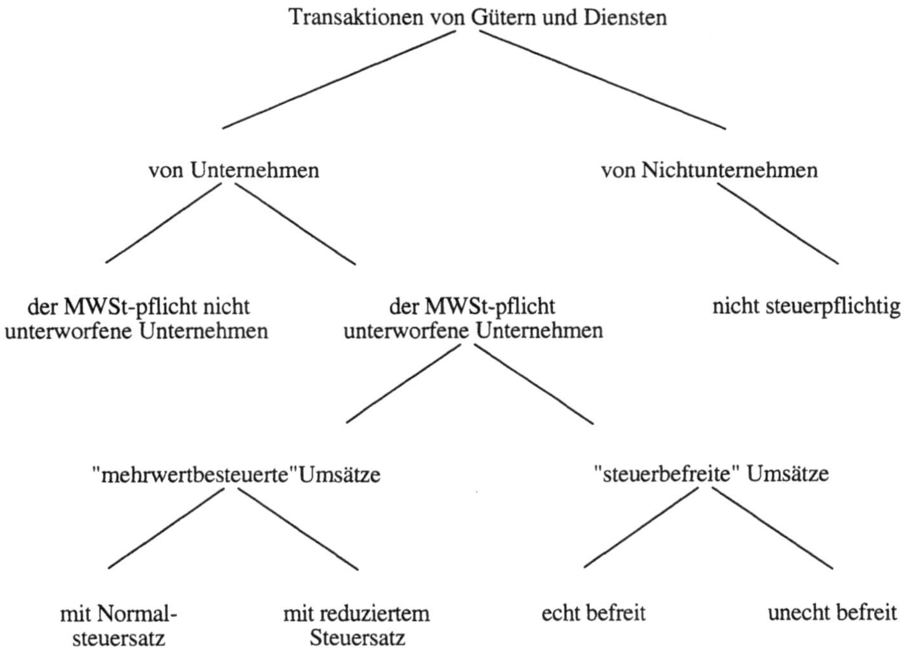

Wegen der Zulassung der genannten Ausnahmen und aufgrund von gewissen, der vereinfachten Berechnung dienenden Pauschalierungen, belasten real existierende Mehrwertsteuern nicht den gesamten Konsum bzw. die gesamte in den Konsum eingehende Wertschöpfung einer Volkswirtschaft in völlig einheitlicher Weise. Auch bleibt infolge der Nichtabzugsfähigkeit von Vorsteuern im Fall unechter Steuerbefreiung bei gewissen Unternehmen oder Institutionen Mehrwertsteuer auch auf Investitionsgütern liegen. Die im folgenden darzustellenden Mehrwertsteuern bleiben aber gleichwohl "im Prinzip" allgemeine Umsatzsteuern im Sinne einer allgemeinen Verbrauchsteuer.

III.A. Deutsche Mehrwertsteuer[5]

Die Mehrwertsteuer ist eine sog. Gemeinschaftssteuer von Bund, Ländern und Gemeinden, an deren Aufkommen auch die EU im Ergebnis mit rd. sechs Prozent beteiligt ist. Nach der Einkommensteuer ist sie die zweitwichtigste Steuer. Ihre Steuersätze und ihr Aufkommen sind in Tabelle 9.2 angegeben. Nachdem der Bundesanteil 1970 noch 70 Prozent betrug, liegt er mittlerweile formal noch bei ca. 50 Prozent. Bei Berücksichtigung verschiedener sog. Vorwegabzüge und des EU-Anteils von (2000) nahezu 20 Mrd. DM beträgt er effektiv aber nur noch rd. 40 Prozent.

Tab. 9.2: Deutsches Mehrwertsteueraufkommen 1970 - 2000

Jahr	1970	1980	1990	1995	1997	1999	2000
allgemeiner Steuersatz[1)] ermäßigter Steuersatz	11 % 5,5 %	13 % 6,5 %	14 % 7 %	15 % 7 %	15 % 7 %	16 % 7 %	16 % 7 %
Aufkommen in Mrd DM	38,1	93,4	154,6	234,6	240,9	268,3	275,5
MWSt in Prozent des Gesamtsteueraufkommens[2)]	25 %	26 %	27 %	29 %	30 %	30 %	30 %
Bundesanteil an der MWSt in Prozent[3)]	70	67,5	65	56	50,5	52,24	52,01

[1)] 16 % seit 1. 4. 1998 [2)] Gesamtsteueraufkommen von Bund, Ländern und Gemeinden (ohne Sozialversicherungsbeiträge), ab 1990 einschl. des Aufkommens aus den neuen Bundesländern und Berlin Ost [3)] formaler Anteilssatz

Quelle: Bundesministerium der Finanzen, Finanzbericht 2002 (2001), S. 250 ff., 255 ff.

Im deutschen Umsatzsteuergesetz wird die Mehrwertsteuer stets als Umsatzsteuer bezeichnet. Der erste Paragraph legt fest, was unter Umsatz zu verstehen ist:

§ 1 Steuerbare Umsätze. (1) Der Umsatzsteuer unterliegen die folgenden Umsätze:
1. die Lieferungen und sonstigen Leistungen, die ein Unternehmer im Inland gegen Entgelt im Rahmen seines Unternehmens ausführt. . . .

. . .

4. die Einfuhr von Gegenständen aus dem Drittlandsgebiet in das Inland . . .
5. der innergemeinschaftliche Erwerb im Inland gegen Entgelt. . . .

---

5 Umsatzsteuergesetz 1999 (UStG) in der Fassung vom 9. Juni 1999.

Unter "Lieferung" versteht das Gesetz, daß Verfügungsmacht über einen *Gegenstand* verschafft wird. Mit "sonstigen Leistungen" sind insbesondere *Dienstleistungen* gemeint. Ergänzend zur Lieferung gibt es "Entnahmen", definiert in § 3:

Einer Lieferung gegen Entgelt werden gleichgestellt ... die Entnahme eines Gegenstands durch einen Unternehmer aus seinem Unternehmen für Zwecke, die außerhalb des Unternehmens liegen.

Als "Drittlandsgebiet" werden Nicht-EU-Länder bezeichnet, während "innergemeinschaftlicher Erwerb" Einfuhr aus EU-Ländern bedeutet. "Umsätze" sind also Transaktionen der unterschiedlichsten Art, zu denen nicht nur Warenlieferungen an andere Unternehmen oder Konsumenten und Dienstleistungen gehören, sondern auch Eigenverbrauch und Einfuhren (aus Drittländern oder der EU). Nicht um "Umsätze" handelt es sich hingegen, wenn beispielsweise eine Privatperson Gegenstände an eine andere Privatperson veräußert. Dies gilt auch, wenn diese Person ein Unternehmer ist und Gegenstände des Privatvermögens veräußert.

Grundsätzlich sind Umsätze nur dann steuerpflichtig, wenn sie sich auf die Erzielung einer Gegenleistung (ein Entgelt) richten. Zum Beispiel: Verkehrsleistungen sind in Höhe des verlangten Tarifs umsatzsteuerpflichtig. Aber: Der vom Schwarzfahrer erhobene Strafzuschlag ist kein Entgelt im Sinn des Umsatzsteuergesetzes, weil die Erbringung der Verkehrsleistung nicht auf die Erzielung dieses Zuschlags gerichtet ist. Daher ist dieser Zuschlag nicht umsatzsteuerpflichtig. Nicht umsatzsteuerpflichtig sind auch freiwillige Trinkgelder für das Bedienungspersonal in Gaststätten. Hingegen gehört der in einer Gaststättenrechnung enthaltene Bedienungszuschlag zum Entgelt für die Gaststättenleistung und ist daher umsatzsteuerpflichtig. Eine Geldüberweisung für sich genommen ist nicht umsatzsteuerpflichtig, doch war beispielsweise die Ablöseentschädigung für die Freigabe eines Fußballspielers durch seinen Verein Entgelt für eine Leistung (des freigebenden Fußballvereins) und daher umsatzsteuerpflichtig.

Ob eine Transaktion als umsatzsteuerpflichtig anzusehen ist, hängt entscheidend auch von der Definition des Unternehmers ab:

§ 2 Unternehmer, Unternehmen. (1) Unternehmer ist, wer eine gewerbliche oder berufliche Tätigkeit selbständig ausübt. Das Unternehmen umfaßt die gesamte gewerbliche oder berufliche Tätigkeit des Unternehmers. Gewerblich oder beruflich ist jede nachhaltige Tätigkeit zur Erzielung von Einnahmen, auch wenn die Absicht, Gewinn zu erzielen, fehlt oder eine Personenvereinigung nur gegenüber ihren Mitgliedern tätig wird. . . .

Neben juristischen Personen können also auch natürliche Personen Unternehmer im Sinne des Gesetzes und damit Steuerschuldner sein. Keine Unternehmereigenschaft hat hingegen, wer eine Tätigkeit als Liebhaberei ausübt, wie z.B. der Freizeitjäger, der seine Jagdbeute verkauft. Das Umsatzsteuergesetz stellt nicht auf die Rechtsform, sondern auf materielle Kriterien wie Beruf oder Selbständigkeit ab. Diese liegt im Prinzip vor, wenn eine Tätigkeit auf eigene Rechnung und auf eigene Verantwortung ausgeübt wird. Naturgemäß treten hierbei Grenzfälle auf. Ein Rechtsanwalt oder der ein Lehrbuch publizierende Wissenschaftler kann in einem Anstellungs- oder Vertragsverhältnis der Kanzlei oder dem Verlag gegenüber stehen und daher ein nicht umsatzsteuerpflichtiger "Arbeitnehmer" sein, oder er kann auch ein selbständiger Unternehmer sein und dann persönlich umsatzsteuerpflichtig werden. Im Fall von *Einfuhren* wird anstelle des die Lieferung oder Leistung erbringenden Unternehmens der *Empfänger* zum Steuerschuldner. Es können daher auch private Konsumenten zu Schuldnern von (Einfuhr-)Umsatzsteuern werden.

Die Feststellung der Steuerschuld erfordert als ersten Schritt die Feststellung der Bemessungsgrundlage "Umsatz":

§ 10 Bemessungsgrundlage für Lieferungen, sonstige Leistungen, innergemeinschaftlichen Erwerb und Eigenverbrauch. (1) Der Umsatz wird bei Lieferungen und sonstigen Leistungen . . . und bei dem innergemeinschaftlichen Erwerb . . . nach dem Entgelt bemessen. Entgelt ist alles, was der Leistungsempfänger aufwendet, um die Leistung zu erhalten, jedoch abzüglich der Umsatzsteuer. Zum Entgelt gehört auch, was ein anderer als der Leistungsempfänger dem Unternehmer für die Leistung gewährt. Bei dem innergemeinschaftlichen Erwerb sind Verbrauchsteuern, die vom Erwerber geschuldet oder entrichtet werden, in die Bemessungsgrundlage einzubeziehen. . . .

Das Entgelt ist also nicht einfach der auf einem Etikett stehende Preis einer Ware oder Dienstleistung. Durch ein Skonto oder einen Rabatt verringert sich z.B. die umsatzsteuerlich relevante Bemessungsgrundlage. Wird von einem Autohändler beim Verkauf eines Neuwagens ein Gebrauchtwagen zu einem über dem Marktwert liegenden Preis in Zahlung genommen, dann räumt der Verkäufer einen versteckten Preisnachlaß gegenüber dem normalen Verkaufspreis des Neuwagens ein. Die Bemessungsgrundlage für die Umsatzsteuer vermindert sich dann um diesen Preisnachlaß. Beim Tausch zwischen zwei Unternehmern gelten beide Transaktionen je für sich als umsatzsteuerpflichtiges Entgelt. Beim Eigenverbrauch (Entnahme) ist von den Kosten für den Gegenstand im Moment der Entnahme zuzüglich beim Unternehmen angefallene Nebenkosten auszugehen. Fährt z.B. ein Unternehmer mit dem Firmenwagen in die Ferien, muß er neben der Abschreibung auch noch anteilig die Versicherungsprämien, die Kfz-Steuer und die üblichen Unterhaltskosten als Eigenverbrauch versteuern.

Bei der deutschen Umsatzsteuer gibt es einen Normalsatz von 16 Prozent (seit 1. April 1998) sowie einen ermäßigten Satz von sieben Prozent. Dem ermäßigten Steuersatz sind vor allem landwirtschaftliche Produkte unterworfen, angefangen von lebenden Tieren und fast allen Arten von Lebensmitteln bis zu Pflanzen und Holz. Auch Bücher, Zeitungen, Kunst- und Sammlungsgegenstände werden ermäßigt besteuert. Eine Erhöhung des Normalsatzes um einen Prozentpunkt erbringt unter den gegenwärtigen Umständen ein Mehraufkommen von ungefähr 17 Mrd. DM (ca. 8,7 Mrd. Euro).

Außer einem ermäßigten Steuersatz gibt es Steuerbefreiungen. Sie sind im § 4 UStG einzeln aufgezählt. Die Steuerbefreiung betrifft insbesondere die Ausfuhrlieferungen (einschließlich der sog. innergemeinschaftlichen Lieferungen - ihre Umsatzbesteuerung erfolgt anschließend im Ausland) und die Vermietung und Verpachtung von Grundstücken (und darauf befindlicher Gebäude bzw. Wohnungen). Auch die Umsätze aus der Tätigkeit von Ärzten, Zahnärzten und ähnlichen Heilberufen, die Umsätze der öffentlichen und auch der meisten privaten Krankenhäuser, die Leistungen von Altenheimen und die der meisten kulturellen Einrichtungen sowie viele andere, im Gesetz einzeln aufgezählte Umsätze sind aus sozialen oder kulturellen Gründen "steuerfrei".

Steuerfrei sind z.B. auch, obwohl weder kulturelle noch soziale Gründe erkennbar sind, Umsätze für die Luftfahrt, d.h. die Lieferung, Wartung, Reparatur usw. von Flugzeugen, wenn sie zur Verwendung von Unternehmen bestimmt sind, die überwiegend grenzüberschreitende Beförderungen gegen Entgelt durchführen (§ 8 UStG). Auch die Beförderungsleistung selber ist in der Regel sowohl auf dem inländischen als auch auf dem ausländischen Teil der Strecke steuerfrei. Diese Lücke ist umso bemerkenswerter, als es obendrein auch keine Verbrauchsbesteuerung des Flugbenzins ("Luftfahrtbetriebsstoffs") gibt (§ 4 Mineralölsteuergesetz), selbst wenn es sich um eine Verwendung auf rein inländischen Strecken handelt. Der Luftverkehr wird gegenüber dem Eisenbahnverkehr umsatz- und verbrauchsteuerlich stark begünstigt, obwohl ökologische Gesichtspunkte das genaue Gegenteil erforderten.

Die Steuerschuld eines Unternehmens ergibt sich erst nach Abzug der Vorsteuer von der im ersten Schritt auf dem Umsatz berechneten (Brutto-)Steuer. Der Vorsteuerabzug ist neben dem Steuersatz und der Bemessungsgrundlage für den Tarif der dritte entscheidende Bestandteil für die Ermittlung der Steuerschuld eines Unternehmens:

§ 15 Vorsteuerabzug. (1) der Unternehmer kann die folgenden Vorsteuerbeträge abziehen:
1. die in Rechnungen . . . gesondert ausgewiesene Steuer für Lieferungen oder sonstige Leistungen, die von anderen Unternehmern für sein Unternehmen ausgeführt worden sind. . . .

Beim Vorsteuerabzug ist zu berücksichtigen, ob eine Steuerbefreiung vorliegt. Es gibt *echte* und *unechte* Steuerbefreiungen. Im Fall einer *echten* Steuerbefreiung können Vorsteuern sogar dann abgezogen werden, wenn auf den eigenen Umsätzen keine Steuer zu bezahlen ist. Es kommt dann zu Erstattungen bezahlter Vorsteuern. Äquivalent zu einer solchen echten Steuerbefreiung ist ein Steuersatz von 0 % (sog. Nullsatz). Der Hauptfall *echter* Steuerbefreiung sind die Ausfuhren. Im Gegensatz dazu wird bei unechten Steuerbefreiungen kein Vorsteuerabzug zugelassen. Die Vorsteuer bleibt auf den unecht befreiten Umsätzen liegen und wird, insofern der unecht befreite Bezug aus Investitionsgütern besteht, zu einer Steuer auf Investitionen.

Außer den genannten Befreiungen gibt es noch eine spezielle Art der Steuerbefreiung, nämlich die Befreiung von der Abrechnungspflicht mit der Steuerbehörde. Sie erfolgt bei land- und forstwirtschaftlichen Betrieben (§ 24 UStG). Man bedient sich bei dieser Art Steuerbefreiung sog. *Durchschnittssätze*. Sie entsprechen "im Prinzip" der durchschnittlichen Höhe der in der Land- und Forstwirtschaft anfallenden Vorsteuerbelastung, ausgedrückt als Prozentzahl des (Brutto-)Umsatzes. Den aus dem Durchschnittssatz resultierenden Steuerbetrag dürfen diese Betriebe ihren Abnehmern als Bestandteil ihrer Rechnung "in Ausweis stellen". Die die Produkte abnehmenden Unternehmen können den ausgewiesenen Betrag als Vorsteuer von ihrer Bruttosteuer abziehen. Für die land- und forstwirtschaftlichen Betriebe entfällt somit das Erfordernis einer Abrechnung mit dem Fiskus. Sie selber müssen keine MWSt abführen. Es resultiert für sie grundsätzlich eine Steuerzahllast von Null. Die Durchschnittssätze betragen 5 % in der Forstwirtschaft und 9 % in der übrigen Landwirtschaft. Durch den Trick mit den "in Ausweis gestellten" Durchschnittssätzen kann zwar eine kumulative Steuerbelastung (und Steuer von der Steuer) vermieden werden, doch wird, sofern die Durchschnittssätze höher angesetzt sind als die tatsächliche Vorsteuerbelastung, eine Steuersubvention ausgerichtet. Zudem wird der *Nachholeffekt* bezüglich der Wertschöpfung in der Land- und Forstwirtschaft reduziert, wenn deren Abnehmer steuerpflichtige Unternehmen sind (z.B. eine Zuckerfabrik).

Um Bagatellfälle zu vermeiden und die Kosten der Steueradministration niedrig zu halten, gibt es auch noch eine (unechte) Steuerbefreiung für sehr kleine Unternehmen:

§ 19 Besteuerung der Kleinunternehmer. (1) Die für Umsätze im Sinne des § 1 Abs. 1 Nr. 1 geschuldete Umsatzsteuer wird von Unternehmern . . . nicht erhoben, wenn der . . . Umsatz zuzüglich der darauf entfallenden Steuer im vorangegangenen Kalenderjahr 32'500 Deutsche Mark (ab 1.1.2002: 16'620 Euro) nicht überstiegen hat und im laufenden Kalenderjahr 100 000 Deutsche Mark (ab 1.1.2002: 50'000 Euro) voraussichtlich nicht übersteigen wird. . . .

Kleinunternehmer brauchen also keine Mehrwertsteuer zu bezahlen, können allerdings auch keine Vorsteuern abziehen bzw. sich erstatten lassen. Da dies nachteilig sein kann, weil ihre mehrwertsteuerpflichtigen Abnehmer keine Vorsteuer abziehen können, dürfen sie sich freiwillig der Umsatzsteuerpflicht unterstellen (Optionsrecht).

Neben den Durchschnittssätzen für die Land- und Forstwirtschaft gibt es sog. *Allgemeine Durchschnittssätze* (d.h. pauschale Abzugssätze) für nicht buchführungspflichtige Berufs- und Gewerbezweige mit Jahresumsätzen unter 120'000 DM (ab 2002: 61'356 Euro). Anstelle ihrer tatsächlichen Vorsteuern können sie branchenübliche Vorsteuerbeträge als Prozentsätze ihres Bruttoumsatzes von ihrer rechnerischen Mehrwertsteuer abziehen (§ 23 UStG in Verbindung mit den

Bestimmungen der USt-Durchführungsverordnung zu § 23). So kann z.B. eine handwerklich betriebene Bäckerei 5,4 v.H., eine Eisdiele 5,8 v.H. oder ein Fahrradeinzelhändler 12,2 v.H. des Bruttoumsatzes pauschal als Vorsteuer von seiner (Brutto-)Steuer abziehen.

Schließlich gibt es auch noch eine weitere Sonderregelung, die deswegen erforderlich ist, weil Verkäufe von Gebrauchtwaren und speziell von gebrauchten Fahrzeugen seitens *privater Haushalte* nicht umsatzsteuerpflichtig sind. (Würde man Privathaushalte für solche Transaktionen umsatzsteuerpflichtig machen, entstünden eine Fülle von Bagatell- und Hinterziehungsfällen.) Die Nichtbesteuerung privater Transaktionen in Verbindung mit dem Grundsatz steuerlicher Neutralität erzwingt allerdings eine Sonderregelung für Gebrauchtwagenhändler, Antiquare, Versteigerer, Trödler und Zweithandgeschäfte. Da diese als Unternehmer prinzipiell umsatzsteuerpflichtig sind, sie jedoch keine Vorsteuer in Abzug bringen können, wenn sie gebrauchte Waren von Privathaushalten beziehen oder in Zahlung nehmen, wären sie gegenüber dem "Direkthandel" zwischen Privaten erheblich benachteiligt. Außerdem käme es zu Doppelbesteuerung angesichts der auf dem Restwert der Gebrauchtwaren noch liegenden MWSt. Daher ist es Gebrauchtwarenhändlern erlaubt, steuerlich gesehen als sog. Wiederverkäufer oder als Vermittler aufzutreten und nur in Höhe der Differenz zwischen ihrem Ver- und Einkaufspreis (d.h. in Höhe ihrer Provision) zum Normalsteuersatz von 16 % umsatzsteuerpflichtig zu werden (*Differenzbesteuerung* gemäß § 25a UStG).

Es gibt also Spezialfälle, wo an die Stelle des Regelverfahrens des *Vorsteuerabzugs* das in Abschnitt II.B.1.b dargestellte Verfahren des *Vorumsatzabzugs* tritt (Abzug von Vorumsätzen mit darin enthaltener Vorsteuer).

III.B. Schweizerische Mehrwertsteuer

In der Schweiz wurde die Mehrwertsteuer als eine Bundessteuer auf den 1. Januar 1995 eingeführt - allerdings wie die Bundeseinkommensteuer nur befristet bis Ende 2006. Die verfassungsrechtliche Grundlage bildet Art. 130 der (neuen) Bundesverfassung. Die Zustimmung zur Erhebung einer MWSt erfolgte in einer Volksabstimmung im Jahr 1993. Vorausgegangen waren in den Jahren 1977, 1979 und 1991 drei ablehnende Volksabstimmungen zur Mehrwertsteuer. Da sich die Schweiz an den Richtlinien der EU orientierte, gibt es, außer bei der Höhe des Tarifs und manchmal bei den Bezeichnungsweisen, keine bedeutenden Abweichungen von der soeben dargestellten deutschen Mehrwertsteuer bzw. den Mehrwertsteuern anderer EU-Länder. Tabelle 9.3 zeigt die Entwicklung des Umsatzsteueraufkommens unter Einschluß des Aufkommens aus der Warenumsatzsteuer sowie die etappenweise im Lauf der Jahre angehobenen Steuersätze.

Tab. 9.3: Schweizer Umsatzsteueraufkommen 1970 - 2000 [1)]

Jahr	1970	1980	1990	1995	1997	1999	2000
Steuersätze [2)]	3,6 % (5,4 %)	5,6 % (8,4 %)	6,2 % (9,3 %)	6,5 % 2,0 %	6,5 % 2,0 % 3,0 %	7,5 % 2,3 % 3,5 %	7,5 % 2,3 % 3,5 %
Steueraufkommen in Mio sFr.	1'688	4'772	9'871	12'428	12'526	15'060	16'594
Aufkommen in Prozent des Gesamtsteueraufkommens [3)]	10,2 %	13,2 %	15,3 %	16,5 %	16,2 %	17,6 %	17,2 %

1) bis einschl. 1994: Warenumsatzsteuer, ab 1995 Mehrwertsteuer.
2) Warenumsatzsteuer: Steuersatz beim Direktverkauf an Endverbraucher (in Klammer: Steuersatz beim Verkauf von Waren an Wiederverkäufer); MWSt: Normalsatz und ermäßigte Steuersätze.
3) Steueraufkommen von Bund, Kantonen und Gemeinden ohne Sozialversicherungsbeiträge

Quelle: OECD Revenue Statistics 1965 - 2001 (2002), S. 183.

Grundlage der ursprünglich nur auf dem Verordnungsweg erhobenen Mehrwertsteuer ist seit 1. Januar 2001 das Mehrwertsteuergesetz vom 2. September 1999. Es lautet in Auszügen:

Art. 5 Grundsatz
Der Steuer unterliegen folgende durch Steuerpflichtige getätigte Umsätze, sofern sie nicht ausdrücklich von der Steuer ausgenommen sind (Art. 18):
a. im Inland gegen Entgelt erbrachte Lieferungen von Gegenständen;
b. im Inland gegen Entgelt erbrachte Dienstleistungen;
c. Eigenverbrauch im Inland
d. Bezug von Dienstleistungen gegen Entgelt von Unternehmen mit Sitz im Ausland.

In Art. 73 ist zusätzlich festgelegt, daß auch die Einfuhr von Gegenständen der Mehrwertsteuer unterliegt. In Artikel 18 sind die von der Umsatzsteuer ohne Anspruch auf Vorsteuerabzug befreiten ("ausgenommenen") Umsätze aufgezählt (unechte Steuerbefreiungen). Es handelt sich im wesentlichen um Transaktionen aus den Bereichen Medizin, Erziehung sowie Kultur. Auch Umsätze im Bereich des Geld- und Kapitalverkehrs und die Übertragung von Grundstücken oder die Vermietung von Wohnungen sind unecht steuerbefreit (steuerbar sind jedoch die Vermietung von Schlafräumen zur Beherbergung von Gästen im Hotel- und Gastgewerbe oder die Vermietung von Schließfächern). Bei Einfuhren gelten analoge Befreiungen wie bei inländischen Transaktionen.

Neben den Befreiungen, die zum Ausnahmebereich *ohne* Anspruch auf Vorsteuerabzug gehören, gibt es Befreiungen *mit* Vorsteuererstattungsanspruch, zu denen

Exportumsätze sowie ins Ausland erbrachte Dienstleistungen gehören (Art. 19). Der Normalsatz der Schweizer Mehrwertsteuer beträgt (seit 1. Januar 2001) 7,6 Prozent. Daneben gibt es zwei ermäßigte Steuersätze: 3,6 Prozent für Beherbergungsleistungen (Übernachtungen und Frühstück) sowie 2,4 Prozent für Eß- und Trinkwaren (außer Alkoholika), für die meisten landwirtschaftlichen Produkte, Dünger, Medikamente, Bücher und Zeitschriften.

Kleinstunternehmen mit Umsätzen bis 75'000 Franken sind grundsätzlich von der MWSt-Pflicht ausgeommen (Art. 21). Darüberhinaus gibt es aber noch eine weitergehende Befreiung von der Steuerpflicht in folgenden Fällen:

Art. 25 Ausnahmen
1. Von der Steuerpflicht sind ausgenommen:
a. Unternehmer mit einem Jahresumsatz . . . bis zu 250'000 Franken, sofern die nach Abzug der Vorsteuer verbleibende Steuer regelmäßig nicht mehr als 4'000 Franken im Jahr betragen würde;
b. Landwirte, ... , Forstwirte, ... , Gärtner ... für die Lieferung der im eigenen Betrieb gewonnenen Erzeugnisse ...;Viehhändler für die Umsätze von Vieh; . . .

Die von der Steuerpflicht ausgenommenen Unternehmen können sich freiwillig der Steuerpflicht unterstellen (Optionsrecht). Dadurch erhalten sie die Möglichkeit, Vorsteuern abzuziehen. Um eine Belastung landwirtschaftlicher Produkte mit "Schattensteuer" (nicht abzugsfähige Vorsteuern auf Maschinen usw.) zu vermeiden, können umsatzsteuerpflichtige *Abnehmer* landwirtschaftlicher Produkte 2,4 Prozent des Rechnungsbetrages als Vorsteuer abziehen (Art. 38, Absatz 6).

Für Unternehmen bestimmter Branchen mit Jahresumsätzen bis 3 Mio. Franken und einer Steuerschuld von maximal 60'000 Franken gibt es die Option der sog. *Saldobesteuerung* (Art. 59). Es handelt sich um eine Besteuerung mit einem sog. Saldosteuersatz, anzuwenden auf den Bruttoumsatz. Die Vorsteuer gilt dann als pauschal abgegolten. Den Abnehmern wird der jeweils in Betracht kommende reguläre Steuersatz verrechnet. Die Saldosteuersätze variieren je nach Branche und werden von der Steuerverwaltung festgelegt. Dabei wird eine Belastung der Wertschöpfung zu Grunde gelegt, wie sie sich bei Anwendung des regulären Vorsteuerabzugsverfahrens typischerweise je nach Branche ergeben hätte. Die schweizerische Saldobesteuerung entspricht im Ergebnis der in Deutschland praktizierten Besteuerung mittels Allgemeiner Durchschnittssätze. Schließlich gibt es für Kunsthändler, Antiquare, Versteigerer, Autohändler und Gebrauchtwarenhändler, soweit sie gebrauchte Gegenstände zum Wiederverkauf aufkaufen, ohne Vorsteuer abziehen zu können, eine Mehrwertsteuer auf der Grundlage der *Differenz* von Verkaufs- und Ankaufspreis (*Margenbesteuerung* gemäß Art. 35 - Anwendung der Vorumsatzabzugsmethode mit im Vorumsatz enthaltener Steuer).

III.C. Österreichische Mehrwertsteuer

Die österreichische Mehrwertsteuer ist eine Gemeinschaftssteuer von Bund, Bundesländern und Gemeinden. Sie löste 1973 die bis dahin erhobene Allphasen-Brutto-Umsatzsteuer ab. Die heutigen Bestimmungen des Umsatzsteuergesetzes 1994, das mit dem Beitritt Österreichs zur EU in Kraft trat, entsprechen prinzipiell und auch weitgehend materiell denen der soeben skizzierten deutschen und schweizerischen Mehrwertsteuern. Der Normalsteuersatz beträgt 20 Prozent, daneben gibt es zwei ermäßigte Steuersätze von 10 und 12 Prozent. Der Katalog der in Österreich mit dem ermäßigten Steuersatz belasteten Umsätze umfaßt allerdings eine Reihe von in Deutschland und in der Schweiz unecht steuerbefreiten Transaktionen. So wird beispielsweise in Österreich auch die Vermietung und Verpachtung von Grundstücken für Wohnzwecke mit 10 Prozent MWSt belastet. Tabelle 9.3 zeigt die Entwicklung des Umsatzsteueraufkommens und seines Anteils am österreichischen Gesamtsteueraufkommen.

Kleinunternehmen, deren Umsätze jährlich 300'000 öS nicht überschreiten, sind von der Umsatzsteuer befreit. Sie haben aber ein Optionsrecht auf die Mehrwertbesteuerung. Nichtbuchführungspflichtige Land- und Forstwirte brauchen ebenfalls mit dem Fiskus nicht abzurechnen. Sie können aber auf ihren Rechnungen eine (fiktive) Steuerzahlung in Höhe von 10 Prozent ihres Umsatzes ausweisen, die gerade der unterstellten durchschnittlichen Vorsteuerbelastung ihres Umsatzes entspricht. Der pauschale Abzug dieser durchschnittlichen Vorsteuer von ihrer fiktiven Steuerzahlung ergibt grundsätzlich eine Differenz von null, so daß bei ihnen keine Steuerschuld entsteht und sich die Abrechnung mit dem Fiskus erübrigt.

Tab. 9.4: Österreichisches Umsatzsteueraufkommen 1970 - 2000 [1)]

Jahr	1970	1980	1990	1995	1997	1999	2000
Hauptsteuersatz (Normalsatz)	5,5 % [2)]	18,0 %	20,0 %	20,0 %	20,0 %	20,0 %	20,0 %
Steueraufkommen in Mio öS	24'869	82'346	154'521	179'949	207'165	226'949	234'696
Anteil am Gesamtsteueraufkommen [3)]	24,8 %	29,1 %	31,0 %	29,6 %	28,3 %	28,3 %	28,9 %

1) bis 1972 Allphasen-Brutto-Umsatzsteuer, ab 1973 Mehrwertsteuer
2) zusammengesetzt aus dem allgemeinen Steuersatz von 3 %, einem Bundeszuschlag von 1,5 % und einem Rechnungsstempelzuschlag von 1 %
3) Steueraufkommen von Bund, Ländern und Gemeinden ohne Sozialversicherungsbeiträge

Quelle: OECD Revenue Statistics 1965 - 2001 (2002), S. 120.

III. D. Mehrwertsteuersätze im internationalen Vergleich

Die folgende Tabelle vermittelt einen Überblick über die Mehrwertsteuersätze in einer Reihe ausgewählter Länder. Außer in diesen gibt es Mehrwertsteuern auch in allen Ländern, die in die EU aufgenommen werden wollen, ferner in Australien, den brasilianischen Einzelstaaten, China, Kanada, Kroatien, Mexiko, Neuseeland, Rußland und Südafrika, um die wichigsten zu nennen. Keine Mehrwertbesteuerung gibt es in den Vereinigten Staaten von Amerika

Tab. 9.5: Mehrwertsteuersätze ausgewählter Länder
(Stand: 1. Juni 2001)

Staaten	Steuersätze in vH	
	Normalsatz	ermäßigte Sätze
Belgien	21,0	0*); 6,0; 12,0
Dänemark	25,0	0
Deutschland	16,0	7,0
Finnland	22,0	0; 8,0; 17,0
Frankreich	19,6	2,1; 5,5;
Griechenland	18,0	4,0; 8,0
Großbritannien	17,5	0; 5,0
Irland	20,0	0; 4,2; 12,5
Italien	20,0	0; 4,0; 10,0
Japan	5,0	-
Luxemburg	15,0	3,0; 6,0; 12,0
Niederlande	19,0	6,0
Norwegen	24,0	0; 11,11; 12,0
Österreich	20,0	10,0; 14,0
Portugal	17,0	5,0; 12,0
Schweden	25,0	0; 6,0; 12,0
Schweiz	7,6	2,4; 3,6
Spanien	16,0	4,0; 7,0

*) Nullsatz bedeutet: es gibt außer für Exporte auch für bestimmte Inlandumsätze echte Steuerbefreiung (mit Vorsteuerabzug)

Quelle: Bundesministerium der Finanzen, Die wichtigsten Steuern im internationalen Vergleich, Bonn September 2001, S. 26 und 27.

Die *Anteile* des Umsatzsteueraufkommens am Bruttoinlandsprodukt liegen für das Jahr 1998 bei den in der Tabelle aufgeführten Ländern zwischen 2,5 Prozent in Japan und 9,8 Prozent in Dänemark[6].

---

6 Die Anteilsangaben beziehen sich auf 1998. Quelle: OECD (2000), S. 81.

IV. Spezielle Verbrauchsteuern

Spezielle Verbrauchsteuern ("Einzelverbrauchsteuern") sind eine Unterart der Steuern auf speziellen Gütern. Die Steuerobjekte solcher Steuern sind in der Regel technisch genau umschriebene einzelne Produkte oder Stoffe. Bei einer speziellen *Verbrauchsteuer* bildet der Ge- oder Verbrauch einzelner *Konsum*güter oder die konsumtive Inanspruchnahme bestimmter Dienstleistungen das Steuerobjekt. Neben den speziellen Steuern auf Konsumgütern gibt es spezielle Steuern auf *Produktionsmitteln*. Häufig handelt es sich dabei um bestimmte Rohstoffe.

In manchen Fällen liegen spezielle Steuern auf Gütern, die *sowohl* Produktionsmittel *als auch* Konsumgüter sein können, wie beispielsweise Heizöl, Dieselkraftstoff, Benzin oder elektrischer Strom. In solchen Fällen liegt eine *zwitterhafte* ("hybride") Form einer speziellen Besteuerung vor.

Eine spezielle Verbrauchsteuer kann auch an den *Besitz* spezieller (meist dauerhafter Konsum-)Güter geknüpft sein. Dadurch soll der von der Einkommensteuer meist nicht erfaßte Nutzenzufluß bei solchen Gütern bzw. der "Aufwand", der mit dem Besitz solcher Güter in der Regel einhergeht, besteuert werden. Solche Verbrauchsteuern werden auch Aufwandsteuern genannt. Die Hundesteuer ist beispielsweise eine solche Aufwandsteuer.

Man kann also bei den Steuern auf speziellen Gütern unterscheiden:

1.) Spezielle Steuern auf bestimmten Konsumgütern:
   - a.) *Steuern auf bestimmten Nahrungs- und Genußmitteln* wie z.B. Tabak-, Branntwein-, Wein-, Schaumwein-, Bier-, Limonade-, Mineralwasser-, Kaffee-, Tee-, Zucker-, Süßstoff-, Salzsteuern.[7]
   - b.) *Steuern auf bestimmten Dienstleistungen:* Vergnügungs-, Lotterie-, Rennwettsteuer.
   - c.) *Steuern auf bestimmten Formen eines an einen Besitz geknüpften Aufwands:* Hundesteuer, Zweitwohnungsteuer usw.

2.) *Zwitterhafte spezielle Steuern:* Steuern auf Gütern, die teilweise dem Konsum dienen und teilweise bei der Produktion eingesetzt werden, wie z.B. Steuern auf Mineralöl, elektrischem Strom, Gas, Petroleum oder Fahrzeugen.

---

[7] Die hier angeführten Beispiele entstammen dem Kreis der aktuell oder der bis in die jüngste Vergangenheit anzutreffenden Steuern! Historisch gesehen waren fast alle denkbaren Konsumgüter irgendwann einmal Gegenstand einer speziellen Verbrauchsteuer. Berühmt ist z.B. die in England von 1795 - 1869 erhobene Haarpudersteuer.

3.) *Spezielle Steuern auf Produktionsmitteln:* Steuern auf Rohstoffen oder wie z.B. neuerdings in Österreich, eine Steuer auf Werbung, oder in Schweden sog. Ökosteuern auf Phosphor, Schwefel, Dünger oder Kernkraft.

Schließlich gibt es auch *versteckte* Formen der Verbrauchsbesteuerung. Das ist z.B. der Fall, wenn öffentliche Gebühren die Kosten des Bereitstellers oder den Nutzen des Inanspruchnehmers überschreiten. So dient beispielsweise die Spielbankabgabe (eigentlich eine Lizenzgebühr) in erster Linie der Besteuerung der mit dem Besuch von Spielbanken verbundenen Einkommensverwendung. Auch *erhöhte* Steuersätze einer allgemeinen Umsatzsteuer bei Umsätzen mit besonders bezeichneten Gütern stellen eine versteckte Einzelverbrauchsbesteuerung dar.

Steuern auf speziellen Gütern werden aus Gründen leichter Erfaßbarkeit entweder am Ort der Herstellung oder bei der Entnahme aus einem sog. Steuerlager oder am Ort des Grenzübertritts erhoben. Vorherrschend ist die Form der Mengen- oder Stückbesteuerung. Seltener gibt es Verbrauchsteuern in Form von Wertsteuern. Zur Kontrolle werden oft sog. Steuerzeichen (Marken, Banderolen) am steuerpflichtigen Gegenstand angebracht. Dadurch wird die Entrichtung der Verbrauchsteuer dokumentiert.

Im folgenden werden einige spezielle Steuern auf Konsumgütern vorgestellt. Die speziellen Verbrauchsteuern sind in den EU-Mitgliedsländern in erheblichem Maße durch Richtlinien der Europäischen Gemeinschaften (EG) vereinheitlicht worden.[8] Die harmonisierten Verbrauchsteuern Deutschlands und Österreichs weichen daher nur noch unwesentlich voneinander ab. Auch die Schweiz hat in den vergangenen Jahren ihre Verbrauchsteuern denen in der EU in vieler Hinsicht angenähert. Grundsätzlich bleibt es allerdings allen EU-Mitgliedstaaten freigestellt, welche Verbrauchsteuern sie neben den von der EU harmonisierten erheben wollen.

Branntweinsteuern[9]

Gegenstand der Branntweinsteuer ist der für den Konsum bestimmte Alkohol. Die Bemessungsgrundlage ist die Menge reinen Alkohols (auch Äthanol oder Weingeist genannt), die sich in einer Spirituosensorte befindet. Der seit 2002 geltende Regelsteuersatz in Deutschland beträgt 1303 Euro (vorher 2'550 DM) je

---

8 Maßgebend ist vor allem die Richtlinie Nr. 92/12/EWG über das allgemeine System, den Besitz, die Beförderung und die Kontrolle verbrauchsteuerpflichtiger Waren vom 25. Februar 1992.

9 Die deutsche Branntweinbesteuerung ist im Gesetz über das Branntweinmonopol vom 8. April 1922 (mit seitherigen Änderungen, insbesondere durch Gesetz vom 21. Dez. 1992), geregelt.

Hektoliter reinen Alkohols (13,03 Euro bzw. vorher 25,50 DM je Liter). Sofern Alkohol zur Herstellung von Arznei-, Heiz- oder Reinigungsmitteln oder als Produktionsmittel zur Herstellung von Aromen, Kosmetika oder Lebensmitteln Verwendung findet, wird er nicht besteuert. Um Mißbrauch auszuschließen, wird die Steuerbefreiung in der Regel von einer vorherigen Vergällung (Denaturierung) des Alkohols abhängig gemacht, so beispielsweise bei der Verwendung des Alkohols als Brennspiritus.

Die Einzelheiten der deutschen Branntweinsteuer sind im Gesetz über das staatliche Branntweinmonopol geregelt. Dieses ist aber kein Monopol im üblichen ökonomischen Sinn, das seinen Gewinn zu maximieren sucht. Seit der Marktöffnung innerhalb der EU hat es seine frühere Stellung als Alleinanbieter verloren und befindet sich jetzt in einer Konkurrenzsituation vor allem mit ausländischen Anbietern. Der von der Monopolgesellschaft verlangte Verkaufspreis einer Spirituose variiert einerseits nach Maßgabe der Steuer auf dem Alkoholanteil, andererseits nach Maßgabe des durchschnittlichen Übernahmepreises für den von den privaten Brennereien an das Branntweinmonopol abgelieferten Alkohol. Dieser "wird so festgesetzt, daß er die durchschnittlichen Herstellungskosten eines Hektoliters Alkohol in gut geleiteten Kartoffelbrennereien mit einer durchschnittlichen Jahreserzeugung von 500 hl Alkohol deckt"[10]. Die deutsche Branntweinmarktordnung ist agrar- und mittelstandspolitisch ausgerichtet.

Ähnlich wie die deutsche ist die *österreichische* Alkoholbesteuerung ausgestaltet. Der Regelsteuersatz auf reinen Alkohol betrug (bis Ende 2001) 13'800 öS je hl (138 öS je Liter). Seit 2002 beträgt der Regelsteuersatz 1'000 Euro je hl (10 Euro je Liter)

Die Veranlagung zur Besteuerung "gebrannter Wasser" erfolgt in der *Schweiz* durch die Eidgenössische Alkoholverwaltung. Auch sie hat ihren früheren Monopolcharakter im Zuge der Liberalisierung der Märkte weitgehend eingebüßt. Die Funktionen dieser Verwaltung und die Grundsätze der fiskalischen Belastung unter Einschluß der Begünstigung von Kleinbrennereien sind im sog. Alkoholgesetz bzw. der zugehörigen Verordnung festgelegt[11] Ihre Übernahmepreise für Alkohol von den privaten Brennereien werden durch den Bundesrat festgesetzt. Der Regelsteuersatz für reinen Alkohol beträgt 2'900.- Franken je Hektoliter (29 Franken je Liter).

Biersteuern

Beim Bier richtet sich die Verbrauchsteuer *nicht* nach dem Alkoholgehalt. Für die *deutsche* Verbrauchsbesteuerung wird Bier in *Stammwürzeklassen* eingeteilt.[12] Der Stammwürzegehalt eines Bieres wird durch sog. Platograde angegeben (ein

---

[10] § 65 des Branntweinmonopolgesetzes.

[11] Bundesgesetz vom 21. Juni 1932 über die gebrannten Wasser (Alkoholgesetz) und Verordnung zum Alkoholgesetz und zum Hausbrennereigesetz vom 12. Mai 1999.

[12] Biersteuergesetz 1993 vom 21. Dezember 1992.

Platograd entspricht einer Stammwürze von einem Gramm Feststoff je 100 Gramm Bier). Durch die Platograde werden die Steuerklassen definiert. Der Tarif beträgt (seit 2002) 0,787 Euro (vorher: 1,54 DM) je Hektoliter Bier pro Grad Plato. Bier mit einem Alkoholgehalt von weniger als 0,5 Volumenprozent (sog. alkoholfreies Bier) ist nicht der Biersteuer unterworfen.

Die Verbrauchsbesteuerung des Bieres ist in Deutschland traditionell ein Instrument zur Förderung mittelständischer Brauereien. Dies wird durch die sog. *Biersteuermengenstaffel* erreicht, wonach für unabhängige Brauereien mit einem Ausstoß von weniger als 200'000 hl pro Jahr eine sich graduell ermäßigende Biersteuer erhoben wird. Bei einem Jahresausstoß von 5'000 hl wird der Mindeststeuersatz in Höhe von 50 % des Regelsteuersatzes erreicht. Durch diese Absenkung sollen die höheren Kosten kleiner und mittlerer Brauereien ausgeglichen werden. Auch ausländische Kleinbrauereien kommen aufgrund der Harmonisierungsvorschiften der EU in den Genuß dieser Förderungsmaßnahme, die man auch als eine in den Regelsteuersatz eingebaute Subventionsstaffelung bezeichnen kann.

Die deutsche Biersteuer ist eine bundesgesetzlich geregelte Verbrauchsteuer, deren Aufkommen den Bundesländern zufließt. Die Steuerschuld entsteht, wenn Bier aus dem sog. Bierlager in den "freien Verkehr" übergeht, es sei denn, es wird als Haustrunk unentgeltlich von Brauereien an ihre Arbeiter und Angestellten abgegeben. Auch wenn Bier als Produktionsmittel zur Herstellung anderer Erzeugnisse verwendet wird, ist es von der Steuer befreit.

Auch die *österreichische* Biersteuer richtet sich nach dem Stammwürzegehalt des Bieres. Der Regelsteuersatz beträgt für einen Hektoliter Bier 2,08 Euro je Grad Plato (vorher 28,70 öS). Der Regelsteuersatz ermäßigt sich für kleine und mittlere Brauereien graduell um bis zu 40 Prozent.

Die *schweizerische* Besteuerung von Bier erfolgt durch eine Steuer von 24,75 Rappen je Liter im Inland hergestellten oder importierten Bieres. Die schweizerische Biersteuer ist eine Bundessteuer.

Schaumweinsteuer und ähnliche Verbrauchsteuern

In *Deutschland* und *Österreich* unterliegen Schaumweine und andere schäumende, gegorene Getränke, die "bei 20° C einen auf gelöstes Kohlendioxyd zurückzuführenden Überdruck von 3 bar aufweisen" und mehr als 1,2 % Alkohol enthalten, einer Verbrauchsteuer.[13] Eine Steuer auf "stillen" Wein gibt es hingegen in Deutschland und Österreich ebensowenig wie in Italien, Spanien, Portugal und Griechenland. Seit 2002 beträgt die deutsche Schaumweinsteuer 136 Euro pro

---

13 Gesetzliche Grundlage in Deutschland: Gesetz zur Besteuerung von Schaumwein und Zwischenerzeugnissen vom 21. Dez. 1992.

Hektoliter (vorher 266 DM pro hl bzw. 2 DM für eine 0,75 Liter-Flasche). Der österreichische Regelsteuersatz beträgt 144 Euro je Hektoliter. Um keine Lücke bei der Verbrauchsbesteuerung alkoholischer Getränke - abgesehen vom Wein - entstehen zu lassen, sind jeweils neben dem Schaumwein auch sog. "Zwischenerzeugnisse", wie Sherry oder weinähnliche Getränke mit einem Alkoholgehalt von mehr als 1,2 % Alkohol einer Verbrauchsteuer unterworfen.

In der *Schweiz* gibt es keine spezielle Verbrauchsteuer für Wein oder Schaumwein. Hingegen gibt es für alle Getränke mit mehr als 1,2 % Alkoholgehalt eine Besteuerung, die sich nach dem Alkoholgehalt des jeweiligen Erzeugnises und nach dem Steuersatz für reinen Alkohol richtet[14].

Tabaksteuern

Das *deutsche* Tabaksteuergesetz vom 21. Dezember 1992 sieht eine Besteuerung von Zigaretten, Zigarren und Zigarillos sowie von sog. Rauchtabak vor. Eine Besonderheit der Tabakbesteuerung besteht in dem gleichzeitigen Nebeneinander von Mengen-(Stück-) und Wertbesteuerung. Der deutsche Tabaksteuertarif ist seit 2002 wie folgt festgelegt:

§ 4 Steuertarif

(1) Die Steuer beträgt

1. für Zigaretten
   6,17 Cent (vorher 9,22 Pf) je Stück und 24,23 vom Hundert des Kleinverkaufspreises, ;
2. für Zigarren und Zigarillos
   1,3 Cent (vorher 2,6 Pf.) je Stück und eins vom Hundert des Kleinverkaufspreises;
3. für Rauchtabak
   a) Feinschnitt
      21,40 Euro (vorher 30,21 DM) je kg und 18,32 vom Hundert des Kleinverkaufspreises, mindestens jedoch 35 Euro (vorher 45 DM) je kg,
   b) Pfeifentabak
      10,70 Euro (vorher 21 DM) je kg und 13,5 vom Hundert des Kleinverkaufspreises.

(2) Für Zigaretten wird der stückbezogene Steueranteil je begonnene 9 cm Länge des Tabakstrangs erhoben.

Durch den auf den Kleinverkaufspreis bezogenen Steueranteil der Tabaksteuer ergibt sich ein sog. *Kaskadeneffekt.* Sowohl die Tabaksteuer als auch die Umsatzsteuer sind nämlich Bestandteil dieses Kleinverkaufspreises und somit Teil der Bemessungsgrundlage der Tabaksteuer. Diese besteuert sich dadurch gewissermaßen selber. Dasselbe gilt auch für die Umsatzsteuer, in deren Bemessungsgrundlage die Tabaksteuer als spezielle Verbrauchsteuer eingeht. Auch die Umsatzsteuer besteuert sich über die Tabaksteuer selber.

---

[14] Bundesgesetz über die gebrannten Wasser vom 21 Juni 1932 und Verordnung zum Alkohol- und Hausbrennereigesetz vom 12 Mai 1999.

Die am 1. Januar 1993 in Kraft getretene, wegen der EU-Harmonisierungsbestimmungen völlig umgestaltete deutsche Tabakbesteuerung ist konsequent auf die Besteuerung der Fertigprodukte ausgerichtet. Die vorher praktizierte Besteuerung auch von Rohtabak, Tabakersatzstoffen und Zigarettenpapier wurde aufgegeben, ebenso die Besteuerung von Kau- und Schnupftabak. Maßgebend dafür waren in erster Linie Gründe der Verwaltungsökonomie.

Auch in *Österreich* wird eine kumulative Tabaksteuer mengen- und wertmäßiger Art für Zigaretten, Zigarren usw. erhoben. Sie beträgt für Zigaretten 19,11 Euro (vorher 246 öS.) je 1000 Zigaretten zuzüglich 42 % des Kleinverkaufspreises, mindestens aber 65 Euro (vorher 825 öS) je 1000 Stück.

Die *schweizerische* Tabakbesteuerung berücksichtigt ebenfalls neben der Menge den Wert der besteuerten Tabakfabrikate.[15] Allerdings geschieht dies in der Regel dadurch, daß der Gewichts- oder Stücksteuertarif je nach Preisklasse des fertigen Produkts auf der Kleinhandelsstufe unterschiedlich hoch ist (ansteigend mit steigender Preisklasse). Besteuert werden neben Zigarren und Zigaretten auch zigarrenähnliche Fabrikate sowie Schnitt-, Rollen-, Kau- und Schnupftabak und ebenfalls Zigarettenpapier (0,9 Rappen je Blättchen). Bei Zigaretten beträgt die Steuer 6,317 Rappen je Stück und 25 Prozent des Kleinhandelspreises.

Kaffeesteuer

Eine Verbrauchsbesteuerung des Kaffees gibt es im Kreis der EU-Staaten nur in Belgien, Dänemark, Deutschland, Frankreich und Italien. Die Schweiz und Österreich besteuern Kaffee nicht. Die deutsche Kaffeesteuer beträgt (seit 2002) 2,19 Euro (vorher 4,30 DM) je kg Röstkaffee.[16] Sie erbringt ein relativ hohes Steueraufkommen (siehe Tabelle 9.6).

Als im Rahmen der Steuerharmonisierung innerhalb der EU die Abschaffung der deutschen Kaffeesteuer erwogen wurde, haben sich bemerkenswerterweise die deutschen Kaffeeröster dagegen ausgesprochen. Sie befürchteten, daß nach der Abschaffung der Kaffeesteuer die dann niedrigeren und wegen der Schwankungen des Weltmarktpreises für Rohkaffee relativ stärker schwankenden Fertigproduktpreise dem Ansehen des Kaffees als eines gehobenen Genußgutes schaden würde! Die heutige deutsche Kaffeesteuer ist somit ein eher seltenes Exempel dafür, daß Steuerzahler gerne Steuern zahlen.

Die heutige deutsche Kaffeesteuer wurde 1948 im Zuge der Währungsreform per Militärgesetz (wieder-)eingeführt, und zwar zu der für das damalige "Luxusgut" exorbitanten Steuer von 54 DM je kg Röstkaffee. Die alliierte Militärbehörde knüpfte an die Zeiten Friedrichs des Großen an. Dieser hatte 1763 nach dem kostspieligen Siebenjährigen Krieg und nach französischem Vorbild in

15 Bundesgesetz über die Tabakbesteuerung vom 21. März 1969

16 Kaffeesteuergesetz vom 21. Dezember 1992.

Preußen ein Kaffeemonopol errichtet und Kaffee mit der damals ebenfalls horrenden Steuer von 8 Silbergroschen je Pfund belegt. Schon damals wurden allerdings die Hoffnungen auf hohe Steuererträge durch blühenden Schmuggel und Schwarzhandel zunichte gemacht. Auch die berühmten königlichen *Kaffeeschnüffler*, die die schwarz, aber natürlich nicht geruchlos röstenden Kaffeehersteller ausfindig machen sollten, nützten nicht viel. Wie in Preußen mußte die Kaffeesteuer auch nach 1948 alsbald auf einen Bruchteil ihrer anfänglichen Höhe gesenkt werden.

Automobil-/Normverbrauchsteuer

Eine spezielle Verbrauchsteuer auf Kraftfahrzeugen gibt es in der *Schweiz*. Sie wurde im Zuge der Abschaffung von Zöllen durch das Automobilsteuergesetz vom 21. Juni 1996 eingeführt. Die Automobilsteuer wird *zusätzlich* zu den kantonalen Motorfahrzeugsteuern, der Mineralölsteuer, der Schwerverkehrsabgabe und der Vignette erhoben. Sie beträgt 4 Prozent des Import- bzw. (inländischen) Herstellungswerts von Fahrzeugen für den Personen- und Warentransport mit einem Stückgewicht bis 1'600 kg. Lastwagen sowie Omnibusse sind somit von dieser Steuer ausgenommen. Die Automobilsteuer ist ein Beispiel für eine als *Wertsteuer* erhobene *zwitterhafte Verbrauchsteuer*, denn es werden nicht nur die dem privaten Konsum, sondern auch die als Produktionsmittel eingesetzten Fahrzeuge belastet.

Wie in der Schweiz gibt es auch in *Österreich* eine als (zwitterhafte) Verbrauchsteuer erhobene Steuer auf den Lieferwert (und die gewerbliche Vermietung) von Kraftfahrzeugen (Personenwagen, Motorräder, Kombi- und Rennwagen). Der jeweilige Steuersatz leitet sich aus der sog. Normverbrauchsformel ab und beträgt maximal 16 Prozent. Durch die Staffelung des Steuersatzes entsprechend dem Kraftstoffverbrauch enthält diese Steuer eine ökologische Komponente.

Strom-/Energiesteuer

In *Deutschland* wurde 1999 elektrischer Strom einer speziellen Steuer unterworfen[17]. Es handelt sich bei dieser Steuer zwar um eine zwitterhafte Verbrauchsteuer, doch zielt die Belastung durch sie angesichts weitgehender Befreiungen und Ermäßigungen für Unternehmen des Produzierenden Gewerbes oder für Unternehmen der Land- und Forstwirtschaft primär auf eine Belastung des privaten Konsums. Der reguläre Steuertarif für eine Megawattstunde wurde wie folgt festgelegt:

vom 1. Januar 2000 bis zum 31. Dezember 2000	25,00 DM
vom 1. Januar 2001 bis zum 31. Dezember 2001	30,00 DM
vom 1. Januar 2002 bis zum 31. Dezember 2002	17,90 Euro (35 DM)

---

17 Stromsteuergesetz vom 24. März 1999.

ab 1. Januar 2003 20,50 Euro (40 DM)

Eine spezielle *österreichische* Besteuerung von Energie erfolgt auf der Grundlage des Elektrizitätsabgabe- und des Erdgasabgabegesetzes. Beide Gesetze wurden 1996 erlassen. Die Steuer für elekrischen Strom beträgt ab 1. Juni 2000 0,015 Euro je Kilowattstunde (15 Euro je Megawattstunde), bei Erdgas beträgt sie ab 2002 0,0436 Euro je Kubikmeter bei einer Temparatur von 0 Grad und einem genau festgelegten Druck. Befreiungen sind in beiden Fällen im wesentlichen nur für die von den Stromerzeugern bzw. Erdgaslieferanten für die eigene Erzeugung oder Fortleitung selbst verwendete Energie vorgesehen.

Steueraufkommen aus Verbrauchsbesteuerung

Tabelle 9.6 zeigt das Aufkommen der im vorliegenden Abschnitt behandelten speziellen Verbrauchsteuern im Jahr 2000. In Deutschland, der Schweiz und Österreich haben spezielle Verbrauchsteuern in neuerer Zeit stark an Bedeutung verloren. So verringerte sich z.B. im Zeitraum 1965 - 2000 ihr Aufkommensanteil an den Gesamtsteuereinnahmen Deutschlands von 8,5 % auf 4,5 %, in der Schweiz von 5,5 % auf rd. 2 %[18] und in Österreich von rd. 7 % auf 4,5 %.

Tab. 9.6: Einnahmen aus speziellen Verbrauchsteuern 2000

	Deutschland (Mio DM)	Österreich (Mio öS)	Schweiz (Mio sFr)
Tabaksteuer	22'380	16'471	1'665
Biersteuer	1'649	2'215	94
Branntweinsteuer	4'207	1'789	270
Getränkesteuer[1)]	-	2'449	-
Schaumweinsteuer	1'001	344	-
Kaffeesteuer	2'186	-	-
Autom.-/Normvbr-Steuer	-	5'958	323
Strom-(Energie-)Steuer	6'653	7'733	-
Rennwett- /Lotteriesteuer	3'522	5'063 [2)]	-[3)]
	41'538	42'022	2'352

[1)] Im Lauf von 2000 abgeschafft [2)]Spielbankabgabe und "Gebühren" auf Wetten und Lotterien
[3)] nicht separat ausgewiesen, da integriert in die Einkommen- bzw. Verrechnungsteuer

Quelle: OECD Revenue Statistics 1965 - 2001 (2002), S. 120, 142, 184.

[18] Diese Angabe ist etwas zu niedrig, denn das Schweizer Aufkommen aus der Branntweinsteuer erscheint im Haushalt des Bundes unter der Rubrik "Regalien und Konzessionen" und nicht unter der Rubrik Verbrauchsteuern.

V. Theorien der Umsatz- und Verbrauchsbesteuerung

V.A. Theorien der Umsatzbesteuerung

Allgemeine Umsatzsteuern wurden traditionell gerechtfertigt als Steuern von großer fiskalischer Ergiebigkeit, die gleichzeitig nur einen geringen Erhebungsaufwand erforderten. Beides wurde vor allem ihrer sog. *Unmerklichkeit* zugeschrieben. Nach gängiger Auffassung rief die nicht oder nicht in voller Höhe bewußt wahrgenommene Belastung nur einen geringen Widerstand seitens der Belasteten hervor und verursachte dem Staat nur einen geringen Durchsetzungs- und Konrollaufwand.

Die Unmerklichkeit der Umsatzbesteuerung spielt als Rechtferigung heute praktisch keine Rolle mehr. Die moderne Form der Umsatzbesteuerung in Gestalt der Mehrwertbesteuerung ist eine offen ausgewiesene Steuer, die zwar ebenfalls wegen ihrer breiten Bemessungsgrundlage eine potentiell hohe Ergiebigkeit besitzt, die aber im Idealfall vor allem die theoretisch wünschbaren Anforderungen der Neutralität der Besteuerung sowie der Besteuerung nach der Leistungsfähigkeit nicht verletzt. Die Mehrwertbesteuerung vom Y-Typ kann idealerweise als *eine proportionale Steuer auf das persönliche Brutto-Einkommen* angesehen werden und kann insofern *Ergänzungs*- und *Entlastungsfunktionen* im Hinblick auf die Einkommensbesteuerung übernehmen. Diese beiden Funktionen einer Mehrwertsteuer spielen vor allem deswegen eine wichtige Rolle, weil davon auszugehen ist, daß eine real existierende Einkommensteuer unvermeidbarerweise von der Idealform abweicht. Wie jede real existierende Steuer hat auch die Einkommensteuer ihre spezifischen "Problembereiche", die insbesondere dann unerwünschte Nebenwirkungen haben, wenn diese Steuer übermäßig stark angespannt wird. Eine Umsatzsteuer zur "Entlastung" der Einkommensteuer wird daher vor allem gebraucht, wenn man von dem heute benötigten Finanzierungsvolumen ausgeht und davon, daß gewichtige andere Finanzierungsformen für diese Entlastung nicht zur Verfügung stehen. Die Entlastung der Einkommensteuer durch die Umsatzsteuer verringert die Schwächen ihrer "Problembereiche" Im einzelnen handelt es sich dabei um folgendes:

1.) Da die für die Einkommensbesteuerung erforderlichen Aufzeichnungen anspruchsvoll sind, werden sie teilweise nur unvollständig und im Zusammenhang mit Schwarzarbeit oft sogar überhaupt nicht vorgenommen. Einkommen, das auf diese Weise nicht der Einkommensteuer unterworfen wird, kann über die Mehrwertbesteuerung auf indirektem Weg zumindest teilweise belastet werden.

2) Unternehmereinkommen kann nicht in gleich exakter Weise erfaßt werden wie kontraktbestimmtes (Lohn-)Einkommen. Der Unternehmer hat bei Abschreibungen, Rückstellungen, Bewertung von Vorräten, Geschäftsunkosten usw. einen oft nicht unerheblichen Gestaltungsspielraum insbesondere hinsichtlich der Periodenzuordnung. Die daraus resultierenden Belastungsunterschiede bei Unternehmereinkommen und gleichhohen kontraktbestimmten Lohneinkommen können durch die Mehrwertsteuer wenigstens teilweise eingeebnet werden.

3.) Es gibt eine Reihe weiterer Einkommenstatbeständen, die nur schwierig erfaßbar sind. Dazu gehören insbesondere nicht realisierte und oft auch realisierte Wertsteigerungen. Auch dieses einkommensteuerlich oft legalerweise unbelastete Einkommen wird durch eine Mehrwertbesteuerung indirekt belastet.

4.) Eine hohe Anspannung der Einkommensbesteuerung ist mit leistungsfeindlich hohen Grenzsteuersätzen verbunden. Indem eine allgemeine Umsatzbesteuerung eine Senkung des Einkommensteuersätze ermöglicht, wird die Leistungsfeindlichkeit und damit auch Wachstumsschädlichkeit einer mit hohen Grenzsteuersätzen erhobenen Einkommensteuer verringert.

Man könnte einwenden, daß durch den teilweisen "Ersatz" der Einkommensteuer das mit ihr verfolgte Leistungsfähigkeitsziel gefährdet bzw. seine Erreichung nur noch abgeschwächt möglich ist. Das ist aber nicht notwendigerweise der Fall! Ob eine solche Beeinträchtigung des Leistungsfähigkeitsziels erfolgt, ist nicht davon abhängig, daß eine Mehrwertbesteuerung erhoben wird, sondern davon, ob eine Mehrwertsteuer vom Y-Typ oder vom C-Typ erfolgt.

Im Fall einer Mehrwertsteuer vom Y-Typ kommt zur Belastung des privaten Einkommens durch die Einkommensteuer noch eine indirekte *proportionale* Belastung hinzu - sofern man von reduzierten Tarifen und Steuerbefreiungen bei realen Mehrwertsteuern absieht und eine übers Ganze gesehen gleichmäßige Überwälzung dieser Steuer unterstellt. Alle privaten Einkommen werden dann gleichmäßig in Höhe der Mehrwertsteuer zusätzlich belastet. Durch Mehrwertsteuern vom Y-Typ werden die Verwendungsarten des Volkseinkommens sowohl für Konsum als auch für Ersparnis (Investition) in gleicher Höhe indirekt belastet.

Beispiel
Ein Bruttoeinkommen (vor Steuer) von nominal 100'000 entspricht real bei einer MWSt. von 25 % (vom Hundert gerechnet) einem Einkommen von 80'000. Wird dieses Einkommen von einer progressiven Einkommensteuer mit durchschnittlich 25 Prozent belastet, dann entspricht das verfügbare Einkommen einem Realwert von 60'000. Die Belastung des Einkommens durch

Einkommen- und Mehrwertsteuer zusammen ist somit äquivalent zu einer durchschnittlichen Belastung durch die Einkommensteuer in Höhe von 40 Prozent. Auf die Aufteilung dieses verfügbaren Einkommens auf Konsum oder Ersparnis kommt es nicht an, denn durch die Mehrwertsteuer vom Y-Typ wird nicht nur das konsumtiv verwendete Einkommen, sondern real auch die Ersparnis belastet. Der Wert der Ersparnis sinkt, weil die Investitionsgüter mit Mehrwertsteuer belastet sind.

Eine konsequent ausgestaltete Mehrwertsteuer vom Y-Typ hat also prinzipiell die Belastungswirkung einer proportionalen Steuer auf das ganze (Volks-) Einkommen. Man kann sie daher als eine wettbewerbsneutrale, die Allokation in einer Volkswirtschaft nicht verzerrende Form der Besteuerung ansehen. Eine proportionale "Vorbelastung" aller privaten Einkommen erlaubt eine kalkulierbare Gesamtbelastung aus Mehrwert- und Einkommensteuer. Eine politisch gewünschte Lastverteilung kann daher im Prinzip ebensogut durch die Kombination einer proportionalen Mehrwertsteuer mit einer (etwas stärker progressiv gestalteten) Einkommensteuer wie von einer (etwas weniger progressiv gestalteten) Einkommensteuer *allein* erzielt werden.

Anders ist es im Fall einer als Konsumsteuer ausgestalteten Mehrwertsteuer, bei der die Ersparnis nicht durch die Mehrwertsteuer auf die Nettoinvestitionen belastet wird. Jetzt kann eine gezielte Gesamtbelastung der Einkommen nicht mehr erreicht werden, denn die Steuerbelastung eines Einkommens durch Mehrwertsteuer hängt von der individuellen Konsumquote ab.

Beispiel
Ein Einkommen von 100'000 sei durch eine progressive Einkommensteuer mit durchschnittlich 25 Prozent belastet. Wird das verfügbare Einkommen von 75'000 zur Hälfte konsumiert, dann ist bei einer MWSt von 25 Prozent (vom Hundert gerechnet) in den Konsumausgaben von 37'500 Mehrwertsteuer in Höhe von 7'500 enthalten (25 % von 30'000). Die Gesamtsteuerbelastung bezogen auf das Einkommen von 100'000 beträgt dann 32'500, d.h. 32,5 %.

Bei einer Konsumquote von z.B. eins (d.h. Konsum von 75'000) würde das Einkommen von 100'000 hingegen mit 40 % belastet, denn zu der Einkommensteuer von 25'000 kommt noch MWSt in Höhe von 15'000 (25 % von 60'000) hinzu.

Im Fall einer Konsumquote von einem Drittel des verfügbaren Einkommens von 75'00 sänke die Belastung, bezogen auf das Einkommen von 100'000, auf 30 Prozent, da nur noch MWSt in Höhe von 5'000 (25 % von 20'000) zur Einkommensteuer von 25'000 hinzukommt.

Man erkennt also, daß die Gesamtbelastung durch Einkommen- und Mehrwertsteuer vom C-Typ von der individuellen Konsumquote abhängt. Versteht man unter Besteuerung nach der Leistungsfähigkeit, daß eine politisch gewünschte Belastung durch beide Steuern zusammengenommen sich auf das Einkommen beziehen soll, dann läßt sich bei Verwendung der C-Typ-Mehrwertsteuer durch den Einkommnsteuertarif nicht mehr eine für gleiche Einkommen gleichhohe Steuerbelastung herbeiführen. Es resultiert ein gewisser Verstoß gegen das Leistungsfähigkeitsprinzip.

Die Wahl der Mehrwertsteuer vom C-Typ wird in der Regel mit dem Lenkungsgesichtspunkt der Wachstumsförderung oder auch mit dem Argument der Erhebungsvereinfachung gerechtfertigt. Die Erhebungsvereinfachung ergibt sich vor allem daraus, daß bei der Ermittlung der Steuerschuld die Berücksichtigung der Vorbelastung der Abschreibungen mit Vorsteuer auf Investitionen aus früheren Perioden entfällt. Ebenso entfällt die Notwendigkeit, bei bezogenen Lieferungen entscheiden zu müssen, ob sie als zu aktivierende Investition oder als abzugsfähiger Verbrauch der laufenden Periode behandelt werden müssen. Die Lenkungsabsicht dürfte allerdings im Vordergrund gestanden haben, als die heute überall existierenden Mehrwertsteuern vom C-Typ eingeführt wurden.

Die 1918 (von *C.F. von Siemens*) "erfundene" Konzeption der Mehrwertsteuer wurde erstmalig 1953 in eine real erhobene Steuer umgesetzt (im US-Einzelstaat Michigan). Sie wurde dort allerdings nicht Nachfolgerin für die weiter bestehen bleibende Einzelhandels-Umsatzsteuer ("General Sales Tax"), sondern diente als Surrogat für eine damals noch nicht politisch durchsetzbare (Staats-)Körperschaftsteuer. Sie wurde als "Business Activity Tax" (BAT) bezeichnet, war im Prinzip eine Mehrwertsteuer vom Y-Typ und wurde nach der Vorumsatzabzugsmethode erhoben. Der Steuersatz betrug anfangs 0,4 Prozent und stieg später auf 0,75 Prozent. Als 1967 in Michigan eine (Staats-)Körperschaftsteuer eingeführt wurde, schaffte man die (stets parallel zur Einzelhandelsteuer erhobene) Mehrwertsteuer wieder ab.

V.B. Theorien der Einzelverbrauchsbesteuerung

Die Blütezeit der speziellen Verbrauchsteuern lag im 17. Jahrhundert, im Zeitalter des absolutistischen Staates. Man bezeichnete spezielle Verbrauchsteuern als Akzisen. Im Englischen hat sich die entsprechende Bezeichnung "excise tax" bis heute erhalten.

Akzisen entsprachen zu ihrer Zeit einem theoretischen Ideal. Aus folgenden Gründen wurden sie als "ideal" angesehen:

1.) wegen ihrer Eigenschaft der *Unmerklichkeit* bzw. Nichtfühlbarkeit.

2.) wegen der sich mit ihnen bietenden Möglichkeit der *Umgehung steuerlicher Privilegien* des Adels und der Geistlichkeit, die von alters her von *direkten* Steuern befreit waren.

3.) wegen der *Einfachheit* ihrer Erhebung.

Im einzelnen bedeutete die Unmerklichkeit einer Akzise, daß der Akt der Steuerzahlung beim Akt des Kaufs unfühlbar war und daher der Steuerwiderstand und die Steuerhinterziehung begrenzt blieben. Das Unterlaufen überholter Steuerprivilegien bedeutete eine Ausweitung des Kreises von Steuerzahlern. Und die Einfachheit der Erhebung bedeutete, daß ihre Erhebung billig war. Alles zusammengenommen machte Verbrauchsteuern zu fiskalisch ergiebigen Steuern. Sie entsprachen daher am besten dem zunächst allein maßgebenden fiskalischen Ziel. Dies wiederum führte dazu, daß Akzisen vor allem auf den *Massenverbrauch* und speziell auf Grundnahrungsmittel gelegt wurden, auf Brot, Salz, Zucker, Fleisch, Bier usw., aber daneben natürlich auch auf Luxusgüter wie Perücken, Beleuchtung, Bedienstete oder Pferdekutschen.

Die theoretische Rechtfertigung von Einzelverbrauchsteuern hat sich im Lauf der Zeit vor allem dahingehend verändert, daß neben das fiskalische Ziel auch das Ziel einer gerechten Lastverteilung trat: Die Nachfragekraft, die sich im Konsum ausdrückte, sollte ebenfalls maßgebend für die

Belastung durch Akzisen sein. Die Güter wurden daher nach dem Grad ihrer *Entbehrlichkeit* eingestuft. Trotz der Verschiebung in der Rechtfertigung sollten neben Luxusgütern auch Güter des massenhaften, jedoch als entbehrlich eingestuften Bedarfs besteuert werden, wie z.B. Bier, Wein, Limonade oder andere Massengenußmittel, wenngleich weniger hoch.

Später fanden weitere Ziele Eingang in die ältere theoretische Begründung von speziellen Verbrauchsteuern. Sie wurden als geeignete Instrumente angesehen, um ordnungs- oder wettbewerbspolitische Ziele, insbesondere auch um das Ziel des Schutzes der einheimischen Produktion zu verfolgen. Dieses zuletzt genannte Ziel erlangte vor allem Bedeutung bei der Gestaltung von Zöllen als Steuern auf speziellen importierten Verbrauchsgütern bzw. bei einer differenzierenden Verbrauchsbesteuerung inländisch hergestellter und importierter Güter. Das wettbewerbspolitische Ziel richtete sich meist im speziellen auf die Förderung von kleinen oder mittleren Betrieben.

Die neuere Finanzwissenschaft rechtfertigt die spezielle Besteuerung einzelner Verbrauchsgüter im wesentlichen nur noch, wenn sie als geeignet anzusehen sind, um Lenkungsziele zu erreichen: So sollen Ge- oder Verbrauchsvorgänge, die mit einer ökologisch unerwünschten Umweltbelastung verbunden sind, durch eine spezifische Verbrauchsbesteuerung eingeschränkt werden. Negative externe Effekte bzw. die Kosten der Umweltbelastung sollen gemäß dem Verursacherprinzip internalisiert und auf die Konsumenten überwälzt werden. Ähnlich verläuft die Argumentation bei der Verfolgung anderer demeritorischer Ziele, z.B. des sozialhygienischen bzw. gesundheitspolitischen Ziels. Ein gesellschaftlich schädlicher, weil mit sozialen Kosten verbundener Verbrauch von Genußmitteln wie Alkohol und Tabak soll mit steuerlichen Mitteln eingeschränkt werden. Man kann in den beiden genannten Fällen auch von der Verfolgung eines allokativen Ziels sprechen: soziale Kosten sollten durch eine spezielle Verbrauchsteuer internalisiert, eine vorher verzerrte Preisstruktur sollte durch sie korrigiert werden.

Die Wirksamkeit von speziellen Umwelt- bzw. Demeritorisierungsabgaben, d.h. die Einschränkung eines unerwünschten Verbrauchs hängt natürlich von der Preiselastizität ab. Oft dürften ökologische und gesundheitspolitische Argumente aus finanzpsychologischen Gründen nur vorgeschoben sein. De facto, wenn auch eher verborgen, bleibt vielfach auch heute noch das fiskalische Ziel dominant. In aller wünschenswerten Deutlichkeit kam dies in der Formulierung zum Vorschein, die die EG-Kommission im Hinblick auf die Harmonisierung der speziellen Verbrauchsteuern wählte. Sie verlangte, daß "eine Sonderverbrauchsteuer nur Massenverbrauchsgüter ..., jedoch *auch* den Verbrauch gesundheitsschädlicher Erzeugnisse" belasten solle.[19]

---

[19] Kommission der Europäischen Gemeinschaften, Vorschlag einer Richtlinie des Rates über die Verbrauchsteuern und die anderen indirekten Steuern als die Mehrwertsteuer, die mittelbar oder unmittelbar den Verbrauch von Erzeugnissen belasten, vorgelegt am 7.3.1972, in: Bulletin der EG, Jg. 5, 1972, Beilage 3/72, S. 6 f.

Von der neueren Finanzwissenschaft werden spezielle Verbrauchsteuern, sofern sie nicht ökologischen oder demeritorischen Gesichtspunkten entsprechen, überwiegend abgelehnt. Die Argumente lauten:

1.) Mit Einzelverbrauchsteuern sind Zusatzlasten verbunden, ihr Vorhandensein ist wohlfahrtsmindernd. Auf dasselbe läuft es hinaus, wenn gesagt wird, durch Einzelverbauchsteuern wird in die Dispositionsfreiheit der Konsumenten eingegriffen.

2.) Durch Einzelverbrauchsteuern werden bestimmte Produktionszweige willkürlich belastet, da in der Regel keine volle Überwälzbarkeit gegeben sein dürfte.

3.) Einzelverbrauchsteuern wirken regressiv, da sie in der Regel als Mengensteuer ausgestaltet sind und diese die billigeren Qualitäten stärker belasten als die besseren Qualitäten.

4.) Die Unmerklichkeit von Einzelverbrauchsteuern ist kein Vor- sondern ein Nachteil. Der Bürger sollte im Hinblick auf seine Entscheidung für öffentliche Güter wissen, welchen Preis ihn das in Form von Steuern kostet.

5.) Eine große Zahl einzelner Verbrauchsteuern macht ein Steuersystem unübersichtlich, es fehlt diesem an Klarheit, innerer Logik und Stringenz. Vor allem die sog. Bagatellsteuern, d.h. Verbrauchsteuern mit verhältnismäßig geringem Aufkommen, verstoßen gegen die Transparenz eines Steuersystems.

Diese prinzipiellen Einwendungen gegen Einzelverbrauchsteuern (sofern sie nicht als ökologisch oder demeritorisch gerechtfertigt angesehen wurden), blieben nicht ohne Wirkung auf die Finanzpolitik. So wurden in den vergangenen Jahren z.B. in Deutschland viele Einzelverbrauchsteuern abgeschafft: die Tee-, Zucker-, Salz-, Leuchtmittel-, Essigsäure-, Zündwaren-, Spielkarten- und die Beförderungsteuer.

VI. Fragen zur Selbstkontrolle und zum Nachdenken

1.) Was ist gemeint, wenn in der Vorbemerkung dieses Kapitels (Abschnitt I) gesagt wird, die Unterscheidung von direkten und indirekten Steuern habe heute viel von ihrer ursprünglichen Bedeutung verloren?

2.) Welche Vor- und Nachteile hat eine Brutto-Allphasen-Umsatzsteuer?

3.) Wie sind Einzelhandels-Umsatzsteuern zu beurteilen?

4.) Wie hoch ist die Steuerschuld einer Firma, die bei einem Regelsteuersatz der Mehrwertsteuer von 10 % einen Inlandsumsatz von 10 Mio hat? Sie zahlt Löhne und Gehälter von 7 Mio und bezieht für 5 Mio Güter von anderen Unternehmen, darunter Investitionsgüter von 2 Mio. Die zu entrichtende Mehrwertsteuer ist vom C-Typ und wird mit Vorsteuerabzugstechnik erhoben.

5.) In Abwandlung zu Frage 4.) sei angenommen, die Firma habe einen Exportumsatz von 3 Mio und ihr Inlandsumsatz von 7 Mio unterliege einem reduzierten Steuersatz von 7,5 %. Wie hoch ist ihre Steuerschuld?

6.) Welche Gesichtspunkte lassen sich zugunsten des Vorsteuerabzugsverfahrens vorbringen?

7.) In welchen real auftretenden Fällen ist das Vorumsatzabzugsverfahren dem Vorsteuerabzugsverfahren vorzuziehen? Welches sind die Gründe?

8.) Warum kann man eine Y-Typ-Mehrwertsteuer auch als äquivalent zu einer proportionalen Einkommensteuer ansehen?

9.) Welche Gründe können zugunsten von speziellen Verbrauchsteuern angeführt werden? Wie beurteilen Sie das Unmerklichkeitsargument, wie die noch bestehenden speziellen Verbrauchsteuern in Deutschland, Österreich und der Schweiz?

ZEHNTES KAPITEL

Indirekte Besteuerung bei offenen Volkswirtschaften und im Gemeinsamen Markt

*I: Koordination der internationalen Umsatzbesteuerung - **I.A:** Doppelbesteuerung - **I.B:** Nichtbesteuerung - **I.C:** Bestimmungslandprinzip (BLP) - **I.D:** Ursprungslandprinzip (ULP) - **I.E:** Beurteilung - **II:** Umsatzsteuer-Koordination im Gemeinsamen Markt (EU) - **II.A:** GMP-Variante 1 - **II.B:** GMP-Variante 2**II.B.1:** GMP-Variante 2a - **II.B.2:** GMP-Variante 2b - **II.C:** Alternative GMP-Varianten - **III:** Vergleichender Überblick - **IV:** Koordination der Einzelverbrauchsbesteuerung - **V:** Fragen zur Selbstkontrolle und zum Nachdenken*

I. Koordination der internationalen Umsatzbesteuerung

Wenn grenzüberschreitende Transaktionen von Waren oder Dienstleistungen stattfinden, können verschiedene Staaten (oder allgemeiner: Gebietskörperschaften) kraft ihrer Gebietshoheit Besteuerungsrechte ausüben. Damit der internationale Güteraustausch steuerlich nicht behindert wird, muß die Ausübung dieser Rechte in geeigneter Weise koordiniert werden.

Im vorliegenden Kapitel werden die für die Koordination produktbezogener Steuern (Umsatzsteuern, spezielle Verbrauchsteuern) möglichen Alternativen dargestellt. Zur Exemplifizierung wird unterstellt, es werde allseitig eine *Mehrwertsteuer vom C-Typ* praktiziert. Sieht man davon ab, daß in diesem Fall Investitionen nicht belastet sind, dann hat diese Steuer im Inland grundsätzlich die vorteilhafte Eigenschaft der Wettbewerbsneutralität bezüglich des Konsums. Werden offene Volkswirtschaften mit Waren- und Dienstleistungsströmen über Staatsgrenzen hinweg in Betracht gezogen, stellt sich das gewünschte Ziel dieser Wettbewerbsneutralität nicht mehr "automatisch" ein. Das Ergebnis hängt jetzt davon ab, wie die verschiedenen Mehrwertsteuern miteinander koordiniert werden. Für die Mehrwertsteuer auf Importen wird die übliche Bezeichnung "Einfuhrumsatzsteuer" verwendet.

Bei der folgenden Darstellung der Koordinationsmöglichkeiten soll von der vereinfachenden Annahme eines *Zweiländerfalles* ausgegangen werden. Um die verschiedenen Koordinationsmöglichkeiten anhand von Beispielen zu illustrieren, wird angenommen, das (Niedrigsteuer-)Land A habe einen MWSt-Satz von 10 % und das (Hochsteuer-)Land B einen MWSt-Satz von 20 %. Ferner werden zwei Produkte X bzw. Y zur Illustration verwendet, die jeweils zwei Wertschöpfungsstufen durchlaufen. Die erste Stufe sei als Vorproduktstufe ("Produktionsstufe") bezeichnet, die zweite als Weiterverarbeitungs- oder Groß- bzw. Einzelhandelsstufe ("Fertigstellungsstufe"). Auf der ersten (Vorprodukt-)Stufe soll die Wertschöpfung jeweils 1000 betragen, auf der zweiten (Fertigstellungs-)Stufe 500. Investitionsgüter-Transaktionen bleiben bei den nachfolgenden Ausführungen ausgeklammert, da sie unter der gemachten Annahme einer allseitigen C-Typ-MWSt im Ergebnis immer unbelastet bleiben.

Zu unterscheiden ist grundsätzlich, ob internationale Transaktionen *zwischen Unternehmen* oder ob *Direktimporte* durch die Endverbraucher stattfinden. Die Transaktionen zwischen Unternehmen werden als Handel mit Vorprodukten bezeichnet. Beim Direktimport werden von den Konsumenten im Reiseverkehr oder über den Versandhandel Fertigprodukte importiert (sog. cross-border- shopping). Es liegen dann stets beide Wertschöpfungsstufen im exportierenden Land. Im Fall des internationalen Handels zwischen Unternehmen liegt die erste Wertschöpfungsstufe (Produktionsstufe) im exportierenden und die zweite Wertschöpfungsstufe im importierenden Land. Für die Darstellung wird vereinfachend ein konstanter Wechselkurs von eins zu eins angenommen. Eine Koordinationsalternative soll dann als wettbewerbsneutral bezeichnet werden, wenn bei ihrer Anwendung in jedem der am Güteraustausch beteiligten Länder die gleichmäßige Belastung der Endverbrauchsgüter durch eine allgemeine, proportionale Verbrauchsteuer gewährleistet bleibt, d.h. daß jeweils die importierten und inländisch produzierten Güter mit gleichhoher Steuer belastet werden.

Folgende Symbole finden Verwendung:

W^A; W^B:	Wertschöpfung in Land A bzw. in Land B, die in das Gut X bzw. Y bei der Herstellung (Vorproduktion und/oder Fertigstellung) eingeht.
T^A (...), T^B (...):	Mehrwertsteuerschuld gegenüber dem Fiskus von Land A bzw. Land B (in Klammern steht die Bemessungsgrundlage).

Unter Zugrundelegung der soeben angegebenen Annahmen werden vier verschiedene Transaktionen untersucht, auf die weiter unten in den Beispielen Bezug genommen wird. In einer Welt *ohne* Besteuerung sind sie zahlenmäßig in den beiden folgenden Schemata festgehalten:

Direktimport im Reiseverkehr

Land A			Land B	
Vorprodukt-W^A:	1000	Gut X →	Import des Fertigprodukts X:	1500
Fertigstellungs-W^A:	500			

Preis des Fertigprodukts X:	1500			

Land B			Land A	
Vorprodukt-W^B:	1000	Gut Y →	Import des Fertigprodukts Y:	1500
Fertigstellungs-W^B:	500			

Preis des Fertigprodukts Y:	1500			

Handel zwischen Unternehmen

Land A			Land B	
Vorprodukt-W^A:	1000	Gut X →	Import des Vorprodukts:	1000
			Fertigstellungs-W^B:	500
	-------			-------
Export des Vorprodukts:	1000		Preis des Fertigprodukts X:	1500

Land B			Land A	
Vorprodukt-W^B:	1000	Gut Y →	Import des Vorprodukts:	1000
			Fertigstellungs-W^A:	500
	-------			-------
Export des Vorprodukts:	1000		Preis des Fertigprodukts Y:	1500

Es gibt vier *Basisvarianten* für das Besteuerungsverfahren, das in den am Güteraustausch beteiligten Ländern praktiziert werden kann. Sie ergeben sich, wenn man von den Alternativen Besteuerung oder Nichtbesteuerung der internationalen Transaktionen jeweils im Export- und Importland ausgeht. Die untenstehende Vierfeldertabelle gibt einen Überblick über diese vier Basisvarianten. Sie werden anschließend anhand von Zahlenbeispielen illustriert. In Tabelle 10.2 (in Abschnitt III) sind die in den Beispielen ermittelten Belastungsergebnisse zum Zweck eines einen Vergleich ermöglichenden Überblicks zusammengestellt.

Tab. 10.1: Basisvarianten der indirekten Besteuerung bei offenen Volkswirtschaften

	Exportland besteuert Exporte	**Exportland** besteuert Exporte nicht
Importland besteuert Importe	Doppelbesteuerung (DB)	Bestimmungslandprinzip (BLP)
Importland besteuert Importe nicht	Ursprungslandprinzip (ULP)	Nichtbesteuerung (NB)

Die Fälle der Doppelbesteuerung und der Nichtbesteuerung sind - wie auf den ersten Blick erkennbar - keine unter Wettbewerbsgesichtspunkten in Frage kommenden Koordinationsalternativen. Daß sie faktisch und legal dennoch auftreten, verdanken sie entweder mangelnder politischer Abstimmung, unerkannten Gesetzeslücken oder administrativ-praktischen Gesichtspunkten. Auf diese beiden Fälle wird im folgenden nur kurz eingegangen. Das Hauptinteresse gilt den beiden Koordinationsverfahren des BLP und ULP.

I.A. Doppelbesteuerung

Bei der Variante Doppelbesteuerung besteuert jedes Land Exportgüter ebenso wie im Inland konsumierte Güter. Darüber hinaus besteuert jedes Land den Import ohne Rücksicht auf eine im Exportland bereits bezahlte Umsatzsteuer.

Beispiele

Direktimport im Reiseverkehr

Land A (MWSt: 10 %)			Land B (MWSt: 20 %)	
Fertigprodukts-W^A:	1500	→	Importwert:	1650
T^A (1500):	150	Gut X	T^B (1650):	330
	-------			-------
Exportwert:	1650		Endpreis:	1980

Die Gesamtsteuerbelastung beim Import aus A nach B beträgt 480. Dies ergibt eine relative Belastung von insgesamt 32 %. Im spiegelbildlichen Fall des Direktimports von B nach A kommt es ebenfalls zu einer Steuerbelastung von 480, d.h. von 32 % des Warenwerts ohne Steuer (Steuer in Land B: 300 zuzüglich Steuer in Land A: 180).

Handel zwischen Unternehmen

Land A (MWSt: 10 %)			Land B (MWSt: 20 %)	
Vorprodukt-W^A:	1000	Gut X →	Importwert:	1100
T^A (1000):	100		T^B (1100):	220
	-------		Fertigstellungs-W^B:	500
Exportwert:	1100		T^B (500):	100

			Endpreis:	1920

Für das Endprodukt X bezahlt der Verbraucher in Land B somit 1'920. Zusammen mit der Belastung in Land A beläuft sich die Gesamtsteuerbelastung auf 420. Dies entspricht 28 % der reinen Produktionskosten. Die auf der ersten Produktionsstufe erbrachte Wertschöpfung von 1'000 wird in diesem Fall doppelt belastet, und zwar mit 100 in Land A und mit nochmals 200 in Land B. Hinzu kommen noch 20 "Steuer von Steuer". Im spiegelbildlichen Fall des Imports aus B nach A kommt zur Steuer in Land B in Höhe von 200 noch die Steuer von Land A in Höhe von 120 auf den Import und von 50 auf die Wertschöpfung bei der Fertigstellung des Produkts Y in Land A. Die Gesamtsteuer beträgt jetzt 370. Dies entspricht einer Belastung von 24,7 % des Warenwerts.

Tabelle 10.2 (Abschnitt III) enthält die soeben ermittelten Belastungen bei internationalen Transaktionen und stellt sie den Belastungen bei rein inländischer Produktion und inländischem Verbrauch gegenüber.

Die doppelte Umsatzbesteuerung führt - wie von vornherein zu erwarten - zu einer groben Verletzung der Wettbewerbsneutralität im Sinne einer Diskriminierung des internationalen Handels gegenüber dem Binnenhandel.

I.B. Nichtbesteuerung

Bei Nichtbesteuerung unterbleibt eine Steuerbelastung beim Export, und es erfolgt auch bei Importen keine Besteuerung. Nichtbesteuerung tritt legal vor allem im Reiseverkehr auf (z.B. bei Einkauf in sog. Tax Free Shops).

Auch der Fall der Nichtbesteuerung ist mit einem Verstoß gegen den Grundsatz der Gleichmäßigkeit der Besteuerung und der Wettbewerbsneutralität (dieses Mal zulasten des Binnenhandels gegenüber dem internationalen Handel) verbunden. Die Zahlenergebnisse bei Zugrundelegung des obigen Beispiels sind in Tabelle 10.2 (Abschnitt III) festgehalten.

I.C. Bestimmungslandprinzip (BLP)

Wenn im Fall grenzüberschreitender Transaktionen produktbezogene Steuern auf Waren und Dienstleistungen grundsätzlich im importierenden Land bzw. am Ort der Verwendung oder des Verbrauchs erhoben werden und das Herkunfts- bzw. Exportland auf eine entsprechende Besteuerung verzichtet, wird dies als eine Besteuerung gemäß dem Bestimmungslandprinzip bezeichnet. Exporte, denen im Herstellungsland eventuell eine produktbezogene Steuer auferlegt worden war, werden bei Vorlage einer Bestätigung des Überschreitens der Grenze von dieser Steuer wieder befreit. Im Fall des BLP vereinnahmt der Fiskus des Importlands die bei internationalen Transaktionen erhobenen produktbezogenen Steuern. Das Exportland verzichtet also auf Einnahmen aus der Besteuerung der Wertschöpfung, die zur Herstellung von Exportgütern erforderlich ist. Bezieht sich das BLP auf die Mehrwertbesteuerung, wird die vom Importland beim oder nach dem Überschreiten der Grenze erhobene Steuer als Einfuhrumsatzsteuer und der gesamte steuerliche Be- bzw. Entlastungsvorgang als "Grenzausgleich" bezeichnet.

Um das BLP darzustellen, wird für beide Länder eine MWSt (vom C-Typ) *mit Vorsteuerabzugstechnik* unterstellt. Diese Technik ist in besonderem Maße geeignet für die Verwirklichung des BLP. Das BLP ist weltweit vorherrschend.

Beispiele

Im Fall des *Direktimports* aus Land A nach Land B wird das beim Einkauf in A zunächst mit 10 % MWSt belastete Gut X durch den Grenzübertritt des Käufers K von A nach B von dieser Steuer wieder entlastet (Rückerstattung bezahlter MWSt). Land B erhebt "simultan" seine Einfuhrumsatzsteuer von 20 % auf den Importwert von 1'500, d.h. von 300.

Direktimport im Reiseverkehr (BLP)

Land A (MWSt: 10 %)			Land B (MWSt: 20 %)	
Fertigprodukt-W^A:	1500	→	Importwert:	1500
T^A (1500):	150	Gut X	T^B (1500):	300
Grenzausgleich (= $-T^A$):	–150		-------	-------
-------	-------		Endpreis:	1800
Exportwert:	1500			

Land B (MWSt: 20 %)			Land A (MWSt: 10 %)	
Fertigprodukt-W^B:	1500	→	Importwert:	1500
T^B (1500):	300	Gut Y	T^A (1500):	150
Grenzausgleich (= $-T^B$):	–300		-------	-------
-------	-------		Endpreis:	1650
Exportwert:	1500			

Das folgende Schema zeigt den Verfahrensablauf des Grenzausgleichs, wie er im Grundsatz beim Reiseverkehr vorgesehen ist:

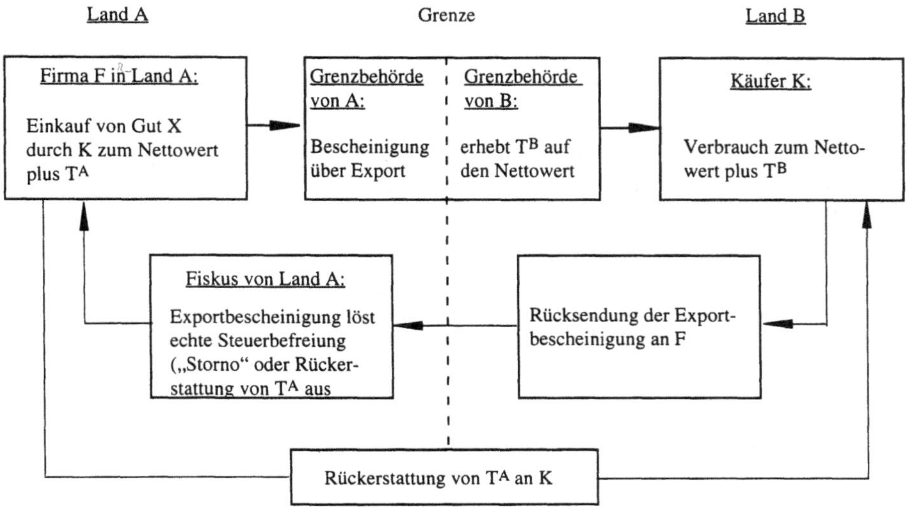

Zur Durchführung des soeben beschriebenen Rückerstattungsverfahrens kann der Käufer einen Rückerstattungs-Dienstleister einschalten (z.B. die "Europe Tax-free Shopping GmbH"), sofern das Verkaufsgeschäft über die entsprechenden Formulare verfügt. Der Käufer erhält dann in der Regel schon an der Grenze seine beim Einkauf entrichtete Mehrwertsteuer in bar zurück - allerdings vermindert um happige Spesen.

Handel zwischen Unternehmen (BLP)

Land A (MWSt: 10 %)			Land B (MWSt: 20 %)	
Vorprodukt-W^A:	1000	→	Importwert:	1000
T^A (1000):	100	Gut X	T^B (1000):	200
Grenzausgleich (= $-T^A$):	–100		Fertigstellungs-W^B:	500
	-------		T^B (500):	100
Exportwert:	1000			-------
			Endpreis:	1800

Land B (MWSt: 20 %)			Land A (MWSt: 10 %)	
Vorprodukt-W^B:	1000	→	Importwert:	1000
T^B (1000):	200	Gut Y	T^A (1000):	100
Grenzausgleich (= $-T^B$):	–200		Fertigstellungs-W^A:	500
	-------		T^A (500):	50
Exportwert:	1000			-------
			Endpreis:	1650

Die Belastungsergebnisse sind bei Transaktionen zwischen Unternehmen identisch mit denen im Fall des Direktimports.

Beim *internationalen Handel zwischen Unternehmen* läuft das im obigen Beispiel gezeigte Grenzausgleichsverfahren in der Regel in *vereinfachter Form* ab: Das exportierte Vorprodukt wird aufgrund einer an der Grenze abgestempelten Exportbescheinigung, die der Exporteur dem eigenen Fiskus vorlegen muß, (echt) steuerbefreit. Der Exporteur braucht also, wenn er den Ausfuhrnachweis erbringt, keine Steuer auf seine Exporte an den Fiskus abzuführen. Das läuft natürlich auf dasselbe hinaus, wie wenn die auf Exporte zunächst bezahlte Mehrwertsteuer nach Vorlage der Exportbescheinigung dem Exporteur in dieser Höhe vom Fiskus wieder gutgeschrieben bzw. rückerstattet wird.

In Land B werden an der Grenze analog zum Fall des Direktimports 200 Einfuhrumsatzsteuer erhoben. Hinzu kommen später dann noch Steuern in Höhe von 100 auf die Wertschöpfung von 500 in Land B. Die Gesamtsteuerbelastung von X im Land B beträgt 300. Die Belastung entspricht derjenigen von ganz in Land B hergestellten Gütern.

Im spiegelbildlichen Fall des Exports von Vorprodukten aus Land B nach Land A resultiert im Verbrauchsland A eine der rein inländischen Produktion entsprechende Belastung von 150. In Tabelle 10.2 (in Abschnitt III) sind die Belastungsergebnisse auch für diesen Fall wiedergegeben.

Das BLP gewährleistet, wie es die Beispiele illustrieren, in beiden Ländern Wettbewerbsneutralität im Sinne gleicher steuerlicher Belastung von importierten und im Inland hergestellten Gütern. Der erforderliche Grenzausgleich bzw. die Rückerstattung oder Gutschrift bereits im Inland bezahlter Umsatzsteuer gelingt um so besser, je genauer sich die Gesamtbelastung mit inländischer Umsatzsteuer feststellen läßt. Bei Verwendung der Mehrwertsteuer mit Vorsteuerabzugstechnik ist das grundsätzlich der Fall. Eine exakte Steuerentlastung von im Inland bezahlter MWSt bereitet in diesem Fall keine Schwierigkeit.

Bei Verwendung beispielsweise einer Allphasen-Bruttoumsatzsteuer kann die Höhe der auf einem Gut liegenden Umsatzsteuer in der Regel nur grob geschätzt werden. Der Grenzausgleich gab in diesem Fall immer wieder Anlaß zu Streit unter den beteiligten Ländern. Werden in den beteiligten Ländern Umsatzsteuern in Form von Einzelhandelsteuern erhoben, erfordert das BLP für den Handel zwischen Unternehmen keinen Grenzausgleich, die Belastung mit Umsatzsteuer erfolgt dann automatisch beim Übergang von den Einzelhändlern zu den Konsumenten. Allerdings bleibt der Grenzausgleich für den Direktimport durch Konsumenten erforderlich.

Spezialfälle

1.) Die Belieferung einer *eigenen* Betriebstätte in Land B seitens einer Unternehmung aus Land A stellt einen Spezialfall einer internationalen Transaktion dar. Im Inland liegt in einem solchen Fall des sog. *Verbringens* von Gegenständen des Anlage- oder Umlaufvermögens innerhalb des eigenen Unternehmensbereichs *kein Umsatz* vor. Im Fall des Verbringen von Gegenständen aus Land A in eine Betriebsstätte in Land B wird analog zu einem Exportumsatz ein echt steuerbefreiter Umsatz unterstellt. In Land B wird auf den Wert der verbrachten Gegenstände eine Einfuhrumsatzsteuer erhoben, die als Vorsteuer bei der Steuer auf die Umsätze der Betriebsstätte dann wiederum abzugsfähig ist.

2.) Bei *Dienstleistungen* ist für die Umsatzsteuerkoordination in der Regel der Ort maßgebend, an dem eine Dienstleistung verbraucht oder "abgeliefert" wird. So wird z.B. die Beratung eines Klienten im Land A durch eine Rechtsanwaltsfirma aus Land B nur der Umsatzsteuer von Land A unterworfen und bleibt in Land B steuerbefreit. Alle Dienstleistungen im Zusammenhang mit einem Grundstück werden (nur) in dem Land besteuert, wo das das Grundstück liegt. Dasselbe gilt auch für Arbeiten an beweglichen Gegenständen, wie z.B. Reparaturen oder Begutachtungen. Auch Datenverarbeitungen oder Telekommunikationsleistungen werden im Prinzip am Wohn- oder Sitzort des Empfängers besteuert. Bei Beförderungsleistungen ist die Steuer des Landes anzuwenden, in dem eine zurückgelegte Strecke sich befindet.

Zusammenfassung:

Die steuerliche Koordination gemäß BLP hat bei allseitig vorgenommener Mehrwertbesteuerung vom C-Typ folgende Merkmale:

1.) Die Besteuerung erfolgt im Verbrauchs-(Import-)Land.
2.) Die Steuereinnahmen fließen dem Fiskus des Verbrauchslands zu.
3.) Die Steuerbelastung ist die des Verbrauchslandes.
4.) Eine Besteuerung im Exportland wird rückerstattet bzw. findet nicht statt.
5.) Es ist ein Grenzausgleich erforderlich.
6.) Wettbewerbsneutralität ist gewährleistet.

1.D. Ursprungslandprinzip (ULP)

Beim Koordinationsverfahren des ULP erfolgt die produktbezogene Besteuerung (Verbrauchsbesteuerung) grenzüberschreitender Güter prinzipiell im Export- bzw. im Herstellungsland dieser Güter. Das Importland bzw. das Land, in dem ihr Verbrauch oder ihre Verwendung stattfindet, nimmt - abgesehen von eventuellen Zöllen - *keine* Besteuerung der Importe vor. Jedes Land besteuert nur seine im Inland stattfindende Wertschöpfung oder Produktion, gleichgültig, ob die Güter später im Inland oder im Ausland verwendet werden. Die entscheidenden Merkmale des ULP sind, daß die endgültige Höhe der steuerlichen Belastung exportierter Güter von der Besteuerung im Exportland abhängt und daß dem Fiskus des Exportlands die aus der Besteuerung der Exporte resultierenden Einnahmen zufließen. Demgegenüber erzielt das Importland keine Einnahmen aus der Besteuerung der Importe wie im Fall des BLP. Das ULP ist generell gekennzeichnet durch einen sog. *Steuerexport* seitens des Herstellerlandes. Beim ULP erübrigt sich ein Grenzausgleich. Oft wird daher das ULP mit dem Fehlen des Grenzausgleichs gleichgesetzt.

Die folgende Darstellung des ULP geht aus didaktischen Gründen von einer in beiden Ländern praktizierten MWSt (vom C-Typ) mit *Vorumsatzabzugstechnik aus* (Mehrwertsteuervariante mit im Vorumsatz enthaltener Steuer). Da in diesem Fall kein Nachholeffekt wie im Fall der Vorsteuerabzugsmethode auftreten kann, vereinfacht sich die Darstellung.

Investitionsgüter bleiben annahmegemäß wie bei der vorangegangenen Darstellung des BLP im Ergebnis unbelastet. Um Verwechslungen mit Mischformen aus verschiedenen Koordinationsvarianten zu vermeiden, die in der öffentlichen Diskussion teilweise auch als ULP bezeichnet werden, soll das jetzt zu zeigende ULP als "reines" ULP bezeichnet werden.

Beispiele für "reines" ULP

Direktimport im Reiseverkehr (ULP)

Land A (MWSt: 10 %)			Land B (MWSt: 20 %)	
Fertigprodukt-W^A:	1500	→	Importwert:	1650
T^A (1500):	150	Gut X	T^B auf Import:	0
	-------			-------
Exportwert:	1650		Endpreis:	1650

Land B (MWSt: 20 %)			Land A (MWSt: 10 %)	
Fertigprodukt-W^B:	1500	→	Importwert:	1800
T^B (1500):	300	Gut Y	T^A auf Import:	0
	-------			-------
Exportwert:	1800		Endpreis:	1800

Direktimporte aus dem Niedrigsteuerland A in das Hochsteuerland B tragen mit Steuern von 150 eine geringere Steuerbelastung als die im Hochsteuerland B hergestellten Güter, die mit Steuern von 300 belastet sind. Umgekehrt bleiben die aus B nach A exportierten Waren mit der 20prozentigen MWSt von B belastet. Sie sind dementsprechend höher belastet als die in Land A hergestellten Güter. (die prozentualen Belastungsergebnisse sind in Tab. 10.2 in Abschnitt III angegeben)

Handel zwischen Unternehmen (ULP)

Land A (MWSt: 10 %)			Land B (MWSt: 20 %)	
Vorprodukt-W^A:	1000	→	Importwert:	1100
T^A (1000):	100	Gut X	Fertigstellungs-W^B:	500
	-------		T^B (500):	100
Exportwert:	1100			-------
			Endpreis:	1700

Land B (MWSt: 20 %)			Land A (MWSt: 10 %)	
Vorprodukt-W^B:	1000	→	Importwert:	1200
T^B (1000):	200	Gut Y	Fertigstellungs-W^A:	500
	-------		T^A (500):	50
Exportwert:	1200			-------
			Endpreis:	1750

Das mit einem Vorprodukt aus Land A im Wert von 1100 (einschl. MWSt) in Land B fertiggestellte Produkt X trägt jetzt eine Steuerlast von 200, was einer Belastung des reinen Produktionswerts von 13,3 % entspricht. Umgekehrt ist das mit einem Vorprodukt aus Land B im Wert von 1200 (einschl. MWSt) in Land A fertiggestellte Produkt Y mit Steuern von 250 belastet. Bezogen auf den reinen Produktionswert sind dies 16,7 %.

Man kann dem Beispiel entnehmen, daß das reine ULP zwar eine Doppelbesteuerung vermeidet, jedoch keine Wettbewerbsneutralität ermöglicht: Beim Direktimport des Fertigprodukts X aus A bleibt die steuerliche Belastung von 10 Prozent in Land B erhalten, beim Import von 2/3 der Wertschöpfung aus A beläuft sich die Belastung von Gut X in Land B auf 13,3 Prozent und bei gänzlicher Herstellung des Produkts X in B beläuft sie sich auf 20 Prozent. (Die Ergebnisse sind in Tabelle 10.2 festgehalten).

Im umgekehrten Fall des Exports von B nach A resultierten auch im Land A unterschiedliche Belastungen: Ein ganz in Land A hergestelltes Gut wird mit 10 % belastet, ein direkt importiertes Gut mit 20 %, und beim Import von Vorprodukten, die 2/3 der Gesamtwertschöpfung ausmachen, beträgt die Steuerbelastung 16,7 % (siehe Tabelle 10.2).

Beim ULP spiegeln die Steuerbelastungen der Endprodukte die länderspezifischen Steuerbelastungen der Wertschöpfung bzw. der Produktion wider. Obwohl die soeben gezeigte ULP-Koordination den Vorteil besitzt, ohne Grenzausgleich auszukommen, besitzt sie bei Verbrauchsteuern den Nachteil unterschiedlicher Steuerbelastungen bei unterschiedlichen Steuersätzen in verschiedenen Ländern. Produkte aus Niedrigsteuerländern haben einen steuerlich bedingten Vorteil im Hochsteuerland. Eine Kompensation dieses Vorteils über flexible Wechselkurse dürfte bei Unterstellung realer Gegebenheiten höchstens teilweise möglich sein. Nur unter höchst restriktiven Annahmen könnten flexible Wechselkurse unterschiedliche Niveaus der allgemeinen Verbrauchsbesteuerung ausgleichen. In einem solchen Fall wären BLP und ULP äquivalent im Hinblick auf Wettbewerbsneutralität.

Trotz der im allgemeinen anzunehmenden Wettbewerbsverzerrungen im Fall des ULP können natürlich andere Gründe für eine Bevorzugung des ULP als Koordinationsverfahren sprechen. Dies ist insbesondere dann der Fall, wenn Gütersteuern koordiniert werden sollen, die als ein Äquivalent für eine der Produktion zur Verfügung gestellte öffentlich finanzierte Infrastruktur anzusehen sind oder die zur Internalisierung externer Kosten im Herstellungsland erhoben werden.

Zusammenfassung:

Die Koordination gemäß ULP hat bei allseitig praktizierter Mehrwertbesteuerung vom C-Typ und bei Annahme konstanter Wechselkurse folgende Merkmale:

1.) Die Besteuerung erfolgt grundsätzlich im Hersteller-(Export-)Land.

2.) Die Belastung durch Umsatz- oder spezielle Verbrauchsteuern entspricht derjenigen des Herstellerlandes.

3.) Die Steuern auf Exporten fließen dem Herstellerland zu.

4.) Es wird kein Grenzausgleich benötigt.

5.) Wettbewerbsneutralität ist im allgemeinen nicht gegeben.

Modifiziertes ULP mit Nachholeffekt

Das jetzt zu beschreibende (modifizierte) ULP ist ein Koordinationsverfahren, das sich bei allseitig vorgenommener Mehrwertbesteuerung mit *Vorsteuerabzugsmethode* gewissermaßen automatisch einstellt. Weil beim ULP die im

Exportland bezahlten Mehrwertsteuern *nicht* rückerstattet werden (keine echte Steuerbefreiung bzw. Nullsatzbesteuerung exportierter Güter), muß das Importland, um die Doppelbesteuerung importierter Wertschöpfung zu vermeiden, die im Exportland bezahlte Steuer *wie eine an den eigenen Fiskus entrichtete Steuer* behandeln. Bei internationalen Transaktionen zwischen steuerpflichtigen Unternehmen läßt das Importland beim modifizierten ULP die ausländische MWSt als Vorsteuer zum Abzug zu. Bei international verschiedenen Steuersätzen resultiert ein *Nachholeffekt*. Liegt die Mehrwertsteuer des Importlandes *über* der des Exportlandes, dann impliziert dieser Nachholeffekt eine *Nachbesteuerung* und damit eine *partielle* Doppelbesteuerung (Anhebung der ausländischen Vorbelastung auf das Inlandsniveau). Liegt die MWSt des Importlands *unter* der des Exportlands, dann führt der Nachholeffekt zu einer Entlastung von der höheren Steuer des Exportlandes (Absenkung des Belastungsniveaus). Es resultiert dann ein Effekt wie bei einer *Subventionierung* der Importe aus dem Hochsteuerland. Das Importland erstattet zu Lasten des eigenen Haushalts Steuern, die das Exportland eingenommen hat. Die Belastungsergebnisse entsprechen denen beim BLP.

Beim modifizierten ULP wird die produktbezogene Steuerbelastung des Ursprungslandes bei internationalen Transaktionen zwischen Unternehmen also nachträglich korrigiert. Wie das BLP gestattet das modifizierte ULP, daß die Steuerbelastung importierter oder mit importierten Vorprodukten hergestellter Güter derjenigen der Inlandsgüter angeglichen und dadurch *Wettbewerbsneutralität* hergestellt wird. Die Bezeichnung "Ursprung" bezieht sich jetzt nur noch auf den Steuer einnehmenden Fiskus. Beim modifizierten ULP erhalten die Fisken der Exportländer Steuereinnahmen durch Besteuerung der Exporte, doch erzielen sie keine Einnahmen durch Besteuerung der importierten Wertschöpfung. Niedrigsteuerländer müßten u.U. sogar Steuern rückerstatten, die den Fisken von exportierenden Hochsteuerländern zugeflossen sind. Insgesamt bleibt also beim modifizierten ULP bei Transaktionen zwischen Unternehmen *nicht mehr die Belastungshöhe des Ursprungslands erhalten.*

Beim Direktimport im Reiseverkehr müßte man beim modifizierten ULP einen Grenzausgleich vornehmen, um auch jetzt eine Belastung wie beim BLP und damit Wettbewerbsneutralität zu erreichen. Es müßte im *Einreiseland* entweder eine Differenzsteuer zur ausländischen Umsatzsteuer erhoben werden, um die Belastung auf das inländische Niveau anzuheben, oder eine Gutschrift in Höhe der Differenz zwischen (niedrigerer) inländischer und (höherer) ausländischer Steuer erfolgen. Ein solches Verfahren ließe sich wohl kaum realisieren. Auch die Übernahme des amerikanischen *"use-tax"*-Systems wäre anderswo kaum realisierbar und angesichts der schlechten Erfahrungen mit dieser Steuer in den USA auch nicht empfehlenswert. Die use-tax wird überwiegend von den Einzelstaaten parallel zu ihrer sales-tax erhoben: Konsumenten, die im "anderen Einzelstaat" einkaufen, bleiben von der dortigen sales-tax befreit, müssen aber dem eigenen, d.h. dem Wohnsitzstaat use-tax für den "Gebrauch" des Gekauften abliefern.

Ein Zahlenbeispiel zum modifizierten ULP bei Transaktionen zwischen Unternehmen ist im Abschnitt II.B enthalten, wo dieses Verfahren für den Gemeinsamen Markt vorgestellt wird.

ULP mit fiktivem Vorsteuerabzug

Die beim modifizierten ULP infolge der Vorsteuerabzugstechnik auftretenden Nachholeffekte bei Transaktionen zwischen (umsatzsteuerpflichtigen) Unternehmen könnte vermieden werden, wenn mit *fiktiven Vorsteuern* abgerechnet würde. Fiktive Vorsteuern entsprechen in ihrer Höhe den im jeweiligen Importland herrschenden Steuertarifen. Man simuliert eine der inländischen entsprechende Steuerbelastung bei den von Unternehmen importierten Vorprodukten. Es erfolgt dann keine Nachbesteuerung im Ausland erfolgter Wertschöpfung im Land mit der höheren MWSt. Das Land mit der niedrigeren MWSt muß andererseits keine Erstattung von MWStn eines Landes mit höherer MWSt vornehmen. Es stellt sich dann bezüglich der Endpreise der mit importierten Vorprodukten hergestellten Güter und der Verteilung der Steuereinnahmen auf die beteiligten Länder genau dasselbe Resultat ein wie beim reinen ULP (Das Herstellerland behält die Steuer auf exportierte Wertschöpfung und die Exporte tragen nur die Steuern des Exportlands.). Beim Direktimport im Reiseverkehr müßte die Abwicklung wie im Fall des reinen ULP erfolgen. Wie im Fall des ULP mit Nachholeffekt dürfte auch beim ULP mit fiktiver Vorsteuer keine andere Lösung realisierbar sein.

Beispiel

Handel zwischen Unternehmen (ULP mit fiktiver Vorsteuer)

Land A (MWSt: 10 %)			Land B (MWSt: 20 %)	
Vorprodukt-W^A:	1000	→ Gut X	Importwert (inkl. T^A = 100):	1100
T^A (1000):	100		fiktiver Netto-Importwert (1100/1,2):	916,67
	-------		fiktive Vorsteuer (0,2 · 916,67):	183,33
Exportwert	1100		Fertigstellungs-W^B:	500
			Bemessungsgrundlage (Bruttoumsatz):	1'416,67
			Bruttosteuer (0,2 · 1416,67):	283,33
			abzüglich fiktive Vorsteuer	- 183,33
			T^B = 283,33 – 183,33:	100

			Endpreis:	1700

Land B (MWSt: 20 %)			Land A (MWSt: 10 %)	
Vorprodukt-W^B:	1000	→ Gut Y	Importwert (inkl. T^B = 200):	1200
T^B (1000):	200		fiktiver Netto-Importwert (1200/1,1):	1090,91
	-------		fiktive Vorsteuer (0,1 · 1090,91):	109,09
Exportwert:	1200		Fertigstellungs-W^A:	500
			Bemessungsgrundlage (Bruttoumsatz):	1'590,91
			Bruttosteuer (0,1 · 1559,91):	159,09
			abzüglich fiktive Vorsteuer	- 109,09
			T^A = 159,09 – 109,09:	50

			Endpreis:	1750

Das ULP mit fiktiver Vorsteuer impliziert, wie das Rechenbeispiel zeigt, einen fiktiven Netto-Importwert. Dieser ergibt zusammen mit der für die Fertigstellung hinzugefügten Wertschöpfung die Bemessungsgrundlage der inländischen MWSt. Das Rechenbeispiel zeigt auch, daß die internationalen Transaktionen dem Fiskus von Land A Einnahmen von 100, und dem Fiskus von Land B Einnahmen von 200 einbringen. Die Steuerbelastung des in Land B fertiggestellten Guts X beträgt insgesamt 200, diejenige des in Land A fertiggestellten Guts Y beträgt 250. Dies entspricht bei Gut X einer Endbelastung des reinen Warenwerts von 13,3% in Land B und bei Gut Y in Land A von 16,7%. Die Steuerbelastungs-Resultate eines ULP mit fiktiver Vorsteuer stimmen genau mit denjenigen des reinen ULP überein.

I.E. Beurteilung

Da unter den vier Basis-Koordinationsalternativen die Fälle der Nichtbesteuerung und der Doppelbesteuerung wegen groben Verstoßes gegen die Wettbewerbsneutralität ausscheiden, kommen als Koordinationsvarianten nur das BLP oder das ULP in Betracht. Unter diesen beiden verdient das BLP den Vorzug, weil dadurch im Prinzip eine gleichmäßige Belastung des inländischen Verbrauchs und damit auch eine kalkulierbare Vorbelastung des inländischen Einkommens gewährleistet ist. Das BLP ist ebenfalls zu bevorzugen, wenn durch eine spezielle Verbrauchsteuer zugleich auch eine Lenkung des inländischen Verbrauchs angestrebt wird, worauf weiter unten noch zurückzukommen sein wird. Das BLP ist nicht ohne Grund das international vorherrschende Verfahren.

Beim ULP hängt die Belastung der Endprodukte mit Verbrauchsteuern von der Höhe der Gütersteuern im jeweiligen Herstellerland und der Verteilung der Wertschöpfung auf Inland und Ausland ab. Die vorliegende Beurteilung darf dennoch nicht als ein generelles Urteil gegen das ULP mißverstanden werden. Das bisher maßgebende Beurteilungskriterium war Wettbewerbsneutralität im Sinne einer steuerlich gleichhohen Belastung inländischer und grenzüberschreitender Güterströme bei Annahme konstanter Wechselkurse. Werden daneben zusätzliche Gesichtspunkte mit in die Beurteilung einbezogen, wie z.B. die Verteilung der Steuereinnahmen auf die Fisken der beteiligten Länder, oder werden weitergehende Ziele angestrebt, dann kann eine Beurteilung auch zugunsten des Ursprungslands ausfallen.

Eine sich seit Jahrzehnten hinziehende und noch immer nicht abgeschlossene kontroverse wissenschaftliche Diskussion und ein in verschiedenen internationalen Organisationen und vor diversen Gerichten ausgetragener Streit belegen, daß es nicht möglich ist, zu einem generell gültigen Urteil zu gelangen, ob das ULP oder das BLP "das richtige Koordinationsverfahren" ist.

II. Umsatzsteuer-Koordination im Gemeinsamen Markt (EU)

In allen Mitgliedsstaaten der Europäischen Union (EU) wurden in Befolgung der von der EG (EU) erlassenen Richtlinien im Lauf der Zeit Mehrwertsteuern vom C-Typ in Verbindung mit der Vorsteuerabzugstechnik eingeführt. Grenzüberschreitende Gütertransaktionen wurden bis Ende 1992 entsprechend dem BLP abgewickelt. Als auf Beginn 1993 die nationalen Binnenmärkte dieser Staaten zum einheitlichen europäischen Markt zusammengefügt wurden, um einen *Binnenmarkt* zu bilden, hätte es nahegelegen, auf spezielle umsatzsteuerliche Koordinationskonstruktionen zu verzichten und in Analogie zum inländischen Verfahren ein ULP (mit Nachholeffekt) anzuwenden. Da jedoch die den europäischen Binnenmarkt bildenden Staaten einen gewissen Grad an Autonomie bei der Festsetzung eigener Tarife behalten *und vor allem keine fiskalischen Einbußen erleiden* wollten, mußte ein spezielles Koordinationsverfahren gefunden werden.

Der europäische "Binnenmarkt" wird üblicherweise als "Gemeinsamer Markt" (GM) und das (in einer von mehreren möglichen Varianten) anzuwendende spezielle steuerliche Koordinationsverfahren als "Gemeinsamer-Markt-Prinzip" (GMP) bezeichnet. Der europäische Gemeinsame Markt ist also ein aus dem Weltmarkt herausgehobener internationaler "Teil"-Markt, ein Zwischending mit einer Sonderform an steuerlicher Koordination angesichts zwar angeglichener, aber grundsätzlich bestehen bleibender unterschiedlicher nationaler Steuersysteme.

Fachausdrücke bei der Besteuerung im europäischen Gemeinsamen Markt
Beim Handel zwischen Unternehmen aus zwei zum Gemeinsamen Markt gehörenden Ländern spricht man anstelle von Ein- und Ausfuhr bzw. Außenhandel von innergemeinschaftlichen Lieferungen bzw. von innergemeinschaftlichem Handel. Der "Exporteur" heißt "innergemeinschaftlicher Lieferant", der "Importeur" heißt "innergemeinschaftlicher Erwerber". Die von diesem zu zahlende Mehrwertsteuer heißt "Erwerbsteuer" statt Einfuhrumsatzsteuer. Der Kürze halber werden aber im folgenden die Bezeichnungen "Exporteur" und "Importeur" beibehalten, allerdings in Anführungsstriche gesetzt, wenn innergemeinschaftlicher Handel vorliegt. Als "Steuerlicher Stellvertreter" (Fiskalvertreter) wird eine ausschließlich zum Zweck der Abführung von Einfuhrumsatzsteuer zwischengeschaltete Institution im "Import"-Land bezeichnet.

Das für den Gemeinsamen europäischen Markt in Betracht kommende Koordinationsverfahren muß an folgenden Zielen ausgerichtet sein:

1.) Die innergemeinschaftlichen Staatsgrenzen sollen im Regelfall ohne fiskalische Kontrollen passierbar sein

Dieses politisch motivierte Ziel bedeutet, daß der vorher praktizierte steuerliche Ausgleich "an der Grenze" nicht mehr möglich ist. Insofern Grenzkontrollen zur Verhinderung unerlaubter Ex- und Importe (z.B. Waffen, Drogen, Sondermüll, nationale Kulturgüter etc.) oder zu polizeilichen Zwecken erforderlich sind, müssen sie auf mobile oder versteckte Weise hinter der Grenze vorgenommen werden.

2.) Wahrung nationaler Tarifspielräume (qualitative Autonomie)

Prinzipiell soll jeder Staat die Höhe seiner Mehrwertsteuersätze selber bestimmen können. Nur eine kleine Einschränkung der nationalen Tarifspielräume wurde in Kauf genommen, indem das Minimum für den Regelsteuersatz auf 15 Prozent festgelegt wurde. Zudem solle jedes Land nur noch maximal *zwei ermäßigte Steuersätze* aufweisen. Die Untergrenze dieser ermäßigten Steuersätze beträgt 5 Prozent. "Luxussteuersätze", d.h. über dem jeweiligen Regelsatz eines Landes liegende Steuersätze, sind nicht mehr zugelassen.

3.) Aufrechterhaltung des Steueraufkommens (quantitative Autonomie)

Das nationale Umsatzsteueraufkommen aus der Besteuerung der grenzüberschreitenden Transaktionen soll gegenüber einem hypothetisch angewendeten BLP keine Verminderung des Steueraufkommens zur Folge haben.

4.) Wettbewerbsneutralität

Dieses Ziel wird zwar stets als erstrebenswert bezeichnet, doch war man bereit, wegen des politischen Ziels der freien Passage gewisse Abstriche hinzunehmen.

Um die genannten Ziele so gut wie möglich zu erreichen, wurden *unterschiedliche* Varianten eines GMP entwickelt. Eine erste Variante wurde als sog. *Übergangslösung* zunächst nur für den Zeitraum vom 1.1.1993 bis 31.12.1996 beschlossen. Allerdings wurde gleichzeitig eine automatische Verlängerung bis zur Einigung auf eine definitive Lösung beschlossen. Bisher ist diese noch nicht in Sicht.

II.A. GMP-Variante 1

Bei dieser Variante, wie übrigens auch bei allen anschließend dargestellten Varianten eines GMP, werden *Direktimporte* im Reiseverkehr durch Konsumenten grundsätzlich gemäß dem (reinen) ULP abgewickelt. Die Steuer des Ursprungslands bleibt daher bei Direktimporten auf diesen Gütern liegen. Die grundsätzlich geltende Regel ist allerdings an gewisse Bedingungen geknüpft und wird durch zwei Ausnahmen durchbrochen.

Die wichtigste Bedingung lautet, daß die Waren nicht regelmäßig und nur *zum eigenen Verbrauch bzw. als Reisemitbringsel zum Verschenken* bestimmt sind. Bei einigen, auch mit speziellen Verbrauchsteuern belegten Gütern gibt es sog. Richtmengen als Obergrenzen: z.B. 200 Zigaretten oder einen Liter Spirituosen pro Fahrt. Größere Mengen können als Direktimport nur mitgenommen werden, wenn (für den Fall einer eventuellen Stichprobenkontrolle) der Nachweis des Eigenverbrauchs z.B. für eine Hochzeitsfeier erbracht wird.

Ausgenommen vom Direktimport, der gemäß dem ULP besteuert wird, sind Lieferungen des sog. *Versandhandels* sowie private Importe von *Motorfahrzeugen*. In diesen Fällen wird das BLP beibehalten. Den Abnehmern von "Versandhäusern" (zu denen jeder Lieferant gehört, der auf Bestellung in ein anderes Land des GM liefert, also beispielsweise auch Buchverlage) wird der im Abnehmerland gültige MWSt-Satz verrechnet. Um dies praktisch durchzuführen, muß ein exportierendes Versandhaus einen "Fiskalvertreter" im jeweiligen Importland bestimmen, der die im Importland fällige MWSt an den dortigen Fiskus abführt. Allerdings sind nur Versandhäuser, die eine Lieferschwelle von 200'000 DM (ab 2002: 100'000 Euro) pro Jahr überschreiten, im Importland zur Registrierung und Bestellung eines solchen Vertreters verpflichtet. Bei unter dieser Lieferschwelle bleibenden Versandumsätzen in die anderen Länder der EU ist die Steuer des Ursprungslands zu berechnen. Die Käufer von Motorfahrzeugen, zu denen nicht nur Automobile, sondern beispielsweise auch Motorjachten gehören, können diese zwar frei von MWSt des Lieferlandes erwerben, müssen jedoch die heimische MWSt bei der Zulassung des Fahrzeugs bezahlen.

Die *innergemeinschaftlichen Lieferungen zwischen Unternehmen* (und die Belieferungen eigener Betriebsstätten) sind *unter Vorbehalt umsatzsteuerfrei*. Es wird die (definitive) Befreiung des "Exporteurs" von der Mehrwertsteuer verzögert ("retardiert") und die Belastung des "Importeurs" von der Grenze ins Innere des Importlands verlagert und dadurch zeitlich aufgeschoben. Man spricht daher auch von einem System mit Zahlungsaufschub. Voraussetzung für einen solchen *"retardiert-verlagerten Grenzausgleich"* ("Grenzausgleich im Hinterland") ist, daß die am innergemeinschaftlichen Handel teilnehmenden Unternehmen eine sog. *Umsatzsteuer-Identifikationsnummer* (USt-Id.Nr.) besitzen, d.h. offiziell *registriert* sind. Auf der für den "Export" in ein anderes Land des GM ausgestellten Rechnung muß die eigene Identifikationsnummer sowie diejenige des Abnehmers angegeben werden. Gleichzeitig muß jeder Unternehmer, der eine innergemeinschaftliche Lieferung an einen Unternehmer oder eine juristische Person in einem anderen EU-Land ausführt, seiner Finanzbehörde vierteljährlich eine "Zusammenfassende Meldung" über diese Lieferungen erstatten. Mittels der Identifikationsnummer ist im Prinzip eine Kontrolle möglich, ob der "Importeur" tatsächlich seine Erwerbsteuer (Einfuhrumsatzsteuer) bezahlt hat.

Auch die im Ausland ansässigen "Steuerlichen Vertreter" von Versandhäusern und die ausländischen Betriebsstätten von Firmen müssen registriert sein, d.h. eine USt-Id.Nr.besitzen. Betriebsstätte ist hierbei jedwede Einrichtung, über die eine "Einfuhr" geleitet wird. Auch der Werkstattwagen eines Kundendienstes oder eines Handwerkers sowie der Verkaufswagen eines Einzelhändlers sind daher "nummernbewehrte Betriebsstätten". Schließlich benötigen auch alle juristischen Personen des privaten und öffentlichen Rechts, insbesondere also die Gebietskörperschaften, eine USt-IdNr, wenn sie aus Ländern der EU "importieren".

Gegenüber einem wörtlich zu nehmenden ("realen") Grenzausgleich wird der "retardiert-verlagerte Grenzausgleich" von der geographischen Grenze abgekoppelt. Er erfolgt gewissermaßen am Ankunftsort beim "Importeur". Ergibt die Kontrolle, daß die Erwerbsteuer im Importland nicht bezahlt wurde, muß der "Exporteur" die MWSt auf die gelieferten Güter nachträglich entrichten. Die Steuerbefreiung des "Exports" bei Lieferungen in andere Länder der EU steht also unter dem Vorbehalt, daß der Empfänger die in seinem Land fällige MWSt bezahlt hat, bzw. daß es einen solchen behaupteten EU-Empfänger überhaupt gab.

Das folgende Beispiel unterstellt, daß eine innergemeinschaftliche Lieferung regulär durchgeführt wurde, die Steuerbefreiung im "exportierenden" Land also definitiv geworden ist.

Handel zwischen Unternehmen (GMP-Variante 1)

Land A (MWSt: 10 %)			Land B (MWSt: 20 %)	
Vorprodukt-W^A:	1000	→	Importwert:	1000
"Export" (mit USt-Id.Nr.		Gut X	T^B (1000):	200
und Rückbestätigung durch	-------		Fertigstellungs-W^B:	500
"Importeur"):	1000		T^B (500):	100

			Endpreis:	1800

Land B (MWSt: 20 %)			Land A (MWSt: 10 %)	
Vorprodukt-W^B:	1000	→	Importwert:	1000
"Export" (mit USt-Id.Nr.		Gut Y	T^A (1000):	100
und Rückbestätigung durch	-------		Fertigstellungs-W^A:	500
"Importeur"):	1000		T^A (500):	50

			Endpreis:	1650

Die Belastungswirkungen unterscheiden sich im Fall des Handels zwischen Unternehmen nicht von denen bei Anwendung des BLP (siehe Abschnitt I.C).

Das Koordinationsverfahren für den Regelfall des Direktimports entspricht dem in Abschnitt I.D dargestellten Zahlenbeispiel für das ULP. Es wird hier nicht nochmals wiederholt.

Man hat die GMP-Variante 1 zu Recht als eine *Notlösung* bezeichnet. Sie hat schwerwiegende Mängel. Ein offiziell hingenommener Mangel besteht in dem *Nebeneinander* von BLP (mit retardiert-verlagertem) Grenzausgleich und ULP. Dies bedeutet angesichts der unterschiedlichen nationalen Mehrwertsteuertarife, daß innerhalb eines mehr oder weniger tiefen Streifens entlang der Grenzen die Konsumenten der Hochsteuerländer einen Anreiz haben, ihre Einkäufe in Niedrigsteuerländer zu verlagern. (Die Tiefe des Streifens hängt von den *Transaktionskosten* der Käufer ab.) Die Bedingungen für eine effiziente internationale Arbeitsteilung werden dadurch verletzt. Es kommt zu Handels- und Produktionsverlagerungen bei Konsumgütern zugunsten der Niedrigsteuerländer.

Der zweite und *gravierendste Mangel* besteht jedoch in den relativ einfach zu nutzenden Möglichkeiten zur *Steuerhinterziehung*, die die GMP-Variante 1 bietet. Aus vielerlei Gründen stehen die prinzipiell vorgesehenen Kontrollabgleiche weitgehend nur auf dem Papier oder bleiben folgenlos. Wegen des Fehlens physischer Kontrollen der grenzüberschreitenden Warenbewegungen kann es zu Verabredungen zwischen (Schein-)"Exporteuren" und (Schein-)"Importeuren" kommen. Die Warenlieferung in ein anderes EU-Land können fingiert werden, es werden lediglich Rechnungen ausgestellt und "Rückerstattungen" ergaunert. Die sog. "Karussellgeschäfte" bieten eine relativ einfache Möglichkeit, mit Hilfe von Rückerstattung von Vorsteuern und nicht bezahlten Einfuhrumsatzsteuern "Exporte" letztlich steuerfrei in andere EU-Länder durchzuführen. Die theoretisch vorgesehenen Kontrollabgleiche nützen vor allem auch dann nichts, wenn folgendes Verfahren gewählt wird: Ein Unternehmer eröffnet und registriert in Land A und B jeweils ein Geschäft und erhält für beide eine USt-Id.Nr. Er liefert Waren steuerbefreit von A nach B, bezahlt jedoch keine Einfuhrumsatzsteuer in B. Bevor das entdeckt wird, hat er das Geschäft in B aufgegeben und ist verschwunden. Dasselbe passiert in A, wo die Steuerbefreiung an die Zahlung in B gebunden war. Wegen der ebenfalls erfolgten Geschäftsaufgabe in A hat auch der Fiskus von A das Nachsehen. Die Abschaffung der Grenzkontrollen und das System der Steuerbefreiung für innergemeinschaftliche Lieferungen öffneten die Schleusen für Steuerhinterziehungen im großen Stil und waren zugleich ein wirkungsvolles Programm zur Förderung der Schattenwirtschaft.

II.B. GMP-Variante 2

Die zweite, als definitive Lösung ins Auge gefaßte Variante des GMP entspricht (für Transaktionen zwischen Unternehmen) einem *modifizierten ULP* mit Nachholeffekt[1]. Es wird jetzt wie auf den nationalen Märkten auch grenzüberschreitend die Vorsteuerabzugstechnik angewendet. Lieferungen in ein anderes Land der EU würden, wie oben schon beschrieben, steuerlich nicht von Inlandslieferungen unterschieden und bleiben mit der MWSt des Ursprungslandes belastet, bis diese als Vorsteuer im "Importland" abgezogen wird. Der "Importeur" kann also die vom "Exporteur" gezahlte Mehrwertsteuer von seiner Bruttosteuer als Vorsteuer abziehen. Wegen des Nachholeffekts werden die mit importierten Vorprodukten produzierten Güter wie reine Inlandsgüter belastet. Das Belastungsergebnis entspricht daher bei Transaktionen zwischen Unternehmen demjenigen des BLP.

Bei Direktimporten kann es allerdings mangels Grenzkontrollen nicht zu einem Nachholeffekt kommen. Das Verfahren beim Direktimport ist dasselbe wie im Fall der GMP-Variante 1 bzw. wie beim reinen ULP. Die Belastungsergebnisse sind oben bereits zahlenmäßig dargestellt (siehe Abschnitt I.D).

Die vorliegende Variante 2 des GMP wird im allgemeinen Sprachgebrauch kurzerhand als Ursprungslandprinzip bezeichnet, weil bei innergemeinschaftlichem Handel zwischen Unternehmen (und bei Belieferung im Ausland

---

[1] Diese Variante 2, verbunden mit einem weiter unten darzustellenden Clearing, wurde von der EU-Kommission dem Europäischen Rat vorgeschlagen, fand dort aber keine Mehrheit. Nur Deutschland ist Befürworter des Kommissionsvorschlags.

befindlicher Betriebsstätten) sowie bei Direktimporten innerhalb der EU das Ursprungsland die von ihm bei "Exporten" erhobenen Steuereinnahmen behält.

Handel zwischen Unternehmen (GMP-Variante 2)

Land A (MWSt: 10 %)			Land B (MWSt: 20 %)	
Vorprodukt-W^A:	1000	→	Import (inkl. VT^A = 100) :	1100
T^A (1000):	100	Gut X	T^B (1000):	200
	-------		abzüglich VT^A :	–100
Exportwert:	1100		Fertigstellungs-W^B:	500
			T^B (500):	100

			Endpreis:	1800

Land B (MWSt: 20 %)			Land A (MWSt: 10 %)	
Vorprodukt-W^B:	1000	→	Import (inkl. VT^B = 200) :	1200
T^B (1000):	200	Gut Y	T^A (1000):	100
	-------		abzüglich VT^B :	–200
Exportwert:	1200		Fertigstellungs-W^A:	500
			T^A (500):	50

			Endpreis:	1650

Wie man sieht, unterscheidet sich die Belastung beim Handel zwischen Unternehmen nicht von derjenigen beim BLP (siehe Beispiel in Abschnitt I.C) bzw. bei der GMP-Variante 1 (siehe Abschnitt II.B).

Im Ergebnis führt Variante 2 des GMP ebenso wie Variante 1 zu einer wettbewerbsneutralen Belastung, allerdings nur im Bereich des "Ex- und Imports" zwischen Unternehmen. Die Wettbewerbsneutralität wird *in diesem Bereich* nicht beeinträchtigt. Die oben hinsichtlich der GMP-Variante 1 festgestellten Mängel des Verstoßes gegen die Wettbewerbsneutralität wegen der Direktimportmöglichkeit bleiben jedoch bestehen. Allerdings wäre die GMP-Variante 2 administrativ wohl erheblich billiger und viel weniger anfällig für Hinterziehung, denn Lieferungen ("Exporte") in andere EU-Länder würden nicht steuerbefreit "irgendwohin" transportiert, wo sie ebenfalls unbesteuert bleiben.

Die beiden Varianten des GMP unterscheiden sich, abgesehen vom administrativtechnischen Ablauf und von der Hinterziehungsanfälligkeit, vor allem durch die *verschiedene Aufteilung der bei grenzüberschreitenden Transaktionen* anfallenden Steuern auf die am internationalen Handel beteiligten Länder. Bei der Variante 1 erhält das Bestimmungsland die Steuer auf die "importierten" Güter, die "exportierten" Güter bringen hingegen keine Mehrwertsteuereinnahmen. Bei der GMP-Variante 2 werden Steuern exportiert bzw. Steuergutschriften importiert. Daher erbringen "Exporte" Steuereinnahmen, während "Importe" nur noch dann zu Steuereinnahmen führen, wenn die eigenen Steuersätze höher sind als die des EU-Ursprungslandes. Im umgekehrten Fall hingegen muß der Fiskus eines Niedrigsteuerlandes Steuern rückerstatten, die der Fiskus des anderen Landes eingenommen hat. Die *im Vergleich der beiden GMP-Varianten unterschiedlichen Verteilungen des Steueraufkommens* auf die Länder A und B bei internationalem Handel zwischen Unternehmen der EU illustriert das folgende Zahlenbeispiel. Für dieses sei sehr vereinfachend angenommen, der Handel zwischen Land A und Land B bestehe lediglich aus dem Export jeweils eines Vorprodukts der Güter X und Y. Es werden die Zahlen der in den vorangegangenen Abschnitten benutzten Beispiele erneut verwendet.

Steueraufkommen bei GMP-Variante 1:
Dem Zahlenbeispiel aus Abschnitt II.A ist zu entnehmen, daß Land A aus seinem "Export" keine Einnahmen erzielt, sofern der Computerabgleich bestätigt, daß der "Importeur" in Land B seiner Steuerpflicht nachgekommen ist. Land A nimmt lediglich "Einfuhrumsatzsteuer" (Erwerbsteuer) beim "Import" in Höhe von 100 ein (T^A (1000) = 100). Land B erzielt unter den gleichen Annahmen Steuereinnahmen von 200 (T^B (1000) = 200).

Die Steuereinnahmen aus den internationalen Transaktionen im Unternehmensbereich verteilen sich unter den gemachten Annahmen bei der GMP-Variante 1 somit wie folgt: Land A vereinnahmt 100 und Land B vereinnahmt 200. Die Verteilung des Steueraufkommen ist dieselbe wie beim BLP (siehe Abschnitt I.C).

Steueraufkommen bei GMP-Variante 2:
Unter denselben Annahmen wie soeben erzielt Land A Einnahmen auf seinen "Exporten" von 100 (T^A (1000) = 100), muß jedoch bei seinen Importen aus Land B Vorsteuern von 200 (T^B (1000) = VT^B = 200) bei seiner nachgeholten Besteuerung des Imports in Abzug bringen. Es resultiert per Saldo für Land A keine Einnahme aus dem Handel zwischen Unternehmen. Umgekehrt behält Land B Steuern von 200 auf seinem "Export" und es erzielt auf seinem "Import" per Saldo 100, weil es lediglich Vorsteuern von 100 aus Land A in Abzug bei seiner nachgeholten Besteuerung des "Imports" bringen muß (T^A (1000) = VT^A = 100). Seine Einnahmen betragen jetzt 300.

Das Verhältnis der Steuereinnahmen der beiden Länder verändert sich beim Übergang von der GMP-Variante 1 zur GMP-Variante 2 somit von 100 : 200 zu 0 : 300.

Die Gegenüberstellung läßt bereits erkennen, daß mit der GMP-Variante 2 gegenüber dem BLP eventuell beträchtliche Verschiebungen hinsichtlich des Steueraufkommens einhergehen können. Das für die Gegenüberstellung verwendete Beispiel (ausgeglichene Handelsbilanz) zeigt aber noch nicht das volle Ausmaß der Aufkommensverschiebungen.

Bei unausgeglichener Handelsbilanz können erhebliche Aufkommensverschiebungen erwartet werden. Länder mit verhältnismäßig hohen Überschüssen dürften wegen des Steuerexports bei der GMP-Variante 2 höhere Steuereinnahmen als bei GMP-Variante 1 erzielen, auch wenn es sich bei ihnen um Niedrigsteuerländer handelt.[2]

Verschiebungen des Steueraufkommens können als Verletzung des oben genannten Ziels der *quantitativen* Autonomie angesehen werden und die *qualitative* Autono-

---

2 Darin dürfte der wesentliche Grund zu sehen sein, warum die GMP-Variante 2 sich in der EU momentan nicht verwirklichen läßt.

mie der Steuerpolitik eines Landes einschränken, weil jede Veränderung der MWSt-Tarife eines Landes Folgewirkungen auf die Steuereinnahmen der anderen Länder des GM hätte und diese eventuell zu Reaktionen bei ihrer eigenen Steuertarifpolitik zwingen würde. Verbindet man allerdings die Variante 2 des GMP mit einem Steuerausgleichssystem, d.h. einem sog. *Clearing*, dann lassen sich Steueraufkommensverschiebungen theoretisch vermeiden, allerdings auf Kosten eines vermutlich sehr hohen Kontroll- und Verwaltungsaufwandes. Für den Saldenausgleich innerhalb der EU wurden zwei Clearingvarianten vorgeschlagen.

II.B.1. GMP-Variante 2a

Diese Variante beinhaltet ein auf *mikroökonomische* Daten gestütztes Clearing. Bei ihr wird jeder Unternehmer zur Meldung der auf seinen "Exporten" in andere Mitgliedsländer der EU in Rechnung gestellten Mehrwertsteuern an die Clearingstelle verpflichtet. Gleichzeitig melden die "importierenden" Unternehmen der Clearingstelle die ihnen aus anderen Mitgliedsländern in Rechnung gestellten, bei ihnen als Vorsteuern abzugsfähigen Beträge. Aufgrund der Meldungen der Unternehmen kann die positive oder negative Nettoposition jedes Mitgliedslands gegenüber jedem anderen Mitgliedsland ermittelt werden. Die Summe der Nettopositionen beträgt theoretisch Null. Durch Überweisungen der Fisken mit positiven Nettopositionen an die Clearingstelle bzw. von dieser zurück an die Fisken mit negativen Nettopositionen wird der Ausgleich hergestellt.

Beispiel
Unter Weiterverwendung des bisherigen Zahlenbeispiels, wonach aus Land A ein Vorprodukt von X zu 1000 nach B exportiert wird, und umgekehrt ein Vorprodukt von Y ebenfalls zu 1000 von B nach A, resultieren die folgenden Clearingpositionen:

Mikroökonomisches Clearing

Land A (MWSt: 10 %)		Land B (MWSt: 20 %)	
Exportsteuer = T^A (1000):	100	Exportsteuer = T^B (1000):	200
Vorsteuer aus B = VT^B:	–200	Vorsteuer aus A = VT^A:	–100
	-------		-------
Nettoposition	–100	Nettoposition	+100

Saldenausgleich (von Land B nach Land A)

Durch Saldenausgleich von Land B nach Land A via Clearingstelle erhält der Fiskus von Land A Einnahmen von 100. Außerdem erhält er natürlich auch Einnahmen von 100 aus der der Belastung des Imports. Im Ergebnis hat nunmehr jedes Land theoretisch ein Steueraufkommen, wie es sich bei Anwendung des BLP auf den Handel mit Zwischenprodukten ergeben würde und wie es soeben für den Fall der GMP-Variante 1 gezeigt wurde.

Das soeben dargestellte Beispiel zeigte nur die grundsätzliche Abwicklung des mikroökonomischen Clearings im Zweiländerfall. Die Meldungen der "Exporteure" über bezahlte "Export"-umsatzsteuern und der "Importeure" über ausländische Vorumsatzsteuern werden sich in der Realität nicht wie im soeben gezeigten Beispiel genau entsprechen, sondern um schätzungsweise bis zu 10 % voneinander abweichen. Die "Export"-Lieferungen erfolgen nämlich zum Teil auch an nicht zum Vorsteuerabzug berechtigte Abnehmer. Die im "importierenden Land" gesammelten Meldungen von Unternehmen über in Rechnung gestellte Vorsteuern anderer Länder fallen daher grundsätzlich geringer aus als die gesammelten Meldungen der "Exporteure". Aufgrund dieser Abweichungen dürften sich in der Praxis die Nettopositionen der beteiligten Länder nicht genau zu Null addieren.

II.B.2. GMP-Variante 2b

Bei dieser Variante erfolgt ein auf *makroökonomische* Daten gestütztes Clearing. Es werden jetzt z.B. die Zahlen von sog. Intrahandelsstatistiken für den Saldenausgleich verwendet.

Bei Zugrundelegung wiederum derselben Ausgangslage wie bisher treten beim markoökonomischen Clearing im Prinzip folgende Buchungen auf:

Makroökonomisches Clearing

Land A (MWSt: 10 %)		Land B (MWSt: 20 %)	
10 % MWSt-Export nach B wegen "Exporten" von 1000:	100	20 % MWSt-Export nach A wegen "Exporten" von 1000:	200
20 % MWST-Import aus B wegen "Importen" von 1000:	–200	10 % MWST-Import aus A wegen "Importen" von 1000:	–100
	-------		-------
Nettoposition	–100	Nettoposition	+100

Saldenausgleich

Ein makroökonomischen Clearing bedeutete zwar eine gewisse Vereinfachung, andererseits dürften die statistischen Angaben über den innergemeinschaftlichen Handel große Ungenauigkeiten aufweisen, da sie nicht mehr "vor Ort" an der Grenze ermittelt werden können. Man wäre auf die Angaben seitens der "Exporteure" und "Importeure" angewiesen. Auch die bei der Erstellung der volkswirtschaftlichen Gesamtrechnung anfallenden Außenhandelsaggregate basieren auf statistischen Angaben und wären angesichts der zahlreichen Möglichkeiten von "kreativer Buchführung" wohl noch weniger als zuverlässige Grundlage für ein Clearing geeignet.

II.C. Alternative GMP-Varianten

Nach überwiegender Ansicht sind die für eine definitive MWSt-Koordination in der EU in Betracht gezogenen Clearingvarianten administrativ ungeeignet. Sie gelten als viel zu kompliziert und enthalten Anreize für Strategien, um die eigenen Fiskalbeiträge an den Clearingpool zu minimieren bzw. um Auszahlungen aus dem Pool zu maximieren. Ganz abgesehen davon könnte ein Clearingpool auch zu einem Instrument des Finanzausgleichs unter den Staaten mutieren und dadurch längerfristig die Verfügung der einzelnen Fisken über die Steuereinnahmen aus dem innergemeinschaftlichen Handel in Frage stellen.

Von verschiedenen Autoren sind in den vergangenen Jahren neue Modelle erdacht und vorgeschlagen worden, die als Möglichkeiten angesehen wurden, um Mehrwertsteuern auch unter den spezifischen EU-Bedingungen zu koordinieren[3]. Einen entscheidenden Anstoß erhielt die Suche nach Koordinationslösungen durch ein 1995 für *Brasilien* entwickeltes Koordinationsverfahren. (In Brasilien erheben sowohl die Einzelstaaten als auch die zentrale Bundesstaatsebene eigene Mehrwertsteuern.)[4] Allerdings erfordern die vorgeschlagenen Lösungen entweder eine eigene Mehrwertsteuer der Zentralebene oder eine *gemeinsame* Administration von Fonds. Weder das eine noch das andere sind in der EU auf absehbare Zeit realisierbare Lösungen, da sie notwendigerweise in erheblichem Maße gegenseitige Amtshilfe der beteiligten Fiskaladministrationen erfordern würden. Allein schon das Sprachenproblem steht einer vertieften, notwendigerweise auch die mittleren Beamtenebenen einbeziehenden Kooperation der einzelnen Fiskaladministrationen mit ihren unterschiedlichen Strukturen und Traditionen entgegen.

Die im folgenden darzustellende Koordinationslösung versucht, die genannten Schwierigkeiten zu vermeiden, indem sie nur minimale Kontakte zwischen den beteiligten nationalen Fiskalbehörden erfordert. Es handelt auch bei ihr um ein Mischsystem aus ULP und BLP und soll im folgenden als GMP-Variante 3 bezeichnet werden. Die wichtigsten Bestandteile dieser Variante sind folgende:

---

3 *Keen /Smith* (1996, 2000), *Bird/Gendron* (1998), *McLure* (2000).

4 *Versano* (1999).

1.) Das Ursprungsland besteuert innergemeinschaftliche Lieferungen mit einem EU-einheitlichen Steuersatz.

2.) Innergemeinschaftliche Lieferungen werden wie Exporte in Drittländer von *inländischer* Mehrwertsteuer echt steuerbefreit.

3.) Der "Importeur" im Bestimmungsland kann die auf der empfangenen Lieferung liegende, zum einheitlichen EU-Steuersatz erhobene Steuer vom Fiskus des Ursprungslandes zurückverlangen.

4.) Auf einem in der EU einheitlichen Formular bestätigt der Fiskus des Bestimmungslandes, daß der "Importeur" die nationale Mehrwertsteuer auf dem "Import" entrichtet und sich dadurch für die Rückerstattung legitimiert hat.

5.) Das Bestimmungsland erhebt auf dem Nettoimportwert seine nationale Mehrwertsteuer.

Bei dem hier vorgeschlagenen Koordinationsverfahren für den Handel zwischen registrierten Unternehmen wird also der "Exporteur" von allen nationalen Vorsteuern entlastet (er ist bezüglich der Inland-MWSt echt steuerbefreit). Parallel zur Befreiung von inländischer Mehrtwertsteuer entrichtet er eine EU-einheitliche MWSt als eine Art *Kontrollsteuer*. Das Ursprungsland verwaltet die Einnahmen aus dieser Steuer auf einem Sonderkonto, um daraus die legitimierten Rückerstattungen an die Importeure der Bestimmungsländer zu bestreiten. Insofern im Bestimmungsland Haushalte durch Versandhandel beliefert werden oder der "Importeur" unecht steuerbefreit ist, erfolgt keine Rückerstattung. Der Ursprungsstaat behält daher einen (kleineren) Teil der EU-einheitlichen MWST. Bezüglich dieses Teils erfolgt somit eine ULP-Besteuerung, wie sie auch beim Direktimport im Reiseverkehr in jedem Fall bei fehlenden Grenzkontrollen auftritt.

Der EU-einheitliche Steuersatz für die innergemeinschaftlichen Lieferungen ist zwar kein zwingend notwendiges Systemelement der GMP-Variante 3, doch wäre er aus verschiedenen Gründen sehr empfehlenswert: Alle Importe wären gleichhoch steuerbelastet und alle Rückerstattungen würden zum gleichen Tarif erfolgen. Kein Staat könnte sich durch Erhöhung seiner inländischen Mehrwertsteuer Vorteile zu Lasten von Unternehmen oder Haushalten in den anderen EU-Staaten verschaffen. Unecht steuerbefreite Personen oder Institutionen stünden einer EU-weit einheitlichen Vorbelastung von Importen gegenüber und hätten, wenn der einheitliche EU-Steuersatz etwa in der Mitte zwischen dem höchsten und niedrigsten Steuersatz der EU-Länder läge (also z.B. bei 20 %), verminderte steuerliche Anreize, ausländische Anbieter zu bevorzugen oder zu meiden.

Die "Importe" der EU-Länder durch registrierte Unternehmen würden bei der hier vorgestellten GMP-Variante 3 wie beim BLP im Ergebnis nur mit den nationalen Steuersätzen belastet. Der Fiskus des EU-"Import"lands berücksichtigt keine in anderen EU-Ländern bezahlten Vorsteuern. Er stellt diesen Ländern lediglich Bestätigungen über die erfolgte Bezahlung seiner eigenen Mehrwertsteuer aus, und ermöglicht auf diese Weise die Rückerstattung der im Ursprungsland erhobenen Kontrollsteuer direkt an den "Importeuer". Ein Clearing benötigt diese Lösung nicht. Jede Fiskaldministration verwaltet ihre eigenen Steuern. Sie benötigt von fremden Administrationen als minimale Amtshilfe lediglich Bestätigungen, daß die dort geschuldeten Steuern entrichtet wurden. Dafür, daß diese Bestätigungen ausgestellt werden, sorgt das Eigeninteresse der "Importeure". Die Gefahr mißbräuchlich ausgestellter Bestätigungen dürfte gering sein, weil dies dem Aussteller keinerlei Vorteile bringt. Noch geringer ist die Gefahr von Rückerstattungen auf Grund fingierter Bestätigungen, denn jede Administration kann kontrollieren, ob die zur Rückerstattung beantragte EU-einheitliche MWSt zuvor bei ihr selber auf dem Sonderkonto eingegangen ist.

Nachfolgend werden für das soeben dargestellte Koordinationsverfahren ("GMP-Variante 3") die Belastungswirkungen gezeigt, wie sie sich bei den wie bisher unterstellten Annahmen im Fall des Handels zwischen (registrierten) Unternehmen ergeben. Die zum EU-einheitlichen Steuersatz von z.B. 15 % sich ergebende, auf das Sonderkonto zu entrichtende Steuerschuld in Land A bzw. in Land B soll als $T^{A/EU}$ (...) bzw. als $T^{B/EU}$ (...) bezeichnet werden.

Handel zwischen Unternehmen (GMP-Variante 3)

Land A (MWSt: 10 %)			Land B (MWSt: 20 %)	
Vorprodukt-W^A:	1000	→ Gut X	Import (inkl. $T^{A/EU}$ = 150) :	1150
$T^{A/EU}$ (1000):	150		T^B (1000):	200
	-------		Rückerstattung $T^{A/EU}$:	–150
Exportwert:	1150		Fertigstellungs-W^B:	500
			T^B (500):	100

			Endpreis:	1800

Land B (MWSt: 20 %)			Land A (MWSt: 10 %)	
Vorprodukt-W^B:	1000	→ Gut Y	Import (inkl. $T^{B/EU}$ = 150) :	1150
$T^{B/EU}$ (1000):	150		T^A (1000):	100
	-------		Rückerstattung $T^{B/EU}$:	–150
Exportwert:	1150		Fertigstellungs-W^A:	500
			T^A (500):	50

			Endpreis:	1650

Man erkennt, daß bei der GMP-Variante 3 die Belastungsergebnisse beim Handel zwischen Unternehmen dieselben sind wie im Fall des BLP. Auch die Verteilung der Steueraufkommen auf die beteiligten Staaten entspricht dem Fall des BLP.

Der Direktimport im Reiseverkehr würde auch bei der GMP-Variante 3 nach dem (reinen) ULP abgewickelt werden. Für den Versandhandel könnte jedoch ein EU-einheitlicher Steuersatz vorgeschrieben werden, wodurch einerseits die komplizierte Einschaltung von Fiskalvertretern bei Überschreiten der ohnehin mißbrauchsanfälligen Umsatzlimite von DM 200'000 für Versandhandel in andere EU-Länder entfallen könnte. Zugleich würde der Anreiz für Direktimporte im Reisverkehr für Konsumenten aus Hochsteuerländern vermindert, wenn sie im Versandhandel nur einen "mittleren" EU-Steuersatz zu entrichten hätten.

III. Vergleichender Überblick

Die Übersicht der Tabelle 10.2 zeigt die Endbelastungen durch die Umsatzbesteuerung in den Ländern A und B unter Zugrundelegung der in den vorangegangenen Beispielen gemachten Annahmen. Die GMP-Varianten 2, 2a, 2b und 3 sind hinsichtlich der Endbelastung äquivalent und stimmen im übrigen mit der Endbelastung beim ULP mit Nachholeffekt bzw. der GMP-Variante 1 überein.

Tab 10.2: Steuerbelastung unter den gemachten Annahmen durch Mehrwertbesteuerung bei unterschiedlichen Koordinationsverfahren

	Belastung in Land A [1] von:			Belastung in Land B [2] von:		
	reinen Inland-produkten	Direkt-Importen aus B [2] ("Reise-verkehr")	Produkten mit importier-ten Vor-produkten aus B [3]	reinen Inland-produkten	Direkt-Importen aus A [1] ("Reise-verkehr"	Produkten mit importier-ten Vor-produkten aus A [3]
Doppelbesteuerung	10 %	32 %	24,7 %	20 %	32 %	28 %
Steuerfreistellung	10 %	0 %	3,3 %	20 %	0 %	6,7 %
BLP	**10 %**	**10 %**	**10 %**	**20 %**	**20 %**	**20 %**
ULP[4]	10 %	20 %	16,7 %	20 %	10 %	13,3 %
ULP mit Nachholeffekt	10 %	20 %	10 %	20 %	10 %	20 %
GMP-Varianten 1/2/3[5]	10 %	20 %	10 %	20 %	10 %	20 %

1) mit MWSt-Satz von 10 %
2) mit MWSt-Satz von 20 %
3) Annahme: 2/3 Auslandswertschöpfung, Handel zwischen steuerpflichtigen Unternehmen
4) reines ULP und ULP mit fiktiver Vorsteuer
5) ebenso GMP-Varianten 2a und 2b

Man erkennt aus Tabelle 10.2, daß nur beim BLP eine Gleichbelastung der in einem Land verbrauchten Güter gewährleistet ist. Die durch den Wegfall fiskalischer Grenzkontrollen erzwungene Abkehr vom BLP und die Zulassung des ULP beim Direktimport ist bei allen gezeigten Varianten eines GMP mit einer gewissen Einbuße an Wettbewerbsneutralität verbunden. A*lle* gezeigten Varianten des GMP sind insofern nicht voll befriedigend. Will man jedoch die quantitative und qualitative Autonomie der EU-Staaten gewährleisten und Belastungsergebnisse wie im Fall des BLP wenigstens für den Handel zwischen registrierten Unternehmen herbeiführen, führt kein Weg an einem GMP-Verfahren vorbei. Entscheidend ist es unter diesen Umständen, daß eine diesen Zielen dienende Koordinationslösung *administrativ machbar* ist und die Risiken von *Steuerhinterziehung minimiert* werden. Die z.Zt. praktizierte Lösung der GMP-Variante 1 führt zu geschätzten Steuerausfällen infolge von Hinterziehung allein für Deutschland im Umfang von mindestens 20 Mrd. DM jährlich. Die als definitive Lösung in Betracht gezogenen GMP-Varianten 2a oder 2b mit einem Clearingpool gelten allgemein als administrativ nicht machbar und werden wegen befürchteter anderweitiger Nachteile mehrheitlich politisch abgelehnt. Nur die soeben vorgeschlagene GMP-Variante 3 ohne ein Clearing dürfte eine administrativ machbare Lösung des Koordinationsproblems sein und zugleich eine Lösung, bei der die Risiken der Steuerhinterziehung begrenzt bleiben.

Die Probleme der Verletzung von Wettbewerbsneutralität und die Anreize zur Steuerhinterziehung verlören zwar in dem Maße an Gewicht, wie die Steuersätze einander angenähert bzw. weiter "harmonisiert" werden. Doch bliebe angesichts unausgeglichener Handelsbilanzen auch jetzt noch eine Koordinationslösung erforderlich, um die Steuereinnahmen der einzelnen Staaten wie bei einem hypothetisch angewendeten BLP zu gewährleisten. Auch für diesen Fall dürfte ein GMP der Variante 3 die bestmögliche Lösung darstellen.

IV. Koordination der Einzelverbrauchsbesteuerung

Auch für Einzelverbrauchsteuern benötigt man bei internationalen Warenströmen ein steuerliches Koordinationsverfahren.

Koordination gemäß BLP

Die Anwendung des BLP bei Einzelverbrauchsteuern unterscheidet sich im Prinzip nicht von seiner Anwendung bei allgemeinen Umsatzsteuern. Durch Steuererstattungen der im Ursprungsland erhobenen Verbrauchsteuern und Nachbesteuerung im Falle einer im Bestimmungsland ebenfalls vorhandenen Verbrauchsteuer kann das in jedem Land gewünschte Belastungsmuster und Neutralität zwischen inländischer Produktion und Importen hergestellt werden. Die qualitative Steuerautonomie der beteiligten Länder wird respektiert. Diese hat im Bereich der speziellen Verbrauchsbesteuerung ihr besonderes Gewicht, denn spezielle Verbrauchsteuern dienen neben fiskalischen auch historisch, klimatisch, kulturell oder mentalitätsmäßig bedingten, länderweise sehr unterschiedlichen Lenkungszielen. Beim BLP fließt das Verbrauchssteueraufkommen dem Land zu, in dem der Verbrauch stattfindet.

Die Anwendung des BLP stößt nur im Fall von *Direktimporten* wegen der üblichen Erhebung der Verbrauchsteuern *beim Produzenten* auf Schwierigkeiten. Ein "Grenzausgleich" bei Gütern, die im regulären Handel erworben wurden, würde jetzt in den meisten Fällen technisch komplizierte Rückerstattungsvorgänge auslösen. Nur beim Einkauf des direkt importierenden Konsumenten in einem sog. Tax Free Shop kann die Befreiung von inländischer Verbrauchsteuer und ein eventuell erforderlicher Grenzausgleich bei der Einreise problemlos abgewickelt werden. Die Anwendung des "Verbrauchsteuer-BLP" für den Direktimport im Reiseverkehr bleibt daher auf diesen Fall beschränkt.

Koordination gemäß ULP

Eine theoretisch mögliche Alternative zum BLP ist auch bei Einzelverbrauchsteuern das ULP. Es wird dann die im Ursprungsland erhobene Verbrauchsteuer beim Export grundsätzlich nicht rückerstattet. Konsequenterweise erfolgt im Importland keine spezielle Verbrauchsteuer auf bereits mit spezieller Verbrauchsteuer belastete importierte Güter. Bei unterschiedlich hohen Steuersätzen in den beteiligten Ländern resultiert daher keine Wettbewerbsneutralität. Problematisch wird die Anwendung des ULP bei Einzelverbrauchsteuern vor allem dann, wenn die Verbrauchsteuersysteme der am Güteraustausch beteiligten Länder unterschiedlich zusammengesetzt sind. Dies ist in aller Regel aus den oben genannten Gründen jedoch der Fall. Daher wird beispielsweise im Land A (der Biertrinker) eine Biersteuer, aber keine Weinsteuer, und im Land B (der Weintrinker) eine Weinsteuer und keine Biersteuer erhoben. Unterschiedliche Verbrauchsgewohnheiten finden ihren Ausdruck auch in unterschiedlichen Nachfrageelastizitäten und diese wiederum bieten unterschiedliche Möglichkeiten, Steuereinnahmen im Zusammenhang mit dem Verbrauch spezieller Güter zu erzielen.

Das ULP durchkreuzt jedoch vor allem die Ziele der Verbrauchslenkung des Verbrauchslandes, wenn importierte Waren anders mit speziellen Verbrauchsteuern belastet werden als inländische und dieser Unterschied beim Import nicht beseitigt wird. Spezielle Verbrauchsteuern, die bei internationalem Warenaustausch gemäß ULP beim Export nicht rückerstattet würden, verwandeln ihren Charakter von einer speziellen Verbrauchsteuer in eine spezielle Produktionssteuer. Bei speziellen Verbrauchsteuern ist daher in jedem Fall das BLP zu bevorzugen.

Tabelle 10.3 ermöglicht beispielhaft einen Überblick über die Größenordnung und die Unterschiede in der Höhe der Verbrauchsbesteuerung in verschiedenen Ländern und für einige vergleichbare Güter.

Tab. 10.3: Verbrauchsteuern auf Mineralöl, Branntwein und Zigaretten in den Ländern der EU 1997 [1]

Staat	bleifreies Benzin je Liter	reiner Alkohol je Liter	Zigaretten [2]
	Januar 1998 DM	Januar 1997 DM	Januar 1997 %
Belgien	0,99	32,55	74,33
Dänemark	0,88	71,66 [4]	82,36
Deutschland	0,98	25,50	70,36
Finnland	1,10	100,24	76,40
Frankreich	1,16	28,10	75,38
Griechenland	0,68	18,42	72,75
Großbritannien	1,20	45,28	78,73
Irland	0,76	53,33	75,61
Italien	1,04	12,51	72,96
Luxemburg	0,68	20,40	68,67
Niederlande	1,13	29,56	71,89
Österreich	0,81	14,22	74,04
Portugal [3]	0,91	15,73	83,21
Schweden	1,01	113,61	72,56
Spanien	0,72	13,54	73,68

[1] umgerechnet in DM zum jeweiligen Kurs [2] spezielle Stücksteuer zuzüglich spezielle Wertsteuer und MWSt in Prozent des Kleinverkaufspreises
[3] Tarif seit 19.2.1998 [4] Tarif seit 1.7.1997

Quelle: Europäische Kommission, Bulletin Nr. 907 vom 11. März 1998, Dieselbe, Excise Duty Rate Tables, Situation 1.1.1997

Harmonisierung der Einzelverbrauchsteuern im Gemeinsamen Markt

Im Zusammenhang mit der Errichtung des europäischen Binnenmarktes wurden auch die Einzelverbrauchsteuern der beteiligten Länder "harmonisiert".[5] Da sich jedoch die ursprünglich beabsichtigte Vereinheitlichung der nationalen Verbrauchsteuersysteme hinsichtlich einer einheitlichen Zusammensetzung und

[5] Auf die dafür maßgebliche europäische Richtlinie Nr. 92/12 EWG wurde im Neunten Kapitel, Abschnitt IV bereits hingewiesen.

einheitlicher Tarife als nicht durchsetzbar erwies, blieb es im wesentlichen bei einer formalen Harmonisierung der Einzelverbrauchsteuern.

Zum Begriff der Steuerharmonisierung
Der Begriff kann sowohl den Prozeß als auch das Prozeßergebnis einer Verminderung (im Extremfall: Vermeidung) von Unterschieden zwischen einzelnen Steuern oder Steuersystemen bzw. das Aufeinanderabstimmen der Steuersysteme beinhalten. Die Steuerharmonisierung kann auf die Verminderung (Vermeidung) *formaler* oder *materieller* Unterschiede bezogen sein. Bei *formaler* Steuerharmonisierung werden begriffliche oder administrative Unterschiede beseitigt oder verringert: beispielsweise wird einheitlich festgelegt, was unter dem Begriff Bier oder Wein zu verstehen ist oder es wird verabredet, daß die Zahlungsmodalitäten der Steuer einheitlich geregelt sind. Die *materielle* Steuerharmonisierung kann darauf gerichtet sein, daß bei einzelnen Steuern inhaltlich die Bemessungsgrundlagen oder Tarife einander angenähert werden. Auch die Beseitigung internationaler Doppelbesteuerung oder Doppelbelastung (internationales Aufeinanderabstimmen von Steuersystemen) fällt unter die materielle Steuerharmonisierung.

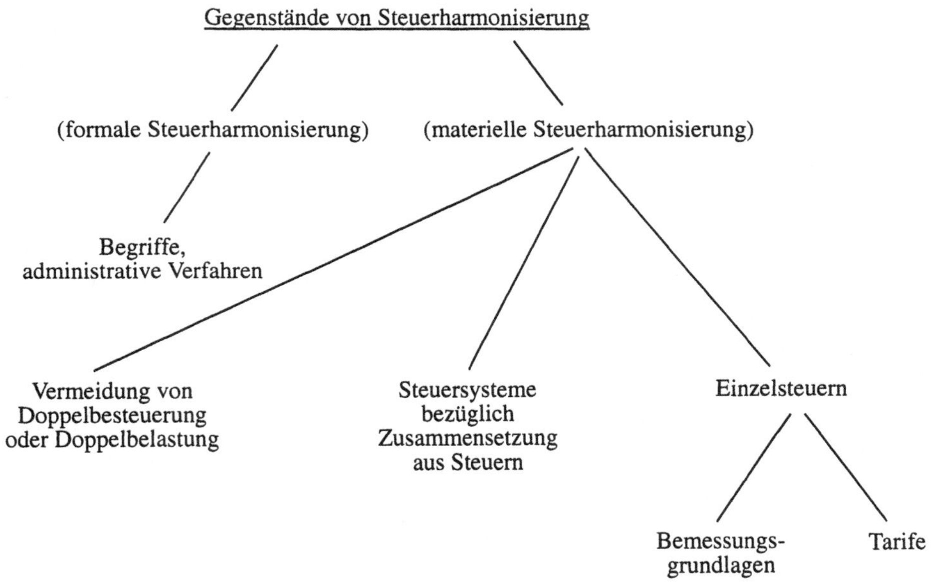

In der EU sind nur die speziellen Steuern auf Tabak, Alkohol, Bier, Wein und Mineralöl seit 1. Januar 1993 nicht nur formal, sondern teilweise auch in einem materiellen Sinn harmonisiert worden, insbesondere auch durch die Fixierung von Mindeststeuersätzen. Allerdings wurde der Mindestsatz im Fall der Weinsteuer auf Null abgesenkt, weswegen beispielsweise Deutschland keine Weinsteuer zu erheben braucht. Alle denkbaren anderen Einzelverbrauchsteuern, die die EU-Mitgliedsländer grundsätzlich nach eigenem Belieben erheben können, müssen im wesentlichen nur gewissen formalen Harmonisierungsvorschriften und natürlich dem für alle mit Verbrauchsteuern belasteten Güter vorgeschriebenen "Verbrauchsgüter-GMP" genügen.

Das Verbrauchsgüter-GMP der EU für den gewerblichen Warenverkehr orientiert sich grundsätzlich am Bestimmungslandprinzip. Transaktionen mit speziellen Gütern, die in einem der EU-Länder spezieller Verbrauchsbesteuerung unterworfen sind, dürfen nur zwischen einem registrierten sog. Steuerlager im "Exportland" und einem ebenfalls registrierten Steuerlager im "Importland" erfolgen. Sowohl Produktionsbetriebe als auch Lager im herkömmlichen Sinn dienen im übrigen als "Steuerlager". Diese generelle Einschaltung von Steuerlagern ist auch eine Konsequenz aus der Abschaffung von Zoll- und Steuergrenzen. Für Direktimporte im Reiseverkehr tritt natürlich wieder, wie bei der Umsatzsteuer, das Ursprungslandprinzip an die Stelle des BLP.

Der Transport oder Versand von Waren zwischen dem Steuerlager im Ursprungsland ("Exportland") und dem Steuerlager im Bestimmungsland ("Importland") erfolgt "unter Aussetzung" der Verbrauchsteuer des Ursprungslands. Waren im Steuerlager sind also steuerlich grundsätzlich noch unbelastet. Erst wenn die Waren ein Steuerlager zum Zweck des Verbrauchs verlassen - man spricht vom Übergang "in den freien Verkehr" - wird die Verbrauchsteuer fällig. Verläßt eine Ware ein Steuerlager, um in ein anderes Steuerlager übernommen zu werden, wird die Steuer hingegen immer ausgesetzt. Dieses Verfahren gab es vorher nur im Inland. Befindet sich der Empfänger in einem anderen Land der EU und betreibt er kein als Steuerlager qualifiziertes Lager (Steuerlager müssen gegen unversteuert mögliche Entnahmen streng gesichert sein!), dann muß ein "steuerlicher Beauftragter" bestimmt werden, der stellvertretend für den Empfänger die Verbrauchsteuer im anderen EU-Land entrichtet. Zur Ermöglichung von Kontrollen, ob die unter Steueraussetzung einem Steuerlager entnommene Ware auch tatsächlich im Steuerlager des Empfängers bzw. beim steuerlichen Beauftragten eines Mitgliedslands angekommen ist, gibt es analog zur Umsatzsteuer-Identifikationsnummer auch zusätzlich noch Verbrauchsteuer-Identifikationsnummern für die Steuerlagerinhaber bzw. die steuerlichen Beauftragten.

V. Fragen zur Selbstkontrolle und zum Nachdenken

1.) Welcher "Belastungslogik" entspricht das BLP: a) ist es die fiskalische Äquivalenz in Entsprechung zu den in Anspruch genommenen öffentlichen Leistungen oder b) ist es die Vermeidung von Substitution infolge unterschiedlich hoch belasteter Konsumgüter?

2.) Haben öffentliche Leistungen eher einen Zusammenhang mit der *Produktion* von Konsumgütern oder tritt Inanspruchnahme der öffentlichen Leistungen eher beim *Konsum* auf?

3.) Ist das ULP oder das BLP vorzuziehen, wenn eine Besteuerung nach der Leistungsfähigkeit angestrebt wird?

4) Welche Argumente kann man zugunsten des ULP anführen?

5.) Wie ist das BLP zu beurteilen, wenn eines der am internationalen Handel beteiligten Länder, z.B. die Vereinigten Staaten, keine Umsatzsteuer auf der nationalen Ebene, sondern nur Einzelhandelsteuern auf der Einzelstaats- oder Kommunalebene kennen?

6.) Sollten spezielle Verbrauchsteuern im Ursprungsland oder im Bestimmungsland erhoben werden?

7.) Könnte man im Fall der GMP-Variante 3 auch eine Rückerstattung der Mehrwertsteuer seitens des "Exportlandes" für die dort erhobene "Kontrollsteuer" bei Lieferungen an unecht steuerbefreite Empfänger vornehmen? Welche Konsequenzen hätte man in diesem Fall in Betracht zu ziehen?

ELFTES KAPITEL

Direkte Besteuerung bei offenen Volkswirtschaften

von

PETER BOHLEY und CHRISTOPH BUSIN

I. Koordinationsmodelle

Auch bei den direkten Steuern, insbesondere bei Einkommen- und Körperschaftsteuern gibt es einen internationalen Koordinationsbedarf, weil analog zu den indirekten Steuern zwei Staaten denselben Tatbestand kraft ihrer Gebietshoheit und der damit verbundenen Abgabenkompetenz zum Gegenstand ihrer Besteuerung machen können. Ohne eine internationale Besteuerungskoordination würde die Ausübung ihrer Abgabenkompetenz in vielen Fällen zu Doppelbesteuerung führen. Die in Betracht zu ziehenden Koordinationsmodelle dienen allerdings nicht nur der *Vermeidung* von *Doppelbesteuerung* und der damit einhergehenden *allokativen Ineffizienz*, sondern auch dem *Schutz innerstaatlich geltender Grundsätze der Besteuerung*, wie insbesondere denjenigen der Allgemeinheit und Gleichmäßigkeit der Besteuerung sowie dem einer *Besteuerung nach der Leistungsfähigkeit*. Die internationale Besteuerungskoordination soll aber vor allem auch das jeweils eigene Steueraufkommens vor Erosion bewahren, da bei offenen Volkswirtschaften auch die Möglichkeit *steuerlich* induzierter Abwanderung besteht. Schließlich wird die internationale Steuerkoordination auch in den Dienst *wirtschaftspolitischer* und im speziellen *außen-* und *entwicklungspolitischer* Ziele gestellt.

Der Koordinationsbedarf bei direkten Steuern entsteht in erster Linie, wenn Inländer eine Entlohnung für im Ausland eingesetzte Produktionsfaktoren erhalten, d.h. wenn natürliche Personen oder Unternehmen mit inländischem Wohn- bzw. Geschäftssitz für im Ausland eingesetzte Arbeit, eingesetztes Kapital oder zur Verfügung gestelltes Wissen ein *Entgelt* in Form von Lohn oder Gehalt, Pacht oder Miete, Gewinn, Dividende, Zinsen oder Lizenzeinnahmen erhalten. Auch im Fall von grenzüberschreitendem Vermögensverkehr (Empfang z.B. einer Erbschaft oder einer Schenkung) entsteht Koordinationsbedarf. Ohne internationale Verständigung zum Zweck der Kollisionsvermeidung könnten die einzelnen Staaten nur in höchst eingeschränktem Maße durch unilaterale Vorkehrungen Doppelbesteuerung bzw. die mit Doppelbesteuerungsabkommen verfolgten Ziele realisieren.

Die internationale Koordination bei direkten Steuern ist weniger leicht herstellbar als bei den indirekten Steuern. Das liegt an der Eigenart der zugrundeliegenden Steuerobjekte. Diese sind in der Regel neben objektiven Merkmalen auch durch *subjektive Merkmale des Empfängers* definiert und haben daher einen zwingenden Bezug zum Ort des Empfängers. Andererseits weisen sie aufgrund ihrer objektiven Definitionsmerkmale in der Regel auch eine starke *Verankerung im Herkunftsort* auf. Einem einfachen Entweder/Oder der territorialen Zuordnung des Anknüpfungspunkts wie im Fall der indirekten Steuern (Ort der Herstellung oder Ort des Verbrauchs) widersetzen sich die Steuerobjekte direkter Steuern daher in aller Regel. Vor allem bei den synthetisch gebildeten, d.h. aus verschiedenen Bestandteilen zusammengesetzten direkten Steuern kann man daher nicht entweder *nur* auf den Herkunftsort oder *nur* auf den Empfangsort eines Faktoreinkommens abstellen, ohne grundlegende Besteuerungsgrundsätze sowie wirtschaftspolitische und fiskalische Ziele zu verletzen. Der *Vielschichtigkeit* der Steuerobjekte direkter Steuern und der Unterschiedlichkeit der nationalen Interessen und Ziele kann man oft nur durch Kompromißcharakter aufweisende Koordinationsverfahren gerecht werden.

Die Schwierigkeit, sich international auf ein allgemeinverbindliches Modell zur Koordination direkter Steuern zu verständigen, findet ihren Niederschlag darin, daß die Koordination bei den direkten Steuern im Unterschied zu den *multilateralen* Vereinbarungen bei den indirekten Steuern bisher fast nur durch den Abschluß von *bilateralen* Abkommen zur Vermeidung von Doppelbesteuerung (DBA) zustandekam. Deutschland hat mit rd. 80, die Schweiz und Österreich haben jeweils mit rd. 60 Staaten ein DBA abgeschlossen.

I.A. Basisvarianten

Wenn *zwei* Staaten aufgrund ihrer Abgabenkompetenz die Besteuerung eines Steuerobjekts vornehmen können, gibt es grundsätzlich *vier* verschiedene Fälle betreffend die Ausübung der Kompetenz und der aus der Ausübung resultierenden Steuereinnahmen. Die vier Fälle kann man als Basisvarianten ansehen.

Tab. 11.1: Basisvarianten der "Koordination" bei direkter Besteuerung grenzüberschreitender Faktoreinkommen

	Quellenland besteuert	**Quellenland** besteuert nicht
Wohnsitzland besteuert	Doppelbesteuerung	Wohnsitzbesteuerung
Wohnsitzland besteuert nicht	Quellenbesteuerung	Nichtbesteuerung

Hinweise
1.) Der Begriff Wohnsitz hat die Bedeutung von "Inlandszugehörigkeit" und umschließt auch "Ansässigkeit" bzw. den Geschäftssitz oder Ort der Geschäftsleitung eines Unternehmens.

2.) Die folgenden Darlegungen und Beispiele beschränken sich im wesentlichen auf die internationale Koordination von Steuern auf *Einkommen* und *Gewinn*, d.h. von *Steuern auf das Entgelt* für grenzüberschreitenden Einsatz von Produktionsfaktoren.

I.A.1. Doppelbesteuerung (DB)

Es gibt eine juristische und ein ökonomische Definition des Begriffs Doppelbesteuerung. Im *juristischen Sinn* liegt Doppelbesteuerung vor, wenn gleichzeitig folgende *vier* Kriterien erfüllt sind:

1.) Identität des Steuersubjekts (des Steuerschuldners)

2.) Identität des Steuerobjekts

3.) Gleichheit des Besteuerungszeitraums

4.) Gleichartigkeit der mit dem Steuerobjekt verknüpften Steuer

Wenn z.B. eine natürliche Person mit Wohnsitz in Land W und Arbeitsplatz in Land Q ("Quellenland") auf das in Q verdiente Einkommen in beiden Ländern in vollem Umfang Einkommensteuer bezahlen muß, liegt im juristischen Sinn Doppelbesteuerung vor. Bei der *wirtschaftlichen* Definition ist das Kriterium der Identität des Steuer*subjekts* nicht mehr erforderlich. Wenn also beispielsweise der Gewinn einer juristisch selbständigen ausländischen Tochtergesellschaft sowohl bei dieser, als auch erneut bei der inländischen Muttergesellschaft zur Gewinnsteuer herangezogen wird, liegt "nur" *im wirtschaftlichen Sinn* Doppelbesteuerung vor. Zur Unterscheidung sollte diese eigentlich stets als *Doppelbelastung* bezeichnet werden.

Wie auch immer Doppelbesteuerung definiert wird, in jedem Fall widerspricht sie den Besteuerungsgrundsätzen, wie sie im fünften Kapitel dargelegt wurden, insbesondere dem *Leistungsfähigkeitsprinzip* und dem *Neutralitätsgebot.* Doppelbesteuerung diskriminiert den Einsatz von inländischen Produktionsfaktoren im Ausland gegenüber einem inländischen Einsatz und benachteiligt den Einsatz von ausländischen Produktionsfaktoren im Inland.

Um die Belastungskonsequenzen der verschiedenen Koordinationsvarianten durch zahlenmäßige Beispiele zu zeigen, werden durchgehend die folgenden Annahmen gemacht:

Annahmen
Ein Steuerpflichtiger mit Wohnsitz in W habe ein Gesamteinkommen von 100'000, wovon 80'000 aus W und 20'000 aus Q stammen. Der Durchschnittssteuersatz der progressiven Einkommensteuer in W belaufe sich bei einem Einkommen von 80'000 auf 30 % und steige bis 35 % bei einem Einkommen von 100'000. Der Steuersatz in Q betrage für ein Einkommen von 20'000 in einem angenommenen ersten Fall 20 % und in einem angenommenen zweiten Fall 40 %. Auf ein solches Einkommen sind im Fall 1 somit Steuern in Höhe von 4'000 und im Fall 2 Steuern in Höhe von 8'000 an Q zu bezahlen.

Beispiel zu DB
Bei Doppelbesteuerung wird das gesamte Einkommen von 100'000 in W besteuert, was zu einer Steuerschuld gegenüber W von 35'000 führt. Hinzu kommt im Fall 1 eine Steuerschuld gegenüber Q von 4'000 und im Fall 2 von 8'000. Insgesamt wird das Einkommen mit Steuern in Höhe von 39'000 (Fall 1) bzw. 43'000 (Fall 2) belastet.

I.A.2. Wohnsitzprinzip (WP)

Sind unter den Staaten die Zuständigkeiten grundsätzlich so zugeordnet, daß das Steuerobjekt einer direkten Steuer nur in dem Staat der Besteuerung unterworfen wird, in dem der Wohnsitz des Empfängers von Faktoreinkommen liegt, so daß es ohne Belang ist, ob dieses im In- oder Ausland entstanden sind, wird das Wohnsitz- oder Wohnsitzlandprinzip ("residence principle") realisiert. Man bezeichnet dieses auch als Welteinkommens- oder Universalprinzip. Würden sich alle Staaten einheitlich und einseitig dazu verpflichten, dieses Prinzip anzuwenden, würden in allen Staaten die Voraussetzungen für einer Besteuerung nach der *Leistungsfähigkeit* vorliegen. Auch die Entscheidungen der Besitzer von Produktionsfaktoren, ob sie diese im In- oder Ausland einsetzen wollen, würden nicht beeinflußt werden. Man bezeichnet diese Situation als *Faktorexportneutralität.* Realisierbar wäre dieser Fall aber nur, wenn alle Staaten ihre Steuergesetze sehr weitgehend und in einer ganz bestimmten Weise vereinheitlichen würden. Dieser Fall wäre zudem neben der Preisgabe von Gestaltungsmöglichkeiten im Bereich der

Besteuerung für manche Staaten mit einem bedeutenden Verzicht auf Steuereinnahmen verbunden. Nicht einmal innerhalb der EU wird eine solche Vereinheitlichung angestrebt. Das Wohnsitzprinzip im soeben skizzierten Sinn hat den Charakter eines *Modellkonstrukts.*

Beispiel zu WP
Wenn nur das Land W ein Besteuerungsrecht besitzt, entsteht bei den soeben gemachten zahlenmäßigen Annahmen insgesamt nur eine Steuerschuld von 35'000 gegenüber dem Land W. Das Quellenland hat kein Recht zur Besteuerung von Einkommen, das ins Ausland fließt. Die Belastung des Einkommens von 100'000 beläuft sich auf 35'000.

I.A.3. Quellenprinzip (QP)

Sind unter Staaten die Besteuerungszuständigkeiten so zugeordnet, daß die Steuerobjekte direkter Steuern grundsätzlich nur am Ort ihrer Entstehung der Besteuerung unterworfen werden, spricht man vom Quellenprinzip ("source principle") oder auch vom Quellenland-, Territorial- oder Belegenheitsprinzip. Erträge inländischer und importierter Produktionsfaktoren würden im Quellenland in unterschiedsloser Weise besteuert. In diesem Fall herrscht sog. *Faktorimportneutralität.* Auch das Quellenprinzip als Generalprinzip muß als ein Grenzfall bzw. als *Modellkonstrukt* betrachtet werden. Als weltumspannendes Prinzip käme das Quellenprinzip kaum in Betracht, denn es hätte die Verletzung grundlegender innerstaatlich gültiger Besteuerungsgrundsätze zur Folge, nämlich insbesondere eine steuerliche *Ungleichbehandlung* der eigenen Staatsbürger mit oder ohne Einkünfte aus dem Ausland, einen Verzicht auf eine Besteuerung nach der *Leistungsfähigkeit* und nicht zuletzt für viele Staaten einen Verzicht auf Steuereinnahmen. Die Quellenbesteuerung kann jedoch partiell für einzelne Einkunftsarten bilateral vereinbart oder einseitig von einem Staat zugestanden werden, wie anschließend unter den Mischvarianten gezeigt wird.

Beispiel zu QP
Es entsteht bei den gemachten Zahlenannahmen eine Steuerschuld gegenüber Land W von 30 % auf das in W entstandene Einkommen von 80'000, d.h. von 24'000. Gegenüber Land Q entsteht im Fall 1 eine Steuerschuld von 4'000 und im Fall 2 von 8'000. Insgesamt wird das Einkommen mit Steuern in Höhe von 28'000 (Fall 1) bzw. 32'000 (Fall 2) belastet.

I.A.4. Nichtbesteuerung (NB)

Spiegelbildlich zur Doppelbesteuerung begünstigt internationale Minderbesteuerung und als Extremfall internationale Nichtbesteuerung grenzüberschreitender Faktoreinkommen den Einsatz von ausländischen Produktionsfaktoren im Inland (sofern nicht auch inländische Produktionsfaktoren steuerbefreit sind). Auch jetzt würden wichtige Besteuerungsgrundsätze verletzt. Anders als der Doppelbesteuerung steht allerdings das fiskalische Eigeninteresse der Staaten einer internationalen Minder- oder Nichtbesteuerung entgegen, so daß diese nur in eher geringem Umfang auftritt.

Beispiel zu NB
Es entsteht in diesem Fall (insgesamt) nur eine Steuerschuld von 24'000 (30 % von 80'000) gegenüber W. Das Wohnsitzland besteuert aus dem Ausland kommendes Einkommen nicht. Auch in Land Q entsteht keine Steuerschuld auf das nach W fließende Einkommen von 20'000. Das Einkommen von 100'000 wird daher insgesamt nur mit Steuern in Höhe von 24'000 belastet.

I.B: Mischvarianten

Eine *generelle* Festlegung auf *eine* der soeben dargestellten Basisvarianten "Wohnsitzprinzip" oder "Quellenprinzip" würde den mit der Koordination direkter Steuern insgesamt verfolgten Zielen nicht ausreichend gerecht werden. Daher sind die jetzt darzustellenden, üblicherweise in bilateralen Doppelbesteuerungsabkommen (DBA) festgelegten und aus den Basisvarianten abgeleiteten Mischvarianten entwickelt worden.

Grundlage für die Angabe der Belastungskonsequenzen dieser Mischvarianten in den nachfolgenden Beispielen sind auch jetzt wieder die oben gemachten Zahlenannahmen.

I.B.1. Anrechnungverfahren

Das internationale Anrechnungsverfahren ("foreign tax credit system") funktioniert im Prinzip wie ein innerstaatliches Anrechnungsverfahren, also wie z.B. die Anrechnung der vom Arbeitgeber einbehaltenen Lohnsteuer bei der Veranlagung zur Einkommensteuer oder wie - gegebenenfalls - die Anrechnung der von der ausschüttenden Gesellschaft entrichteten Körperschaftsteuer bei der Veranlagung der Anteilseigner zur Einkommensteuer. Es gibt ein *uneingeschränktes* oder Vollanrechnungsverfahren und ein *eingeschränktes* oder Teilanrechnungsverfahren.

Vollanrechnung: Das Vollanrechnungsverfahren führt für die Steuerpflichtigen zum *gleichen Belastungsergebnis* wie die oben dargestellte Basisvariante des Wohnsitzprinzips. Der Wohnsitzstaat als Anrechnungsstaat ermittelt rechnerisch den nach seinem Tarif bei ihm fälligen Steuerbetrag so, als ob das gesamte Einkommen ("Welteinkommen") auf seinem Territorium erzielt worden wäre, und läßt die im Quellenstaat bezahlte Steuer auf das dort erzielte Einkommen zum Abzug zu. Ein Steuerpflichtiger mit in- und ausländischem Einkommen zahlt in diesem Fall dieselbe Steuer wie ein Steuerpflichtiger mit ausschließlich inländischem Einkommen.

Beispiel
Im Wohnsitzland wird bei den oben gemachten zahlenmäßigen Annahmen ein rein rechnerischer Steuerbetrag von 35'000 als Minuend ermittelt und davon die Steuer in Q abgezogen. Nur die Differenz ist ein an W abzuführender Steuerbetrag. Die Höhe der Steuer in Q spielt für die Höhe der Gesamtsteuerschuld keine Rolle. Das Ergebnis ist immer dasselbe, wie im Fall eines Steuerpflichtigen, der sein gesamtes Einkommen in W erzielt.

	Fall 1	Fall 2
35 % rechnerische Steuer in W auf 100'000	35'000	35'000
anrechenbare Steuer an Q auf 20'000	- 4'000	- 8'000
Steuer an W	31'000	27'000
Steuer an Q	+ 4'000	+ 8'000
Gesamtsteuerschuld	35'000	35'000

Beim Vollanrechnungsverfahren besteht *Faktorexportneutralität*. Zudem ist die Voraussetzung gegeben für eine Besteuerung nach der *Leistungsfähigkeit*. Im Unterschied zur *Basisvariante* muß das Wohnsitzland jetzt allerdings auf einen Teil der Steuereinnahmen zugunsten des Quellenlands verzichten.

Eingeschränkte Anrechnung: Die Erfassung des Welteinkommens im Wohnsitzstaat erfolgt wie im Fall der Vollanrechnung. Allerdings schützt sich jetzt der Wohnsitzstaat als Anrechnungsstaat vor (zusätzlichen) fiskalischen Ausfällen, wenn im Quellenstaat höhere Steuern als im Wohnsitzstaat erhoben werden. Übersteigt die im Quellenstaat gezahlte Steuer jene Steuer, die im Wohnsitzstaat auf dieses Einkommen gezahlt werden müßte, dann wird nur diese letztere zum Abzug zugelassen.

Beispiel
In Fall 1 stellt sich dasselbe Resultat wie bei Vollanrechnung ein. In Fall 2 ist die Gesamtsteuerschuld höher, weil W nur einen Abzug in Höhe des in W anzuwendenden Durchschnitts-Steuersatzes von 35 % auf das in Q erzielte Einkommen zuläßt:

	Fall 1	Fall 2
35 % rechnerische Steuer in W auf 100'000	35'000	35'000
anrechenbare Steuer an Q auf 20'000	- 4'000	
anrechenbar: Steuer von 35 % auf 20'000	______	- 7'000
Steuer an W	31'000	28'000
Steuer an Q	+ 4'000	+ 8'000
Gesamtsteuerschuld	35'000	36'000

Beim eingeschränkten Anrechnungsverfahren kann in Niedrigsteuerländern die Gesamtsteuerschuld eines Steuerpflichtigen höher sein als bei der Vollanrechnung, es kann also ein Rest von Doppelbesteuerung (ein sog. *Anrechnungsüberhang*) auftreten. Dadurch kann es in Niedrigsteuerländern u.U. zu einer gewissen Beeinträchtigung der Faktorexportneutralität und des Leistungsfähigkeitsprinzips kommen. Wenn Staaten ein Anrechnungsverfahren anwenden, ist es üblicherweise die eingeschränkte Anrechnung. Diese wird daher auch als *"gewöhnliche Anrechnung"* bezeichnet

I.B.2. Freistellungsverfahren

Auch beim Freistellungsverfahren ("exemption system") wird Doppelbesteuerung vermieden, jedoch mit *anderen Belastungskonsequenzen* als beim Anrechnungsverfahren. Der Wohnsitzstaat nimmt jetzt Einkünfte, die im Quellenstaat besteuert werden, von der eigenen Besteuerung aus. Es sind wieder zwei Unterfälle zu unterscheiden, nämlich eine *uneingeschränkte Freistellung* und eine *Freistellung mit Progressionsvorbehalt*. Im ersten Fall spielt die Höhe der ausländischen Einkommensteile für die Steuerschuld im Wohnsitzstaat keine Rolle. Im zweiten Fall berücksichtigt der Wohnsitzstaat die Höhe der ausländischen Einkünfte, um den von ihm auf das inländische Einkommen anzuwendenden Durchschnittssteuersatz zu ermitteln.

Uneingeschränkte Freistellung: Für die Ermittlung der Steuer des Wohnsitzstaats ist nur das inländische Einkommen und sind nur die sich aufgrund des inländischen Einkommens ergebenden Steuersätze maßgebend. Das Belastungsergebnis ist dasselbe wie im Fall der Basisvariante "Quellenprinzip"[1].

Beispiel
Die Gesamtsteuerschuld ist unter den gemachten Annahmen im Vergleich zum Anrechnungsverfahren selbst dann niedriger, wenn in Q ein höherer Steuersatz auf die von dort stammenden Einkünfte angewendet wird als im Wohnsitzstaat.

	Fall 1	Fall 2
Steuer an Q	4'000	8'000
30 % Steuer an W auf 80'000	24'000	24'000
Gesamtsteuerschuld	28'000	32'000

Freistellung mit Progressionsvorbehalt: Der auf das inländische Einkommen anzuwendende (Durchschnitts-)Steuersatz wird unter Berücksichtigung auch der ausländischen Einkommensteile ermittelt. Das inländische Einkommen wird daher im Vergleich zur uneingeschränkten Freistellung in der Regel mit einem höheren Steuersatz belastet. (Zum Progressionsvorbehalt siehe Abschnitt V des dritten Kapitels)

---

1 Der Unterschied zwischen der Basisvariante QP und der Freistellung liegt darin, daß bei der Basisvariante QP die Besteuerungs*kompetenz* grundsätzlich beim Quellenstaat liegt, während die Freistellung einer speziellen Festlegung im Wohnsitzstaat bzw. in einem DBA bedarf.

Beispiel
Für die Ermittlung des Steuersatzes, mit dem das in W entstandene Einkommen von 80'000 belastet wird, wird vom Gesamteinkommen von 100'000 ausgegangen. Daher wird das Einkommen in W jetzt mit 35 % statt nur mit 30 % belastet:

	Fall 1	Fall 2
Steuer an Q	4'000	8'000
35 % Steuer an W auf 80'000	28'000	28'000
Gesamtsteuerschuld	32'000	36'000

Ein Freistellungsverfahren (in der Schweiz *Steuerbefreiung* genannt) beinhaltet für Faktoreigentümer im Hochsteuerland einen Anreiz, Produktionsfaktoren ins niedriger besteuernde Ausland zu verlagern. Im Fall von Niedrigsteuerländern wird durch Freistellung bzw. Steuerbefreiung umgekehrt ein Anreiz geschaffen, inländische Produktionsfaktoren im Inland einzusetzen.

I.B.3. Steuerabzugsverfahren

Beim Steuerabzugsverfahren wird die Doppelbesteuerung grundsätzlich nur abgeschwächt. Das Wohnsitzland läßt die im Quellenland bezahlte Steuer nur als Abzug von seiner *Bemessungsgrundlage* zu. Die dadurch bewirkte Entlastung ist natürlich erheblich geringer als beim Freistellungsverfahren oder beim Abzug der ausländischen Steuer von der rechnerisch ermittelten *Steuerschuld* des Wohnsitzlandes wie im Fall des Anrechnungsverfahrens. Beim Steuerabzugsverfahren wird das im Ausland besteuerte Einkommen nicht nochmals in voller Höhe der inländischen Besteuerung unterworfen, sondern nur das ausländische *Nettoeinkommen*.

Beispiel
In diesem Fall ist für die zahlenmäßige Ermittlung der Steuerschuld zusätzlich anzunehmen, daß die Durchschnittsbelastung in W für ein Einkommen von 92'000 z.B. bei 33 % und für ein Einkommen von 96'000 bei 34 % liegt. Es folgt dann:

	Fall 1	Fall 2
Steuer an Q	4'000	8'000
34 % Steuer an W auf 96'000	32'640	
33 % Steuer an W auf 92'000	______	30'360
Gesamtsteuerschuld	36'640	38'360

I.C. Die Koordinationsvarianten im Überblick

Die unter Zugrundelegung der oben gemachten Zahlenannahmen sich ergebenden unterschiedlichen Belastungsauswirkungen der vier Basis- und fünf Mischverfahren sind in der folgenden Tabelle 11.2 zusammengestellt. Die Zusammenstellung weist aus, daß es unter den gemachten Annahmen zu erheblichen Unterschieden der Gesamtsteuerbelastung je nach dem gewählten Koordinationsverfahren kommen kann und daß die Vermeidung bzw. Abschwächung der Doppelbesteuerung nur in unterschiedlichem Maße gelingt. Teilweise verbleibt ein Rest von Doppelbesteuerung, teilweise wird aber auch über das Ziel hinausgeschossen, und es kommt über die Vermeidung von Doppelbesteuerung hinaus sogar zu einer Minderbelastung im Vergleich zur Belastung eines nur im Inland verdienten Einkommens.

Tab. 11.2 Gesamtsteuerschuld eines Steuerpflichtigen bei alternativen Koordinationsverfahren.

A. Gesamteinkommen von 100'000 stammt aus W und wird nur in W besteuert	A. Gesamtsteuer: 35'000	
B. 80'000 Einkommen stammen aus W und 20'000 aus Q:	B. Gesamtsteuer im: Fall 1	Fall 2
- Doppelbesteuerung	39'000	43'000
- Wohnsitzprinzip / Vollanrechnung	35'000	35'000
- Quellenprinzip / uneingeschränkte Freistellung	28'000	32'000
- Nichtbesteuerung	24'000	24'000
- eingeschränkte Anrechnung	35'000	36'000
- Freistellung mit Progressionsvorbehalt	32'000	36'000
- Steuerabzugsverfahren	36'640	38'360

Formale Darstellung
Die bisher verbal bzw. beispielhaft dargestellte Funktionsweise der verschiedenen Koordinationsverfahren kann man auch in verallgemeinernder mathematischer Form angeben. Bei den dazu verwendeten Formeln bedeutet:

x:	Gesamteinkommen eines Steuerpflichtigen
x_Q:	im Quellenland entstandenes Einkommen
$T(...)$:	Steuerschuld eines Steuerpflichtigen
$T_Q(...)$:	an das Quellenland abgeführte Steuer
$T_{W,r}(...)$:	rechnerische Steuer im Wohnsitzland
$T_W(...)$:	an das Wohnsitzland abgeführte Steuer
$t_W(...)$:	Durchschnittssteuersatz im Wohnsitzland

Die Gesamtsteuerschuld beträgt bei:

1.) *Doppelbesteuerung:*

$$T(x,x_Q) = T_W(x) + T_Q(x_Q) \tag{11-1}$$

2.) *Wohnsitzbesteuerung:*

$$T(x,x_Q) = T_W(x) \tag{11-2}$$

3.) *Nichtbesteuerung:*

$$T(x,x_Q) = T_W(x - x_Q) \tag{11-3}$$

4.) *Vollanrechnungsverfahren:*

$$T(x,x_Q) = [T_{W,r}(x) - T_Q(x_Q)]_W + T_Q(x_Q) \tag{11-4}$$

5.) Beim *eingeschränkten Anrechnungsverfahren* sind zwei Fälle zu unterscheiden: Ist die im Ausland bezahlte Steuer niedriger als es die inländische wäre, dann berechnet sich die Steuerschuld gemäß Formel (11-4), ist sie hingegen höher, wird die Steuerschuld gemäß folgender Formel ermittelt:

$$T(x,x_Q) = [T_{W,r}(x) - T_{W,r}(x_Q)]_W + T_Q(x_Q) \text{ falls } T_Q(x_Q) > T_{W,r}(x_Q) \tag{11-5}$$

hierbei ist

$$T_{W,r}(x_Q) = t_W(x) \cdot x_Q$$

6.) Beim Quellenprinzip und bei der *uneingeschränkten Freistellung* beträgt die Steuerschuld:

$$T(x,x_Q) = T_W(x-x_Q) + T_Q(x_Q);\ T_W(x-x_Q) = [t_W(x-x_Q)] \cdot (x-x_Q) \tag{11-6}$$

7.) Steuerschuld bei *Freistellung mit Progressionsvorbehalt*:

$$T(x,x_Q) = T_W(x-x_Q) + T_Q(x_Q);\ T_W(x-x_Q) = [t_W(x)] \cdot (x-x_Q) \tag{11-7}$$

8.) Steuerschuld beim *Steuerabzugsverfahren*:

$$T(x,x_Q) = T_W(x-T_Q(x_Q)) + T_Q(x_Q) \tag{11-8}$$

II. DBA-relevante Koordinationsziele

Durch den Abschluß eines DBA wird von den Vertragsstaaten eine Vermeidung von Doppelbesteuerung unter Berücksichtigung sowohl fiskalischer Ziele als auch der weiteren, von einem Staat verfolgten Ziele angestrebt. Diese Ziele haben in der Regel für verschiedene Staaten nicht dieselbe Bedeutung bzw. kein gleichhohes Gewicht. Für die bevorzugte Form der internationalen Koordinierung direkter Steuern spielt es im allgemeinen eine Rolle,

- ob ein Land ein Hochsteuerland oder ein Niedrigsteuerland ist,
- ob ein Land stark oder weniger stark von seiner Außenwirtschaft abhängt,
- ob ein Land ein Kapitalexportland oder ein Kapitalimportland ist
- ob ein Land vorwiegend ein entwickeltes Industrieland oder ein Entwicklungsland ist.

Fiskalisches Ziel: Jeder Staat hat ein Interesse daran, seinen fiskalischen Spielraum der Zukunft durch den Abschluß eines DBA so wenig wie möglich zu präjudizieren. Unvermeidlicherweise sind die fiskalischen Interessen der Länder aber in der Regel gegenläufig. So erzielen Kapital- und Technologie*export*länder vor allem dann Einnahmen, wenn das Wohnsitzprinzip verwirklicht wird. Kapital- und Technologie*import*länder haben umgekehrt ein fiskalisches Interesse an der Anwendung des Quellenprinzips. Durch die Wahl einer Mischvariante bzw. durch unterschiedliche Mischvarianten für unterschiedliche Faktorentgelte wird versucht, die Steuerausfälle zu begrenzen bzw. die eigenen Fiskalinteressen zu wahren. Als Richtschnur für eine von den betroffenen Ländern als "fair" empfundene Aufteilung der durch die Vermeidung von Doppelbesteuerung entstehenden Steuerausfälle kann das *Prinzip der fiskalischen Äquivalenz* dienen. Der Grundgedanke ist dabei folgender: Im Faktorexportland waren für die Faktorbildung (Kapitalakkumulation, Ausbildung und Qualifizierung von Arbeitskräften usw.) infrastrukturelle öffentliche Ausgaben in früheren Perioden erforderlich. Daraus läßt sich in späteren Perioden ein öffentlicher Anspruch auf Steuereinnahmen beim Einsatz dieser Faktoren ableiten. Andererseits sind im Einsatzland eines Produktionsfaktors, also im Faktorimportland, infrastrukturelle öffentliche Ausgaben Voraussetzung dafür, daß die eingesetzten Produktionsfaktoren Erträge abwerfen, so daß auch im Faktorimportland ein Anspruch auf Steuereinnahmen begründet werden kann. Bei Beachtung des Prinzips der fiskalischen Äquivalenz sollte das Verhältnis der jeweiligen Steuereinnahmen aus dem Faktoreinsatz dem Verhältnis der jeweils erforderlich gewesenen infrastrukturellen öffentlichen Ausgaben so weit wie möglich entsprechen.

Wirtschaftspolitische Ziele: Mit einem Verfahren zur Koordinierung direkter Steuern lassen sich wirtschaftspolitische und außenpolitische Ziele verfolgen. Ein Beispiel: Hochentwickelte Industrieländer haben in der Regel ein Interesse daran, in den mit Vertragsstaaten abzuschließenden DBA günstige steuerliche Bedingungen, d.h. eine niedrige Besteuerung für später anfallende Erträge aufgrund von Finanz- oder Direktinvestitionen der eigenen Wirtschaft zu vereinbaren. Entwicklungsländer haben andererseits in der Regel ein Interesse an steuerlichen Anreizen für den Import von Produktionsfaktoren, allerdings möglichst nicht auf Kosten der eigenen Steuereinnahmen, sondern vorzugsweise durch geringe Vorbelastung seitens der Faktorexportländer. Sind diese zugleich Hochsteuerländer und praktizieren ein Anrechnungsverfahren, dann nützt selbst eine niedrige Besteuerung im Entwicklungsland nichts, weil diese durch das Anrechnungsverfahren im Faktorexportland im Ergebnis ohne Belang ist. Um dem Interesse von Entwicklungsländern entgegenzukommen und dadurch zugleich ein eigenes *entwicklungspolitisches Ziel* zu verfolgen, wird daher von Faktorexportländern teilweise ein Freistellungsverfahren und teilweise eine fiktive Anrechnung von (im Faktorimportland gar nicht erhobenen Steuern) zugestanden, um so die Gesamtbelastung der Kapitalerträge niedrig zu halten und Anreize für Kapitalexporte zu schaffen.

Steuerordnungspolitische Ziele: Grundsätzlich hat jeder Staat ein Interesse daran, die bei Offenheit seine Volkswirtschaft mögliche Aushebelung der im Inland gültigen Steuerordnung zu vermeiden, d.h. den Grundsatz der *Widerspruchslosigkeit* und *Systemhaftigkeit* der Besteuerung im eigenen Land und die anderen innerstaatlich geltenden Besteuerungsmaximen zu bewahren. Der Abschluß eines DBA kann ganz wesentlich auch diesem Interesse dienen. Vor allem sind es die Grundsätze der *Gleichmäßigkeit* und der *Leistungsfähigkeit,* die durch die internationale Besteuerung nicht mehr als unvermeidbar eingeschränkt werden sollten. Über diese fundamentalen Grundsätze hinaus haben alle Staaten auch ein Interesse daran, daß die internationalen Koordinierungsverfahren mit den im Inland üblichen, der eigenen Finanzadministration und den Steuerpflichtigen vertrauten Verfahrensweisen weitgehend übereinstimmt. So wird z.B. von *Deutschland* international das *Anrechnungsverfahren* bevorzugt, weil dieses Verfahren als Regelverfahren auch im Inland praktiziert wird. Die *Schweiz* bevorzugt hingegen das internationale Freistellungsverfahren (mit Progressionsvorbehalt), da sie sich grundsätzlich dieses Verfahrens bei der interkantonalen Besteuerungskoordination bedient. (Siehe dazu Abschnitt VI.B dieses Kapitels.)

Allokationseffizienz: Aus theoretischer Sicht sollte neben dem aus dem nationalen Wohlfahrtsinteresse abgeleiteten Effizienzziel bei der internationalen Steuerkoordination auch noch ein *übernationales Effizienzziel* Berücksichtigung finden. Es handelt sich dabei um eine effiziente Ressourcenallokation in Bezug auf die Weltwirtschaft ("world efficiency"). Anders als im Rahmen eines nationalen Steuersystems ist die Wettbewerbsneutralität nunmehr aber in einem doppelten Sinn erforderlich: In den *Faktorexportländern* (Kapitalexportländern, Wohnsitzländern) ist Neutralität geboten hinsichtlich des Faktoreinsatzes im In- oder Ausland. Die Entscheidungen der Faktoreigentümer betreffend den Ort des Einsatzes ihrer Produktionsfaktoren sollten steuerlich nicht beeinflußt werden. In den *Faktorimportländern* (Kapitalimportländern, Ländern der Arbeitsorte) ist Neutralität geboten hinsichtlich der steuerlichen Belastung inländischer oder ausländischer Produktionsfaktoren. Die dortigen Unternehmen sollten bei den Entscheidungen, ob sie in- oder ausländische Faktoren und aus welchem Land sie sie nachfragen, nicht steuerlich beeinflußt werden. Das übernationale Effizienzziel erfordert somit eine doppelte Neutralität: *Faktorexport- und Faktorimportneutralität.* Maßgebend für die steuerliche Belastung ist in allen Fällen natürlich stets die Summe der Belastungen durch das Faktorexport- und das Faktorimportland.

Bedauerlicherweise kann allerdings außer im Fall international vollkommen vereinheitlichter Steuersysteme kein Koordinationsverfahren beide Neutralitäten gewährleisten. Beim Anrechnungsverfahren wird zwar die Faktorexportneutralität, nicht jedoch die Faktorimportneutralität erreicht. Je nach dem Land, in dem ein Faktoreigentümer seinen Sitz hat, ist die steuerliche Belastung des von dort importierten Faktors unterschiedlich hoch. Beim Freistellungsverfahren oder bei einer konsequenten Besteuerung der Faktoren nur im Quellenland, könnte zwar grundsätzlich Faktorimportneutralität erreicht werden, es wäre dann jedoch weltweit keine Faktorexportneutralität mehr zu erreichen, denn Faktorexporte würden gegenüber im Inland eingesetzten Faktoren benachteiligt oder begünstigt. *Beide Neutralitäten sind nicht gleichzeitig zu verwirklichen, sobald nationale Unterschiede der Steuerbelastung bestehen.* Bei der Wahl unter den Koordinierungsverfahren müssen die beiden Neutralitäten gegeneinander abgewogen worden.

III. Das OECD-Musterabkommen

Die Organisation für Wirtschaftliche Zusammenarbeit und Entwicklung (OECD), 1960 gegründet zur Förderung der Wirtschaftsentwicklung in den vornehmlich europäischen Mitgliedsländern, hat auf der Grundlage von Vorarbeiten des Völkerbunds 1963 ein "Musterabkommen zur Vermeidung der Doppelbesteuerung des Einkommens und des Vermögens" ausgearbeitet und den Mitgliedsländern zur Berücksichtigung beim Abschluß neuer und bei der Revision bisheriger bilateraler Doppelbesteuerungsabkommen anempfohlen.[2] Durch Befolgung dieser Empfehlung sollten die bilateralen Abkommen zur Vermeidung von Doppelbesteuerung zumindest formal einander angeglichen werden.

Seit 1992 wird das Musterabkommen, das zutreffender "Abkommensmuster" heißen sollte, periodisch den zeitnahen Bedürfnissen angepaßt und erscheint in Form einer Loseblattausgabe.[3] Gleichzeitig wurde die Bezeichnung des OECD-Entwurfs geändert in "Musterabkommen auf dem Gebiete der Steuern vom Einkommen und vom Vermögen". Dadurch wurde der erweiterte Abkommenszweck einer Vermeidung auch von sog. Steuerumgehung bzw. Steuerverkürzung, d.h. von internationaler Minder- oder Nichtbesteuerung zum Ausdruck gebracht. Das aus 30 Artikeln bestehende Abkommen wird von einem rd. dreihundert Seiten starken Kommentar begleitet, der das

---

2 1963 nannte sich die OECD (Organization for Economic Cooperation and Development) noch OEEC (Organization for European Economic Cooperation). Mitgliedsländer sind außer den meisten europäischen Ländern Australien, Japan, Mexiko, Neuseeland, Südkorea, Türkei und die USA.

3 Der vorliegenden Darstellung liegt die Fassung vom 1. September 1995 zugrunde.

Abkommen verbindlich interpretiert (das Abkommen und sein Kommentar sind natürlich im rechtlichen Sinn nicht verbindlich).

Das aus 30 Artikeln bestehende OECD-Musterabkommen weist drei inhaltliche Schwerpunkte auf. Der *erste* Schwerpunkt enthält jene Artikel, die die verwendeten Begriffe definieren und den Geltungsbereich des Abkommens abstecken. Da dieses sich auf *Personen* erstreckt, die in einem Vertragsstaat *ansässig* sind, sind "Person" und "Ansässigkeit" zentrale Begriffe und müssen daher genau festgelegt sein: Unter *Personen* werden im Abkommen "natürliche Personen, Gesellschaften und alle anderen Personenvereinigungen" verstanden (Art. 3). *Ansässigkeit* bedeutet gemäß Art. 4:

"Im Sinne dieses Abkommens bedeutet der Ausdruck 'eine in einem Vertragsstaat ansässige Person' eine Person, die nach dem Recht dieses Staates dort auf Grund ihres Wohnsitzes, ihres ständigen Aufenthalts, des Ortes ihrer Geschäftsleitung oder eines anderen ähnlichen Merkmals steuerpflichtig ist, ... Der Ausdruck umfaßt jedoch nicht eine Person, die in diesem Staat nur mit Einkünften aus Quellen in diesem Staat oder mit in diesem Staat gelegenen Vermögen steuerpflichtig ist"

Ein ebenfalls zentraler Begriff im Musterabkommen ist die *Betriebstätte*. In Art. 5 ist festgelegt:

1. Im Sinne dieses Abkommens bedeutet der Ausdruck 'Betriebstätte' eine feste Geschäftseinrichtung, durch die die Tätigkeit eines Unternehmens ganz oder teilweise ausgeübt wird.

2. Der Ausdruck 'Betriebstätte' umfaßt insbesondere: a) einen Ort der Leitung, b) eine Zweigniederlassung. c) eine Geschäftsstelle, d) eine Fabrikationsstätte, e) eine Werkstätte und f) ein Bergwerk, ein Öl- oder Gasvorkommen, einen Steinbruch oder eine andere Stätte der Ausbeutung von Bodenschätzen.

3. Eine Bauausführung oder Montage ist nur dann eine Betriebstätte, wenn ihre Dauer zwölf Monate überschreitet.

4. Ungeachtet der vorstehenden Bestimmungen dieses Artikels gelten nicht als Betriebstätten: a) Einrichtungen, die ausschließlich zur Lagerung, Ausstellung oder Auslieferung von Gütern oder Waren des Unternehmens benutzt werden; ... d) ein feste Geschäftseinrichtung, die ausschließlich zu dem Zweck unterhalten wird, für das Unternehmen Güter und Waren einzukaufen oder Informationen zu beschaffen; ...

...

6. Ein Unternehmen wird nicht schon deshalb so behandelt, als habe es eine Betriebstätte in einem Vertragsstaat, weil es dort seine Tätigkeit durch einen Makler, Kommissionär oder einen anderen unabhängigen Vertreter ausübt, sofern diese Personen im Rahmen ihrer ordentlichen Geschäftstätigkeit handeln.

7. Allein dadurch, daß eine in einem Vertragsstaat ansässige Gesellschaft eine Gesellschaft beherrscht oder von einer Gesellschaft beherrscht wird, die im anderen Vertragsstaat ansässig ist ... wird keine der beiden Gesellschaften zur Betriebstätte der anderen.

Der *zweite* Schwerpunkt des Abkommens ist dem sachlichen Gegenstand des Abkommens gewidmet, d.h. Einkommen und Vermögen. Im Hinblick auf das Ziel, den Staaten Koordinationsverfahren zur Vermeidung von Doppelbesteuerung vorzuschlagen, teilt das OECD-Musterabkommen die Einkünfte (und Vermögensbestandteile) in drei Gruppen ein: Eine erste Gruppe von Einkünften (und Vermögensteilen) kann *im Quellenland ohne Begrenzung* besteuert werden, eine zweite Gruppe kann *im Quellenland begrenzt* besteuert werden und eine dritte Gruppe kann *nur im Wohnsitzland* besteuert werden. Sofern Einkünfte im Quellenland begrenzt oder unbegrenzt besteuert werden können, muß das Wohnsitzland eine Doppelbesteuerung vermeiden. Dabei wird im Musterabkommen die Wahl zwischen *Anrechnungs-* und *Freistellungsmethode* anheimgestellt.

Die in den Artikeln 6 bis 22 einzeln aufgeführten Einkünfte sind wie folgt den genannten Gruppen zugewiesen.

1.) Einkünfte (und Vermögensteile), die *im Quellenland ohne Begrenzung* besteuert werden können[4]:

- Einkünfte aus unbeweglichem Vermögen, das sich im Quellen-("Belegenheits-")land befindet. Auch Einkünfte aus land- und forstwirtschaftlichen Betrieben und Veräußerungs- oder Liquidationsgewinne dieses Vermögens fallen darunter.
- Gewinne aus einer im Quellenland liegenden Betriebstätte oder Tochtergesellschaft.
- Einkünfte aus einer im Quellenland ausgeübten Tätigkeit von Künstlern und Sportlern, Einkünfte aus selbständiger Arbeit, die einer im Quellenland gelegenen festen Einrichtung zuzurechnen sind, sowie Aufsichtsrats- und Verwaltungsratsvergütungen, die ein im Quellenland ansässiges Unternehmen zahlt.
- Einkünfte für im Quellenstaat ausgeübte, nicht unter den öffentlichen Dienst fallende unselbständige Arbeit für einen im Quellenstaat ansässigen Arbeitgeber.
- Vergütungen und Ruhegehälter für im öffentlichen Dienst des Quellenlands geleistete Arbeit.

2.) Einkünfte, die *im Quellenland begrenzt* besteuert werden können:

- Dividenden. Sofern sie an eine natürliche Person im Ausland fließen, ist ihre Quellenbesteuerung im Regelfall auf maximal 15 v.H. begrenzt. Wenn sie an eine ausländische Kapitalgesellschaft gezahlt werden, die über eine Beteiligung an der die Dividende auszahlenden Gesellschaft von mindestens 25% verfügt (wenn also ein sog. Mutter/Tochterverhältnis besteht), ist die Steuer des Quellenlands auf 5% begrenzt.
- Zinsen. Die Steuer des Quellenlands ist auf 10% begrenzt.

---

4 In der österreichischen Übersetzung des OECD-Musterabkommens heißt es statt "können" stets "dürfen". Gemeint ist dasselbe, nämlich das Vorliegen eines (nicht notwendigerweise ausschließlichen) Besteuerungsrechts. Ein ausschließliches Besteuerungsrecht wird im OECD-Text durch "können nur" bzw. "dürfen nur" zum Ausdruck gebracht.

3.) Einkünfte, die *nur im Wohnsitzland* und damit *im Quellenland nicht besteuert* werden können:

- Unternehmensgewinne und Einkünfte aus selbständiger Arbeit, die nicht einer Betriebstätte oder festen Einrichtung im Quellenstaat zugeordnet werden können
- Einkünfte aus unselbständiger Arbeit, sofern der Arbeitnehmer sich weniger als 183 Tage innerhalb eines Zeitraums von 12 Monaten im Quellenland aufhält (sog. 183-Tage Klausel), er nicht bei einem im Quellenland ansässigen Arbeitgeber angestellt ist und seine Lohnkosten nicht von einer Betriebstätte im Quellenland getragen werden.
- alle übrigen Einkünfte (und Vermögensteile). Sie können *in der Regel* nur im Wohnsitzstaat besteuert werden. Dazu gehören z.B. Lizenzgebühren (Einkünfte aus der Verwertung von geistigem Eigentum), Gewinne aus der Veräußerung von Wertpapieren, Ruhegehälter für nicht im öffentlichen Dienst beschäftigt gewesene Arbeitnehmer, Stipendien an Studenten für ein Auslandsstudium oder Praktikum, sofern sie aus dem Heimatstaat stammen (in diesem Fall handelt es sich um Transfereinkommen ohne Entgeltcharakter).

Für sog. Grenzgänger, d.h. für Personen, die "nach Feierabend" regelmäßig von ihrer im Quellenland ausgeübten Tätigkeit an ihren Wohnsitz zurückkehren, enthält das Musterabkommen keine Vorschrift, "da die sich aus den örtlichen Verhältnissen ergebenden Probleme zweckmäßigerweise unmittelbar von den beteiligten Staaten geregelt werden".[5]

Den *dritten* Schwerpunkt des OECD-Musterabkommens bildet die in den Artikeln 23 A und 23 B erfolgende Umschreibung der für die Vermeidung von Doppelbesteuerung zulässigen Methoden, die in den Fällen anzuwenden sind, wo die Besteuerung nicht ausschließlich dem Wohnsitzstaat zugewiesen ist. Es handelt sich um die oben in Abschnitt I.B als Mischvarianten bezeichneten Methoden der *Freistellung* ("Befreiungsmethode") und der *Anrechnung*, die alternativ in Betracht kommen können.

Beurteilung

Über den Kreis der OECD-Mitgliedsländer hinaus hat das Musterabkommen weltweit als Vorlage für Doppelbesteuerungsabkommen gedient. Diesen Erfolg verdankt das Musterabkommen allerdings vor allem der Tatsache, daß es verschiedene Alternativen bei den Koordinationsverfahren zur Auswahl bereithält. In der

5 Kommentar zu Art. 15 des Musterabkommens.

Tendenz bevorzugt das Musterabkommen der OECD entsprechend der vorherrschenden Interessenlage der OECD-Mitgliedsländer als *entwickelte Industriestaaten* das *Wohnsitzprinzip*. In Grenzen wird daneben auch das Quellenprinzip zugelassen. Die Bevorzugung des Wohnsitzprinzips im OECD-Musterabkommen hat allerdings dazu geführt, daß im Rahmen der Vereinten Nationen, bei denen die Entwicklungsländer ein zahlenmäßiges Übergewicht haben, ein "Musterabkommen für Abkommen zwischen entwickelten Ländern und Entwicklungsländern" entworfen wurde.[6] In diesem Musterabkommen wird *dem Quellenprinzip vermehrte Geltung* eingeräumt.

Die Regelungen eines DBA stehen nicht "über", sondern "neben" dem innerstaatlichen Recht. Durch ein DBA als Vertrag zwischen zwei Staaten wird *kein originäres Steuerrecht* geschaffen, vielmehr werden bezüglich des internen Besteuerungsrechts in der Regel nur Schranken errichtet.

Das OECD-Musterabkommen hat dadurch, daß es zu großen Teilen und von vielen Staaten als Vorlage für ihre DBA verwendet wurde, zu Transparenz und besserer Abstimmung der internationalen Besteuerung auf dem Gebiet der Einkommens- und Vermögensbesteuerung beigetragen. Es hat allein dadurch den schon von *A. Smith* aufgestellten Grundsätzen der *Bestimmtheit* und *der Erhebungs- und Entrichtungsbilligkeit vermehrte Geltung verschafft.* Darüberhinaus hat das Musterabkommen durch die Bevorzugung des Wohnsitzprinzips aber auch dazu beigetragen, eine an der *Reinvermögenszugangstheorie* (SHS-Einkommenskonzepion, "comprehensive income taxation") orientierte Einkommensbesteuerung auch bei Offenheit der Volkswirtschaften so weit wie möglich aufrechtzuerhalten und die vorrangige Geltung der innerstaatlich zu beachtenden Grundsätze der Allgemeinheit und Gleichmäßigkeit der Besteuerung sowie der Besteuerung nach der Leistungsfähigkeit zu berücksichtigen.

Ergänzend hat das Musterabkommen auch eine Quellenbesteuerung bei Einkunftsarten vorgesehen, bei denen der Gesichtspunkt der *fiskalischen Äquivalenz* oder auch praktische Gesichtspunkte des Zugriffs und der Kontrolle Anerkennung verlangten. Das trifft insbesondere bei Einkünften aus unbeweglichem Vermögen (Grundbesitz, Immobilien) und aus Betriebstätten zu. Hier erfolgte ein partieller Rückgriff auf die ältere Form einer Besteuerung des Einkommens entsprechend der *Quellentheorie*. Im übrigen hat das Abkommen auch Spielräume offengelassen (offen lassen müssen) für die von den einzelnen Staaten verfolgten *wirtschaftspolitischen Ziele*. Eine Vermeidung internationaler Doppelbesteuerung konnte das Musterabkommen seinem Charakter entsprechend nicht unmittelbar selber verwirklichen.

---

6 United Nations Model Double Taxation Convention between Developed and Developing Countries.

IV. Besteuerung gemäß DBA Deutschland/Schweiz

Trotz des im Rahmen der OECD von den Mitgliedsländern beschlossenen Musterabkommens gibt es noch immer erhebliche Unterschiede der DBA in materieller und in formaler Hinsicht. Das liegt auch daran, daß eine Reihe von Abkommen noch aus der Zeit vor dem Erscheinen des OECD-Musterabkommens stammen, wie beispielsweise das DBA Deutschlands mit Österreich[7]. Auf diese Vielfalt kann hier nicht eingegangen werden. In diesem und dem folgenden Abschnitt V werden hauptsächlich die im *deutsch-schweizerischen DBA* (DBA-CH/D) vorgesehenen Koordinationslösungen dargestellt. Da sich Deutschland und die Schweiz bei ihrer Abkommenspolitik am OECD-Musterabkommen orientierten, hat diese Darstellung durchaus exemplarischen Charakter und ist in vieler Hinsicht repräsentativ für die von den beiden Ländern mit Drittstaaten und überhaupt für die von Industriestaaten untereinander abgeschlossenen Verträge.[8]

Charakteristisch für das DBA-CH/D ist es, daß getrennt für jeden der beiden Vertragsstaaten unterschiedliche Koordinationsvarianten festgelegt sind. Die Schweiz bevorzugt generell die *Freistellungsmethode mit pauschaler Steueranrechnung* im Fall von Dividenden, Zinsen und Lizenzen. Sie hat sich in keinem DBA dazu verpflichtet, Steuern des Partnerstaates an die eigenen Steuern anzurechnen, die ausländische Besteuerung also gewissermaßen in die eigene Besteuerung zu integrieren. Im Fall Deutschlands kommt in erster Linie das *Anrechnungsverfahren* und allenfalls für abschließend aufgezählte Tatbestände die Freistellungsmethode zur Anwendung[9].

IV.A. Arbeitseinkommen

Das DBA-CH/D unterscheidet beim Arbeitseinkommen zwischen Entgelten auf Grund von:

- selbständiger Arbeit (Erwerbstätigkeit)
- unselbständiger Arbeit (von Nichtgrenzgängern)
- Arbeit von Grenzgängern
- Arbeit bei einem öffentlichen Arbeitgeber
- Tätigkeit als Aufsichts- oder Verwaltungsrat
- Tätigkeit als Künstler, Sportler oder Artist

Selbständige Arbeit: Grundsätzlich können die Entgelte für selbständige Arbeit nur im Wohnsitzstaat (Ansässigkeitsstaat) besteuert werden, es sei denn, die Arbeit werde in einer *"festen Einrichtung"* im Quellenstaat verrichtet. Unter selbständi-

---

7 Es wurde allerdings 1992 in Teilen revidiert.

8 Die wichtigsten Abweichungen enthalten die Abkommen mit Entwicklungsländern und mit den USA.

9 Die Koordinationsalternativen sind in Art. 24, DBA-CH/D bzw. in Art. 23 A und 23 B des OECD-Musterabkommens aufgeführt.

ger Arbeit wird insbesondere die selbständig ausgeübte Erwerbstätigkeit von sog. *Freiberuflern* verstanden, also z.B. von Ärzten, Architekten oder Rechtsanwälten. Auch die freiberuflich ausgeübte Tätigkeit von Ingenieuren, Lehrern, Wissenschaftlern, Beratern oder Künstlern gehört zu dieser Kategorie. Steht diesen Personen jedoch eine feste Einrichtung, also eine besondere Räumlichkeit wie z.B. ein Praxisraum, ein Atelier oder Büro im Quellenstaat zur Verfügung, dann darf das Entgelt, "insoweit es der festen Einrichtung zugerechnet werden kann", auch im Quellenstaat besteuert werden. Auf die zeitliche Dauer der im Quellenstaat ausgeübten Tätigkeit kommt es nicht an. Im jeweiligen Wohnsitzstaat werden die im Quellenstaat besteuerten Entgelte unter Progressionsvorbehalt freigestellt. Die feste Einrichtung ist mit einer Betriebsstätte einer Unternehmung vergleichbar; die Koordination der Besteuerung bei selbständiger Arbeit orientiert sich daher grundsätzlich an derjenigen bei Unternehmensgewinnen (siehe Abschnitt V).

Unselbständige Arbeit: Die Rede ist jetzt von unselbständiger Arbeit, die weder von Grenzgängern, noch im öffentlichen Dienst des Quellenlands, noch von Aufsichts- oder Verwaltungsräten und auch nicht von Künstlern und Sportlern erbracht wird. Es gilt der Grundsatz, daß die Einkünfte aus unselbständiger Arbeit nur im Wohnsitzstaat besteuert werden dürfen. Dieser Grundsatz wird allerdings durchbrochen, wenn der Arbeitsort, an dem die unselbständige Tätigkeit ausgeübt wird, im Quellenstaat liegt. Eine Ausnahme von der Ausnahme, d.h. eine Besteuerung nur im Wohnsitzstaat wird jedoch durch die sog. *Monteurklausel* gebildet: Wenn eine nur *vorübergehende* unselbständige Tätigkeit im Quellenstaat ausgeübt wird und der Arbeitnehmer von einem nicht im Quellenstaat (d.h. am Arbeitsort) ansässigen Arbeitgeber entlohnt wird, erfolgt die Besteuerung grundsätzlich im Wohnsitzstaat. (Als vorübergehend wird ein Aufenthalt im Quellenstaat betrachtet, wenn der Arbeitnehmer sich "in dem anderen Staat insgesamt nicht länger als 183 Tage während des betreffenden Kalenderjahres aufhält".[10]) Erfolgt bei unselbständiger Arbeit der soeben eingegrenzten Art eine Besteuerung im Quellenstaat, dann wenden Deutschland und die Schweiz zur Vermeidung von Doppelbesteuerung eine *Freistellung unter Progressionsvorbehalt* an.

Arbeit als Grenzgänger: Als Grenzgänger werden üblicherweise unselbständig erwerbstätige Personen bezeichnet, die täglich vom ausländischen Arbeitsort an ihren inländischen Wohnsitz zurückkehren und im grenznahen Raum ihren Wohnsitz haben. Die Besteuerung von Grenzgängern ist international sehr unterschiedlich geregelt, da sie sich von Fall zu Fall an den örtlichen Gegebenheiten orientiert. So hat beispielsweise die Schweiz mit ihren fünf angrenzenden Nachbarstaaten sechs verschiedene Regelungen getroffen (mit Frankreich gibt es neben

[10] Art. 15, Abs. 2, DBA-CH/D.

der Normalregelung aus historischen Gründen eine Sonderregelung für den Raum Genf).

Das deutsch-schweizerische DBA verzichtet (seit 1994) darauf, daß der Grenzgänger als Definitionsmerkmal einen grenznahen Wohnsitz haben muß. Auch wer von Berlin täglich bzw. regelmäßig nach Zürich pendelt oder umgekehrt kann daher Grenzgänger sein. Wer allerdings an mehr als 60 Tagen pro Kalenderjahr nicht an seinen Wohnort zurückkehrt, gilt nicht mehr als Grenzgänger. Das DBA-CH/D[11] hält auch bei Grenzgängern am Grundsatz der Besteuerung im Wohnsitzstaat fest. Der Staat des Arbeitsorts kann "zum Ausgleich" jedoch eine Quellensteuer von 4,5% des Bruttobetrags der Vergütungen erheben (und tut dies auch). Bei der deutschen Einkommensteuer wird die schweizerische Quellensteuer angerechnet. Im Fall der Schweiz erfolgt die Berücksichtigung der deutschen Quellenbesteuerung dadurch, daß der Bruttobetrag des in Deutschland verdienten Einkommens pauschal um 20% verringert wird.

Arbeit bei einem öffentlichen Arbeitgeber: Die Besoldungen einschließlich der späteren Ruhegehälter, die von einem staatlichen oder kommunalen Arbeitgeber oder einer anderen juristischen Person des öffentlichen Rechts ausgerichtet werden, können grundsätzlich *nur* von dem Staat besteuert werden, dem und in dem die Dienste erbracht wurden. Dem die Vergütungen auszahlenden Staat wird also das *ausschließliche* Besteuerungsrecht zuerkannt. Man kann die gesonderte Behandlung des öffentlichen Dienstes wohl nur noch fiskalisch begründen: Jeder Staat möchte die Steuern auf die von ihm selber ausbezahlten Löhne und Gehälter selber kassieren.

Tätigkeit als Aufsichts- oder Verwaltungsrat: Vergütungen, die Personen in ihrer Eigenschaft als Mitglied des Aufsichts- oder Verwaltungsrats einer Gesellschaft erhalten, können gemäß DBA-CH/D und OECD-Musterabkommen im Sitzstaat der Gesellschaft ohne Festlegung eines Höchststeuersatzes besteuert werden. Sowohl die Schweiz wie Deutschland unterwirft die aus ihrem Land stammenden Aufsichts- oder Verwaltungsratsvergütungen einer beschränkten Steuerpflicht, wenn sie an Personen mit Wohnsitz im anderen Land ausgerichtet werden. Bei Steuerpflichtigen mit Wohnsitz in Deutschland wird sodann die schweizerische Quellensteuer bei der deutschen Einkommensteuer angerechnet, während umgekehrt in der Schweiz eine Freistellung mit Progressionsvorbehalt erfolgt.

Tätigkeit als Künstler, Sportler oder Artist: Für diese Personengruppe gibt es eine Ausnahmeregelung, die Vorrang hat vor den oben angeführten Regelungen bei selbständiger oder unselbständiger Arbeit. Auf diese Unterscheidung kommt es

---

[11] Art. 15a, DBA-CH/D.

jetzt nicht mehr an. Die Einkünfte dieser Personen können in dem Staat quellenbesteuert werden, in dem sie persönlich ihren "Auftritt" gehabt haben. Ist Deutschland der Wohnsitzstaat, dann erfolgt dort eine Besteuerung unter Anrechnung der schweizerischen Quellensteuer. Die Schweiz als Wohnsitzland gewährt in Deutschland auftretenden Künstlern, Sportlern oder Artisten Freistellung mit Progressionsvorbehalt.

IV.B. Einkünfte aus Grundbesitz

Einkünfte aus Grundbesitz oder allgemeiner Einkünfte aus unbeweglichem Vermögen bilden traditionell den *Kernbereich der Quellenlandbesteuerung*. Solche Einkünfte entstehen in erster Linie aus Vermietung und Verpachtung. Was zum unbeweglichen Vermögen gehört, richtet sich grundsätzlich nach dem jeweiligen innerstaatlichen Recht. Gemäß DBA-CH/D und OECD-Musterabkommen gehört dazu auch das sog. Zubehör ("Zugehör") zum unbeweglichen Vermögen und das lebende und tote Inventar land- und forstwirtschaftlicher Betriebe. Auch im deutsch-schweizerischen DBA ist der Grundsatz der Quellenbesteuerung für Einkünfte aus Grundbesitz festgelegt. Diese werden im Land der Belegenheit der beschränkten Steuerpflicht unterworfen und bei den im anderen Staat ansässigen Personen unter Progressionsvorbehalt von der Einkommensteuer freigestellt. Die Schweiz praktiziert diese Freistellung im übrigen generell, während Deutschland in den Fällen von Ländern, mit denen es kein DBA abgeschlossen hat, das (eingeschränkte) Anrechnungsverfahren anwendet.

IV.C. Kapitaleinkünfte

Es handelt sich im vorliegenden Abschnitt um die Einkünfte aus "beweglichem Kapitalvermögen". Anders als beim unbeweglichen Vermögen kann jetzt die *Verankerung* im Quellenstaat als weniger eindeutig unterstellt werden, weswegen es als angemessen anzusehen ist, die Quellenbesteuerung jetzt mehr oder weniger stark einzugrenzen. Die internationale Koordination bei der Besteuerung dieser Kapitaleinkünfte unterscheidet in der Regel danach, ob es sich um Einkünfte aus Gewinnbeteiligung (Dividenden) oder um Einkünfte aus der Zur-Verfügung-Stellung von Fremdkapital (Zinsen) handelt. Im folgenden wird stets davon ausgegangen, daß der Empfänger eine natürliche Person ist.

IV.C.1. Zinsen

Unter Zinsen werden Einnahmen aus privaten und öffentlichen Anleihen (Obligationen, Bonds) und aus Forderungen jeder Art verstanden. Anders als im OECD-Musterabkommen, das eine maximale Besteuerung von 10% im Quellenland vorsieht, jedoch die Anrechnung im Wohnsitzstaat verlangt, heißt es im DBA-CH/D:[12]

"Zinsen, die aus einem Vertragsstaat stammen und an eine in dem anderen Vertragsstaat ansässige Person gezahlt werden, können nur in dem anderen Staat besteuert werden."

Deutschland und die Schweiz erheben also wechselseitig keine Quellensteuer auf Zinsen, die an natürliche Personen mit Wohnsitz im anderen Staat fließen bzw. erstatten diese vollständig zurück. Diese Regelung des DBA-CH/D ist übrigens international nicht repräsentativ. Es gibt sogar Abkommen, die eine Besteuerung im Quellenland von mehr als 10% vorsehen.

IV.C.2. Dividenden

Dividenden sowie überhaupt Zahlungen mit dem Charakter einer Gewinnausschüttung an einen Anteilseigner einer Gesellschaft dürfen gemäß OECD-Musterabkommen im Quellenstaat im Regelfall nur einer beschränkten Quellenbesteuerung von maximal 15 v.H. des Bruttobetrags der Dividende unterworfen werden, wenn sie an einen im anderen Vertragsstaat ansässigen Anteilseigners (eine natürliche Person) ausgeschüttet werden. Auch im DBA-CH/D ist im Regelfall eine Quellensteuer von 15 v.H. vorgesehen. Angesichts der in Deutschland generell erhobenen Kapitalertragsteuer von 25 v.H. der auszuschüttenden Dividende werden dem in der Schweiz ansässigen Anteilseigner (auf Antrag) daher grundsätzlich 10 v.H. vom deutschen Fiskus rückerstattet. Umgekehrt wird die in der Schweiz als Quellensteuer erhobene Verrechnungsteuer von 35 v.H. den in Deutschland ansässigen Dividendenempfängern im Umfang von 20 v.H. vom Schweizer Fiskus rückerstattet. Die im Quellenland verbleibende Ertrag- bzw. Verrechnungsteuer wird bei der jeweiligen Einkommensteuer des Wohnsitzlandes angerechnet.

Der befristet in Deutschland erhobene Solidaritätszuschlag von 5,5 Prozent der Steuerschuld bleibt bei der hier vorgenommenen Darstellung unberücksichtigt.

Außer den Quellensteuern auf Dividenden (Kapitalertrag- bzw. Verrechnungsteuer) gibt es in beiden Ländern Steuern auf den Gewinn juristischer Personen (Körperschaftsteuern). Da in der Schweiz die Körperschaftsbesteuerung nach *klassischer* Methode erfolgt, während in Deutschland bis 2001 die Körperschaft-

---

[12] Art. 11 Abs. 1, DBA-CH/D.

steuer auf *ausgeschütteten* Gewinnen (Dividenden) in die Einkommensbesteuerung integriert war, wurde im DBA CH/D versucht, auch diese Unterschiedlichkeit zu überbrücken. Dabei stand nicht so sehr der Gesichtspunkt im Vordergrund, Doppelbesteuerung zu vermeiden, sondern eher die Beachtung des Grundsatzes, die Steuersystemtik eines Landes auch bei grenzüberschreitenden Gewinnausschüttungen nicht "auszuhebeln". Die Koordination folgte dem Grundgedanken, wonach eine dem Steuersystem eines Landes innewohnende Doppelbesteuerung (Doppelbelastung) bei Konfrontation mit einem andersartigen ausländischen Steuersystem nicht beseitigt werden muß. Umgekehrt sollte aber ein Steuersystem, dem bei inländischen Transaktionen keine Doppelbelastung innewohnt, auch bei internationalen Transaktionen Geltung behalten. In beiden Fällen bleibt die jeweils im Inland etablierte Steuersystematik unbeschädigt. Dieser Grundgedanke entspricht auch einer innerhalb der OECD geteilten Auffassung, daß wirtschaftliche Doppelbelastung auf internationaler Ebene nicht gemildert zu werden braucht, wenn sie auf nationaler Ebene besteht. Andererseits ist es natürlich wünschenswert, dort, wo im nationalen Rahmen die Doppelbelastung vermieden wird, dies auch international gelten sollte. Allerdings bietet das OECD Musterabkommen keine Lösung für diesen Fall an, sondern überläßt eine eventuelle Lösung bilateralen Verhandlungen.

Durch die Umstellung auf das deutsche Halbeinkünfteverfahren ab 2002 hat die nachfolgende Darstellung zwar nur noch historischen Charakter, sie ist aber insofern von bleibendem Interesse, als sie zeigt, daß beim Aufeinandertreffen von klassischer und integrierter Körperschaftsteuer keine unüberwindlichen Schwierigkeiten bestehen. Allerdings zeichnet sich die im DBA CH/D gefundene Lösung nicht gerade durch besondere Eleganz aus. Die dort gefundene Lösung sieht bzw. sah folgendes vor:

1.) Bei einem in Deutschland ansässigen Empfänger von Dividenden, die von einer in der Schweiz ansässigen Gesellschaft ausgeschüttet werden, erfolgt nur, wie oben beschrieben, die Rückerstattung von 20 Prozent und die *Anrechnung* der nicht rückerstattungsfähigen Schweizer Verrechnungsteuer in Höhe von 15 % bei der deutschen Einkommensteuer. Der deutsche Dividendenempfänger muß also die in der Schweiz praktizierte Doppelbelastung hinnehmen. Er wird insofern nicht gegenüber Schweizer Empfängern von Dividenden schweizerischer Unternehmen diskriminiert.

Beispiel
Eine von einer Schweizer Gesellschaft an einen deutschen Aktionär auszuschüttende Dividende von Fr. 100.- wird zunächst durch die Verrechnungsteuer von 35 v.H. auf Fr. 65.- vermindert, aber durch eine auf Antrag erfolgende Rückerstattung in Höhe von Fr. 20.- aber wieder auf Fr. 85.- angehoben. Sie bleibt somit nur mit 15 v.H. durch die Schweizer Quellensteuer belastet. Beim Kurs DM/Fr von z.B. 1,25 vergrößert die Schweizer Dividende von Fr. 100.- die Bemessungsgrundlage der deutschen Einkommensteuer um DM 125,-. Darauf entfällt rechnerisch eine deutsche Einkom-

mensteuer nach Maßgabe des auf das Gesamteinkommen entfallenden Durchschnittssteuersatzes. Liegt dieser z.B. bei 40 v.H., dann kann von der rechnerischen deutschen Teilsteuerschuld von DM 50,- auf die Schweizer Dividende der in der Schweiz nicht rückforderbare Betrag von Fr. 15.- (entsprechend DM 18,75) abgezogen werden, so daß noch DM 31,25 an deutscher Einkommensteuer auf die Schweizer Dividende zu entrichten sind. Es ergibt sich insgesamt eine Steuerbelastung von DM 50,-, d.h. von 40 Prozent auf das Einkommen von DM 125,-. Die Schweizer Körperschaftsteuer bleibt in Deutschland unberücksichtigt.

2.) Bei einem in der Schweiz ansässigen Empfänger der Dividende einer deutschen Gesellschaft war vor dem Wechsel zum Halbeinkünfteverfahren folgendes vorgesehen[13]: Neben der (oben beschriebenen) Rückerstattung (auf Antrag) von 10 v.H. der deutschen Kapitalertragsteuer und Anrechnung der nach DBA CH/D in Deutschland verbleibenden Kapitalertragsteuer von 15 v.H. bei der schweizerischen Einkommensteuer wird, um die in der Schweiz nicht anrechenbare deutsche Körperschaftsteuer (teilweise) zu berücksichtigen, eine sog. Steuergutschrift von 5 Prozent der deutschen Dividende als *Entlastungsersatz* (für die bei der Schweizer Einkommensteuer nicht anrechenbare deutsche Körperschaftsteuer) gewährt. Diese 5 Prozent bilden in der Schweiz steuerbares Einkommen, denn sie werden (auf Antrag) vom deutschen Fiskus ebenfalls zurückerstattet. Dem deutschen Fiskus verbleiben im Ergebnis daher nur 10 v.H. (und nicht 15 v.H.) Kapitalertragsteuer. Gleichwohl sind 15 v.H. der deutschen Dividende in der Schweiz anrechenbar.

Beispiel
Ausschüttung der Dividende einer deutschen AG von 150 Euro für das Geschäftsjahr 2000 an einen Schweizer Empfänger bei Annahme eines Franken/Euro-Kurses von 1.50:

150 Euro (=225 Fr.)

Abzug in Deutschland von 25 % Kapitalertragsteuer plus Solidaritätszuschlag ("Soli" von 5,5 % von 25 %), zusammen 26,375 %:

39,56 Euro (= 59.34 Fr.)

Gutschrift auf Schweizer Bankkonto:

110,44 Euro (= 165.66 Fr.)

Die Bemessungsgrundlage der Schweizer Einkommensteuern beträgt 105 % von 150 Euro:

157,50 Euro (= 236.25 Fr.)

Schweizer Einkommensteuern bei angenommener Steuerbelastung von 20 %:

47.25 Fr. (= 31,50 Euro)

16,375 % von 150 Euro werden vom deutschen Fiskus an Schweizer Anteilseigner auf Antrag rückerstattet:

24,56 Euro (= 36.84 Fr.)

Vom Schweizer Fiskus rückerstatteter Teil der Schweizer Einkommensteuern (15 % von 150 Euro):

22,50 Euro (= 33.75 Fr.)

Nettoeinnahme des Anteilseigners in der Schweiz (84 % von 150 Euro):

110,44 - 31,50 + 24,56 + 22,50 = 126 Euro

Umgerechnet: 165.66 - 47.25 + 36.84 + 33.75 = 189 Fr.

---

[13] Festgelegt in Art. 10, Abs. 3 in Verbindung mit Art. 24 DBA CH/D.

Die Dividende einer deutschen Aktiengesellschaft an einen in der Schweiz ansässigen Empfänger wurde somit bei Geltung des deutschen Anrechnungsverfahrens unter den oben gemachten Annahmen (abgesehen von der deutschen Körperschaftsteuer) mit 16 % besteuert anstelle von 20 % wie das übrige Einkommen dieses Steuerpflichtigen. Dem deutschen Fiskus verblieben (abgesehen von der Körperschaftsteuer) 15 Euro, dem Schweizer Fiskus 13.50 Fr. (47.25 - 33.75 Fr.).

IV.D. Lizenzgebühren

Das OECD-Musterabkommen sieht vor, bei Lizenzgebühren[14] mit einer natürlichen Person als Empfänger die Besteuerung im Quellenstaat grundsätzlich auszuschließen und die Besteuerung allein dem Wohnsitzstaat zu überlassen. Der Ausdruck "Lizenzgebühren" umfaßt Vergütungen verschiedenster Art: für die Benutzung von Urheberrechten an literarischen, künstlerischen oder wissenschaftlichen Werken, für die Nutzung von Patenten, Warenzeichen (Marken), Mustern oder Modellen, von Plänen, geheimen Formeln, oder Verfahren oder für die Mitteilung von gewerblichen, kaufmännischen oder wissenschaftlichen Erfahrungen. Das DBA Deutschland - Schweiz hat den OECD-Mustertext fast wörtlich übernommen. Es heißt dort:

"Lizenzgebühren, die aus einem Vertragsstaat stammen und an eine in dem anderen Vertragsstaat ansässige Person gezahlt werden, können nur in dem anderen Staat besteuert werden."[15]

Beispiel
Ein in Zürich ansässiger Schriftsteller erhält für seinen in München erschienenen Roman ein Autorenentgelt für die Überlassung seines Urheberrechts an den Verlag. Zwecks Befreiung von deutscher Quellensteuer muß er einen Antrag stellen, bei dem Angaben über den Lizenznehmer, den Gegenstand der Lizenznahme und den Wohnsitz des Lizenzgebers verlangt werden. Die Zürcher Steuerbehörde muß bestätigen, "daß der ... Ertragsgläubiger seinen Wohnsitz im Sinne des deutsch-schweizerischen Doppelbesteuerungsabkommens in der Schweiz hat und hier zu den Steuern vom Einkommen herangezogen und die Versteuerung der in diesem Antrag angegebenen Erträge überwacht wird."

Im Bereich der Lizenzgebühren wurde dem OECD-Abkommen weltweit nicht immer Folge geleistet. So ist beispielsweise im deutsch-pakistanischen DBA eine Quellensteuer von 10 % auf Lizenzgebühren festgelegt. Angesichts der großen wirtschaftlichen Bedeutung des Technologietransfers stoßen die fiskalischen und wirtschaftspolitischen Interessen der verschiedenen Staaten in diesem Bereich besonders heftig aufeinander. Auch das Prinzip der fiskalischen Äquivalenz führt in diesem Fall zu keiner eindeutigen Antwort auf die Frage, welchem der Vertragsstaaten auf Grund der von ihm bereitgestellten öffentlichen Infrastruktur ein Anspruch auf Steuereinnahmen zusteht, zumal bereits die (auch aufgrund des Urheberrechts) entstehenden Gewinne im Quellenland besteuert werden.

---

14 Anders als beim Gebührenbegriff des ersten Kapitels handelt es sich hier um private Entgelte.
15 Art. 12 Abs. 1, DBA-CH/D.

V. Internationale Besteuerung von Unternehmensgewinnen

In Übereinstimmung mit dem OECD-Musterabkommen sieht das DBA-CH/D eine Besteuerung der Unternehmensgewinne grundsätzlich am Sitz der Unternehmung bzw. an den Orten der Betriebstätten vor. Die entscheidende Passage lautet[16]:

"Gewinne eines Unternehmens eines Vertragstaates können nur in diesem Staat besteuert werden, es sei denn, daß das Unternehmen seine Tätigkeit im anderen Vertragstaat durch eine dort gelegene Betriebstätte ausübt. Übt das Unternehmen seine Tätigkeit in dieser Weise aus, so können die Gewinne des Unternehmens in dem anderen Staat besteuert werden, jedoch nur insoweit, als sie dieser Betriebstätte zugerechnet werden können."

Deutschland wendet für den einer Betriebstätte zuzurechnenden Gewinn die Methode der Freistellung an, wenn die Betriebstätte in einem DBA-Land, also auch in der Schweiz, liegt. (Im Fall von Nicht-DBA-Ländern erfolgt eine (eingeschränkte) Anrechnung.) Gehört die ausländische Betriebstätte zu einer in Deutschland ansässigen Personengesellschaft, dann wird bei der Einkommensteuer der Mitgesellschafter der anteilige Betriebstättengewinnn unter Progressionsvorbehalt freigestellt. Gehört die Betriebstätte hingegen zu einer in Deutschland ansässigen Kapitalgesellschaft, dann erfolgt Freistellung von der Körperschaftsteuer. Schüttet die Gesellschaft den Betriebstättengewinn aber aus, dann unterliegt der Betriebsstättengewinn der Einkommensteuer der Anteilseigner ohne Freistellung oder Anrechnung und wird in diesem Fall doppelt belastet. Betriebstätten ausländischer Gesellschaften unterliegen in Deutschland der Körperschaftsteuerpflicht für den ihnen zuzurechnenden Gewinn.

Auch in der Schweiz werden Betriebstätten ausländischer Unternehmen hinsichtlich des ihnen zuzurechnenden Gewinns der inländischen Gewinnbesteuerung unterworfen. Bei Gewinnen ausländischer Betriebstätten gewährt die Schweiz jedoch grundsätzlich Freistellung mit Progressionsvorbehalt.

Sind zwei Unternehmen kapitalmäßig verflochten und liegt eine Beteiligung der sog. Muttergesellschaft am Eigenkapital der Tochtergesellschaft von mindestens 20 v.H. vor, dann wurde in Übereinstimmung mit dem OECD Musterabkommen die Quellensteuer gemäß DBA CH/D bisher auf (im anderen Staat) anrechenbare 5 v.H. begrenzt. Zur Vermeidung von Doppelbelastung der Gewinne durch Körperschaftsteuern ist ab 1. Januar 2002 die gänzliche Freistellung der von der Tochter an die Mutter ausgeschütteten Dividenden vorgesehen.

---

16 Art. 7 Abs. 1, DBA-CH/D bzw. OECD-Musterabkommen.

In der EU sind durch die sog. Mutter/Tochter-Richtlinie[17] noch weitergehende Vorschriften erlassen worden: Bei einer Beteiligung der Muttergesellschaft am Kapital der Tochtergsellschaft von mindestens 25 % darf keine Quellensteuer auf die Ausschüttungen von der Tochter- an die Muttergesellschaft erhoben werden.

In Deutschland gilt zur Vermeidung von Doppelbesteuerung des ausgeschütteten Gewinns einer Tochtergesellschaft an die Muttergesellschaft seit der Steuerreform 2000 im großen und ganzen, daß Beteiligungserträge und Veräußerungsgewinne sowohl von inländischen als auch von ausländischen Beteiligungen im wesentlichen von der Körperschaftsteuer der deutschen Muttergesellschaft freigestellt sind.

Die Schweiz gewährt bei Dividendenausschüttungen von maßgeblichen Beteiligungen (mindestens 20 Prozent des Stammkapitals bzw. der Stimmrechte oder Verkehrswert von mindestens 2 Mio Franken) den Beteiligungsabzug. Bei Veräußerungsgewinnen von maßgeblichen Beteiligungen (mindestens 20 Prozent der Stimmrechte) und Haltefrist von mindestens einem Jahr wird ebenfalls der Beteiligungsabzug gewährt. Der Beteiligungsabzug führt im Ergebnis im wesentlichen zu einer Freistellung mit Progressionsvorbehalt.

VI. Einige ausgewählte Besonderheiten

VI.A. Unilateral beschränkte Besteuerung

Unabhängig vom Abschluß eines Doppelbesteuerungsabkommens sehen fast alle Staaten *einseitig* in ihren innerstaaatlichen Steuergesetzen gewisse Beschränkungen ihrer Besteuerung bei ins Ausland fließenden Faktorentgelten vor. Dadurch kann die Doppelbesteuerung auch im Verhältnis zu solchen Ländern, mit denen kein DBA abgeschlossen wurde, abgeschwächt werden. So unterliegen in Deutschland gemäß § 1 des deutschen Einkommensteuergesetzes "natürliche Personen, die im Inland weder einen Wohnsitz oder ihren gewöhnlichen Aufenthalt haben", nur einer *beschränkten Steuerpflicht*. Liegen beispielsweise Einkünfte aus künstlerischer, sportlicher oder vergleichbarer Tätigkeit vor, beträgt die deutsche Einkommensteuer einheitlich nur 25 Prozent der Einnahmen (allerdings ohne Abzugsfähigkeit von Werbungskosten oder Betriebsausgaben). Auch in der Schweiz werden sowohl auf der Bundesebene als auch auf der Kantonsebene natürliche und juristische Personen ohne steuerrechtlichen Wohnsitz oder Aufenthalt im Inland "aufgrund wirtschaftlicher Zugehörigkeit" einer *besonderen Quellensteuer* (auch Quellensteuer II genannt) unterworfen, die niedriger ist als

---

[17] Richtlinie (EWG) über das gemeinsame Steuersystem der Mutter- und Tochtergesellschaften verschiedener Mitgliedstaaten vom 23. Juli 1990.

die Steuer im Fall von unbeschränkter Steuerpflicht. So beträgt z.B. die kantonale Einkommensteuer bei im Kanton Zürich ausgeübten künstlerischen, sportlichen oder vergleichbaren Tätigkeiten 10 Prozent der Bruttoeinkünfte nach Abzug der Gewinnungskosten. Hinzu kommt eine Steuer der Bundesebene, die bei den genannten Tätigkeiten je nach Höhe der "Tageseinkünfte" zwischen 0,8 und 7 Prozent beträgt.

Neben den genannten Fällen sportlicher oder künstlerischer Tätigkeit liegen die wichtigsten Fälle von national einseitiger Beschränkung bzw. Begrenzung der Steuerpflicht vor, wenn im Ausland ansässige bzw. Wohn- oder Geschäftssitz habende natürliche oder juristische Personen über Grundeigentum oder eine Betriebstätte im Inland verfügen.

VI.B. Das deutsche Außensteuerrecht

Das Gegenstück zur unilateral beschränkten Besteuerung bildet in gewisser Weise die Besteuerung nach deutschem Außensteuerrecht. Vor allem Hochsteuerländern gelingt es angesichts gegenläufiger Interessen der Vertragspartner in der Regel nur unvollständig, alle für sie fiskalisch oder anderweitig nachteiligen Folgen offener Kapital- und Arbeitsmärkte sowie internationaler Niederlassungsfreiheit durch den Abschluß von DBAs abzuwenden. In teilweiser Anlehnung an die US-amerikanische Gesetzgebung hat daher Deutschland unilateral durch das sog. Außensteuergesetz[18] Vorschriften mit dem Zweck erlassen, Steuervorteile zu beseitigen oder zu begrenzen, die sich einzelne deutsche Steuerpflichtige durch Ausnutzung des Steuergefälles zwischen dem Hochsteuerland Deutschland und einem Niedrigsteuerland ansonsten verschaffen könnten. Das Außensteuergesetz sollte der sog. Steuerflucht und der damit verbundenen Erosion der Steuereinnahmen vorbeugen und zugleich - wenn auch auf hohem Steuerniveau - im Inland zu mehr Gleichmäßigkeit und Wettbewerbsneutralität der Besteuerung beitragen. Es richtete sich vor allem auf die Besteuerung von (nicht ausgeschütteten) Gewinnen aus "passivem Erwerb" (wie z.B. Lizenzeinnahmen), die bei inländisch beherrschten, aber im Ausland domizilierten Gesellschaften anfallen. Österreich steht im Begriff, in Anlehnung an das deutsche Außensteuergesetz bzw. an vergleichbare Regelungen in anderen Industriestaaten ebenfalls eine solche "Controlled-foreign-Corporation-Besteuerung" (CFC-taxation) einzuführen.

Heftige Kritik am deutschen - und geplanten österreichischen - Außensteuergesetz erfolgte bisher vor allem von juristischer Seite. Sie betrifft insbesondere steuersystematische und europarechtliche Mängel des Gesetzes sowie seine Tendenz, über das eigentliche Ziel der Vorbeugung gegen mißbräuchliche Gewinnverlagerungen hinauszuschießen.[19] Insoweit dies der Fall ist, ist das Außensteuergesetz auch aus finanzwissenschaftlicher Sicht zu kritisieren. Die Abschirmwirkung des Gesetzes widerspricht dann dem Prinzip, internationale Allokations- und Niederlassungsentscheidungen nicht durch steuerliche Regelungen zu beeinflussen.

---

18 Gesetz über die Besteuerung bei Auslandsbeziehungen vom 8. September 1972 (AStG).

19 *Wassermeyer* (2001).

Die wichtigsten steuertatbestandserweiternden Bestimmungen des Außensteuergesetzes für unbeschränkt Steuerpflichtige bestehen in der *Hinzurechnung* gewisser ausländischer Einkünfte zu den inländischen Einkünften, die in Niedrigsteuerländern ("Steueroasen") bei sog. Zwischengesellschaften anfallen, sowie in einer allgemeinen Vorschrift zur *Verhinderung versteckter Gewinnabspaltung* ins Ausland. Außerdem wurde durch das Außensteuergesetz die sog. *erweiterte beschränkte Steuerpflicht* für natürliche Personen, die ihren Wohnsitz in steuergünstiges Ausland verlegen, eingeführt. Im wesentlichen ist unter diesen Bestimmungen folgendes zu verstehen.

Hinzurechnungen: Es sind zwei Fälle zu unterscheiden, in denen es zu einer Hinzufügung von im Ausland angefallenen Einkünften zu den "regulären" Einkünften eines in Deutschland unbeschränkt Steuerpflichtigen und damit zu einer Besteuerung dieser ausländischen Einkünfte in Deutschland kommen kann. Im ersten Fall, der sog. *Durchgriffsbesteuerung*, hat die ausländische Gesellschaft (z.B. eine Briefkastenfirma) aus deutscher Sicht nicht den Charakter einer echten juristischen Person, sondern nur den einer sog. Gewinnauffangsbasis, weswegen der bei ihr angefallene Gewinn dem inländischen Steuerpflichtigen unmittelbar zugerechnet wird. Die Inanspruchnahme des "Schutzschildes" einer ausländischen juristischen Person wird in diesem Fall versagt, doch wird eine eventuelle ausländische Steuer wie eine Betriebsausgabe zum Abzug von der Bemessungsgrundlage gemäß dem in Abschnitt I.B.3 beschriebenen Verfahren zugelassen. Im zweiten Fall, der durch das Außensteuergesetz eingeführten sog. *Zugriffsbesteuerung*, wird der in Deutschland ansässige Gesellschafter einer als juristische Person anerkannten ausländischen "Zwischengesellschaft", insofern sie als deutschbeherrscht anzusehen ist, mit einem als "Hinzurechnung" bezeichneten Betrag steuerpflichtig. Diese Hinzurechnung entspricht einer Ausschüttungsfiktion, d.h. einer als angemessen anzusehenden Gewinnausschüttung. Dieser Fall ist gegeben, wenn im Ausland nicht oder nur mit weniger als 25 % besteuert wurde und der Gewinn nicht aus aktiver wirtschaftlicher Tätigkeit der ausländischen Gesellschaft stammt. Diese hat vielmehr den Zweck, (auch) als Auffanggesellschaft für "passive", d.h. vor allem von ihren Unter- bzw. Enkelgesellschaften erzielte Einkünfte zu dienen, um die deutsche Besteuerung zu vermeiden. Die Zugriffsbesteuerung wird natürlich gegenstandslos, wenn die Zwischengesellschaft ihren Gewinn tatsächlich ausschüttet. Im Ausland bezahlte Steuern der Zwischengesellschaft können dann natürlich auf die deutsche Steuerschuld angerechnet werden.

Verhinderung versteckter Gewinnabspaltung: Um die verdeckte *Verlagerung* von - wirtschaftlich gesehen - im Inland entstandenem Gewinn ins Ausland zu verhindern, ist die Möglichkeit einer *Korrektur* des im Inland ausgewiesenen Gewinns vorgesehen. Eine Verlagerung inländischen Gewinns kann erfolgen, wenn ein inländischer Steuerpflichtiger seine Einkünfte z.B. durch Fakturierung nicht marktüblicher Preise als ausländische Einkünfte bei einer ihm "nahestehenden" Person (z.B. einem von ihm beherrschten Unternehmen im niedriger besteuernden Ausland) anfallen läßt (Problem des sog. "transfer pricing"). Das Außensteuergesetz[20] formuliert das im Hinblick auf eine eventuelle Korrektur zu beachtende *Fremd-* oder *Drittvergleichs-Prinzip* ("dealing-at-arm's-length"-Prinzip) wie folgt:

"Werden Einkünfte eines Steuerpflichtigen aus Geschäftsbeziehungen mit einer ihm nahestehenden Person dadurch gemindert, daß er im Rahmen solcher Geschäftsbeziehungen zum Ausland Bedingungen vereinbart, die von denen abweichen, die voneinander unabhängige Dritte unter gleichen oder ähnlichen Verhältnissen vereinbart hätten, so sind seine Einkünfte ... so anzusetzen, wie sie unter den zwischen unabhängigen Dritten vereinbarten Bedingungen angefallen wären."

Erweiterte beschränkte Steuerpflicht: Da im Prinzip Personen ohne inländischen Wohnsitz nur unter die beschränkte (Einkommen-)Steuerpflicht fallen, kann ein unbeschränkt steuerpflichtiger Deutscher durch Wegzug ins Ausland zur beschränkten Steuerpflicht überwechseln. Um den Anreiz einer aus rein steuerlichen Gründen erfolgenden Wohnsitzverlagerung in ein Niedrigsteuerland zu verringern, unterstehen Deutsche, die in ein Niedrigsteuerland wegziehen, noch für einen Zeitraum von zehn Jahren nach dem Wegzug der *erweiterten* beschränkten Steuerpflicht. Das bedeutet, daß sie bezüglich der in Deutschland erzielten Einkünfte so zur Einkommensteuer herangezogen werden, als ob sie noch in Deutschland ansässig wären. Das im Ausland anfallende Einkommen wird in Deutschland zwar nicht nochmals besteuert, doch wird für die inländische Einkommensbesteuerung der anzuwendende Steuersatz aufgrund des Gesamteinkommens festgelegt, d.h. es wird der deutsche Steuertarif im Sinne des Progressionsvorbehalts angewendet.

VI.C. Besteuerungskoordination innerhalb der Schweiz

In Bundesstaaten gibt es bei den direkten Steuern einen innerstaatlichen Koordinationsbedarf, wenn die Teilstaaten eigene Abgabenhoheiten bei diesen Steuern besitzen. Die Steuerpflichtigen in den Teilstaaten sind dann wie in kleinen offenen Volkswirtschaften unterschiedlichen steuerlichen Bestimmungen unterworfen. In der Schweiz haben die 26 Kantone eine durch Art. 3 der Bundesverfassung garantierte staatliche Souveränität, weshalb sie eine verhältnismäßig weitgehende, wenn auch nicht uneingeschränkte Abgabenhoheit im Bereich der direkten Steuern besitzen. Im folgenden wird das *interkantonale* Koordinationsverfahren vorgestellt, denn es gibt Aufschluß über die von der Schweiz verfolgte Politik bei ihrer *internationalen* Steuerkoordination: Die Schweiz hat beim Abschluß ihrer DBA mit

20 Paragraph 1 Absatz 1, AStG.

anderen Staaten stets auf die Verträglichkeit der international vereinbarten Koordinationsregeln mit den innerstaatlich praktizierten geachtet. Darüberhinaus vermittelt die schweizerische Lösung auch gewisse Einsichten hinsichtlich der Voraussetzungen und wohl auch der Grenzen eines grundsätzlich wünschenswerten multilateralen Doppelbesteuerungsabkommens.

Die Vermeidung der interkantonalen Doppelbesteuerung erfolgt nicht durch ein von den Kantonen abgeschlossenes (multilaterales) Abkommen (Konkordat), sondern durch Bundesrecht. (Es handelt sich bei diesem ausschließlich um Richterrecht). Bemerkenswert ist, daß dem seit 1874 bestehenden Verfassungsauftrag zum Erlaß eines Bundesgesetzes zur Vermeidung interkantonaler Doppelbesteuerung vom Gesetzgeber bis heute nicht nachgekommen wurde. Es hat daher das Bundesgericht von Fall zu Fall die für die Kantone verbindlichen Regeln zur Vermeidung interkantonaler Doppelbesteuerung aufgestellt.

Die in der Schweiz grundsätzlich angewendete Methode zur Vermeidung von interkantonaler Doppelbesteuerung ist die *Freistellung mit Progressionsvorbehalt.* Die Freistellung - in der Schweiz spricht man von Befreiung - muß in jedem Fall *unbedingt* erfolgen, d.h. der zur Freistellung verpflichtete Kanton muß diese auch dann einräumen, wenn der zur Besteuerung berechtigte Kanton das betreffende Steuerobjekt nicht besteuert. Die unbedingte Befreiung hat vor allem verwaltungsökonomische Vorteile, denn der freistellende Kanton braucht sich nicht zu vergewissern, ob im steuerberechtigten Kanton tatsächlich eine gleichartige bzw ähnliche Steuer auf das freizustellende Steuerobjekt erhoben wird wie im freistellenden Kanton. Im übrigen wird unter Vermeidung interkantonaler Doppelbesteuerung grundsätzlich die Vermeidung von Doppel*belastung* verstanden, es wird also nicht unbedingt Steuer*subjektidentität* verlangt.

Das schweizerische Verfahren zur Vermeidung von Doppelbesteuerung besteht somit darin, das Gesamteinkommen (bzw. Gesamtvermögen) eines Steuerpflichtigen in einzelne Bestandteile zu zerlegen und diese immer nur einem Kanton (Steuerdomizil) zur Besteuerung zuzuteilen. Die Aufteilung wird als "*interkantonale Steuerausscheidung*" bezeichnet. Sie erfolgt teilweise nach Objekten und teilweise quotal. Sie ist vollständig bzw. lückenlos, weil durch eine Generalklausel alle Einkünfte, die nicht durch eine besondere Zuteilungsvorschrift erfaßt sind, dem Wohnsitzkanton zur Besteuerung überlassen sind. Hervorzuheben ist, daß jeder Kanton, dem Teile des Gesamteinkommens zur Besteuerung zugeteilt sind, für die Festlegung seines Tarifs das Gesamteinkommen heranziehen darf, wobei er für die Bestimmung des Gesamteinkommens von den eigenen Rechtsvorschriften ausgehen darf. Die Freistellung mit Progressionsvorbehalt erfolgt also nicht nur aus der Sicht des Wohnsitzkantons (Hauptsteuerdomizil) eines Steuerpflichtigen, sondern ebenfalls aus der des "Einkunftsquellenkantons" (Nebensteuerdomizil). Der sich bei der progressiven Einkommensteuer aus der Aufteilung des Einkommens für Steuerpflichtige des höher besteuernden Kantons ergebende Vorteil wird dadurch in der Regel reduziert.

Die steuerliche Zuordnung der Einkünfte bei natürlichen Personen geschieht wie folgt: Einkünfte aus unselbständiger Arbeit werden grundsätzlich im Wohnsitzkanton (am sog. Familienwohnort als Hauptsteuerdomizil) besteuert. Eine Quellensteuer (z.B. Lohnsteuer) am Arbeitsort in einem anderen Kanton darf nicht erhoben werden. Es bedarf daher keiner interkantonalen Anrechnung. Einkünfte aus selbständiger Arbeit wie bei Freiberuflern, Einzelunternehmern, Künstlern, Berufssportlern usw. werden, sofern sie am Arbeitsort in ständigen Anlagen und Einrichtungen ausgeübt wird, im Kanton des Arbeitsorts besteuert. Unbewegliches Vermögen, sein Ertrag und eventuelle Veräußerungsgewinne sind dem Belegenheitskanton zur ausschließlichen Besteuerung zugeteilt. Bewegliches Vermögen und seine Erträge, insbesondere also Dividenden und Zinsen, ferner Lizenzgebühren, sind nur im Wohnsitzkanton steuerbar.

Bei Unternehmen in der Form juristischer Personen erfolgt die Besteuerung wie folgt: Maßgebend ist der Sitz des Unternehmens, sofern sich am Sitz auch eine für den Geschäftsbetrieb wesentliche Infrastruktur befindet. Im Unterschied zum internationalen Recht braucht sich die Geschäftsleitung nicht am Sitz des Unternehmens zu befinden, um diesen zum Hauptsteuerdomizil zu machen. Allerdings werden Briefkastendomizile steuerlich nicht als Sitz anerkannt. Hat ein Unternehmen eine Betriebstätte oder Liegenschaften in einem anderen Kanton, dann liegt dort ein Nebensteuerdomizil. Bei diesen interkantonalen Unternehmen darf anders als bei der international üblichen objektmäßigen nur eine quotale Aufteilung des Gesamtgewinns (und des Gesamtkapitals) vorgenommen werden. Am häufigsten ist eine indirekte Methode, die für die Quotenfestlegung sich sog. Hilfsfaktoren bedient. Als solche werden insbesondere bei Handelsunternehmen die Umsätze der einzelnen Betriebstätten verwendet. Ansonsten wird auch auf die in den einzelnen Betriebstätten eingesetzten Produktionsfaktoren Kapital oder Arbeit abgestellt. Auch Betriebstätten, die mit Verlust gearbeitet haben, partizipieren bei dieser Methode am Gesamtgewinn (sofern ein solcher vorhanden ist). Grundsätzlich vorzuziehen ist aus der Sicht des Bundesgerichts allerdings die direkte Methode zur Ermittlung der Quoten: sie stützt sich auf die von den Betriebstätten-Buchhaltungen ausgewiesenen Geschäftserfolge und ist daher an das Vorliegen einer solchen Buchhaltung gebunden. Betriebstätten mit Verlust erhalten bei dieser Methode eine Nullquote. Die Quotensumme ist daher auch jetzt 100%. Die jeweiligen kantonalen Bemessungsgrundlagen der Gewinnsteuer ergeben sich als das Produkt der kantonalen Quote mit einem Gesamtgewinn, den jeder Kanton nach seinem eigenen kantonalen Recht ermittelt.

VII. Fragen zur Selbstkontrolle und zum Nachdenken

1.) Welche Gesichtspunkte sprechen für, welche gegen eine universelle Einigung auf das Wohnsitzprinzip?

2.) Man vergegenwärtige sich die Gründe, warum die internationale Koordination direkter Steuern bisher fast ausschließlich bilateral und nicht multilateral wie bei den indirekten Steuern erfolgt. Welche Konsequenzen hätte es, wenn es eine multilaterale Vereinbarung einer Koordination z. B. gemäß dem Quellenprinzip gäbe?

3.) Welche Argumente sprechen a) zugunsten eines Anrechnungsverfahrens, b) zugunsten des Freistellungsverfahrens?

4.) Kann man den Standpunkt vertreten, die SHS-Einkommenskonzeption (Reinvermögenszugangstheorie) habe dem OECD-Musterabkommen als Richtschnur gedient? Worauf kann sich ein solcher Standpunkt stützen?

5.) Welche Nachteile hätten einseitig erlassene Vorschriften zur Vermeidung von Doppelbesteuerung?

6.) Kann man durch bilaterale Abkommen Allokationseffizienz errreichen? Gibt es auch noch andere Gesichtspunkte als die Vermeidung von allokativer Ineffizienz infolge von Doppelbesteuerung für den Abschluß bilateraler Doppelbesteuerungsabkommen?

7.) Was ist unter örtlicher Verankerung eines Steuerobjekts zu verstehen und welche Konsequenzen sind daraus für die mit einem solchen Steuerobjekt verbundene Steuer zu ziehen, wenn eine internationale Transaktion vorliegt?

8.) In welchem Koordinations-Zusammenhang spielt der Gesichtspunkt der fiskalischen Äquivalenz eine Rolle?

ZWÖLFTES KAPITEL

Gemeindesteuern

*I: Finanzwirtschaftliche Besonderheiten der Gemeindeebene - **II:** Kommunale Koordinationsmodelle - **III:** Gemeindespezifische Besteuerungsprinzipien **III.A:** Grundlegende Anforderungen - **III.B:** Ergänzende Anforderungen **IV:** Bestandteile eines finanzwissenschaftlich begründeten Gemeindesteuersystems - **IV.A:** Grundsteuern - **IV.B:** Kommunale Einkommensteuern **IV.C:** An der örtlichen Wirtschaftstätigkeit anknüpfende Steuern - **IV.D:** Steuern auf der Einkommensverwendung - **IV.E:** Beurteilung - **V:** Real existierende Gemeindesteuersysteme - **V.A:** Deutsche Gemeindesteuern - **V.B:** Schweizer Gemeindesteuern - **V.C:** Österreichs Gemeindesteuern - **VI:** Fragen zur Selbstkontrolle und zum Nachdenken*

I. Finanzwirtschaftliche Besonderheiten der Gemeindeebene

Außer Miniatur- oder Stadtstaaten bestehen alle Staaten aus mindestens zwei "Staatsebenen", aus einer oberen, zentralstaatlichen Ebene und einer kommunalen (unteren) Ebene. Während die obere Ebene durch *eine* Gebietskörperschaft repräsentiert wird und es im Fall von Bundesstaaten auf einer mittleren Ebene nur einige wenige Gebietskörperschaften gibt (Bundesländer, Kantone, "Einzelstaaten"), gehört in der Regel eine *sehr große Anzahl* von Gebietskörperschaften zur kommunalen Ebene. *Deutschland* hat knapp 14'000 Gemeinden, darunter mehr als 80 Städte mit über 100'000 und drei mit über einer Million Einwohnern. 6'200 Gemeinden haben weniger als 1'000 Einwohner. Außerdem sind 323 gemeindeübergreifende Landkreise Bestandteil der kommunalen Ebene. Sie nehmen Aufgaben wahr, für die den kleineren Gemeinden die erforderliche Größe oder Substanz fehlt. Die *Schweiz* hat knapp 3'000 "politische" Gemeinden ("Einwohnergemeinden") mit umfassendem Aufgabenbereich. Daneben gibt es für spezielle Aufgaben je nach Kanton Schul-, Munizipal-, Zivil-, Bürger- oder Burgergemeinden sowie kommunal verfaßte Korporationen und Kirchgemeinden. Überwiegend sind sie Überbleibsel der bis zur Errichtung der Helvetischen Republik vorherrschenden Gemeindeform mit *Allmende*-Verfassung[1]. *Österreich* hat rd. 2'350 Gemeinden, die flächendeckend die untere Staatsebene bilden.

1 Am bekanntesten ist die Burgergemeinde Zermatt, auf deren Territorium das Matterhorn liegt.

Um die Leistungen dem örtlichen Bedarf entsprechend bereitstellen zu können, brauchen Gemeinden eigene Entscheidungsbefugnisse. In Deutschland ist das *Recht auf Regelung "aller Angelegenheiten der örtlichen Gemeinschaft in eigener Verantwortung" durch Art. 28 Abs. 2 GG garantiert, in Österreich sind Gemeinden gemäß Art. 116 der Bundesverfassung (B-VG) "Gebietskörperschaften mit dem Recht auf Selbstverwaltung"* und in der Schweiz enthalten alle Kantonsverfassungen eine umfassende Garantie der Gemeindeautonomie oder setzen eine solche stillschweigend voraus[2]. Der übergeordneten Staatsebene steht ein Aufsichtsrecht zu.

Eine den kommunalpolitischen Zielen und den spezifischen Präferenzen der Bürger entsprechende Leistungserbringung kommt allerdings nur dann zustande, wenn die Gemeinden außer über Entscheidungsbefugnisse bei der Aufgabenwahrnehmung auch über eigene Finanzierungsinstrumente mit einem ausreichenden Grad an Autonomie verfügen. Da die Deckung der Ausgaben durch Erwerbseinnahmen sowie Gebühren und Beiträge oft nicht möglich und in keinem Fall ausreichend ist, benötigen moderne Gemeinden mit ihrem umfangreichen Aufgabenkatalog *eigene Steuern.*

Das vorliegende Kapitel ist der Darstellung eines finanzwissenschaftlich konzipierten Gemeindesteuersystems gewidmet. Gemeindesteuern müssen einer Reihe besonderer Anforderungen genügen: sie müssen auf die Besonderheiten kommunaler Ziele und Aufgaben zugeschnitten sein und gleichzeitig auch für Gemeinden tauglich sein, die untereinander hinsichtlich Bevölkerungszahl, Fläche, geographischer und topographischer Lage, sowie bezüglich Alters-, Einkommens-, Vermögens- und Gewerbestruktur und nicht zuletzt hinsichtlich der Prioritäten der Einwohner und damit auch des Finanzbedarfs höchst unterschiedlich sein können. Ein finanzwissenschaftlich konzipiertes Gemeindesystem weist daher wie auch jedes real existierende Gemeindesteuersystem erhebliche Unterschiede gegenüber dem Steuersystem der zentralen Staatsebene auf.[3]

Gemeindesteuern müssen als ein Subsystem in das jeweilige nationale Steuersystem eingebettet ("integriert") sein, d.h. mit den Steuern der übergeordneten Staatsebene so *koordiniert* werden, daß das Steuersystem der Gesamtstaates auch unter Einschluß des kommunalen Steuersystems an den im fünften Kapitel aufgeführten Besteuerungsgrundsätzen orientiert bleibt. Die für eine *Koordination* theoretisch zur Verfügung stehenden Grundmodelle werden im nachfolgenden Abschnitt als erstes dargestellt.

---

2 In der Verfassung des Kantons Zürich ist die Befugnis der Gemeinden, ihre Angelegenheiten selbständig zu ordnen, in Art. 48 niedergelegt.

3 Die Steuern von Gliedstaaten sind nicht Gegenstand des vorliegenden Kapitels, doch sind einige der für die Kommunalbesteuerung gültigen Erkenntnisse durchaus auch auf diese übertragbar.

II. Kommunale Koordinationsmodelle

Die nachfolgend darzustellenden Grundmodelle für die Koordination von kommunalen und überkommunalen (zentralstaatlichen) Steuern unterscheiden sich einerseits durch den Grad an *finanzieller Bewegungsfreiheit*, den sie Gemeinden einräumen, andererseits hinsichtlich der Technik der "*Verzahnung*" von kommunaler und "zentraler" Besteuerung.

Für die Darstellung werden folgende Abkürzungen verwendet:

G-BG: Bemessungsgrundlagen, die ausschließlich den Gemeinden fiskalisch zur Verfügung stehen

Verbund-BG: Bemessungsgrundlagen zur gemeinsamen fiskalischen Verfügung der Gemeinden mit der Zentralebene

G-Tarif: in alleiniger Gemeindekompetenz festgelegter Steuertarif oder Tarifparameter (z.B. ein Hebesatz)

Z-Tarif: von der Zentralebene festgelegter Tarif bzw. Tarifvorgaben der Zentralebene

Modell 1: Den größten Spielraum haben Gemeinden, wenn sie sich in ungebundener Weise ihre Steuerobjekte selber aussuchen und die Bemessungsgrundlagen mitsamt dem Tarif selber bestimmen können. In diesem Fall besäßen sie ein "eigenes Steuerfindungsrecht", eine sog. steuerliche "Kompetenz-Kompetenz", (d.h. das Recht zur Etablierung eigener Steuerrechte). Dieses Recht steht allerdings in der Regel nur souveränen Staaten zu - und manchmal nicht einmal diesen. Im Binnenverhältnis verstieße daher ein *Verzicht* auf Koordination (ein "ungebundenes System") gegen einige wesentliche staats- und gesellschaftspolitische Ziele, die innerhalb eines Staats bis zu einem gewissen Grad einheitlich verwirklicht sein müssen. Ein ungebundenes System würde vor allem gegen den Grundsatz der Gleichmäßigkeit der Besteuerung verstoßen. Gemeindesteuern müssen daher in systematisch akzeptabler Art und Weise in das jeweilige nationale Gesamtsteuersystem eingebunden sein.

Modell 2: Ein *koordiniertes* Steuersystem mit *hohem* Autonomie- bzw. Selbstbestimmungsgrad liegt vor bei einem *Trennsystem* bezüglich der *Bemessungsgrundlagen* und *voller Tarifkompetenz* der Gemeinden: Bei den Bemessungsgrundlagen gibt es keine Überschneidungen, denn gewisse Bemessungsgrundlagen stehen ausschließlich den Gemeinden zu, während alle anderen von der übergeordneten Ebene genutzt werden können. Beim Tarif haben die Gemeinden freie Hand bei der Festlegung der Struktur und der Höhe der Steuersätze. Das folgende Schema illustriert dieses Koordinationsmodell.

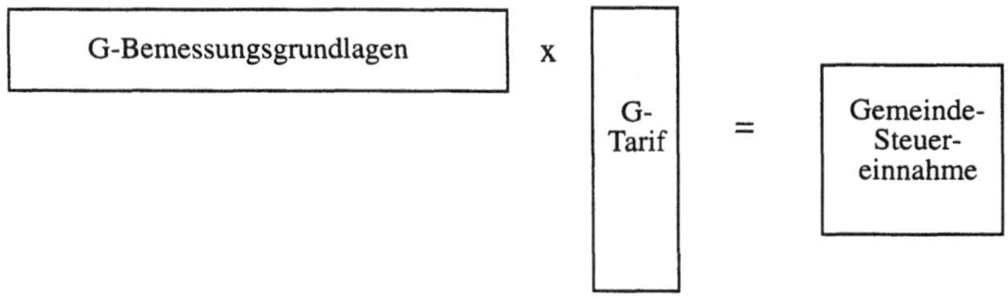

Beispiel
Das liegende Rechteck (ein sog. Zeilenvektor) enthalte die Bemessungsgrundlagen der drei lohnsteuerpflichtigen Bürger einer Gemeinde (z.B. a_1= 50'000, a_2 = 100'000), a_3 = 120'000) und das hochgestellte Rechteck (ein Spaltenvektor) die für den jeweiligen Lohn in Betracht kommenden Steuersätze (z.B. s_1 = 2 %, s_2 = 3 %, s_3 = 5 %). Als Einnahme der Gemeinde aus der Lohnsteuer resultiert das Vektorprodukt 50'000 · 0,02 + 100'000 · 0,03 + 120'000 · 0,05 = 10'000.

Modell 3: Einen *etwas geringeren* Spielraum besitzen Gemeinden beim vorliegenden Modell: Wie im *Trennsystem* sind ihnen *eigene* Bemessungsgrundlagen reserviert. Bezüglich der Struktur und den Modalitäten des Tarifs (z.B. Tariftyp, Tarifform, Progressionsverlauf usw.) werden ihnen aber vom "Zentralstaat" *Vorgaben* gemacht. Es verbleibt ihnen jedoch ein Hebesatzrecht: Die Gemeinden können in eigener Kompetenz einen Faktor (Vervielfacher) bzw. eine Prozentzahl (in der Schweiz überwiegend als Steuerfuß bezeichnet) festlegen, wodurch sie die Niveauhöhe "ihrer" Steuer generell heben oder senken können.

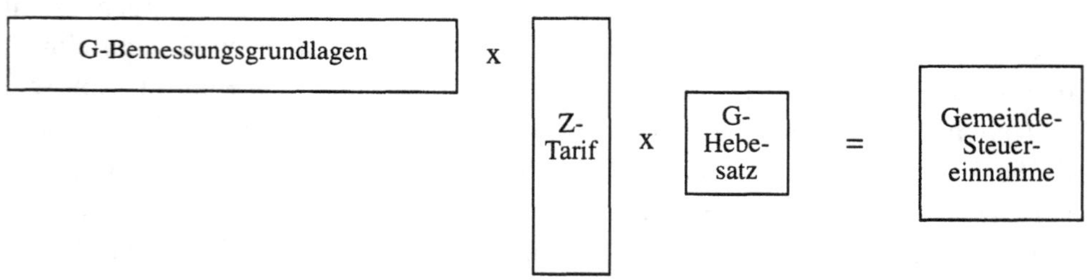

Modell 4: Da es nur eine beschränkte Zahl von Bemessungsgrundlagen gibt, die den allgemeinen Grundsätzen der Besteuerung genügen und zugleich fiskalisch *ergiebig* sind, müssen in der Regel "breite" Bemessungsgrundlagen im *Verbund* von kommunaler und höherer Staatsebene genutzt werden, um den Finanzierungsbedarf beider Ebenen zu decken. Es gibt jetzt *Verbund*-Bemessungsgrundlagen, und die zentrale Ebene legt einen Verbund-Zwischentarif mit Verbindlichkeit auch für die Gemeinden fest. Dadurch wird die Tarifstruktur auch für die Gemeinden fixiert, die aber wie beim Modell 3 ihr Tarif*niveau* durch eigene Hebesätze variieren können. Dieses Modell soll, da es überwiegend in der Schweiz

vorkommt, als *Schweizer Modell* bezeichnet werden. Das Steueraufkommen sowohl der zentralen als auch jeder kommunalen Gebietskörperschaft ergibt sich durch Multiplikation des jeweiligen Zwischenergebnisses (Produkt aus Verbund-BG und Z-Tarif) mit dem jeweiligen Hebesatz.

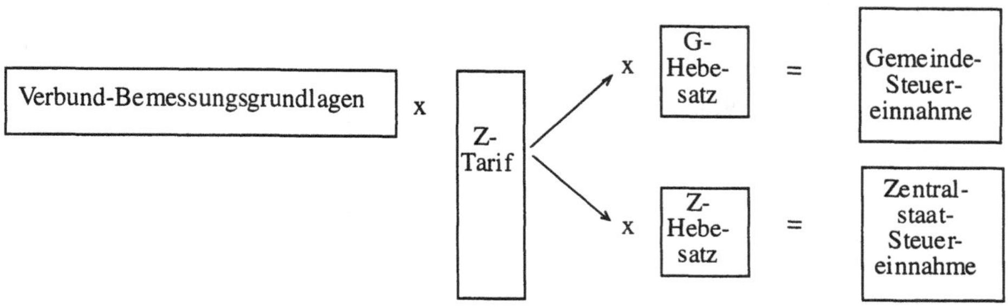

Modell 5: Wie beim vorangegangenen Modell werden auch beim jetzt zu zeigenden Fall *Verbund*-Bemessungsgrundlagen verwendet. Man kann diesen Fall als Zuschlags-, "piggy-back-" oder - wegen seiner ursprünglichen Herkunft - als *preußisches Modell* bezeichnen. Die Gemeinden legen jetzt einen *Zuschlagsfaktor* oder "Prozentaufschlag" zum "zentralen Steueraufkommen" fest. Im Unterschied zum Schweizer Modell sind Änderungen der kommunalen Zuschlagsfaktoren jetzt allerdings nicht mehr notwendigerweise Ausdruck eines veränderten kommunalen Finanzbedarfs. Unter Umständen müssen sie *reaktiv* in Abhängigkeit von Änderungen des Steueraufkommens der übergeordneten Ebene geändert werden. Daher signalisiert beispielsweise die Anhebung eines kommunalen Zuschlagssatzes den Bürgern nicht in jedem Fall einen höheren kommunalen Finanzbedarf und ebensowenig bedeutet eine Absenkung nicht notwendigerweise einen geringeren Finanzbedarf der Gemeinde, z.B. als Resultat besserer Wirtschaftlichkeit.

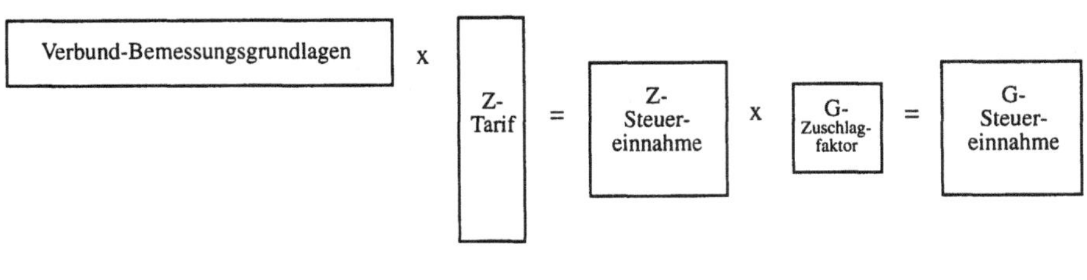

Modell 6: Eine *stark eingeschränkte* Fähigkeit, auf die Höhe des eigenen Steueraufkommens selbstbestimmend Einfluß zu nehmen, haben Gemeinden, wenn ihnen zwar *eigene Bemessungsgrundlagen* überlassen bleiben, ihnen aber keine Tarifkompetenz und auch kein Hebesatzrecht zusteht. Die zentrale Ebene legt *alle* Tarifparameter fest. Die kommunale Beeinflussung des eigenen Steueraufkom-

mens kann nur noch dadurch geschehen, daß günstige Voraussetzungen geschaffen werden für die Vermehrung der von der übergeordneten Gebietskörperschaft den Gemeinden überlassenen Bemessungsgrundlagen. Diese können dann nur noch "*Bemessungsgrundlagen-Politik*" betreiben, d.h. durch ihre Wirtschafts- oder Finanzpolitik die wirtschaftlichen Tatbestände beeinflussen, die den kommunalen Steuerobjekten zugrunde liegen.

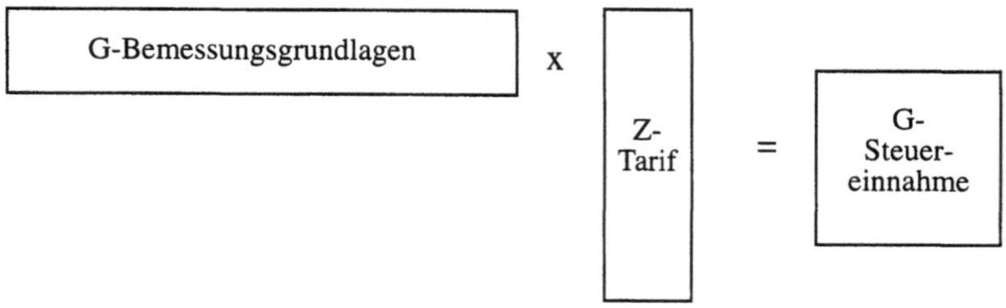

Modell 7: Einen *noch geringeren* Selbstbestimmungsgrad bezüglich des eigenen Steueraufkommens besitzen Gemeinden, wenn sie nur noch über einen *Verteilungsschlüssel* an einem Verbund-Steueraufkommen nach Maßgabe des *örtlichen* Aufkommens beteiligt sind. Sie können ihre Steuereinnahmen zwar ein wenig durch "Bemessungsgrundlagen-Politik" verbessern, doch die Früchte dieser Politik ernten nicht nur sie selber, sondern überwiegend die am Verbund beteiligten anderen Gebietskörperschaften. Ist schließlich auch nicht mehr das örtliche Steueraufkommen maßgebend für den Umfang der Verbundmasse, an dem eine Gemeinde beteiligt ist, dann verbleibt ihr nur noch die Möglichkeit, die für die Definition des Schlüssels verwendeten Parameter, wie z.B. die Bevölkerungszahl oder -struktur zu ihren Gunsten zu verändern, d.h. "*Schlüssel-Politik*" zu betreiben. Das folgende Schema illustriert das soeben beschriebene Modell.

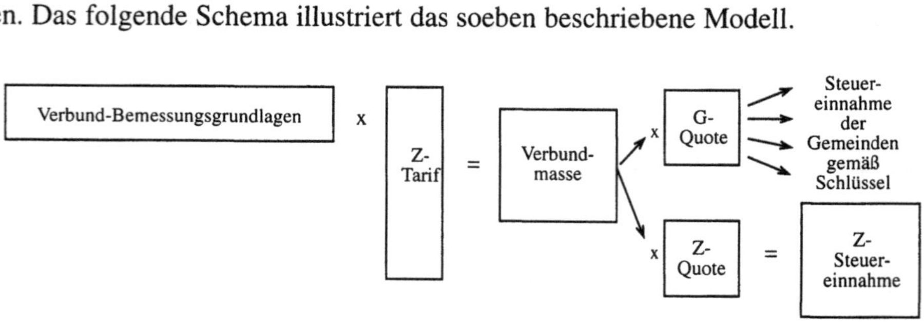

Aus den dargestellten Koordinationsmodellen können natürlich durch Mischung und Abwandlung Untervarianten hervorgehen. Der mit der Wahl einer Koordinationsvariante eingeräumte Bewegungsspielraum ist nicht zuletzt Ausdruck der politischen Kräfteverhältnisse in einem Staat und ist demzufolge nicht selten in dessen Verfassung festgelegt. Da ein Gemeindesteuersystem in der Regel nicht nur aus *einer* Steuer, sondern aus einem *Bündel* von mehreren Steuern besteht und bestehen sollte, können verschiedene Koordinationsmodelle nebeneinander Verwendung finden.

Der fiskalische Spielraum bzw. Selbstbestimmungsgrad von Gemeinden hängt nicht nur von den Bemessungsgrundlagen und von den Tarifkompetenzen ab, sondern auch davon, inwieweit sie die *verwaltungsmäßige Zuständigkeit für die Erhebung und Einziehung der Gemeindesteuern* besitzen. Auch für die Zuteilung bzw. Koordination von Verwaltungskompetenzen gibt es verschiedene Modelle, bei denen die Gemeinden unterschiedlich große Ermessensspielräume bei der Anwendung der Steuergesetze haben. Diese Kompetenzdimension bleibt im folgenden unberücksichtigt.

III. Gemeindespezifische Besteuerungsprinzipien

Grundsätzlich sollten auch Gemeindesteuern den allgemeinen Besteuerungsprinzipien entsprechen, wie sie im fünften Kapitel dargelegt wurden. Dies gilt insbesondere hinsichtlich der Grundsätze, die auf eine *gerechte* und *nichtverzerrende* Besteuerung abzielen. Daher spielen auch das *Leistungsfähigkeitsprinzip* und das Effizienzziel eine wesentliche Rolle für die Gestaltung eines Gemeindesteuersystems. Daneben sind die "technischen" Anforderungen der *Erhebungs- und Entrichtungsbilligkeit* für Gemeindesteuern von besonderer Bedeutung. Gemeindesteuern sollten zudem das Gesamtsteuersystem so wenig wie möglich "verkomplizieren".

Neben allgemeinen Besteuerungsgrundsätzen sind *gemeindespezifische Besteuerungsprinzipien* zu beachten. Durch sie werden die Konsequenzen aus den gemeindespezifischen Besonderheiten gezogen. Im Hinblick auf die Bedeutung für die Gestaltung des Gemeindesteuersystems kann man bei ihnen danach unterscheiden, ob sie von *grundlegender* oder nur von *ergänzender* Natur sind. Die Unterscheidung ergibt sich unter dem Gesichtspunkt, ob ein gemeindespezifisches Besteuerungsprinzip in erster Linie sicherstellen soll, daß eine *selbstverantwortliche* ("autonome") Wahrnehmung von örtlichen Angelegenheiten ermöglicht wird, oder ob es primär übergeordneten, gesamtstaatlich als wichtig angesehenen Zielen dienen solle. Im ersten Fall geht es darum, Gemeindesteuern so zu gestalten, daß *lokalpolitische* Ziele und *örtliche* Präferenzen möglichst weitgehend zum Zuge kommen, im zweiten Fall stehen eher übergeordnete und allgemeinstaatliche wirtschafts-, gesellschafts- und verteilungspolitische Gesichtspunkte im Vordergrund. Vielfach stehen die in den verschiedenen Besteuerungsprinzipien inkorporierten Ziele und Gesichtspunkte in einem gewissen Spannungsverhältnis zueinander. Je nachdem, ob ein Staat eher föderalistischen oder eher zentralistischen Charakter hat, kann daher ihr Gewicht im einzelen unterschiedlich ausfallen.

III.A. Grundlegende Anforderungen

Soll eine selbstverantwortliche Wahrnehmung eigener Angelegenheiten auf der kommunalen Ebene gelingen, dann müssen Gemeindesteuern (a) dem Grundsatz *fiskalischer Äquivalenz* genügen, (b) aus *örtlich radizierten* Steuerobjekten bestehen, (c) die lokale Steuerbelastung dem Bürger *fühlbar* machen und (d) den Gemeinden finanzielle *Spielräume* gewähren. Im einzelnen handelt es sich um folgendes:

Fiskalische Äquivalenz: Der Grundsatz der fiskalischen Äquivalenz besagt, daß die Aufgaben- und *Ausgabenverantwortung* der Gebietskörperschaften einer jeden Staatsebene mit einer entsprechenden *Einnahmenverantwortung* einhergehen sollte. Entscheidungen über Ausgaben sollten unter Abwägung von Nutzen und selbst zu tragenden Lasten erfolgen. Gemeindespezifisch formuliert bedeutet fiskalische Äquivalenz, daß eine Gemeinde ihre Ausgaben grundsätzlich durch eigene Einnahmen finanzieren sollte und noch spezieller, daß die verschiedenen, in einer Gemeinde vorhandenen *Nutzer-Gruppen* die Finanzierungslasten der jeweils ihnen zugute kommenden Gemeinde-Ausgaben durch entsprechende kommunale Abgaben *selber tragen* sollten. Den von Gemeinden wahrzunehmenden Aufgaben müssen daher die zu deren Finanzierung notwendigen eigenen Einnahmequellen gegenüberstehen. Wenn z.B. die Bürger einer Gemeinde eine neue Freizeitanlage wünschen, dann sollen sie selber die Mittel dafür aufbringen.

Gemeinden erbringen auch Leistungen an a*uswärtige Nutzer*, wie z.B. die Bereitstellung von öffentlichen Verkehrseinrichtungen an Einpendler aus dem Umland ("Spill-overs"), und sie haben nicht nur einen eigenen, örtlichen Aufgabenbereich, sondern auch einen *übertragenen Wirkungskreis*. Sie werden auch als *dezentrale* Institutionen von der übergeordneten Staatsebene für deren Aufgabenwahrnehmung in Anspruch genommen, weil sie wegen ihrer "Nähe" zu den Bürgern dazu besser geeignet bzw. informiert sind als eine oft weitab liegende Verwaltung. Oft wirft die kommunale Wahrnehmung gemeindeeigener Aufgaben auch Nutzen an die übergeordneten Ebene ab, so beispielsweise in Bereichen wie öffentliche Sicherheit, Volksschulbildung, Gesundheit usw.: Es treten dann mit der Leistungsabgabe an die eigenen Bürger *externe Effekte* auf im Sinne einer gleichzeitigen Leistungsabgabe auch an die übergeordnete Ebene oder auch an Nachbargemeinden. Dem Grundsatz der fiskalischen Äquivalenz entsprechend sollten in allen diesen Fällen gemeindeexterne Nutzer, Nachbargemeinden oder die übergeordnete Ebene für die jeweils ihnen zugute kommenden Nutzen einen entsprechenden Finanzierungsbeitrag leisten.

Insgesamt gesehen ist es also unter dem Gesichtspunkt der fiskalischen Äquivalenz nicht erforderlich, daß eine Gemeinde ihren Haushalt in *vollem Umfang* aus eigenen Steuereinnahmen finanziert. Abgesehen von eventuellen Einnahmen aufgrund kommunalen Vermögens ("Erwerbseinnahmen" wie Miet- oder Zinseinnahmen) und öffentlichen Gebühren und Beiträgen benötigen Gemeinden - in unterschiedlichem Grade - neben eigenen Steuern auch Finanzzuweisungen und Zweckzuschüsse im Rahmen des Finanzausgleichs.

Der Grundsatz der fiskalischen Äquivalenz darf nicht mit dem Äquivalenz*prinzip* gleichgesetzt werden. Das Äquivalenzprinzip bezieht sich auf die Gestaltung einer öffentlichen Abgabe (insbesondere einer Gebühr oder eines Beitrags) als Gegenleistung für eine einzelne, *spezifizierte* öffentliche Leistung. Die fiskalische Äquivalenz in ihrer allgemeinen Form verlangt hingegen eine *globale* Entsprechung von gebietsmäßigem Nutzer- Finanzierer- und Entscheiderkreis. Fiskalische Äquivalenz hat daher neben einer globalen auch eine *räumliche* und politökonomische Dimension: Es werden die den Nutznießern zugute kommenden Ausgaben auch durch Einnahmen gedeckt, die *gebietsexterne* Steuerpflichtige aufbringen müssen, so daß gebietsangehörige Steuerpflichtige nicht durch Steuern für Ausgaben in Anspruch genommen werden, die *"Gebietsexternen"* zugute kommen. Umgekehrt gilt Analoges: Gemeindeexterne sollen nicht Lasten oder Steuern tragen für Nutzen, der den Gemeindeangehörigen zugute kommt (es soll keinen "Steuerexport" geben). In einer erweiterten Form kann das Prinzip der fiskalischen Äquivalenz seine positive Allokationswirkung im übrigen auch entfalten, wenn sich Nutzergruppen innerhalb einer Gemeinde identifizieren lassen, indem verlangt wird, daß diese Nutzergruppen die speziellen Lasten für die ihnen zugute kommenden Ausgaben tragen.

Örtliche Radizierbarkeit: Ein Kommunalsteuersystem sollte aus Steuern mit *örtlicher Radizierbarkeit* bestehen. Örtliche Radizierbarkeit oder "Verwurzelung" eines Steuerobjekts bedeutet, daß dieses einen direkten Bezug zum finanzwirtschaftlich relevanten Geschehen in der Gemeinde hat (dort "verankert" ist). Einen solchen Bezug weisen z.B. die in der Gemeinde wohnenden Personen, die im Gemeindegebiet liegenden Grundstücke oder die in einer Gemeinde vorhandenen Arbeitsplätze auf. In örtlich radizierbaren Steuerobjekten finden die Aktivitäten der Gemeindebürger und die Entscheidungen der für die Gemeindepolitik verantwortlichen Entscheidungsträger ihren Niederschlag. Die Steuereinnahmen aus örtlich radizierbaren Steuerobjekten spiegeln die Folgen dieser Aktivitäten und Entscheidungen wider. Kommunale Steuern, die dem Gesichtspunkt der örtlichen Radizierbarkeit genügen, bedeuten *Einnahmen aus eigenen Quellen.* Die Gemeindebürger und örtlichen Entscheidungsträger haben einen Anreiz, solche Steuerquellen zu "pflegen".

Fühlbarkeit: Unter Fühlbarkeit ist zu verstehen, daß die für die örtliche Aufgabenerfüllung erforderlichen Finanzierungslasten dem örtlichen Steuerzahler als solche *erkennbar* sind und als spürbare Größe empfunden werden. Fühlbarkeit ist erforderlich, damit sich die Bürger Klarheit über die Kosten ihrer Wünsche verschaffen und ein Bild von den Fähigkeiten ihrer lokalen Politiker bzw. der Qualität ihrer lokalen Verwaltung machen können. Dadurch werden sie motiviert, bei Gemeindewahlen oder im Rahmen eines politischen Engagements Konsequenzen hinsichtlich der von ihnen gewünschten Gemeindepolitik zu ziehen. Fühlbarkeit transportiert Information und erzeugt zugleich Motivation.

Das Gegenteil der Fühlbarkeit ist die *Unmerklichkeit*. Unmerkliche Finanzierung führt zu Indifferenz der Gemeindebürger bezüglich Sparsamkeit oder Wirtschaftlichkeit der Gemeindverwaltung und zu überhöhten Ansprüchen an lokal zu erbringende öffentliche Leistungen. Fühlbarkeit ist im übrigen nicht unbedingt gleichzusetzen mit drückenden Steuerlasten. Sie liegt vor allem dann vor, wenn dem Bürger die kommunale Steuerrechnung offen präsentiert wird. Die kommunale Steuer dringt vor allem dann ins Bewußtsein, wenn sie mit eigenem Tarif erhoben oder mit einem kommunalen Hebesatz versehen ist.

Finanzielle Bewegungsfähigkeit ("Beweglichkeit"): Um den in einer Gemeinde vorhandenen Wünschen der Bürger entsprechen und einen aus irgendwelchen Gründen vorhandenen Sonderbedarf decken zu können, brauchen die Gemeinden einen ausreichenden Bewegungsspielraum. Dazu gehören eine in kommunaler Kompetenz mögliche Veränderung des Aufkommens aus eigenen Steuern. Zusätzlicher Bedarf sollte sich in höheren, rationellere Leistungserbringung oder geringerer Bedarf in niedrigeren Gemeindesteuern niederschlagen können. Es müssen den Gemeinden daher Steuern und steuerliche Koordinationsmodelle zur Verfügung stehen, die durch "Betätigung von Hebeln" kommunale Variierbarkeit zulassen.

III.B Ergänzende Anforderungen

Bei den Zusatzanforderungen an das Gemeindesteuersystem geht es nicht mehr in erster Linie darum, die steuerlichen Voraussetzungen für das Funktionieren einer nur auf die einzelne Gemeinde bezogenen allokations- bzw. präferenzgerechten Finanzwirtschaft zu schaffen, als vielmehr darum, durch geeignete Gestaltung der Steuern dazu beizutragen, daß die kommunale Selbstverwaltung in Bahnen verläuft, die mit Zielen vereinbar sind, die gesamtstaatlich als wichtig angesehen werden.

Herstellung von Interesse an Gewerbeansiedlung

Es liegt im Gesamtinteresse eines Staates, daß Gemeinden an der Ansiedlung von Gewerbe bzw. wirtschaftlicher Tätigkeit auf ihrem Gemeindegebiet auch dann interessiert sind, wenn diese mit lästigen Emissionen verbunden ist. Daher sollten die Gemeinden ein finanzielles Interesse haben, Unternehmen zur Ansiedlung zu bewegen: Sie müssen über wirtschaftsbezogene Steuern und einen genügenden

Spielraum bei der steuerlichen Belastung der örtlichen Wirtschaftstätigkeit verfügen, damit sie ihre der wirtschaftlichen Tätigkeit zugute kommenden Ausgaben durch entsprechende Einnahmen aus solchen Steuern decken können. Außerdem sollte das Gemeindesteuersystem für einen *Interessenausgleich* zwischen den örtlichen Unternehmen und der Wohnbevölkerung geeignet sein. Der Gesichtspunkt des Interessenausgleichs ist ein letztlich *politisch* begründeter, der über den Äquivalenzgesichtspunkt hinausweist: Eventuellen Widerständen der Bevölkerung gegen eine mit lästigen Emissionen verbundene gewerbliche Tätigkeit sollte durch wirtschaftsbezogene Steuereinnahmen begegnet werden können, die höher sind als sie es unter dem Gesichtspunkt der fiskalischen Äquivalenz wären.

Wettbewerbsneutralität

Wettbewerbsneutralität ist ein übergeordneter Besteuerungsgrundsatz. Bezogen auf Gemeindesteuern hat er jedoch spezifische Implikationen: Vorleistungen infrastruktureller Art seitens der Gemeinden an die örtliche Wirtschaft sollten sich entsprechend dem Grundsatz der fiskalischen Äquivalenz in der Höhe der wirtschaftsbezogenen Steuern niederschlagen. Unterschiedlich hohe kommunale Steuern oder Hebesätze stehen daher nicht notwendigerweise im Widerspruch zum Grundsatz der Gleichmäßigkeit der Besteuerung oder der überkommunal anzustrebenden Allokationseffizienz, sondern können im Gegenteil gerade eine Konsequenz aus der Anwendung dieser Grundsätze sein. Der Gesichtspunkt der Allokationseffizienz oder, in herkömmlicher Bezeichnungsweise, der Wettbewerbsneutralität, erfordert also *nicht* die *Vermeidung* interkommunaler Belastungsunterschiede, sondern eine die verursachten Gemeindeausgaben widerspiegelnde Steuerbelastung.

Die Folgerung aus der Forderung nach Wettbewerbsneutralität besteht vor allem darin, daß *Strukturunterschiede* des Gemeindesteuersystems zu vermeiden sind. Der Struktur nach sollte das Gemeindesteuersystem innerhalb eines Staatsgebiets und vor allem innerhalb einer Region einheitlich sein. Ein *unbeschränktes Steuerfindungsrecht* der Gemeinden (wie in Abschnitt II unter Nr. 1 beschrieben) wäre mit dieser Forderung unvereinbar.

Bedarfsgerechte Aufkommensstreuung

Es handelt sich bei dieser sehr anspruchvollen Anforderung um eine gemeindespezifische Ausformung des allgemeinen Grundsatzes der Ausreichendheit: Das Aufkommen an Steuern sollte bei *allen* Gemeinden dem *jeweiligen Gemeindebedarf* entsprechen. Die Gemeindeaufgaben und -ausgaben sind unter den

Gemeinden nach Art und Umfang aus den in Abschnitt I angegebenen Gründen sehr verschieden, demgemäß gibt es auch große finanzielle Bedarfsunterschiede. Unterscheidet man zwischen einer *horizontalen* und einer *vertikalen* Streuung der Steueraufkommens, dann bedeutet die Anforderung der Bedarfsgerechtigkeit, daß die horizontale Streuung bei Gemeinden mit *gleichem Finanzbedarf* klein sein, die *vertikale Streuung* des Steueraufkommens andererseits dem *unterschiedlichen* Finanzbedarf entsprechen und daher eventuell groß sein sollte.

Die Anforderung an das Gemeindesteuersystem, in allen Fällen ein auf den jeweiligen Finanzbedarf abgestimmtes Steueraufkommen zu erbringen, läßt sich *nie vollkommen* erfüllen. Gleichwohl sollte versucht werden, dieser Anforderung durch die geeignete Wahl der Steuerobjekte und der Koordinationsmodelle möglichst nahe zu kommen. *Je mehr Steuerobjekte* zur Verfügung stehen und je besser diese sich als *Äquivalenzindikatoren* eignen, desto eher wird sich die Aufkommenstreuung der jeweiligen Bedarfslage annähern. Das Hauptproblem stellen die *strukturschwachen* Gemeinden, aber auch die großen *Zentralorte* mit ihren über das Umland diffundierenden Leistungen ("Spill-overs") dar, für die es daher immer einen *ergänzenden Finanzausgleich* geben muß.

Finanzzuweisungen von der zentralen Ebene ("vertikaler" Finanzausgleich) oder von finanzstarken Gemeinden an die finanzschwächeren Gemeinden ("horizontaler Finanzausgleich") müssen die Strukturschwäche oder eine ungünstige geographische oder topographische Lage bis zu einem gewissen Grade ausgleichen. Um einen gesamtstaatlich als erforderlich angesehenen Minimalstandard kommunaler Leistungen zu erbringen, sind solche die Schwachen subventionierenden und unter den Gemeinden umverteilend wirkenden Finanzzuweisungen unverzichtbar. Allerdings dürfen Finanzzuweisungen nicht die eigenen Anstrengungen einer Gemeinde zur Verbesserung ihrer eigenen Finanzkraft untergraben und müssen daher stets wohlbegründet sein.

Stetigkeit des Steueraufkommens (Konjunkturunempfindlichkeit)

Die kommunalen Leistungen gehören großenteils zum Bereich der sog. *Daseinsvorsorge* ("service public"). Gemeint ist damit die Bereitstellung einer von den Gemeindebürgern als unentbehrlich angesehenen öffentlichen Gemeinwohl-Grundversorgung, d.h. einer Bereitstellung *existenzminimaler öffentlicher Güter mit lokaler Inzidenz.* Die Bereitstellung solcher Güter sollte nicht von Konjunkturschwankungen abhängen. Durch die Stetigkeit des Steueraufkommens im Zeitablauf soll Stetigkeit der lokalen Grundversorgung gewährleistet werden. Da Gemeinden für die laufende Aufgabenerfüllung nicht den Kapitalmarkt beanspruchen sollten und da zumindest der finanzschwächere Teil unter ihnen kaum oder gar nicht auf Rücklagen oder Reserven zurückgreifen kann, ist ein stetig fließendes Steueraufkommen erforderlich, um in allen Gemeinden die Stetigkeit kommunaler Gemeinwohl-Grundversorgung sicherzustellen.

Die Forderung nach Stetigkeit des kommunalen Steueraufkommens folgt außerdem auch aus einem kommunalspezifisch interpretierten Ziel gesamtwirtschaftlicher *Konjunkturstabilität*. Eigentlich gehört es nicht zu den Aufgaben von Gemeinden, antizyklische Konjunkturpolitik zu betreiben. Gleichwohl sollte vom Gemeindesektor als Ganzem keine stabilitätspolitisch unerwünschte Wirkung ausgehen, was wegen des großen Gewichts, das *kommunalen Investitionen* im Rahmen der Gesamtwirtschaft zukommt[4], durchaus im Bereich des Möglichen liegt: Einer eventuellen *prozyklischen Finanzpolitik* der Gemeinden sollte daher vorgebeugt werden, indem den Gemeinden Steuern überlassen werden, deren Aufkommen im Konjunkturverlauf nur wenig schwankt. Die Gemeinden werden dadurch im Prinzip in den Stand versetzt, eine stetige Ausgabenpolitik zu betreiben. Die konjunkturstabilisierende Rolle des Gemeindesektors kann durch einen verstetigten Einnahmefluß am besten gewährleistet werden.

Ausreichende Wachstumsfähigkeit des Steueraufkommens

Unterstellt man einen im Gleichschritt mit dem allgemeinen Wirtschaftswachstum zunehmenden Gemeindefinanzbedarf, dann läuft auf längere Sicht die vorliegende Anforderung auf ein *zum Sozialprodukt proportionales Wachstum des Gemeindesteueraufkommens* hinaus. Die Anforderung der ausreichenden Wachstumsfähigkeit sollte im übrigen so verstanden werden, daß sie ein ausreichendes Steueraufkommen bei *gleichbleibender Steueranspannung* (gleichbleibendem Hebesatz) beinhaltet. Eine steigende Steueranspannung würde nämlich einen schleichenden Verlust an Entscheidungsfreiheit implizieren: je näher man den, wo auch immer liegenden Grenzen der Belastbarkeit kommt, desto geringer wird der politische Spielraum einer weiteren Anspannung.

Kommunalsteuern mit einer *langfristigen Aufkommenselastizität von ungefähr eins* (bei gleichbleibender Anspannung) dürften der Anforderung nach ausreichender Wachstumsfähigkeit am ehesten entsprechen. Dementsprechend sind *proportionale* oder *nur schwach progressive Tarife* zu bevorzugen. *Strömungsgrößen* eignen sich besser als Bestandsgrößen, da sie im Wachstum meist weniger hinter der Entwicklung des Sozialprodukts zurückbleiben.

Steht den Gemeinden ein ganzes Bündel von Gemeindesteuern zur Verfügung, braucht nicht jede einzelne Steuer eine (langfristige) Aufkommenselastizität von ungefähr eins aufzuweisen. Der Forderung nach ausreichender Wachstumsfähigkeit bezieht sich auf das Gemeindesteuersystem als Ganzem. Ihr wird am ehesten entsprochen, wenn den Gemeinden ein Bündel verschiedener Bemessungsgrundlagen überlassen wird.

---

4 Die deutschen Gemeinden beispielsweise tätigen rd. zwei Drittel der öffentlichen Investitionen.

Vermeidung einseitiger Abhängigkeiten

Gemeinden können in die Lage einer gewissen Abhängigkeit von einzelnen großen Steuerzahlern oder von der Entwicklung bestimmter Wirtschaftsbranchen kommen. Die Forderung nach Vermeidung einseitiger Abhängigkeit hat mehrere Zwecke. Sie zielt zum einen ab auf *Schutz der Gemeinden vor Druckversuchen* seitens einzelner besonders wohlhabender Steuerzahler, die ihre Partikularinteressen durchzusetzen versuchen könnten. Zum anderen soll die Forderung sicherstellen, daß die Gemeinden einnahmemäßig möglichst umfassend an der Entwicklung der Volkswirtschaft teilhaben und nicht einseitig von der Entwicklung bestimmter Wirtschaftsbranchen abhängen.

Schließlich läuft die Forderung nach Vermeidung einseitiger Abhängigkeit auch darauf hinaus zu verhindern, daß sich die Einwohner zu Lasten des örtlichen Gewerbes oder umgekehrt das Gewerbe zu Lasten der Bürger entlasten können. Das System der Gemeindesteuern sollte so zusammengesetzt sein, daß einseitigen Abhängigkeiten der genannten Art vorgebeugt wird und Einwohner *sowie* örtliche Wirtschaft in ausgewogener Weise gemäß der fiskalischen Äquivalenz unter Berücksichtigung eines eventuell als notwendig angesehenen Interessenausgleichs belastet werden.

Einfachheit sowie Erhebungs- und Entrichtungsbilligkeit

Einfachheit der kommunalen Steuern und des kommunalen Steuersystems dient der *Verständlichkeit* und diese dient der Ermöglichung bzw. Erleichterung gemeindebürgerlicher Kontrolle und gemeindebürgerlichen Engagements. Einfachheit unterstützt das Funktionieren des kommunalen Finanzsystems. Sie impliziert, daß die Entrichtung von Gemeindesteuern nicht mit hohem Zeitaufwand für die Bürger und die Erhebung und Einziehung für die Steuerverwaltung nicht mit hohen Kosten verbunden ist. Andernfalls könnten Gemeindesteuern als überflüssiger Ballast empfunden werden und die Forderung nach Übertragung von Gemeindeaufgaben an die nächsthöhere Ebene entstehen. Diese müßte dann Aufgaben wahrnehmen, für deren Wahrnehmung sie weniger gut geeignet ist als die Gemeinden.

Den Anforderungen von Einfachheit sowie von Erhebungs- und Entrichtungsbilligkeit werden Gemeindesteuern vor allem dann gerecht, wenn ihre Bemessungsgrundlagen entweder auch von der übergeordneten Ebene genutzt werden (Verbund-Bemessungsgrundlagen) oder wenn sie sich *aus bereits anderweitig vorhandenen Größen einfach ableiten* lassen bzw. *Vereinfachungen* gegenüber Bemessungsgrundlagen der Steuern der Zentralstaatsebene darstellen. Gemeindesteuern sollten also möglichst *keine besonderen Bewertungen* oder *schwierige Neuabgrenzungen* erforderlich machen, sondern sich vorliegender Bewertungen und Abgrenzungen bedienen.

IV. Bestandteile eines finanzwissenschaftlich begründeten Gemeindesteuersystems

Die aus finanzwissenschaftlicher Sicht in Betracht kommenden Steuerobjekte sollten den soeben aufgeführten Anforderungen entsprechen und im speziellen als *Äquivalenzindikatoren* mit den Gegenständen der kommunalen Aufgabenwahrnehmung und den dort anfallenden Ausgaben verbunden sein. Man kann diesbezüglich unterscheiden: 1.) Gemeindeausgaben, die einen primär sachlichen Bezug zu dem auf Gemeindegebiet belegenen Grund und Boden haben, 2.) Gemeindeausgaben, die in erster Linie dem Wohnen und der Daseinsvorsorge der eigenen Einwohner dienen, 3.) Gemeindeausgaben, die vor allem einen Beitrag zugunsten der örtlichen Wirtschaftstätigkeit leisten und 4.) Gemeindeausgaben, die (teilweise auch) gemeindeexternen Nutzern zugute kommen. Das folgende Schema vermittelt einen Überblick über die hauptsächlich in Betracht kommenden Finanzierungsinstrumente mit Bezug zu den kommunalen Aufgabenbereichen. Die im Schema aufgezählten Steuern werden im einzelnen in den nachfolgenden Unterabschnitten behandelt.

Aufgabenbereich mit Bezug zu:	*Bereichsbezogene Finanzierung*
Grund und Boden	Gebühren, Beiträge *Grundsteuern*
Einwohner/Wohnen/Daseinsvorsorge	Gebühren, Beiträge *Kommunale Einkommensteuer (Einwohnersteuer)*
Örtliche Wirtschaft/Produktion	Gebühren, Beiträge, Konzessionsabgaben *Steuer auf Zahl der Beschäftigten, investiertes Kapital, thesaurierte Gewinne, Lohnsumme (Wertschöpfung)*
Auswärtige Nutzer	Gebühren *Kurtaxen, Zweitwohnungssteuer*

Für ein "realitätstaugliches" Gemeindesteuersystem spielen in der Regel auch gemeindehistorische, geographische und mentalitätsmäßige Faktoren eine Rolle. Gemeindesteuern sind Institutionen, die vielfältige Wechselbeziehungen zu den übrigen örtlichen Institutionen und den örtlichen Identitäten haben. Nicht zuletzt hängen sie auch davon ab, welches Steuersystem auf der übergeordneten Ebene gewünscht bzw. realisiert ist. Im folgenden werden nur die aus der Sicht der Finanzwissenschaft hauptsächlich in Frage kommenden Steuern dargestellt. Insofern sich die Berücksichtigung der soeben genannten Faktoren innerhalb des von den Besteuerungsgrundsätzen abgesteckten Rahmens bewegt, sind Varianten aus Sicht der Finanzwissenschaft unbedenklich.

IV.A Grundsteuern

Das Steuerobjekt "Grund und Boden" bzw. Grundbesitz eignet sich unter dem Gesichtspunkt der *örtlichen Radizierbarkeit* in besonderer Weise für eine kommunale Steuer. Grundsteuern gehören zu den ältesten Steuern überhaupt und fehlten fast nie im Steuersystem eines Staates oder seiner Gemeinden. Durch Grundsteuern sollte ursprünglich vor allem der *Ertrag* des landwirtschaftlich genutzten Produktionsfaktors Boden, d.h. die Grundrente, steuerlich genutzt werden. In vorindustriellen Zeiten waren Grundbesitz und die mit ihm verbundenen Vermögensbestandteile die hauptsächlichsten Indikatoren für Leistungsfähigkeit und bildeten die ergiebigste Steuerquelle. Mit dem Entstehen der Einkommensteuer als einer synthetischen, die verschiedenen Ertragsformen zusammenfassenden Steuer entfiel allerdings die Rechtfertigung einer separaten Besteuerung von einzelnen Einkunftsarten und im speziellen daher auch von Einkünften aus Grundbesitz, um die aus Grundbesitz entstehende Leistungsfähigkeit zu erfassen. Grundsteuern, die *als Gemeindesteuern* verwendet werden, müssen heute auf andere Weise gerechtfertigt werden.

Grundbesitz als kommunales Steuerobjekt muß vor allem unter dem Gesichtspunkt der Herstellung von fiskalischer *Äquivalenz* gerechtfertigt werden. Eine kommunale Grundsteuer ist dazu geeignet, in globaler Form ein Entgelt zu sein für die von einer Gemeinde erbrachten "bodenbezogenen" Leistungen. Zwar kommen vorrangig Gebühren oder Beiträge in Betracht, wenn für einzelne Grundstücke spezielle kommunale Leistungen erbracht werden, wie z.B. durch den Bau einer Zufahrtstraße oder durch die Bereitstellung einer Entwässerungskanalisation. Wenn aber die spezifischen Voraussetzungen für die Erhebung solcher Abgaben nicht vorliegen und sich Gemeindeleistungen nur in globaler Form dem Grundbesitz zurechnen lassen, wie dies vor allem hinsichtlich der allgemeinen Verwaltungs- und der damit einhergehenden Ordnungtätigkeit der Fall ist, rechtfertigt sich der Rückgriff auf Grundsteuern als Finanzierungsinstrumente.

Für eine äquivalenztheoretisch begründete Grundsteuer ist es naheliegend, als Dimension der Bemessungsgrundlage die *Fläche* der Grundstücke, also Quadratmeter oder Hektar zu wählen. Neben dem Flächenmaßstab muß allerdings auch die Nutzungsart der Grundstücke berücksichtigt werden, denn die flächenbezogenen Gemeindeleistungen dürften sich je nach der Nutzungsart und Nutzungsintensität der Grundstücksflächen in ihrer Höhe unterscheiden. Auf den Quadratmeter oder Hektar umgerechnet sind Gemeindeausgaben, die in Zusammenhang mit landwirtschaftlich genutztem Gemeindegebiet stehen, in der Regel geringer als solche, die gewerblich oder zu Wohnzwecken genutztem Boden zuzurechnen sind. Die Höhe der Gemeindeausgaben dürfte beispielsweise auch davon abhängen, ob z.B. ein Gemeindegebiet nur locker mit Einfamilienhäusern bebaut ist bzw. bebaut werden darf, ob es zu Bebauung mit mehrstöckigen Wohngebäuden vorgesehen ist oder ob es gemäß dem Nutzungsplan der Gemeinde zwar als Wohngebiet ausgewiesen ist, jedoch noch gar nicht bebaut ist. Der flächenbezogene Tarif einer kommunalen Grundsteuer sollte dementsprechend differenziert sein.

Ein flächenbezogener Maßstab hat den Vorteil, sich im Zeitablauf nur wenig zu ändern und leicht feststellbar zu sein. Grundstücksgrößen sind leicht aus den vorhandenen Grundbüchern entnehmbar. Die Bemessungsgrundlagen einer flächenbezogenen Grundsteuer können daher ohne großen Aufwand stets auf einem aktuellen Stand gehalten werden. Ein flächenbezogener Tarif kann entsprechend der Nutzungsart eines Gemeindegebiets für dieses ganze Gebiet einheitlich sein.

In den meisten Ländern wird das Steuerobjekt der kommunalen Grundsteuern allerdings auch heute noch als eine Wertgröße definiert. Ein Wertmaßstab entspricht naturgemäß eher als ein flächenbezogener Maßstab der althergebrachten Rechtfertigung der Grundsteuer als einer sog. *Soll-Ertragsteuer*. Als äquivalenztheoretischer Maßstab sind Grundstücks*werte* jedoch weniger gut geeignet, denn die Gemeindeaufwendungen zugunsten der Grundstücke dürften stärker mit den Grundstücksflächen als mit den Grundstückswerten in Zusammenhang stehen: Die Werte von Grundstücken hängen in hohem Maß von gemeindeexternen Faktoren, wie z.B. von der allgemeinen Wirtschaftsentwicklung oder von nicht durch die Gemeinde beeinflußbaren Faktoren, wie z.B. der Wohnlage oder einem besonders luxuriösen Ausbau eines auf dem Grundstück erbauten Hauses, ab und sind daher kein besonders gut geeigneter Äquivalenz-Maßstab bezüglich der Gemeindeleistungen.

Wird bei einer Gemeindegrundsteuer anstelle der Fläche der Wert als Bemessungsgrundlage verwendet, dann nimmt man obendrein einen erheblichen Verwaltungsaufwand in Kauf. Jedes in Betracht kommende Bewertungsverfahren hat seine spezifischen Schwächen. Außerdem verursacht eine aktuell gehaltene Bewertung jedes einzelnen Grundstücks einen *permanent hohen* Verwaltungsaufwand. Das gilt sowohl bei einem Bewertungverfahren auf der Grundlage von geschätzten Veräußerungs- oder Verkehrswerten, als auch bei einer Bewertung nach Ertragswerten. Am besten abschneiden dürfte eine Bewertung nach sog. *Bodenrichtwerten* als Durchschnittswerten aus den festgestellten Marktpreisen bei Veräußerungen bzw. Handwechseln der Grundstücke innerhalb eines jeweils umgrenzten Gemeindegebietes. Auch dieses Verfahren hat aber gewisse Mängel.

Als *Koordinationsmodell* dürfte bei Grundsteuern die im Abschnitt II unter Nr. 3 dargestellte Variante am besten geeignet sein: Während die übergeordnete Staatsebene einen für ihr Territorium einheitlichen Tarif (Zwischentarif) festlegt, können sich die Gemeinden mit ihrem Hebesatz einen ausreichenden Spielraum verschaffen. Der Tarif der übergeordneten Ebene verhindert, daß Partikularinteressen in der Gemeinde auf die Tarifdifferenzierung je nach Nutzungsart der lokalen Bodenflächen Einfluß nehmen können. Die Tarifstruktur der Grundsteuer sollte den Gemeinden also vorgegeben sein, während das Hebesatzrecht ihnen den benötigten Spielraum beläßt, um die von speziellen lokalen Faktoren, insbesondere von der Topographie, abhängigen Unterschiede des Niveaus kommunaler flächenbezogener Aufwendungen zu berücksichtigen.

Mit Grundsteuern können natürlich auch *bodenpolitische*, *raumplanerische* oder *gesellschaftspolitische* Ziele verfolgt werden. Dies trifft insbesondere dann zu, wenn *Bodenwertsteigerungen* im Zusammenhang mit kommunalen Planungsmaßnahmen mit Bodenwertzuwachssteuern belegt werden. Die "Umzonung" beispielsweise von bisher nur landwirtschaftlich nutzbarem Gemeindegebiet in Wohn- oder Gewerbegebiet ist in der Regel mit hohen Zuwächsen der Quadratmeterpreise verbunden. In diesen Fällen ist ein wertbezogener Maßstab sachgerecht. Zur Rechtfertigung solcher einmalig anfallender Grundsteuern kann das nutzenmäßige Äquivalenzprinzip herangezogen werden: Die Gemeinde als Planungsinstanz wird unmittelbar am Ergebnis ihrer Verwaltungstätigkeit beteiligt. Sie wird für solche Tätigkeiten belohnt und erhält dadurch einen positiven Anreiz für solche Tätigkeiten. Steuern auf die Wertsteigerungen von Grundbesitz müssen allerdings als Sonderformen der Einkommensbesteuerung angesehen und dementsprechend auf den Tarif der Einkommensteuer abgestimmt werden. Als Koordinierungsmodell kommt bei Grundsteuern auf *Wertsteigerungen* daher nur das im Abschnitt II unter Nr. 6 beschriebene Verfahren in Betracht.

Es gibt auch Länder ohne kommunale Grundsteuern im soeben beschriebenen Sinn. In den Vereinigten Staaten beispielsweise finanzieren sich die Gemeinden zum ganz überwiegenden Teil durch die "Property Tax". Diese Steuer soll im Prinzip eine Steuer auf das Gesamtvermögen sein, doch bestehen aus unterschiedlichen Gründen die Bemessungsgrundlagen fast ausschließlich aus Grundvermögen. Materiell kann die amerikanische "Property Tax" daher als eine wertbezogene kommunale Grundsteuer angesehen werden. Auch im Kanton Zürich wird der Grundbesitz materiell vor allem durch die Vermögensteuer steuerlich erfaßt (siehe Abschnitt V.B). Schließlich kann der Wert des Grundbesitzes auch auf andere Weise durch Gemeindesteuern belastet werden, z. B. durch eine Steuer auf den Grundstückserwerb bzw. den Eigentümerwechsel oder wie z.B. in Großbritannien durch eine vom Eigentümer, Mieter oder Pächter ("Occupier") zu entrichtende kommunale Steuer auf den Miet- oder Pachtwert (als "Council Tax" bzw. als "Rates" bezeichnet).

IV.B Kommunale Einkommensteuern

Ein großer Teil der von den Gemeinden bereitgestellten Leistungen kommt den in einer Gemeinde wohnhaften Bürgern zugute. Sowohl die Tätigkeit der Gemeindeverwaltung als auch die Erstellung von Gemeindeeinrichtungen ist ganz überwiegend allein deswegen erforderlich, weil Gemeinden Orte des Wohnens sind. Als Wähler der politischen Gemeindevertreter oder im Fall direkter Demokratie durch unmittelbare Abstimmung tragen die Bürger die Verantwortung für die wohnbezogenen Gemeinde-Ausgaben und sollten als Nutznießer daher auch für die Beschaffung der dazu erforderlichen Finanzierung geradestehen. Würde man allein dem Prinzip der *fiskalischen Äquivalenz* folgen, dann läge es nahe, den Tatbestand des Wohnens in einer Gemeinde zum Steuerobjekt einer Gemeinde-*Einwohnersteuer* zu machen. Die *örtliche Radizierbarkeit* dieses Steuerobjekts steht außer Frage, wenn man von der Seßhaftigkeit der Menschen als dem Normalfall ausgeht. Die Bemessungsgrundlage wäre der Einwohner als solcher, d.h. die Person bzw. als "pars pro toto" der Kopf. Die Steuern würden allen in gleicher Höhe zugeteilt.

Eine Personal- oder Einwohnersteuer als Gemeindesteuer ist eine prinzipiell durchaus in Betracht zu ziehende Möglichkeit. Solche oder ähnliche, oft in naturaler Form erhobene Steuern gab es in älteren Steuersystemen. Sie sind aber, wie es der mißglückte Versuch der Einführung einer sog. "poll-tax" im Rahmen der englischen Kommunalsteuerreform von 1988 durch die Regierung von *Margaret Thatcher* belegt, nicht mehr zeitgemäß (siehe Abschnitt IV.A des fünften Kapitels). Eine Personalsteuer (Kopfsteuer), die sich auf mehr beliefe als auf einen symbolischen Beitrag, verstieße in hohem Maße gegen die Anforderung einer Lastverteilung nach der Leistungsfähigkeit. Sie kann daher bestenfalls zu Kontroll- oder Registrierzwecken erhoben werden, wie beispielsweise im Kanton Zürich in Höhe von 2 Franken pro Person und Monat (24 Franken pro Jahr).

Wird eine Einwohnersteuer wegen ihres gravierenden Verstoßes gegen das Leistungsfähigkeitsprinzip als nicht akzeptabel angesehen, dann läßt sich das Einkommen als ein ersatzweise verwendbarer Indikator für das "Einwohner-Sein" verwenden. Das Einkommen eines Gemeindebürgers kann zwar auch außerhalb der Gemeinde entstanden sein und ist insofern nicht immer ein radizierbares Steuerobjekt, doch kann man das einem Gemeindebürger *zufließende* Einkommen als einen brauchbaren Indikator für den Tatbestand des Einwohner-Seins ansehen.

Im Hinblick auf die Gestaltung einer kommunalen Steuer, die das Einkommen der Gemeindebürger zum Steuerobjekt hat, kann man grundsätzlich zwei Alternativen unterscheiden:

a.) eine *eigenständige* Gemeinde-Einkommensteuer oder

b.) eine *im Verbund* mit der Einkommensteuer der zentralen Staatsebene erhobene Gemeinde-Einkommensteuer.

Zu a.) Eine *eigenständige* Gemeinde-Einkommensteuer zeichnet sich dadurch aus, daß sie neben der Einkommensteuer der übergeordneten Ebene eine Steuer mit *eigener* Bemessungsgrundlage und *eigenem* Tarif ist. Das *örtliche* Aufkommen einer solchen Steuer flösse vollumfänglich der jeweiligen Wohngemeinde zu. Das Steuerobjekt dieser Gemeindesteuer sollte gegenüber dem der "zentralen" Einkommensteuer vereinfacht definiert sein. Es kann z.B. nur aus dem im Inland entstandenen Einkommen oder nur aus dem Arbeitseinkommen oder aus dem individuellen Bruttoeinkommen ohne Abzüge für Werbungskosten, Betriebsauslagen und Verluste bestehen. Der Tarif dieser Steuer sollte unter dem Gesichtspunkt der fiskalischen Äquivalenz *proportional* sein, denn es dürfte wenig wahrscheinlich sein, daß allgemeine Gemeindeausgaben zugunsten des "Einwohner-Seins" progressiv mit der Höhe des Einkommens der Wohnbürger ansteigen. Eher dürfte das Gegenteil der Fall sein, wenn man die von Gemeinden unterhaltenen sozialen Einrichtungen in Betracht zieht. Bei der eigenständigen Gemeinde-Einkommensteuer würde das in Abschnitt II unter Nr. 2 oder Nr. 3 dargestellte Koordinationsmodell verwendet werden.

Eine eigenständige Gemeinde-Einkommensteuer besitzt die Eigenschaft, daß der größte Teil der Gemeindebürger von ihr in *fühlbarer* Weise belastet würde und dadurch in die Mitverantwortung für die Gemeindeangelegenheiten einbezogen würde. Allerdings bestünde ihr entscheidender Nachteil in einem hohen Verwaltungsaufwand infolge der notwendigen Ermittlung der gemeindespezifischen Bemessungsgrundlagen. Das wäre auch dann noch der Fall, wenn für die Erhebung und Einziehung der Gemeindesteuer die zentrale Ebene zuständig wäre, also keine eigenen Gemeinde-Steuerbehörden errichtet werden müßten. Auch für die Steuerpflichtigen wäre wegen der Abgabe von zwei separaten Steuererklärungen in der Regel ein zusätzlicher Aufwand die Folge. Schließlich würde das Nebeneinander von zwei ähnlichen Einkommensteuern das Gesamtsteuersystem unübersichtlich und kompliziert machen.

Zu b.) Die Alternative zur Gemeinde-Einkommensteuer mit eigener Bemessungsgrundlage besteht darin, daß das Steuerobjekt *einheitlich* für die Einkommensteuern der kommunalen und der übergeordneten Staatsebene definiert ist, so daß eine gemeinsam (im Verbund) zu nutzende Bemessungsgrundlage vorliegt. Das bedeutet einen gegenüber der eigenständigen Gemeinde-Einkommensteuer erheblich verringerten Verwaltungsaufwand, wenngleich es auch jetzt erforderlich ist, die *örtliche Zuordnung* der Bemessungsgrundlagen *zu den Wohngemeinden* festzustellen. In Betracht kommen vor allem zwei Varianten der vorliegenden Alternative: Im *ersten* Fall würde die im Verbund mit der "Zentralstaatsebene" zu nutzenden Bemessungsgrundlagen mit einem von der übergeordneten Ebene festgelegten *proportionalen* Tarif verbunden, der von den

Gemeinden durch einen Hebesatz variiert werden könnte. In diesem Fall käme das in Abschnitt II unter Nr. 3 beschriebene Koordinationsmodell zur Anwendung. Die übergeordnete Ebene würde bei ihrer Einkommensteuer ihren eigenen, progressiven Tarif verwenden, aber beim Eingangssteuersatz die durchschnittliche Belastung durch die proportionale Gemeindesteuer berücksichtigen.

Im Fall der *zweiten* Variante würde neben der gemeinsamen Bemesssungsgrundlage auch ein *gemeinsamer,* von der übergeordneten Ebene festgesetzter (Zwischen-)Tarif für die Gemeinden und die eigene Ebene verwendet, wobei jede Ebene ihr Steueraufkommen durch eigene Hebesätze variieren könnte. Dies entspräche der im Anschnitt II unter Nr. 4 dargestellten und als "Schweizer Modell" bezeichneten Koordinationsvariante.

Die beiden soeben dargestellten Varianten dürften sich bezüglich des Verwaltungsaufwands bei ihrer Erhebung und Einziehung nicht sehr stark voneinander unterscheiden, der Aufwand dürfte jedoch in beiden Fällen deutlich niedriger sein als im Fall einer eigenständigen Gemeinde-Einkommensteuer. Die Fühlbarkeit wäre in beiden Fällen vor allem wegen des Vorhandenseins kommunaler Hebesätze gewährleistet und der Kreis der steuerlich betroffenen Bürger dürfte in beiden Fällen etwa gleich groß sein wie bei der eigenständigen Gemeinde-Einkommensteuer. Der Hauptnachteil der zweiten Variante bestünde allerdings in der *Progressivität* der Gemeinde-Einkommensteuer: Gemeinden in begünstigter Lage (oft am Rande von Agglomerationszentren) und Gemeinden mit besonders wohlhabender Einwohnerschaft würden ein hohes Steueraufkommen erzielen und benötigten nur niedrige Hebesätze. Theoretisch könnte diese Variante Einwohner der Gemeinden mit hohen Hebesätzen zur Wohnsitzverlagerung veranlassen. Wenngleich empirische Untersuchungen nicht bestätigen, daß niedrige Hebesätze die allein maßgebende Ursache für Wanderungsbewegungen in Vororte sind, nicht zuletzt, weil durch erhöhte Boden- und Mietpreise niedrige Hebesätze oft kompensiert werden, verzerrt die Progressivität den Maßstab der fiskalischen Äquivalenz, denn die einwohnerbezogenen Gemeindeaufwendungen hängen nicht in progressiver Weise von der Höhe des Einkommens ab, worauf oben bereits hingewiesen wurde.

Eine Gemeinde-Einkommensteuer müßte vor allem im Fall der zweiten Variante, d.h. wenn sie mit einem progressivem Tarif erhoben wird, mit einem *horizontalen Finanzausgleich* speziell zwischen zentralen Orten und umliegenden Gemeinden verbunden werden. Das würde nicht nur einen eventuell hebesatzbedingten Wanderungsanreiz mindern, weil die zu Ausgleichszahlungen verpflichteten "steuerkräftigen" (Vorort-)Gemeinden durch Anhebung ihrer Hebesätze die entsprechenden Mittel aufbringen müßten. Ein solcher Finanzausgleich entspräche auch dem Gesichtspunkt der fiskalischen Äquivalenz, weil einwohnerbezogene Leistungen der Agglomerationszentren in der Regel auch den Einwohnern dieser Vororte zugute kommen. Das geschieht insbesondere durch die Bereitstellung von Nahverkehrs-Infrastrukturen oder kommunal finanzierten kulturellen oder wirtschaftsbezogenen "Angeboten" der städtischen Zentren.

Eine noch weniger geeignete (dritte) Variante einer Gemeinde-Einkommensteuer ergäbe sich bei dem in Abschnitt II unter Nr. 5 beschriebenen *"Zuschlagsystem"*, bei dem die Gemeinden einen von ihnen zu bestimmenden prozentualen Zuschlag zum Steueraufkommen des örtlichen Aufkommens der Einkommensteuer der übergeordneten Ebene erheben. Im Abschnitt II wurde bereits auf die absgeschwächte Signalwirkung dieser Variante hingewiesen, weil Veränderungen des Zuschlagsfaktors nicht mehr ohne weiteres Veränderungen des kommunalen Finanzbedarfs anzeigen.

Eine finanzwissenschaftlich zu begründende Alternative zu einer kommunalen Einkommensteuer ist nicht erkennbar. Die in den USA in Kernstädten (Agglomerationszentren) oft anzutreffenden Einzelhandels-Umsatzsteuern zielen vor allem auf gemeindeexterne Nutzer. Auch die in vielen existierenden Gemeindesteuersystemen anzutreffenden örtlichen Verbrauch- und Aufwandsteuern stellen keine echte Alternative dar.

IV.C An der örtlichen Wirtschaftstätigkeit anknüpfende Steuern

Unternehmen "veranlassen" Gemeindeausgaben in der Regel und vor allem auf mittelbare Weise: Nur beim Vorliegen der von ihnen als Voraussetzung angesehenen Infrastruktur etablieren Unternehmen ihren Produktionsstandort in einer Gemeinde oder behalten ihn dort. Es liegt auch jetzt eine Situation vor, die eine Herstellung von fiskalischer Äquivalenz erfordert. Die kommunalen Entscheidungen mit Bezug zu wirtschaftsbezogener Leistungsabgabe sollten Ergebnis einer Abwägung von Kosten und Ertrag sein. Neben kommunalen Grund- und Einkommensteuern benötigt ein kommunales Steuersystem auch Steuern, die einen Bezug zur *wirtschaftlichen Aktivität* auf dem Gemeindegebiet bzw. zur örtlichen Produktion aufweisen.

Die Orientierung am Äquivalenzgesichtspunkt erfordert natürlich auch jetzt wieder, daß für spezielle Gemeindeleistungen an die einzelnen örtlichen Betriebe, wie z.B. für die Abwasser- oder Müllbeseitigung, Gebühren oder Beiträge oder für spezielle Vorteilseinräumungen, wie z.B. für das Zur-Verfügung-Stellen der öffentlichen Wege für die Verlegung von Leitungen, Konzessionsabgaben erhoben werden. Doch lassen sich viele Gemeindeleistungen zugunsten der örtlichen Produktion nicht auf diese Weise individuell zurechnen. Ein wirtschaftsförderliches "Klima" einer Gemeinde entsteht durch das Vorhandensein einer leistungsfähigen Kommunalverwaltung, durch das Bereithalten z.B. eines Ausstellungs- oder Messegeländes und vieles andere mehr. Zur Attraktivität als Standort für den Geschäftssitz eines Unternehmens gehören auch attraktive Freizeit-, Schul- und Kulturangebote. Zur Finanzierung solcher in eher allgemeiner Form (auch) der örtlichen Wirtschaft zugute kommenden Gemeindeleistungen können nur Steuern in Betracht kommen. Durch wirtschaftsbezogene Steuern kann außerdem nicht nur der Anforderung der fiskalischen Äquivalenz genüge getan, sondern auch eine *Interessengemeinschaft* von Wirtschaft und Gemeinde hergestellt werden. Für die Gemeinde entsteht durch wirtschaftsbezogene Steuern ein Anreiz, Gewerbe anzusiedeln und örtliche Wirtschaftstätigkeit zu attrahieren.

Wirtschaftsbezogene Gemeindeleistungen können als (Vor-)Leistungen angesehen werden, die den im Produktionsprozeß eingesetzten Produktionsfaktoren zugute kommen und notwendige Voraussetzungen dafür sind, daß eine Gemeinde als Ort des Arbeitens, als Platz für Investitionen oder als Standort für die Geschäftszentrale eines Unternehmens ausgewählt wird. Steuerobjekte, die sich als brauchbare und obendrein plausible Indikatoren für die von einer Gemeinde der örtlichen Wirtschaft erbrachten Vorleistungen eignen, sind insbesondere die Zahl der in der *örtlichen Produktion Beschäftigten* und das *örtlich investierte Kapital*. Anstelle der Zahl der in der Produktion Beschäftigten kommt die *örtlich ausgezahlte Lohnsumme* als Indikator für die dem Faktor Arbeit zugute kommenden Gemeindeleistungen in Betracht. Auch der Gewinn von Unternehmen sollte als eine wirtschaftsbezogene Steuerquelle den Gemeinden zur Verfügung stehen: Der Gewinn ist Ausdruck des Unternehmenserfolgs und insofern ein Indikator für die insbesondere dem Geschäftssitz zugute kommenden Gemeindevorleistungen. Obendrein ist der Gewinn in besonderer Weise geeignet für die Herstellung eines Interessenausgleichs im Sinn einer Teilhabe der Gemeinde am Geschäftserfolg der örtlichen Wirtschaft.

Das Nebeneinander von gleichzeitig drei wirtschaftsbezogenen Steuern entspricht allerdings nicht gerade dem Ideal von Einfachheit und Transparenz eines Gemeindesteuersystems. Legt man diesen Maßstab zugrunde, dann schneidet eine *Gemeinde-Wertschöpfungsteuer*, wie sie im neunten Kapitel (Abschnitt II.B.1) dargestellt wurde, besser ab[5]. Bei dieser Steuer würde die in den Unternehmensstandorten geschaffene Wertschöpfung als *umfassender Indikator* für die der örtlichen Wirtschaft erbrachten Gemeinde-Leistungen verwendet. Die Bemessungsgrundlage dieser Steuer besteht aus den Bestandteilen Löhne, Gewinn, Zinsen, Mieten und Pachten.

Die Wertschöpfungsteuer als kommunale Steuer hat allerdings auch gewisse "Schönheitsfehler": 1.) Da die Löhne in der Regel einen Anteil von 60 bis 70 Prozent an der Wertschöpfung von Unternehmen haben, belastet eine Wertschöpfungsteuer in erster Linie den Produktionsfaktor Arbeit. 2.) Eine Wertschöpfungsteuer kann unterschiedlichen Produktionsstrukturen anders als ein Bukett einzelner Steuern keine Rechnung tragen. Das Gewicht der Wertschöpfungs-

[5] Der Vorschlag einer Gemeinde-Wertschöpfungsteuer stammt vom Wissenschaftlichen Beirat beim Bundesministerium der Finanzen. WissBeiratBMF (1988), S. 397ff.

bestandteile ist von der Produktion her vorgegeben. 3.) Die additive Ermittlung der gemeindebezogenen Wertschöpfung dürfte für Unternehmen mit mehr als einem Produktionsstandort einen relativ hohen administrativen Aufwand erfordern. Da die Wertschöpfungsteuer einer Mehrwertsteuer vom Einkommens-(Y-)Typ entspricht, könnte man sie zwar von der auf der gesamtstaatlichen Ebene erhobenen Mehrwertsteuer vom Konsum-(C-)Typ ableiten, doch erforderte dies zuverlässige Schlüssel für die örtliche Zuordnung. 4.) Die Verknüpfung einer kommunalen Wertschöpfungsteuer mit Hebesätzen ist technisch zwar durchaus lösbar[6], fraglich ist jedoch, ob dies auch praktikabel wäre.

Die Einführung einer Gemeinde-Wertschöpfungsteuer dürfte wegen der auf die EU-Ebene verlagerten Kompetenzen bei der Umsatz- und Verbrauchsbesteuerung nur einheitlich innerhalb aller EU-Staaten möglich sein. Ein einzelnes EU-Land könnte sie vermutlich nicht einführen.

IV.D Steuern auf der Einkommensverwendung

Außer an die Einwohner und an das örtliche Gewerbe als den beiden wichtigsten Empfängergruppen kommunaler Leistungen werden Gemeindeleistungen an *gemeindeexterne Nutzer* erbracht. Es sind dies vor allem die zur Arbeit kommenden Einpendler und Personen, die als kurzfristige Besucher in der Gemeinde wohnen, Einkäufe tätigen, Behörden oder Gaststätten aufsuchen oder das Freizeit- oder Kulturangebot nutzen.

Die Kosten der an diesen Nutzerkreis erbrachten Gemeindeausgaben können nur bedingt durch Gemeindesteuern angelastet werden. Ausnahmen bestätigen allerdings die Regel: Wenn kommunale Infrastrukturen zeitweise von auswärtigen Personen mit einem Zweitwohnungssitz in der Gemeinde genutzt werden, läßt sich eine kommunale *Zweitwohnungsteuer* rechtfertigen. Analoges gilt auch für die *Fremdenverkehrsteuern* ("Kurtaxen") von Gemeinden, die eine touristische Infrastruktur vorhalten. In erster Linie kommen Benutzungsgebühren für spezielle Leistungen, wie z.B. bei Kulturangeboten, in Betracht, doch ist diese Form der Finanzierung von Gemeindeleistungen nicht in allen Fällen praktizierbar.

Eine *Einzelhandelsteuer* von Kernstädten, wie sie in den Vereinigten Staaten vielfach erhoben wird, dürfte hingegen bei den viel kleinräumigeren Verhältnissen in Europa höchst problematisch sein, d.h. schwierige Abgrenzungsfragen aufwerfen, Standortverlagerungen von Einkaufszentren "auf die grüne Wiese" von Umlandgemeinden auslösen usw. Zu berücksichtigen ist auch, daß der *Besucherverkehr* seitens Ortsfremder nicht nur aus Kunden von Einzelhandelsgeschäften besteht und daß nicht nur Kernstädte Leistungen an das Umland

[6] Vgl. *Scherf* (2002), S. 606ff.

abgeben, sondern in vielen Fällen auch das Umland den Bewohnern der Kernstädte Naherholungsraum und andere Einrichtungen zur Verfügung stellt.

Durch Abgaben auf die Einkommensverwendung können nicht nur gemeindeexternen Nutzern gewisse ihnen zugute kommende Gemeindeleistungen angelastet werden. Mit *örtlichen Verbrauch- und Aufwandsteuern* ("kleinen Gemeindesteuern") können auch Lücken bei den auf der übergeordneten Ebene erhobenen Steuern mit breiter Bemessungsgrundlage gefüllt werden. Damit sie sich rechtfertigen lassen, sollten diese Steuern neben einem lokalen Äquivalenzbezug auch einem speziellen (ordnungs- oder umweltpolitisch begründeten) Lenkungszweck dienen. Beispiele dafür sind die Hundesteuer, eine Steuer auf Spielautomaten bzw. Spielbankeinsätzen oder Vergnügungsteuern.

IV.E. Beurteilung

Im Hinblick auf die Geeignetheit einer Steuer als Gemeindesteuer spielt der *Äquivalenzgesichtspunkt* eine vorrangige Rolle. Die Herstellung von fiskalischer Äquivalenz in dem Sinne, daß die Bürger bzw. die von ihnen gewählten Vertreter gleichzeitig über die ihnen als Einwohner zugute kommenden Ausgaben und der zur Deckung dieser Ausgaben notwendigen Einnahmen entscheiden, ist beim Vorliegen einer *kommunalen Einkommensteuer* unmittelbar möglich. Obwohl der *Zufluß von Einkommen* nur ein Ersatzindikator für das "Einwohner-*sein*" ist (der Grundsatz der Besteuerung nach der Leistungsfähigkeit steht einer *Einwohnersteuer* entgegen), erfüllt eine kommunale Einkommensteuer neben den Anforderungen der Beweglichkeit und Fühlbarkeit die Anforderung der örtlichen Radizierbarkeit in einem als ausreichend anzusehenden Maße. Grundsätzlich ist also - mangels einer besseren Alternative - eine kommunale Einkommensteuer für das Funktionieren einer selbstverantwortlichen Wahrnehmung eigener kommunaler Aufgaben unverzichtbar, denn nur durch diese Steuer wird der größte Teil der wahl- und entscheidungsberechtigen Bürger in die kommunale Ausgaben- und Einnahmenverantwortung einbezogen. Eine bewegliche Gemeinde-Einkommensteuer sollte daher der zentrale Baustein eines Gemeindesteuersystems sein.

Auch die oben dargestellte *Grundsteuer* und die an der *örtlichen Wirtschaftstätigkeit anknüpfenden Steuern* können, wenn sie mit Hebesatzrechten verbunden und äquivalenzgerecht erhoben werden, als geeignete Gemeindesteuer bezeichnet werden. Eine stärkere Äquivalenzorientierung des Gemeindesteuersytems ist ohnedies in der Zukunft zu erwarten, denn durch die zunehmende Globalisierung stehen die Gemeinden unter immer stärkerem Wettbewerbsdruck. Die kommunalen Entscheidungsträger werden dadurch gezwungen, den Äquivalenzgesichtspunkt vermehrt zu berücksichtigen. Die Herstellung von *fiskalischer Äquivalenz* im Bereich der grundstücks- oder wirtschaftsbezogenen kommunalen Ausgaben und Steuern dürfte sich daher verstärkt durchsetzen. Insgesamt gesehen ist zu erwarten, daß sich die real existierenden Gemeindesteuersysteme dem im vorliegenden Kapitel dargestellten System mehr und mehr annähern.

V. Real existierende Gemeindesteuersysteme

Bestehende Gemeindesteuersysteme weisen untereinander vor allem aus historischen Gründen erhebliche Unterschiede auf. Sie widerspiegeln in erster Linie das in einem Staat vorhandene Kräfteverhältnis von lokaler und zentraler politischer Gewalt.

V.A. Deutsche Gemeindesteuern

Den Kommunalverfassungen der deutschen Bundesländer ist eine Rangfolge der Finanzierungsformen zu entnehmen. An erster Stelle stehen die sog. Erwerbseinnahmen (Erträge kommunalen Vermögens wie z.B. Zins- oder Mieteinnahmen) sowie Gebühren und Beiträge ("spezielle Entgelte"). An zweiter Stelle stehen die Gemeindesteuern, sofern die von den Ländern bereitgestellten allgemeinen und zweckgebundenen Zuweisungen nicht genügen. Zu den Gemeindesteuern gehören die Grundsteuern, die Gewerbesteuer, ein Anteil an der Einkommensteuer natürlicher Personen sowie einige kleinere Gemeindesteuern auf den "örtlichen Verbrauch und Aufwand". Außerdem gibt es noch einen Verbundanteil an der Umsatzsteuer.

Grundsteuern

Bei der deutschen Grundsteuer wird danach unterschieden, ob es sich beim Steuerobjekt um *land- oder forstwirtschaftlich genutzten Grundbesitz* oder um Grundbesitz handelt, der entweder *Wohnzwecken* oder einer *Nutzung anderer als land- oder forstwirtschaftlicher Art* dient. Zum erstgenannten Grundbesitz gehören alle Wirtschaftsgüter, die einem Land- oder Forstwirtschaftsbetrieb dauernd zu dienen bestimmt sind, also neben dem Grund und Boden auch die Wohn- und Wirtschaftsgebäude, Maschinen, Betriebsmittel in einem üblichen Umfang sowie ein im Verhältnis zur Nutzfläche des Betriebes stehender Viehbestand. Handelt es sich nicht um land- oder forstwirtschaftliches Vermögen, dann gehören zum Grundbesitz neben dem Grund und Boden gegebenenfalls auch die darauf errichteten Wohn- oder gewerblich genutzten Betriebsgebäude, aber ohne Maschinen oder andere Vermögensbestandteile.

Das Grundsteuergesetz ist ein Bundesgesetz[7], das es den Gemeinden überläßt, eine Grundsteuer zu erheben. Bei dieser Steuer findet die in Abschnitt II unter Nr. 3 dargestellte Koordinationsvariante Anwendung. Der land- und forstwirtschaftliche Grundbesitz wird der *Grundsteuer A*, aller andere Grundbesitz der *Grundsteuer B* unterworfen. Bemessungsgrundlage ist der *Wert* des Grundbesitzes, dessen Feststellung nach den Vorschriften des Bewertungsgesetzes[8] zu ermitteln ist und als *Einheitswert* bezeichnet wird. (Diese Bezeichnung sollte darauf hinweisen, daß der betreffende Wert einheitlich auch für andere Steuern, wie z.B. die Vermögen- oder Erbschaftsteuer, gelten sollte.) Der Einheitswert bei land- und forstwirtschaftlichem Grundbesitz sollte im Prinzip dem Ertragswert entsprechen, bei unbebauten Grundstücken dem sog. gemeinen Wert (Veräußerungswert) und bei Betriebsgrundstücken dem sog. Teilwert.

Die Einheitswerte wurden in den alten Bundesländern zuletzt 1964 ermittelt und ersetzten die vorangegangenen Einheitswerte von 1935. Da im Osten Deutschland keine Neubewertung erfolgte, dienen in den neuen Bundesländern vielfach noch die Einheitswerte von 1935 als Grundlage für die Bemessung der Grundsteuern. Teilweise wird aber auch von anderen Größen wie z.B. der Nutzungsfläche Gebrauch gemacht. Obwohl nach Gesetz die Einheitswerte in Zeitabständen von je sechs Jahren allgemein festgestellt werden sollten, sofern die Wertentwicklung gegenüber dem vorangegangenen Zeitpunkt erheblich war, und obwohl auch mehr oder weniger lineare Fortschreibungen der historischen Einheitswerte erfolgt sind, liegen den heutigen Grundsteuern immer noch weitgehend die Wertverhältnisse von 1964/1935 zugrunde: Die aktuellen Bemessungsgrundlagen liegen durchschnittlich bedeutend unterhalb der tatsächlichen Verkehrswerte, in der Regel betragen sie weniger als die Hälfte und oft sogar nur ein Zehntel des Verkehrswerts. Sie spiegeln nicht die äußerst unterschiedliche Wertentwicklung der Einheitswerte seit 1964 oder sogar 1935 wider. Eine Neubewertung ist daher überfällig.

Der bundeseinheitlich festgelegte Zwischentarif der Grundsteuern, die sog. *Steuermeßzahlen* (in Abschnitt II als Z-Tarif bezeichnet), betragen im Regelfall bei der Grundsteuer A sechs Promille und bei der Grundsteuer B 3,5 Promille des Einheitswerts. Der sich dadurch ergebende sog. *Steuermeßbetrag* wird mit den von den Gemeinden festzulegenden *Hebesätzen* multipliziert und führt zum Grundsteueraufkommen einer Gemeinde. Im Bundesdurchschnitt lag 2000 für

---

7 Grundsteuergesetz vom 7. August 1973.

8 Bewertungsgesetz in der Fassung der Bekanntmachung vom 1. Februar 1991.

Gemeinden über 50'000 Einwohnern der Hebesatz der Grundsteuer A bei 258 % und bei der Grundsteuer B bei 445 %. Die für 2000 gültigen Einheitswerte des land- und forstwirtschaftlichen Grundvermögens wurden also durch die Grundsteuer A mit durchschnittlich 1,55 Prozent (2,58·0,6) und die der Grundsteuer B unterworfenen Grundstücke mit durchschnittlich 1,56 Prozent (4,45·0,35) belastet. Die Hebesätze wiesen allerdings eine erhebliche Streuung auf: sie lagen 2000 bei der Grundsteuer A zwischen 150 % (Berlin) und 367 % (im Durchschnitt der niedersächsischen Gemeinden) und bei der Grundsteuer B zwischen 240 % (Bad Homburg v.d.H.) und 600 % (Berlin)[9].

Gewerbesteuer

Den deutschen Gemeinden steht gemäß Grundgestz eine *mit Hebesatzrecht* verbundene *wirtschaftskraftbezogene* Steuerquelle zu (Art. 28 Abs. 2 Satz 3 GG). Diese Verfassungsvorschrift wird durch die Gewerbesteuer erfüllt. Hauptgegenstand der Gewerbesteuer ist nach dem Wortlaut des Gesetzes "jeder stehende Gewerbebetrieb, soweit er im Inland betrieben wird"[10]. Gemeint ist mit dem *stehenden* Gewerbebetrieb der *nicht umherziehende* Gewerbebetrieb.

Als um die Wende vom 18. zum 19. Jahrhundert der Zunftzwang beseitigt und die Gewerbefreiheit als ein wirtschaftliches Grundrecht verkündet wurde (in Frankreich 1791 und danach sukzessive in den deutschen Staaten) sah man im Tatbestand des "freien" Gewerbetreibens eine neue Form vorteilhafter Wirtschaftstätigkeit. Es wurden zur steuerlichen Erfassung dieses Tatbestandes drei Steuerobjekte gebildet: der Gewerbeertrag, das Gewerbekapital und die Lohnsumme des Gewerbebetriebs. Seit 1980 ist allerdings in Deutschland die Lohnsummensteuer und seit 1998 die Gewerbekapitalsteuer abgeschafft.

Steuerobjekt der (heutigen) deutschen Gewerbesteuer ist nur noch der *Gewerbeertrag*. Die Bemessungsgrundlage wird gebildet aus dem *Gewinn*, wie er für die Einkommen- bzw. Körperschaftsteuer ermittelt wird, zuzüglich gewisser *Hinzurechnungen* und abzüglich gewisser *Kürzungen*. Bei den Hinzurechnungen handelt es sich insbesondere um die Hälfte der Verzinsung von Fremdkapital, das "nicht nur vorübergehend" neben dem Eigenkapital als Betriebskapital zur Verfügung steht (Zinsen für sog. Dauerschulden), um Renten und andere wirtschaftliche Dauerlasten des Gewerbebetriebs sowie um "Miet- und Pachtzinsen für die Benutzung der nicht in Grundbesitz bestehenden Wirtschaftsgüter des Anlagevermögens, die im Eigentum eines anderen stehen". Die Kürzungen umfassen vor allem die auf dem Grundbesitz erhobene Grundsteuer ("1,2 % des Einheitswerts") sowie Gewinnanteile, die von anderen Gesellschaften zugeflossen sind, wenn sie dort bereits besteuert wurden.

---

9 Die Angaben für die Hebesätze sind entnommen: Institut "Finanzen und Steuern" Heft 386 (2000).

10 § 2 Gewerbesteuergesetz 2002 in der Fassung der Bekanntmachung vom 15. Oktober 2002.

Der auf diese Weise ermittelte *Ertrag* einer Gewerbetätigkeit wird durch einen Freibetrag gekürzt, bevor er mit dem in Betracht kommenden Tarif multipliziert wird. Der Freibetrag beläuft sich bei Betrieben, die von natürlichen Personen bzw. Personengesellschaften geführt werden, auf DM 48'000, bei anderen Betrieben, also insbesondere bei Kapitalgesellschaften, auf DM 7'500. Die durch den Freibetrag gekürzte Bemessungsgrundlage wird wie im Fall der Grundsteuer mit *Steuermeßzahlen* (dem sog. Basis- oder Zwischentarif) multipliziert und führt zum *Steuermeßbetrag*. Multipliziert mit dem Hebesatz der Sitzgemeinde des Gewerbebetriebs ergibt sich die Steuerschuld des Betriebs. Auch bei der Gewerbesteuer wird das in Abschnitt II unter Nr. 3 dargestellte Koordinationsmodell verwendet.

Der Zwischentarif ist ein progressiver Anstoßtarif für die von einer natürlichen Person oder einer Personengesellschaft geführten Gewerbebetriebe. Er setzt sich aus folgenden Steuermeßzahlen zusammen:

1 % für die ersten DM 24'000
2 % für die weiteren DM 24'000
3 % für die weiteren DM 24'000
4 % für die weiteren DM 24'000
5 % für alle weiteren Beträge

Für alle anderen Gewerbebetriebe, also insbesondere für Kapitalgesellschaften beträgt die Steuermeßzahl einheitlich 5 %.

Beispiel
Der Steuermeßbetrag einer Personengesellschaft mit einem Gewerbeertrag von z.B. DM 144'000 (vor Kürzung um den Freibetrag von DM 48'000) beläuft sich gemäß dem angegebenen Basistarif auf DM 2'400. Bei einem als juristische Person geführten Gewerbebetrieb mit einem gleichhohen Gewerbeertrag von DM 144'000 (vor Kürzung um DM 7'500) resultiert hingegen ein Steuermeßbetrag von DM 6'825. Liegt der Gewerbebetrieb in einer Gemeinde mit einem Gewerbesteuer-Hebesatz von 400 %, dann beläuft sich die Steuerschuld im Fall einer Personengesellschaft auf DM 9'600 und im Fall einer juristischen Person auf DM 27'300. Das sind 6,7 Prozent des Gewerbeertrags im Fall der Personengesellschaft und 19 Prozent im Fall der juristischen Person.

Bei den 190 deutschen Städten mit über 50'000 Einwohnern streuten 2000 die Gewerbesteuer-Hebesätze zwischen 330 % und 500 %. Im Bundesdurchschnitt lag der Hebesatz bei 428 %. Das Gewerbesteuer-Aufkommen betrug 2000 rd. 53 Mrd. DM, wovon rd. 11 Mrd. an den Bund und die Länder als sog. Gewerbesteuer-Umlage abgeführt werden mußten. Den Gemeinden verblieben daher nur rd. 42 Mrd. DM. (Da die Gewerbesteuer bei der Ermittlung des Gewinns im Rahmen der Einkommen- und Körperschaftsteuer als Betriebsausgabe abziehbar ist, führte sie bei weitem nicht in Höhe ihres Aufkommens zu zusätzlichen öffentlichen Einnahmen.)

Die deutsche Gewerbesteuer weist in ihrer heutigen Form *große Mängel* auf. Gravierend ist insbesondere die durch den Fortfall der Lohnsummen- und Gewerbekapitalsteuern entstandene Einseitigkeit in Form der Belastung fast nur noch des Gewinns der Unternehmen. Angesichts der hohen fiskalischen Bedeutung des Gewerbesteueraufkommens für die Gemeinden (siehe Tabelle 12.1) und der hohen Konjunkturreagibilität des Gewinns bedeutet dies im Konjunkturverlauf stark schwankende Gemeindeeinnahmen. Außerdem werden durch die hohen Freibeträge viele kleinere Gewerbebetriebe gar nicht mehr zur Zahlung von Gewerbesteuer herangezogen, so daß im Verhältnis zu diesen Betrieben keine fiskalische Äquivalenz zu den auch ihnen zugutekommenden Gemeindeausgaben hergestellt wird. Dasselbe gilt auch bezüglich der freiberuflich Selbständigen, die der Gewerbesteuer nicht unterworfen sind, da sie im juristischen Sinn kein Gewerbe betreiben.

Neben der Gewerbesteuer besitzen die Gemeinden seit 1998 noch eine zweite, wirtschaftsbezogene Einnahmequelle, allerdings ohne Hebesatzrecht. Es handelt sich um eine Beteiligung am Aufkommen der Mehrwertsteuer Es besteht jedoch keine Beziehung zum örtlichen Aufkommen. Es ist vorgesehen, als Schlüssel für die Verteilung des Gemeindeanteils die örtliche Lohnsumme, das örtliche Betriebsvermögen und die Zahl der Beschäftigten zu verwenden. Es handelt sich beim Umsatzsteueranteil der Gemeinden eher um eine Zuweisung im Rahmen des Finanzausgleichs als um eine Gemeindesteuer.

Einkommensteuer

Die deutschen Gemeinden erhalten in ihrer Gesamtheit eine Quote des Aufkommens der Einkommensteuer von 15 Prozent. Bezogen wird diese Quote jeweils auf das einem Bundesland zuzurechnende Aufkommen. Es wird eine Verbundlösung praktiziert wie sie im Abschnitt II unter Nr. 7 dargestellt ist. Ein Hebesatzrecht haben die Gemeinden nicht. Das örtliche Aufkommen spielt zwar eine Rolle für die Höhe der Gemeindeeinnahmen aus der Einkommensteuer, es ist aber durch eine horizontale *Umverteilungskomponente* unter den Gemeinden in seiner Bedeutung abgeschwächt. Nur das Steueraufkommen aus den Einkommen bis zu einem bestimmten Höchstbetrag (bis zur sog. "Kappungsgrenze") wird für die Bildung der "Schlüsselmasse" berücksichtigt: Die einzelne Gemeinde ist an der 15-Prozent-Gemeindequote nach Maßgabe des Anteils ihrer örtlichen Schlüsselmasse an der Gesamtschlüsselmasse beteiligt. Die Schlüsselmasse in den alten Bundesländern besteht aus dem Steueraufkommen aus Einkommen bis höchstens DM 50'000 für Alleinstehende (bzw. DM 100'000 für Verheirate). In den neuen Bundesländern liegt die Kappungsgrenze bei DM 40'000 bzw. 80'000.

Beispiel
Es bestehe das (neue) Bundesland X aus den Gemeinden A und B. A sei eine "arme" Gemeinde mit drei Einwohnern A_1, A_2 und A_3, die Einkommen von 15'000, 25'000 und 40'000 beziehen, während die drei Einwohner B_1, B_2 und B_3 der "reichen" Gemeinde B Einkommen von 40'000, 80'000 und 140'000 erzielen. Die aufgrund der Progression angenommenerweise entstehende Steuerschuld der einzelnen Einkommensbezieher sind im nachfolgenden Schema angegeben und führen zu einem Gesamtsteueraufkommen im Bundesland X von 100'000. Die beiden Gemeinden erhalten zusammen also die Gemeindequote von 15'000. Die für die Verteilung dieser 15'000 relevante Schlüsselmasse resultiert nur aus den Steuern für Einkommen bis zur Kappungsgrenze

von 40'000. Für die Berechnung ihrer Anteile entfallen auf Gemeinde A daher eine örtliche Schlüsselmasse von 12'000, auf B jedoch wegen der Kappung nur eine örtliche Schlüsselmasse von 24'000. Gemeinde A erhält somit ein Drittel von 15'000, d.h. 5'000, während B zwei Drittel, d.h. 10'000 als Gemeindeanteil erhält.

Gemeinde A

Einkommens-bezieher	Angenommenes Einkommen	Angenommenes Steueraufkommen	Schlüsselmasse	Gemeindeanteil
A1	15'000	1'000	1'000	
A2	25'000	3'000	3'000	
A3	40'000	8'000	8'000	
total		12'000	12'000	5'000

Gemeinde B

Einkommens-bezieher	Angenommenes Einkommen	Angenommenes Steueraufkommen	Schlüsselmasse	Gemeindeanteil
B1	40'000	8'000	8'000	
B2	80'000	24'000	8'000	
B3	140'000	56'000	8'000	
total		88'000	24'000	10'000

Gemeinden zusammen

Steueraufkommen total	100'000		
Schlüsselmasse total		36'000	
15-Prozent-Gemeindequote			15'000

Wäre für den Anteil an der 15-Prozent-Gemeindequote das tatsächliche örtliche Aufkommen der Einkommensteuer zugrundegelegt worden, hätte Gemeinde A nur 1'800 erhalten (15 % von 12'000), während B 13'200 (15 % von 88'000) erhalten hätte. Die Schlüsselung entsprechend dem örtlichen Aufkommen der bei 40'000 gekappten Einkommen bewirkt eine Umverteilung im Umfang von 3'200 von der "reichen" Gemeinde B zur "armen" Gemeinde A .

Die soeben gezeigte Art der Beteiligung der Gemeinden am Aufkommen der Einkommensteuer ist wenig befriedigend. Zum einen ist der Bewegungsspielraum der Gemeinden eingeschränkt, weil sie *kein Hebesatzrecht* zur Variation ihres Einkommensteueranteils besitzen. Diese Möglichkeit ist zwar in der Verfassung vorgesehen (Art. 106 Abs. 5 GG), wurde aber bisher nicht realisiert. Zweitens ist die Schlüsselgröße einer Gemeinde in der Regel einige Jahre alt. Da die deutschen Gemeinden anders als die Schweizer Gemeinden keine eigene Finanzverwaltung für die Einkommensteuer besitzen, müssen die Schlüssel von den Finanzämtern der Bundesländer in Zusammenarbeit mit den Statistischen Ämtern ermittelt werden. Wegen des damit verbundenen Aufwands werden die ermittelten Schlüsselgrößen nur alle drei Jahre ermittelt und dann für jeweils drei Jahre konstant gehalten.

Einkommensverwendungsteuern

Zu den Steuern auf die Einkommensverwendung gehören in Deutschland die sog. "kleinen Gemeindesteuern". Sie belasten den örtlichen Verbrauch oder Aufwand und sind gemäß Grundgesetz (Art. 106 Abs. 6) den Gemeinden überlassene Steuern. Zu ihnen werden gerechnet: die Vergnügungsteuer, Hundesteuer, Zweitwohnungsteuer, Jagd- und Fischereisteuer, Getränkesteuer und die Schankerlaubnissteuer. Das Gesamtaufkommen dieser Steuern, die im Rahmen der von den Bundesländern vorgegebenen Grenzen entsprechend dem in Abschnitt II unter Nr. 2 dargestellten Koordinationstyp erhoben werden, beträgt nur knapp eine Milliarde DM pro Jahr. Fast die Hälfte davon entfällt auf die Vergnügungsteuer und etwa ein Viertel auf die Hundesteuer.

Die anschließend aufgeführte Tabelle zeigt die Einnahmestruktur der deutschen Gemeinden ohne Berücksichtigung kommunaler Zweckverbände und der kommunalen Krankenhäuser mit kaufmännischem Rechnungswesen sowie der Stadtstaaten (Berlin, Hamburg und Bremen), bei denen der Landeshaushalt mit dem Gemeindehaushalt zusammenfällt. Wie die Statistik zeigt, finanzieren sich die deutschen Gemeinden zu etwa einem Drittel über Steuern.

Tab. 12.1: Finanzierungsstruktur der deutschen Gemeinden, 2000[1)]

	Mrd. DM	% des Totals
Steuern	101,5	35,3
Anteil an Einkommensteuer	*41,6*	*14,5*
Gewerbesteuer (netto)[2)]	*37,8*	*13,1*
Grundsteuern und andere Steuern	*15,9*	*5,4*
Anteil an Umsatzsteuer	*5,2*	*1,8*
Gebühren und Beiträge	37,9	13,1
Zuweisungen u.Investitionshilfen [3)]	94,6	32,9
Veräußerungserlöse	13,5	4,7
Andere Einnahmen [4)]	40,1	13,9
Einnahmen ingesamt	287,6	100,0

[1)] Einnahmen der Verwaltungs- einschl. der Vermögenshaushalte ohne Stadtstaaten und ohne kommunale Krankenhäuser [2)] nach Abführung der Umlage [3)] Zahlungen von Bund und Ländern an die Verwaltungs- und Vermögenshaushalte der Gemeinden

Quelle: BMF, Finanzbericht 2002 (2001), S. 172 f.

Bei einer Bevölkerung von rd. 76 Millionen Einwohnern außerhalb der Stadtstaaten Berlin, Hamburg und Bremen bedeuten Einnahmen von rd. 290 Mrd. DM, daß den deutschen Gemeinden 2000 umgerechnet pro Einwohner Einnahmen von durchschnittlich knapp 3'800 DM zur Verfügung standen. Zu berücksichtigen ist hierbei, daß die Gemeinden sich in erheblichem Umfang durch Vermögensverkäufe finanzieren mußten.

V.B. Schweizer Gemeindesteuern

Die folgende Darstellung bezieht sich in erster Linie auf den Kanton *Zürich*. Im großen und ganzen entsprechen die Gemeindesteuersysteme der übrigen Kantone hinsichtlich ihrer Zusammensetzung derjenigen Zürichs.

Allgemeine Gemeindesteuern

Die im Zürcher Steuergesetz als Allgemeine Gemeindesteuern bezeichneten Steuern auf dem *Einkommen* und *Vermögen natürlicher Personen* und auf dem *Gewinn* und *Kapital juristischer Personen* bilden zusammen den Kernbestandteil des Gemeindesteuersystems. Diese vier Steuern werden in fast allen 26 Kantonen bzw. Halbkantonen entsprechend dem in Abschnitt II unter Nr. 4 dargestellten Modell mit den kantonalen Steuern ("Staatssteuern") koordiniert. Für die Schweizer Gemeinden entspricht die kantonale Ebene der Zentralstaatsebene. Eine Koordination der Gemeindetarife mit dem Tarif der Bundesebene gibt es nicht. In der Regel gibt es nur eine Verbund-Bemessungsgrundlage der drei Ebenen.

Von wenigen Ausnahmen abgesehen legen die Kantone für die vier genannten Steuerarten einen *Staatssteuertarif* als einen Basistarif (Zwischentarif) fest. Das Berechnungsergebnis mit diesem Tarif ist eine Größe, die als "einfache Staatssteuer" bezeichnet wird. Jede Gemeinde setzt ebenso wie der Kanton einen Steuerfuß (Hebesatz) in Prozenten der einfachen Staatssteuer fest. Im Ergebnis wird also der vom Kanton festgelegte Zwischentarif mit einem dem Gemeindehebesatz entsprechenden Faktor multipliziert. Der auf diese Weise gebildete effektive Tarif führt zur jeweiligen Steuerschuld gegenüber der Gemeinde und in der Summe zum entsprechenden Gemeinde-Steueraufkommen.

Die durch Gesetz des Kantons Zürich definierte Verbund-Bemessungsgrundlage der kantonalen und kommunalen *Einkommensteuer* wurde im sechsten Kapitel (Abschnitt IV.A) dargestellt. Die dortige Tabelle 6.2 enthält den kantonalen Basistarif. Die *Gewinnsteuer* des Kantons und der Zürcher Gemeinden wurde im achten Kapitel beschrieben (Abschnitt VI.B) und der kantonale Gewinnsteuer-Basistarif wegen seiner Besonderheit als progressiver Körperschaftsteuertarif mit Durschnittsteuersatz-Plafond im dritten Kapitel (Abschnitt IV.A).

Die vom Kanton und den Zürcher Gemeinden erhobene *Vermögensteuer natürlicher Personen* ist als Anstoßtarif ausgestaltet. Der Vermögensteuer unterliegt das gesamte Vermögen nach Abzug der Schulden zum sog. Verkehrswert, der in der Regel 60 % des Marktwerts betragen soll. Land- und forstwirtschaftlich genutzte Grundstücke unter Einschluß der Gebäude werden zum Ertragswert bewertet. Bei einer alleinstehenden natürlichen Person werden die ersten 68'000 Franken gemäß dem Basistarif mit 0 ‰, die folgenden 204'000 Franken mit 1/2 ‰, die weiteren 340'000 Franken mit 1 ‰ usw. bis zu 3 ‰ für Vermögen über 2,786 Mio Franken belastet. Bei Verheirateten wird der in den Tarif eingearbeitete Freibetrag von 68'000 Franken verdoppelt, ansonsten gelten dieselben Grenzsteuersätze für gleiche Teilmengenabschnitte. Der kantonale und der jeweilige kommunale Steuerfuß werden auch auf die kantonale Vermögensteuer angewendet, so daß in der Summe die Steuersätze des Basistarifs beispielsweise für die Stadt Zürich mit einem Faktor von rd. 2,5 zu multiplizieren sind.

Die von den Gemeinden und dem Kanton erhobene *Kapitalsteuer juristischer Personen* hat als verbundene Bemessungsgrundlage das Eigenkapital (einbezahltes Kapital und aus versteuertem Gewinn gebildete stille Reserven, zuzüglich Fremdkapital, dem wirtschaftlich die Bedeutung von Eigenkapital zukommt). Der proportionale Basis-Steuersatz beträgt im Regelfall 1,5 Promille, bei Holding- und Verwaltungsgesellschaften 0,3 Promille.

Das Zürcher Steuergesetz[11] sieht vor, daß der Steuerfuß für alle vier Steuern dieselbe Höhe hat. Der Kanton legt seinen Steuerfuß für jeweils drei Kalenderjahre, die 171 zum Kanton gehörenden politischen Gemeinden legen ihre Steuerfüße für jeweils ein Kalenderjahr fest. Der kantonale Steuerfuß für die Jahre 2000 bis 2002 beträgt 105 %, für die Stadt Zürich liegt der Steuerfuß der politischen Gemeinde für das Jahr 2000 bei 130 %. Die reformierte Kirchgemeinde der Stadt verlangt zusätzlich noch 11 % der einfachen Staatssteuer. Die Höhe der Zürcher Gemeindesteuerfüße des Jahres 2000 reicht von 78 % bis 132 % (ohne Kirchensteuer) bzw. von 85 % bis 147 % (mit reformierter Kirchensteuer)[12]. Die Spannweite beträgt somit 54 bzw. 62 Prozentpunkte. Bezogen auf das gewogene kantonale Mittel der Steuerfüße von 120,7 in 1999[13] liegt der niedrigste Steuerfuß um 35 Prozent unter dem kantonalen Durchschnitt und der höchste Steuerfuß um rd. 9 Prozent über diesem Durchschnitt.

Die Hebesätze der Gemeinden des Kantons Zürich sind formal nach oben oder unten nicht begrenzt, doch sorgt der kantonale und kommunale Finanzausgleich und im speziellen der kantonale *Steuerfußausgleich* dafür, daß die Spannweite in einem politisch als vertretbar angesehenen Bereich bleibt: Im Finanzausgleichs-

---

11 Steuergesetz vom 8. Juni 1997 (StG-ZH), in Kraft seit 1. Januar 1999.
12 Aktualisierte Quelle: Internetseite des Statistischen Amtes des Kantons Zürich.
13 Statistisches Jahrbuch des Kantons Zürich 2000, S. 296.

gesetz ist festgelegt, daß "Politische Gemeinden und Schulgemeinden, die trotz der Beiträge aus dem Ausgleichsfonds und dem Investitionsfonds zum Ausgleich ihres Haushalts Steuern erheben müßten, die mehr als 5 Steuerprozente über dem Kantonsmittel liegen, ... vom Staat einen Steuerfußausgleich (erhalten). ... Dieser Ausgleich beträgt die Hälfte der Differenz zwischen dem erforderlichen Betrag und dem Steuerbetrag, der sich bei einem Steuerfuß ergäbe, der 5 Steuerprozente über dem Kantonsmittel liegt. Übersteigt der Steuerfuß das Kantonsmittel dennoch um mehr als 10 Steuerprozente, wird der volle Überhang vergütet."[14]

Außer den soeben beschriebenen Allgemeinen Gemeindesteuern erheben die Zürcher Gemeinden eine *Personalsteuer* ("Kopfsteuer") von Fr. 24 von jeder erwerbsfähigen natürlichen Person mit Wohnsitz oder Aufenthalt in ihrem Gebiet (siehe Abschnitt II.A des dritten Kapitels) und sie partizipieren an einem Verbund bei den beiden sog. Quellensteuern. Bei der "Quellensteuer I" handelt es sich hauptsächlich um eine vom Arbeitgeber im Abzugsverfahren einbehaltene *Lohnsteuer* von Ausländern, die zwar Wohnsitz in einer Schweizer Gemeinde, jedoch noch keine Daueraufenthaltsbewilligung (Niederlassungsbewilligung) haben[15]. Diese "Quellensteuer I" wird in einheitlicher Höhe in allen Gemeinden erhoben, ihr Tarif orientiert sich am regulären Tarif der Einkommensteuern des Bundes, des Kantons und der Gemeinden unter Zugrundelegung des durchschnittlichen Gemeindesteuerfußes. Am Aufkommen partizipieren die drei Gebietskörperschaften nach Maßgabe ihres jeweiligen Tarifniveaus. Bei der sog. "Quellensteuer II" handelt es sich um die Einkommen- bzw. Gewinnsteuer im Fall von beschränkter Steuerpflicht von Personen ohne Wohnsitz oder Aufenthalt in der Schweiz[16]. Auch am Aufkommen der "Quellensteuer II" sind die Gemeinden anteilsmäßig mit dem Bund und dem Kanton beteiligt.

Grund- bzw. Liegenschaftssteuern

Die Zürcher Gemeinden erheben als sog. Grundsteuern eine *Grundstückgewinnsteuer* und eine *Handänderungsteuer*. Beide Steuern werden nach kantonalem Tarif entsprechend dem in Abschnitt II unter Nr. 6 dargestellten Koordinationsmodell erhoben. Die Grundstückgewinnsteuer ist eine auf die Differenz zwischen Verkaufserlös und Anlagekosten (Kaufpreis) progressiv nach Höhe der Differenz und degressiv nach der Haltedauer gestaltete Steuer. Sie beginnt mit einem Steuersatz von 10 % auf die ersten 4'000 Franken Gewinn, 15 % für die weiteren 6'000

14 Gesetz über die Staatsbeiträge an die Gemeinden und über den Finanzausgleich vom 11. September 1966, §§ 26 und 27.

15 Verordnung über die Quellensteuer für ausländische Arbeitnehmer (Quellensteuerverordnung I) vom 2. Februar 1994.

16 Quellensteuerverordnung II vom 2. Februar 1994.

Franken, 20 % für die nächsten 8'000 Franken usw. bis 40 % (Plafond) für die 100'000 Franken übersteigenden Gewinnteile. Bei einer Besitzdauer von weniger als einem Jahr erhöht sich die Steuer um 50 %, bei weniger als zwei Jahren um 25 %. Die Steuer ermäßigt sich bei einer Besitzdauer von vollen fünf Jahren um 5 %, bei vollen sechs Jahren um 8 %, bei vollen sieben Jahren um 11 % usw. um jeweils 3 Prozentpunkte bis 50 % bei vollen 20 und mehr Jahren Besitzdauer.

Bei der Grundstückgewinnsteuer haben die Gemeinden zwar kein Hebesatzrecht, ihr Bewegungsspielraum ist bei dieser Steuer jedoch insofern beträchtlich, als Grundstücksverkäufe vor allem auch durch planerische kommunale Maßnahmen, wie z.B. durch Umzonung von bisher nicht zur Bebauung freigegebenem Gemeindegebiet, ausgelöst werden. Die Gemeinden können Bemessungsgrundlagenpolitik betreiben und erhalten Einnahmen, die ihnen zur Deckung der für Infrastrukturmaßnahmen in Neubaugebieten entstandenen Kosten dienen können.

Auch die Fälligkeit der sog. *Handänderungssteuer,* hauptsächlich einer Steuer beim Wechsel des Eigentümers eines Grundstücks, hängt oft mit planerischen kommunalen Maßnahmen zusammen. Daher erlaubt es auch diese Steuer einer Gemeinde, Bemessungsgrundlagenpolitik zu betreiben. Der Steuersatz beträgt 1,5 % bei einer Besitzdauer von 10 Jahren und weniger und 1 % bei einer über 10jährigen Besitzdauer.

In vielen Kantonen stehen die Erträge der Grundstückgewinn- und der Handänderungssteuern ganz oder teilweise dem Kanton zu, doch werden diese beiden Steuern abgesehen vom Kanton Zürich auch in einer Reihe anderer Kantone als reine Gemeindesteuern erhoben. Umgekehrt erheben anders als im Kanton Zürich die Gemeinden in vielen Kantonen eine sog. Liegenschaftssteuer (impôt foncier bzw. impôt immobilier), d.h. eine Steuer auf dem Wert von Grundstücken. Als einziger Kanton verfügt Genf über eine kommunale Gewerbesteuer (Taxe professionnelle).

Die Zürcher politischen Gemeinden, wie auch die Gemeinden der meisten anderen Kantone, erheben eine *Hundesteuer*, die im Kanton Zürich von den Gemeinden zwischen Fr. 70 und Fr. 150 angesetzt werden kann. In einigen Kantonen erheben die Gemeinden auch eine *Vergnügung-* oder *Billettsteuer*. Die Zürcher Gemeinden verfügen dagegen über eine Steuer auf *Geldspielapparate,* die in Spielsalons oder Gaststätten aufgestellt sind[17]. Sie beträgt 2,5 % der geschätzten durchschnittlichen Geldeinwürfe, mindestens jedoch monatlich Fr. 350 je Apparat in Spielsalons und Fr. 200 in Gaststätten.

Tabelle 12.2 vermittelt einen Überblick über die Hauptfinanzierungsquellen der Schweizer Gemeinden (Einnahmen der Laufenden Rechnung und der Investitionsrechnung zusammen). Das Aufkommen der Gemeindesteuern beträgt nahezu die Hälfte der Gesamteinnahmen. Allein die Einkommensteuer natürlicher Personen

---

17 Gesetz über die Besteuerung der Geldspielapparate vom 10. Juni 1990.

erbringt etwa ein Drittel der Gesamteinnahmen. Diese betrugen 2000 rd. 42,1 Mrd. Franken. Auf einen Gemeindeeinwohner enfielen Gemeindeeinnahmen von durchschnittlich 5'975 Franken. Das ist fast das Doppelte der den deutschen Gemeinden je Einwohner zur Verfügung stehenden Einnahmen. Da im gleichen Jahr die Ausgaben durchschnittlich pro Kopf 5'767 Franken betrugen, ergab sich 2000 für die Gesamtheit der Schweizer Gemeinden ein Rechnungsüberschuß von fast 1,5 Mrd. Franken.

Tab. 12.2: Finanzierungsstruktur der Schweizer Gemeinden, 2000

	Mrd. Fr.	% des Totals
Steuern	20,2	48,0
Einkommensteuern nat. Pers.	*14,3*	*34,0*
Vermögensteuern nat. Pers.	*1,7*	*4,0*
Gewinnsteuern jur. Pers.	*2,4*	*5,7*
Kapitalsteuern jur. Pers.	*0,5*	*1,1*
Liegenschaftssteuern	*0,5*	*1,1*
Grundstückgewinnsteuern	*0,4*	*1,0*
Handänderungssteuern	*0,3*	*0,7*
sonstige Steuern	*0,2*	*0,4*
Gebühren und ähnliche Entgelte	11,1	26,4
Zuweisungen u.Investitionshilfen [1]	7,5	17,8
Sonstige Einnahmen [2]	3,3	7,8
Einnahmen ingesamt, Mrd. Fr.	42,1	100,0
Einnahmen in Franken pro Kopf	*5'975,6*	
Ausgaben in Franken pro Kopf	*5'767,0*	

[1] Beiträge und Rückerstattungen von Bund, Kantonen und übrigen an die Laufende Rechnung und die Investitionsrechnung der Gemeinden [2] Vermögenserträge, Regalien und Konzessionen, diverse Einnahmen des Investitionshaushalts

Quelle: Eidg. Steuerverwaltung, Öffentl. Finanzen der Schweiz 2000 (2002), S. 73 ff.

V.C. Österreichs Gemeindesteuern

Die wichtigste österreichische Gemeindesteuer ist eine kurzerhand als *Kommunalsteuer* bezeichnete *Lohnsummensteuer*. Ihr Steuerobjekt ist die Summe der Arbeitslöhne von Arbeitnehmern (sog. "Dienstnehmern") einer im Inland gelegenen Betriebsstätte bzw. eines inländischen Unternehmens.[18]. Als Unternehmen gelten nicht nur Gewerbebetriebe im engeren Sinn, sondern auch die

[18] Kommunalsteuergesetz 1993.

freien Berufe sowie die land- und forstwirtschaftlichen Betriebe. Der Steuersatz beträgt einheitlich für alle Gemeinden drei Prozent der Lohnsumme. Über einen Hebesatz verfügen die Gemeinden also nicht. Bei der Kommunalsteuer findet das in Abschnitt II unter Nr. 6 dargestellte Koordinationsmodell Anwendung. Die als Lohnsummensteuer ausgestaltete Kommunalsteuer darf nicht verwechselt werden mit der im Abzugsverfahren beim Arbeitgeber einbehaltenen Lohnsteuer. Die Kommunalsteuer ist eine *eigenständige* Steuer, die unabhängig ist von der individuellen Lohn- und Einkommensteuer und daher auch nicht auf diese angerechnet werden kann. Belastet wird durch die Kommunalsteuer der örtliche Einsatz des Produktionsfaktors Arbeit. Tabelle 12.3 enthält eine Übersicht über die Struktur und Höhe der Einnahmen der ordentlichen Gemeindehaushalte einschließlich Wiens.

Tab. 12.3: Finanzierungsstruktur der österreichischen Gemeinden, 1997

	Mrd. öS	% des Totals
Gemeindesteuern	34,9	13,1
Kommunal-(Lohnsummen-)steuer	*21,7*	*8,11*
Grundsteuer A und B	*5,8*	*2,2*
Getränke- u. Speiseeissteuer	*5,6*	*2,1*
Vergnügungsteuer	*1,0*	*0,4*
Ankündigung- u. Hundesteuer	*0,8*	*0,3*
Gebühren, Beiträge u.ähnl. Abgab.[1]	29,0	10,9
Anteile an Bundesabgaben[2]	81,7	30,6
Finanzzuweisungen	31,7	11,9
sonstige Einnahmen	89,3	33,5
Einnahmen ingesamt	266,6	100,0
Zunahme des Schuldenstands[3]	5,3	

[1] Benutzungsgebühren, Interessenten-(Anlieger-)beiträge, Gebrauchsabgaben usw. [2] Anteile an Lohn- und Einkommensteuer, Umsatzsteuer, Mineralölsteuer, Grunderwerbsteuer usw. [3] Schuldenstand der Gemeinden einschl. Wien 1997 gegenüber 1996.

Quelle: Österr. Stat. Zentralamt (1999), Gebarungsübersichten 1997. S. 16 und 31

Neben der Kommunalsteuer (Lohnsummensteuer) erheben die österreichischen Gemeinden nur noch unbedeutende Gemeindesteuern. So gibt es eine *Grundsteuer* auf land- und forstwirtschaftlichem Grund- und Betriebsvermögen sowie auf Grundbesitz anderer Art (Grundsteuern A und B). Als Bemessungsgrundlage dient der sog. Einheitswert, der mit einer Steuermeßzahl von grundsätzlich 2 Promille multipliziert wird. Auf den resultierenden Steuermeßbetrag können die Gemeinden *Hebesätze* bis maximal 500 % anwenden. Die österreichischen Gemeinden besitzen schließlich noch eine *Lustbarkeitsabgabe* ("Vergnügungsteuer"), die bei bei Film-, Theater-, Konzert-, Zirkus-, Sport- oder Tanzveranstaltungen erhoben wird, und eine nur die Hundehaltung betreffende *Tierhaltungsabgabe*. Die frühere kommunale *Ankündigungsabgabe* (Reklamesteuer) wurde 2000 abgeschafft (an ihre Stelle trat, allerdings als Bundessteuer, die sog. Werbeabgabe). Ebenfalls abgeschafft wurde wegen der Feststellung ihrer partiellen Unvereinbarkeit mit EU-Recht im März 2000 die kommunale *Getränke- und Speiseeissteuer*, die von den lokalen Einzelhändlern und Gastwirten zum Steuersatz von 10 % auf alkoholischen und 5 % bei alkoholfreien Getränken (Milch blieb unbesteuert) zu entrichten war.

Der Anteil der österreichischen Gemeindesteuern an den Gesamteinnahmen der Gemeinden ist sehr viel kleiner als die entsprechenden Anteile in Deutschland und in der Schweiz. Die österreichischen Gemeinden verfügen daher nur über sehr beschränkte finanzielle Spielräume. Mit der Lohnsummen- und den Grundsteuern besitzen sie zwar einige örtlich radizierte Steuern, doch ist ihre Beweglichkeit dadurch stark eingeschränkt, daß sie nur bei den relativ unbedeutenden Grundsteuern über Hebesatzrechte verfügen. Hervorzuheben ist vor allem das Fehlen einer kommunalen Einkommensteuer.

VI. Fragen zur Selbstkontrolle und zum Nachdenken

1.) Warum sind eigene Gemeindesteuern wünschenswert? Könnten sich Gemeinden nicht durch Erträge aus dem Gemeindevermögen, durch Gebühren und Beiträge ausreichend finanzieren?

2.) Warum sollte die Finanzierung der Gemeindeausgaben durch Zuweisungen bzw. Finanzausgleichszahlungen von der übergeordneten Ebene in Grenzen gehalten werden, d.h. nur subsidiär erfolgen? Warum hängen Gemeinden "in unterschiedlichem Grade" vom Finanzausgleich ab?

3.) Können aus gesamtstaatlicher Sicht mit eigenen Gemeindesteuern auch Nachteile verbunden sein?

4.) Warum benötigt man neben den allgemeinen Besteuerungsgrundsätzen, wie sie in Kapitel V aufgeführt sind, auch gemeindespezifische Grundsätze?

5.) Man überlege sich konkrete Beispiele für die im Text aufgestellte Behauptung, die gemeindespezifischen Besteuerungsgrundsätze stünden teilweise in einem Spannungsverhältnis zueinander.

6.) Wodurch unterscheidet sich das Prinzip der "fiskalischen Äquivalenz" vom Äquivalenzprinzip? Wo liegen der jeweiligen "Anwendungsgebiete"?

7.) Könnte oder sollte zu den im Text aufgeführten gemeindespezifischen Besteuerungsgrundsätzen auch ein Umverteilungsgrundsatz gehören?

8.) Man versuche, sich die wichtigsten kommunalen Aufgaben vor Augen zu führen! Welche Konsequenzen ergäben sich für ein Gemeindesteuersystem, wenn jede einzelne Gemeindeaufgabe durch eine separate politische Institution wahrgenommen würde? Worin liegt der Vorteil der Bündelung von Zuständigkeiten für die Wahrnehmung von Kommunalaufgaben bei einer einzigen politischen Institution names Gemeinde?

DREIZEHNTES KAPITEL

Öffentliche Kreditfinanzierung

I. Staatskredit: Notlösung oder Notwendigkeit?

Die Finanzierung öffentlicher Ausgaben kann außer durch Steuern, Gebühren und Beiträge auch durch Aufnahme von Kredit erfolgen. Obwohl in fast allen Staaten von dieser Möglichkeit in der Vergangenheit ausgiebig Gebrauch gemacht wurde, ist umstritten, ob man das tun sollte bzw. wie weit man dabei gehen darf. Neuverschuldung als regelmäßig benutzte Finanzierungsform läßt sich nicht ohne weiteres aus den Rollen des Staates als Bereitsteller öffentlicher Güter oder als Hüter sozialer Gerechtigkeit ableiten. Neuverschuldung ist eine besondere, eine *subsidiäre* Finanzierungsform, bei der zu bedenken ist, daß dann, wenn sie zu einer permanent oder regelmäßig auftretenden Erscheinung wird, ein *wachsender Schuldenstand* und *wachsende Zinsverpflichtungen* in der Zukunft die Folgen sind. Öffentliche Kreditaufnahme sollte daher grundsätzlich nur aus besonderem Anlaß und mit spezieller Begründung in Betracht gezogen werden. Die Suche nach ihrer *Rechtfertigung* sollte immer mit der Suche nach ihrer *Begrenzung* einhergehen.

Gegenstand des vorliegenden Kapitels ist die öffentliche Kreditaufnahme im Sinne von *Nettoneuverschuldung*. Diese ergibt sich, wenn von der Bruttokreditaufnahme die Tilgung früher aufgenommener Kredite abgezogen wird. Die Nettoneuverschuldung ist eine *Strömungsgröße*. Demgegenüber versteht man unter *"ausstehende Schuld"* bzw. *"Schuldenstand"* eine Bestandsgröße. Der Schuldenstand am Anfang und am Ende einer Periode unterscheidet sich durch die Nettoneuverschuldung während dieser Periode. Nur Nettoneuverschuldung steht zur Finanzierung öffentlicher Ausgaben zur Verfügung. Unter den vor allem im allgemeinen Sprachgebrauch verwendeten Bezeichnungen *"Staatsverschuldung"* oder *"öffentliche Verschuldung"* kann sowohl der Schuldenstand als auch die Neuverschuldung verstanden werden. Ohne nähere Präzisierung verweisen diese Bezeichnungen nur in allgemeiner Form darauf, daß der Staat bzw. der öffentliche Sektor als Schuldner in Erscheinung tritt.

Die Institutionen des öffentlichen Sektors treten nicht nur als Kreditnehmer, sondern auch als *Kreditgeber* auf, z.B. in den Bereichen des sozialen Wohnungsbaus oder der Entwicklungshilfe. Die Darlehnsgewährung durch staatliche Institutionen in Verfolgung wirtschafts- oder gesellschaftspolitischer Ziele bezeichnet man als *Aktivkredit* ("Staat als Finanzierer"). Demgegenüber versteht man unter *Passivkredit* die Aufnahme von Darlehn. Gegenstand des vorliegenden Kapitels ist nur der Passivkredit des öffentlichen Sektors.

II. Arten und Höhe der öffentlichen Verschuldung

Eine Kreditaufnahme ist im Prinzip als öffentlich anzusehen, wenn sie in Zusammenhang mit der Verfolgung wirtschafts- oder gesellschaftspolitischer Ziele steht. Ein solcher Zusammenhang kann als gegeben angenommen werden, wenn die Kreditaufnahme durch Institutionen erfolgt, die rechtlich (und damit auch statistisch) zum öffentlichen Sektor gerechnet werden. Inanspruchnehmer von Kredit sind daher nicht nur der Staat im engeren Sinn (in Bundesstaaten also die zentrale Staatsebene mit dem Bundeshaushalt sowie die Gliedstaaten mit ihren Haushalten), sondern auch die Gemeinden und ihre Zweckverbände, die Sozialversicherungen sowie im Staatseigentum stehende Einrichtungen wie Eisenbahnen oder Post.

Die Abgrenzung des öffentlichen Sektors ist aus historischen und vielerlei anderen Gründen von Land zu Land nicht einheitlich. Im Fall Deutschland gibt es eine Reihe spezieller, zum öffentlichen Sektor gehörender Institutionen, die als (öffentliche) Kreditnehmer am Kreditmarkt auftreten (sog. Sondervermögen, wie z. B. das nach dem zweiten Weltkrieg aus den Mitteln des Marshallplans hervorgegangene European Recovery Program-[ERP-]Sondervermögen oder der Fonds Deutsche Einheit). Auch solche Institutionen wurden mit eigenen, aus den Haushalten der Gebietskörperschaften ausgegliederten Haushalten ausgestattet. Dadurch soll eine effektivere Wahrnehmung der ihnen übertragenen speziellen öffentlichen Aufgaben ermöglicht werden als bei Konzentration dieser Aufgabenverantwortung bei der Administration des zentralen öffentlichen Haushalts. Das nachfolgende Diagramm zeigt, wer als Schuldner öffentlicher Kredite in Erscheinung treten kann.

Schuldner
- Staat im engeren Sinn (zentraler Staatshaushalt)
- öffentliche Sozialversicherung
- Gliedstaaten (Bundesländer, Kantone)
- Gemeinden
- sonstige, zum öffentlichen Sektor gehörende Institutionen (Sondervermögen, öffentliche Unternehmen)

Öffentliche Schuldner gelten in der Regel als "sichere" Kreditnehmer. Im Hinblick auf ein gutes Funktionieren der Kapitalmärkte sind öffentliche Schuldner im allgemeinen sehr willkommen. Bezüglich der *Bonität* öffentlicher Schuldner und der damit zusammenhängenden Möglichkeit, sich am Kreditmarkt verschulden zu können, gibt es keine grundsätzlichen Unterschiede. Die hohe Sicherheit öffentlicher Kredite resultiert - außer im seltenen Fall des Staatsbankrotts - aus der Gewährleistungspflicht und der *Steuererhebungskompetenz* des Staates.

Diese Aussage gilt allerdings nur mit gewissen Einschränkungen im Fall *kommunaler* Kreditaufnahme. Obwohl Gemeinden grundsätzlich der Staatsaufsicht unterworfen sind, gibt es keine unbegrenzte Staatshaftung für Gemeindekredite. Die 1998 eingetretene Insolvenz der im Wallis (Schweiz) gelegenen Gemeinde Leukerbad hat gezeigt, daß Kreditgewährung an Gemeinden mit gewissen Risiken verbunden sein kann. Im übrigen ist ergänzend zum obigen Diagamm darauf hinzuweisen, daß öffentliche Kreditaufnahme auch durch *internationale,* nicht dem öffentlichen Sektor eines bestimmten Landes zuzuordnende Organisationen wie z.B. die Weltbank oder die Europäische Bank für Wiederaufbau und Entwicklung stattfindet. Die den einzelnen Ländern zuzuordnenden nationalen Anteile sind in den nachfolgenden Statistiken nicht enthalten.

Öffentliche Kredite werden in Deutschland, Österreich und in der Schweiz zur Hauptsache vom inländischen Bankensystem bereitgestellt. Die Quelle der Finanzierungsmittel ist in diesem Fall der inländische Kreditmarkt. Als Zeichner können daneben aber auch inländische Nichtbanken (private Unternehmen, private Haushalte), die Zentralbank (Notenbank) und ausländische Gläubiger auftreten, wie dies im nachfolgenden Diagramm veranschaulicht wird.

Gläubiger
- Zentralbank
- Kreditinstitute
- Private Unternehmen
- Privathaushalte
- Ausländische Gläubiger

Eine heute kaum noch umstrittene, d.h. fast einhellig abgelehnte, in vielen Ländern und speziell in der EU daher auch untersagte Form öffentlicher

Kreditaufnahme besteht in der Verschuldung bei der für die öffentliche Geldversorgung zuständigen Zentralbank eines Landes. Nur vordergründig-formal handelt es sich in diesem Fall um *öffentliche* Kreditaufnahme, denn auch eine unabhängige, d.h. nicht weisungsgebundene Zentralbank ist selber als Teil des öffentlichen Sektors anzusehen. Bei einem von der Zentralbank dem Staat zur Verfügung gestellten und von diesem zur Finanzierung verwendeten Kredit handelt es sich vielmehr um *Geldschöpfungsfinanzierung*. Trotz buchungstechnischer Ähnlichkeit besteht ein grundsätzlicher ökonomischer Unterschied zwischen Kreditaufnahme bei der Zentralbank und Verschuldung am Kapitalmarkt.

Unberührt vom Verbot der Kreditaufnahme bleibt selbstverständlich die Inanspruchnahme von Rücklagen, die bei der Zentralbank deponiert wurden. Solche Rücklagen können beispielsweise durch Budgetüberschüsse in einer konjunkturellen Boomphase entstanden sein (sog. Konjunkturausgleichsrücklagen). Eine Auflösung dieser Rücklagen kann in einer Rezession stabilitätspolitisch geboten und die damit verbundene Zuführung von Zentralbankgeld in den Wirtschaftskreislauf erwünscht sein. Der Fall der Rücklagenbildung und Rücklagenauflösung bleibt im folgenden außer Betracht.

Öffentliche Schuldtitel können sich in vieler Hinsicht voneinander unterscheiden. Eine erste Unterscheidung ergibt sich aus der Laufzeit des aufgenommenen Kredits:

Laufzeiten
- tägliche Fälligkeit (Kontokorrent)
- kurzfristige Titel (3 - 12 Monate)
- mittelfristige Titel (1 - 10 Jahre)
- langfristige Titel (über 10 Jahre)
- "ewige" Anleihen (ohne Befristung)

Die Wahl der Laufzeit eines öffentlichen Kredits richtet sich in erster Linie nach den jeweils herrschenden Bedingungen am Kreditmarkt und nach Gesichtspunkten des sog. Schuldenmanagements ("Debt Management"). Dieses ist verantwortlich für die Struktur und eine möglichst zinskostengünstige Form der Verschuldung. Ganz überwiegend besteht kein direkter Bezug der Laufzeit des Kredits zu einer bestimmten mit diesem Kredit zu finanzierenden Staatsausgabe, vielmehr dient die öffentliche Kreditaufnahme in der Regel der Gesamtdeckung der öffentlichen Ausgaben bzw. des insgesamt entstandenen Fehlbetrags. Das moderne öffentliche Rechnungswesen hat die Einzelobjektdeckung weitgehend abgeschafft. Eine Sonderrolle spielen der täglich fällige Kredit sowie kurzfristig am Geldmarkt aufgenommene Kredite. Diese Kredite sollen die im Ablauf eines Haushaltsjahres auseinanderfallenden Zeitpunkte der Zahlungsein- und -ausgänge *überbrücken* und dienen insofern der Aufrechterhaltung einer ordnungsmäßigen Kassenwirtschaft.

Auch durch sorgfältige Planung kann nicht erreicht werden, daß Steuern stets termingerecht zu den Zeitpunkten öffentlicher Verpflichtungen, wie z. B. der Lohnzahlungen am Monatsende, eingehen. Die im Lauf eines Jahres zur kurzfristigen Überbrückung aufgenommenen sog. *Kassen- bzw. Kassenverstärkungskredite* werden normalerweise im Lauf desselben Jahres ausgeglichen.

Unbefristete, d.h. "ewige" Anleihen, die früher nicht selten waren, gibt es praktisch nur noch als Überbleibsel aus der Vergangenheit. Man unterscheidet einen echten und einen unechten Typ: Beim echten Typ gibt es weder ein Kündigungsrecht des öffentlichen Schuldners noch ein Rückgaberecht der Gläubiger; beim unechten Typ steht dem Schuldner ein Kündigungsrecht zu.

Von prinzipieller Bedeutung ist schließlich noch die Unterscheidung zwischen *Zwangsanleihen* und freiwilliger Kredithergabe:

Kontrahierungs-modalitäten
- zwangsweise Kredithergabe
- freiwillige Kredithergabe

Eine unter Zwang zustandegekommene Kreditaufnahme hat große Ähnlichkeit mit einer *Steuererhebung*. Durch Zwangsanleihen sollen nicht nur öffentliche Finanzierungsmittel bereitgestellt, sondern zugleich die privaten Konsumausgaben eingeschränkt werden. Man kann in diesem Fall wie bei Steuern von einem "Anknüpfungspunkt" sprechen. Üblicherweise sind Zwangsanleihen mit der Höhe des Vermögens oder Einkommens verknüpft. Obwohl sie normalerweise verzinslich ausgestaltet sind (in der Regel allerdings zu einem geringeren als dem am Kreditmarkt herrschenden Zinsfuß) stellen sie für die betroffenen Kreditgeber eine von ihnen meist nicht gewünschte Anlage- bzw. Ersparnisform dar.

Zwangsanleihen passen nicht in eine marktwirtschaftlich organisierte Volkswirtschaft, da sie weder den für den Kreditmarkt geltenden noch den für die Steuerhebung maßgebenden Gestaltungsprinzipien entsprechen. In früheren Zeiten hatten Zwangsanleihen vor allem zur *Kriegsfinanzierung* eine erhebliche Bedeutung, sie scheiden aber unter normalen Umständen als moderne Finanzierungsform aus. Eine letztmalig 1982 in Deutschland erhobene Zwangsanleihe mußte schon kurz danach auf Grund eines Verfassungsgerichtsurteils wieder zurückgezahlt werden.

Weitere Unterscheidungen öffentlicher Schuldtitel ergeben sich aus den *Zinszahlungsmodalitäten*, der *Stückelung* des Kredits, den *Tilgungsbedingungen*, der *Börsengängigkeit* bzw. Marktfähigkeit, dem *Emissionsverfahren* oder der rechtlichen Ausgestaltung als *Brief-* oder *Buch*schuld. Da den Unterschieden der Schuldformen aber ähnlich wie den Unterschieden der Laufzeiten im Hinblick auf ihre *Finanzierungs*funktion eine eher untergeordnete Bedeutung zukommt, beschränkt sich die folgende Darstellung im wesentlichen auf einen *statistischen Überblick* über die Entwicklung der öffentlichen Verschuldung *insgesamt* in den Ländern Deutschland, Österreich und in der Schweiz.

Für *Deutschland* ist die Verschuldung des öffentliche Sektors und seine Entwicklung seit 1970 in Tabelle 13.1 dargestellt. Der dort für das Jahr 2000 ausgewiesene Schuldenstand entfiel zu rd. 64 Prozent auf den Bund inklusive seiner Sondervermögen, zu rd. 28 Prozent auf die Bundesländer und zu rd. acht Prozent auf die Gemeinden und ihre Zweckverbände. Tabelle 13.1 enthält neben dem Gesamtschuldenstand Angaben über die jährliche Nettoneuverschuldung als Differenz des Schuldenstands am Ende eines Jahres gegenüber dem Schuldenstand am Ende des Vorjahres sowie die aus der Verschuldung für den Bundeshaushalt resultierenden Passivzinsen. Außerdem enthält die Tabelle drei der für eine *Beurteilung* der öffentlichen Verschuldung wichtigsten Quoten: die *Schuldenstandsquote*, die *Neuverschuldungsquote* sowie eine *Zins-Ausgabenquote*. Die Schuldenstands- und die Neuverschuldungsquoten beziehen die öffentliche Verschuldung einer Volkswirtschaft auf das Bruttonationaleinkommen (oder das Bruttoinlandsprodukt), eine Zins-Ausgabenquote setzt die Zinszahlungen eines öffentlichen Haushalts in Beziehung zu seinen Gesamtausgaben.

Tab 13.1: Kennzahlen der öffentlichen Verschuldung Deutschlands[1)]
1970 - 2000

Jahr	*Schuldenstand Mrd.DM*[2)]	*Nettoneuverschuldung Mrd.DM*[3)]	*Schuldenstandsquote*[4)]	*Neuverschuldungsquote*[5)]	*Zinsen (Bund) Mrd. DM*[6)]	*Zins-Ausgaben-Quote*[7)]
1970	125,9	8,0	18,6	1,2	2,46	2,9
1980	468,6	54,7	31,7	3,7	13,97	6,9
1989	928,8	25,8	41,8	1,1	32,10	12,3
1991	1'171,0	117,5	40,4	4,0	39,62	10,8
1995	1'993,5[8)]	333,9	57,1	9,5	49,47	11,3
1996	2'126,3	132,8	59,8	3,7	50,90	11,5
1997	2'215,9	89,6	60,9	2,5	53,41	12,5
1998	2'280,2	64,3	60,7	1,7	56,17	12,3
1999	2'346,9	66,7	61,1	1,7	80,36	17.9
2000	2'369,4	22,5	60,5	0,6	76,57	17,3

[1)] bis einschl. 1989: früheres Bundesgebiet, ab 1991 ohne die kaufmännisch buchenden Krankenhäuser - [2)] Gesamtschuldenstand Ende Jahr aller öffentlichen Haushalte - [3)] Differenz des Schuldenstands Ende Jahr gegenüber Ende Vorjahr - [4)] Schuldenstand : Bruttonationaleinkommen [5)] Neuverschuldung : Bruttonationaleinkommen - [6)] Zinsausgaben des Bundeshaushalts - [7)] Zinsausgaben des Bundeshaushalts in Bezug auf die "Bereinigten Ausgaben" *ohne* Zinsausgaben [8)] ab 1995 einschl. Erblastentilgungsfonds

Quelle: Sachverständigenrat zur Begutachtung der gesamtwirtschaftlichen Entwicklung, Jahresgutachten 2001/2002, Bonn 2001, S. 410, 415, Statistisches Jahrbuch 2001 für die Bundesrepublik Deutschland, S. 654.

In *Deutschland* entfällt auf *Anleihen* (die teilweise auch als Bundesobligationen bezeichnet werden) der überwiegende Teil der Staatsverschuldung. Bei Anleihen handelt es sich um festverzinsliche, an Börsen gehandelte Titel mit mittlerer oder längerer Laufzeit, die entweder durch Auslosung nach einigen tilgungsfreien Jahren oder gesamthaft am Ende der Laufzeit getilgt werden. Die zweitwichtigste öffentliche Verschuldungsart und zugleich die Hauptverschuldungsart der Bundesländer und Gemeinden sind *Direktausleihungen* der Kreditinstitute. Sie sind überwiegend als *Schuldscheindarlehen* ausgestaltet, haben eine mittlere bis langfristige Laufzeit und sind üblicherweise nicht an einer Börse handelbar. Eine wichtige Rolle spielen außerdem noch *Kassenobligationen* bzw. Bundes- oder Länder*obligationen* sowie *Schatzanweisungen* und *Schatzbriefe*. Es handelt sich bei ihnen um zumeist kurz- oder mittelfristige Verschuldungsarten, die sich an unterschiedliche Gläubigergruppen richten. Bei Schatzbriefen handelt es sich z.B. um ein Zeichnungsangebot des Staates speziell an die Adresse von Privathaushalten. Kassenobligationen und Schatzanweisungen richten sich insbesondere an Banken. Sie werden zumeist öffentlich ausgeschrieben und im sog. Tenderverfahren emittiert. Bei diesem Verfahren müssen die Kreditnehmer ein Zeichnungsangebot oberhalb eines vom öffentlichen Schuldner festgesetzten Mindestkurses einreichen. Aus dem bei der Versteigerung zustandekommenden Emissionskurs ergibt sich die Effektivverzinsung dieser Papiere.

Eine besondere deutsche Schuldform sind die sog. *Ausgleichsforderungen*. Diese Schulden des Bundes sind ursprünglich im Zuge der Währungsreform von 1948 entstanden, um die vor allem bei Banken durch die Umstellung von Reichsmark auf Deutsche Mark entstandenen "Lücken" auf der Aktivseite ihrer Bilanzen zu füllen (Forderungen in Reichsmark waren teils null und nichtig, während viele Verbindlichkeiten im Verhältnis 1 : 10 umgestellt wurden.). Die Ausgleichsforderungen sind ein Beispiel für öffentliche Schulden, die dem öffentlichen Schuldner ursprünglich nicht als Finanzierungsmittel gedient haben. Die bis 1989 größtenteils getilgten alten Ausgleichsforderungen erhöhten sich im Zuge der Wiedervereinigung auf Grund der erneut aufgetretenen Forderungsausfälle bei Unternehmen und Banken in den neuen Bundesländern. Die (2000) ausgewiesenen Ausgleichsforderungen gegenüber dem Bund betragen fast 90 Mrd. DM.

Eine ebenfalls einigungsbedingte deutsche Besonderheit bildet der sog. *Erblastentilgungsfonds*. Dieser 1995 eingerichtete Fonds ist als eigenständiger öffentlicher Haushalt ein Sonderschuldentopf mit dem Zweck, die Tilgung der auf ihn übertragenen Schulden insbesondere der Treuhandanstalt und der ostdeutschen Wohnungswirtschaft abzuwickeln. Die von der Finanzstatistik ausgewiesenen öffentlichen Schulden erhöhten sich 1995 formal um rd. 250 Mrd. DM.[1]

In der *Schweiz* gab es im hier betrachteten Zeitraum ebenfalls eine starke Zunahme der öffentlichen Verschuldung, wie aus Tabelle 13.2 hervorgeht. In erster Linie ist sie auf die Neuverschuldung der Bundesebene zurückzuführen. Per Ende 2001 beliefen sich die Schulden des Bundes auf 106,8 Mrd. Franken. Der Anteil des Bundes am Gesamtschuldenstand aller Gebietskörperschaften stieg von 39 Prozent (1990) auf über 50 Prozent (1999). Der Anteil der Kantone lag im gleichen Zeitraum

---

[1] Eine detaillierte Darstellung findet man bei: Sachverständigenrat zur Begutachtung der gesamtwirtschaftlichen Entwicklung, Jahresgutachten 1995/96, S. 144.

durchschnittlich bei rd. 30 Prozent und derjenige der Gemeinden sank von rd. 30 Prozent auf rd. 20 Prozent.

Tab 13.2: Kennzahlen der öffentlichen Verschuldung in der Schweiz[1)] 1990 - 1999

Jahr	*Schuldenstand Mrd.sFr.*[2)]	*Nettoneuverschuldung Mrd.sFr.*[3)]	*Schuldenstandsquote*[4)]	*Neuverschuldungsquote*[5)]	*Passiv-Zinsen Mrd. sFr.*[6)]	*Zins-Ausgaben-Quote*[7)]
1990	98,0	*3,5*	*30,9*	*1,1*	*4,57*	*5,3*
1991	109,9	*11,9*	*33,2*	*3,5*	*5,28*	*5,5*
1992	129,8	*19,9*	*37,9*	*5,8*	*6,41*	*6,2*
1993	147,9	*18,1*	*42,3*	*5,2*	*6,92*	*6,2*
1994	160,9	*13,0*	*45,0*	*3,7*	*7,59*	*6,8*
1995	170,4	*9,5*	*46,9*	*2,6*	*7,80*	*7,0*
1996	180,3	*9,9*	*49,3*	*2,7*	*7,65*	*6,6*
1997	191,3	*11,0*	*51,5*	*3,0*	*7,82*	*6,6*
1998	207,1	*15,8*	*54,4*	*4,2*	*7,99*	*6,7*
1999	199,8	*-7,3*	*51,4*	*-1,9*	*8,09*	*6,8*

[1)] Bund (inkl. Sonderrechnungen), Kantone und Gemeinden (Gemeindezahlen teilweise geschätzt) zusammengenommen - [2)] Gesamtschuldenstand Ende Jahr - [3)] Differenz des Schuldenstands Ende eines Jahres gegenüber Ende des Vorjahres - [4)] Schuldenstand : Bruttoinlandsprodukt - [5)] Neuverschuldung : Bruttoinlandsprodukt - [6)] Passivzinsen aller öffentlichen Haushalte - [7)] Passivzinsen aller öffentl. Haushalte : Gesamtausgaben gemäß Finanzrechnungen.

Quellen: Öffentliche Finanzen der Schweiz (Statistik der Schweiz, Reihe 18), Die Volkswirtschaft.

Bei der Beurteilung der öffentlichen Verschuldung in der Schweiz ist zu berücksichtigen, daß die Schweizer Gebietskörperschaften über hohe Erträge aus ihrem sog. Finanzvermögen, d.h. dem nicht für die öffentliche Aufgabenerfüllung gebundenen Vermögen (dem sog. Verwaltungsvermögen), erzielen. Den Passivzinsen beispielsweise von (1998) 7,99 Mrd. Franken standen Vermögenserträge von 9,41 Mrd. Franken gegenüber! Allein die Aktivzinsen aus Anlagen am Kapitalmakt betrugen in diesem Jahr 2,50 Mrd. Franken.

Auch in *Österreich* haben die Schulden des öffentlichen Sektors im Zeitraum 1970 bis 2000 stark zugenommen. Zu nahezu 90 Prozent sind die öffentlichen Schulden in Österreich Schulden der Bundesebene. Im Zeitraum 1989 bis 2000 erhöhte sich die öffentliche Verschuldung von rd. 855 Mrd. öS (umgerechnet rd. 62,2 Mrd. Euro) am Ende des Jahres 1989 auf rd. 2'044 Mrd. öS per Ende 2000 (umgerechnet rd. 148,5 Mrd. Euro). Die öffentlichen Schulden, bezogen auf das Bruttoinlandsprodukt, stiegen von 51,0 Prozent (1989) auf über 70 Prozent (2000) Im Haushalt des Bundes mußten beispielsweise 1997 von den Gesamteinnahmen

18,5 Prozent für den Schuldendienst (Zinsen und Tilgungen) aufgewendet werden.[2]

Die Staatsverschuldungen Deutschlands, Österreichs und der Schweiz haben beispielhaften Charakter für viele Industrielämder im betrachteten Zeitraum. Einige Länder, wie z.B. Belgien und Italien hatten Mitte der neunziger Jahre einen Schuldenstand von mehr als 120 Prozent des Bruttoinlandsprodukts. In fast allen Ländern hat sich aber seither der Trend zunehmender Staatsverschuldung umgekehrt. [3]

III. Ziele und Rechtfertigungen der Verschuldung

Der vordergründige bzw. unmittelbare Zweck öffentlicher Kreditaufnahme besteht darin, den Überschuß der laufenden Ausgaben eines öffentlichen Haushalts für Güter, Transferleistungen und Zinsen über die laufenden Einnahmen aus Steuern und anderen öffentlichen Abgaben zu finanzieren, d.h. eine als Budgetfehlbetrag oder Budgetdefizit bezeichnete Lücke auf der Finanzierungsseite eines öffentlichen Haushalts zu schließen. Durch öffentlichen Kredit wird ein öffentlicher Haushalt im buchhalterischen Sinn "ausgeglichen". Mit Hilfe der folgenden Bezeichnungen lassen sich die Zusammenhänge zwischen Neuverschuldung, Budgetfehlbetrag und ausstehender Staatsschuld formal veranschaulichen:

V: öffentliche Kreditaufnahme (Nettoneuverschuldung)
F: Finanzierungsdefizit (Budgetfehlbetrag, Budgetdefizit)
G: Staatsausgaben für öffentliche Güter und Transferleistungen
T: Steuern zuzüglich anderer öffentl. Abgaben
B: ausstehende Staatsschuld (Schuldenstand)
r: Zinssatz zur Verzinsung der Staatsschuld
ΔB: Zunahme der Staatsschuld,

Die Neuverschuldung dient der Deckung des Budgetfehlbetrags, der sich ergibt als Differenz zwischen den Staatsausgaben (einschl.Verzinsung der Staatsschuld) und den Einnahmen:

$$\boxed{V = F = G + r \cdot B - T} \qquad (13\text{-}1)$$

Der Zuwachs der Staatsschuld entspricht der Neuverschuldung:

$$\boxed{V \equiv \Delta B} \qquad (13\text{-}2)$$

---

2 Quellen der Zahlen: Österr. Statist. Zentralamt, Gebarungsübersichten 1997 und 2000 sowie Statistisches Jahrbuch Österreichs 2001.

3 Quelle statistischer Angaben: Bundesministerium der Finanzen, Finanzbericht 2002, S 382 f.

Der instrumentelle Zweck der Neuverschuldung, einen Budgetfehlbetrag zu finanzieren, ergibt noch keine Rechtfertigung der Neuverschuldung. Diese kann sich nur aus den Zielen oder Umständen ergeben, die für die Entstehung des Budgetfehlbetrags verantwortlich sind. Man kann bei diesen Zielen unterscheiden zwischen dem Ziel der Konjunkturstabilisierung, einem staats- oder gesellschaftspolitischen Ziel einer gerechten zeitlichen Lastverteilung und einem allokativ-wachstumspolitischen Ziel.

III.A. Konjunkturstabilisierung

Die wirtschaftliche Entwicklung eines Landes verläuft in der Regel zyklisch mit konjunkturellen Schwankungen um einen längerfristigen Trend. Perioden mit raschem Wachstum des Bruttosozialprodukts, zunehmender Beschäftigung und hoher Auslastung des Produktionsapparats werden abgelöst von Perioden stagniernden oder negativen Wachstums mit sinkender Beschäftigung und ungenügender Auslastung des Produktionsapparats. Zwischen diesen Phasen gibt es Perioden mit einer spannungsfreien Konjunkturlage, in denen das Wachstum des BIP in der Nähe zum Trend verläuft (in Abb. 13.1 idealtypisch dargestellt).

Die in den Abschwungsphasen steigende Arbeitslosigkeit und zunehmenden sozialen Spannungen, aber auch die in überhitzten Aufschwungsphasen drohende Inflation sind unbefriedigende Konjunkturlagen. Angesichts der staats- und gesellschaftspolitischen Ziele, wie sie in praktisch allen entwickelten Volkswirtschaften aufgestellt worden sind, ist daher eine konjunkturstabilisierende, d.h. eine Konjunkturschwankungen dämpfende und so weit wie möglich gegensteuernde Wirtschafts- und Finanzpolitik unverzichtbar.

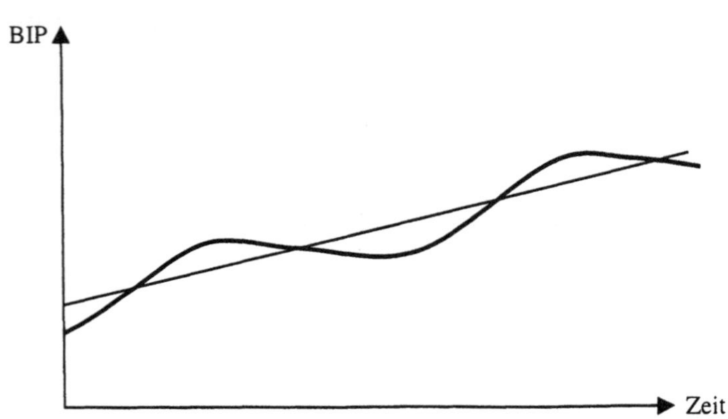

Abb. 13.1: Konjunkturschwankungen des Sozialprodukts

Eine erste, für sich allein allerdings nicht ausreichende Art konjunktureller Stabilisierungspolitik besteht darin, sich auf das konjunkturstabilisierende Wirken von *automatischen Stabilisatoren*[4] zu verlassen. Typischerweise entstehen in Abschwungsphasen *konjunkturbedingte Defizite* in den öffentlichen Haushalten, hervorgerufen insbesondere durch höhere öffentliche Ausgaben aufgrund gestiegener Arbeitslosigkeit und durch gleichzeitig sinkende Steuereinnahmen infolge verminderter Wirtschaftstätigkeit. Die Bereitschaft zum Entstehenlassen solcher ungeplanter Defizite bzw. zur damit verbundenen Neuverschuldung oder Rücklagenauflösung dämpft den Abschwung, weil die zusätzlichen Ausgaben bzw. die verminderten Steuerzahlungen dem Rückgang der privaten Nachfrage entgegenwirken. Indem die Wirtschaftspolitik nicht versucht, konjunkturbedingte Budgetdefizite durch Erhöhung von Steuern und Senkung von öffentlichen Ausgaben zu vermeiden, d.h. eine sog. *Parallelpolitik* zu betreiben, die auf den *jederzeitigen* Budgetausgleich ausgerichtet ist, kann sie dazu beitragen, den Abschwung zu bremsen. Desgleichen kann sie dadurch, daß sie in Aufschwungsphasen ungeplant entstehende Budgetüberschüsse nicht zu nachfragewirksamen Ausgabenerhöhungen bzw. Steuersenkungen, sondern zur Bildung von Rücklagen verwendet, einer konjunkturellen Überhitzung entgegenwirken.

Werden im Rahmen der soeben beschriebenen "passiven" Stabilitätspolitik in den Aufschwungsphasen Rücklagen in ausreichendem Maß gebildet, um die Defizite in den jeweils anschließenden Abschwungsphasen zu finanzieren, dann braucht es über den gesamten Konjunkturzyklus hinweg zu keiner Neuverschuldung zu kommen. Es ist allerdings zu bezweifeln, daß es real möglich ist, den von Konjunkturschwankungen hervorgerufenen Problemen durch ein Sich-Verlassen auf das Wirken der sog. automatischen Stabilisatoren ohne Neuverschuldung zu begegnen. Es ist wenig wahrscheinlich, daß die "automatischen" Budgetüberschüsse der Aufschwungsphase sich genau in der Höhe einstellen, wie sie für die Finanzierung der automatisch sich bildenden Defizite in der anschließenden Abschwungsphase erforderlich sind. Diese Asymmetrie kann viele "technische" Gründe haben. Werden die öffentlichen Ausgaben ungefähr im Gleichschritt mit dem Wachstum einer Volkswirtschaft geplant, dann hängt es von der Höhe der Aufkommenselastizität des (gesamten) Steuersystem ab, wie hoch sich automatische Budgetüberschüsse einstellen. Eine auf ein inflationsfreies Wachstum ausgerichtete Geldpolitik würde automatisch sich einstellende Budgetüberschüsse vermutlich in engen Grenzen halten, so daß die Bildung von gerade ausreichenden Rücklagen für die anschließende Finanzierung der Defizite im Abschwung höchst unsicher ist. Aus diesem Grund kann auch bei Befolgung einer rein passiv ausgerichteten Stabilisierungspolitik eine (konjunkturbedingte) Neuverschuldung auftreten.

---

4 Zu diesen rechnet man neben der Einkommensteuer insbesondere die Körperschaftsteuer sowie die Arbeitslosenversicherung.

Das Ziel der Konjunkturstabilisierung rechtfertigt jedoch nicht nur eine bei "passiver" Politik sich ergebende Neuverschuldung, sondern erfordert auch die Inkaufnahme einer darüber hinausgehenden, *geplanten* Neuverschuldung: Da Konjunkturschwankungen durch automatische Stabilisatoren gemäß Schätzungen der OECD bzw. des Ifo-Instituts nur zu rund einem Viertel bis höchstens einem Drittel abgeschwächt werden können, würden bei einer solchen "passiven" Politik, die sich nur auf das Wirken von automatischen Stabilisatoren stützt, in erheblichem Maß gesellschaftliche und soziale Ziele verfehlt. Die Wirtschaftspolitik kommt daher nicht umhin, auch aktive, *diskretionäre* antizyklische Maßnahmen zu treffen. Diese Maßnahmen bestehen im Abschwung aus zusätzlichen Ausgaben oder einer Senkung der Steuern. Im zuerst genannten Fall (zusätzlicher Ausgaben) *ergänzt* die Finanzierung durch Neuverschuldung die Steuerfinanzierung, im Fall gesenkter Steuern tritt sie an die Stelle der Steuerfinanzierung. Eine aktive Stabilisierungspolitik erhöht also das im Abschwung sich automatisch einstellende Budgetdefizit und vergrößert dementsprechend den Finanzierungsbedarf, der durch Neuverschuldung gedeckt werden muß.

Der Übergang von passiver zu aktiver antizyklischer Stabilitätspolitik und die Rechtfertigung daraus sich ergebender Neuverschuldung im Abschwung erfordert allerdings auch eine aktive Politik der *Rücklagenbildung* in Aufschwungsphasen. Eine solche Politik besteht auch jetzt wieder darin, nicht nur auf automatisch sich einstellende Budgetüberschüsse zu warten und - was politisch schwieriger ist - solche Überschüsse nicht zu zusätzlichen Ausgaben zu verwenden. Vielmehr muß die Rücklagenbildung in Aufschwungsphasen ein integraler Bestandteil einer aktiven Stabilitätspolitik sein. Das macht es erforderlich, grundsätzlich bei der Budgetaufstellung neben den Ausgaben für öffentliche Güter, Transfers und Zinsen auch Rücklagen (Stillegung nicht verausgabter Mittel) als Budgetposten vorzusehen. Die konsequente Durchführung einer solchen aktiven und zugleich symmetrischen Stabilitätspolitik, bei der die antizyklischen Defizite im Aufschwung konsolidiert werden, ist politisch naturgemäß nicht einfach durchsetzbar, sie muß aus finanzwissenschaftlicher Sicht aber verlangt werden. Die notwendigen verfassungsrechtlichen und gesetzlichen Grundlagen für eine solche Politik sind in Deutschland und in der Schweiz vorhanden.

In *Deutschland* wurden durch das 1967 beschlossene *"Gesetz zur Förderung der Stabilität und des Wachstums der Wirtschaft"* ("Stabilitätsgesetz") in Verbindung mit Artikel 109 des Grundgesetzes der gesetzliche Rahmen für eine antizyklische Stabilisierungspolitik ("konjunkturgerechte Haushaltswirtschaft") der soeben beschriebenen Art geschaffen und die für eine solche Politik zweckdienlichen Instrumente bereitgestellt. Für Phasen "einer die volkswirtschaftliche Leistungsfähigkeit übersteigenden Nachfrageausweitung", d.h. zur Konjunkturdämpfung, bestehen sie (neben Steuererhöhungen und anderen Maßnahmen) aus einer Mittelzuführung zur *Konjunkturausgleichsrücklage* bei der Deutschen Bundesbank, Tilgung von Schulden und einer Beschränkung der Kreditaufnahme. Zur Konjunkturanregung im Fall "einer die Ziele des gesamtwirtschaftlichen Gleichgewichts gefährdenden Abschwächung der allgemeinen Wirtschaftstätigkeit" soll eine Rücklagenauflösung als (vorrangige) Maßnahme zur Deckung zusätzlicher Ausgaben erfolgen. Ferner ist die Aufnahme zusätzlicher Kredite zulässig.

In der *Schweiz* sind durch Artikel 100 der Bundesverfassung die rechtlichen Voraussetzungen für eine antizyklische Politik geschaffen worden. Es heißt dort: "Der Bund trifft Massnahmen für eine ausgeglichene konjunkturelle Entwicklung, insbesondere zur Verhütung und Bekämpfung von Arbeitslosigkeit und Teuerung" (Abs. 1), "Bund, Kantone und Gemeinden berücksichtigen in ihrer Einnahmen- und Ausgabenpolitik die Konjunkturlage" (Abs. 4), "Der Bund kann zur Stabilisierung der Konjunktur vorübergehend auf bundesrechtlichen Abgaben Zuschläge erheben oder Rabatte gewähren. Die abgeschöpften Mittel sind stillzulegen; nach der Freigabe werden direkte Abgaben individuell zurückerstattet, indirekte zur Gewährung von Rabatten oder zur Arbeitsbeschaffung verwendet" (Abs. 5).

Sofern es die konjunkturelle Situation erfordert, sollte das bereitliegende stabilisierungspolitische Instrumentarium auch weiterhin genutzt werden. Die in der Vergangenheit durchgeführte Stabilisierungspolitik und vor allem eine makroökonomische Nachfragesteuerung zur Erreichung auch anderer als konjunkturstabilisierender Ziele haben allerdings vielfach zu einer die Grenzen der Tragbarkeit überschreitenden Staatsschuld geführt. Deshalb wird heute oft das Kind mit dem Bade ausgeschüttet und teilweise jegliche Form "*keynesianischer*" Nachfragesteuerung abgelehnt. Da aber die Staaten in Wahrnehmung ihrer Verantwortung nicht auf eine antizyklische Politik verzichten können, und geldpolitische Maßnahmen *allein* in der Regel nicht ausreichend sind, um ein Konjunkturtief zu überwinden, bleibt eine auch mit fiskalischen Mitteln betriebene Stabilisierungspolitik *alternativlos*. Die mit dieser Politik verknüpfte Tolerierung bzw. Herbeiführung von Budgetdefiziten rechtfertigt auch in Zukunft eine *temporäre*, zeitlich im Prinzip auf die Dauer eines Konjunkturzyklus beschränkte Neuverschuldung.

Die Rechtfertigung von Kreditfinanzierung zum Zweck einer aktiv-antizyklischen Politik darf natürlich nicht den Blick dafür verstellen, daß die Durchführung einer solchen Politik in der Regel mit erheblichen Schwierigkeiten zu kämpfen hat. Das liegt einerseits an den unvermeidlichen Zeitverzögerungen ("time-lags"), angefangen vom Erkennen des Handlungsbedarfs bis zum Vollzug und Wirken der antizyklischen Maßnahmen, und andererseits an verteilungspolitisch und politökonomisch begründeten Widerständen. Ideal und Praxis der antizyklischen Politik lagen oft weit auseinander. Das hat fälschlicherweise zur völligen Ablehnung dieser Politik und der mit ihr einhergehenden öffentlichen Kreditaufnahme geführt.

III.B. Intertemporal gerechte Lastverteilung

Auch ohne das Vorliegen einer konjunkturellen Abschwungsphase kann Kreditfinanzierung als Alternative zur Steuerfinanzierung finanzwissenschaftlich gerechtfertigt sein. Tritt *bei gegebenem Ausgabenvolumen* Kredit an die Stelle von Steuern, dann werden gegenwärtige gegen zukünftige Steuerverpflichtungen getauscht. Geschieht dies zum Zweck einer gerechten zeitlichen Verteilung öffentlicher Lasten, spricht man vom Ziel einer "intergenerationell" gerechten Lastverteilung (*"intergeneration equity"*). "Generation" darf in diesem Zusammenhang allerdings nicht im biologischen Sinn verstanden werden, sondern als "Jahrgang von Steuerpflichtigen einer Gebietskörperschaft oder der Volkswirtschaft".

Die Auseinandersetzung mit der Frage der zeitlichen Verschiebung von Lasten aus der Gegenwart in die Zukunft reicht weit in die Dogmengeschichte zurück und hat im Lauf der Zeit zahlreiche Kontroversen hervorgebracht. Besonders umstritten war z.B. die von *Ricardo* gemachte Annahme der sog. "Staatsschuldillusion" (Public Debt Illusion): Die Bürger stellen danach nicht in Rechnung, daß öffentliche Kreditaufnahme ihre später höhere Besteuerung zur Folge hat. Ihre Staatsschuldillusion verhindert, daß sie ihren Konsum bei Kreditfinanzierung wie im Fall sofortiger Besteuerung einschränken. Das führt zu verdrängten Investitionen und geringerem Wirtschaftswachstum.

Für die öffentliche Lastverschiebung gibt es Entsprechungen im privatwirtschaftlichen Bereich: Wenn eine Privatperson eine von ihr gewünschte Ware kauft, muß sie den dafür verlangten Kaufpreis entrichten, d.h. sie muß auf die alternative Verwendung der entrichteten Geldsumme verzichten. Durch die Aufnahme von Kredit kann dieser Verzicht (diese Last) von der Gegenwart in die Zukunft verschoben werden, d.h. der Schuldner muß Zins und Tilgung des Kredits aus seinem Einkommen in zukünftigen Perioden entrichten. Zu unterscheiden sind jedoch zwei Fälle. Wurde die Kreditaufnahme für *Konsum* in der Gegenwart verwendet, steht der Last von Zins- und Amortisationszahlungen in den späteren Perioden in der Regel kein Nutzen mehr gegenüber. Hat der Kreditnehmer jedoch mit den Mitteln des Kredits z.B. ein Haus gekauft, d.h. eine *Investition* getätigt, dann fallen in der Zukunft nicht nur Lasten, sondern z.B. Mieteinnahmen oder allgemein *Nutzenzugänge* an.

Während der privaten Aufnahme von Kredit für Konsumzwecke aus naheliegenden Gründen kein Vorbildcharakter für den öffentlichen Sektor zukommt, kann die *Verschuldung für Investitionszwecke* auch für einen öffentlichen Haushalt in Betracht gezogen werden. Das leuchtet unmittelbar ein im Fall eines öffentlichen Investitionsprojekts, das sich durch spätere Geldeinnahmen gewissermaßen selbst finanziert, z.B. der Bau einer kommunalen Abwasseranlage oder einer Brücke, für deren Benutzung später Abwasserabgaben oder Mautgebühren verlangt werden. Im Fall von derartigen, *später zu öffentlichen Einnahmen führenden* (rentablen) Investitionen übernimmt der öffentliche Sektor die Rolle eines privaten Unternehmers. (Die Frage, ob in einem solchen Fall nicht die private Realisierung solcher Projekte vorzuziehen sei, liegt auf einer anderen Ebene und ändert nichts an der Rechtfertigung eines öffentlichen Kredits im Fall einer *öffentlichen* Realisierung.)

Die Rechtfertigung einer Kreditfinanzierung wie im soeben gezeigten Fall läßt sich übertragen auf eine öffentliche Investition, die eine sog. *"Umwegrentabilität"* besitzt, d.h. die indirekt für den Fiskus zu zukünftigen Einnahmen führt. Öffentlich erstellte Infrastrukturen sind oft die Voraussetzung für private Unternehmenstätigkeiten. Eine öffentliche Investition führt auch beispielsweise zu höheren Gewinnsteuern von Unternehmen, weil deren Produktivität durch diese öffentliche Investition gesteigert wurde. Darüberhinaus kann sogar im Fall von Investitionen, von denen weder direkt noch indirekt höhere öffentliche Einnahmen zu erwarten sind, eine öffentliche Kreditfinanzierung gerechtfertigt sein, wenn die gegenwärtige Generation den zukünftigen Generationen durch eine solche Investition lastenfreie Vorteile oder Nutzen verschafft. Die Kreditfinanzierung verlagert die Steuerbelastung auf die Generationen, die in den Genuß der Vorteile bzw. des Nutzens kommen. Entsprechen die späteren Steuerzahlungen den kalkulatorischen Periodenkosten (Verzinsung und Abschreibung) oder ersatzweise den für Verzinsung und Tilgung erforderlichen Ausgaben, dann führt die Kreditaufnahme zur Herstellung von *zeitlicher Äquivalenz* von Nutzen und Steuerlasten. Die Kreditaufnahme geschieht in diesem Fall in Befolgung des sog. *"pay-as-you-use-Prinzips"*: Jede Generation von Nutzern zahlt mit Steuern für die ihr zuzurechnenden Periodenkosten bzw. trägt zur Tilgung des früher aufgenommenen Kredits bei.

Typischerweise trifft man auf die soeben beschriebene Situation bei kleineren Gebietskörperschaften, die nur in längeren Abständen ("von Zeit zu Zeit") öffentliche Investitionsprojekte realisieren. Bei ihnen entsteht dann jeweils eine vorübergehende *Ausgabenspitze*. Wenn beispielsweise eine kleine Gemeinde ein neues Rathaus oder ein neues Schulgebäude errichtet, müßte sie bei unmittelbarer Steuerfinanzierung des Projekts die Gemeindesteuern für kurze Zeit stark anheben. Danach könnte sie sie wieder absinken lassen. Die Folge des Verzichts auf Kreditfinanzierung wäre, daß die vollen Lasten des Projekts von wenigen Jahrgängen der Steuerpflichtigen getragen werden müßten, während der Nutzen des öffentlichen Gutes vielen späteren Jahrgängen zugute käme.

Angesichts der im kommunalen Bereich in der Regel höheren Bevölkerungsfluktuation ist die Alternative der Kreditfinanzierung im Sinn des pay-as-you-use-Prinzips speziell für die Gemeindeebene von Bedeutung: Bürger, die nur während einer beschränkten Zeit der Gemeinde angehören, sollten auch nur anteilsmäßig zur Finanzierung herangezogen werden. Das gilt nicht nur für Bürger, die nach der Realisierung eines Investitionsprojekts aus der Gemeinde wegziehen, sondern auch für Büger, die erst später in die Gemeinde zuziehen und am Nutzen des schon vorhandenen Projekts teilhaben.

Die "Vorfinanzierung" eines öffentlichen Investitionsprojekts durch öffentliche Kreditaufnahme ist in den vorangehend beschriebenen Fällen im übrigen nicht nur zur Vermeidung einer ungerechten intergenerationellen oder sogar interindividuellen Lastverteilung geboten, sondern auch zur Vermeidung anderer nachteiliger Folgen einer Steuerfinanzierung. Gemeint ist damit ein *unstetiger Verlauf* der Steuerbelastung. Ein solcher bedeutet insbesondere fehlende Planungssicherheit für Investoren und Einkommensbezieher. Ein stetiger (in der Zeitabfolge "geglätteter") Verlauf der Steuerbelastung ist ebenso wie Stetigkeit und dadurch Berechenbarkeit des Steuerrechts ein Gebot für ein "gutes" Steuersystem und daher auch niedergelegt als einer der Besteuerungsgrundsätze (siehe Abschnitt IV.B des fünften Kapitels).

Der soeben durch ein Beispiel für einen *kleinen* öffentlichen Haushalt mit sporadisch auftretenden Investitionsprojekten illustrierte Fall kann auch bei einem "großen" Haushalt, also z.B. dem Haushalt der zentralen Staatsebene auftreten, z.B. bei einer nationalen Naturkatastrophe. So entstand beispielsweise infolge der Sturmflut 1952 in den Niederlanden unvermittelt ein riesiger Finanzierungsbedarf für Deichbauten. Die durch diese Katatrophe ausgelösten Investitionen werfen natürlich auch vielen späteren Generationen Nutzen ab. Eine öffentliche Kreditaufnahme hat auch in einem solchen Fall seine Berechtigung.

Die bisher vorgestellten Beispiele markieren den im wesentlichen *unbestrittenen Anwendungsbereich* des pay-as-you-use-Prinzips. Die Frage stellt sich aber, ob nicht über die genannten Fälle hinaus Kreditfinanzierung ganz allgemein beim Vorliegen öffentlicher Investitionen zur Herstellung intergenerationeller Gerechtigkeit gerechtfertigt oder sogar geboten ist. Sollte nicht auch in Zeiten konjunktureller Normallagen und bei normal (voll) ausgelasteten Produktionsanlagen die Alternative der Kreditfinanzierung von Investitionen vorzuziehen sein? Der erste Schritt auf dem Weg zu einer Antwort auf diese Frage besteht darin, die Wirkungen zu berücksichtigen, die von der Aufbringung der Finanzierungsmittel ausgehen: Im Fall der Steuerfinanzierung würde infolge des verringerten persönlichen Einkommens vor allem der private Konsum eingeschränkt, im Fall der Kreditfinanzierung würden bei Vollbeschäftigung und normal bzw. voll ausgelasteten Produktionsanlagen in erster Linie private Investitionen verdrängt, um den notwendigen Spielraum für die öffentlichen Investitionen zu schaffen. Die Kreditfinanzierung hat dadurch gegenüber der Steuerfinanzierung ein *geringeres Wachstum* der Volkswirtschaft und ein geringeres Realeinkommen der zukünftigen Generationen zur Folge. Der Verschonung der Gegenwart von Konsumeinbußen infolge höherer Steuern entspricht eine in die Zukunft verschobene "Reallast". Man hat diese auch als in die Zukunft verlagerte volkswirtschaftliche Kosten bezeichnet.

Teilweise wurde im Hinblick auf den als wünschbar angesehenen Umfang der Kreditfinanzierung die Beschränkung auf Ausgaben für Sachinvestitionen als zu eng und willkürlich empfunden. Auch Ausgaben der laufenden Rechnung, beispielsweise Ausgaben zur Bildung von Humankapital (Forschung und Bildung), billigte man Investitionscharakter zu, da sie wie Sachinvestitionen einen zukünftigen Nutzenstrom zur Folge haben würden. Bei einer solchen Sichtweise war die aus außer- bzw. überkonjunkturellen Gründen als zulässig angehene Kreditfinanzierung "nach oben hin" nahezu unbegrenzt.

Die In-Rechnung-Stellung der bei Kreditfinanzierung entstehenden Reallast infolge von Wachstumsverminderung reicht für sich allein allerdings noch nicht aus, um eine Antwort auf die Frage nach der im Hinblick auf intergenerationelle Gerechtigkeit richtigen Finanzierungsalternative geben zu können. Auch wenn man das verringerte Wachstum als gerechtfertigten Preis für die zukünftigen Generationen Nutzen abwerfenden öffentlichen Ausgaben mit Investitionscharakter ansieht, ergäbe sich eine Überlegenheit der Kredit- über die Steuerfinanzierung unter dem Gesichtspunkt intergenerationeller Gerechtigkeit nur dann, wenn die Steuerfinanzierung im Hinblick auf eine gerechte intergenerationelle Lastverteilung schlechter abschneiden würde als die Kreditfinanzierung. Das aber ist nicht der Fall, wie die folgenden Ausführungen zeigen.

Ausgegangen wird nunmehr von dem Normalfall, daß die Investitionstätigkeit von Gebietskörperschaften im Zeitablauf in etwa *kontinuierlich* verläuft. Bei allen größeren öffentlichen Haushalten ist dies die Regel. Durch die Steuerfinanzierung öffentlicher Ausgaben mit Investitionscharakter wird jetzt keine Generation benachteiligt, denn jede Generation empfängt Nutzen aus früheren Investitionen in etwa gleichem Umfang wie sie selber an spätere Generationen weitergibt. Eine Finanzierung der Investitionen durch Kreditaufnahme im Interesse intergenerationeller Gerechtigkeit ist daher nicht erforderlich. Die Finanzierung laufender Investitionen durch Steuern kann als Entgelt für den Nutzen aus den von früheren Generationen vorgenommenen Investitionen angesehen werden. Auch wenn von Jahr zu Jahr eine in etwa gleichbleibende prozentuale Zunahme steuerlich finanzierter staatlicher Investitionen erfolgt, bedeutet das nicht, daß irgendeine Generation benachteiligt wird: jede Generation gibt einen prozentual gleich hohen Vorteil an die zukünftigen Generationen weiter, wie sie selber empfangen hat.

Eine Kreditfinanzierung der laufenden Investitionen kann sogar im Widerspruch zur intergenerationeller Gerechtigkeit stehen, wenn sie mit einem *Wechsel* von einer zuvor geübten Praxis der Steuerfinanzierung zur Kreditfinanzierung verbunden ist. Die Generation, die eine solche Umstellung vornimmt, bereichert sich dann in unfairer Weise gegenüber den anderen Generationen, indem sie sich in den Genuß des Nutzens früher steuerfinanzierter Investitionen setzt, aber ihrerseits die Lasten der von ihr getätigten Investitionen an spätere Generationen weitergibt. Eine solche Praxisänderung hat in der zweiten Hälfte des 20. Jahrhunderts teilweise stattgefunden und war mitverantwortlich für das Anwachsen des öffentlichen Schuldenstands.

Als Ergebnis kann also festgehalten werden: Die Alternative der Kreditfinanzierung von öffentlichen Investitionen oder gar des Gesamtumfangs öffentlicher Ausgaben mit Investitionscharakter ist unter dem Gesichtspunkt intergenerationell gerechter Lastverteilung der Steuerfinanzierung nicht überlegen. Berücksichtigt man weitere Gesichtpunkte für den Vergleich der beiden Finanzierungsalternativen, dann zeigt sich im Gegenteil eine eindeutige Überlegenheit der Steuerfinanzierung. In diesem Fall entstehen nicht die volkswirtschaftlichen Kosten eines verringerten Wachstums und erst recht nicht die mit einer dauernd zunehmenden Staatsschuld verbundenen Probleme. Kreditfinanzierung sollte daher nur in Betracht gezogen werden in den dargestellten Fällen von Ausgabenspitzen kleiner öffentlicher Haushalte oder Erträge abwerfender öffentlicher Investitionen. Bleibt Neuverschuldung auf diese Fälle beschränkt, dann ist eine dauerhafte Erhöhung des öffentlichen Schuldenstands nicht zu erwarten. Nach Tilgung der in diesen speziellen Fällen vorgenommenen Kreditaufnahmen liegt wieder der ursprüngliche Schuldenstand vor, leicht erhöht allenfalls durch ein in der Summe erhöhtes öffentliches Netto-Investitionsvolumen. Eine dauerhafte Erhöhung der Staatsschuld kann sich hingegen als Folge einer großen Naturkatastrophe, eines Krieges bzw. die Folgen eines Kriegs oder generell einer außergewöhnlichen Notlage ergeben. Sie kann ferner sich ergeben, wenn die Politik eines Landes die im nächsten Abschnitt dargestellten Ziele verfolgt.

Im Fall einer öffentlichen Verschuldung im *Ausland*, d.h. bei *externer* Verschuldung, fällt die Beurteilung naturgemäß anders aus als bei der bisher ausschließlich betrachteten Inlandsverschuldung. Bei externer Verschuldung entfällt eine in die Zukunft verschobene Reallast infolge verringerten inländischen Wachstums. Der Fall externer Verschuldung ist vergleichbar mit dem der Verschuldung zur Finanzierung von Ausgabenspitzen oder von Erträge abwerfenden Investitionen auf der Gemeindeebene. Auch Verschuldung im Ausland ist also ein Anwendungsfall für das pay-as-you-use-Prinzip. Allerdings ist zu berücksichtigen, daß wegen der für die Tilgung und Amortisation notwendigen Devisen eine externe Verschuldung in der Regel nur limitiert zur Verfügung steht.

III.C. Weitere Verschuldungskonzeptionen?

Obwohl die jetzt noch darzustellenden Rechtfertigungen öffentlicher Kreditaufnahme von Anfang an nicht unbestritten geblieben sind, hat man sich in der jüngeren Vergangenheit mancherorts bei der staatlichen Verschuldungspolitik auf sie berufen. Angesichts einer in vielen Ländern mittlerweile an der Grenze der *Tragbarkeit* angelangten Staatsverschuldung sind diese Rechtfertigungen heute weitgehend *irrelevant* geworden. Sie sollen trotzdem kurz dargestellt werden, denn sie können zum Verständnis für die oben statistisch ausgewiesene rasche Zunahme der öffentlichen Verschuldung beitragen.

Den Ausgangspunkt für die zuerst darzustellende *allokativ-wachstumspolitische* Verschuldungsrechtfertigung bildet üblicherweise die sog. *Stagnationshypothese.* Danach verfügt eine "reife" Volkswirtschaft nicht über die ausreichenden Auftriebskräfte, um die an sich vorhandenen Produktionsmöglichkeiten auszuschöpfen. Infolge der in einer solchen Volkswirtschaft vorhandenen hohen Sparfähigkeit und hohen Sparneigung fehle es bei den Unternehmen an ausreichenden Anreizen für neue Investitionen. Richtig ist natürlich, daß die Rentabilität privater Investitionen auch vom Vorhandensein einer gut ausgebauten öffentlichen Infrastruktur abhängt. Durch öffentliche Infrastukturinvestitionen läßt sich daher die Rentabilität privater Investitionen verbessern. Würden die öffentlichen Investitionen steuerlich finanziert, würde dies allerdings dem beabsichtigten expansiven Effekt entgegenstehen. Die Steuern würden zu Lasten des privaten Konsums gehen und damit private Investitionen weniger attraktiv machen oder die Gewinne der Unternehmen würden steuerlich gechmälert und dadurch die Bedingungen für private Investitionen verschlechtert. Durch eine Kreditfinanzierung der öffentlichen Investitionen sollen diese für das Wirtschaftswachstum nachteiligen Wirkungen nicht entstehen. Zugleich würden durch die öffentliche Verschuldung die hohen privaten Ersparnisse absorbiert werden. Die allokativ-wachstumspolitische Rechtfertigung öffentlicher Kreditaufnahme führt allerdings zu einer permanent zunehmenden Staatsverschuldung. Dem öffentlichen Haushalt wird eine dauerhaft *kompensatorische* Rolle zugewiesen (Lehre vom *konjunkturneutralen Haushalt*).

Neben dem allokativ-wachstumspolischen Ansatz wurde in der jüngeren Vergangenheit auch ein *vermögensstrukturpolitischer* Rechtfertigungsansatz vertreten. Danach hat die öffentlichen Verschuldung anstelle steuerlicher Finanzierung von Infrastrukturinvestitionen eine *gesellschaftspolitisch* wünschenswerte private Vermögensbildung zur Folge. Das öffentliche Anlagevermögen bleibe bei Kreditfinanzierung manifest in der Hand privater Eigentümer und werde nicht zu "anonymem" Vermögen der Allgemeinheit. Die Kreditfinanzierung lasse privates Geldvermögen entstehen. Obwohl dieses Vermögen eigentlich ja nur fiktiv ist, da ihm zukünftige Steuerverpflichtungen der Inhaber des "Vermögens" gegenüberstehen, hat man dieser, durch öffentliche Verschuldung entstehenden privaten Vermögensbildung eine gesellschaftlich stabilisierende Rolle zugeschrieben.

Die soeben dargestellten Rechtfertigungen wurden in Deutschland in jüngerer Zeit vor allem vom *Sachverständigenrat zur Begutachtung der gesamtwirtschaftlichen Entwicklung* vertreten. In seinen Jahresgutachten seit 1967/68 hat der Sachverständigenrat im Rahmen seiner Konzeption des "Konjunkturneutralen Haushalts" die Rechtfertigung der sog. potentialorientierten Verschuldung, die er später als *Normalverschuldung* bzw. als konjunkturneutrale Verschuldung bezeichnete, entwickelt. In seinem Jahresgutachten 1994/95 schreibt er: "Das Konzept der Normalverschuldung im konjunkturneutralen Haushalt beruhte auf der Vorstellung von Gewöhnungsprozessen an diese Art staatlicher Finanzierung seitens der Privaten. Die Gewöhnung wurde als ein Kennzeichen einer im Gleichgewicht befindlichen Volkswirtschaft verstanden, eine daran orientierte Finanzpolitik als konjunkturneutral bewertet".[5]

Die im vorliegenden Abschnitt vorgestellten Verschuldungskonzeptionen müssen in dreifacher Hinsicht *in Frage gestellt* werden. Erstens ist die Stagnationshypothese reifer Volkswirtschaften keineswegs bewiesen und ist wohl auch nicht beweisbar. Zweitens stehen für eine staatliche Wachstumspolitik geeignetere Instrumente als das Instrument des zunehmenden Staatsverschuldung mit ihren Folgen steigender Zins- und damit Steuerbelastungen in der Zukunft gegenüber. Drittens schließlich hat die Erwartung dieser zukünftigen Lasten zu einer zunehmenden Verdrängung privater Investitionen geführt ("crowding-out"). Die zukünftigen Steuerbelastungen infolge einer stetig steigenden Staatsverschuldung werden antizipiert und beeinträchtigen daduch die Investitionsbereitschaft der Privaten im Inland.

Die Verdrängung privater Investitionen auch bei nicht voll ausgelastetem Produktionspotential infolge *zusätzlicher* staatlicher Kreditnachfrage läßt sich theoretisch in erster Linie dadurch erklären, daß (bei gegebenem Kreditangebot) die Zinssätze auf den Kreditmärkten ansteigen. Solche zinsinduzierten Verdrängungseffekte dürften bei antizyklischer Stabilisierungspolitik kaum

---

5 Sachverständigenrat, Jahresgutachten 1994/95, Ziffer 183.

auftreten, da die Zentralbank durch eine reichliche Geldversorgung als flankierende Maßnahme einen Anstieg der Kreditmarktzinsen weitgehend vermeiden kann. Anders ist es bei staatlicher Kreditaufnahme in "normalen" Konjunkturlagen, wie sie im Fall der sog. konjunkturneutralen Verschuldung ("Normalverschuldung") gegeben wäre. Hier dürften Verdrängungseffekte eine Rolle spielen. Verdrängung kann im übrigen nicht nur direkt über den Zinsmechanismus stattfinden. Wenn durch staatliche Kreditaufnahme die Erwartungen zukünftig zunehmender Steuerlasten und damit geringerer Rentabilität privater Investitionen ausgelöst werden, kann ein indirekter Verdängungseffekt entstehen.

Die Infragestellung der dargestellten Verschuldungskonzeptionen hat in den vergangenen Jahren zu der Erkenntnis geführt, daß die Finanzpolitik von einer makroökonomischen Nachfragesteuerung und der damit verbundenen öffentlichen Neuverschuldung, soweit sie nicht stabilitätspolitisch begründet ist, mehr und mehr Abstand nehmen muß und sich nun vor allem strukturpolitischer (sog. "angebotspolitischer") Mittel bedienen muß, um Wachstum und gesellschaftliche Stabilität zu fördern.

IV. Grenzen und Begrenzungen der Kreditaufnahme

Als man seit etwa Mitte des 18. Jhds., d.h. an der Wende zur Neuzeit begann, anstelle der Schatullenwirtschaft der absolutistischen Landesherren eine geregelte Staatswirtschaft einzurichten, wollte man auch die Möglichkeiten einer vorher oft verheerenden Staatsverschuldung beschränken. Diesem Zweck sollte im speziellen die Unterscheidung von *ordentlichem* und *außerordentlichem Bedarf* dienen. Der ordentliche Bedarf umfaßte die periodisch wiederkehrenden Ausgaben, die durch reguläre Einnahmen gedeckt werden sollten. Unter diesen verstand man neben den früher bedeutsamen Einnahmen aus Domänen und Regalien (Erwerbs- oder Monopoleinnahmen) Gebühren, Beiträge und Steuern. Verschuldung für die Deckung von Ausgaben des ordentlichen Bedarfs sollte grundsätzlich ausgeschlossen sein. Kreditfinanzierung sollte nur zulässig sein für außerordentlichen, einmalig oder unregelmäßig (aperiodisch) auftretenden Bedarf, wenn es sich bei diesem, wie es früher hieß, um sog. "werbende", d.h. *rentable* Ausgaben handelte. Die öffentliche Verschuldung war also strikt *"objektbezogen"*.

Die am Kriterium der *Periodizität* des Bedarfs orientierte Haushaltsgliederung in einen ordentlichen und einen außerordentlichen Haushalt und die Beschränkung der Kreditaufnahme auf außerordentlichen Bedarf bei rentablen Investitionsobjekten galt über einen langen Zeitraum hinweg als unumstößlich. Beides wurde erst im letzten Drittel des letzten Jahrhunderts nach und nach fallen gelassen. An die Stelle der früheren Haushaltsgliederung trat entweder ein Einheitshaushalt (wie im Fall der Bundes- und Länderebene in Deutschland) oder (für die Gemeindeebene) eine Gliederung in einen Verwaltungs- und einen Vermögenshaushalt (in der Schweiz als "Laufende Rechnung" und "Investitionsrechnung" bezeichnet). Gleichzeitig wurden wesentlich flexibler zu handhabende Regeln für die Grenzen der Verschuldung aufgestellt, um Spielräume für eine antizyklische *("situations-bezogene")* Fiskalpolitik zu schaffen.

In *Deutschland* war als Obergrenze für die Kreditaufnahme in der ursprünglichen Fassung des maßgeblichen Verfassungsartikels (Art.115 GG) festgelegt: "Im Wege des Kredites dürfen Geldmittel nur bei außerordentlichem Bedarf und in der Regel nur für Ausgaben zu werbenden Zwecken ... beschafft werden". Im Gefolge des oben erwähnten Stabilitätsgesetzes und der Neufassung des Artikels 109 GG, als man die Bahn für eine antiyklische Fiskalpolitik freimachte, wurde diese Bestimmung gelockert. Sie lautete danach: "Die Einnahmen aus Krediten dürfen die Summe der im Haushaltsplan veranschlagten Ausgaben für Investitionen nicht überschreiten; Ausnahmen sind nur zulässig zur Abwehr einer Störung des gesamtwirtschaftlichen Gleichgewichts". Zudem wurden für Sondervermögen des Bundes durch einen hinzugefügten Absatz des Art. 115 GG Ausnahmen selbst von dieser gelockerten Bestimmung zugelassen.

Die Grenze der öffentlichen Verschuldung kann die Form eines in *absoluter Höhe festgesetzten* Betrags der jährlichen *Neuverschuldung* oder, wie z.B. in den USA, des *Schuldenstands* annehmen. Die Grenze kann auch als *Quote* mit Bezug auf eine Ausgabengröße wie z.B. die Gesamt-Investitionsausgaben eines öffentlichen Haushalts oder mit Bezug z.B. auf das Bruttoinlandsprodukt festgelegt sein. Für die kommunale Verschuldung kommen spezielle Regeln in Betracht.

Seit dem *Maastricht*-Vertrag und der Bildung der europäischen Währungsunion werden in den beteiligten Ländern nationale Beschränkungen der öffentlichen Kreditaufnahme durch europäische Begrenzungen überlagert. Der 1997 in Amsterdam beschlossene *Stabilitäts- und Wachstumspakt,* auf den sich die Staats-und Regierungschefs im Jahr zuvor in Dublin geeinigt hatten, verfolgt das Ziel, in den einzelnen Mitgliedsländern mittelfristig einen "nahezu ausgeglichenen oder einen Überschuß ausweisenden Haushalt" zu verwirklichen. Dementsprechend sollten die einzelnen Staaten die Neuverschuldung in konjunkturellen Normallagen auf null Prozent des BIP zurückführen und eine Obergrenze von drei Prozent des BIP auch in konjunkturellen Abschwungsphasen auf keinen Fall überschreiten. Durch eine laufende Überwachung, frühzeitige Warnungen ("blaue Briefe") und notfalls durch finanzielle Sanktionen sollen diese Grenzen der Neuverschuldung auch durchgesetzt werden. Eine Verschuldung zur Finanzierung eines sog. strukturellen Defizits oder eine Normalverschuldung im Sinne einer konjunkturneutralen Verschuldung hat unter dem Regime des europäischen Stabilitäts- und Wachstumspakt keinen Platz. Eine gewisse Flexibilität bei der Verschuldung wird *nur aus konjunkturellen Gründen* zugelassen, wobei die Abstufung oder sogar Aussetzung von Sanktionen bei Überschreitung der drei-Prozent-Grenze auch den Fall eines gravierenden Abschwungs berücksichtigt.

In der *Schweiz* wurde durch Volksabstimmung eine sog. *Schuldenbremse* in die Verfassung eingefügt. Artikel 126 der Bundesverfassung lautet seit 2. Dezember 2001: "Der Bund hält seine Ausgaben und Einnahmen auf Dauer im Gleichgewicht" (Abs. 1). "Der Höchstbetrag der im Voranschlag zu bewilligenden Gesamtausgaben richtet sich unter Berücksichtigung der Wirtschaftslage nach den geschätzten Einnahmen" (Abs. 2). "Bei ausserordentlichem Zahlungsbedarf kann der Höchstbetrag nach Absatz 2 angemessen erhöht werden. Über eine Erhöhung beschliesst die Bundesversammlung ..."(Abs. 3). "Überschreiten die in der Staatsrechnung ausgewiesenen Gesamtausgaben den Höchstbetrag nach Absatz 2 oder 3, so sind die Mehrausgaben in den Folgejahren zu kompensieren" (Abs. 4). "Das Gesetz regelt die Einzelheiten" (Abs. 5). Die als Schuldenbremse bezeichnete neue Regelbindung läßt also im Prinzip nur noch temporäre, antizyklische Budgetdefizite zu. Nur für außerordentliche Situationen, wie z.B. eine besonders schwere Rezession oder eine Naturkatastrophe ist eine Ausnahme möglich, wenn dies mit qualifizierter Mehrheit des Parlaments beschlossen wird.

Ob internationale Vertragsbestimmungen oder verfassungsgestützte Regelbindungen, d.h. ob rechtlich-instititutionelle Grenzen tatsächlich die öffentliche Verschuldung in Zukunft wesentlich eindämmen können, hängt letztlich vom politischen Willen ab, solche Grenzen zu respektieren. Die historisch gesammelten Erfahrungen sind bisher nicht sonderlich ermutigend. Eine absolute oder äußerste Grenze ist durch die *Schuldendienstunfähigkeit*, d.h. durch die Unfähigkeit zur Verzinsung und Tilgung fälliger Schulden gezogen. Weit davor liegt jedoch ein Grenzbereich, der durch *politische Handlungsunfähigkeit* infolge nicht mehr zur Verfügung stehender Mittel gekennzeichnet ist.

V. Die Staatsverschuldung im Urteil verschiedener Epochen

V.A. Das Urteil der englischen Klassiker

Bereits die Physiokraten (sie bildeten historisch gesehen die erste "theoretische Schule" der Nationalökonomie) verurteilten die öffentliche Verschuldung. Insbesondere jedoch verwarfen die englischen Klassiker, allen voran *David Hume* (1711-1776), *Adam Smith* (1723-1790) und *David Ricardo* (1772-1823), den Staatskredit in Bausch und Bogen. Diese frühen Ökonomen hatten noch die großen materiellen und moralischen Schäden einer jahrhundertelangen Praxis des Schuldenmachens zur Finanzierung des Luxusaufwands der Königs- und Fürstenhöfe und der von ihnen geführten Kriege vor Augen. Ihre Verurteilung des Staatsverschuldung leiteten sie ökonomisch-theoretisch ab: Sie gingen von der klassischen Annahme der *Vollbeschäftigung* und von *unproduktiven* Staatsausgaben aus. In der bei Kredit- anstelle von Steuerfinanzierung resultierenden verkleinerten privaten Kapitalbildung sahen sie eine (reale) Last für zukünftige Generationen. Eine Steuerfinanzierung würde über die Verminderung der privat verfügbaren Einkommen fast ausschließlich zu Lasten des Konsums gehen, die Anleihefinanzierung hingegen fast ausschließlich zu Lasten der privaten Realkapitalbildung. Für *Ricardo* verhindert die Anleihefinanzierung, daß die unproduktiven Staatsausgaben von den Bürgern adäquat erkannt werden. Sie sei "a system, which tends to make us less thrifty - to blind us to our real situation"[6]. Anleihefinanzierung bedeute, da mit weniger Kapital auch weniger produziert werden kann, für die Zukunft ein geringeres Sozialprodukt als bei Steuerfinanzierung. Die zukünftigen Generationen trügen daher eine reale Last bei Kreditfinanzierung im Vergleich zur Steuerfinanzierung.

Für *Hume* gehen negative Auswirkungen vor allem von einem hohen öffentlichen Schuldenstand aus. Das zunächst schmerzlose Finanzierungsinstrument Schuldaufnahme führe zu (zusätzlichen) verschwenderischen Staatsausgaben: "contracting debt will almost infallably be abused, in every government"[7]. Sein berühmt gewordenes Urteil lautete: "Either the nation must destroy public credit, or public credit will destroy the nation"[8].

Für *Adam Smith* sind vor allem die für die späteren Zinszahlungen erforderlichen Steuern ein Grund zur Sorge, zumal ein großer Teil der öffentlichen Schuld im Ausland gehalten werde. Diese Steuern gingen zu Lasten der Kapital- und Grundbesitzer, führten zur Landflucht und Auswanderung und damit zu "neglect of land, and the waste and removal of capital stock"[9].

Alle englischen Klassiker betonen neben den ökonomisch negativen Folgen des öffentlichen Kredits auch dessen ungünstige Auswirkung betreffend die "Moral" der Politiker. Sie befürworten die Tilgung bestehender Schulden und plädieren konsequenterweise für die Vermeidung von Neuverschuldung.

V.B Die deutschen Finanzklassiker

Eine im Vergleich zu den englischen Klassikern diametral entgegengesetzte Einstellung zur Staatsverschuldung nahmen die (zumeist deutschen) sog. Finanzklassiker ein. Ihr Urteil gipfelte in dem bekannten Ausspruch *Lorenz von Steins* (1815-1890), wonach ein Staat, der keine Schulden mache, entweder zu wenig für

---

6 *Riccardo* (1817).
7 *Hume* (1752).
8 *Hume* (1752).
9 *Smith* (1776).

die Zukunft sorge oder seine Bürger in der Gegenwart zu hoch belaste[10]. Vor allem *Carl Dietzel* (1829-1884) pries die produktivitätssteigernde Wirkung von Staatsausgaben. Der Steuerlast zukünftiger Generationen stellte er den Nutzen gegenüber, den diese aus den früher vorgenommenen Investitionen zögen. *Dietzel* übertrug also bereits die einzelwirtschaftliche Betrachtung, wie sie für private Unternehmen angebracht ist, auf den staatlichen Sektor. Allerdings sei im Staatssektor die "Rentierlichkeit" der Investitionen in anderer Weise als bei privaten Investitionen aufzufassen. Vom Staat seien nicht nur Gelderträge abwerfende Investitionen, sondern auch solche, die einen volkswirtschaftlichen Nutzen stiften, als rentabel anzusehen (sog. Umwegrentabilität). *Dietzel* hält auch die Kreditfinanzierung des Unterhalts für zulässig. Zum Kreis der für die Kreditfinanzierung in Frage kommenden Investitionen, der Erweiterung des sog. "stehenden Nationalkapitals", zählt er neben Leistungen im Erziehungs-, Bildungs- und Gesundheitsbereich auch die Ausgaben zur Gewährleistung der inneren und äußeren Sicherheit.

Rückblickend kann man sagen, daß *Carl Dietzel* und *Lorenz von Stein* der Anerkennung jener Art öffentlicher Kreditaufnahme den Weg bereitet haben, die *Musgrave* später als die dem pay-as-you-use-Prinzip entsprechende Kreditaufnahme bezeichnet hat: Öffentliche Investitionen, die definitionsgemäß Nutzen über mehrere Perioden abgeben, dürfen oder sollen mit Kredit finanziert werden. Die Steuern, die (für Unterhalt, Zinsendienst und Abschreibungen) zu zahlen sind, sind zwar eine Last, aber ihnen steht der Nutzen aus der Investition gegenüber.

Der Blickwinkel der deutschen Finanzklassiker ist also ein grundsätzlich anderer als derjenige der englischen Klassiker. Die Alternative Kredit- versus Steuerfinanzierung wird in Zusammenhang gebracht mit in der Zukunft Nutzen oder Erträge abwerfenden Investitionen (und in diesem Fall positiv bewertet). Diesen Aspekt hatten die englischen Klassiker nicht in ihre Betrachtung einbezogen, da Staatsausgaben für sie unproduktiv waren. In der Nachfolge *Dietzels und von Steins* haben insbesondere *Albert Schäffle* (1831-1903) und *Adolph Wagner* (1835-1917) sich mit Fragen der Abgrenzung von unerlaubter und erlaubter öffentlicher Kreditaufnahme beschäftigt.

V.C. Der Standpunkt der sog. "Neuen Lehre"

Gegen Ende der zwanziger Jahre des letzten Jahrhunderts fand ein vorher vor allem im angelsächsischen Sprachraum verbreiteter Standpunkt auch darüber hinaus zunehmende Resonanz. Dieser Standpunkt, der später von *James Buchanan*

---

10 *von Stein* (1871), S. 666.

in kritisch-polemischer Absicht als *Neue Orthodoxie* oder Neue Lehre bezeichnet wurde, verdankte seinen "Erfolg" vor allem der im Zuge der großen Depression der dreißiger Jahre zunehmenden Akzeptanz einer später als *keynes*ianisch bezeichneten Theorie und der aus dieser Theorie folgenden Vorschläge kreditfinanzierter Staatsausgaben ("deficit-spending"). Dem Standpunkt der Neuen Lehre entsprechend findet durch Kreditfinanzierung öffentlicher Ausgaben eine Lastverschiebung in die Zukunft nicht statt, vielmehr trägt immer diejenige Generation die Lasten, die die volkswirtschaftliche Ressourcen verbraucht. Die reale Last trägt aus Sicht der Neuen Lehre immer die Gegenwart. Die Zinsbelastung zukünftiger Generationen stellt aus ihrer Sicht im übrigen keine Last dar, denn die durch Steuern aufgebrachten Zinszahlungen würden (bei interner Verschuldung) zu Zinsempfang innerhalb derselben Volkswirtschaft, so daß sie, volkswirtschaftlich gesehen, "an sich selber" gezahlt würden.

Es ist vor allem das Verdienst von *James M. Buchanan* auf den Denkfehler aufmerksam gemacht zu haben, der den Vertretern der "Neuen Lehre" unterlaufen war[11]. *Buchanan* kommt zu genau entgegengesetzten Ergebnissen wie die Vertreter der Neuen Lehre. Er hielt der von diesen behaupteten Nichtverschiebungsthese entgegen, daß ein in der Gegenwart stattfindender Ressourcenverbrauch es noch keineswegs rechtfertige, von in der Gegenwart getragenen Lasten zu sprechen. Dies ist in der Tat einleuchtend: Wer, als Unternehmer oder Arbeiter freiwillig an der Herstellung von Gütern beteiligt ist, empfängt dafür eine Bezahlung. Der Kreditgeber, mit dessen Geld die Bezahlung erfolgt, trägt ebenfalls keine Last, denn auch er gibt den Kredit freiwillig und erhält dafür ebenfalls eine Belohnung. Gleiches gilt für die Sparer, die volkswirtschaftlich gesehen letztlich die Kreditgeber sind. Sie sparen freiwillig und erhalten dafür einen Zins. Wenn dieser Zins von Steuerzahlern aufgebracht wird, kann man den Zinsempfang nicht als einen die Steuerlast neutralisierenden Gegenposten aufrechnen. Die Zinsempfänger erhalten eine Belohnung für ihren Konsumverzicht und nicht, weil Steuerzahler die benötigten Mittel aufgebracht haben. Die "Neue Lehre" leugnete also eine Lastverschiebung als Folge von öffentlicher Kreditaufnahme und öffnete guten Gewissens die Schleusen für die öffentliche Verschuldung.

Für den extremsten Vertreter der Neuen Orthodoxie, *Abba P. Lerner,* konnte man auf Dauer sogar ganz ohne Steuern auskommen: "The absolute size of the national debt does not matter at all, and however large the interest payments that have to be made, these do not constitute any burden upon society as a whole"[12]. Die Vertreter der Neuen Orthodoxie gingen also davon aus, daß die Generation, die die infolge der Verschuldung möglichen Ausgaben tätigt, selber die Last in Form der zur

11 *Buchanan* (1958).
12 *Lerner* (1943).

Verfügung gestellten realen Ressourcen trage. Spätere Generationen trügen keine Last, zahlten allenfalls von der rechten in die linke Hand. ("Jede Generation trägt allein die reale Last", "es gibt keine Lastverschiebung").

Mit der Neuen Lehre setzte sich allerdings nicht nur eine die Lastverschiebung infolge Kreditfinanzierung leugnende Sichtweise durch. Die neue Lehre fand ihren realen Niederschlag in der tatsächlichen "Entgrenzung" der Staatsschuldpolitik und in der Entgrenzung auch des die Kreditaufnahme beschränkenden Verfassungsrechts[13]. Sie erfüllte auch wirkungsvoll die Funktion, überkommene Vorbehalte gegen öffentliches Schuldenmachen auszuräumen. In dem weitverbreiteten Lehrbuch von *Paul A.Samuelson*, das später von *William D. Nordhaus* fortgeführt wurde, war beispielsweise zu lesen: "Sollten wir uns über die Höhe der Defizite und der Verschuldung Gedanken machen, wie dies frühere Generationen taten? Die Antwort auf diese Frage ist kurz: Nein, wir brauchen uns wegen des Defizits per se nicht zu beunruhigen."[14]

V.D. *Buchanan* und das Ende der "Neuen Lehre"

James M. Buchanan, der einem alten Irrtum die Bezeichnung "New Orthodoxy" anheftete, leitete mit seiner 1958 erschienenen Publikation eine Rückbesinnung auf einige vorher vor allem im englischen Sprachraum vernachlässigte Aspekte der Schuldentheorie ein: Die Belastung durch kreditfinanzierte öffentliche Ausgaben könnten durchaus in die Zukunft verschoben werden, denn erst die Steuerzahler der Zukunft bezahlen dafür. Die Schulden von heute sind die Steuern von morgen. *Buchanan:* "The taxpayer in future time periods, that is, the future generation, bears the full primary real burden of the public debt....the taxpayer is the one. who *pays,* who *sacrifice*s real resources"[15]. Es mache daher auch keinen Unterschied, ob die öffentliche Verschuldung intern oder extern ist. Die reale Inanspruchnahme von Ressourcen in der Gegenwart belaste hingegen niemanden, bei unterbeschäftigter Wirtschaft schon gar nicht, denn die Kapitaleigner verzichten freiwillig auf Konsum und geben dem Staat freiwillig Kredit. Eine Last im Gefolge öffentlicher Kreditaufnahme besteht im Sinn des von *Buchanan* herausgearbeiteten Begriffs jedoch darin, daß die Steuerzahler später als Schuldendienst die Verzinsung und gegebenenfalls die Tilgung der Schuld tragen müssen. Sie müssen auf Realeinkommen infolge abzuführender Steuern verzichten.

Fast gleichzeitig mit *Buchanan* lenkten auch andere Finanzwissenschaftler den Blick wieder auf den schon von den englischen Klassikern herausgearbeiteten Aspekt öffentlicher Verschuldung.[16] Danach erfolgt bei öffentlicher Kreditaufnahme ein "crowding out" privater Investitionen und daher später ein geringeres Sozialprodukt (sog. "Wachstumsansatz" bzw. "Aggregate Investment Approach").

---

[13] Höfling (1993), speziell S.124ff. und 158ff.

[14] *Samuelson/Nordhaus,* Volkswirtschaftslehre, Grundlagen der Makro- und Mikroökonomie, Bd. I, 8. deutsche Aufl., Köln 1987, S. 536.

[15] Zitate aus dem teilweisen Nachdruck von *Buchanan* (1958) in *Ferguson* (1982), S. 61f.

[16] *Musgrave (1958), S. 72ff., Modigliani (1961),* S. 132 ff., *Vickrey (1958),* S. 72 ff.

VI. Staatsverschuldung aus heutiger Sicht

Die seit den 1960er Jahren stark angestiegene Staatsverschuldung, der mittlerweile daher stark eingeschränkte finanzpolitische Handlungsspielraum und nicht zuletzt die im Zuge eines Lernprozesses hinzugewonnenen Erkenntnisse haben auf seiten der Wissenschaft zunehmend zu Skepsis oder Ablehnung *kontinuierlich* fortgesetzter Neuverschuldung geführt. Auch die im europäischen Stabilitäts- und Wachstumspakt vereinbarten Budgetrestriktionen verlangen von den in der Währungsunion verbundenen europäischen Ländern inskünftig einen weitgehenden Verzicht auf kontinuierliche Neuverschuldung. Schließlich ergab auch die oben vorgenommene Überprüfung verschiedener Rechtfertigungskonzepte, daß öffentliche Kreditaufnahme im wesentlichen nur eine temporäre oder höchstens in Ausnahmefällen gerechtfertigte Finanzierungsform sein sollte.

Zusätzliches und gleichzeitig entscheidendes Gewicht für die Bestimmung der zukünftigen Rolle der Neuverschuldung kommt heute den aus den *demographischen Veränderungen* zu erwartenden Belastungen der öffentlichen Haushalte zu. Niedrige Geburtenziffern bei gleichzeitig steigender Lebenserwartung lassen vor allem in den Bereichen der gesetzlichen Rentenversicherungen und des öffentlichen Gesundheitswesens hohe zusätzliche Ausgaben erwarten, die auf Verpflichtungen des Staates aus der Vergangenheit zurückgehen. Diese Verbindlichkeiten muß man als eine Art verdeckter Staatsschuld ansehen, deren "Tilgung" sich in den Haushalten zukünftiger Perioden niederschlagen wird. Die heutige Neuverschuldung muß diese Belastungen in Rechnung stellen. Öffentliche Kreditaufnahme ist in Zukunft nur noch zu verantworten, wenn dadurch die *Nachhaltigkeit* der öffentlichen Finanzwirtschaft nicht in Frage gestellt wird.

Für den Bereich der öffentlichen Finanzwirtschaft bedeutet Nachhaltigkeit in erster Linie die Sicherung der politischen Handlungsfähigkeit des Staates bei gleichzeitig angestrebter fairer Behandlung zukünftiger Generationen. Fairneß ist zu verstehen in einem weiten Sinn als Ausgewogenheit der Lasten, die den zukünftigen Generationen im Verhältnis zur gegenwärtigen Generation durch staatliches Handeln aufgebürdet werden.

Die Feststellung von Nachhaltigkeit kann durch Bildung verschiedener Indikatoren erfolgen. Ausgehend von den Gleichungen 13-1 und 13-2 gibt Gleichung 13-3 die *absolute* Zunahme der Staatsschuld durch das Finanzierungsdefizit eines Jahres an.

$$\boxed{\Delta B = D + r \cdot B} \qquad (13\text{-}3)$$

Mit D wird das sog. *Primärdefizit* bezeichnet. Es entspricht dem Überschuß der laufenden Staatsausgaben (ohne Zinsen für die Staatsschuld) über die laufenden Einnahmen aus Steuern und anderen öffentlichen Abgaben:

D: Primärdefizit (G - T)

Ein Primärdefizit bedeutet, daß der Staat außer den Zinszahlungen auch einen Teil seiner laufenden Ausgaben durch Kreditaufnahme finanziert. *Ein fortgesetzt auftretendes Primärdefizit würde zu einem explodierenden Staatsschuldenwachstum führen.* Dies wird am deutlichsten erkennbar durch die Bildung entsprechender Quoten. Die aus der Inbeziehungsetzung des Primärdefizits zum BIP gebildete Primärdefizitquote spielt dabei eine zentrale Rolle für die Festellung von Nachhaltigkeit.

Für die Darstellung von Quoten wird aus 13-3 die Gleichung 13-4, bei der noch das Wachstum (n) des Sozialprodukts (BIP) berücksichtigt wird. Ein wachsendes Sozialprodukt "entlastet" gewissermaßen die bestehende Schuldenstandsquote, die aber andererseits durch die Zinszahlungen in die Höhe getrieben wird. Man kann daher n als eine Korrekturgröße von r ansehen:

$$\boxed{\Delta b = d + (r - n)b} \qquad (13\text{-}4)$$

Die in Formel 13-4 verwendeten Bezeichnungen bedeuten:

b: Schuldenstandsquote
Δb: Veränderung der Schuldenstandsquote
d: Primärdefizitquote
r: Zins auf ausstehende Staatsschuld
n: reale Wachstumsrate des BIP

Aus Formel 13-4 ist die *Veränderung* der Schuldenstandsquote (Δb) für ein Haushaltsjahr als Funktion der Primärdefizitquote (d) und der mit dem Faktor (r - n) multiplizierten Schuldenstandsquote (b) zu entnehmen: Eine Zunahme der Schuldenstandsquote b wird nur vermieden, wenn die mit dem Faktor (r - n) multiplizierte Schuldenstandsquote b durch den negativen Wert der Primärdefititquote gerade kompensiert wird. Da der Faktor (r - n) in der Regel einen positiven Wert aufweist, muß das Primärdefizit und damit die Primärdefizitquote einen negativen Wert annehmen. Das bedeutet, daß *nur Primärüberschüsse* eine dauernde Erhöhung der Schuldenstandsquote vermeiden können.

Nachhaltigkeit bezieht sich nicht auf ein einzelnes Jahr, sondern theoretisch auf unendlich viele Jahre. Für eine praktische Nachhaltigkeitsanalyse bedarf es der

Zugrundelegung eines endlichen Zeithorizonts von z.B 30, 40 oder 50 Jahren. Ferner bedarf es der Festlegung des Schuldenstands am Ende des zugrundegelegten Zeithorizonts. Als eine plausible Interpretation von Nachhaltigkeit wird es üblicherweise angesehen, die gleiche Schuldenstandsquote wie in der Gegenwart zuzulassen, d.h. für den angenommenen Zeitraum eine Veränderung der Schuldenstandsquote von Null anzunehmen. Unter diesen Annahmen läßt sich Nachhaltigkeit zahlenmäßig feststellen, wenn die auf die Gegenwart herabdiskontierten Primärüberschüsse insgesamt gerade der Höhe der gegenwärtigen Staaatsschuld entsprechen. Reichen die jährlichen Primärüberschüsse nicht aus, um eine Zunahme der Schuldenstandsquote zu vermeiden, entsteht eine Nachhaltigkeitslücke.

Im Rahmen der OECD sind für verschiedene EU-Länder Nachhaltigkeitsprüfungen für einen Zeithorizont von 32 Jahren vorgenommen worden. Die Prüfung für die Periode 1998 - 2030 ergab, daß Deutschland seine (relativ kleine) Primärüberschußquote von 0,6 Prozent im Ausgangszeitpunkt 1997 sofort und dauerhaft auf ca. 3,0 Prozent erhöhen müßte, um bei einem im Durchschnitt nahezu ausgeglichenen Haushalt die im Maastricht-Vertrag vorgesehene Schuldenstandsquote von 60 Prozent des BIP bis zum Ende der Untersuchungsperiode stabil halten zu können. Die Erhöhung des Primärüberschusses auf ca. 3,0 Prozent erforderte eine Erhöhung der im Ausgangszeitpunkt bei ca. 38 bzw. 23 Prozent liegenden Abgaben- bzw. Steuerquote um etwa 2,5 Prozent[17]. Bei Beachtung des Nachaltigkeitskonzepts bleibt somit kein Spielraum für eine kontinuierlich fortgesetzte Neuverschuldung. Die bestehende Nachhaltigkeitslücke ("Tax gap") erfordert vielmehr entweder eine Erhöhung der Abgaben- oder Steuerquote oder eine entsprechende Absenkung der staatlichen Ausgabenquote.

Natürlich beruhen Berechnungsergebnisse von Nachhaltigkeitsanalysen auf einer Fülle von Annahmen. Das betrifft nicht nur die Diskontierungs- und Wachstumsraten, sondern vor allem die Höhe der geschätzten altersbedingten Ausgabenlasten und die Fortschreibung der dadurch nicht tangierten derzeitigen Ausgaben- und Einnahmenstruktur öffentlicher Haushalte. Gleichwohl läßt sich der OECD - Studie die Notwendigkeit inskünftig äußerster Zurückhaltung gegenüber öffentlicher Kreditaufnahme entnehmen. Die Studie bestätigt die Feststellung des Wissenschaftlichen Beirats beim Bundesministerium der Finanzen, daß die derzeitigen finanzpolitischen Regelungen in der Bundesrepublik Deutschland in wichtigen Bereichen nicht zukunftsfähig sind[18]. Nicht zuletzt muß diese Aussage auf die im Grundgesetz festgelegte Grenze der Neuverschuldung bis zur Höhe der Summe der im Haushaltsplan veranschlagten Ausgaben für Investitionen bezogen werden.

---

17 WissBeiratBMF (2001), S. 25 ff, OECD (1998), S.64.

18 WissBeiratBMF (2001), S. 1.

VII. Fragen zur Selbstkontrolle und zum Nachdenken

1.) Welcher Grundgedanke kommt im "pay-as-you-use-Prinzip" zum Ausdruck?

2.) Wodurch unterscheidet sich eine konjunkturbedingte Verschuldung von antizyklischer Verschuldung?

3.) Was versteht man unter "objektbezogener" Verschuldung, was unter "situationsbezogener" Verschuldung?

4.) Welche Effekte sind mit einer dauerhaft steigenden Staatsverschuldung verbunden?

5.) Was beinhaltet der Begriff der Normalverschuldung?

6.) Inwiefern kann man den Standpunkt vertreten, öffentliche Kreditaufnahme sei sowohl eine Notlösung als auch eine Notwendigkeit?

7.) Was versteht man unter Nachhaltigkeit und vor welche Probleme stellt das Konzept, wenn es zur Orientierung für finanzpolitisches Handeln brauchbar sein soll?

8.) Worin unterscheidet sich der Standpunkt zur Staatsverschuldung der englischen Klassiker von dem der deutschen Finanzklassiker?

9.) Impliziert des Ziel einer intergenerationell gerechten Lastverteilung eine kontinuierliche Neuverschuldung?

10.) Beinhaltet eine positive Neuverschuldungsquote (Nettoneuverschuldung im Verhältnis zum BIP) grundsätzlich eine Erhöhung der Staatsschuldenquote (ausstehende Staatsschuld im Verhältnis zun BIP)?

Literaturverzeichnis

Jede Publikation ist im folgenden Verzeichnis nur einmal aufgeführt. Für die Zuordnung einer Publikation zu einer Rubrik oder einem Kapitel war entweder der inhaltliche Schwerpunkt oder die erstmalige Erwähnung im Text maßgebend. Die erhebliche Relevanz einer einem Kapitel zugeordneten Publikation auch für weitere Kapitel ist durch einen vorangestellten Stern (*) angezeigt.

Literatur zum gesamten Stoffgebiet

Fachzeitschriften, Gutachten, Nachschlage- und Sammelwerke

A Dictionary of Taxation (Hrsg.: *S. James*), Cheltenham, UK, Northampton, MA, USA 1998.

Bundesministerium der Finanzen -BMF- (Hrsg.), Schriftenreihe, unregelmäßig erscheinende Hefte zu Spezialfragen der öffentlichen Finanzwirtschaft.

Finanzarchiv, Jg. 1, 1884 ff., fortgesetzt mit N.F. Bd. 1, 1933 ff., *abgekürzt zitiert FA.*

Gutachten der Steuerreformkommisssion 1971 (Hrsg.: Bundesministerium der Finanzen), Bonn 1971.

Handbook of Public Economics (Hrsg.: *A. J. Auerbach, M. S. Feldstein*), zwei Bde., Amsterdam 1985, 1987.

Handbuch der Finanzwissenschaft, 3. Aufl. (Hrsg.: *F. Neumark, N. Andel, H. Haller*), vier Bde., Tübingen 1977 - 1983, *abgekürzt zitiert: HdF.*

Handwörterbuch der Wirtschaftswissenschaft, (Hrsg.: *W. Albers et al.*), neun Bde., Stuttgart usw. 1977 - 1982, *abgekürzt zitiert HdWW.*

International Tax and Public Finance, Bd. 1, 1994 ff.

Journal of Public Economics, Bd. 1, 1971 ff.

National Tax Journal, Jg. 1, 1948 ff.

Report of the Royal Commission on Taxation ("*Carter*-Commission"), sechs Bde., Ottawa 1966.

Schriften der Vereins für Socialpolitik, Bd. 1, 1873 ff., fortgesetzt mit N.F. Bd. 1, 1949 ff., *abgekürzt zitiert SchrVerSocPol.*

Steuer und Wirtschaft, Zeitschrift für die gesamten Steuerwissenschaften, Jg. 1, 1924 ff.

Tax Reform for Fairness, Simplicity and Economic Growth (Hrsg. U.S. Department of the Treasury), drei Bde., Washington D.C. 1984.

Wissenschaftlicher Beirat beim Bundesministerium der Finanzen (*abgekürzt zitiert: WissBeiratBMF*), Entschließungen, Stellungnahmen und Gutachten 1949 - 1973, Gutachten und Stellungnahmen 1974 - 1987, Gutachten und Stellungnahmen 1988 - 1998 (Hrsg.: Bundesministerium der Finanzen), Tübingen 1974 und 1988, Bonn 1998.

Allgemeine Literatur, Lehrbücher und Übersichtsartikel

Andel, Norbert, Finanzwissenschaft, 4. Aufl., Tübingen 1998.

Arnold, Volker, Geske, Otto-Erich (Hrsg.), Öffentliche Finanzwirtschaft, München 1988.

Bach, Stefan, Scheremet, Wolfgang, Seidel, Bernhard, Teichmann, Dieter, Internationale Entwicklungstendenzen nationaler Steuersysteme - von der direkten zur indirekten Besteuerung? Berlin 2001.

Becker, Henning, Finanzwissenschaftliche Steuerlehre, München 1990.

Becker, Henning, Fiskalstaat Deutschland. Entwicklung, Zustand, Perspektiven, München 1995.

Blankart, Charles B., Öffentliche Finanzen in der Demokratie, Eine Einführung in die Finanzwissenschaft, 3. Aufl., München 1998.

Bohnet, Armin, Finanzwissenschaft: Grundlagen staatlicher Verteilungspolitik, 2. Aufl., München, Wien 1999.

Brümmerhoff, Dieter, Finanzwissenschaft, 8. Aufl., München, Wien 2000.

Cnossen, Sijbren, Tax Policy in the European Union. A Review of Issues and Options, in: FA, Bd. 58, 2001, S. 466 - 558.

Dafflon, Bernard, Weber, Luc, Le financement du secteur public, Analyse microéconomique, Paris 1984.

Dickertmann, Dietrich, Gelbhaar, Siegfried, Finanzwissenschaft. Eine Einführung in die Institutionen, Instrumente und ökonomischen Ziele der öffentlichen Finanzwirtschaft, Herne, Berlin 2000.

Franke, Siegfried F., Steuerpolitik in der Demokratie. Das Beispiel der Bundesrepublik Deutschland, Berlin 1993.

Grossekettler, Heinz, Öffentliche Finanzen, in: *D. Bender* et al. (Hrsg.), Vahlens Kompendium der Wirtschaftstheorie und Wirtschaftspolitik, 7. Aufl., Bd. 1, München 1999, S. 519 - 672.

Haller, Heinz, Finanzpolitik. Grundlagen und Hauptprobleme, 5. Aufl., Tübingen, Zürich 1972.

Haller, Heinz, Rationale Steuersysteme und Bestimmungsgründe empirischer Steuerverfassungen, In: HdF, 3. Aufl., Bd. 2, 1980, S. 173 - 201.

Haller, Heinz, Die Steuern. Grundlinien eines rationalen Systems öffentlicher Abgaben, 3. Aufl., Tübingen 1981.

Häuser, Karl, Abriß der geschichtlichen Entwicklung der öffentlichen Finanzwirtschaft, in: HdF, 3. Aufl., Bd. 1, 1977, S. 3 - 51.

Henke, Klaus-Dirk (Hrsg.), Zur Zukunft der Staatsfinanzierung, Baden-Baden 1999.

Homburg, Stefan, Allgemeine Steuerlehre, 2. Aufl., München 2000.

Krause-Junk, Gerold, Finanzwirtschaftliche Verteilungspolitik, in: HdF, 3. Aufl., Bd. 3, 1981, S. 257 - 358.

Mann, Fritz Karl, Steuerpolitische Ideale. Vergleichende Studien zur Geschichte der ökonomischen und politischen Ideen und ihres Wirkens in der öffentlichen Meinung 1600 - 1935, Stuttgart, New York 1978 (unveränd. Nachdruck der 1. Aufl. von 1937).

Musgrave, Richard A., The Theory of Public Finance, New York 1959.

Musgrave, Richard A., Finanztheorie, 2. Aufl., Tübingen 1969 (a).

Musgrave, Richard A., Fiscal Systems, New Haven, London 1969 (b).

Musgrave, Richard A., The Role of the State in Fiscal Theory, in: International Tax and Public Finance, Bd. 3, 1996 (a), S. 247 - 258.

Musgrave, Richard A., Public Finance and Finanzwissenschaft Traditions Compared, in: FA, N.F. Bd 53, 1996 (b), S. 145 - 192.

Musgrave, Richard A., Public Finance in a Democratic Society Vol. III, The Foundations of Taxation and Expenditure, Cheltenham, UK, Northampton MA, USA 2000.

Musgrave, Richard A., Musgrave, Peggy B., Public Finance in Theory and Practice, 3. Aufl., New York 1984.

Musgrave, Richard A., Musgrave, Peggy B., Kullmer, Lore, Die öffentlichen Finanzen in Theorie und Praxis, 2. Band, 5. Aufl., Tübingen 1993.

Musgrave, Richard A., Shoup, Carl S. (Hrsg.), Readings in the Economics of Taxation, 2. Aufl., London 1966.

Nowotny, Ewald, Der öffentliche Sektor, Einführung in die Finanzwissenschaft, 4. Aufl., Berlin, Heidelberg 1999.

Pausch, Alfons, Pausch, Jutta, Kleine Weltgeschichte der Steuerobrigkeit. Steuerherren, Steuerverwalter, Steuerpolitiker, Köln 1989.

Pechman, Joseph A., Federal Tax Policy, 5. Aufl., Washington D.C. 1987.

Peffekoven, Rolf, Einführung in die Grundbegriffe der Finanzwissenschaft, 3. Aufl., Darmstadt 1996.

Petersen, Hans-Georg, Finanzwissenschaft I, Grundlegung, Haushalt, Aufgaben und Ausgaben, Allgemeine Steuerlehre, 3. Aufl., Stuttgart usw. 1993.

Petersen, Hans-Georg, Finanzwissenschaft II, Spezielle Steuerlehre, Staatsverschuldung, Finanzausgleich, Makroökonomische Finanzwissenschaft und Finanzpolitik, Stuttgart usw. 1988.

Reding, Kurt, Müller, Walter, Einführung in die Allgemeine Steuerlehre, München 1999.

Richter, Wolfram F., Wiegard, Wolfgang, Zwanzig Jahre "Neue Finanzwissenschaft". Teil I: Überblick und Theorie des Marktversagens, Teil II: Steuern und Staatsverschuldung, in: Zeitschrift für Wirtschafts- und Sozialwissenschaften, Jg. 113, 1993, S. 169 - 224 und S. 337 - 400.

Rosen, Harvey S., Public Finance, 5. Aufl., Chicago usw. 1999.

Rosen, Harvey S., Windisch, Rupert, Finanzwissenschaft I, München, Wien 1992.

Schmidt, Kurt, Grundprobleme der Besteuerung, in: HdF, 3. Aufl., Bd. 2, 1980, S. 119 - 171.

Schmölders, Günter, Hansmeyer, Karl-Heinrich, Allgemeine Steuerlehre, Berlin 1980.

Schulz, Uwe (Hrsg.), Mit dem Zehnten fing es an. Eine Kulturgeschichte der Steuer, München 1986.

Schumpeter, Joseph A., Die Krise des Steuerstaats, Graz, Leipzig 1918.

Shoup, Carl S., Public Finance, London 1969.

Simons, Henry, Federal Tax Reform, Chicago 1950.

Stiglitz, Joseph E., Economics of the Public Sector, 3. Aufl., New York, London 2000

Stiglitz, Joseph E., Schönfelder, Bruno, Finanzwissenschaft, 2. Aufl., München, Wien 1989.

Timm, Herbert, Wandlungen der Besteuerung seit dem vorigen Jahrhundert, in: *C. Folkers, H. Pollak, H. Timm* (Hrsg.), Wandlungen der Besteuerung, SchrVer SocPol, N.F. Bd. 160, 1980, S. 11 - 57.

Weber, Luc, L'État, Acteur Économique. Analyse économique du rôle de l'État, 3.Aufl., Paris, Lausanne 1997.

Wellisch, Dietmar, Finanzwissenschaft I: Rechtfertigung der Staatstätigkeit, Finanzwissenschaft II: Theorie der Besteuerung, Finanzwissenschaft III: Staatsverschuldung, München 2000.

Wiegard, Wolfgang, Neuere Entwicklungen in der Finanzwissenschaft: Versuch einer Bestandsaufnahme, in: FA, N.F. Bd.47, 1989, S. 104 - 136.

Wöhe, Günter, Betriebswirtschaftliche Steuerlehre, Bd. 1/I: Die Steuern des Unternehmens - Das Besteuerungsverfahren, 6. Aufl. München 1988.

Wöhe, Günter, Bieg, Hartmut, Grundzüge der Betriebswirtschaftlichen Steuerlehre, 4. Aufl., München 1995.

Zimmermann, Horst (Hrsg.), Die Zukunft der Staatsfinanzierung, Stuttgart 1988.

Zimmermann, Horst, Henke, Klaus-Dirk, Finanzwissenschaft. Eine Einführung in die Lehre von der öffentlichen Finanzwirtschaft, 8. Auflage, München 2001.

Rechtsquellen, Rechtsliteratur

Bauer, Angela, Jestaedt Matthias, Das Grundgesetz im Wortlaut, Änderungsgesetze, Synopse, Textstufen und Vokabular zum Grundgesetz, Heidelberg 1997.

Beck'sche Textausgaben, Doppelbesteuerungsabkommen, Steuergesetze, Zölle und Verbrauchsteuern (Loseblatt).

Birk, Dieter, Steuerrecht, Heidelberg 1998.

Birkenfeld, Wolfram, Das große Umsatzsteuer-Handbuch, 2 Bände 3. Aufl., Köln 1998 (Loseblatt).

Birkenfeld, Wolfram, Umsatzbesteuerung in Österreich, der Schweiz und in Deutschland. Gesetzestexte, Erläuterungen und Fallbeispiele, Berlin 1996.

Bolliger, Bruno, Hüssy, René (Hrsg.), Neues Bundesgesetz über die direkte Bundessteuer. DBG 1995, Basel usw. (Loseblatt).

Doralt, Werner, Ruppe, Hans Georg, Grundriß des österreichischen Steuerrechts, Band I: Einkommensteuer, Körperschaftsteuer, Umgründungssteuergesetz, Umsatzsteuer, Kommunalsteuer, 6. Aufl., Wien 1998.

Doralt, Werner, Ruppe, Hans Georg, Grundriß des österreichischen Steuerrechts, Band II: Bewertungsrecht, Vermögensteuern, Verkehrsteuern, Zölle und Verbrauchsteuern, Allgemeiner Teil, 3. Aufl., Wien 1996.

Eidgenössische Steuerverwaltung (Bearb.), Die Steuern der Schweiz, 16 Bde., Therwil (Loseblatt).

Hassler, Paul B. (Bearb.), Die österreichischen Abgabengesetze. Textausgabe, zwei Bde., Wien (Loseblatt).

Höfling, Wolfram, Staatsschuldenrecht. Rechtsgrundlagen und Rechtsmaßstäbe für die Staatsschuldenpolitik in der Bundesrepublik Deutschland, Heidelberg 1993.

Höhn, Ernst, Athanas, Peter (Hrsg.), Das neue Bundesrecht über die direkten Steuern. Direkte Bundessteuer und Steuerharmonisierung, Bern, Stuttgart, Wien 1993.

Höhn, Ernst, Waldburger, Robert, Steuerrecht, Bd. 1: Grundlagen, Grundbegriffe, Steuerarten, Bd. 2: Steuern bei Vermögen, Erwerbstätigkeit, Unternehmen, Vorsorge, Versicherung; Interkantonales und Internationales Steuerrecht; Steuerverfahrens- und Steuerstrafrecht, 8. Aufl., Bern usw. 1997/98, 1999.

Homburg, Stefan, Steuerrecht für Ökonomen. Eine Einführung in das Allgemeine Steuerrecht, Einkommensteuerrecht und Umsatzsteuerrecht, München 1996.

Interkantonale Kommission für Steueraufklärung, Steuerinformationen, 2 Bde., Bern (Loseblatt).

Kirchhof, Paul, Besteuerungsgewalt und Grundgesetz, Frankfurt a.M. 1973.

Kirchhof, Paul, Staatliche Einnahmen, in: Handbuch des Staatsrechts der Bundesrepublik Deutschleand (Hrsg. *J. Isensee, P. Kirchhof*), Bd. 4, Finanzverfassung, Bundesstaatliche Ordnung, Heidelberg 1990, S.87 - 233.

Klecatsky, Hans R., Morscher, Siegbert (Hrsg.), Die österreichische Bundesverfassung. Bundes-Verfassungsgesetz in der gegenwärtigen Fassung mit wichtigen Nebenverfassungsgesetzen, 7. Aufl., Wien 1995.

Klein, Franz (Hrsg.), Lexikon des Rechts. Steuer- und Finanzrecht, 2. Aufl., Neuwied usw. 1993.

Lang, Joachim, Die Bemessungsgrundlage der Einkommensteuer. Rechtssystematische Grundlagen steuerlicher Leistungsfähigkeit im deutschen Einkommensteuerrecht. Köln 1988.

Locher, Kurt et al., Doppelbesteuerungsabkommen Schweiz-Deutschland 1971 und 1978, sechs Bde., Basel (Loseblatt).

Locher, Peter, Einführung in das internationale Steuerrecht der Schweiz, Bern 1996.

Mennel, Annemarie, Förster Jutta, Steuern in Europa, Amerika und Asien, zwei Bde , Herne, Berlin (Loseblatt).

Schmidt, Ludwig, Einkommensteuergesetz. Kommentar, 18. Aufl., München 1999.

Schöberle, Horst, Steuerrecht, in: Lehrbuch des öffentlichen Rechts (Hrsg. *F. Klein*), Neuwied, Darmstadt 1987, S. 53 - 115.

Schweizerische Bundeskanzlei (Hrsg.), Systematische Sammlung des Bundesrechts, 6. Teil: Finanzen, zwei Bde., Bern (Loseblatt).

Staender, Klaus, Lexikon der öffentlichen Finanzwirtschaft, Wirtschafts-, Haushalts- und Kassenrecht, 5. Aufl., Heidelberg 2000.

Stockar, Conrad, Übersicht und Fallbeispiele zu den Stempelabgaben und zur Verrechnungssteuer, 3. Aufl., Therwil, Basel 2000.

Tiepelmann, Klaus, Dick, Günther, Grundkurs Finanzwissenschaft, 2. Aufl., Hamburg 1992.

Tipke, Klaus, Die Steuerrechtsordnung, drei Bde., Köln 1993.

Tipke, Klaus, Lang, Joachim, Steuerrecht. Ein systematischer Grundriß, 15. Aufl., Köln 1996.

Vogel, Klaus (Hrsg.), Grundfragen des internationalen Steuerrechts, Köln 1985.

Vallender, Klaus A. (Hrsg.), Schweizerisches Steuerlexikon, Bd 2: Bundessteuern, Zürich 1999.

Wipfli, Jörg (Hrsg.) Das aktuelle Mehrwertsteuerhandbuch. Praxisbezogenes Nachschlagewerk für Unternehmer und Berater über die Belange der Mehrwertsteuer, zwei Bde., Zürich (Loseblatt).

Zürcher Gesetzessammlung (Ordner 7: Steuergesetze etc.), Zürich (Loseblatt).

Statistische Quellen

Bundesamt für Statistik (Hrsg.), Statistisches Jahrbuch der Schweiz, Zürich.
Bundesministerium der Finanzen -BMF- (Hrsg.), Finanzbericht (jährlich).
Eidgenössische Steuerverwaltung (Hrsg.), Direkte Bundessteuer. Steuererträge und Kopfquoten nach Gemeinden, Veranlagungsperiode 1991/92 (Veröffentl. v. Bundesamt für Statistik, Reihe 18 - Öffentliche Finanzen), Bern 1996.
Eidgenössische Steuerverwaltung (Hrsg.), Direkte Bundessteuer. Einschätzungsergebnisse der natürlichen und juristischen Personen, Veranlagungsperiode 1991/92 (Veröffentl. v. Bundesamt für Statistik, Reihe 18 - Öffentliche Finanzen), Bern 1996.
Eidgenössische Steuerverwaltung (Hrsg.) Öffentliche Finanzen der Schweiz (Veröffent. v. Bundesamt für Statistik, Reihe 18 - Öffentliche Finanzen), Bern (jährlich).
Eidgenössische Steuerverwaltung (Hrsg.), Steuerbelastung in der Schweiz. Kantonshauptorte, Kantonsziffern (Veröffentl. v. Bundesamt für Statistik, Reihe 18 - Öffentliche Finanzen), Bern (jährlich).
OECD (Hrsg.), Revenue Statistics, Statistiques des Recettes Publiques, .../..., Paris (jährlich).
Österreichisches Statistisches Zentralamt (Hrsg.), Gebarungsübersichten, Wien (jährlich).
Österreichisches Statistisches Zentralamt (Hrsg.), Statistisches Jahrbuch für die Republik Österreich, Wien.
Statistisches Amt des Kantons Zürich (Hrsg.), Zürcher Staatssteuerstatistik, Zürich (jährlich).
Statistisches Amt des Kantons Zürich (Hrsg.), Statistisches Jahrbuch des Kantons Zürich, Zürich.
Statistisches Bundesamt (Hrsg.), Statistisches Jahrbuch für die Bundesrepublik Deutschland, Stuttgart.
Statistisches Bundesamt (Hrsg.), Finanzen und Steuern, Fachserie 14, Reihe 7.1, Lohn- und Einkommensteuer 1992, Stuttgart 1998.

Einige steuertheoretische Klassiker

Cassel, Margit, Die Gemeinwirtschaft. Ihre Stellung und Notwendigkeit in der Tauschwirtschaft, Leipzig, Erlangen 1925.
Cohen Stuart, Arnold Jacob, Bijdrage tot de theorie der progressieve inkomstenbelasting, s'Gravenhage 1889.
Lindahl, Erik, Die Gerechtigkeit der Besteuerung. Eine Analyse der Steuerprinzipien auf Grundlage der Grenznutzentheorie, Lund 1919.
Mill, John Stuart, Principles of Political Economy with some of their Applications to Social Philosophy (Hrsg. *W. J. Ashley*), 5. Buch, London 1926 (Erstauflage 1848).
Musgrave, Richard A., Peacock, Alan T. (Hrsg.), Classics in the Theory of Public Finance, London, Melbourne, Toronto, New York 1958.
Neumann, Friedrich Julius, Die progressive Einkommensteuer im Staats- und Gemeindehaushalt, SchrVerSocPol, Bd. 8, 1874.

Pigou, Arthur C., A Study in Public Finance, 3. Aufl., London 1947.
Ritschl, Hans, Gemeinwirtschaft und kapitalistische Marktwirtschaft. Zur Erkenntnis der dualistischen Wirtschaftsordnung, Tübingen 1931.
Sax, Emil, Grundlegung der theoretischen Staatswirtschaft, Wien 1887.
Schäffle, Albert, Die Steuern, zwei Bde., Leipzig 1895 und 1897.
Schanz, Georg von, Der Einkommensbegriff und die Einkommensteuergesetze, in: FA, Jg. 13, 1896, S. 1 - 87.
Schmoller, Gustav von, Die Lehre vom Einkommen in ihrem Zusammenhang mit den Grundprincipien der Steuerlehre, in: Zeitschrift für die gesamte Staatswissenschaft, Jg. 19, 1863, S. 1 ff.
Schmoller, Gustav, Die Epochen der preußischen Finanzpolitik, in: Jahrbuch für Gesetzgebung, Verwaltung und Volkswirtschaft im Deutschen Reiche, Jg. 1, 1877, S. 33 - 114.
Seligman, Edwin R. A., The Shifting and Incidence of Taxation, 3. Aufl., New York 1910.
Smith, Adam, An Inquiry into the Nature and Causes of the Wealth of Nations, London 1776.
Stein, Lorenz von, Lehrbuch der Finanzwissenschaft, 5. Aufl., vier Bde., Leipzig 1885/86.
Wagner, Adolph, Finanzwissenschaft, Zweiter Teil, Theorie der Besteuerung, Gebührenlehre und allgemeine Steuerlehre, 2. Aufl., Leipzig 1890.
Wicksell, Knut, Finanztheoretische Untersuchungen nebst Darstellung und Kritik des Steuerwesens Schwedens, Jena 1896.

Literatur zu einzelnen Kapiteln

Literatur zu Kapitel 1

Bird, Richard, Charging for Public Services, Toronto 1976.
Bohley, Peter, Öffentliche Abgaben für regelmäßiges Dauerparken - Ein Problem der Kraftverkehrsbesteuerung, in: FA, N.F. Bd. 28, 1969, S.280 - 299.
Bohley, Peter, Gebühren und Beiträge, in: HdF, 3. Aufl., Bd 2, Tübingen 1980, S. 916 - 947.
Bohley, Peter, Der Nulltarif im Nahverkehr, in: Kyklos, Bd. 26, 1973, S. 113 - 142.
Bös, Dieter, Öffentliche Unternehmungen, in: HdF, 3. Aufl., Bd. 2, 1980, S. 3 - 60.
Färber, Gisela, Theorie und Praxis kommunaler Gebührenkalkulation (Speyerer Forschungsberichte Nr. 214), Speyer 2000.
Gawel, Erik, Die kommunalen Gebühren. Ökonomische, ökologische und rechtliche Ansätze einer gesamtwirtschaftlichen Neuorientierung, Berlin 1995.
Grossekettler, Heinz, Options- und Grenzkostenpreise für Kollektivgüter unterschiedlicher Art und Ordnung. Ein Beitrag zu den Bereitstellungs- und Finanzierungsregeln für öffentliche Leistungen, in: FA, N.F. Bd. 43, 1985, S. 211 - 252.
**Haller, Heinz,* Die Bedeutung des Äquivalenzprinzips für die öffentliche Finanzwirtschaft, in: FA, N.F. Bd. 21, 1961, S. 248 - 260.

Hansmeyer, Karl-Heinrich, Fürst, Dietrich, Die Gebühren. Zur Theorie eines Instrumentariums der Nachfragelenkung bei öffentlichen Leistungen, Stuttgart usw. 1968.

**Karrenberg, Hanns, Münstermann, Engelbert,* Gemeindefinanzbericht (jährlich erscheinend als Monatsheft der Zeitschrift 'der Städtetag').

Münch, Klaus N., Kollektive Güter und Gebühren. Elemente einer Gebührentheorie für Kollektivgüter, Göttingen 1976.

Sacksofsky, Ute, Wieland, Joachim (Hrsg.), Vom Steuerstaat zum Gebührenstaat, Baden-Baden 2000.

Seldon, Arthur, Charge, London 1977.

Selmer, Peter, Brodersen, Carsten, Nicolaysen, Gert, Straßenbenutzungsabgaben für den Schwerverkehr. Verfassungs- und europarechtliche Probleme, Baden-Baden 1989.

Thiemeyer, Theo, Grenzkostenpreise bei öffentlichen Unternehmen, Köln, Opladen 1964.

Wagner, Richard E. (Hrsg.), Charging for Government. User Charges and Earmarked Taxes in Principle and Practice, London 1991.

Zwehl, Wolfgang von, Benutzungsgebühren. Eine zentrale Einnahmequelle der Kommunen in betriebswirtschaftlicher Sicht, Trier 1991.

Literatur zu Kapitel 2

*Bundesministerium der Finanzen, Die wichtigsten Steuern im internationalen Vergleich, Bonn 2000.

Hedtkamp, Günter, Klassifikation der öffentlichen Einnahmen, in: HdF, 3. Aufl., Bd. 2, S. 63 - 80.

Schmölders, Günter, Steuersystem und Steuersystematik, in: HdF, 2. Aufl. (Hrsg. *W. Gerloff, F. Neumark*), Bd. 2, 1956, S.326 - 334.

Vogel, Horst A., Steuertechnik und Steuerverwaltung, in: HdF, 3. Aufl., Bd. 2. 1980, S.267 - 315.

(Weitere Literaturangaben zu diesem Kapitel findet man insbesondere unter den Rubriken "Rechtsquellen, Rechtsliteratur" und "Statistische Quellen".)

Literatur zu Kapitel 3

Bös, Dieter, Genser, Bernd, Steuertariflehre, in: HdWW, Bd. 7, 1977, S. 412 - 427.

Hall, Robert E., Rabushka, Alvin, The Flat Tax, 2. Aufl., Stanford 1995.

**Homburg, Stefan,* Zur Steuerfreiheit des Existenzminimums, Grundfreibetrag oder Abzug von der Bemessungsgrundlage?, in: FA, N.F. Bd. 52, 1995, S. 182 - 195.

Institut Finanzen und Steuern, Zur Reform des Einkommensteuertarifs (Grüner Brief Nr. 334), Bonn 1995.

**Peffekoven, Rolf,* Freibetrag oder Steuerkredit? Zu einem Problem der Einkommensteuerreform, in: FA, N.F. Bd. 30, 1972, S. 392 - 417.

**Pollak, Helga,* Steuertarife, in: HdF, 3. Aufl., Bd. 2, 1980, S.239 - 266.

**Seidl, Christian,* Die steuerliche Berücksichtigung des Existenzminimums: tarifliche Nullzone, Freibetrag oder Steuerabsetzbetrag?, in: Steuer und Wirtschaft, Jg. 74 (27), 1997, S. 142 - 146.

WissBeiratBMF, Zur Reform des Einkommensteuertarifs (Schriftenreihe des BMF Heft 60), Bonn 1996.

Literatur zu Kapitel 4

* *Harberger, Arnold C.,* Taxation, Resource Allocation and Welfare, in: *J. F. Due* (Hrsg.), The Role of Direct and Indirect Taxes in the Federal Revenue System, Princeton 1964.

**McLure, Charles E.,* General Equilibrium Incidence Analysis. The Harberger Model after Ten Years, in: Journal of Public Economics, Bd. 4, 1975, S. 125 - 161.

Pohmer, Dieter, Wirkungen finanzpolitischer Instrumente, in: HdF, 3. Aufl., Bd. 1, 1977, S. 193 - 346.

Recktenwald, Horst Claus, Steuerüberwälzungslehre. Theoretische und empirische Verteilung von Abgaben und Kosten, 2. Aufl., Berlin 1966.

Schneider, Helmut, Nachtkamp, Hans Heinrich, Steuern: Wirkungslehre, in: HdWW, Bd. 7, 1977, S. 356 - 386.

Literatur zu Kapitel 5

Albers, Willi, Ziele und Bestimmungsgründe der Finanzpolitik, in: HdF, 3. Aufl., Bd. 1, 1977, S. 124 - 163.

Haller, Heinz, Zur Diskussion über das Leistungsfähigkeitsprinzip, in: FA, N.F. Bd. 31, 1973, S. 461 - 494.

Haller, Heinz, Umstrittene Fragen der "Leistungsfähigkeitsbesteuerung", in: Finanzwissenschaft im Dienste der Wirtschaftspolitik, *Dieter Pohmer* zum 65. Geburtstag, Tübingen 1990,. S. 21 - 40.

**Hansjürgens, Bernd,* Äquivalenzprinzip und Staatsfinanzierung, Berlin 2001.

Kirchhof, Paul, Der verfassungsrechtliche Auftrag zur Besteuerung nach der finanziellen Leistungsfähigkeit, in: Steuer und Wirtschaft, Jg. 62 (15), 1985, S. 319 - 329.

**Neumark, Fritz,* Grundsätze gerechter und ökonomisch rationaler Steuerpolitik, Tübingen 1970.

**Oberhauser, Alois,* Deutsches Steuersystem und Steuergerechtigkeit, in: *A. Rauscher* (Hrsg.), Steuergerechtigkeit, Köln 1995, S. 11 - 35.

Pohmer, Dieter, Jurke, Gisela, Zur Geschichte und Bedeutung des Leistungsfähigkeitsprinzips unter besonderer Berücksichtigung der Beiträge im Finanzarchiv und der Entwicklung der deutschen Einkommensbesteuerung, in: FA, N.F. Bd. 42, 1984, S. 445 - 489.

Söhn, Hartmut, Verfassungsrechtliche Aspekte der Besteuerung nach der subjektiven Leistungsfähigkeit im Einkommensteuerrecht: Zum persönlichen Existenzminimum, in: FA, N.F. Bd. 46, 1988, S. 154 - 171.

Literatur zu Kapitel 6

Albers, Willi, Umverteilungswirkungen der Einkommensteuer, in: *W. Albers* (Hrsg.), Öffentliche Finanzwirtschaft und Verteilung II, SchrVerSoc Pol, N.F. Bd. 75/II, 1974, S. 69 - 144.

Albers, Willi, Einkommensbesteuerung I: Einkommensteuer, in: HdWW, Bd.2, 1980, S. 189 - 218.

Andel, Norbert, Einkommensteuer, in: HdF, 3. Aufl., Bd. 2, Tübingen 1980, S. 331 - 401.

Andel, Norbert, Die Reform der Rentenbesteuerung ist schon lange überfällig!, in: Wirtschaftsdienst, Jg. 77, 1997, S. 21 - 28.

Becker, Enno, Grundlagen der Einkommensteuer, München, Berlin 1940.

Borell, Rolf, Schemmel, Lothar, Stern, Volker, Steuerentlastung, Steuervereinfachung, Steuergerechtigkeit. Bausteine für eine umfassende Reform der Lohn- und Einkommensteuer, (Hrsg. Karl-Bräuer-Institut des Bundes der Steuerzahler - Schriftenreihe Heft 84), Wiesbaden 1996.

Break, George F., Income Taxes and Incentives to Work. An Empirical Study, in: American Economic Review, Bd. 47, 1957, S. 529 - 549.

Cnossen, Sijbren, Bird, Richard M. (Hrsg.), The Personal Income Tax. Phoenix from the Ashes?, Amsterdam usw. 1990.

Engelhardt, Gunther, Verhaltenslenkende Wirkungen der Einkommensteuer, Berlin 1968.

Genser, Bernd, Lorenzgerechte Besteuerung, Wien 1980.

Goode, Richard, The Individual Income Tax, 2. Aufl., Washington D.C. 1976.

Graf, Silvio, Einkommensteuer und Wohneigentum, Bern usw. 1984.

Hackmann, Johannes, Die Besteuerung des Lebenseinkommens. Ein Vergleich von Besteuerungsverfahren, Tübingen 1979.

Hackmann, Johannes, Die Bestimmung des steuerrechtlichen Einkommensbegriffs aus finanzwissenschaftlicher Sicht, in: *K.-H. Hansmeyer* (Hrsg.), Staatsfinanzierung im Wandel, SchrVerSocPol, N.F. Bd. 134, 1983, S. 661 - 702.

Haig, Robert M. (Hrsg.), The Federal Income Tax, New York 1921.

Hall, Robert, Rabushka, Alvin, Low Tax, Simple Tax, Flat Tax, New York 1983.

Haller, Heinz, Probleme der Progressiven Besteuerung (Hrsg. Walter Eucken Institut - Vorträge und Aufsätze Nr. 27), Tübingen 1970.

Hansen, Reginald, Die praktischen Konsequenzen des Methodenstreits. Eine Aufarbeitung der Einkommensbesteuerung, Berlin 1996.

Head, John G., The Simons-Carter Approach to Tax Policy: A Reappraisal, in: *P. Bohley, G. Tolkemitt* (Hrsg.), Wirtschaftswissenschaft als Grundlage staatlichen Handelns, *Heinz Haller* zum 65. Geburtstag, Tübingen 1979, S. 191 - 222.

Head, John G., The Comprehensive Tax Base Revisited, in: FA, N.F. Bd.40, 1982, S. 193 - 210.

**Häuser, Karl,* Die Unüberwälzbarkeit der Einkommen- und Körperschaftsteuer bei Gewinnmaximierung, in: FA, N.F. Bd. 20, 1959/60, S. 422 - 435.

Häuser, Karl, Wirkungen der Einkommensteuer auf das individuelle Arbeitsangebot, in: *P.Bohley, G.Tolkemitt* (Hrsg.), Wirtschaftswissenschaft als Grundlage staatlichen Handelns, *Heinz Haller* zum 65. Geburtstag, Tübingen 1979, S. 177 - 189.

Kaldor, Nicholas, An Expenditure Tax, London 1955.

Kaltenborn, Bruno, Streit um die Einkommensteuer. Die Reformvorschläge der Parteien im Vergleich, Baden-Baden 1999.

Kitterer, Wolfgang, Einkommenskonzepte in empirischen Untersuchungen zur Steuerinzidenz, in: FA, N.F. Bd 29, 1981, S. 323 - 343.

**Lindberg, Klaus,* Die Besteuerung der Kapitaleinkünfte, München 1996.

Neumark, Fritz, Theorie und Praxis der modernen Einkommensbesteuerung, Bern 1947.

OECD, Harmful Tax Competition. An Emerging Global Issue, Paris 1998.

Pechman, Joseph A., The Erosion of the Personal Income Tax, In: National Tax Journal, Jg. 10, 1957, S. 1 - 25.

Pechman, Joseph A. (Hrsg.), What Should Be Taxed: Income or Expenditure?, Washington D.C. 1980.

Pechman, Joseph A., The Future of the Income Tax, in: The American Economic Review, Bd. 80, 1990, S. 1 - 20.

Pfähler, Wilhelm, Measuring Redistributional Effects of Tax Progressivity by Lorenz Curves, in: Jahrbücher für Nationalökonomie und Statistik, Bd. 198, 1979, S. 237 - 249.

Pollak, Helga, Gibt es einen Wandel in der Einkommensteuer?, in: *C. Folkers, H. Pollak, H. Timm* (Hrsg.), Wandlungen der Besteuerung, SchrVerSocPol, N.F. Bd. 160, 1980, S. 59 - 87.

Rose, Manfred (Hrsg.), Konsumorientierte Neuordnung des Steuersystems, Berlin usw. 1991.

Scheer, Christian, Verteilungswirkungen der Einkommensteuer, Göttingen 1982.

Seer, Roman, Die Besteuerung der Alterseinkünfte und das Gleichbehandlungsgebot (Art. 3 Abs. 1 GG), in: Steuer und Wirtschaft, Jg. 73 (26) 1996, S. 323 - 336.

Seidman, Lawrence S., The USA Tax: A Progressive Consumption Tax, Cambridge MA, London 1997.

Simons, Henry C., Personal Income Taxation. The Definition of Income as a Problem of Fiscal Policy, 4. Aufl., Chicago 1962 (Nachdruck 1980).

Slemrod, Joel, Do We Know How Progressive the Income Tax System Should Be?, in: National Tax Jounal, Bd. 36, 1983, S. 361 - 369.

Slemrod, Joel (Hrsg.), Tax Progressivity and Income Inequality, Cambridge MA 1994.

Slemrod, Joel, Bakija, Jon, Taxing Ourselves. A Citizen's Guide to the Great Debate Over Tax Reform, Cambridge MA usw. 1996.

Smekal, Christian, Sendlhofer, Rupert, Winner, Hannes (Hrsg.), Einkommen versus Konsum. Ansatzpunkte zur Steuerreformdiskussion, Heidelberg 1999.

Sørensen, Peter Birch, From the Global Income Tax to the Dual Income Tax: Recent Tax Reforms in the Nordic Countries, in: International Tax and Public Finance, Bd. 1, 1994, S. 57 - 79.

Thesen der Einkommensteuer-Kommission ("*Bareis* - Kommission") zur Steuerfreistellung des Existenzminimums ab 1996 und zur Reform der Einkommensteuer (Schriftenreihe des BMF Heft 55), Bonn 1995.

*U.S.Department of the Treasury (Hrsg.), Integration of the Individual and Corporate Tax Systems: Taxing Business Income Once, Washington D.C. 1992.

Vickrey, William, Agenda for Progressive Taxation, New York 1947.

Literatur zu Kapitel 7

Haller, Heinz, Besteuerung der Familieneinkommen und Familienlastenausgleich, (Hrsg.: Walter Eucken Institut - Vorträge und Aufsätze Nr. 81), Tübingen 1981.

Institut "Finanzen und Steuern" (Hrsg.), Zur Einkommensbesteuerung von Ehegatten - Entstehung, Kritik und Änderungsvorschläge, IFSt-Schrift Nr. 370, Bonn 1999.

Homburg, Stefan, Das einkommensteuerliche Ehegattensplitting, in: Steuer und Wirtschaft, Jg. 77, 2000, S. 261 - 268.

Krause-Junk, Gerold, Oehsen, Johann Hermann von, Die Option zwischen Kindergeld und Kinderfreibeträgen, in: Wirtschaftsdienst, Jg. 75, 1995, S. 188 - 193.

Lang, Joachim, Familienbesteuerung, in: Steuer und Wirtschaft, Jg. 60, 1983, S. 103 - 125.

Pechman, Joseph A., Engelhardt, Gary V., The Income Tax Treatment of the Family: An International Perspective, in: National Tax Journal, Bd. 43, 1990, S. 1 - 22.

Pfister, Alois, Zehn Jahre Rechtsprechung des Bundesgerichts zur Ehegatten-Besteuerung, in: Archiv für Schweizerisches Abgaberecht, Bd. 63, 1995, S. 677 - 726.

Scherf, Wolfgang, Das Ehegattensplitting aus finanzwissenschaftlicher Sicht, in: Steuer und Wirtschaft, Jg. 77, 2000, S. 269 - 278.

Smekal, Christian, Steuerpolitische Konsequenzen aus den Erkenntnissen des Österreichischen Verfassungsgerichtshofes zur Familienbesteuerung von 1991. in: *P. Kirchhof, K. Offerhaus, H. Schöberle* (Hrsg.), Steuerrecht, Verfassungsrecht, Finanzpolitik, Festschrift für *Franz Klein*, Köln 1994, S. 453 - 466.

Söhn, Hartmut, Einkommensteuer und subjektive Leistungsfähigkeit. Die Rechtsprechung des Bundesverfassungsgerichts zu Kinderfreibetrag/Kindergeld und persönlichem Existenzminimum. in: FA, N.F. Bd. 51, 1994, S. 372 - 409.

Söhn, Hartmut, Ehegattensplitting und Verfassungsrecht, in: *R. Lüdecke, W. Scherf, W. Steden* (Hrsg.), Wirtschaftswissenschaft im Dienste der Verteilungs-, Geld- und Finanzpolitik, Festschrift für *Alois Oberhauser* zum 70. Geburtstag, Berlin 2000, S. 413 - 437.

Spycher, Stefan, Bauer, Tobias, Baumannn, Beat, Die Schweiz und ihre Kinder, Private Kosten und staatliche Unterstützungsleistungen (Schlußbericht des Nationalen Forschungsprogramms 29), Chur, Zürich 1995.

Thöni, Erich, Winner, Hannes (Hrsg,), Die Familie im Sozialstaat, Familienbesteuerung aus ökonomischer und juristischer Sicht, Innsbruck 1996.

Vogel, Klaus, Besteuerung von Eheleuten und Verfassungsrecht, in: Steuer und Wirtschaft, Jg. 76, 1999, S. 201 - 226.

Wingen, Max, Familienpolitik. Grundlagen und aktuelle Probleme, Stuttgart 1997.

Literatur zu Kapitel 8

Benkert, Wolfgang, Das *Harberger*-Modell - Versuch einer verbalen Darstellung, in: Das Wirtschaftsstudium, Jg. 10, 1981, S. 249 - 254 u. 299 - 302.

Bird, Richard, Taxing Corporations, Montreal 1980.

Cattelaens, Heiner, Gottstein, Siegfried, Stegmüller, Hubert, Zenthöfer, Wolfgang, Körperschaftsteuer, 12. Aufl., Stuttgart 1997.

Cnossen, Sijbren, What Kind of Corporation Tax?, in: Bulletin for International Fiscal Documentation, Bd. 47, 1993, S. 3 - 16.

Engels, Wolfram, Stützel, Wolfgang, Teilhabersteuer. Ein Beitrag zur Vermögenspolitik, zur Verbesserung der Kapitalstruktur und zur Vereinfachung des Steuerrechts, 2. Aufl., Frankfurt a. M. 1968.

Fecht, Robert, Einkommensbesteuerung II: Körperschaftsteuer, in: HdWW, Bd. 2, 1980, S. 218 - 240.

Friedrich, Peter, Feng, Xiao, Ein Steuerüberwälzungsmodell für Verwaltungen, in: *U. Kirchhoff, G. Trilling* (Hrsg.), Daseinsvorsorge, öffentliche Güter und Wettbewerb im gesamteuropäischen Kontext, Regensburg 2003.

Goode, Richard, The Corporation Income Tax, New York, London 1951.

Harberger, Arnold C., The Incidence of the Corporation Income Tax, The Journal of Political Economy, Bd. 70, 1962, S. 215 - 240.

Häuser, Karl, Die Unüberwälzbarkeit der Einkommen- und Körperschaftsteuer bei Gewinnmaximierung, in: FA, NF. Bd. 20,1959/60, S. 422 - 435.

Head, John G., Company Tax Structure and Company Tax Incidence, in: International Tax and Public Finance, Bd. 4, 1997, S. 61 - 100.

Hubbard, Glenn R., Corporate Tax Integration: A View from the Treasury Department, in: Journal of Economic Perspectives, Bd. 7, 1993, S. 115 - 132.

Klein, Franz, Schöberle, Horst, Reform der Körperschaftsteuer. Dokumentation, Köln 1975.

Krzyzaniak, Marian (Hrsg.), Effects of the Corporation Income Tax, Detroit 1966.

McLure, Charles E., Jr., Must Corporate Income Be taxed Twice?, Washington 1979.

McLure, Charles E., Jr., Thirsk, Wayne R., A Simplified Exposition of the *Harberger* Model, I: Tax Incidence, in: National Tax Journal, Bd. 28, 1975, S. 1 - 27.

Schiele, Norbert, Unternehmensbesteuerung und Handelsbilanz. Eine ökonomische Analyse der Verknüpfung von Handelsbilanz und Steuerbemessungsgrundlage, Berlin 2000.

Schneider, Dieter, Körperschaftsteuer, in: HdF, 3. Aufl., Bd.2, 1980, S. 509 - 563.

Schneider, Dieter, Grundzüge der Unternehmensbesteuerung, 6. Aufl., Wiesbaden 1994.

Sigloch, Jochen, Unternehmenssteuerreform 2001 - Darstellung und ökonomische Analyse, in: Steuer und Wirtschaft, Jg. 77, 2000, S. 160 - 176.

Sinn, Hans-Werner, Kapitaleinkommensbesteuerung. Eine Analyse der intertemporalen, internationalen und intersektoralen Allokationswirkungen, Tübingen 1985.

WissBeiratBMF, Gutachten zur Reform der Unternehmensbesteuerung (Schriftenreihe des BMF Heft 43), Bonn 1990.

Literatur zu Kapitel 9

Bohley, Peter, Probleme der schweizerischen Einphasensteuer: Eine Chance für die Mehrwertsteuer?, in: FA, N.F. Bd. 29, 1970, S. 420 - 455.
Brazer, Harvey E. (Hrsg.), Michigan's Fiscal and Economic Structure, Ann Arbor 1982.
Camenzind, Alois, Honauer, Niklaus, Vallender, Klaus A., Handbuch zum Mehrwertsteuergesetz (MWSTG), Eine Wegleitung für Unternehmer, Steuerberater und Studierende, Bern, Stuttgart, Wien 2000.
Due, John F., Mikesell, John L., Sales Taxation. State and Local Structure and Administration, Baltimore, London 1983.
Dziadkowski, Dieter, Umsatzsteuer, 3. Aufl., München 1990.
Folkers, Cay, Wandlungen der Verbrauchsbesteuerung, in: *C. Folkers, H. Pollak, H. Timm* (Hrsg.), SchrVerSocPol, N.F. Bd. 160, 1987, S.89 - 212.
Hansmeyer, Karl-Heinrich et al., Steuern auf spezielle Güter, in: HdF, 3. Aufl., Bd 2, 1980, S. 709 - 885.
Institut Finanzen und Steuern (Hrsg.), Das neue Verbrauchsteuerrecht in der Bundesrepublik Deutschland unter besonderer Berücksichtigung der Verbrauchsteuerharmonisierung in der EG (Grüner Brief 322), Bonn 1993.
McLure, Charles E., The Value Added Tax, Washington DC 1987.
Pohmer, Dieter, Allgemeine Umsatzsteuern, in: HdF, 3. Aufl., Bd. 2, Tübingen 1980, S. 647 - 707.
Pollak, Helga, Verbrauchsteuern I: Ziele und Ausgestaltung, in: HdWW, Bd. 8, 1980, S. 188 - 208.
Siemens, Carl Friedrich von, Veredelte Umsatzsteuer, 2. Aufl., Siemensstadt 1921.
Sullivan, Clara K., The Tax on Value Added, New York, London, 1965.

Literatur zu Kapitel 10

Andel, Norbert, Die Harmonisierung der Steuern im Gemeinsamen Markt, in FA, N.F. Bd. 30, 1972, S.224 - 256.
Biehl, Dieter, Ausfuhrland-Prinzip, Einfuhrland-Prinzip und Gemeinsamer-Markt-Prinzip. Ein Beitrag zur Theorie der Steuerharmonisierung, Köln usw. 1969.
Bird, Richard M,. Gendron, Pierre Pascal, Dual VATs and Cross-Border Trade: Two Problems, One Solution?, in: International Tax and Public Finance, Bd. 5, 1998, S. 429 - 442.
Bird, Richard M., Gendron, Pierre-Pascal, CVAT, VIVAT, and Dual VAT: Vertical "Sharing" and Interstate Trade, in: International Tax and Public Finance, Bd. 7, 2000, S. 753 - 761.
Bundesministerium der Finanzen (Hrsg.), Ausarbeitung der endgültigen Regelung für die Umsatzbesteuerung des innergemeinschaftlichen Waren- und Dienstleistungsverkehrs und für ein funktionsfähiges Clearing-Verfahren, Gutachten der Ursprungslandkommission, Schriftenreihe des BMF, Heft 52, Bonn 1994.
Dziadkowski, Dieter, Das endgültige Mehrwertsteuersystem im Binnenmarkt - eine Utopie?, in: Steuer und Wirtschaft, Jg. 74 (27), 1997, S. 147 - 156.

Genser, Bernd, Das Problem der Steuerharmonisierung aus allokativer Sicht, in: *B. Gahlen, H. Hesse, H.-J. Ramser* (Hrsg.), Europäische Integrationsprobleme aus wirtschaftswissenschaftlicher Sicht, Tübingen 1994, S. 65 - 89.

Genser, Bernd, Haufler, Andreas, Sörensen, Peter, Indirect Taxation in an Integrated Europe: Is there a Way of Avoiding Trade Distortions without Sacrificing National Tax Autonomy?, in: Journal of Economic Integration, Bd. 10, 1995, S. 178 - 205.

Keen, Michael, Smith, Stephen, The Future of the Value Added Tax in the European Union, in: Economic Policy, Bd. 23, 1996, S. 375 - 411.

Keen, Michael, Smith Stephen, Viva VIVAT!, in: International Tax and Public Finance, Bd. 7, 2000, S. 741 - 751.

Krause-Junk, Gerold, Die europäische Mehrwertsteuer und das Ursprungslandprinzip, in: FA, N.F. Bd. 49, 1991/1992, S. 141 - 153.

McLure, Charles E., Jr., Implementing Subnational Value Added Taxes on Internal Trade: The Compensating VAT (CVAT), in: International Tax and Public Finance, Bd. 7, 2000, S. 723 - 740.

Möller, Hans, Ursprungs- und Bestimmungslandprinzip. Ein Beitrag zur Lehre von den Steuerwirkungen auf die internationalen Wirtschaftsbeziehungen unter Berücksichtigung des Gemeinsamen Marktes, in: FA, N.F. Bd. 27, 1968, S. 385 - 458.

Parsche, Rüdiger, Seidel, Bernhard, Teichmann, Dieter, Die Beseitigung von Steuergrenzen in der Europäischen Gemeinschaft, Berlin 1988.

**Peffekoven, Rolf,* Probleme der internationalen Finanzordnung, in: HdF, 3. Aufl., Bd. 4, 1983, S. 219 - 268.

Pohmer, Dieter, Zum Grenzausgleich bei der Umsatzsteuer, in: *P. Bohley, G. Tolkemitt* (Hrsg.), Wirtschaftswissenschaft als Grundlage staatlichen Handelns, *Heinz Haller* zum 65. Geburtstag, Tübingen 1979, S. 249 - 305.

Shoup, Carl S. (Hrsg.), Fiscal Harmonization in Common Markets, Bd.1: Theory, Bd. 2: Practice, New York, London, 1967.

Versano, Ricardo, Subnational Taxes and the Treatment of Interstate Trade in Brazil: Problems and a Proposed Solution, Valdivia, Chile, 1999.

Literatur zu Kapitel 11

Blumenwitz, Dieter et al., Doppelbesteuerungsabkommen und nationales Recht, München 1995.

Debatin, Helmut, Außensteuerrecht und Internationales Steuerrecht, in: HdWW, Bd. 1, 1977, S. 431 - 448.

Debatin, Helmut, Probleme der internationalen Doppelbesteuerung, in: HdF, 3. Aufl., Bd. 4, 1983, S. 269 - 309.

Gandenberger, Otto, Kapitalexportneutralität versus Kapitalimportneutralität. Allokative Überlegungen zu einer Grundfrage der internationalen Besteuerung, Mainz 1983.

Genser, Bernd, Haufler, Andreas, Harmonization of Corporate Income Taxation in the EU, in: Außenwirtschaft, Jg. 54, 1999, S. 319 - 348.

**Jacobs, Otto H.*, Internationale Unternehmensbesteuerung. Handbuch zur Besteuerung deutscher Unternehmen mit Auslandsbeziehungen, 3. Aufl., München 1995

Oberson, Xavier, Hull, Howard R., Switzerland in International Tax Law, Amsterdam 1996.

OECD (Hrsg.), Musterabkommen auf dem Gebiete der Steuern vom Einkommen und Vermögen (Musterabkommen 1992), Herne, Berlin (Loseblatt).

OECD, OECD-Leitsätze für Multinationale Unternehmen, Paris 1994.

OECD, Harmful Tax Competition, An Emerging Global Issue, Paris 1998.

OECD, Transfer Pricing Guidelines for Multinational Enterprises and Tax Administrations, Paris 1995 (Loseblatt).

Peffekoven, Rolf, Anrechnung versus Freistellung. Zur ökonomischen Analyse internationaler Besteuerungsprinzipien, in: Aussenwirtschaft, Jg. 39, 1984, S. 137 - 150.

Scheffler, Wolfram, Kiso, Dirk, Besteuerung der grenzüberschreitenden Unternehmenstätigkeit, München 1995.

Siebert, Horst (Hrsg.), Steuerpolitik und Standortqualität, Tübingen 1996.

Vogel, Klaus, Steueroasen und Außensteuergesetz, München 1981.

Wassermeyer, Franz, Zum Entwurf eines österreichischen Außensteuergesetzes aus der Sicht des deutschen AStG, in: Steuer und Wirtschaft International, Jg. 2001, S. 334 - 339.

Literatur zu Kapitel 12

Bohley, Peter, Aufgaben und Finanzen der Schweizer Gemeinden, in: Zeitschrift für Kommunalfinanzen, Jg. 34, 1984, Teil I: S.122 - 125, Teil II: S. 145 - 148.

Bohley, Peter, Über die Voraussetzungen von Föderalismus und die Bedeutung kollektiver Identität. Zur Klärung häufiger Mißverständnisse, in: *P. Kirchhof, K. Offerhaus, H. Schöberle (Hrsg.),* Steuerrecht, Verfassungsrecht, Finanzpolitik, Festschrift für *Franz Klein*, Köln 1994, S. 541 - 559.

Die Communalsteuerfrage. Zehn Gutachten und Berichte, SchrVerSocPol, Bd. 12, 1877.

Elsner, Hermann, Das Gemeindefinanzsystem. Geschichte, Ideen, Grundlagen, Köln 1979.

Gemperle, Reinhold, Die schweizerischen Gemeindesteuern in Vergangenheit und Gegenwart. Beschreibung, Analyse und Reformvorschläge, Zürich 1981.

Haller, Heinz, Zur Frage der zweckmäßigen Gestalt gemeindlicher Steuern. Ein Diskussionsbeitrag zur Gemeindesteuerreform, Frankfurt a.M. usw. 1987.

Hansmeyer, Karl-Heinrich, Die Entwicklung des kommunalen Einnahmensystems in Deutschland, in: Handbuch der kommunalen Wissenschaft und Praxis (Hrsg.: *G. Püttner*), 2. Aufl., Bd. 6, Berlin usw. 1985, S. 69 - 84.

Hansmeyer, Karl-Heinrich, Zimmermann, Horst, Möglichkeiten der Einführung eines Hebesatzrechts beim gemeindlichen Einkommensteueranteil, in: Archiv für Kommunalwissenschaften, Jg. 32, 1993, S. 221 - 244.

Homburg, Stefan, Eine kommunale Unternehmensteuer für Deutschland, in: Wirtschaftsdienst, Jg. 76, 1996, S. 491 - 496.

Junkernheinrich, Martin, Gemeindefinanzen. Theoretische und methodische Grundlagen ihrer Analyse, Berlin 1991.

Kommission für die Finanzreform - "*Troeger*-Kommission" (Hrsg.), Gutachten über die Finanzreform in der Bundesrepublik Deutschland, Stuttgart usw. 1966.

Marcus, Paul, Umrisse einer kommunalspezifischen Besteuerungssystematik. Darstellung, Begründung, Anwendung, Stuttgart usw. 1986.

Marcus, Paul, Das kommunale Finanzsystem der Bundesrepublik Deutschland, Darnstadt 1987.

Napp, Hans-Georg, Kommunale Finanzautonomie und ihre Bedeutung für eine effiziente lokale Finanzwirtschaft, Frankfurt a.M. 1994.

Oberhauser, Alois, Die Eignung der Wertschöpfungssteuer als Gemeindesteuer. in: *H. Timm. H. Jecht* (Hrsg.), Kommunale Finanzen und Finanzausgleich, SchrVerSocPol, N.F. Bd. 32, 1964, S. 241 - 252.

Pohmer, Dieter, Saile, Peter, Das "ideale" Einnahmensystem, in: Handbuch der kommunalen Wissenschaft und Praxis (Hrsg. *G. Püttner*), 2. Aufl., Bd. 6, Berlin usw. 1985, S. 85 - 105.

Scherf, Wolfgang, Für eine anrechenbare Wertschöpfungsteuer, in: Wirtschaftsdienst, Jg.82, 2002, S. 603 - 608.

Seiler, Gerhard, Gemeinden III: Finanzen, in: HdWW, Bd. 3, 1981, S. 507-525.

Schwarting, Gunnar, Kommunale Steuern. Grundlagen, Verfahren, Entwicklungstendenzen, Berlin 1999.

Zimmermann, Horst, Kommunalfinanzen. Eine Einführung in die finanzwissenschaftliche Analyse der kommunalen Finanzwirtschaft, Baden-Baden 1999.

Zwilling, Ernst, Untersuchungen zu einem rationalen Steuersystem der Gemeinden, Meisenheim a.G. 1971.

Literatur zu Kapitel 13

Barro, Robert J., Are Government Bonds Net Wealth?, in: Journal of Political Economy, Bd. 82, 1974, S. 1095 - 1117.

Blanchard, Olivier, Chouraki, Jean-Claude, Hagemann, Robert P., Sartor, Nicola, The Sustainability of Fiscal Policy: New Answers to an Old Question, in: OECD Economic Studies Nr. 15, Paris 1990, S. 7 - 35.

Buchanan, James M., Public Principles of Public Debt, Homewood Ill. 1958.

Buchanan, James M., Wagner, Richard, Democracy in Deficit: The Political Legacy of Lord Keynes, New York 1977.

Caesar, Rolf, Die Theorie der Staatsverschuldung, in: Zeitschrift für das gesamte Kreditwesen, 42. Jg., 1989, S. 1148 ff.

Caesar, Rolf, Theoretische Grundfragen der Staatsverschuldung, in: Wirtschaftswissenschaftliches Studium, Jg. 1991, S. 218 - 224.

Caesar, Rolf, Rechtfertigungsansätze öffentlicher Verschuldung, in: Das Wirtschaftsstudium, Jg. 22, 1993, S. 140 - 145.

Dickertmann, Dietrich, Hansmeyer, Karl-Heinrich, Der öffentliche Kredit II. Der Staat als Finanzier, Frankfurt a. M. 1987.

Dietzel, Carl August, Das System der Staatsanleihen im Zusammenhang der Volkswirtschaft betrachtet, Heidelberg 1855.

Dornbusch, Rüdiger, Draghi, Marco (Hrsg.), Public Debt Management, Theory and History, New York, Melbourne 1990.

Dreißig, Wilhelmine, Die Technik der Staatsverschuldung, in: HdF, 3. Aufl., Bd. 3, 1981, S. 51 - 115.

Dreißig, Wilhelmine, Öffentliche Verschuldung III: Praxis der öffentlichen Verschuldung und der öffentlichen Kassenhaltung, in: HdWW, Bd. 5, 1980, S. 504 - 528.

Eng, Franz, Glatthard, Alexander, Koenig, Beat H. (Hrsg.), Öffentliche Haushalte: in der Schuldenfalle? (Schriftenreihe Finanzen der öffentlichen Hand der Emissionszentrale der Schweizer Gemeinden, Heft 6), Bern 1995.

Ferguson, James M. (Hrsg.), Public Debt and Future Generations, Westport 1964 (Nachdruck 1982).

Francke, Hans-Hermann, Ketzel, Eberhart, Kotz, Hans-Helmut (Hrsg.), Handbook of Public Credit in Europe, Berlin usw. 2000.

Gandenberger, Otto, Intertemporale Verteilungswirkungen der Staatsverschuldung, in: *H. Haller, W. Albers* (Hrsg.), Probleme der Staatsverschuldung, SchrVerSocPol, N.F. Bd. 61, 1972, S. 189 - 214..

Gandenberger, Otto, Theorie der öffentlichen Verschuldung, in: HdF, 3. Aufl., Bd. 3, Tübingen 1981, S. 3 - 49.

Gandenberger, Otto, Thesen zur Staatsverschuldung, in: *K.-H. Hansmeyer* (Hrsg.), Staatsfinanzierung im Wandel, SchrVerSocPol, N.F. Bd 134, 1983, S. 843 - 865.

Gandenberger, Otto, Was kann die Staatsverschuldung in der Zukunft leisten? Pessimistische Neubewertung eines wirtschaftspolitischen Instruments, in: *H. Zimmermann* (Hrsg.), Die Zukunft der Staatsfinanzierung, Stuttgart 1988, S. 173 - 183.

**Glatthard, Alexander, Isch Ulrich, Koenig, Beat* (Hrsg.), Finanzierung von Gemeinden (Schriftenreihe Finanzen der öffentlichen Hand der Emissionszentrale der Schweizer Gemeinden, Heft 10), Bern 1999.

Haller, Heinz, Zur Problematik der Kreditfinanzierung öffentlicher Ausgaben, In: FA, N.F. Bd. 19, 1958, S.72 - 91.

Haller, Heinz, Neue Motivation der Staatsverschuldung?, in: *H.Haller, H.C. Recktenwald* (Hrsg.), Finanz- und Geldpolitik im Umbruch, Festschrift für *R. Nöll von der Nahmer*, Mainz 1969, S. 301 - 326.

Haller, Heinz, Albers, Willi (Hrsg.), Probleme der Staatsverschuldung, SchrVerSocPol N.F. Bd 61, 1972.

Hansmeyer, Karl-Heinrich, Der öffentliche Kredit I: Der Staat als Schuldner, 3. Aufl., Frankfurt a.M. 1984.

Höfling, Wolfram, Staatsschuldenrecht, Rechtsgrundlagen und Rechtsmaßstäbe für die Staatsschuldenpolitik in der Bundesrepublik Deutschland, Heidelberg 1993.

Hume, David, Political Discourses, London 1752.

Lerner, Abba P., Functional Finance and the Federal Debt, in: Social Research, Bd. 10, 1943, S. 38 - 51.

Modigliani, Franco, Long-run Implications of Alternative Fiscal Policies and the Burden of the National Debt, in: The Economic Journal, Bd. 71, 1961, S. 730ff.

Musgrave, Richard A., Theorie der öffentlichen Schuld, in: HdF, 2. Aufl., Bd. 3, 1958, S. 68 - 137.

Oberhauser, Alois, Die Last der Staatsverschuldung, in: Kredit und Kapital, Jg. 28, 1995, S, 346 - 367.

OECD, Economic Outlook Nr. 64, 1998.

Ricardo, David, On the Principles of Political Economy and Taxation, London 1817.

Schlesinger, Helmut, Weber, Manfred, Ziebarth, Gerhard, Staatsverschuldung - ohne Ende? Zur Rationalität und Problematik des öffentlichen Kredits, Darmstadt 1993.

Sachverständigenrat zur Begutachtung der gesamtwirtschaftlichen Entwicklung, verschiedene Jahresgutachten.

Tolkemitt, Georg, Zur Theorie der langfristigen Wirkungen öffentlicher Verschuldung, Tübingen 1975.

Vickrey, William, The Burden of the Public Debt: Comment, in: The American Economic Review, Bd. 51, 1961, S. 132ff.

WissBeiratBMF, Nachhaltigkeit in der Finanzpolitik, Konzepte für eine langfristige Orientierung öffentlicher Haushalte (Schriftenreihe des BMF, Heft 71), Bonn 2001.

Zimmermann, Horst, Ökonomische Rechtfertigung einer kontinuierlichen Staatsverschuldung?, in: *K.-D. Henke* (Hrsg), Zur Zukunft der Staatsfinanzierung, Baden-Baden 1999, S. 157 - 172.

Register

(Sachverzeichnis einschließlich der im Text erwähnten Namen)

K

L

M

N

T

U

www.ingramcontent.com/pod-product-compliance
Lightning Source LLC
LaVergne TN
LVHW080747300926
849162LV00008BA/1772